LES 1001 ESCAPADES

QU'IL FAUT AVOIR FAITES DANS SA VIE

LES 1001 ESCAPADES
QU'IL FAUT AVOIR FAITES DANS SA VIE

PRÉFACE DE CHRISTIAN-LUC PARISON

OUVRAGE RÉALISÉ SOUS LA DIRECTION D'HELEN ARNOLD

Flammarion

Titre original : *1001 Escapes to make before you die*

Publié sous la direction de Tristan de Lancey
Direction éditoriale : Jane Laing
Assistant d'édition : David Hutter
Directeur artistique : Akihiro Nakayama
Designers : Rod Teadsale, Dean Martin

Direction de l'édition française : Ghislaine Bavoillot
Traduit de l'anglais par Marianne Feraud, Cécile Giroldi,
Jacques Guiod, Amandine Mathieu et Anne Marcy-Benitez.
Adaptation de la maquette : David Fourré
Suivi éditorial : Marie-Laure Miranda
Collaboration à l'édition française : Dane McDowell, Karl Friedrich Sinner
Index : Julie Christolhomme
Couverture : Isabelle Ducat

ISBN : 978-2-0812-4011-7
Dépôt légal : mars 2011
Imprimé en Chine en août 2012

Sommaire

Préface de Christian-Luc Parison

Quand le guide vient frapper à la porte de ma chambre d'hôtel, il est tout juste deux heures du matin… La nuit est si noire malgré le ciel constellé d'étoiles qu'on a du mal à distinguer la forme des montagnes en face de nous. Mais on sent leur présence et leur force tranquille. Nous sommes parmi les premiers à nous élancer sur le sentier qui mène au mont Sinaï. Quelques lumières vacillantes nous montrent le chemin et c'est, la lampe à la main, que nous gravissons la pente caillouteuse. Il nous faudra deux heures et demie pour atteindre le sommet, à 2 885 mètres d'altitude. Derrière, un long serpent lumineux confirme que nous ne sommes pas seuls à vouloir admirer le lever du soleil sur la chaîne du Sinaï. Des centaines de grimpeurs qui prendront possession du moindre centimètre carré de rocher pour attendre l'explosion du jour. Un moment d'intense émotion quand les montagnes passent de l'ombre à la lumière dans une symphonie de bleus et de mauves. Pour redescendre, on empruntera l'autre itinéraire : 3 750 marches taillées dans le roc avant d'arriver tout droit sur le monastère de Sainte-Catherine…

On peut gravir le Sinaï pour de nombreux motifs : religion, esthétique, curiosité, amour de l'effort. On le fera toujours pour le plaisir d'être ailleurs, d'allier découverte et connaissance, détente et culture. Parce que si l'on a le goût du voyage, on a le goût de tous les voyages, quels qu'ils soient. Une bonne raison pour s'immerger dans les pages de ce livre qui donne mille autres idées d'évasion. Proches, lointaines, sportives ou contemplatives, pour les petits comme pour les gros budgets, pour l'amour de l'art ou le plaisir simple du farniente sur un coin de plage, ces 1001 escapades sont autant de fenêtres à ouvrir sur le ciel bleu de l'aventure.

Entre les cabanes posées dans la jungle de l'Inkaterra Amazonica Lodge au cœur d'une réserve amazonienne au Pérou et le décorum chargé d'histoire de la Posta Vecchia, l'ancienne demeure du milliardaire Paul Getty près de Rome, le point commun est de nous offrir une parenthèse lumineuse dans un cadre d'exception. Au fil des pages, on découvrira que le luxe ne tient pas seulement au majordome attitré à votre villa, mais qu'il se cache aussi derrière le charme authentique d'un hôtel sans électricité tel l'Hotelito Desconoscido au Mexique ou la beauté naturelle des maisons de Shompole, ouvertes sur la plaine kenyane.

Derrière chaque voyage il y a un attente, un espoir. Si l'on ne part plus un mois d'affilée en juillet ou août comme les vacanciers des Trente glorieuses, on le fait plus souvent… mais moins longtemps. Le XXIe siècle est celui des escapades, des courts séjours. À l'heure des RTT et des week-ends prolongés, on n'hésite plus à s'envoler aux antipodes comme on allait autrefois à Deauville. En supplantant le Concorde trop peu écologique, les compagnies low-cost ont ouvert le monde à ceux qui jusque là ne faisaient qu'en rêver. Et quand on va à Orly, ce n'est plus pour regarder les avions s'envoler comme dans la chanson de Gilbert Bécaud mais pour embarquer vers le soleil.

Pour lutter contre le stress du travail, oublier le bureau et rompre avec la routine du quotidien, on s'échappe. C'est bien d'ailleurs le sens du mot « escapade ». « Action de s'échapper d'un lieu en manquant à un devoir, pour un plaisir ou un caprice » nous dit le Littré. S'échapper donc, pour un week-end ou plusieurs semaines, peu importe la durée, ce qui compte c'est d'être ailleurs, autrement. Et surtout de pouvoir s'émerveiller devant les richesses d'une terre qui se laisse admirer du ciel (ah, le survol de la Vallée des Rois en ballon !) ou ne se révèle qu'à quelques privilégiés à l'image du fabuleux atoll d'Aldabra, sanctuaire des tortues géantes de l'océan Indien.

Pour ma part, j'aime autant prendre le temps de lire le dernier Goncourt sur la plage du Prince Maurice que conduire un attelage de chiens sur les étendues glacées du Yukon, suivre la petite route côtière qui relie les villages oubliés des Cinque Terre en Ligurie ou me relaxer dans l'eau chaude d'un Onsen japonais. C'est cet éclectisme qui me plaît dans la compilation que vous avez entre les mains. Le fait que l'on puisse, rien que pour nous faire rêver, associer dans le même ouvrage le désert d'Atacama et la cathédrale de Reims, les jardins de Suzhou et une balade à bicyclette en Slovénie… Ces idées d'escapades sont foisonnantes et passionnantes, et même si l'on se dit qu'il nous faudra bien quelques vies pour en faire le tour, il ne nous est pas interdit d'en sélectionner quelques-unes pour nos prochaines vacances.

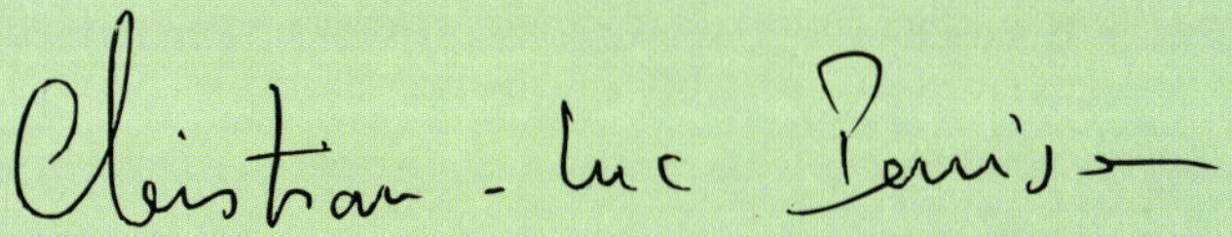

Introduction d'Helen Arnold

Signification des symboles

- Tente
- Lodge/B&B/bungalows
- Location
- Hôtel/chambre d'hôtes
- Spa/méditation/yoa
- Voyage

- Montagne
- Eau (mer, lacs, fleuves…)
- Île
- Plage
- Parc/jardin
- Ville

- Cuisine remarquable
- Beauté naturelle
- Intérêt culturel

€	de 1 à 120 €
€€	de 120 à 650 €
€€€	de 650 à 1200 €
€€€€	plus de 1200 €

Il est difficile d'échapper complètement au rythme étourdissant de la vie du XXIe siècle. Le développement des dernières technologies permettent de vous joindre à n'importe quel moment ; il suffit d'un appel sur votre téléphone mobile, d'un e-mail et vous voilà accaparé par votre bureau, vos collaborateurs, vos clients… Quels que soient vos efforts il n'est pas aisé d'échapper aux tensions du monde moderne. Il n'est donc guère surprenant que l'on rêve parfois d'une véritable évasion.

Ce livre est consacré aux séjours et escapades qui privilégient la détente. Qu'il s'agisse du refuge d'un yogi dans l'Himalaya, d'un endroit retiré d'Écosse, d'un jardin paisible au milieu de l'agitation d'une ville, du calme ou de la fraîcheur d'une église au plus fort de l'été, nous nous sommes intéressés aux lieux paisibles, incitant à la contemplation et à la méditation. Nous avons laissé pour une autre fois ceux qui entraînent une poussée d'adrénaline, mettent vos nerfs à rudes épreuves et vous font frémir. Cela ne veut pas dire pour autant que ceux proposés dans ce livre soient ennuyeux et dépourvus d'originalité, loin de là. Au contraire, ils sont très variés et vous font oublier la réalité. En effet, que peut-il y avoir de plus agréable que de faire de la plongée dans des eaux cristallines, près de la côte de Belize, au milieu des raies manta et des tortues de mer, ou de se promener à cheval parmi les orangers et les citronniers parfumés d'Andalousie ?

Il y a trente ou quarante ans, il aurait été plus difficile de visiter des lieux aussi éloignés que le Bhoutan ou le Bengale. Cependant, l'essor des compagnies aériennes à bas prix ont permis de découvrir des parties du monde autrefois réservées aux personnes les plus aisées.

Tous les lieux sélectionnés dans ce livre vous offrent la possibilité d'oublier le quotidien et la routine, de vous détendre et de recharger vos batteries dans un cadre magnifique et inhabituel.

Il existe dans le monde une grande variété de lieux de séjour propices à la détente. Ainsi, au Canada, par exemple, il y a des phares très lointains où vous pouvez vous isoler de la foule. Nous avons aussi regroupé des hôtels étonnants, des établissements de standing international, comme Le Manoir, situé au fin fond de la campagne anglaise, le Peninsula, lieu emblématique de Hong Kong, mais également des endroits plus simples comme le Sønderho Kro , hôtel à l'ambiance familiale se trouvant au Danemark et constitué d'anciennes maisons de pêcheurs. Vous découvrirez des hébergements moins conventionnels, comme le stupéfiant Ice Hotel entièrement sculpté dans la glace, en Suède, ou une maison dans les arbres située dans le Kerala, en Inde. Ces endroits offrent différents degrés de confort et de luxe mais tous sont accueillants et charmants.

La France possède un choix incroyable de monuments – châteaux, églises – transformés en hôtels, qui proposent un accueil chaleureux dans un cadre agréable et paisible, tel le Couvent des Minimes dans le Luberon. Le Portugal compte également un nombre impressionnant de paradors, c'est-à-dire d'anciens châteaux, de palais, de forteresses et de monastères convertis en hôtels surprenants. La Grande-Bretagne regorge d'hôtels aménagés dans de vieilles maisons de campagne. Marrakech, au Maroc, est une ville renommée pour ses magnifiques riads, maisons de ville constituant une oasis accueillante au milieu des ruelles voisines. Riad El Fenn est l'un des plus somptueux, mais il y en a des centaines d'autres.

Les spas sont désormais de plus en plus appréciés par une population préoccupée par sa santé et son bien-être. Rares sont les nouveaux hôtels qui n'en abritent pas un. Toutefois les spas décrits dans ce livre ne se limitent pas à un bain à remous et à des salles de soins ajoutées après coup à une nouvelle construction. Ce sont des lieux de détente sublimes où vous pouvez vous abandonner aux bons soins de thérapeutes expérimentés et éprouver un état de détente bienheureuse, ou faire l'expérience de soins curatifs et vivifiants visant à éliminer certains problèmes de santé. Pour le nec plus ultra en matière de soins, allez au Chiva-Som, en Thaïlande ou à Ananda, dans les contreforts de l'Himalaya. Ceux qui préfèrent quelque chose de plus simple pour donner un coup de fouet à leur organisme peuvent essayer le spa Mayr & Mohr, beaucoup plus spartiate, mais terriblement efficace, qui se trouve en Autriche.

Les défenseurs de la nature trouveront de magnifiques hôtels et résidences respectueux de l'environnement. L'Amérique centrale en particulier montre la voie dans ce domaine en offrant un grand nombre de résidences écologiques. Qu'il s'agisse de la réserve Nitun, au fin fond de la forêt pluviale du Guatemala où vous pourrez effectuer de fascinantes randonnées dans la nature ou de la Hacienda Morgan's Rock au Nicaragua où vous ferez une promenade à cheval le long du Pacifique, vous n'avez que l'embarras du choix. Le Costa Rica compte aussi d'innombrables hôtels respectueux de l'environnement, tel La Cusinga dont tous les bungalows et le mobilier ont été fabriqués avec du bois poussant sur place, dans une plantation soucieuse du développement durable.

Cependant, les séjours de ce livre ne sont pas tous destinés aux personnes sédentaires. La marche constitue l'une des meilleures façons de découvrir un endroit. Bien que certains itinéraires étonnants soient plus ardus que d'autres, vous pouvez toujours en effectuer une partie seulement. Que vous fassiez le fameux pèlerinage à Saint-Jacques-de-Compostelle, où vous parcourrez les sentiers déjà foulés par des pèlerins, il y a des siècles, ou que vous empruntiez, en Corse le GR20, une route de randonnée superbe où vous ne risquez pas de rencontrer âme qui vive pendant des jours, la marche est un excellent moyen de se débarrasser de ses soucis. En fait, sous tous les climats, il existe une multitude de lieux d'évasion qui permettent de tout oublier. Vous pouvez aller vous promener à dos de chameau dans les sables mouvants du désert de Dubaï, faire de la plongée dans la mer bleu azur des Caraïbes, ou de la bicyclette le long du volcan Haleaka à Hawaï, admirer le glacier stupéfiant et surréaliste de Perito Moreno, en Argentine, contempler les aurores boréales ou simplement vivre comme Robinson Crusoe sur une île de Bora Bora.

L'Afrique est une destination où vous devez vous hâter si vous aimez la faune et la flore sauvages. Et n'imaginez pas forcément que vous allez faire du camping comme un scout. Vous pouvez bien sûr choisir de vivre à la dure, mais il existe un grand nombre de résidences luxueuses où vous pouvez renouer avec la nature sans avoir à sacrifier votre confort matériel. Parmi les meilleurs figurent la réserve de Selous en Tanzanie et le Singita Faru, au cœur du Serengeti, l'endroit idéal pour observer la migration annuelle et épique de plus d'un million de gnous. Chiawa en Zambie est un endroit fantastique très luxueux, mais se fondant néanmoins parfaitement dans le paysage. Le lieu est connu pour ses safaris en kayak.

Il y a indéniablement quelque chose d'apaisant dans le bruit de l'eau, que ce soit celui des vagues déferlant sur la plage ou le doux clapotis d'une rame alors que vous naviguez sur un cours d'eau. Laissez-vous donc tenter par un séjour dans un hôtel flottant en Suède, une promenade en canoë le long de l'Ardèche en France ou en kayak sur le Yukon, au Canada, ou par un hôtel sous-marin en Floride où vous aurez besoin d'enfiler un costume de plongée pour atteindre votre chambre. Vous avez aussi la possibilité d'apprécier les eaux thermales dans les Abruzzes, en Italie, renommées pour leurs vertus thérapeutiques ou encore à Bath, en Angleterre. Pendant des siècles, des aristocrates se sont rendus dans cette jolie ville pour profiter de ses eaux bénéfiques. Et pourquoi ne pas vous plonger dans l'une des sources géothermales chaudes d'Islande dont l'eau tiède a, paraît-il, des effets fantastiques sur les muscles douloureux.

Toutefois, si vous préférez rester dans un fauteuil et vous délasser en regardant défiler le monde devant vos yeux sans faire le moindre effort, sachez que nous avons inclus dans ce livre quelques-uns des parcours en train les plus spectaculaires, comme le Transsibérien en Russie ou le chemin de fer de Kuranda, au Queensland, en Australie. Pour avoir une autre perspective, vous pouvez aussi faire une promenade en montgolfière au-dessus du paysage accidenté de la Cappadoce, dans le centre de la Turquie ; une croisière sur le Nil est un moyen luxueux et original de découvrir les sites historiques égyptiens.

Pour beaucoup d'entre nous la gastronomie constitue le principal attrait d'une visite touristique. La France est réputée pour en être l'un des hauts lieux. C'est pourquoi certains séjours proposés mettent l'accent sur la cuisine et les boissons. Allez donc goûter du vin dans la Loire, de l'Armagnac en Gascogne, du champagne dans les caves voûtées de Reims ou appréciez un dîner dans des nombreux restaurants comme le fameux Oustau de la Baumanière dans les Baux-de-Provence. Mais la France n'est pas le seul pays à offrir des séjours au cours desquels on se délecte. Vous pouvez aussi déguster un madère sur l'île du même nom, savourer une délicieuse cuisine bio à Petersham, une pépinière située en plein cœur de Londres, et apprécier une délicieuse cuisine au Quartier Français, au milieu des vignobles d'Afrique du Sud.

Si vous recherchez un abri temporaire, loin de l'agitation de la vie citadine, rien ne vaut un jardin verdoyant. Le jardin Majorelle, au cœur de Marrakech, est une oasis de verdure, tandis que le Plantem un Blumen de Hambourg, en Allemagne, est un paradis pour les botanistes, un lieu parfait pour flâner par une journée ensoleillée.

Cependant, le summum en matière d'évasion est sans nul doute l'espace. Inhospitalier, nu et (pour autant qu'on le sache) inhabité, il représente l'évasion par excellence. Actuellement à leurs débuts, les vols commerciaux dans l'espace permettent à ceux qui en ont le courage et les moyens de s'évader réellement. Pour l'instant, ils coûtent 200 000 $, mais qui sait ? Dans quelques années peut-être seront-ils aussi abordables que les simples vols en avion d'aujourd'hui ?

J'espère que ce livre parviendra à vous divertir, à vous inspirer, à vous encourager à rompre avec le quotidien et sa routine, et à commencer à planifier votre escapade. Bon voyage !

Index par pays

AMÉRIQUE

Il existe diverses façons de découvrir l'Amérique du Nord et du Sud, des plus originales aux plus conventionnelles, comme traverser le Canada dans un traîneau tiré par des chiens, effectuer un séjour de rêve dans un hôtel huppé à New York, se détendre sur une plage des Caraïbes, faire une excursion dans la forêt amazonienne ou visiter un vignoble argentin.

Little Good Harbour, La Barbade (p. 152)

Sur le Yukon en canoë

Lieu Yukon, Canada **Sites Web** www.essaonia.net/sejour-canoe-au-yukon.html ; http://travelyukon.com/fr/ **Prix €€**

Il suffit de quitter la petite ville de Whitehorse pour apprécier la quiétude des eaux vert sarcelle du Yukon. Le seul bruit que l'on entend est celui des pagaies du canoë qui glisse sur le fleuve. Cette tranquillité peut même se poursuivre une fois le campement atteint – interrompue seulement par les ours noirs et les grizzlis qui vivent dans les bois environnants. Même à la haute saison, le Yukon est un endroit peu fréquenté.

Cela n'a pas toujours été le cas. Quand on plante ici sa tente, on remarque divers objets datant de la ruée vers l'or : on se trouve en effet dans le Klondike, où, l'été 1896, fut découvert un riche filon dans les criques du fleuve éponyme. Les États-Unis étaient alors en proie à une crise économique ; quand les orpailleurs rejoignirent les territoires habités chargés de pépites, une excitation générale s'ensuivit. Environ 100 000 Américains partirent au nord tenter leur chance. Après avoir franchi les cols de Chilkoot Pass et de White Pass, ils construisirent souvent des canoës pour remonter le Yukon, qui fourmilla de bateaux à aubes et fut bordé de campements au milieu des bois jusque dans les années 1950, époque de la construction de l'autoroute du Klondike. Aujourd'hui encore, on peut voir les vestiges d'un ou deux de ces puissants bateaux échoués sur la rive.

Ce lieu reculé est un véritable paradis ; c'est un refuge divin sur lequel règnent les orignaux, les loups et les ours. **PE**

⇐ *Naviguer sur les eaux rapides du Yukon en canoë est un vrai plaisir. Si la paresse s'empare du pagayeur, le courant prend la relève.*

Dawson City

Lieu Yukon, Canada
Site Web www.dawsoncity.ca

Dawson, né de la ruée vers l'or du Klondike à la fin du XIXe siècle, garde aujourd'hui une ambiance de Far West.

Des foules d'hommes et de femmes emplis d'espoir, parmi lesquels le jeune Jack London, abandonnèrent alors leur dure vie citadine pour gagner le Klondike. En deux ans seulement, la ruée s'était éteinte et la population de Dawson amorça son déclin. Alors que la ville abritait 40 000 habitants en 1898, elle n'en compte plus que 2 000 de nos jours.

Ses bâtiments sont de style traditionnel, et des trottoirs surélevés en bois bordent les rues. Les touristes peuvent faire de la randonnée et pagayer sur le fleuve, chercher de l'or dans les ruisseaux ou tenter leur chance au casino *Diamond Tooth Gertie's*. Ils visitent la ville et bavardent avec des autochtones hauts en couleur. Les plus courageux peuvent visiter le Sourdough Saloon du Downtown Hotel pour y commander un cocktail *sourtoe* (« orteil aigre » en anglais) : un verre de whisky garni d'un orteil humain (plusieurs orteils, déshydratés, sont conservés dans du sel). Le premier orteil, qui avait appartenu à un passeur d'alcool de contrebande vers l'Alaska pendant la Prohibition, qui gela, a malheureusement disparu. Il dut être remplacé quand un buveur tomba à la renverse de son tabouret après avoir avalé dix cocktails, se cogna la tête et l'avala. **PE**

> *« Buvez vite ou lentement, c'est pareil, mais les lèvres doivent toucher l'orteil. »*
>
> **Règlement du Club du cocktail Sourtoe**

Inn on the Lake

Lieu Marsh Lake, Yukon, Canada **Site Web** www.exceptionalplaces.com **Prix €€**

Sur les rives du lac Marsh, à un peu plus d'une demi-heure en voiture de la capitale du Yukon, Whitehorse, se trouvent les chalets en rondins de l'hôtel Inn on the Lake. C'est l'un de ces endroits où le moindre des désirs possibles des clients semble avoir été anticipé, et où dès le moment où l'on accède à la grande terrasse (on s'est déjà vu offrir un verre de vin ou une bière fraîche), on se sent plonger dans un état de relaxation profonde.

Étirez-vous et perdez-vous dans l'extraordinaire vue des montagnes coiffées de neige, des bois virginaux, et du lac dont les eaux cristallines gèlent l'hiver. Partisan d'un peu plus d'efforts ? Pourquoi ne pas vous emparer des jumelles et du guide posés sur l'appui de la fenêtre pour observer les oiseaux (dont des plongeons arctiques) tout en sirotant un cocktail ? Le soir, un menu copieux est offert aux convives qui partagent une longue table. En été, on peut pêcher, faire du kayak ou du canoë sur le lac, ou encore du VTT ou de la randonnée au milieu d'une nature encore vierge. L'accès au parcours de golf voisin est inclus dans le séjour. L'hiver, les journées sont fraîches et piquantes, le ciel souvent bleu. On peut alors skier (ski de fond, de randonnée ou alpin), se promener en scooter des neiges, en traîneau tiré par des chiens ou sur des raquettes, tenter de pêcher sous la glace, et le soir se détendre dans un Jacuzzi tout en contemplant les lumières vert et rouge de l'aurore boréale danser sur fond de ciel étoilé.

L'hôtel est ouvert toute l'année et l'on peut choisir de loger dans le bâtiment principal ou dans les chalets individuels. Le plus grand de ces derniers possède sa propre terrasse et un Jacuzzi, tous deux orientés au nord afin d'offrir la meilleure perspective sur l'aurore boréale. **PE**

L'Inn on the Lake est l'un des meilleurs endroits pour admirer une aurore boréale.

Le Yukon en traîneau à chiens

Lieu Yukon, Canada **Sites Web** http://travelyukon.com/fr ; www.alayuk.com ; http://shinevalley.free.fr **Prix €€**

Ici, le silence n'est interrompu que par le son rythmé des pattes des huskies sur la neige et les craquements du traîneau. Parfois les chiens tournent la tête à l'unisson, à gauche ou à droite : peut-être ont-ils relevé l'odeur d'une volée de lagopèdes alpins ou d'un lièvre d'Amérique parmi les sapins environnants. On pourra peut-être aussi apercevoir une série de petites dépressions en ligne dans la neige, qui montrent qu'un loup est passé par là. On traverse en effet ici l'une des dernières grandes étendues sauvages au monde. Ce territoire plus grand que la France n'abrite que 31 000 habitants, qui ont toutefois pour compagnons plus de 70 000 élans, ainsi que de nombreux ours noirs et grizzlis, des caribous, carcajous et mouflons d'Amérique.

On quitte la piste forestière pour glisser sur le cours gelé d'une rivière. Le soir tombe et la pleine lune qui se lève projette une lumière argentée sur cette terre isolée à la beauté amère. Plus tard, peut-être l'aurore boréale dansera-t-elle sur le ciel étoilé. On sera alors ensorcelé par le Yukon, sortilège décrit par le poète Robert Service : « Certains disent que Dieu était fatigué quand il l'a créé / D'autres affirment que c'est une terre à éviter ; / Peut-être, mais d'autres encore ne l'échangeraient / contre rien au monde – et je fais partie de ceux-là. »

Quand on visite le Yukon, on peut partir en traîneau pendant une demi-journée ou toute une semaine, voire plus. On peut choisir de se loger confortablement ou encore de camper avec les chiens le long des pistes du Nord. On peut même, si on le désire, laisser faire les experts et suivre en spectateur la Quête du Yukon, qualifiée de « course en traîneau à chiens la plus difficile au monde ». Inaugurée en 1984, elle se déroule chaque année en février, quand les conditions climatiques sont souvent les plus difficiles, sur 1 600 km entre Fairbanks, en Alaska, et Whitehorse. **PE**

Traversée des étendues sauvages et vierges du Yukon en compagnie de fidèles compagnons.

La route de Glace entre Inuvik et Tuk

Lieu Territoires du Nord-Ouest, Canada **Sites Web** www.tuk.ca ; www.inuvik.ca ; www.explorenwt.com

Lentement, prudemment, on quitte Inuvik pour emprunter la route de Glace de 193 km aménagée sur la glace du fleuve Mackenzie puis de la mer de Beaufort. Elle conduit au village esquimau de Tuktoyaltuk, plus souvent abrégé en Tuk, situé au bord de l'océan Arctique, à l'extrémité septentrionale du Canada.

La route est large et lisse. Le soleil fait naître sur la glace des tons jaune primevère et les talus de neige projettent de chaque côté de la route des ombres violettes. Près du point de départ, de petits arbres frêles poussent sur les rives du Mackenzie, puis ils disparaissent quand le paysage devient plus vaste et plat.

Ici et là des pingos sortent de terre. Rappelant des taupinières géantes, ces formations qui peuvent atteindre 45 m de haut se créent quand de l'eau est prise au piège sous terre et qu'en gelant elle se dilate sous le permafrost.

Le fleuve finit par se jeter dans l'océan vers lequel mène la route. De minuscules silhouettes de bâtiments apparaissent au loin, mais on conduit encore et toujours dans un silence immobile. On arrive enfin dans la rue principale du village, où est échouée une goélette qui transportait autrefois les enfants jusqu'aux pensionnats religieux où ils étaient scolarisés. Plus loin, sur l'arche qui marque l'entrée du cimetière, on peut lire : « Accorde-leur le repos éternel, ô Seigneur, et qu'une lumière perpétuelle les éclaire. » Un mélange éclectique de croix semble contempler les roses et violets sourds de la mer de Beaufort. Si l'on doit mourir, se dit-on, peu d'endroits sont aussi attirants pour être enterré. **PE**

Choisissez la bonne période pour votre voyage : l'été, la route se transforme en fleuve et l'on ne peut pas accéder à Tuk par la terre ferme.

King Pacific Lodge

Lieu île de la Princesse-Royale, Colombie-Britannique, Canada **Site Web** www.kingpacificlodge.com **Prix €€€**

La forêt pluviale du Grand Ours, au Canada, borde le Passage intérieur de la Colombie-Britannique et occupe un territoire plus de deux fois supérieur à celui du parc national de Yellowstone. Au milieu de ce paysage à la virginité ininterrompue, à plus de 240 km de la route goudronnée la plus proche, se trouve le King Pacific Lodge, un hôtel flottant ancré dans les eaux sereines de Barnard Harbor, sur l'île de la Princesse-Royale, où vivent les loups, les grizzlis, les ours noirs et tout au plus 30 clients.

Au cours du trajet en hydravion, on n'aperçoit que des arbres, des lacs et des rivières. Chaque été, cet hôtel unique au monde quitte son lieu de résidence hivernal, le port de Prince Rupert, pour être remorqué à 160 km au nord jusqu'à l'île de la Princesse-Royale, où ses 17 chambres donnent sur la forêt ou sur l'océan, et permettent d'accéder à un paysage sauvage.

Des baleines à bosse pénètrent parfois dans les eaux de Barnard Harbor et s'approchent à quelques mètres seulement de l'hôtel. Les résidents du Lodge peuvent rejoindre en kayak des îles inhabitées ou randonner en compagnie d'un guide jusqu'à des sommets qui n'ont toujours pas été baptisés.

L'hôtel est bâti sur une vieille barge de la marine canadienne, conçue par une équipe d'architectes marins. Une société de Toronto a été chargée de la décoration intérieure, qui comprend des meubles en bois flotté, des balustrades en bois brut et des poutres au plafond. Aux murs, des tapisseries inuites côtoient des tableaux d'artistes de la région. La viande et le poisson sont conservés dans des congélateurs et réfrigérateurs et les légumes sont apportés chaque semaine par l'avion qui transporte les clients de l'hôtel. **BS**

↑ *La forêt pluviale du Grand Ours, derrière le King Pacific Lodge, est une immense étendue sauvage et vierge au climat tempéré.*

L'anse de Knight Inlet

Lieu Glendale Cove, Colombie-Britannique, Canada
Site Web www.knightinletlodge.com **Prix €€**

Niché dans la pittoresque anse de Glendale Cove, à 60 km de l'embouchure de Knight Inlet et accessible seulement par hydravion ou par bateau, le Knight Inlet Lodge est un hôtel écologique flottant ancré au pied de chutes nourries par les eaux de glaciers, en bordure des forêts pluviales tempérées de la côte Pacifique canadienne, au milieu de la plus grande concentration de grizzlis de la Colombie-Britannique. Les douze chambres de l'hôtel, réparties dans plusieurs bâtiments, sont simples mais spacieuses.

C'est ici que les passionnés d'ours viennent observer les grizzlis et leurs oursons dans leur habitat naturel. Chaque année en avril les ours descendent de leur tanière dans les montagnes pour rejoindre l'anse de Knight Inlet, ses torrents et ses estuaires, et se nourrir des abondantes baies et herbes de la région. L'observation des ours prend diverses formes et varie d'une saison à l'autre, que l'on se tienne au large dans des bateaux fournis par l'hôtel ou que l'on s'aventure à terre jusqu'aux postes d'observation spécialement construits dans les arbres. L'hôtel collabore avec les chasseurs et les habitants des environs pour limiter la pratique, légale, de la chasse au trophée. Les grizzlis dépendent de la migration annuelle des saumons du Pacifique qui remontent les rivières, et l'hôtel soutient aussi énergiquement la préservation de ces poissons dans les cours d'eau de la région.

On trouve ici des loups gris, des otaries, des loutres et des aigles d'Amérique. On peut aussi partir en mer observer les cétacés, dont des orques, des baleines à bosse et des baleines de Minke ; cette diversité animalière satisfera le plus exigeant des amateurs de nature. **BS**

Le détroit de Clayoquot

Lieu île de Vancouver, Colombie-Britannique, Canada
Site Web www.wildretreat.com **Prix €€€€**

Équitation, observation des ours et des baleines, randonnée, kayak, ne sont que quelques-unes des activités qu'offre le Clayoquot Wilderness Resort, probablement le seul complexe hôtelier d'Amérique du Nord de style safari. Ce campement de tentes est entouré d'une verdoyante forêt pluviale, et appartient à la région de Tofino en Colombie-Britannique, qui en 2000 a été désignée réserve de biosphère par l'Unesco.

Les 20 tentes sont spacieuses et abritent des cheminées fonctionnant au propane et contrôlables par télécommande, des meubles rustiques et une profusion de bougies et de lampes à kérosène. La cuisine de l'hôtel est équipée d'une immense cheminée en pierre et son plan dégagé permet à six convives d'assister à la préparation des plats. Au bâtiment abritant le spa, où l'on peut suivre une cure thermale, s'ajoutent trois Jacuzzi en cèdre, des bains à l'eau de mer et quatre tentes de massages et de soins de beauté. Ajoutez à cela un environnement exotique et sauvage qui abonde en animaux ; nul doute que les explorateurs actuels n'ont jamais bénéficié d'autant de luxe. **PS**

« Le détroit de Clayoquot est un lieu d'émerveillement, d'une beauté à couper le souffle. »

Jean Chrétien, ancien Premier ministre du Canada

Inspiré par les grands campements de la fin du XIXe siècle, le Clayoquot Wildernesse offre un confort sophistiqué au milieu d'une nature sauvage.

L'anse des Poètes en canoë

Lieu île de Vancouver, Colombie-Britannique, Canada **Site Web** www.poetscove.com

L'anse des Poètes, au sud-ouest de l'île Pender, est protégée de la houle du Pacifique par l'île de Vancouver : le temps semble suspendu dans cette crique sereine. Parsemée de 46 petites maisons de vacances pittoresques mais modernes et souvent dotées de Jacuzzi en terrasse, c'est un endroit idéal où s'isoler du monde. La majorité de la population locale réside dans le nord de l'île, le sud étant pratiquement inhabité.

Les visiteurs peuvent prendre le ferry qui traverse le détroit de Géorgie depuis le continent, ou, mieux encore, un hydravion. Avec sa centaine d'emplacements de mouillage, la marina de Bedwell Harbor est célèbre chez les riches navigateurs de plaisance de Seattle. Destination de choix pour la pêche, la navigation et la plongée sous-marine, le site n'est jamais plus agréable qu'en basse saison, quand on peut faire du canoë dans la baie en toute solitude. On prendra soin d'enfiler des vêtements chauds et imperméables avant de s'élancer droit vers la baie et ses eaux scintillantes aussi plates qu'une nappe de pétrole. Les premiers coups de pagaie provoquent des ondulations qui s'éloignent à perte de vue. On accélère très rapidement, sans effort à cause de l'absence de vagues, et s'il est difficile de concevoir qu'on est dans le Pacifique on fera tout de même bien de surveiller les alentours : on peut croiser des orques deux fois plus grosses qu'un canoë.

On suit la côte pour découvrir un époustouflant panorama de cabanes en rondins et d'immenses demeures d'architecte. Un peu plus au nord, on passe sous le pont de l'île Pender pour rejoindre Mortimer Spit, une colline escarpée recouverte de bois épais. Quand on pagaie seul sur ces eaux d'un bleu extraordinaire, que l'on longe des plages isolées et désertes, on est empli d'une grande sérénité. **RCA**

Ces deux canoës fendent en douceur les eaux tranquilles de l'anse des Poètes sous le soleil couchant.

La route des Champs de glace

Lieu Colombie-Britannique, Canada **Site Web** www.icefieldsparkway.ca

L'autoroute qui relie Jasper, au sud, au lac Louise, près de Banff, au nord, traverse les majestueuses Rocheuses canadiennes d'une beauté époustouflante. Son surnom, la route des Champs de glace, provient des paysages gelés qu'elle traverse. Elle suit la ligne de partage des eaux, traverse les parcs nationaux de Jasper et de Banff, et s'étend sur 230 km, offrant tout du long une succession de paysages extraordinaires.

Après avoir quitté la petite station de ski de Jasper, on s'aperçoit rapidement à quel point il est essentiel de conduire un quatre-roues motrices. Avec des températures proches de – 25 °C, tout ici est couvert d'une couche de neige fraîche surmontée d'une pellicule de glace qui crisse et craque délicieusement. Réputée être l'une des autoroutes de montagne les plus spectaculaires au monde, la route des Champs de glace a été achevée en 1940 et demeure ouverte à la circulation toute l'année, même si l'hiver les rares négoces qui la bordent, dont l'unique station-service, sont fermés.

La route peut être dangereuse car elle est souvent couverte de neige – parfois à moitié fondue – et verglacée. On devra se préparer à ces conditions avant de partir en faisant le plein d'essence, en se munissant de provisions, d'un permis des parcs nationaux et en revêtant des sous-vêtements chauds et confortables.

On suit le cours de la Sunwapta et de l'Athabasca jusqu'à Tangle Ridge en traversant la forêt Montane. Attention aux mouflons d'Amérique, élans, caribous, orignaux ou même aux grizzlis et ours noirs qui habitent ce paysage d'arbres et de neige. La blancheur environnante est époustouflante et les champs de glace de Columbia, les glaciers Bow et Crowfot, les chutes d'Athabasca et le lac Peyto sont d'une beauté remarquable. Selon les habitants de la région, il tombe 10 m de neige par an, ce qu'on n'a aucun mal à croire. **RCA**

La route des Champs de glace traverse d'immenses étendues et des paysages étonnants.

MY BLUE HEAVEN
THINK TWICE
IT'S A TEN
DUTCH TREAT
NORTHERN LIGHTS
BUBBLY
EUPHORIA

Eagle's Eye Suites

Lieu mont Kicking Horse, Colombie-Britannique, Canada
Site Web www.kickinghorseresort.com **Prix €€**

La neige poudreuse du mont Kicking Horse en Colombie-Britannique recouvre plus de 1 090 ha de domaine skiable parcourus par plus d'une centaine de pistes et 70 pentes réservées au hors-piste. L'Eagle's Eye Suites, un hôtel au nom approprié (« à vue d'aigle » en français) domine l'ensemble à une altitude de 2 345 m, au-dessus de la ville de Golden, au confluent des monts Rocky, Purcell et Selkirk. Cet hôtel de charme offre un magnifique panorama sur les sommets environnants.

Depuis le complexe de Kicking Horse, on emprunte une télécabine où l'on peut siroter au chaud un verre de vin pendant l'ascension jusqu'à l'Eagle's Eye Suites. Le luxe règne ici : dès votre arrivée, le personnel attentif vous enveloppe de chaudes couvertures et vous guide vers l'une des deux suites respectivement baptisées Sunrise et Sunset (« coucher de soleil » et « lever de soleil »), et un valet de chambre est prêt à satisfaire vos moindres désirs 24 heures sur 24.

Si l'on passe la nuit au sommet, on est sûr de pouvoir descendre le premier les pentes très escarpées et de parcourir des itinéraires autrefois accessibles seulement par hélicoptère. On recommandera aux non-skieurs de séjourner ici l'été pour visiter le refuge des grizzlis du mont Kicking Horse, la plus grande réserve animale fermée de ce type au monde. La randonnée est aussi populaire, avec des circuits allant de 20 minutes à six heures pour le parcours qui passe par Dogtooth Ridge pour rejoindre le lac Gorman. **BS**

Soyez le premier à contempler le lever de soleil en séjournant au luxueux Eagle's Eye Suites.

Randonnée sur glace à Jasper

Lieu parc national de Jasper, Alberta, Canada
Site Web www.pc.gc.ca/fra/pn-np/ab/jasper/index.aspxr

L'été, des torrents écumeux courent à une vitesse mortelle dans les canyons des Rocheuses canadiennes. L'hiver cependant, les chutes se transforment en glace et rappellent une immense coulée de cire figée dans le temps. On peut aisément explorer cet univers magique au cours d'une randonnée sur la glace.

Il est ainsi possible de traverser le canyon Maligne, dont les parois se dressent à presque 30 m au-dessus de torrents de glace figée nés d'un système aquatique souterrain qui, après avoir filtré à travers les parois de pierre calcaire du canyon, gèle, formant d'immenses stalactites jaillissant de la roche. Au-dessous, la glace a donné naissance à des statues aux formes surnaturelles. De complexes rideaux d'albâtre couvrent des grottes solitaires ; des murs de glace scintillante cachent des creux et recoins. Par endroits, la glace prend des tons turquoise, bleus, ou du plus pâle vert jade, dans un spectacle qui change d'heure en heure.

« À chaque pas, le son de la glace qu'on écrase du pied se répercute doucement au-dessus des têtes, renvoyé par les parois du canyon. »

John Korobank, journaliste

Les itinéraires de randonnée font en général 3 km et conviennent aux enfants, qui apprécient particulièrement les glissades sur les toboggans naturels glacés. La plupart des compagnies demandent qu'ils aient au moins 6 ou 7 ans. Certaines offrent des randonnées en soirée où l'on marche à la lueur d'une lampe électrique. **PE**

LAKE
LOUISE

Le château Fairmont

Lieu lac Louise, Alberta, Canada
Site Web www.fairmont.com/lakelouise **Prix €€**

Conçu à la fin du XIXe siècle, cet hôtel situé au bord du lac Louise dans les Rocheuses canadiennes, à l'ouest de Calgary, bénéficie d'un des plus beaux panoramas de montagnes et lac au monde.

Désormais considéré comme un trésor par les habitants de la région, ce bâtiment a des origines humbles : en 1890, ce n'était qu'une maison en rondins. Pendant ses douze premiers mois d'existence, elle ne put accueillir qu'une cinquantaine de clients. Cent vingt ans plus tard, les eaux vert émeraude du lac Louise et le majestueux glacier Victoria ont peu changé, mais l'ancienne maison de rondins compte 552 somptueuses chambres et sept restaurants dont la décoration intérieure reflète le passé du lieu. Le bois sculpté et les détails exquis font référence au style Arts and Crafts.

« Dieu me soit témoin, jamais dans toutes mes explorations je n'ai trouvé de vue comparable. »

Thomas Wilson, employé de la CPR, 1882

Le sentier qui longe le lac, l'un des parcours de randonnée les plus fréquentés des Rocheuses, débute devant le château puis serpente à flanc des pentes de la rive occidentale. On peut aussi faire du kayak sur le lac et admirer ainsi le paysage environnant. **TM**

Le lac et les montagnes environnantes offrent un cadre grandiose à cet hôtel.

Skier dans les Rocheuses

Lieu Rocheuses canadiennes, Alberta, Canada
Site Web www.bakercreek.com **Prix €€**

Si l'on veut s'isoler dans une cabane en rondins, rien ne vaut les Rocheuses canadiennes. Au milieu de bois recouverts d'une lourde couche de neige fraîche, on est étrangement envahi d'une impression de sécurité une fois à l'intérieur de ces édifices. On évitera les stations plus importantes, comme Whistler, pour leur préférer les époustouflants sommets rocailleux du lac Louise dans le parc national de Banff. Cette station de sports d'hiver dont les pentes sont fréquentées par des célébrités offre des pistes adaptées à tous les niveaux. C'est aussi la capitale de la randonnée dans les Rocheuses.

La saison de ski s'étend de novembre à mars, mais la station est surtout fréquentée aux environs de Noël et du Jour de l'an. Cela correspond aussi à la basse saison, durant laquelle on bénéficie de meilleurs tarifs. Le ciel d'un bleu pur, l'air tonifiant et une fréquentation relativement faible permettent de skier dans des conditions idéales. Attention toutefois : les températures peuvent descendre jusqu'à – 31 °C.

Le complexe de Baker Creek est un lieu paisible au milieu des sapins. Ses cabanes de style trappeur offrent tout le confort nécessaire. Quand le matin on découvre par la fenêtre la forêt couverte de neige, on s'imagine dans un lieu enchanté. Les martres s'ébattent dans la neige, les wapitis s'approchent parfois et les bois abritent aussi des loups, même si on ne les voit pas. Pour se rapprocher davantage de la nature, on tentera la course en traîneau à chiens : glisser sur la glace tiré par des huskies peut être une expérience extraordinaire. **RCA**

Les Rocheuses offrent un cadre et un environnement extraordinaires aux chalets de Baker Creek.

Randonnez à raquettes dans les bois ou autour du lac Louise, puis réchauffez-vous devant un feu ronflant.

Cree Village

Lieu Moose Factory, Ontario, Canada
Site Web www.creevillage.com **Prix €**

L'île de Moose Factory n'est pas d'accès facile. Aucune route ne vient couper les kilomètres de cours d'eau scintillants et de forêt vierge en bordure de cette région de l'Arctique, qui n'est desservie que par une ligne de chemin de fer : le Polar Bear Express, qui relie Cochrane à la petite ville pionnière de Moosonee. Pour le dernier segment du parcours, on emprunte un bateau-taxi pour traverser la rivière Moose et débarquer au complexe écotouristique de Cree Village.

Le lieu mérite tous ces efforts. Premier hôtel écotouristique indien de l'hémisphère nord, il s'inspire d'un village cree traditionnel. Ce refuge semble perché aux confins du monde, en pleine nature. On peut descendre la Moose en bateau ou parcourir le parc provincial de Tidewater pour observer les aigles, les balbuzards, les ours et les caribous. En saison, on rejoint la baie James pour y apercevoir bélugas et phoques. On peut aussi passer la journée en compagnie d'Indiens Crees qui montrent aux touristes comment ils ont redonné vie à leurs coutumes et traditions. On est ici sur leurs terres ancestrales, où les générations précédentes ont chanté et dansé dans des pow-wows, et où les plus robustes parmi les hommes suivaient les élans à la trace pendant des semaines, sur des raquettes et par des températures glaciales. **AD**

« Partez admirer le coucher de soleil en bateau, contemplez l'aurore boréale… »

Magazine *Ode*

Cap Jaseux

Lieu Saint-Fulgence, Québec, Canada
Site Web www.capjaseux.com

Le fjord Saguenay, dans le sud du Québec, est l'un des plus longs au monde et le seul navigable d'Amérique du Nord. Ses parois presque verticales font près de 150 m de haut. Merveille naturelle parmi les plus mémorables du Canada, le fjord forme le décor du parc d'aventures de Cap Jaseux, un univers fait de ponts de cordes, de parcours dans les arbres, de kayak, de voile et d'escalade. À la fin d'une journée musclée mais gratifiante, on peut déboucler son harnais de sécurité et se retirer dans sa cabane dans les arbres, d'où l'on jouit d'une vue panoramique sur le fjord et la canopée.

Cap Jaseux, qui comprend 182 ha de bois composés de sapins, bouleaux blancs et épinettes noires, surplombe les escarpements spectaculaires du fjord Saguenay. Plus de 70 ponts suspendus permettent de traverser la canopée en un parcours où l'on est constamment en sécurité malgré la précarité apparente, et où l'on passe de plate-forme en plate-forme dans un test d'endurance et de précision. Toujours accompagné par les guides expérimentés du parc, on affine sa capacité à apprécier la nature depuis un point de vue exceptionnel.

Des échelles métalliques et des câbles constituent l'ossature du parcours d'escalade sur les parois rocheuses du fjord. Les moins aventureux peuvent naviguer sur les eaux sereines du Saguenay dans un quillard de 7,5 m. Pour une activité plus musclée, on peut pagayer dans un kayak sur un parcours de trois heures ou emprunter le sentier de 20 km qui relie le Cap au phare de Leste. Beaucoup se contentent du parcours de cordes de Cap Jaseux moins sportif, puis se retirent dans leur cabane pour se reposer. **BS**

Hôtel de glace

Lieu Sainte-Catherine-de-la-Jacques-Cartier, Québec, Canada **Site Web** www.hoteldeglace-canada.com **Prix** €€

L'hôtel est un cocon où l'on est complètement isolé du reste du monde et du stress quotidien.

Passer la nuit dans une chambre d'hôtel où il fait – 5 °C constitue l'aventure d'une vie.

Même un simple couloir de l'hôtel de glace scintille d'une beauté glacée sophistiquée.

Cet hôtel de glace est à la fois amusant et impressionnant – il permet une véritable escapade dans un pays des merveilles hivernal. Situé en territoire francophone à une demi-heure de voiture à l'ouest de la ville de Québec, l'hôtel est ouvert seulement trois mois par an, de janvier à début avril. Compte tenu de la rapidité du réchauffement climatique, on ne saurait que trop recommander de se méfier des deux dernières semaines de mars.

L'aspect de l'hôtel est très impressionnant, même si son froid peut gêner les frileux. Heureusement, si vos orteils commencent à protester, vous pouvez toujours vous réfugier à l'Auberge Duchesny. On ne vient pas ici seulement pour l'hôtel mais pour les activités qu'offre la région : course en traîneau à chiens, scooter des neiges, ski, patinage sur glace et massages. L'hôtel est apparu dans divers programmes télévisés et magazines illustrés, preuve que c'est une destination à la fois aventureuse et branchée.

Il est reconstruit différemment chaque année en décembre par une équipe de 20 ouvriers utilisant des moules en Inox. On peut s'attendre à des murs de plus d'un mètre d'épaisseur (60 cm pour les plafonds) qui ont pour mission de protéger du froid extérieur. Des fourrures recouvrent les chaises et lits en glace qui sont aussi équipés de sacs de couchage. Les chambres sont ornées de sculptures en glace et éclairées avec des bougies, et il y a même une chapelle où l'on peut se marier.

Au bar, les verres sont eux aussi en glace, ce qui élimine le besoin de glaçons, et l'on peut danser toute la nuit sur une piste glacée évidemment, peut-être sur de la musique de Vanilla Ice, Ice-T ou Ice Cube. **LD**

Le phare de Cap d'Or

Lieu Cap d'Or, Nouvelle-Écosse, Canada
Site Web www.capedor.ca **Prix €**

La vue que l'on a depuis le restaurant du phare de Cap d'Or est indiscutablement mémorable. Ses quinze grandes baies vitrées donnent sur la baie de Fundy, le cap Split et les falaises d'Ile Haut qui s'élèvent à 90 m. Cela permet de contempler la plus haute marée du monde, et d'admirer le vol des faucons pèlerins tout en dînant de poissons et crustacés de la région.

Le premier phare de Cap d'Or a été construit en 1922 ; la tour actuelle, en béton, date de 1965. Quand l'éclairage du phare est devenu automatique en 1989, le logis de l'ancien gardien a été converti en chambres d'hôte. On peut les réserver individuellement, à moins qu'on ne préfère prendre le bâtiment tout entier.

Le phare, le logis du gardien, le restaurant et le centre d'accueil surplombent un océan dont les vagues semblent lutter les unes avec les autres. Le mouvement de l'eau durant le cycle d'une marée entière est équivalent au flux de tous les fleuves du monde. Le spectacle est constitué de vagues de 3 m de haut qui tourbillonnent en une tempête frénétique. Au fil des millénaires, elles ont sculpté une profusion de formes naturelles dans la roche, comme celle de Hopewell au Nouveau-Brunswick ou celles du cap Split, à la beauté sauvage. En retrait du rivage, un sol riche en sédiments apportés par les vasières accueille des vignes et des vergers de pommiers.

Quand on les interroge, les habitants de la région expliquent que le cap doit son nom aux couchers de soleil. Chaque soir, quand on porte le regard sur les eaux glaciales de la baie de Fundy et que l'on découvre les teintes qu'y fait naître le soleil couchant, les petits tracas quotidiens s'évanouissent, l'inquiétude disparaît, et la tranquillité règne. **BS**

Le phare de West Point

Lieu île du Prince-Édouard, Canada
Site Web www.westpointlighthouse.com **Prix €€**

Le phare de West Point, sur le sentier maritime du cap Nord, à l'extrémité sud-ouest de l'île du Prince-Édouard, a été construit en 1875 et demeure le plus haut de l'île. Adoptant le style carré et fuselé des phares en bardeaux qui devinrent populaires le long de la côte est canadienne à la fin du XIXe siècle, il est caractérisé par de larges bandes noires et un toit à pignons. Après avoir été soigneusement restauré par des bénévoles, il a commencé à accueillir des visiteurs pour la nuit en 1984. Huit chambres, toutes équipées d'une salle de bains privée, sont disponibles dans l'ancien logement du gardien, la plus populaire d'entre elles occupant le deuxième niveau du phare. Ses hauts plafonds et ses baies vitrées offrent comme on pourrait s'y attendre une vue imprenable sur l'océan jusqu'à l'embouchure occidentale du détroit de Northumberland.

Le phare allie folklore, architecture caractéristique, naufrages et paysage spectaculaire.

Le long du mur est, des escaliers permettent d'accéder au sommet du phare où une lampe rouge demeure allumée 24 heures sur 24. Une petite boutique est située à côté du phare et un musée complète l'ensemble. Chaque année, au cours du troisième week-end de juillet, se tient ici un festival des phares. **BS**

Construit en 1875, le phare de West Point a été doté de l'éclairage électrique automatique en 1963.

Le phare de Quirpon

Lieu île de Quirpon, Terre-Neuve, Canada
Site Web www.linkumtours.com/site/inns_quirpon.htm **Prix €€**

L'île de Quirpon, minuscule point sur la carte au nord de Terre-Neuve, ne fait que 3,2 km de long. Son sol est recouvert de tourbières, mousses spongieuses et fourrés, et ses falaises, hautes de plus de 60 m, projettent de longues ombres sur les criques et plages sablonneuses intermittentes du littoral. L'île est désormais déserte, exception faite de deux anciennes maisons de gardien au pied du phare de Quirpon, entièrement restaurées et transformées en hôtel qui peut accueillir jusqu'à 25 personnes dans ses onze chambres. Les murs sont ornés de courtepointes artisanales, et l'on ne trouve ici ni télévision ni téléphone. L'hôtel est ouvert de mai à septembre, durant l'une des migrations de baleines les plus importantes au monde.

On rejoint l'île après avoir traversé le détroit de Belle-Île (un trajet de 45 minutes en ferry) à partir du village de pêcheurs de Quirpon, sur la côte de Terre-Neuve. Ce détroit constitue une sorte d'autoroute maritime pour tous les poissons qui rejoignent l'Atlantique nord depuis le golfe du Saint-Laurent. Cette abondance de nourriture attire les baleines à bosse, orques, et baleines de Minke qui nagent si près du littoral, dans les eaux profondes qui le bordent, qu'on peut observer leurs manœuvres visant à pousser les bancs de poissons vers les parois rocheuses sous-marines. Le détroit est aussi surnommé l'allée des Icebergs, car ces derniers, après s'être détachés des glaciers de l'ouest du Groenland, y dérivent très régulièrement.

Il est également possible de faire une promenade de près de 5 km jusqu'à l'Anse aux Meadows et son village viking reconstitué : c'est là que les premiers Européens ont vécu en Amérique du Nord, 500 ans avant l'arrivée de Christophe Colomb. **BS**

Le phare du cap Anguille

Lieu cap Anguille, Terre-Neuve, Canada
Site Web www.linkumtours.com/site/inns_capeanguille.htm **Prix €**

Le cap Anguille est situé à l'extrémité occidentale de Terre-Neuve et surplombe le golfe du Saint-Laurent. C'est un univers préservé où règnent les aigles et les balbuzards, les baleines bleues et bélugas, et les prés balayés par les vents. Le phare du cap Anguille et le logis de gardien adjacent sont à 40 minutes en voiture du village de Port aux Basques. La construction du logis et du bâtiment abritant la corne de brume a débuté en 1907, celle du phare l'année suivante. En 1960, ces deux derniers ont été remplacés par les édifices que l'on voit aujourd'hui. Tous trois ont été désignés patrimoine historique en 2003. L'hôtel, aménagé dans l'ancien logis du gardien, est un bâtiment à deux niveaux. La cuisine, la salle à manger et un vaste cellier occupent le rez-de-chaussée, tandis qu'à l'étage se trouvent quatre chambres.

Tous les randonneurs trouveront ici un terrain agréable et des vues spectaculaires.

La côte ouest de Terre-Neuve constitue un important couloir de migration nord-sud pour les oiseaux, et l'on est assuré de pouvoir observer ici de nombreuses espèces en train de nicher dans les falaises, dont le pluvier siffleur, en voie de disparition puisqu'il n'existe plus que 5 000 spécimens au monde. Les randonneurs trouveront à l'arrière de l'hôtel des sentiers qui mènent au parcours Starlite, jusqu'au sommet des monts Long Range à proximité. **BS**

Randonnée sur le sentier Chilkoot

Lieu de Dyea, Alaska, États-Unis, à Bennett, Colombie-Britannique, Canada **Site Web** www.nps.gov/klgo

En août 1896, des pépites d'or furent découvertes dans les criques du Klondike, près de Dawson City, dans le territoire canadien du Yukon. Quelques chercheurs d'or pleins d'espoir vivaient déjà dans les environs ; ils délimitèrent leurs concessions et, isolés du reste du monde par des rivières gelées et des étendues sauvages glaciales, consacrèrent tout l'hiver à exploiter les filons découverts. Quand en mai 1897 la glace du Yukon se libéra, certains de ces chercheurs d'or partirent pour Seattle et San Francisco. Les États-Unis traversaient alors une crise économique ; les pépites qu'apportaient ces hommes grisonnants enflammèrent l'imagination du public. C'est ainsi que de nombreux hommes et femmes partirent pour le Klondike.

Ces derniers empruntaient le plus souvent le sentier Chilkoot, une ancienne route commerciale des Indiens Tlingits, abrupte et tortueuse, qui allait de Dyea, sur le littoral de l'Alaska, jusqu'aux lacs de la Colombie-Britannique et au territoire du Yukon. Craignant qu'une famine ne se déclare à Dawson City, les autorités canadiennes ne laissaient franchir la frontière qu'à ceux qui emportaient assez de vivres pour toute une année.

Aujourd'hui le sentier traverse des parcs nationaux. Le parcours exige entre deux et cinq jours de marche dans un paysage extraordinaire. Il débute dans la forêt pluviale du littoral puis grimpe jusqu'aux prairies alpines où scintille l'eau turquoise des lacs glaciaires et où vivent les grizzlis. Des objets rouillés jalonnent encore le parcours : pics, pelles et même canoës pliants, abandonnés par des hommes désespérés il y a plus de 100 ans. Le Chilkoot ferait une randonnée remarquable pour son seul paysage, mais son passé en fait aussi une expérience poignante. **PE**

L'Afognak de Seal Bay

Lieu îles Kodiak, Alaska, États-Unis
Site Web www.afognaklodge.com **Prix €€€**

Après avoir survolé à basse altitude le golfe d'Alaska, ses criques rocailleuses et ses îlots couverts d'épicéas et de mares, le minuscule hydravion amerrit dans un jaillissement d'eau dans la sereine Seal Bay (baie des Phoques), où l'on aperçoit les cabanes de rondins de l'Afognak Wilderness Lodge. Entourée d'une forêt dense, de torrents et de fjords, la baie est épargnée par la rudesse habituelle du climat local. Le voisin le plus proche est à 24 km.

Roy et Shannon Randall ont créé sur l'île d'Afognak un paradis naturel au style et au luxe considérables. Vivant en autarcie, ils génèrent leur hydroélectricité et cultivent leurs légumes. Chaque cabane est faite de rondins d'épicéa débités à la main et s'avère spacieuse, douillette et meublée dans un style rustique mais élégant. Les paysages vus par les fenêtres sont envoûtants, et peuvent s'animer de troupeaux de baleines à bosse ou d'orques traversant la baie ou même d'un ours brun sur le pas de la porte.

Un parc national a été créé pour préserver cette "forêt enchantée" à la beauté époustouflante.

Malgré tout le confort du site, ce sont les animaux qui en font l'attrait principal. Les amateurs de nature pourront ainsi apercevoir des élans, des loups, des ours bruns, des aigles, des orignaux, des cerfs, des loutres, des marsouins, des phoques et des baleines. Un endroit vraiment paradisiaque. **ML**

L'Inn at Langley

Lieu îles San Juan, État de Washington, États-Unis
Site Web www.innatlangley.com **Prix €€**

Situées au large de Seattle, dans le détroit de Puget, les îles San Juan constituent un havre de paix où la nature prospère. On les atteint facilement depuis Seattle ou Vancouver en Colombie-Britannique. Chacune possède son identité et son charme particulier. L'île Whidbey est un site populaire d'observation des baleines où règne l'atmosphère détendue qui caractérise le Nord-Ouest américain, faite de vie saine et de communion avec la nature.

La meilleure époque de l'année pour apercevoir les baleines (autochtones ou en migration, comme les orques) s'étend de mai à septembre. L'archipel accueille aussi des aigles, des otaries de Steller et des marsouins. C'est un paradis simple pour les amateurs d'activités de plein air : randonnée, cyclisme, plongée, pêche, plaisance ou camping, qui trouvent là un environnement spectaculaire. Qu'on se rassure, contrairement à Seattle la pluvieuse, les îles bénéficient d'un microclimat et de 250 jours d'ensoleillement par an.

L'hôtel de Langley, un charmant édifice en bois, surplombe le Saratoga Passage. Les chambres, confortables, bénéficient d'une vue à 180°. Les repas sont aussi une priorité, car le week-end le cuisinier propose un menu de six plats à base de produits frais de la région.

Au petit matin, les eaux immobiles et lisses scintillent sous les premiers rayons de soleil. Le mot « silence » prend alors tout son sens. Si l'idée de pagayer dur toute la journée parmi les orques ne vous dit rien, détendez-vous au spa de l'hôtel ou au restaurant doté d'une carte des vins très complète. **RCA**

Heceta Head

Lieu Heceta Head, Oregon, États-Unis
Site Web www.hecetalighthouse.com **Prix €€**

Pendant plus d'un siècle, le phare a brillé à Heceta Head, un coin isolé au-dessus de courants du Pacifique à la réputation notoire. Aujourd'hui, son isolement constitue son attrait principal : entouré par 64 km de dunes, c'est un magnifique refuge loin de tout.

Heceta Head est l'un des derniers logis de gardien de phare de la côte Pacifique. En 1973, il a été déclaré monument historique, et depuis 1995 c'est la famille Korgan qui l'entretient en montrant autant d'attention pour les hôtes du gîte que pour ce trésor national.

Le sentiment d'isolement qu'on éprouve en contemplant les vagues qui se brisent sur les rochers en contrebas peut s'avérer presque effrayant. On peut louer toute la propriété, soit six chambres qui peuvent accueillir quatorze personnes.

« Le déjeuner [...] a été splendide. Il y avait sept plats en tout, je crois – j'avoue que j'ai perdu le fil. »

The New York Times

Les directeurs de l'établissement sont des cuisiniers professionnels, et leur petit déjeuner met en valeur les meilleurs des produits de la région ; fromages artisanaux, saucisses, pâtisseries maison et boissons glacées sont servis sur des assiettes de style victorien décorées d'herbes fraîchement coupées. **LD**

→ *Le phare de Heceta Head guide les bateaux depuis 1894 – et accueille des clients pour la nuit depuis 1973.*

L'Amangani

Lieu Jackson Hole, Wyoming, États-Unis
Site Web http://fr.grandluxuryhotels.com/hotel/amangani **Prix €€**

Tout près du parc national de Yellowstone dans les hauteurs des Rocheuses, les pics déchiquetés du Teton se dressent abruptement au-dessus de la vallée. En hiver, des milliers d'élans partagent leur territoire avec des bisons, des loups, des grizzlis et des pumas.

Les habitants de Jackson Hole sont de grands amateurs d'activités de plein air. Lorsque le sol est recouvert d'une épaisse couche de neige, s'ils ne sont pas en train de skier ou de faire du snowboard, ils font de la randonnée à raquettes, du traîneau à chiens ou du patin à glace. L'été, ils rejoignent les randonneurs, cyclistes, amateurs de kayak et pêcheurs dans le parc de Yellowstone.

« Pour les montagnards, un "hole" désignait une haute vallée entourée de pics. »

Chambre de commerce de Jackson Hole

Rien n'égale l'hôtel Amangani pour se délecter de ce paysage. La vue qu'on y a est si virginale qu'elle semble polaire. En début de soirée, cet univers prend des teintes roses et bleues tandis que les pics dépouillés percent le coucher de soleil. L'hôtel, construit en cèdre, est conçu pour se fondre dans le paysage. De hauts plafonds en séquoia sont soutenus par de grandes colonnes en grès d'Oklahoma. Le minimalisme du lieu, caractéristique des années 1970, participe à la magie de cette vallée cachée. **LB**

Home Ranch

Lieu Elk River Valley, Colorado, États-Unis
Site Web www.homeranch.com **Prix €€€**

Home Ranch permet de voyager dans le temps et de se retrouver au Far West. On y séjourne pour des vacances traditionnelles en communion avec la nature. L'établissement est situé dans l'Elk River Valley, l'une des dernières vallées alpines américaines où l'on pratique encore l'élevage en ranch. Elle abrite 235 ha de forêt de trembles et d'arbres à feuilles persistantes, des bouleaux argentés, des cerfs, des aigles et est traversée par l'Elk, une rivière au débit parfois violent.

On peut loger dans les six chambres confortables du bâtiment principal ou dans l'un des huit chalets privés. On peut monter à cheval chaque jour pour une activité différente, que l'on parte pique-niquer dans les coteaux boisés, que l'on regroupe les troupeaux dans les pâturages ou que l'on améliore simplement sa monte. On ne manquera pas non plus de se délecter de la vie du ranch et des plaisirs bucoliques de la vallée. Au coucher du soleil, un feu de camp est allumé dans une ambiance Far West.

Grâce à son environnement naturel et à l'absence totale de contact avec l'extérieur, le ranch offre une expérience totalement hors du commun. On a l'impression d'un voyage dans le temps, à une époque où la proximité avec la nature était primordiale, où les fléaux modernes du téléphone portable et de la télévision étaient encore inconnus et inimaginables. Le soir, devant le feu de camp qui pétille, on s'endort entouré de silence. La nature à l'état vierge est magnifique. **LD**

Ranch 63

Lieu Elephant Head Mountain, Montana, États-Unis
Site Web www.sixtythree.com **Prix €€**

Quand on parcourt à cheval les sentiers qui dominent ce ranch, on a parfois la chance d'entendre le guide faire le récit des caravanes de chariots qui suivirent trappeurs et chercheurs d'or dans ces montagnes il y a plus de 200 ans.

Les enclos en bois, les hôtels de chasse et les maisons en rondins de ce ranch évoquent encore ses débuts, l'an 1863 plus précisément, d'où le nom de la propriété. Pas étonnant que l'on y raconte encore de vieilles histoires. Le Ranch 63, désigné monument historique, appartient à la même famille depuis 1929. Aujourd'hui, c'est un ranch d'élevage de 810 ha où l'on peut séjourner et pratiquer de nombreuses aventures à cheval.

L'air est piquant et frais à 1 707 m d'altitude sur Elephant Head Mountain, près du parc national de Yellowstone. Le ranch, parcouru d'innombrables sentiers et qui comprend le canyon de Mission Creek, est constitué de coteaux recouverts de trembles, de peupliers de Virginie, d'armoise et de fleurs sauvages. On loge dans de rustiques chalets aux meubles en rondins et dotés de salles de bains privées. Les repas, copieux et conviviaux, sont servis dans le bâtiment principal, où des jeux sont organisés le soir près de la cheminée. Le matin, on peut paisiblement traverser des canyons à cheval jusqu'à une cascade reculée ou passer un col au galop. L'après-midi, on peut à nouveau chevaucher ou faire de la randonnée, pêcher dans les torrents, s'initier au lasso ou simplement se reposer dans son chalet en contemplant le paysage. **SH**

↗ *Les chevaux sont toujours au moins deux fois plus nombreux que les hommes au Ranch 63.*

« Le séjour dans ce ranch, grâce au passé très riche du lieu, ressemble à un voyage dans le temps. »

Mark Bedor, magazine *America's Horse*

Sundance

Lieu près de Provo, Utah, États-Unis
Site Web www.sundanceresort.com **Prix** €€

Sundance, le complexe hôtelier rustique de Robert Redford est situé au milieu de 2 425 ha sauvages sur les pentes du mont Timpanogos (altitude 3 660 m). En été, on y entend le murmure des rivières et le chant des oiseaux ; en hiver, des tasses de chocolat chaud fument en attendant le retour des skieurs. Les chambres douillettes sont pourvues de courtepointes et les murs décorés de tapis amérindiens ; la nourriture y est excellente.

Les sports d'hiver demeurent l'attrait principal de la région. En janvier, on partage les pistes de ski avec les sommités du cinéma indépendant, qui logent souvent ici au cours du festival de Sundance. Hors saison, les verts pâturages se prêtent à la randonnée, au VTT ou à l'équitation. Un spa luxueux a été inspiré par le concept sioux du Hocoka, un lieu sacré où corps et esprit sont revivifiés.

> *« Notre engagement [...] a toujours été de construire très peu et de préserver beaucoup. »*
>
> **Robert Redford, acteur**

Longtemps avant que l'écologie ne soit à la mode, Sundance la défendait. Cette passion se retrouve dans le choix des produits d'hygiène utilisés, dans les voitures hybrides de l'hôtel et dans ses projets de régénération des montagnes environnantes. **LD**

Sundance est un paradis chaleureux et apaisant pour les amateurs de nature et d'écologie.

Ranch Circle S

Lieu Lawrence, Kansas, États-Unis
Site Web www.circlesranch.com **Prix** €€

Quand les visiteurs du ranch Circle demandent à son propriétaire, Jack Cronemeyer, ce qu'il y a à faire dans les environs, il réplique dans son accent du Kansas : « Absolument rien. » C'est là tout le plaisir du lieu. Bien entendu, on peut se promener le long du sentier Hawks Nest (« nid de faucons ») ou se détendre sur la colline sous un abricotier avant de s'attaquer à un pique-nique. On peut randonner à travers les prairies aux herbes hautes, observer les bisons, les bovins à longues cornes, et les vaches Hereford ou Angus. Ou l'on peut se confier une heure durant aux masseurs du ranch. Ou encore s'installer dans un rocking-chair sur la terrasse pour s'y balancer pendant un long moment.

Le ranch appartient à la même famille depuis plusieurs générations, dont trois d'entre elles ont été éduquées dans la petite école encore présente sur les lieux. Le bâtiment est toutefois récent. Le nouveau propriétaire, qui représente la cinquième génération de menuisiers de sa famille, a construit cet édifice de 1 022 m² selon des techniques traditionnelles, et le couple a équipé l'ensemble de tout le luxe possible. On y trouve des accents décoratifs caractéristiques de la prairie américaine comme les tableaux originaux d'un artiste de la région, Ernst Ulmer.

Chacune des chambres possède son propre style. Dans la chambre cow-boy, par exemple, des cornes sont accrochées au-dessus du grand lit et dans la douche en fer-blanc ondulé, un seau sert de pommeau. Si l'on souhaite réellement se détendre, on réservera l'une des nombreuses chambres équipées d'une baignoire sur pieds, de laquelle on peut admirer le paysage environnant. **PE**

The Point

Lieu Upper Saranac Lake, État de New York, États-Unis
Site Web www.thepointresort.com **Prix** €€€€

Construit dans les années 1930 dans un style rustique au milieu des bois, et résidence à une époque de William Avery Rockefeller, The Point est un refuge virginal de 4 ha sur une petite péninsule qui s'avance sur le lac Upper Saranac, au milieu des monts Adirondack.

Des meubles de style Adirondack ornent les onze chambres, et les hauts plafonds des vastes pièces donnent l'impression d'être dans une majestueuse demeure. Le bâtiment principal comprend quatre chambres, dont l'une, l'Algonquin, abritait à l'origine la bibliothèque. Les bâtiments Eagles Nest et Guest House accueillent respectivement trois chambres, et une autre a été aménagée dans l'ancien hangar à bateaux. Au-dessus de l'eau, meublée d'un grand lit à baldaquin, elle offre d'époustouflants panoramas sur le lac et la forêt au-delà.

The Point offre une combinaison unique d'accueil chaleureux, de grâce et d'élégance rustique.

On dîne dans le hall principal ou dans sa chambre, au choix. Le menu, qui change toutes les semaines, est préparé avec soin par les cuisiniers de l'hôtel. **BS**

→ *Ancienne résidence des Rockefeller, The Point respire le luxe.*

Le phare de Saugerties

Lieu Esopus Creek, New York, États-Unis
Site Web www.saugertieslighthouse.com/ **Prix €€**

Seize phares guidaient autrefois les bateaux le long de l'Hudson, voie fluviale commercialement importante, mais parmi les rares qui ont survécu, un seul sert aussi de gîte. Le phare de Saugerties, magnifiquement restauré, a été construit en 1869 dans un splendide isolement sur la rive du fleuve. Sa tour éclairante, qui fonctionne encore, offre une vue panoramique de l'Hudson, avec le massif des Catskills à l'ouest et les îles de Magdalen et de Cruger au sud.

On peut rejoindre le phare par bateau ou par un sentier long de 700 m qu'il faut parcourir à pied. Le petit déjeuner est offert aux clients qui passent ici la nuit ; pour dîner, ils peuvent se rendre dans un restaurant des environs, ou, s'ils ont apporté de la nourriture, ont accès à la cuisine du phare et au barbecue à l'extérieur. Des visites guidées sont aussi offertes et des manifestations culturelles régulièrement organisées.

Meublé comme il aurait pu l'être au début du XXe siècle, le bâtiment abrite un petit musée, une boutique, un petit salon, une cuisine, le logis du gardien, deux chambres d'hôtes et une salle de bains commune au premier étage. Les toilettes utilisent un système de compostage.

Le phare de Saugerties est ouvert toute l'année, mais les chambres sont en général réservées longtemps à l'avance le week-end, et les jours de semaine sont très fréquentés d'avril à octobre. Une fois la réservation effectuée toutefois, on est sûr de jouir d'un des séjours les plus reposants possible aussi près de New York, au milieu du paysage et des sons de la vallée de l'Hudson. On peut aussi faire du canoë ou du kayak, pêcher et nager. **HA**

Hôtel 60 Thompson

Lieu New York, États-Unis
Site Web www.thompsonhotels.com **Prix €€**

Il y a branché, hyperbranché et il y a l'hôtel 60 Thompson de New York. Situé dans le quartier de Soho, il abrite 100 chambres. Le lieu est empreint d'une sérénité zen qui règne du vestibule jusque dans les chambres – plus douillettes que spacieuses. Les murs sont ornés de photos d'artistes contemporains, dont Laura Resen. Les lits sont absolument luxueux, recouverts de superbes textiles Sferra. Les salles de bains sont en marbre et abritent des cabines de douche en verre. Les mini-bars sont généreusement pourvus en boissons et en-cas de qualité.

La somptuosité rêveuse du 60 Thompson est peut-être la raison pour laquelle l'hôtel attire des clients d'un tel calibre : Gwyneth Paltrow, Jennifer Aniston et Russell Crowe ne sont que quelques-unes des célébrités qui le fréquentent, préférant indubitablement les plus spacieuses des suites où espace de vie et espace de travail sont séparés.

> *« On pourrait fréquenter le 60 Thompson seulement pour y admirer les célébrités qu'il attire. »*
>
> *The New York Times*

L'hôtel possède certains des établissements les plus chic de la ville. Dans le restaurant Kittichai, le cuisinier homonyme offre une cuisine thaïlandaise traditionnelle aux accents contemporains fascinants, et l'on peut prendre un verre en toute sérénité au Thom Bar. L'été, le bar A60 offre une vue circulaire inégalée du sud de Manhattan. **PS**

The Mercer

Lieu New York, États-Unis
Site Web www.mercerhotel.com **Prix €€€**

Situé dans un quartier chic en bordure de la Mecque des adeptes du shopping, Soho, le Mercer est l'une des destinations préférées des personnages influents grâce à son emplacement et à son style néo-roman. C'est aussi le premier hôtel loft jamais créé à New York, un concept inventé ici dans les années 1960 par des artistes qui, dès qu'ils découvrirent les innombrables entrepôts abandonnés du quartier, les transformèrent en havres de créativité et de style.

L'élégance de cet hôtel de charme de 75 chambres réparties sur six étages provient de ses briques audacieusement exposées, de ses immenses fenêtres et de ses colonnes en fer qui créent un sentiment d'espace et de permanence. Les chambres sont grandes – immenses selon les critères de Manhattan – et dotées de hauts plafonds, de dressings et de meubles conçus par Christian Liaigre dans des bois africains principalement sombres et décorées avec des tissus pastel. Les chambres disposent aussi d'une stéréo complète ainsi que d'une télévision à écran plat. Les plus romantiques réserveront une chambre avec cheminée, canapés en cuir et baignoire en marbre assez grande pour deux.

Le cuisinier, de réputation internationale, concocte un menu délicieux disponible en chambre 24 heures sur 24. Greenwich Village est à deux pas, Times Square et Central Park à un quart d'heure de marche. Par son emplacement et son style, le Mercer l'emporte sur la majorité, raison pour laquelle, indubitablement, *Vogue* l'a désigné « hôtel le plus branché de New York » **PS**

Library Hotel

Lieu New York, États-Unis
Site Web www.libraryhotel.com **Prix €€**

Comme son nom le suggère (« hôtel de la bibliothèque » en français), c'est le refuge idéal pour les bibliophiles du monde entier. Niché dans un petit immeuble de grès brun caractéristique du New York du début du XXe siècle, à deux pas de la gare Grand Central Station, cet hôtel de charme allie un amour de tout ce qui touche au livre à une passion du design contemporain. Le thème de la bibliothèque y est exploré en profondeur : chacun des dix étages est dédié à une catégorie de livres et chacune des 60 chambres contient des ouvrages et œuvres d'art consacrés à ce même sujet. La bibliothèque réunit plus de 6 000 volumes soigneusement choisis, et si cela ne suffisait pas, la bibliothèque publique de New York et celle de Pierpont Morgan sont à une courte distance à pied.

> *« Un havre de paix… loin des excès des autres hôtels qui se prennent pour des boîtes de nuit. »*
>
> ***The Independent***

On peut réserver une chambre en fonction de son sujet de prédilection, de la poésie et des classiques jusqu'aux contes de fées ou à la littérature érotique. Les chambres sont confortables, élégantes et très bien équipées. Dans les trois salons communs règne l'ambiance d'un club privé, et l'on trouve aussi un antre d'écrivains (une pièce recouverte de lambris d'acajou, avec cheminée) et une magnifique serre baptisée Jardin de la poésie. Si les activités intellectuelles vous lassent, vous trouverez New York à vos pieds. **PS**

Les jardins de Wave Hill

Lieu New York, États-Unis **Site Web** www.wavehill.org

Pour une escapade bucolique loin du bruit et de l'agitation de New York, le Bronx ne vient pas forcément à l'esprit, et pourtant, c'est là que se situe Wave Hill, onze hectares de végétation luxuriante qui constituent l'un des plus jolis coins de cette mégalopole.

Autrefois domaine privé, Wave Hill a au fil du temps été la demeure d'un ambassadeur britannique, de Theodore Roosevelt et de Mark Twain. Aujourd'hui c'est une oasis soigneusement cultivée qui offre des vues spectaculaires sur l'Hudson et ses falaises. Pour les plus beaux panoramas, dirigez-vous vers Pergola Overlook (« esplanade de la pergola ») et l'Elliptical Garden (« jardin en ellipse ») où vous pourrez vous asseoir sur un banc et contempler le paysage, magnifique en automne au coucher du soleil.

Chaque saison, une profusion de plantes colorées transforme la pergola. Si l'on emprunte les sentiers boisés, on rejoint le jardin sauvage, où, comme son nom l'indique, fleurs et plantes poussent en toute liberté. On ne manquera ni de contempler le bassin limpide envahi de nénuphars et de vigne vierge, ni de visiter la serre alpine qui abrite des plantes et fleurs d'altitude. Minuscules et rappelant des bijoux, ces dernières ne sont jamais plus belles qu'à la fin de l'hiver et au début du printemps. Des plantes rustiques alpines ont été installées dans les fissures d'un mur de pierre pour créer un jardin vertical de fleurs et de feuillage.

Dans le jardin de simples embaument la menthe, le romarin, le thym, le laurier et de nombreuses autres plantes cultivées pour leur usage culinaire ou médicinal. Au plus chaud de l'été, on cherchera refuge à l'ombre d'un orme, d'un hêtre, d'un érable ou d'un séquoia. Wave Hill est indubitablement un paradis horticole. **HA**

⬆ *Les superbes massifs de fleurs de Wave Hill créent un kaléidoscope de couleurs toute l'année.*

Gramercy Park Hotel

Lieu New York, États-Unis **Site Web** www.gramercyparkhotel.com **Prix** €€€

L'hôtel Gramercy Park est la dernière création d'Ian Schrager dans la catégorie hôtels de charme.

Comme c'est souvent le cas des entreprises de Schrager, au Gramercy on a mis l'accent sur l'originalité et le romantisme. Le hall et les parties communes sont particulièrement éclatants avec leur mélange d'œuvres d'art contemporain, de meubles originaux et anciens qui créent une entrée mémorable.

Les chambres et suites luxueuses sont tout aussi particulières. Certaines rappellent la Renaissance avec leur collection de meubles et d'objets d'art, d'éléments qui peuvent être contrebalancés par des photos des archives Magnum, images classiques de photographes tels qu'Henri Cartier-Bresson, Robert Capa, Weegee et autres noms célèbres, ou par des tapis réalisés à la main et des meubles contemporains en acajou. Les équipements de l'hôtel sont réputés et l'établissement est souvent évoqué dans les conversations new-yorkaises. Dans les différents restaurants et bars de l'hôtel – dont un est situé sur le toit – on se délecte de boissons et de cuisine excellentes parmi tout un assortiment de meubles de créateurs et d'œuvres du XXe siècle d'artistes tels que Warhol, Cy Twombly, Julian Schnabel et Damien Hirst. La musique qu'on y joue provient de play-lists établies spécialement pour les lieux par des DJ de réputation internationale. On trouve un gymnase dernier cri au premier étage, et un spa, qui offre toute une gamme de soins. Qui a besoin de quitter les lieux une fois à New York ? **PS**

↑ *Des accents design surréalistes et une profusion d'œuvres d'art originales font du Gramercy Park une fête pour les yeux.*

EXIT

Waldorf Astoria Waldorf Towers

Lieu New York, États-Unis
Site Web www.waldorfastoria.hilton.com **Prix €€**

L'un des plus vieux et luxueux hôtels de New York, le Waldorf Astoria, est aussi l'un des trésors de style Art déco de la ville (avec le Chrysler Building et le Rockefeller Center). Ses 1 300 chambres sont réparties en deux lieux : le Waldorf Astoria et le Waldorf Towers qui loue aussi de spacieuses suites. Où que l'on choisisse de séjourner, on disposera d'une chambre luxueuse. Bureau, fleurs fraîches, salles de bains en marbre et lits à draps triples sont courants. Le complexe tout entier est opulent mais les suites sont aussi équipées de cuisines complètes, balcons, dressings, salle à manger et Internet haut débit.

Les trois bars du Waldorf Astoria comptent parmi les meilleurs au monde. Le Sir Harry's Bar est parfait pour un cocktail qui réveille le palais, et le menu de viandes rouges du Bull and Bear est tout aussi renommé que son bar circulaire en acajou, unique au monde. Oscar's accueille les clients au petit déjeuner, au déjeuner et au dîner, de même que le Peacock Alley qui donne sur l'immense hall : ne manquez pas d'admirer l'extraordinaire horloge ! On peut aussi choisir de se restaurer de plats japonais exquis et raffinés à Inagiku. Si vous êtes à la recherche d'un confort hors pair, ne cherchez pas plus loin que le Waldorf. **PS**

L'impressionnant bâtiment de 47 étages du Waldorf est un joyau du style Art déco, à la décoration impeccable.

Mayacama Mountaintop

Lieu Sonoma, Californie, États-Unis
Site Web www.mayacamamountain.com **Prix €€**

Au cœur de la région viticole de Sonoma, en Californie, le Mayacama Mountaintop Retreat est un refuge idyllique. Ce petit cottage construit en forme de cabane dans les arbres, jouit d'une vue magnifique sur les deux hectares de campagne environnante. Les couples en voyage de noces l'adorent pour son isolement, les amateurs de nature parcourent les sentiers proches où ils peuvent observer oiseaux, papillons et lapins, tandis que les citadins stressés y trouvent le calme dont ils ont besoin. Le cottage Clair de lune, à l'intérieur simple et dépouillé avec son parquet et ses tapis de style indien, peut accueillir un couple.

Rien ici ne vous détourne de votre tâche principale : vous détendre. Au début d'un sentier qui conduit à une cascade, on découvre les bulles d'un Jacuzzi en plein air, ailleurs des arbres tachetés de soleil se penchent sur un ruisseau gazouillant. Traversez le pont suspendu au-dessus de la cascade pour rejoindre l'autre côté du canyon et admirez le coucher du soleil depuis la Stargazer House, qui fait aussi partie de l'hôtel, un verre de vin biologique de la région à la main.

Le cottage est situé entre Kenwood et Santa Rosa, en bordure du parc national de Sugarloaf Ridge, et assez près de Sonoma pour qu'on puisse y dîner. On peut aussi prendre des bains de boue et se faire masser avec des pierres chaudes en ville, ou encore choisir un massage au cottage Clair de lune. On y est accueilli par un panier de vin biologique, de café et thés de qualité. **LD**

La côte ouest à bord du *Coast Starlight*

Lieu de Seattle à Los Angeles, États-Unis
Site Web www.amtrak.com **Prix €€**

Le *Coast Starlight* relie les grandes villes de la côte ouest américaine sur un parcours de 2 253 km et 36 heures entre Seattle et Los Angeles. La plupart des voyageurs qui visitent la région font pour la plupart le parcours en voiture, et empruntent l'autoroute ou la légendaire route de Big Sur, mais on jouit davantage de la vue depuis un wagon du *Coast Starlight*. Cet express traverse quotidiennement un paysage changeant de désert, de montagnes et de villes. Il franchit des vallées fertiles, longe la chaîne des Cascades et le littoral du Pacifique. San Francisco, Sacramento et Santa Barbara comptent parmi ses arrêts.

Des problèmes financiers chroniques ont récemment jeté le doute sur l'avenir de ce merveilleux voyage, mais la compagnie Amtrak a finalement investi dans le *Coast Starlight*, dont les compartiments couchettes privés et les wagons ont été améliorés, et le menu du wagon-restaurant a été réinventé avec une cuisine régionale pleine de fraîcheur. Les passagers sont invités à partager leur table, occasion parfaite pour échanger des histoires de voyage. Un wagon propose des jeux pour les enfants, et ceux qui passent la nuit à bord peuvent goûter aux vins de la région.

Les voyageurs apprécieront le programme né de la collaboration d'Amtrak et du service des parcs nationaux : des bénévoles grimpent à bord pour décrire les aspects culturels importants du paysage que traverse le train. **LC**

→ *Si c'est la détente que l'on recherche, la vue que l'on a du* Coast Starlight *y contribue largement.*

Amtrak

Le phare d'East Brother

Lieu San Francisco, Californie, États-Unis
Site Web www.ebls.org **Prix €€**

Le phare d'East Brother, de style victorien et impeccablement restauré, est perché au sommet d'une minuscule île de la baie de San Francisco. On peut y séjourner et partager ainsi l'île avec les phoques, mais attention : ce n'est pas une escapade ordinaire.

Après une traversée de quelques minutes à peine depuis le centre de San Francisco, l'arrivée est une aventure. Les clients du phare sont prévenus qu'ils auront besoin d'être « assez forts pour grimper depuis un canot qui danse sur les vagues à une échelle verticale, soit entre 1,2 et 3,6 m en fonction de la marée ». Dans les cinq charmantes chambres d'époque, on ne peut utiliser la douche que si l'on séjourne plus d'une nuit (la seule eau douce disponible est la pluie, collectée dans la citerne d'époque).

Pourquoi venir ici ? Tout d'abord, le phare offre une expérience unique au monde et une vue merveilleuse sur le mont Tamalpais, la ligne des toits de San Francisco et la côte du comté de Marin. De plus, même si le lieu est géré par une association, l'accueil est extraordinaire : le champagne et les hors-d'œuvre de l'arrivée sont suivis dans la soirée d'un dîner de plusieurs plats accompagnés de vin, et d'un petit déjeuner gourmand le lendemain. La chambre la plus demandée est située dans le bâtiment dit de la corne de brume, tout près du rivage. **SH**

Centre de Yoga Sivananda

Lieu Grass Valley, Californie, États-Unis
Site Web www.yogafarm.org **Prix €**

Niché au pied de la Sierra dans le nord de la Californie, cet ashram est un havre pour ceux qui recherchent des vacances saines au caractère spirituel. Ce centre de yoga organise toute l'année des retraites pour ceux qui recherchent un repos discipliné. On est réveillé dès 5 h 30 au son de la cloche pour assister au satsang matinal – méditation, psalmodie, conférence – et la journée s'achève à 22 heures. Entre-temps, on aura dégusté deux généreux repas végétariens, suivi deux cours de yoga, et pris le temps de se détendre et de jouir de l'environnement et de l'atmosphère apaisante.

Le mouvement Sivanada possède des centres de retraite dans le monde entier, où yogis expérimentés et débutants se plongent dans un style de vie réparateur. L'ashram évoqué ici est situé parmi de vénérables chênes, dans les coteaux de la Sierra. On y trouve aussi un lac où les résidents peuvent nager pendant les longs et chauds mois d'été, à moins qu'ils ne préfèrent juste s'asseoir et méditer.

Ici, on est encouragé à abandonner pour un temps son rythme trépidant habituel. Des retraites à thème (tels un camp de yoga pour enfants ou un week-end de rajeunissement par l'Ayurveda) sont organisées au fil de l'année. On loge dans de jolies huttes soigneusement entretenues dans les jardins au-dessus du lac ou dans les dortoirs du bâtiment principal. La vie en ashram ne relève pas du luxe : c'est une expérience saine et énormément gratifiante pour ceux qu'intéressent le yoga et le style de vie qui lui est lié. **LC**

Le phare d'East Brother, toujours en activité, guide les bateaux depuis plus de 133 ans.

Ranch Calistoga

Lieu Napa Valley, Californie, États-Unis **Site Web** www.calistogaranch.com **Prix €€€**

La première chose qui frappe quand on arrive au ranch Calistoga (à deux heures de San Francisco), c'est sa superficie – 64 ha au cœur d'une vaste région. On aperçoit tous types d'animaux dans le ranch, des cerfs aux serpents à sonnette, même si ces derniers sont heureusement confinés à la périphérie du domaine.

Les 46 chambres sont nichées parmi les pins de Californie et jouissent d'une vue inégalée sur les environs. Le plus petit des bâtiments mesure tout de même 600 m² et comprend des douches extérieures ; le plus grand, l'Estate Lodge, vaste de 2400 m², se dresse sur les rives du lac Lommel avec des bois en toile de fond. Abritant deux chambres privées, un salon intérieur et un autre extérieur, deux salles de bains, deux cheminées et un Jacuzzi en plein air, c'est naturellement le préféré des couples en lune de miel.

On trouve un restaurant réservé à ceux qui séjournent ici, dont la cuisine américaine simple mais de grande qualité ne peut qu'impressionner. Les amateurs de vin adorent aussi le ranch, car non seulement il est proche de la Napa Valley et de ses crus renommés, mais il possède aussi ses propres vignes (ses deux crus, Old World Vintage et New World Vintage, sont exceptionnels) et organise des cours de dégustation et des visites de ses caves et vignes.

Les automobiles ne sont pas autorisées dans le domaine, où l'on circule en voiturette de golf. On ne risque pas ainsi d'être dérangé par les bruits de la circulation alors qu'on se détend dans le spa naturel de Calistoga, dont l'eau provient de sources chaudes voisines et où toutes sortes de soins luxueux sont offerts. La terrasse de yoga et la piscine donnent sur les vignes et constituent deux merveilleuses manières de débuter ou d'achever sa journée. **PS**

⬆ *Au cours d'un voyage dans la Napa Valley, le luxueux ranch Calistoga vaut le détour.*

Spa sur les toits à San Francisco

Lieu San Francisco, Californie, États-Unis **Site Web** www.hotelvitale.com/spavitale **Prix €**

Barboter nu dans une baignoire en plein air au cœur de San Francisco peut sembler une activité farfelue. Il est vrai qu'il n'existe que peu d'endroits au monde où l'on puisse se détendre de la sorte en milieu urbain sans craindre les voyeurs. Rassurez-vous toutefois : il n'y a pas lieu de s'inquiéter ici. L'hôtel Vitale a créé un merveilleux jardin de bambous sur son toit où votre pudeur sera protégée. La haute végétation constitue le plus parfait des écrans contre les curieux des gratte-ciel voisins, et la ville semble même étrangement éloignée de cette petite oasis.

Le spa Vitale est situé dans l'hôtel du même nom, au dernier étage, en terrasse. Constitué de trois salles de soins, il est petit et intime. Le bain offert sur la terrasse, concept simple mais saisissant, constitue l'attrait principal du lieu. Deux profondes baignoires sont protégées par une haute rangée de bambous et séparées par une rangée supplémentaire de sorte que deux amis peuvent jouir ensemble du rituel du bain tout en préservant leur intimité. Dans toutes les autres circonstances, seule une baignoire est occupée à la fois – on bénéficie alors de toute la terrasse pour soi.

Après s'être vu offrir un peignoir et de douces serviettes blanches, on est accompagné jusqu'à une baignoire dont l'eau est parfumée de produits qui changent au fil des saisons et sont exclusivement fabriqués pour le spa. Une tisane et un plateau de produits de bain sont placés près de la baignoire ainsi qu'une assiette de fruits. Il ne vous reste plus qu'à ôter votre peignoir et vous glisser dans l'eau délicieusement chaude, entouré des bruits de la ville, pour une expérience urbaine unique au monde. **LC**

Délices au cœur de la ville : les baignoires sur le toit du spa Vitale offrent un luxueux bain en plein air.

La route de Big Sur

Lieu Big Sur, Californie, États-Unis
Site Web www.montereyinfo.org

La route de Big Sur, qui court le long du Pacifique, est en réalité un tronçon de la Route 1 entre Los Angeles et San Francisco où la nature est demeurée vierge. À 320 km au nord de Los Angeles et en bordure de la Route 1, la petite ville de San Luis Obispo et le village de pêcheurs de Morro Bay constituent les deux points de départ de l'itinéraire de Big Sur, 230 km de route presque déserte ponctuée de quelques petites villes et de deux hôtels dont le Post Ranch Inn.

On a récemment réintroduit des condors de Californie dans cette zone protégée. Ils descendent en piqué dans les ravins ; plus bas les eaux qui bordent le littoral sont peuplées d'otaries et de loutres de mer et

« [. . .] une côte sauvage et rocailleuse, désolée et inadaptée à l'homme des villes. »

Henry Miller, écrivain

parfois traversées par quelques baleines. On aperçoit souvent dans les environs des renards et des cerfs.

Étroite, cette route à deux voies serpente le long d'une falaise déchiquetée. On est plongé dans le ravissement tandis que l'on progresse le long de précipices jusqu'à ce qu'on dépasse le phare de Point Sur et rejoigne Carmel, célèbre pour ses magnifiques plages et son ancien maire, Clint Eastwood, qui y réside toujours. **RCA**

Après 1932, les petites villes isolées du littoral de Big Sur ont enfin été reliées par cette route à la beauté époustouflante.

Nepenthe

Lieu Big Sur, Californie, États-Unis
Site Web www.nepenthebigsur.com **Prix €**

Les touristes ne sont pas les seuls à chanter les louanges du Nepenthe, les habitants de la région également recommandent de ne manquer sous aucun prétexte ce restaurant qui bénéficie du plus beau panorama sur Big Sur, voire sur la côte ouest américaine.

Le Nepenthe n'est pourtant pas un établissement de luxe. Le restaurant à l'étage, le café Kevah au rez-de-chaussée ainsi qu'une attrayante boutique sont gérés dans une atmosphère détendue par les enfants et petits-enfants des premiers propriétaires, Lolly et Bill Fassett. On pourra choisir le hamburger Ambrosia, spécialité de la maison et « expérience culinaire californienne par excellence », qui consiste en un steak haché servi dans un petit pain croustillant. L'importante carte des vins propose certains des crus les plus reconnus de Californie, dont ceux de Gary Pisoni, réalisés avec amour à partir du pinot noir.

Peut-être la vue sur l'océan la plus époustouflante au monde ? Un coin romantique et extraordinaire.

Juste en dessous du restaurant, le café-bar, ouvert de mars jusqu'à la première semaine de janvier si le temps le permet, est doté de terrasses depuis lesquelles on peut contempler le paysage. Le menu y est principalement composé de salades et d'excellents cafés. **LC**

Lucia Lodge

Lieu Big Sur, Californie, États-Unis
Site Web www.lucialodge.com **Prix €€**

Il est possible de se retrouver loin de tout à seulement trois heures de route de San Francisco et son agitation prospère. Aux antipodes de Silicon Valley, Big Sur est l'un des plus beaux coins encore sauvages des États-Unis. À moins de 270 km au sud de la grande ville, le long de la route côtière n° 1, vous attend un paysage d'une beauté sauvage inégalée où la faune l'emporte largement sur le nombre d'habitants au kilomètre carré. Des falaises escarpées et un terrain accidenté jouxtent les déferlantes du Pacifique dans ce lieu que l'humanité semble avoir oublié.

L'endroit n'est pas adapté aux hôtels et motels urbains mais à des chambres douillettes dans de minuscules hameaux comme au Lucia Lodge. Là où se dressaient autrefois une station-service et une poste ne demeure plus que ce petit hôtel construit dans les années 1930 le long de la falaise. Dix petits bungalows bleu et blanc semblent perdus dans ce vaste paysage encore vierge. On a l'impression que rien n'a changé depuis que l'endroit a été découvert en 1865 par la famille Harlan, qui s'y est installée.

Le restaurant, qui a vue sur l'océan, est lui aussi ancré dans l'histoire. Les photos sépia fanées qui ornent les murs rappellent des générations disparues. La même ambiance règne dans les chambres bordées de lambris blanchis, aux meubles en pin et aux cheminées ronflantes. Le lit majestueux dont le baldaquin de lin blanc est entremêlé de roses en coton, blanches elles aussi, est extraordinairement romantique.

Quel meilleur endroit pour s'isoler du monde sur la côte californienne que cet établissement ? **RCA**

Post Ranch Inn

Lieu Big Sur, Californie, États-Unis
Site Web www.postranchinn.com **Prix €€€**

Incarnant le respect de l'environnement et une créativité architecturale débridée, le Post Ranch Inn est situé dans l'un des plus beaux endroits de Californie. Ce luxueux complexe hôtelier moderne est implanté sur les falaises de Big Sur, non loin de la Route 1, qui relie Los Angeles à San Francisco.

L'hôtel compte certaines des maisonnettes en bois les plus luxueuses au monde, qu'elles soient au sol ou dans les arbres, et jouit de vues spectaculaires le long du littoral et jusqu'au massif de Ventana. L'architecture, moderne, mêle bois de séquoia, verre et acier, arches et Velux. La décoration intérieure relève du dépouillement avec ses couleurs ocre sourdes, son bois nu et ses textiles simples. On pourra séjourner dans une chambre triangulaire sur pilotis à 3 m au-dessus du sol ou dans une maisonnette en forme de papillon. On ne trouve ici ni télévision ni réveil.

On peut choisir de recevoir des soins corporels dans sa chambre : les plus fortunés des Californiens adorent se faire masser ici sur une terrasse privée avec vue sur l'océan. Le restaurant de l'hôtel est perché au bord de la falaise et principalement construit en verre pour profiter au maximum de la vue fantastique. Son excellente cuisine californienne est accompagnée d'une remarquable carte des vins.

Pendant la journée, on peut simplement se détendre près des piscines ou faire de la randonnée en montagne. Pour une expérience encore plus californienne, on fera quelques séances de yoga et de méditation, ou l'on observera les étoiles. Les moins portés sur l'ésotérisme se rendront à Monterey et Carmel, à quelques minutes en voiture. **SH**

Kennedy Cottage

Lieu près de Santa Barbara, Californie, États-Unis
Site Web www.sanysidroranch.com **Prix €€€**

C'est dans cet endroit isolé légendaire, niché entre le massif de Santa Ynez et l'océan Pacifique, que Jacqueline et John Kennedy ont célébré leur mariage en 1953. Aujourd'hui on peut goûter au mythe en séjournant dans le cottage Kennedy. Le havre élégant qui a accueilli John et Jackie abrite deux grandes chambres avec lits king size et cheminée, un séjour débordant d'œuvres d'art et de meubles anciens, et une vaste terrasse avec vue sur l'océan.

On peut passer ici des journées idylliques, que l'on visite les domaines viticoles de Santa Ynez pour des dégustations privées, que l'on joue au golf ou que l'on explore les 17 km de sentiers de randonnée. Tout en vous détendant et en recevant des soins corporels dans votre chambre, vous pouvez songer au choix qui s'offre à vous pour le dîner : un premier restaurant situé dans un bâtiment du XIXe siècle avec vue sur le ruisseau ou sur l'océan et où l'on emballait autrefois des agrumes, ou le second, l'un des restaurants préférés des habitants de la région, célèbre pour son gratin de macaronis et ses travers de porc. **LP**

« Les montagnes, creusées de profonds ravins, se dressent à l'arrière, tel le décor d'un grand opéra. »

Winston Churchill, homme d'État britannique

La Vallée de la Mort

Lieu Californie/Nevada, États-Unis
Site Web www.nps.gov/deva

Les salants desséchés de la Vallée de la Mort sont d'une beauté envoûtante. Ce parc national de 1,2 million d'hectares de désert aride à cheval entre la Californie et le Nevada est l'un des endroits les moins hospitaliers sur terre. Il a été baptisé ainsi par un groupe de pionniers qui s'y est perdu au cours de l'hiver 1849. D'autres endroits des environs évoquent le même fatalisme, depuis Last Chance Canyon (« canyon de la dernière chance ») à Badwater (« mauvaise eau ») et au parcours de golf du diable, une étendue recouverte de sel gemme si accidentée que « seul le diable pourrait jouer au golf sur des links aussi difficiles ».

La Vallée de la Mort a vu le jour il y a des millions d'années quand une mer intérieure s'est évaporée, ne laissant que du sel. La majorité de ce désert se trouve sous le niveau de la mer et la température peut y atteindre 55 °C. Étonnamment, la vie y est présente : plus de 1 000 espèces végétales prospèrent ici, dont 50 que l'on ne trouve nulle part ailleurs. Le règne animal y est aussi représenté avec des coyotes, serpents à sonnette, scorpions, rats-kangourous, veuves noires et même des cyprinodons, des poissons qui nagent dans le ruisseau Salt Creek.

Lors de la traversée en voiture de ce paysage dépouillé, on peut suivre la boucle de 14 km autour des collines volcaniques surnommée la route des artistes à cause de leurs roches multicolores. Il n'y a qu'un endroit où loger dans la Vallée de la Mort : Furnace Creek, où se trouvent un motel et un hôtel. Le premier est assez rudimentaire, mais l'hôtel, qui date de 1927, est classé monument historique. **RCA**

Bienvenue dans la Vallée de la Mort, le désert le plus sec et le plus torride des États-Unis.

Le parc national de Zion

Lieu parc national de Zion, Utah, États-Unis **Sites Web** www.parcs.net/zion/index.html ; www.zionmountainresort.com **Prix €€**

Le plus ancien des parcs de l'Utah, Zion a été révélé au grand public pour la première fois dans les années 1860 par les pionniers mormons ; c'est l'un d'eux, Isaac Behunin, qui donna au lieu son nom biblique.

Les parois en grès rouge et blanc qui se dressent, parallèles, sur 600 m de haut, ont été creusées par une rivière, la Virgin. Si votre séjour vous le permet, esayez-vous à l'un des nombreux sports offerts dans le canyon, dont la randonnée, le VTT, l'équitation, l'escalade et le rappel.

La base idéale depuis laquelle se lancer dans toutes ces activités se trouve à trois minutes de voiture seulement de l'entrée est du parc : le Zion Mountain Resort

Bien que l'hôtel soit en pleine nature, il suffit de rentrer dans son bungalow pour y trouver le luxe.

est un hôtel au charme rustique. Les couples peuvent loger dans de douillets bungalows en bois, les familles dans des chalets plus spacieux, tous dotés de vues superbes sur les montagnes. Près de là broutent les bisons qui se déplacent tranquillement dans la plaine cependant que les clients de l'hôtel se détendent dans leur patio privé ou dans un Jacuzzi après une journée active. L'hôtel est aussi relativement proche d'autres parcs et monuments, notamment Bryce Canyon et la rive nord du Grand Canyon. **SG**

Hôtel Four Seasons

Lieu Las Vegas, Nevada, États-Unis
Site Web www.fourseasons.com **Prix** **€€**

La légendaire « ville du péché » du désert du Nevada, Las Vegas, est aussi extravagante que le montrent les séries télévisées américaines. Jungle de casinos, de néons et de foules humaines à la recherche de plaisir, le boulevard de Las Vegas, surnommé The Strip (« la bande »), constitue le cœur de la ville.

Seul hôtel du Strip sans casino, le Four Seasons est luxueux. Situé aux derniers étages du bâtiment Mandala Bay, doté de 400 chambres seulement, c'est le plus petit des hôtels du boulevard. Installé dans l'une des suites avec vue sur le Strip, on contemple la folie de Las Vegas à ses pieds à travers des baies vitrées qui vont du sol au plafond.

« Il n'existe qu'un seul vrai hôtel de luxe en ville, situé dans les derniers étages du Mandala Bay. »

The New York Times

On peut petit-déjeuner à la terrasse du restaurant, qui le soir sert une cuisine italienne avec au menu carpaccio et gnocchis à la truffe. On peut aussi déguster steack et fruits de mer dans un autre restaurant, où l'on trouvera un bar élégant dont l'ambiance relève plus du jazz feutré que de la pop bruyante habituelle de Las Vegas. Le spa de l'hôtel propose des soins corporels à la boue et au champagne, ou un soin à l'huile de passiflore. Offrant un service impeccable, l'hôtel est un vrai délice malgré ses prix élevés. Meg Ryan, Reese Witherspoon et même Michael Jackson y ont trouvé un havre de paix dans une ville qui reste éveillée 24 heures sur 24. **RCA**

Le Grand Canyon

Lieu Arizona/Nevada, États-Unis
Site Web www.nps.gov/grca

C'est plus qu'un immense abîme, plus que le résultat de millénaires d'érosion et plus que l'un des plus beaux spectacles au monde. Tous les visiteurs du Grand Canyon en ressortent plus humbles. Qu'on le parcoure en voiture, à vélo, à cheval ou en raft sur ses eaux turbulentes, on y découvre la plus brute et la plus magnifique des natures. Il faut souligner la taille du canyon : long de 445 km, il mesure 1,6 km de profondeur et jusqu'à 29 km de large. Creusé par le fleuve Colorado, il se trouve principalement à l'intérieur du parc national du Grand Canyon – l'un des parcs nationaux les plus anciens des États-Unis, qui attire 5 millions de visiteurs par an, et l'une des attractions naturelles les plus populaires au monde.

On vient y contempler le paysage complexe et coloré de cette gorge faite de flèches et de falaises. On y observe la lumière changeante et les ombres qui s'avancent sur la roche. Le lever et le coucher du soleil constituent ici des événements d'ordre presque religieux. Les divers types d'accueil ne manquent ni à l'intérieur ni aux abords du parc, qui offre de plus toute une gamme d'activités. Certains visiteurs parcourent les sentiers, observent les corbeaux qui survolent les falaises et écoutent le rugissement des rapides loin en contrebas. D'autres préfèrent descendre dans le canyon à dos de mule. L'expérience la plus mémorable est peut-être la passerelle transparente qu'ont installée les Indiens Hualapai dans leur réserve. En forme de fer à cheval, ce cadre d'acier au sol et aux côtés en verre s'avance à 21 m au-dessus du vide. Les personnes sensibles s'abstiendront. **SH**

→ *La majesté intemporelle du Grand Canyon confère rapidement un véritable sentiment d'apaisement.*

Monument Valley

Lieu Utah/Arizona, États-Unis
Site Web www.navajonationparks.org

Ce coin fascinant du désert de l'Arizona semblera familier à quiconque a déjà vu un western, connaît les œuvres surréalistes de Max Ernst ou a lu *Moon Palace*, le roman de Paul Auster. Cette impression de déjà-vu est particulièrement forte au Goulding's Lodge, l'hôtel que fréquentait le metteur en scène John Ford. L'établissement possède une importante collection de DVD de westerns mise à la disposition de ses clients, qui peuvent ainsi redécouvrir *La Chevauchée fantastique* (1939) ou *La Prisonnière du désert* (1956) de John Ford.

Cela vaut la peine de prendre le temps d'observer les formes géologiques qui caractérisent l'endroit, notamment l'hiver, après la saison touristique : les deux Moufles, le haut Totem et l'arche de l'Oreille du vent ont souvent été filmés. Les buttes sont stratifiées, leur roche marquant l'éternité ; les flèches de pierre et les tours fines semblent fragiles, abîmées par les intempéries.

> *« S'il est un endroit ensorcelant qui vous cloue au sol [...] c'est bien celui-ci. »*
>
> *Los Angeles Times*

Monument Valley, qui fait partie du plateau du Colorado, doit ses rouges profonds à l'oxyde de fer contenu dans son grès fin, tandis que l'oxyde de manganèse produit des couches bleues, vertes et grises. Le Grand Canyon est proche et tout autour s'étend le territoire de la nation navajo ; Monument Valley est une attraction spirituelle et naturelle pour quiconque désire découvrir l'Ouest américain. **CM**

Le lac Powell

Lieu Utah/Arizona, États-Unis
Site Web www.lakepowell.com

Les écologistes et les anthropologues se sont fortement opposés dans les années 1960 au plan qui visait à établir un barrage sur le fleuve Colorado et à inonder le canyon Glen pour créer le lac Powell : cela revenait à remplir d'eau le Grand Canyon. Il serait pourtant difficile de nier la beauté saisissante du paysage artificiel ainsi créé. Des eaux cristallines turquoise reflètent les imposantes parois des canyons aux tons rouges qui s'élèvent au-dessus du lac, et sont ponctuées d'extraordinaires arches, de flèches et de buttes de grès ainsi que d'innombrables criques et plages sablonneuses. Le lac, qui s'étend sur 300 km dans le sud de l'Utah et le nord de l'Arizona, compte 3 220 km de rivages et 96 canyons latéraux inondés dont beaucoup ne sont accessibles que par bateau.

De fait, rien ne vaut un house-boat pour profiter de toutes les délices du lac. On peut en louer un aux marinas de Wahweap, Bullfrog et Antelope Point, et seul ce moyen de transport offre la possibilité de rechercher les coins les plus reculés où jeter l'ancre. Ces bateaux vont du modèle le plus luxueux, pouvant accueillir jusqu'à quatorze personnes, au plus rudimentaire n'offrant qu'un confort de base. Les sports aquatiques l'emportent ici au cours de l'été torride, mais la pêche est plus agréable d'avril à juin et d'octobre à novembre, une fois la température un peu rafraîchie. Le point d'ancrage le plus spectaculaire est situé près du monument national de Rainbow Bridge : haute de 88 m et large de 84 m, cette formation géologique évoquant un arc-en-ciel est le plus grand pont naturel au monde. **SG**

Baptisé en l'honneur de l'explorateur John Wesley Powell, le lac Powell totalise une longueur de rivages plus importante que toute la côte ouest américaine.

FOREVER HOUSEBOATS
ANTELOPE POINT MARINA 800 255 5561

Dunton Hot Springs

Lieu monts San Juan, Colorado, États-Unis
Site Web www.duntonhotsprings.com **Prix €€**

Nichée dans le massif de San Juan, ce romantique vieux village minier est désormais un lieu de villégiature qui offre une expérience originale. C'est là que selon la rumeur Butch Cassidy et Billy the Kid se sont cachés après leur attaque d'une banque de Telluride en 1889, et même si le site peut paraître endormi, rien n'est plus faux.

La profusion d'activités offertes satisfera le plus énergique des vacanciers : on peut partir à cheval découvrir des chutes d'eau tonitruantes et des lacs silencieux, randonner dans le désert, faire de l'héliski ou du scooter des neiges dans la plus pure des poudreuses, jouir d'une poussée d'adrénaline en rafting ou s'adonner à la pêche à la mouche dans la Wet Dolores. Logez dans un petit chalet en rondins, régalez-vous d'une cuisine biologique délicieuse dans un ancien saloon et laissez-vous dorloter dans un tipi où vous recevrez des soins corporels. Vous pouvez aussi bien entendu vous plonger dans les sources chaudes naturelles et thérapeutiques comme le faisaient les Indiens Ute il y a des milliers d'années.

Les environs abritent toute une gamme de sites fascinants, dont la Monument Valley et l'envoûtant Canyon de Chelly dans la réserve navajo, mais aussi, plus près, les vignes du canyon McElmo. Pourquoi ne pas réserver le village tout entier ? On peut le faire à l'occasion d'un mariage ou d'une réunion de famille et y loger jusqu'à 42 personnes. **LP**

Mii amo

Lieu Sedona, Arizona, États-Unis
Site Web www.miiamo.com **Prix €€**

Cette partie de l'Arizona réputée pour sa tendance New Age possède incontestablement quelque chose de spécial.

Mii amo, un immense spa situé dans le canyon Boynton, est surplombé d'une formation rocheuse creusée par le vent et baptisée Kachina Woman, la « femme Kachina ». Son personnel, son emplacement, les soins offerts et ses bâtiments méritent tous 10 sur 10. On y trouve seize maisonnettes et suites (la plus grande est la suite Mii amo), toutes dotées de patios et de vues sur le canyon. C'est l'endroit idéal pour ceux qui désirent redécouvrir leur intimité profonde et leur côté spirituel, restaurer leur énergie dans la grotte de cristal au cœur du spa, ou s'abandonner aux mains d'un masseur, la spécialité du lieu étant un massage aux cristaux minéraux de Sedona. Ici, les rêves se réalisent comme par magie.

Mii amo signifie « voyage » ou « parcours » en langue indienne locale, et le spa permet d'accéder à un nouveau niveau sur le plan physique et spirituel, que l'on consacre une seule journée à recevoir soins et massages ou à faire interpréter son aura, ou que l'on choisisse de rester sur place trois, quatre voire sept jours. On peut réserver un séjour dédié aux soins corporels, un autre plus sportif avec randonnées autour de Sedona, un séjour New Age influencé par la philosophie amérindienne avec séances en hutte de sudation, ou une combinaison des trois. **LD**

→ *Grâce à son style architectural, Mii amo se fond parfaitement dans la roche rouge de l'Arizona.*

Rancho de la Osa

Lieu désert de Sonora, Californie, États-Unis **Site Web** www.ranchodelaosa.com **Prix** €€

Aménagé dans une hacienda traditionnelle de l'Arizona datant de 1885, le Rancho de la Osa n'est qu'à un peu plus d'un kilomètre de la frontière mexicaine, dans le désert de Sonora.

Chic mais décontracté, c'est l'endroit idéal où, coiffé d'un Stetson et chaussé de bottes, on parcourra à cheval les lits asséchés des rivières, en se sentant l'âme d'un cow-boy. Les roses, jaunes et bleus électriques dont sont peints les édifices en pisé leur confèrent une atmosphère mexicaine distinctement moderne. Dans la fraîche cantina décorée de sombreros géants et de *piñatas* (sujets en papier mâché renfermant des friandises), des selles américaines montées sur tabourets attendent les clients. Après avoir chevauché dans la chaleur poussiéreuse à travers les terres que parcourut autrefois Geronimo, commander une Corona fraîche (comme a dû le faire John Wayne quand il séjournait ici) est un pur bonheur. Les muscles endoloris et la gorge sèche, on se cale contre le bar pour écouter les histoires de la patronne, les récits épiques des employés du ranch et la musique country presque obligatoire en ce lieu. Les jours de paresse, on se contentera de la piscine, des massages en chambre, et de la sieste, délicieusement incontournable. Les amateurs d'efforts plus soutenus s'adonneront à la randonnée, au VTT, à l'observation des oiseaux ou à celle d'un employé du ranch chassant les serpents à sonnette.

On dîne à l'intérieur de l'hacienda ou en terrasse, de saumon mariné au vinaigre balsamique ou de steak grillé. L'atmosphère des campements de cow-boys est présente sans que l'on doive sacrifier au confort.

La nuit, avant de rejoindre des chambres simples toutes de style différent, on doit absolument passer un moment à contempler les étoiles, spectacle qu'offrent quotidiennement les cieux purs du désert. **RCA**

L'une des dernières grandes haciendas, le Rancho de la Osa est dit-on l'édifice le plus ancien d'Arizona.

Le désert de White Sands

Lieu bassin de Tularosa, Nouveau-Mexique, États-Unis **Site Web** www.nps.gov/whsa

Bizarrement, le monument national de White Sands – un désert de sable blanc de 172 km² adjacent à la base militaire où l'on fit exploser la première bombe atomique en 1945 – est l'un des endroits les plus sereins au monde en dehors des heures de tir. La découverte paradoxale d'une telle tranquillité près d'un lieu de destruction accentue la beauté du lieu.

Au plus chaud de la journée en été, quand la température atteint régulièrement 40 °C, la blancheur des dunes ondoyantes menace de vous aveugler complètement. Quand le soleil se glisse derrière le massif de San Andreas au loin, le site est baigné d'une mystérieuse lumière rose. La nuit, la vie foisonne grâce à la présence de 210 espèces d'oiseaux, 44 de mammifères et 26 de reptiles, sans compter les amphibiens et les insectes qui sortent jouer dans les dunes. Lézards, oryx, tortues, lynx et rats-kangourous laissent dans le sable tout un labyrinthe de traces révélant les activités de la nuit précédente.

Pour comprendre l'histoire fascinante et la géographie de la région, on visitera le musée situé au bord de l'Autoroute 70. Ce désert constitue le plus grand champ de dunes de gypse au monde, haut de 1 200 m. On peut effectuer une boucle en voiture autour du désert et s'arrêter pour fouler le sable à la blancheur virginale. Lorsque le soleil commence à baisser à l'horizon, attention à ne pas vous laisser surprendre par le fantôme de Manuela, beauté du XVIe siècle qui, selon la légende, parcourt les dunes à la recherche de son amant et fiancé, le conquistador Hernando de Luna, mort en combattant les Apaches dans le sable.

Milieu aux conditions extrêmes, White Sands s'avère onirique. Ces magnifiques dunes immaculées pourraient appartenir à une autre planète. **RCA**

↑ *Ses douces dunes blanches et son profond silence font du site de White Sands une destination à la tranquillité surnaturelle.*

Ranch de Cibolo Creek

Lieu près de Presidio, Texas, États-Unis
Site Web www.cibolocreekranch.com **Prix €€**

On quitte le XXIe siècle pour retrouver l'époque des pionniers dans ce vaste domaine de 14 975 ha, un ranch agencé à partir de forts de cavalerie du XIXe siècle, dans les montagnes texanes juste au nord de la frontière mexicaine. Les forts de pisé et de peuplier furent à l'origine construits par un magnat de l'élevage bovin comme système de défense contre les Indiens. Désormais soigneusement restaurées, leurs chambres luxueuses débordent de meubles anciens et de détails décoratifs locaux tels que carreaux en terre cuite au sol, poutres au plafond, lampes anciennes, couvertures mexicaines et cheminées, mais on n'y trouve ni télévision ni téléphone. Les forts ont été classés monuments historiques.

Cibolo Creek ne manque pas non plus d'intérêt géographique : dans ce domaine isolé on atteint 1 830 m d'altitude, plus spécifiquement dans les monts Chinati et Cienega proches des canyons du parc national de Big Bend. La région est riche en animaux, dont des couguars, des antilopes et des cerfs, et en paysages intéressants, que ce soient des pics et falaises de granit rouge, des déserts poussiéreux ou de luxuriants vergers qu'alimentent des sources. On découvre ici une cuisine de qualité d'inspiration mexicaine ainsi que des piscines, un spa et un gymnase. Ce n'est certainement pas un faux ranch pour touristes, car on y élève du bétail à longues cornes, des chevaux et des bisons.

La plupart des visiteurs découvrent ici un parfait équilibre entre repos et aventure. On peut participer à toute une gamme d'activités de plein air (équitation, natation, pêche, randonnée, chasse et conduite tout-terrain) mais on peut aussi s'abandonner simplement au farniente. **SH**

Hôtel Lajitas

Lieu Badlands du Texas, États-Unis
Site Web www.lajitas.com **Prix €€**

Quand on arrive à Lajitas après avoir traversé la majorité du Texas en voiture, on se sent à des milliers de kilomètres de toute civilisation. Cet ancien avant-poste autrefois fréquenté par Pancho Villa et les Comanches est situé sur le légendaire Rio Grande, à la frontière mexicaine, à plus de 450 km de la grande ville américaine la plus proche. L'hôtel possède son propre terrain d'aviation pour accueillir les jets privés.

Les Badlands (« mauvaises terres ») du Texas constituent un paysage dépouillé mais parsemé de figuiers de barbarie et d'ocotillos, et les oueds asséchés qui le creusent abritent coyotes, couguars et serpents à sonnette – on est ici en terre de cow-boy. L'ancien comptoir de commerce est devenu un lieu de villégiature luxueux dont le spa offre des soins du désert, le restaurant gourmand, une cuisine de cow-boy, qu'elle soit mexicaine ou à base de crotale, et dont le parcours de golf est « international ».

« Le Texas est une nation [...] Un Texan se sent étranger en dehors du Texas. »

John Steinbeck, écrivain

On peut faire du canoë, monter à cheval, s'entraîner au tir avec le shérif local et l'on sera peut-être récompensé par un petit déjeuner de cow-boy en plein air sur le plateau de Stargazer Mesa. Et déguster une bière au Thirsty Goat (« chèvre assoiffée »), un saloon bordé de vieux trottoirs en bois. **RCA**

La plantation d'Oak Alley

Lieu près de La Nouvelle-Orléans, Louisiane, États-Unis
Site Web www.oakalleyplantation.com **Prix** €€

À 65 km seulement de La Nouvelle-Orléans, on se retrouve au pays des plantations : de majestueuses demeures se dressent dans un vaste paysage où les marais ainsi que des hectares de canne à sucre et de verdure recouvrent les berges du Mississippi. Les plantations fondées à la fin du XVIIIe siècle fonctionnent encore aujourd'hui, et il est presque obligatoire de visiter la plus ancienne, Destrehan, ou la plus grande, Nottaway. On peut même loger à l'extraordinaire plantation d'Oak Alley, qui, restaurée, a retrouvé son ancienne gloire. Cette demeure aux piliers blancs semble sortie tout droit d'une saga sudiste. Fondée en 1839, elle a été surnommée la « Grande Dame de la route du Grand Fleuve ». La nuit, les jardins paraissent surnaturels et l'on peut presque y apercevoir le fantôme de Scarlett O'Hara flotter dans la brume le long de l'ancienne allée de chênes qui donne son nom au domaine, même si les plus sceptiques y verront plutôt un tatou, animal d'un naturel timide.

On peut dormir dans l'un des petits cottages en bois dotés de terrasses et de portes avec moustiquaire : c'est là que logeaient autrefois les ouvriers. On y sirotera un *mint julep* (whisky glacé à la menthe), en regardant le soleil se coucher. Le restaurant de la plantation est ouvert au déjeuner ; en soirée l'affaire se complique. Les villages de la région abritent certes de nombreuses églises baptistes, mais les rares restaurants ferment à 19 heures. Heureusement, le personnel accueillant d'Oak Alley offre un copieux petit déjeuner, formé d'œufs, de bacon et de polenta. L'hospitalité du Sud américain n'est pas un mythe. **RCA**

Soniat House

Lieu La Nouvelle-Orléans, Louisiane, États-Unis
Site Web www.soniathouse.com **Prix** €€

Malgré les événements tragiques de l'ouragan Katrina, La Nouvelle-Orléans demeure une destination incontournable. Fière de son patrimoine multiculturel auquel elle doit sa magnifique architecture, sa cuisine créole exotique, son folklore vaudou et son jazz omniprésent, la ville déborde de caractère. Connue pour son atmosphère festive, notamment à l'époque de Mardi gras, elle possède aussi un côté plus paisible, avec ses charmantes rues résidentielles aux édifices ornés de très jolis balcons, semblant drapés de dentelles de fer.

Le quartier français est un labyrinthe de boutiques qui vendent de tout, des souvenirs pour touristes aux bijoux anciens et œuvres d'art, voire parfois des articles vaudous. Soniat House, dans Chartres Street, est suffisamment reculée pour qu'on y évite la foule juste à quelques minutes à pied des attractions principales. Sa façade ocre orangé ne laisse pas deviner qu'à l'intérieur se trouve un hôtel de charme constitué de trois maisons créoles des années 1830. Chaque chambre est unique. Des lits à baldaquin et des meubles anciens se marient à d'autres, plus contemporains, pour une atmosphère merveilleusement originale. Le patio intérieur où poussent les hedychiums, magnolias et hibiscus est une oasis de fraîcheur. **RCA**

« Soniat House respire l'élégance de la vieille Europe… »

Magazine *Time*

The Setai

Lieu Miami, Floride, États-Unis
Site Web www.setai.com **Prix** €€€€

Les murs sont en briques noires et grises originaires de Shanghai, des dalles de granit dessinent un sentier sur le sol recouvert d'une fine nappe d'eau, et l'on a posé ici et là une statue khmère importée du Cambodge et des objets de jade provenant d'un marché chinois. On pourrait se croire dans un hôtel chic d'Asie du Sud-Est, mais on se trouve au Setai, au centre de Miami Beach.

L'hôtel abrite de nombreux recoins où se détendre en observant les passants, que ce soit le bar du vestibule, où l'on dégustera un Martini chili passion, près de la cuisine ouverte du restaurant ou au bar de la plage, dans ses sièges très recherchés près de l'une des trois piscines. Les chambres, réparties dans tout le bâtiment (qui a vu le jour dans les années 1930 en tant qu'hôtel Dempsey Vanderbilt), sont des cocons de confort et même les studios « ordinaires » sont dotés de baignoires de granit noir et de douches à effet de pluie, de machines à café et de rideaux en soie.

Les plus grandes des suites de cette tour de 42 étages sont dignes d'un palais, et l'on découvre des vues ensorcelantes sur l'Atlantique depuis leurs balcons privés. De toute évidence, la *penthouse* dépasse toutes les attentes, avec ses chambres, son studio d'enregistrement conçu par Lenny Kravitz, sa cave à vins privée et sa gigantesque terrasse avec piscine qui invite à faire la fête. **LP**

Le Setai, dont le style mêle zen et Art déco, est paisible et reposant – mais l'agitation de South Beach n'est qu'à quelques pas.

Hôtel Sanctuary

Lieu Miami, Floride, États-Unis
Site Web www.sanctuarysobe.com **Prix €€**

South Beach, la plage de Miami, est connue pour bien des choses mais traditionnellement pas pour sa tranquillité. Cela a changé avec l'inauguration de l'hôtel Sanctuary, moderne et hyperluxueux – et étonnamment peu onéreux. Il évoque un mélange de zen et de design scandinave.

L'hôtel est agencé autour d'un patio découvert qui abrite une multitude de petites fontaines encerclées de bambou. Les 31 chambres sont modernes mais apaisantes, dotées de cuisines italiennes dernier cri, de bains à remous, de réfrigérateurs bien garnis et, dans certains cas, de douches à vapeur. Comme on est à Miami, un minimum d'hédonisme est requis. Dans le cas du Sanctuary, cela se traduit par un petit bar sur le toit relativement animé le week-end et par une piscine à débordement près de laquelle on prend plaisir à traîner.

« Presque trop décontracté pour qu'on puisse le décrire... »

The New York Times

Le restaurant italien de l'hôtel, Sugo, est l'un des endroits branchés de Miami, et le spa est le lieu idéal où prendre soin de son corps. Les clients de l'hôtel bénéficient de différents services : on peut venir les chercher en Bentley, leur trouver un compagnon de jogging ou un avion privé. **PS**

The Standard

Lieu Miami, Floride, États-Unis
Site Web www.standardhotels.com **Prix €€**

The Standard de Miami est situé dans un quartier résidentiel étonnamment paisible, Belle Isle. Cet hôtel-spa de style scandinave respire la sérénité. Comme lieu de détente, il est à la fois très apaisant et très original, la partie réservée à l'hydrothérapie faisant sa fierté. Il y a un bassin de tranquillisation, un Jacuzzi, et une piscine avec chute d'eau de 3,6 m de haut. Dans la piscine sonore, exempte de chlore, des haut-parleurs immergés jouent de la musique choisie par un DJ. On trouve aussi sur place un hammam, un sauna aromatique, un autre en cèdre, un Jacuzzi avec fontaine romaine, et des bains de boue – l'un des plus grands défis du lieu doit être de ne pas se mouiller. Encore un peu stressé ? Réservez une séance d'acupuncture.

La gastronomie occupe aussi une place importante au Standard. Le restaurant offre un petit déjeuner avec fruits frais et œufs de ferme biologiques ; le restaurant-gril, propose un menu santé aux accents méditerranéens, tandis que le troisième restaurant de l'hôtel sert des plats de poisson aromatisés aux herbes. La vision de l'architecte se devine dans d'innombrables détails : si les sols de mosaïque de marbre blanc et les ascenseurs en acier existaient déjà, il a ajouté des rocking-chairs, des meubles danois anciens, des appliques et tables roulantes. Les chambres sont branchées et minimalistes, décorées de bois blond, de blancs immaculés, de tons sablonneux et d'équipements dernier cri.

Le résultat est à la fois enchanteur et loufoque : la culture du bien-être mariée à un confort original, le tout présenté avec un brin d'ironie. **PS**

Piscine vénitienne à Miami

Lieu Miami, Floride, États-Unis
Site Web www.venetianpool.com **Prix €**

La piscine vénitienne (classée monument historique) est un extraordinaire témoignage de l'histoire de Miami. Toujours en activité, elle offre une merveilleuse escapade au cœur de la ville. Une fois que l'on a dépassé les grilles d'entrée en fer forgé, on se retrouve dans une ère révolue à l'architecture fantasque.

Ancienne carrière de corail d'où a été extraite la pierre utilisée pour la construction de Coral Gables, quartier excentré de Miami, dans les années 1920, le site a été transformé en piscine inspirée des lagons vénitiens. 3 millions de litres d'eau de source (et une imagination débordante contribuent à créer cet havre de paix de style méditerranéen.

« Pour une baignade à nulle autre pareille, visitez la piscine vénitienne de Coral Gables. »

South Florida Sun-Sentinel

La piscine est entourée d'édifices de style espagnol, d'un jardin tropical et d'une grotte taillée dans le corail. Il y a aussi une véranda emplie de palmiers nains et un plongeoir ménagé dans la roche. Promenez-vous parmi les oiseaux du paradis, fuchsias et bougainvillées, puis traversez le pont vénitien pour découvrir une île artificielle et ses cocotiers se balançant dans la brise. On aperçoit partout des voûtes latines et des fontaines au milieu de fougères et de fleurs. Après un programme de restauration de plusieurs millions de dollars en 1989, on peut à nouveau jouir de cet univers fantastique tel qu'il a été conçu à l'origine. **SH**

Little Palm

Lieu Little Torch, Floride, États-Unis
Site Web www.littlepalmisland.com **Prix €€**

La Floride a beaucoup à offrir, depuis son climat toujours agréable qui lui a valu son surnom d'« État du soleil » à ses îles splendides de type caribéen. Si l'on recherche avant tout l'intimité, on préférera séjourner au Little Palm Island Resort sur l'île de Little Torch. L'hôtel, qui semble à des milliers de kilomètres de toute civilisation (il n'est accessible que par bateau ou par hydravion) est un lieu paisible où règne l'élégance désinvolte. On loge dans des bungalows au toit de palmes qui dégagent une atmosphère coloniale avec leurs lits protégés de moustiquaires, leurs textiles aux imprimés animaliers et leurs salles de bains luxueuses. Il y a même une douche à l'extérieur pour une séance de nettoyage en plein air.

L'atmosphère rappelle plus Bali que la Floride. On passe la journée près de la piscine, sur la plage bordée de palmiers ou simplement dans un hamac. Si les environs semblent paisibles, les activités ne manquent pas : on peut s'essayer à la plongée sous-marine ou au kayak parmi les palétuviers, voire prendre l'un des bateaux de l'hôtel pour explorer les îles voisines.

Parmi les délicieux plats proposés, on peut citer un tartare de thon, des côtelettes d'agneau au romarin et un risotto aux crevettes. Le petit déjeuner est tout aussi succulent avec ses œufs à la bénédictine, son homard, son saumon fumé et ses incroyables pâtisseries.

Les petits cerfs qui vivent dans ces îles circulent librement dans le domaine, et le soir ils viennent même jusqu'à votre table pour y voler du pain. **RCA**

Jules' Undersea Lodge

Lieu Key Largo, Floride, États-Unis
Site Web www.jul.com **Prix €€**

Dans l'« hôtel sous-marin de Jules », endroit unique au monde, on peut contempler les poissons en train de nager de l'autre côté de la vitre. L'endroit était à l'origine un laboratoire, au fond du lagon Emerald dans le parc sous-marin de Key Largo, en Floride, où l'on étudiait la plate-forme continentale située au large de Porto Rico. Deux océanographes décidèrent de transformer le laboratoire en hôtel, qu'ils baptisèrent en l'honneur de Jules Verne.

L'hôtel accueille en général deux couples, même si six personnes peuvent y loger. Son accès n'est pas des plus simples. On doit tout d'abord plonger à 6 m de profondeur – on n'a pas besoin d'être un plongeur expérimenté pour cela : en trois heures à peine, le personnel du Jules peut vous enseigner tout ce que vous aurez besoin de savoir. Les couples peuvent même se marier ici – un fonctionnaire plongera alors pour la cérémonie.

La literie, disons-le, n'est pas très romantique. Les couettes et taies d'oreiller ont un thème sous-marin et des poissons en peluche sont disponibles pour ceux qui auraient oublié leur nounours. Ce refuge sous-marin a cependant attiré un nombre non négligeable de célébrités, dont Pierre Trudeau, l'ancien Premier ministre du Canada, Steve Tyler, du groupe de rock Aerosmith, et Jon Fishman du group Phish au nom prédestiné.

Les poissons constituent l'attrait principal de l'hôtel. En se réveillant le matin, on se retrouve nez à nez avec des anges de mer, poissons-perroquets, barracudas et vivaneaux. **PE**

Islamorada

Lieu Islamorada, Florida Keys, États-Unis
Site Web www.casamorada.com **Prix €€**

On dépasse la première île des Florida Keys – Key Largo – pour faire escale à Islamorada, la paisible « île violette » dépourvue de prétention. Le plus élégant de ses hôtels, Casa Morada, a été établi par des hommes d'affaires qui désiraient s'échapper dans les îles et y trouver un hôtel de charme à l'ambiance caribéenne chic. Avec la musique reggae qui flotte dans l'air, un décor blanc et de hauts palmiers, l'endroit est entièrement tropical. Dans la chambre règne aussi une simplicité sophistiquée. La minuscule île artificielle de l'hôtel, recouverte de sable blanc, abrite une splendide piscine et un bar confortable où les clients se réunissent le soir. Un petit déjeuner copieux (bagels, muffins, gâteau et fruits) permet de démarrer la journée en beauté avant de s'étendre dans un hamac ou de partir à la pêche au gros à la recherche de thazards bâtards, thons et requins-pèlerins. Après tout, Islamorada est la « capitale mondiale de la pêche sportive ».

> *« Respire la sérénité et l'élégance dans une région où la sérénité ne manque pas mais l'élégance fait souvent défaut. »* ***The New York Times***

On peut aussi explorer la barrière de corail qui longe les 177 km des Keys ou suivre la route pittoresque qui conduit à Key West, une merveille d'ingénierie du début du XXe siècle avec ses 43 ponts dont un de 11 km de long. **RCA**

Contempler le coucher de soleil est la meilleure façon de terminer une journée à Islamorada.

NO
FISHING

Le volcan Haleakala

Lieu Maui, Hawaï, États-Unis
Site Web www.nps.gov/hale

Paradis des surfeurs, Maui a beaucoup à offrir, entre excursion en hélicoptère ou à cheval, plongée sous-marine en compagnie de tortues et de requins, et même descente à vélo d'un volcan de 3 050 m d'altitude. Le Haleakala se dresse dans le parc homonyme de 11 595 ha ; les premiers Hawaïens lui ont donné ce nom qui signifie « maison du soleil » car ils pensaient que l'astre se levait spécifiquement derrière ce pic. Pour le meilleur panorama possible, montez jusqu'au sommet où l'on découvre un cratère de 3,2 km de large et de près de 800 m de profondeur, sur lequel flottent des nuages blancs cotonneux. Pour ceux qui font l'ascension du volcan à vélo, le plus amusant est de redescendre les 45 km d'asphalte tortueux au retour. Les lève-tôt peuvent rejoindre un groupe organisé pour atteindre le sommet au lever du soleil, mais il faut pour cela qu'ils parviennent à respecter l'horaire du départ : 2 h 30 du matin environ. Pour s'assurer d'un peu de solitude au sommet, on peut tenter l'aventure seul un dimanche – jour de repos des agences touristiques – et éviter la saison des lunes de miel (printemps et automne). **RCA**

« Le paysage est si immense, que l'œil a du mal à en saisir l'échelle ou les dimensions. »

U.S. National Park Service

→ *Le paysage de Maui est surnaturel : les astronautes s'y sont entraînés avant de marcher sur la Lune en 1969.*

Détente à Hana

Lieu Maui, Hawaï, États-Unis **Site Web** www.hanamaui.com/ **Prix €€**

L'île de Maui possède toutes sortes d'attraits dont le surf n'est pas le moindre. Pour échapper à la foule, on préférera rejoindre la tranquille Hana, dans la partie orientale de Maui.

La route qui y mène en suivant la falaise est longue de 84 km et célèbre pour ses virages, 600 pour être plus précis, et ses 54 ponts ; les timorés s'abstiendront. Elle n'est pas seulement touristique : des falaises spectaculaires, des fleurs tropicales luxuriantes et un air parfumé en font un parcours grisant. On est récompensé de ses efforts en arrivant à Hana, lieu paisible s'il en est, à des milliers d'années-lumière de la partie plus touristique de Maui. De fait, on n'y trouve pas grand-chose, exception faite de quelques villas privées appartenant à des célébrités américaines et le Hana-Maui Resort, un hôtel de luxe au cœur de la ville, à côté de l'école, de l'église et de la bibliothèque. On passe la journée à surfer, nager ou randonner dans la dense forêt tropicale. Le soir, le bar et le restaurant de l'hôtel sont les deux seuls lieux où se réunir. Les pittoresques bungalows hawaïens du complexe hôtelier surplombent le rivage sauvage du Pacifique et se fondent dans la nature. Les alizés remplacent ici la climatisation, mais que l'on se rassure : les bungalows sont équipés de tout le confort moderne, dont une baignoire encastrée et un mini-bar, sans oublier le délicieux café de la région et des biscuits. L'hôtel offre toutes les installations possibles pour un farniente délicieux : piscine chauffée, gymnase avec vue incomparable sur le Pacifique, bain à remous à l'extérieur, sans oublier le spa dont la philosophie est qu'un parfait équilibre et une excellente santé proviennent de la nature : cela correspond parfaitement à Hana, lieu de bien-être et de régénération chez les Hawaïens. **RCA**

Les différentes merveilles naturelles de Hana-Maui apaisent même les plus stressés.

La plage de Honopu

Lieu Kauai, Hawaï, États-Unis **Site Web** www.kauai-hawaii.com

La seule manière officielle de parvenir à la plage de Honopu est la nage. Inaccessible par la terre ferme mais d'une magie presque inconcevable, ce joyau a constitué le décor de nombreux films dont *King Kong*, *Les Aventuriers de l'Arche perdue* et *South Pacific*.

Deux larges plages dorées que ne flanquent que d'abruptes falaises et les eaux turquoise enchanteresses du Pacifique sud sont reliées par une colossale arche en pierre sculptée dans la falaise devant laquelle une cascade tombe en un rideau scintillant. Située sur la côte de Na Pali à la végétation dense, la plage de Honopu est un don de la nature aux aventuriers. Au-dessus des falaises vertigineuses, un terrain encore plus inhospitalier vous attend : ce sont les derniers vestiges de la jungle légendaire qui protégeait la plage jusqu'à ce qu'un ouragan l'emporte en 1962. Cette forêt impossible à traverser est pense-t-on le dernier endroit où vivent les Mehuens, indigènes qui valent à cette jungle d'être surnommée la vallée de la tribu perdue. Honopu est l'un des secrets les mieux gardés des tropiques luxuriants de Kauai, la plus ancienne des îles hawaïennes. Elle doit à l'activité volcanique son terrain spectaculaire fait de falaises verticales, de jungle, d'intérieurs émeraude de chutes d'eau, torrents et cours d'eau. La fraîcheur des montagnes est particulièrement agréable après la chaleur de la côte.

On pense que la plage de Honopu était un lieu de sépulture sacré pour la noblesse hawaïenne. Aujourd'hui, on peut y explorer le plus riche des milieux sous-marins du Pacifique, dans un isolement splendide qui facilite la méditation et l'émerveillement face aux dons de la nature. **VG**

On chausse ses palmes pour rejoindre à la nage la plage de Honopu à l'isolement étonnant.

Camp Baja

Lieu Isla di Espiritu Santo, Mexique
Site Web www.bajacamp.com **Prix €€**

Ce camp écologique constitué de tentes luxueuses est situé sur une plage reculée d'une île virginale de la mer de Cortez, au Mexique, à une heure de bateau de La Paz. Les grandes tentes pouvant abriter jusqu'à dix personnes sont équipées de lits, de linge doux et de douches chaudes. La plus grande d'entre elles sert de salle à manger et de salon où l'on s'enfonce dans de confortables fauteuils, un margarita à la main, pour contempler le coucher du soleil.

Une cuisine mexicaine et méditerranéenne y est offerte, et ses plats de poissons et de crustacés sont particulièrement délicieux. On se régalera d'une immense variété de fruits tropicaux le matin, et le soir

« La vie sous-marine est si riche que Jacques Cousteau appelait ce lieu "l'aquarium du monde". »

The Independent

on goûtera les vins chiliens et californiens qui accompagnent le dîner. On peut nager en compagnie d'otaries, plonger pour admirer des raies cornues, requins et bancs de poissons colorés aux mouvements vifs, ou encore partir explorer les criques des alentours en kayak. On peut pêcher dans les canots du camp ou s'essayer à la pêche au gros en traquant marlins, thon, thazards bâtards, limandes à queue jaune et coryphènes. Un séjour dans ce camp (qui n'est ouvert que de juin à septembre) s'avère toujours trop court. **AD**

⇥ *Le nombre de visiteurs est limité au camp Baja.*

L'Esperanza

Lieu Los Cabos, Mexique **Site Web** www.esperanzaresort.com **Prix €€**

Dès l'arrivée dans ce luxueux hôtel, on se voit offrir un massage de la tête et du cou. Surplombant la mer de Cortez et le Pacifique au milieu d'un décor naturel époustouflant, l'Esperanza Resort est constitué de 50 *casitas* (bungalows) et six suites luxueuses éparpillées sur 7 ha.

De l'extérieur, l'endroit ressemble à un village mexicain dont les maisonnettes seraient reliées aux installations hôtelières par des sentiers pavés traditionnels. Les intérieurs sont indubitablement élégants, décorés d'œuvres d'art mexicaines, de meubles artisanaux et de linge italien. De nombreuses *casitas* sont pourvues de grandes terrasses avec vue sur l'océan, et l'intérieur est pourvu de tout le confort moderne. Les six villas de luxe, certaines situées sur une plage privée, bénéficient de dimensions plus importantes ainsi que de piscines privées et des services d'un majordome.

On peut dîner face à la mer, à la terrasse du restaurant d'inspiration méditerranéenne creusé dans les falaises. Chaque table y jouit d'une vue panoramique. Le bar, qui sert des en-cas et hors-d'œuvres, propose une longue carte d'alcools et de cigares. Avec un choix de plus de 100 tequilas, une visite nocturne peut s'avérer dangereuse, mais l'abondance d'activités offertes remédiera rapidement à ses effets le lendemain.

On peut aller observer les baleines ou monter dans une embarcation à fond transparent, ou encore pêcher, faire du surf, de la plongée sous-marine et de la planche à voile. Tout cela ne vous dit rien ? Promenez-vous en compagnie d'un guide dans le désert et le long des plages isolées, jouez au tennis, au golf ou montez à cheval. On peut aussi simplement profiter d'un des nombreux massages qu'offre le spa. **PS**

↑ *Le spa offre des massages thérapeutiques et des soins revitalisants.*

Las Ventanas al Paraíso

Lieu Los Cabos, Mexique **Site Web** www.lasventanas.com **Prix €€€**

Située aux confluents de la mer de Cortez et de l'océan Pacifique, la région offre aux visiteurs de nombreuses plages paradisiaques. C'est aussi l'endroit idyllique pour tous les amateurs de pêche et d'activités aquatiques. Véritable complexe touristique, Los Cabos englobe Cabo San Lucas où se développe un tourisme de masse et San José del Cabo, refuge des amateurs d'une nature plus authentique.

Las Ventanas al Paraíso, situé à San José del Cabo, est un superbe hôtel où tout est conçu pour rendre le séjour de ses clients mémorable. Fréquenté par de nombreuses vedettes, telles Jennifer Lopez ou Jessica Simpson, qui n'ont cesse de vanter la beauté du lieu, Las Ventanas est entièrement dédié à *la buena vida*.

Le xéropaysagisme (l'art du jardinage en climat désertique) s'applique tout naturellement à cette région du Mexique habituée au luxe : un parcours de golf de 18 trous serpente autour du complexe hôtelier avant de rejoindre le paysage désertique vallonné. Ce dernier, parsemé de cactus, est mis en valeur par une série d'époustouflantes piscines à débordement qui semblent lécher la mer de Cortez bleu saphir, et les basses villas du complexe, blanchies à la chaux, occupent un pan généreux du littoral de Los Cabos. Des jumelles permettant d'observer le défilé annuel des baleines, jusqu'aux romans offerts aux clients avant même leur sortie en librairie, on a pensé à tout ici. Les plus romantiques peuvent même monter un étalon blanc pour faire leur demande en mariage sur la plage. Que demander de plus ? **TM**

Le style architectural méditerranéo-mexicain reflète la situation géographique de cet hôtel exceptionnel construit au milieu du désert.

Le canyon du Cuivre

Lieu Chihuahua, Mexique
Site Web www.evaneos.com/mexique/itineraires

Le canyon du Cuivre, situé dans la sierra Madre dans l'État du Chihuahua, constitue le plus grand réseau de canyons au monde. Ce labyrinthe comprend six canyons, tous reliés les uns aux autres, l'ensemble dépassant en taille et en profondeur le Grand Canyon aux États-Unis. Ce paysage extraordinaire fait de falaises abruptes, de chutes d'eau et de grottes est particulièrement indiqué pour la randonnée. Le nom du canyon provient des lichens couleur cuivre qui y poussent.

Les Tarahumaras, des Indiens semi-nomades, se réfugièrent ici après l'arrivée des explorateurs espagnols au XVIe siècle et y habitent toujours. C'est aussi le cas de missionnaires jésuites et de mennonites, qui y ont établi plusieurs villages.

Pour rejoindre le point de départ de la randonnée, on prendra l'*El Fuerte*, un train qui emprunte l'une des lignes ferroviaires les plus excitantes au monde. On y jouit de vues extraordinaires tout en franchissant 37 ponts, en dépassant d'imposantes falaises et parois de canyon, et en traversant 86 tunnels. On peut effectuer de nombreuses randonnées d'une journée dans la région, que ce soit autour du canyon, sur un sentier qui le surplombe, ou au fond. De nombreux guides s'offrent à vous accompagner pour une randonnée d'une semaine ou plus. Les sentiers accidentés vous entraînent au plus profond de la gorge, et vous pourrez même avoir la chance de découvrir la vie des Indiens Tarahumaras. Ces randonnées offrent la possibilité d'apercevoir une nature à l'état vierge et de profiter des vastes panoramas. **LD**

Le canyon du Cuivre est accessible aux marcheurs et randonneurs de tous niveaux.

Le Palmilla

Lieu Los Cabos, Mexique
Site Web www.oneandonlyresorts.com **Prix €€€**

Le Palmilla, situé entre San José del Cabo et Cabo San Lucas à la pointe méridionale de la Basse-Californie, est l'hôtel balnéaire chic par excellence. C'est son emplacement extraordinaire, à l'endroit où la mer de Cortez rejoint l'océan Pacifique dans le détroit de Los Cabos, qui en fait un lieu unique au monde.

Son ambiance incite à la détente la plus totale. Entourées de fleurs exotiques, les chambres sont pourvues de balcons ou terrasses avec divan : idéal pour faire la sieste face à la mer. On y dispose aussi d'un télescope pour admirer les baleines ou les étoiles. Le Palmilla, inauguré en 1956, fut tout d'abord un petit hôtel de pêcheurs qu'appréciaient John Wayne et Bing Crosby. Aujourd'hui, on aura plus la chance d'y croiser Demi Moore ou John Travolta. C'est une oasis de luxe dotée d'un spa de premier ordre, de jardins merveilleusement soignés et d'un parcours de golf, même si l'on peut toujours préférer à ces activités une pêche au gros extraordinaire. **LP**

« L'un des complexes hôteliers les plus chic de la région [. . .] doté de piscines à débordement. »

The New York Times

Les fontaines en pierre, les murs blanchis à la chaux et les portes en fer forgé rappellent le vieux Mexique.

Hotelito Desconocido

Lieu Jalisco, Mexique
Site Web www.hotelito.com **Prix €€€**

Situé au milieu d'une immense réserve pour oiseaux et tortues, dans les zones humides situées entre la sierra Madre et le Pacifique, l'Hotelito Desconocido est un paradis pour les amoureux de la nature. Dans une atmosphère presque ensorcelée, les clients sont amenés en canot jusqu'à leur hutte sur une plage ponctuée de cactus.

Les chambres colorées sont simples mais parfaitement charmantes. Dépourvues d'électricité, elles sont seulement équipées d'une douche, d'un lavabo et de toilettes ainsi que d'un lit protégé par une moustiquaire. On peut s'adonner au farniente dans des hamacs à l'ombre ou sur la plage longue de 65 km où, au crépuscule, de petites tortues tout juste écloses rejoignent la mer. La cuisine de l'hôtel est simple, saine et délicieuse.

Le soir venu, on signale avec sa lampe de poche qu'on a besoin de traverser l'estuaire pour rejoindre El Cantarito, restaurant au décor extraordinaire où l'on dînera aux chandelles. Sirotez une bière fraîche ou un margarita tout en discutant au bar, ou lancez-vous dans une partie de billard sous une lumière tamisée. La nuit, le personnel de l'hôtel allume des dizaines de petites bougies qui scintillent dans le noir, et l'on peut hisser un drapeau près de la fenêtre de sa hutte pour indiquer qu'on aimerait se faire livrer du café mexicain et des biscuits avant le petit déjeuner. C'est une manière de faire originale et romantique.

Le village le plus proche est à plusieurs kilomètres, mais c'est là tout l'attrait du lieu : l'Hotelito garantit la plus douce des solitudes. Pas étonnant que Madonna, Mick Jagger et Quentin Tarantino y aient tous trouvé refuge. **RCA**

Location de villa à Cuixmala

Lieu Jalisco, Mexique
Site Web www.cuixmala.com **Prix €€**

Cuixmala est un complexe hôtelier très couru dont les villas luxueuses sont nichées au sein d'une réserve naturelle de 10 117 ha bordée de plages dorées. C'est un sanctuaire privé à plus d'un titre. On y vient pour se vider la tête, paresser sur des plages désertes et se sentir proche de la nature. On pourra ensuite découvrir les oiseaux et animaux de la réserve, des jaguars et tortues de mer aux zèbres et antilopes exotiques.

Casa La Loma, la plus importante des villas, est surmontée d'un dôme aux rayures jaunes et bleues. Rappelant un château, elle bénéficie d'une vue sur la plage déserte de Costa Alegre et le Pacifique. Quatre autres villas sont dotées d'un décor somptueux mêlant éléments mexicains et européens, cependant que les neuf confortables *casitas* (bungalows) se partagent une piscine, un club-house et un restaurant. Partez explorer à cheval la ferme biologique, les vergers d'agrumes, les fourrés de manguiers et de papayers ainsi que d'innombrables plages. Certaines d'entre elles se prêtent parfaitement à la plongée avec masque et tuba ou au kayak, d'autres sont pourvues de hamacs à l'ombre de cocotiers pour échapper au soleil. Délectez-vous d'un pique-nique sur la plage, suivi d'une excursion en bateau de l'autre côté de la lagune pour y admirer le coucher de soleil et apercevoir des dauphins et des baleines. On finira la journée avec un margarita bien frais. La cuisine biologique que l'on y sert est à base de produits du ranch ou de la ferme située sur le plateau. **AD**

La magnifique Casa La Loma était autrefois le refuge tropical de l'industriel franco-britannique James Goldsmith.

Quinta Real

Lieu Zacatecas, Mexique
Site Web www.quintareal.com **Prix €€**

Construit dans les plus anciennes arènes d'Amérique du Nord, celles de San Pedro (mais il y a 34 ans qu'une corrida ne s'y est plus déroulée), Quinta Real jouxte un aqueduc du XVIe siècle. L'hôtel est particulièrement réputé pour sa cuisine raffinée et son fantastique service.

À l'intérieur, de grandes salles de réception et un décor de style colonial contribuent au sentiment de grandeur. Des œuvres d'art ornent les murs des chambres qui ont vue sur les cours extérieures. L'hôtel a reçu à juste titre de nombreux prix architecturaux dès son inauguration. Son restaurant surplombe les arènes originelles, et l'on peut y déjeuner à l'ombre sur la terrasse. Des pots de terre cuite remplacent désormais les spectateurs sur les gradins, mais c'est le bar qui étonne : dans les stalles où les taureaux attendaient autrefois d'entrer dans l'arène, El Botarel offre les meilleurs vins d'Amérique du Sud.

« [La Quinta Real] procure une expérience de premier ordre, et un service exceptionnel. »

Tony Perrone, directeur de la société AAA, Mexique

On dit que la ville de Zacatecas a « une apparence de carrière et un cœur en argent », référence à ses anciennes mines d'agent. Des cathédrales dorées et des édifices de style colonial bordent ses rues étroites et pavées, spectacle dont on jouit depuis les jardins de la Quinta Real. **LD**

Dos Casas

Lieu San Miguel de Allende, Mexique
Site Web www.doscasas.com **Prix €€**

Cet établissement de charme est situé à San Miguel de Allende, petite ville pittoresque dans le centre montagneux du Mexique. Fondée en 1542, la ville a joué un rôle déterminant lors de la guerre d'indépendance du Mexique et été rebaptisée en l'honneur du général Ignacio Allende, originaire de la région, l'un des héros éternels du pays. On y trouve tout ce qu'on attend d'une ville mexicaine tranquille : des murs aux tons ocre et jaunes éclatants, des villas grandioses, des humbles cantinas et des portes impressionnantes donnant sur des rues pavées. L'air, d'une chaleur toujours sèche, embaume d'arômes de cuisine, dans une atmosphère profondément sereine.

L'hôtel Dos Casas est situé dans un coin dont les touristes qu'attire l'imposante cathédrale gothique rose ne devinent pas l'existence. Très élégant, il a pour devise suprême *Mi casa, su casa* (« ma maison est la vôtre »). N'abritant que cinq chambres, cet établissement très design parvient à mêler le chic au confort en mariant des céramiques colorées de la région, des bois exotiques sombres, du linge aux tons neutres et des vases débordant d'orchidées parfumées.

Installé dans l'un des nombreux patios, goûtez aux *huevos rancheros* (œufs à la sauce piquante) ou au pain maison tartiné de confiture de tomates. Pour échapper au plus fort de la chaleur, respectez la tradition locale en faisant la sieste avant de sortir admirer la production artisanale locale. Malgré son exotisme, on se sent presque instantanément chez-soi à l'hôtel Dos Casas. **RCA**

Hôtel Azulik

Lieu Yucatán, Mexique
Site Web www.azulik.com **Prix €€**

Les Mayas étaient notoirement astucieux. On peut admirer les ruines splendides de leur civilisation tout autour du complexe hôtelier Azulik, à Tulum. Elles permettent aux visiteurs de remonter à une époque où les hommes vivaient davantage en harmonie avec leur environnement. L'attrait principal d'Azulik est précisément ce mélange de merveilles anciennes et de philosophie contemporaine. Son spa maya offre une vaste gamme de soins, des techniques occidentales habituelles jusqu'aux méthodes de relaxation et traitements thérapeutiques anciens, dont des massages traditionnels mayas.

Ce complexe balnéaire est aussi célèbre pour ses quinze villas en bois, chacune dotée de son toit de palmes et de son décor authentique. Situées sur une falaise, elles jouissent d'une vue remarquable sur la mer, notamment les n°s 1 et 12, destinées aux romantiques et aux couples en voyage de noces. Flâner sur les plages de sable blanc en tenue aussi légère qu'on le désire (l'hôtel étant réservé aux adultes, personne ne s'offusquera) constitue une expérience aussi mémorable qu'une excursion en kayak autour des récifs de corail ou une randonnée à travers la forêt tropicale. On peut aussi choisir de simplement se délasser dans sa villa (un concierge passera discrètement à proximité toutes les demi-heures : hissez un drapeau rouge à l'extérieur si vous avez besoin de ses services), se laisser rafraîchir par la brise dans son patio ou barboter dans une baignoire sculptée à la main. Azulik ne dispose pas de l'électricité ; une fois la nuit tombée, les bougies font naître une ambiance particulière. **PS**

Trekking dans la Sierra Norte

Lieu Oaxaca, Mexique
Site Web www.sierranorte.org.mx

Les habitants de la région les appellent « villages des nuages » à cause des voiles de brume qui les enveloppent régulièrement. D'autres les qualifient de *pueblos mancomunados* (« villages associés »). Quelle que soit la désignation de ces villages des hauteurs de la Sierra Norte, on s'accorde sur le fait qu'ils constituent un refuge, loin de l'agitation des grandes villes.

On en compte huit, certains perchés jusqu'à 3 048 m d'altitude. Les Indiens Zapotèques qui y vivent travaillent depuis des siècles en commun, se partagent les produits de la terre et parcourent à pied les 96 km de sentiers qui relient leurs différents villages. Aujourd'hui encore, ils n'utilisent ni pesticides ni semences traitées, et participent ainsi à la survie de leur riche écosystème. C'est une ressource précieuse : le WWF a classé les forêts de pins et de chênes de la Sierra Norte comme les plus riches et les plus variées au monde.

> *« Le paysage et la flore sont spectaculaires et [l'endroit] est toujours frais et paisible. »*
>
> Graham Williams, journaliste

Un organisme d'écotourisme communautaire a été fondé il y a plus de dix ans pour pallier les dangers des méthodes d'exploitation agricole modernes. Il entretient les sentiers entre les villages, procure des cartes aux randonneurs et se charge de les loger dans des *cabañas* (huttes) et de les nourrir chez l'habitant. **PE**

Hacienda Uayamon

Lieu Yucatán, Mexique **Site Web** www.haciendasmexico.com **Prix** €€

L'Uayamon a été aménagé dans une majestueuse hacienda du XVIIe siècle autrefois entourée de champs où l'on cultivait le sisal. Très profitable au XIXe siècle, cette plante fit la richesse des propriétaires de l'hacienda et leur permit d'agrandir considérablement leur domaine. Cependant, un krach mit fin à cet âge d'or dans les années 1920 ; la plantation ferma ses portes et l'hacienda tomba peu à peu en ruine.

Aujourd'hui, cependant, l'Uayamon constitue peut-être la plus romantique des escapades de la péninsule. Ayant retrouvé son ancienne splendeur, l'édifice évoque l'ère coloniale avec ses pièces à haut plafond élégantes et rustiques à la fois, toutes en rouge chaud, jaune sombre et briques apparentes, mais il est aussi pourvu de tout le confort moderne. L'hôtel est doté d'une immense piscine – avec téléphone pour que l'on puisse commander un cocktail après l'autre –, d'un restaurant très coté qui sert une cuisine typique du Yucatán, et de charmants jardins boisés.

On peut séjourner dans les grandes suites du bâtiment principal de l'hacienda ou choisir l'une des villas où habitaient autrefois l'« élite » des employés de la plantation : elles sont toutes pourvues d'immenses lits, de somptueuses salles de bains et de terrasses privées. Même si l'on pourrait aisément ne jamais quitter le domaine durant tout son séjour, l'hôtel n'est pas loin d'Edezná, ancien site cérémoniel maya similaire à tous ceux qui parsemaient la jungle de la péninsule entre 1500 av. J.-C. et l'an 1000. On aurait tort de ne pas explorer l'histoire de la région. **JF**

⮉ *Dans les suites de l'hacienda, on retrouve l'atmosphère du bâtiment quand il était encore une plantation.*

Le parc national d'Isla Contoy

Lieu Isla Contoy, Mexique **Site Web** www.cancundays.com/

Située entre la mer des Caraïbes et le golfe du Mexique, Isla Contoy est le plus important des sites de nidification des oiseaux de mer dans les Caraïbes mexicaines. Cette petite île de 8,5 km de long est une réserve naturelle protégée bien connue des amateurs d'aventure écologique.

Seulement 200 visiteurs sont autorisés quotidiennement sur son rivage de sable doux ; ils arrivent par bateau depuis Isla Mujeres ou Cancun. Ici, on peut s'asseoir sur la plage et observer les pélicans bruns et les cormorans à aigrettes sur l'eau, ou s'avancer vers l'intérieur jusqu'au lagon de Puerto Viejo, un important site de nidification. L'île étant inhabitée, on se prend pour un naufragé le temps d'une journée. Si l'on grimpe au sommet de la tour d'observation, on est récompensé par une vue fantastique de l'île tout entière.

Outre les oiseaux, quatre espèces de tortues des mers viennent pondre sur les plages isolées et bordées de palmiers, où elles peuvent enterrer leurs œufs sans être dérangées. L'eau qui entoure l'île est si transparente que l'on peut observer du bateau les grandes raies manta qui les fendent et de nombreux poissons tropicaux qui se détachent sur fond de corail.

Les bateaux qui rejoignent l'île s'arrêtent le plus souvent au récif de Ixlache pour que les visiteurs puissent y plonger avec masque et tuba. On peut apercevoir entre autres des pastenagues géantes, des poissons-perroquets aux couleurs primaires, des poissons-clowns, des barracudas et des scalaires, sans oublier les tortues. Chaque été, on a l'occasion de voir le plus grand des poissons, le requin-baleine, passer près de Cancun. Tout séjour dans cette partie de la côte mexicaine devrait comprendre un voyage jusqu'à l'île Contoy, pour un supplément d'aventure. **LD**

L'île Contoy, inhabitée, est un site naturel important pour les oiseaux et les animaux marins des Caraïbes.

Hôtel Esencia

Lieu Yucatán, Mexique
Site Web www.hotelesencia.com **Prix €€€**

On découvre l'Esencia le long d'un tronçon désert de l'une des plus belles plages du Mexique : c'est un refuge paisible à l'élégance discrète. L'hôtel se dresse au milieu d'un domaine privé de 20 ha qui abrite aussi deux piscines, un spa, un restaurant raffiné et une plage de 3,2 km. Depuis les sentiers qui serpentent entre les jardins luxuriants jusqu'aux cabanes coiffées de palmes à l'ombre desquelles on peut se prélasser sur la plage, l'atmosphère est ici simple et détendue. La propriété moderne et une grande partie des bâtiments servaient autrefois de résidence d'hiver à une duchesse italienne dont on retrouve l'influence à l'Esencia, un bâtiment bas construit en pisé blanchi à la chaux et pourvu de volets en bois sombre, de toits en tuiles rouges et de vérandas.

Le spa, de forme circulaire, est situé dans l'un des coins les plus reculés du domaine. Plusieurs types de soins à base de fruits, de plantes et herbes indigènes (souvent cultivés dans le jardin de l'hôtel) y sont offerts. Aux cinq salles de soins s'ajoutent quatre bains à remous, et deux saunas de style maya. Massages, saunas phytothérapeutiques et masques sont administrés selon des méthodes biologiques traditionnelles. On peut aussi suivre sur place des cours de yoga et de méditation.

Les chambres simples et élégantes sont décorées de meubles artisanaux, de sols et murs blancs, de hauts plafonds, de portes à claire-voie et de fenêtres donnant sur la mer et le jardin. Le restaurant Sal y Fuego propose une cuisine mexicaine rustique à base de produits de la région et de méthodes de cuisson indigènes. **SH**

⇥ *Le style architectural moderne de l'Esencia fait preuve d'élégance, de luxe et dénote un goût impeccable.*

Chimino

Lieu Laguna Petexbatún, Guatemala
Site Web www.chiminosisland.com **Prix €**

Chimino est une île fortifiée située dans une immense lagune au plus profond de la jungle guatémaltèque. On séjourne dans l'un de ses cinq bungalows en troncs d'acajou, à la fois rustiques et modernes, au toit de palmes longues. Pouvant accueillir cinq personnes chacun et surplombant la lagune, ils sont éloignés de plusieurs dizaines de mètres les uns des autres. Les toucans et perroquets aux couleurs vives perchés sur les arbres font preuve d'autant de curiosité envers les occupants des bungalows que ces derniers envers les oiseaux. Les huttes peuvent paraître primitives, mais elles sont équipées de lits simples, et de salles de bains avec eau chaude.

Un bâtiment central de style similaire abrite un bar, un restaurant, et une terrasse où sont accrochés des hamacs. La plate-forme en bois qui flotte sur l'eau est appréciée par les pêcheurs, nageurs, amateurs de canoë ou de bain de soleil. Le cuisinier de l'hôtel offre le soir un repas typique de la région où apparaît souvent le poisson frais de la lagune.

Les innombrables animaux ne forment qu'un des attraits du site. Quantité de visiteurs viennent aussi admirer les ruines que la végétation a envahies. Partant des bungalows, des sentiers facilement praticables conduisent aux vestiges d'une impressionnante citadelle maya dont on aperçoit encore les remparts, les pyramides et les palais. On pense qu'une branche de la famille royale maya y habitait entre 600 et 900 ; elle s'y barricada lorsque sa civilisation entama son mystérieux déclin, mais cela ne l'empêcha pas de penser aux loisirs : les archéologues ont retrouvé ici un terrain de jeu de balle. **SH**

La Lancha

Lieu près de Tikal, Guatemala
Site Web www.blancaneaux.com **Prix €**

Francis Ford Coppola a érigé La Lancha sur les rives du lac Petén Itzá, au cœur de la forêt tropicale guatémaltèque. Dans ce refuge très couru, perché sur un coteau escarpé, où la piscine à deux niveaux est dotée de sa propre cascade et où le restaurant semi-ouvert domine le lac, les visiteurs séjournent dans de petits bungalows au magnifique décor maya.

Ceux-ci sont pourvus de simples terrasses et balcons en bois avec vue sur la forêt et le lac. À l'intérieur, on découvre de simples murs blanchis à la chaux, de sols en céramique, de hauts plafonds en bois et des salles de bains en marbre. Les touches de couleur proviennent des tapis mayas aux murs et aux sols, ainsi que de sofas et de coussins. Il y a aussi un restaurant, un bar à l'atmosphère détendue, une terrasse au soleil avec sofas et fontaine, et une petite plage en bordure du lac. Les clients peuvent se détendre, partir en bateau ou en kayak sur le lac, pêcher, monter à cheval ou prendre des cours d'espagnol. Plus loin se trouvent de splendides ruines mayas. L'hôtel y organise des excursions ainsi que des séances d'observation des oiseaux (toucans, perroquets, martins-pêcheurs, colibris et vautours) tôt le matin. **SH**

« J'ai adoré cette région vierge où les singes hurleurs vivent à quelques pas de ma chambre. »

Francis Ford Coppola, réalisateur

→ *La Lancha comprend un restaurant ouvert sur la forêt qui propose un mélange de cuisine locale et italienne.*

La réserve Nitun

Lieu San Andrés, Guatemala
Site Web www.nitun.com **Prix €€**

Même si Nitun n'est pas le plus luxueux des sites touristiques, on y découvre une sérénité unique au monde, pelotonné dans un hamac au-dessus duquel volettent les colibris. Des mangeoires spéciales sont accrochées tout autour de complexe écotouristique afin de faciliter l'observation de six différentes espèces d'oiseaux-mouches aux couleurs vives qui se livrent à toutes sortes d'acrobaties.

Nitun a été établi par l'ancien propriétaire d'une plantation de café dans la forêt tropicale qui borde le lac Petén Itzá. C'est un lieu passionnant dont les bâtiments aux toits de palmes sont construits en bois et pierre, parmi les arbres sur les rives du lac. La décoration intérieure est aussi éloignée que possible de celle des chaînes hôtelières habituelles avec ses pierres brutes, ses sols en rondins et ses meubles simples. Nitun n'incarne pas l'intrusion du luxe dans la forêt mais se fond douillettement dans son environnement. On y trouve toutefois des ventilateurs, des moustiquaires et des salles de bains privées avec toute l'eau chaude désirée.

Le bâtiment principal, à deux niveaux, abrite un restaurant, un bar et un salon. La cuisine qu'on y sert a été reconnue comme l'une des meilleures du pays. On passe ses journées à explorer la forêt au cours de randonnées ou en excursion sur le lac. Le site est entouré d'une réserve naturelle. **SH**

Villa Sumaya

Lieu lac Atitlan, Guatemala
Site Web www.villasumaya.com **Prix €€**

La villa Sumaya est perchée dans les montagnes à 1 370 m sur la rive d'un lac splendide, et entourée de luxuriants jardins d'orchidées faisant face à trois sommets volcaniques. Cet hôtel pittoresque et sans prétention constitue la base idéale à partir de laquelle explorer le paysage extraordinaire que constituent les hauts plateaux du Guatemala.

La villa Sumaya est l'ancienne villégiature d'une riche famille guatémaltèque. Elle a été transformée en hôtel si paisible et revivifiant qu'il est devenu réputé comme centre de yoga et de méditation. Ses bâtiments sont coiffés de toits de chaume traditionnels et leurs côtés ouverts révèlent un panorama époustouflant. Des sentiers pavés serpentent parmi les terrasses où l'on aperçoit un Jacuzzi, des saunas, des pergolas, sans oublier les clients en train de se dorer au soleil.

Les bungalows de l'hôtel sont simples mais confortables et décorés de textiles mayas et d'artisanat local. Les tons ocre et terre prédominent, les sols sont recouverts de carreaux de terre cuite, des sièges en osier, bougies et hamacs complétant le tout.

On découvre sur le rivage le temple du Tigre bleu, site de toutes sortes de cours et manifestations : yoga, danse, méditation, massages, aromathérapie, tai-chi, reiki, cérémonies relevant du chamanisme, spectacles impromptus et réunions de famille. Le joli restaurant de l'hôtel se dresse près d'une fontaine et sert un mélange de cuisine locale et internationale. Il a pour spécialité le poisson frais du lac et il est difficile de résister à l'odeur du pain et des tortillas qui se répand tous les jours dans le jardin. **SH**

Nitun offre des aménagements rustiques mais accueillants, en harmonie avec l'environnement.

Parrot Nest Lodge

Lieu Cayo, Belize
Site Web www.parrot-nest.com **Prix €**

Non loin de la petite ville touristique de San Ignacio et cerné sur trois côtés par la rivière Mopan, le Parrot Nest Lodge est un univers éclectique rustique mais confortable au milieu de jardins luxuriants. Il offre des excursions d'une journée ou d'une demi-journée au cœur de la forêt. On doit absolument entreprendre celle d'une journée qui conduit jusqu'à la grotte de Rio Frio, que l'on complétera par une baignade dans les bassins naturels aux eaux tempérées situés près de là ; on devrait aussi visiter les chutes d'eau de Big Rock et les ruines mayas de Caracol, récemment découvertes.

Si l'on ne veut partir qu'une demi-journée, on peut monter à cheval ou rendre visite aux mennonites de la colonie de Barton Creek. On peut aussi traverser les grottes de Barton Creek en canoë et en compagnie d'un guide de l'hôtel qui explique comment ces grottes se sont formées et qui sait se diriger dans son labyrinthe de couloirs. Ou pourquoi ne pas se laisser porter par le courant de la Mopan sur l'une des bouées géantes de l'hôtel pour passer tranquillement devant les spectaculaires chutes de Bullet Tree avant de continuer sa route ? On apercevra à coup sûr les iguanes qui vivent sur les berges de la rivière et peut-être même l'une de ses loutres géantes.

Les eaux cristallines de la Mopan en font un endroit idéal pour une longue baignade rafraîchissante, et les randonnées qui partent de l'hôtel et suivent une série de sentiers « médicinaux » vous permettront de découvrir de nombreux spécimens de la riche flore de la région. **BS**

Hôtel Blancaneaux

Lieu San Ignacio, Belize
Site Web www.blancaneaux.com **Prix €€**

Niché dans une réserve naturelle près des montagnes mayas, l'hôtel Blancaneaux accueillait autrefois les chasseurs de jaguar. Le réalisateur Francis Ford Coppola s'est épris de la région et il a racheté cette propriété pour en faire un lieu de villégiature. Finalement, après l'avoir complètement rénové, il a inauguré l'hôtel Blancaneaux en 1993.

Aujourd'hui, on y trouve des bungalows et villas dotés de douches, de bains japonais et de vérandas protégées de moustiquaires. Les plus luxueuses des villas comprennent aussi un jardin clos avec douche extérieure et celle baptisée Le Cottage Enchanté comprend aussi une cheminée dans la salle de bains et un sauna. L'un des deux restaurants, Montagna, reflète l'amour de Coppola pour la cuisine du sud de l'Italie et l'on peut y déguster d'excellents vins provenant de ses domaines de Napa et Sonoma en Californie.

« Magnifiquement décoré ; le personnel est fantastique, on se sent loin de tout. »

The Daily Telegraph

Le Blancaneaux possède ses propres écuries, et l'on peut facilement parcourir la forêt à cheval. La réserve voisine cache une profusion de ruines mayas. **PS**

Le subtil éclairage nocturne en bordure d'une des deux piscines du Blancaneaux contribue à l'atmosphère exotique du lieu.

La réserve de Hol Chan

Lieu réserve de Hol Chan, Belize
Site Web www.holchanbelize.org

Juste au large du Belize se trouve l'une des plus grandes merveilles naturelles au monde, un récif de corail long de 290 km que seule la Grande Barrière australienne surpasse. Bien que plus petit, le récif du Belize jouit d'un avantage significatif par rapport à son concurrent des antipodes : il est plus facile d'accès.

À certains endroits, seuls 300 m d'eaux paisibles, peu profondes et transparentes le séparent de la côte : l'exploration du récif peut se faire avec un masque et un tuba. Le récif constitue l'habitat de créatures très variées, depuis des poissons très colorés jusqu'aux raies manta géantes et aux tortues de mer.

La location d'un kayak et d'un équipement de plongée pour entreprendre votre propre exploration du récif ne vous coûtera que quelques euros. Pour observer la nature plus avant, on peut partir en excursion avec un guide et accéder ainsi à certains des endroits les plus reculés du récif. Le plus célèbre d'entre eux est probablement la réserve naturelle de Hol Chan, baptisée en hommage à un étroit passage taillé dans le récif il y a des centaines d'années par les tribus mayas de la région. Aujourd'hui, c'est un point de passage obligé pour les animaux qui quittent les eaux du lagon pour rejoindre le grand large. C'est l'endroit idéal où observer les plus gros des poissons tels que requins, barracudas et mérous. **JF**

Les eaux peu profondes et turquoises de la mer qui entoure le Belize offrent d'innombrables possibilités de plongée.

Sabalos Lodge

Lieu réserve naturelle de Los Guatuzos, Nicaragua
Site Web www.sabaloslodge.com **Prix €**

À partir de la petite ville de San Carlos au Nicaragua, on navigue pendant deux heures sur les eaux couleur café du rio San Juan jusqu'à rejoindre les huttes du Sabalos Lodge, sur la rive.

En partie cachées par la dense végétation de la réserve naturelle de Los Guatuzos, les sept cabanes constituent un hébergement des plus aventureux en pleine nature. Les récits du propriétaire des lieux, un sandiniste aux cheveux argentés qui a dirigé la réforme agraire des années 1980, ravissent les visiteurs internationaux. Des passerelles en bois mènent à une salle à manger ouverte d'un côté et aux huttes dispersées dans la jungle. Dépourvues de raffinement, celles-ci offrent à leurs visiteurs des matelas mous, des moustiquaires, des salles de bains privées avec eau courante, et l'électricité jusqu'à 21 heures, moment où le générateur est coupé.

« [J'ai dîné] au chant des grillons et au son du gai bavardage des grenouilles. »

Joe Cawley, *The Guardian*

Allongé dans son lit, en écoutant les bruits qui s'élèvent de la jungle, on peut aisément s'imaginer en territoire vierge. Mais, en aval, on trouve El Castillo, une forteresse qui témoigne de la présence, autrefois, de pirates et boucaniers. On peut partir en excursion dans la jungle ou en kayak sur le fleuve. **JC**

Hacienda Morgan's Rock

Lieu San Juan del Sur, Nicaragua
Site Web www.morgansrock.com/index_fr.php **Prix €€**

Après avoir atterri dans un petit avion à hélice sur le terrain d'aviation de Granada, on emprunte pendant deux heures des routes cahoteuses en terre. Durant le trajet, on dépasse le lac Nicaragua, des autobus bondés et des carrioles à cheval avant de rejoindre l'hacienda Morgan's Rock, complexe écotouristique caché dans la forêt tropicale.

Devant le spectacle des papillons géants qui volettent dans une luxuriante forêt, on a l'impression de pénétrer dans le jardin d'Éden. À la piscine tentatrice de l'hôtel s'ajoute la vue sur l'océan étincelant en contrebas. Comptant quatorze bungalows seulement, l'hacienda Morgan's Rock offre un tourisme de première classe en pleine nature.

Pour parvenir aux bungalows écologiques et design, on vit une mini-aventure de type Indiana Jones : on doit en effet franchir un pont suspendu (mais solide) à 22 m au-dessus de la canopée. Les bungalows se fondent parfaitement dans leur environnement, avec leurs tons émeraude, leurs filets en guise de murs, leurs colonnes en bois d'eucalyptus et leurs décadentes banquettes-lits suspendues.

On est constamment entouré des sons de la nature, notamment celui, immense, des rouleaux du Pacifique qui s'écrasent sur la plage en contrebas. Le café qu'on vous apporte à 6 heures du matin est le bienvenu, car il signale qu'il est temps de rejoindre les bébés tortues se précipitant vers les vagues. Il y a tant à faire : surf, kayak, pêche et randonnée à cheval avec Jesus, le guide buriné. **RCA**

→ *Les chevaux du Morgan's Rock vous font traverser les divers écosystèmes jusqu'à la plage.*

El Silencio

Lieu Bajos del Toro, Costa Rica
Site Web www.elsilenciolodge.com **Prix €€€**

Entouré de sa propre réserve naturelle de forêt de brouillards, El Silencio est un refuge sophistiqué constitué de seize élégantes villas situées à flanc de coteau au milieu de la jungle et qui disposent toutes de vues parfaites sur la montagne et la forêt à travers leurs immenses fenêtres. Leur architecture est simple, à base de matériaux naturels, mais impeccablement luxueuse : de vastes étendues de bois poli et de bambou tressé s'accordent joliment à des salles de bains en pierre lisse avec douche à effet de pluie. L'écosystème est respecté, l'empreinte carbone de l'hôtel est neutre. Alors que la forêt de brouillards la plus célèbre du Costa Rica attire des hordes de visiteurs

El Silencio constitue un nouveau modèle et vision du luxe difficile à surpasser.

à Monteverde, El Silencio offre la même extraordinaire diversité biologique mais sans la foule. Le concierge de l'hôtel vous accompagnera le long de sentiers à travers la dense végétation jusqu'à trois superbes cascades.

On peut rayonner à partir d'El Silencio pour faire du rafting, visiter des plantations de café ou le volcan Poás et son cratère turquoise qui fume. La magie réelle d'El Silencio consiste toutefois à ne rien faire, sauf à se régaler de la cuisine biologique de l'hôtel et à profiter des soins et massages du spa. **CD**

Le design simple des villas en bambou et en bois est en harmonie avec la nature environnante.

La Cusinga

Lieu parc national Marino Ballena, Costa Rica
Site Web www.lacusingalodge.com **Prix €€**

On trouve d'innombrables hôtels écotouristiques au Costa Rica, mais peu se montrent aussi dignes de leur label écologique que La Cusinga, sur la côte Pacifique. Tous les bungalows et les meubles du site ont été construits à l'aide de bois cultivé sur place au sein d'une plantation écologique, l'électricité provient d'installations solaires et hydrauliques, et la cuisine est à base de produits et poissons de la région. Mais si son message est écologique, l'hôtel offre un confort suprême et une cuisine excellente : on peut ainsi se détendre dans un environnement naturel splendide sans se sentir coupable de l'impact sur ce dernier.

L'attrait principal de La Cusinga est sa situation géographique : elle est perchée sur une colline qui domine une baie fréquentée par des baleines à bosse à l'époque de la reproduction. Tout autour s'élève une forêt vierge épaisse et luxuriante où de fascinants oiseaux tropicaux (dont les toucans) se nourrissent de fruits et des capucins au visage blanc détalent avec excitation au milieu de la canopée.

Le luxe est ici écologique : il n'y a pas de Jacuzzi mais on trouvera dans la jungle un étang cristallin où l'on nagera en compagnie de poissons irisés. La plage, une bande de sable couleur chocolat que bordent des palmiers, n'est pas destinée aux bains de soleil, et l'on a pour seule distraction des couchers de soleil, le chant d'un million de cigales et les cris des singes hurleurs.

L'emplacement de l'hôtel permet d'explorer aisément certaines des merveilles naturelles du Costa Rica. Au nord on trouve le Cerro Chirripó, le sommet le plus élevé du pays, et au sud le parc national de Corcovado, à la biodiversité extraordinaire, l'un des plus grands pans de forêt pluviale vierge en dehors du bassin amazonien. **JF**

Rafting sur le Pacuare

Lieu rio Pacuare, Costa Rica
Site Web trek-cordillere.com/costa-rica/pacuare.html **Prix €**

Les 29 km de fleuve entre San Martin et Siquirres sont entrecoupés de 52 rapides, dont ceux, longs de 8 km, de la gorge du Rio Pacuare, qui offre l'un des raftings en eau vive les plus excitants de toute l'Amérique du Sud. Cette rivière dont les rapides sont classés de niveau II à IV est cependant adaptée aux novices s'ils sont accompagnés d'un guide – mais on doit s'attendre à des éclaboussures.

Certains segments sont paisibles. Après la gorge et ses poussées d'adrénaline où l'on pagaie de toutes ses forces à travers remous écumeux et goulets d'étranglement parsemés de rochers, on arrive dans la tranquille vallée du Pacuare où des eaux vert canard s'écoulent paisiblement. Le fleuve longe le massif de Talamanca, célèbre pour sa faune et sa flore abondantes ; à cet endroit, on peut retrouver son souffle et admirer la nature sauvage. On pénètre ensuite dans une forêt vierge dont les gorges vertigineuses sont ponctuées ici et là de chutes d'eau scintillantes. Les toucans et les perroquets s'élèvent au-dessus de la canopée, observant les singes qui bondissent de branche en branche. On peut aussi apercevoir des ocelots et des paresseux tandis que sur l'eau et parmi les arbres brillent les ailes bleu métallique des papillons morphos.

Plusieurs guides proposent des excursions en raft sur le Pacuare, et la plupart sont basés à Turrialba, petite ville de la province de Cartago. Les 29 km exigent en général quatre heures mais certains choisissent de prolonger leur excursion sur deux jours. **PE**

⇥ *Pour s'immerger complètement dans l'extraordinaire nature du Costa Rica, rien ne vaut une descente du Pacuare en raft.*

Pacuare Lodge

Lieu Siquirres, Costa Rica
Site Web www.junglelodgecostarica.com **Prix €€**

Quand le raft pénètre dans les rapides et commence à tournoyer, secoué par des courants invisibles, on n'a le temps de ressentir ni panique ni griserie. Le guide vous enjoint de pagayer comme des fous et en un moment à peine le raft se soulève à l'avant, et vous entraîne en un mouvement puissant sur un pan de rivière à nouveau calme, essoufflé et trempé. L'expérience devient rapidement presque agréable.

On s'arrête près d'une chute d'eau, en zone peu profonde chauffée par le soleil, entouré d'une nature idyllique : une dense forêt vierge s'élève des rives du fleuve et des lianes flottant dans le courant pendent de hauts arbres sur lesquels poussent des orchidées. Après une autre série de rapides, on éprouve un grand soulagement quand les rafts accostent enfin dans une clairière de la jungle. Comme par magie, on voit apparaître un magnifique pavillon en bois et des employés qui s'approchent avec des verres de boisson fraîche au citron. C'est le Pacuare Lodge, caché dans un coude du fleuve au milieu de 10 115 ha de forêt protégée. On n'y accède que par le fleuve. Il y règne une sérénité profonde. On aperçoit dans les splendides jardins des centaines d'espèces d'oiseaux et l'on se réveille au son des singes hurleurs qui s'interpellent dans la forêt.

Les bungalows en bois recouverts d'un toit de palmes sont ouverts sur les côtés pour offrir une vue dégagée des jardins, mais on leur préférera ceux qui donnent sur la rivière, plus spacieux et luxueux. Quand le soir tombe, on allume des bougies et les clients se réunissent sous le pavillon pour y déguster des cocktails avant un magnifique repas (carpaccio de thon frais, tournedos et tilapia grillé). **CD**

La Paloma

Lieu Bahia Drake, Costa Rica
Site Web www.lapalomalodge.com **Prix €€**

De nombreux hôtels du Costa Rica sont isolés mais tous n'exigent pas deux heures de trajet en bateau à travers la mangrove puis sur les vagues du Pacifique. Caché haut dans la jungle qui domine la splendide baie de Drake, à l'extrémité méridionale du Costa Rica, l'hôtel La Paloma attire principalement les amateurs de nature, qui viennent y découvrir le parc national de Corcovado. Luxueux, l'hôtel a été conçu en harmonie avec son environnement.

Après 20 minutes en bateau, les clients de l'hôtel accèdent au centre d'accueil du parc depuis lequel des guides conduisent des groupes au cœur de 40 470 ha de forêt tropicale vierge. On peut aussi faire du kayak, monter à cheval, observer les oiseaux, et les insectes la nuit. L'île Caño, à 22 km de la péninsule Osa (région où se trouve le parc), est le paradis des archéologues. Des sphères parfaites de taille variable (du ballon de football jusqu'à 2 m de diamètre) y ont été apportées par des groupes indigènes précolombiens. Leur mystère demeure entier.

> *« Corcovado – l'endroit où la nature est la plus intense sur terre. »*
>
> ***National Geographic***

Les amateurs d'intimité seront ravis de découvrir les bungalows de luxe, à deux étages, perchés au bord d'une falaise où le silence n'est troublé que par la mélodie de la jungle et les rouleaux du Pacifique. **DN**

Lapa Rios Ecolodge

Lieu péninsule Osa, Costa Rica
Site Web www.laparios.com **Prix €€**

Le Lapa Rios est niché dans la péninsule Osa, l'une des régions du monde à la biodiversité la plus importante. Ses 152 000 ha en font l'une des plus grandes forêts humides de la côte Pacifique d'Amérique centrale. On y trouve toutes sortes d'espèces en voie de disparition, des pumas aux ocelots et tapirs, et elle abonde généralement en vie animale.

Situé au sein de 405 ha de forêt tropicale privée, le complexe hôtelier de quatorze bungalows relève du développement durable, soutient l'environnement et les habitants de la région. Le bâtiment central, en bois, est recouvert d'un toit de palmes et ses meubles sont en osier. La plate-forme d'observation, à laquelle on accède par un escalier en colimaçon, 10 m au-dessus de la salle à manger, offre un panorama sur la forêt tropicale et jusqu'au Pacifique.

La cuisine locale est une révélation. Vivaneaux, burritos et fajitas sont servis sur des feuilles de bananier. Le ceviche frais et acidulé est constitué de morceaux de poisson mélangés à des fruits exotiques, du jus de citron vert, des poivrons doux et de la coriandre. Les gambas grillées s'avèrent étonnamment sucrées sur leur lit de linguine aux olives ; elles sont suivies de brownies aux noix de cajou et du délicieux café de la région.

Les bungalows, avec parquet, linge blanc et vert sombre et moustiquaires romantiques, sont chaleureux. Nul excès dans le luxe : il n'y a évidemment ni télévision ni téléphone. De la douche à l'extérieur, on peut écouter la symphonie de la jungle, à moins qu'on ne préfère piquer une tête dans la piscine au sommet de la falaise. Les toucans, perroquets et aras macao sont perchés dans les arbres cependant que les singes hurleurs crient au loin. Ce plongeon total dans la nature est à la fois revivifiant et captivant. **RCA**

Cambridge Beaches

Lieu Somerset, Bermudes
Site Web www.cambridgebeaches.com **Prix €€**

Un seul coup d'œil aux légendaires plages de sable rose des Bermudes suffit pour comprendre pourquoi Catherine Zeta-Jones et Michael Douglas ont décidé de s'établir dans ce paradis subtropical. Le sable pastel qui doit sa couleur aux particules de corail rutile littéralement le long des eaux turquoise transparentes.

Où que l'on porte le regard aux Bermudes, on découvre la couleur. Les eaux azuréennes de l'océan reflètent le ciel d'un bleu profond. Entre les deux, on aperçoit des maisons aux couleurs acidulées vertes, roses et jaunes, nichées dans la luxuriante végétation. À Cambridge Beaches, un ravissant complexe hôtelier, on loge dans des cottages luxueux peints en rose pastel.

Doté de quatre plages sablonneuses et de criques bordées de palmiers, c'est un paradis pour les amateurs d'eau. Muni d'un masque et d'un tuba, on peut admirer sous l'eau des poissons tropicaux aux couleurs vives et de ravissantes sculptures de corail. Les plongeurs peuvent explorer les carcasses de vaisseaux qui reposent sur le fond depuis leur naufrage. Le soir, on dîne à la terrasse du restaurant Breezes.

Des tables éclairées à la bougie sont installées sur le sable poudreux que les vagues de l'Atlantique lèchent à quelques mètres de là. Pour un dîner romantique en diable, le personnel de l'hôtel vous escortera en hors-bord jusqu'à une île privée, plus spécifiquement un banc de sable où une table éclairée à la bougie vous attend. Après le repas, vous serez ramenés à l'hôtel avant que la marée ne recouvre le banc de sable. **JP**

W10

Tiamo

Lieu île Andros, Bahamas
Site Web www.tiamoresorts.com **Prix €€**

La rangée de cottages en bois qui ponctue la plage de sable blanc de l'île Andros passe relativement inaperçue, pourtant elle constitue le complexe hôtelier de Tiamo. Ses cottages sont chic (lits immenses, miroirs encadrés de céramique aux couleurs vives et cabines de douche branchées leur confèrent une atmosphère élégante), mais leur attrait principal demeure la véranda ouverte qui, à l'avant, offre une vue panoramique sur la forêt et la plage.

Doté d'une vision farouchement écologique, l'hôtel utilise l'énergie solaire pour son électricité et pour chauffer l'eau des douches, son eau potable provient d'un puits et l'utilisation de toilettes à compost est encouragée. Il n'y a ni télévision ni téléphone et l'accès à Internet est très limité.

« On ne fait rien de mieux en matière de luxe décontracté – et l'environnement est protégé. »

The Independent

Le paysage est époustouflant : un sable blanc typiquement caribéen et des eaux turquoise étincelantes. Empruntez quelques livres à la bibliothèque bien garnie de l'hôtel, délassez-vous dans votre hamac ou profitez simplement du soleil sur la plage. **PS**

⇐ *Contrairement à certains de ses voisins plus hédonistes des Caraïbes, Tiamo s'enorgueillit de sa sérénité et de son intimité.*

The Landing

Lieu Harbour Island, Bahamas
Site Web www.harbourislandlanding.com **Prix €€**

The Landing, un hôtel de charme de sept chambres seulement, situé sur Harbour Island, est composé de deux maisons rénovées, l'une datant de 1800 et l'autre de 1825, et situé à quelques pas de la plage, l'hôtel incarne le luxe décontracté.

La plage de l'île est régulièrement citée comme l'une des plus belles au monde. Les chambres de l'hôtel ne sont pas en reste. India Hicks, ancien modèle de Ralph Lauren, qui vit sur l'île, les a décorées dans le style traditionnel des plantations caribéennes : on y trouve des lits à baldaquin, des parquets sombres polis, des lanternes-tempête abritant une bougie, et des meubles blancs. Des accents rose fuchsia apportent une touche de couleur. Au Landing, où une lumière douce filtre dans les chambres à travers les lattes des volets, on échappe à la réalité. C'est toutefois la suite lune de miel, sous les combles, qui enthousiasme le plus. Le restaurant propose le soir des poissons et fruits de mer de la région. On peut les accompagner d'excellents vins et terminer avec des cigares cubains et le meilleur rhum des Caraïbes. L'élégance simple est parfois la plus difficile à atteindre, mais au Landing on y est parvenu sans effort. **LD**

> *« La marée en se retirant crée de légers motifs en chevrons, comme un tweed d'été de Chanel. »*
>
> ***Condé Nast Traveler***

Kamalame Cay

Lieu Kamalame Cay, Bahamas
Site Web www.kamalame.com **Prix €€€**

L'archipel des Bahamas, situé à 95 km au large de la Floride, n'a pas besoin d'être présenté, mais comment choisir sa destination parmi ses 700 îles ? Échappez à la foule de Nassau et aux mégahôtels envahis de touristes comme Atlantis pour vous réfugier sur Kamalame Cay, une île privée de 39 ha, juste au large de l'île Andros.

Simple mais sophistiqué, ce coin de paradis abrite une plage de 5 km de long aux eaux turquoise splendides et bordée de palmiers, ainsi que des maisonnettes aux couleurs pastel nichées au milieu des cocotiers, des hibiscus et des bougainvillées. De fait, ici le rustique se marie à l'élégance coloniale : accents de pierre, très hauts plafonds avec poutres et ventilateurs, meubles indonésiens et immenses baignoires créent une ambiance somptueuse et exotique.

Kamalame Cay est synonyme de confort désinvolte. Rendez-vous au spa de style balinais, faites une petite sieste dans un hamac ou promenez-vous simplement sur la plage. Partez pêcher des bananes de mer, faire du kayak dans la mangrove ou de la plongée sous-marine le long du troisième récif de corail le plus long au monde, dans des eaux transparentes qui abondent en poissons tropicaux, tortues, requins-nourrices, et aigles de mer. Aventurez-vous jusqu'à la spectaculaire abysse profonde de 1 800 m et surnommée « Langue de l'océan », où de minuscules hippocampes, des poissons-perroquets aux couleurs de l'arc-en-ciel et de gracieuses raies manta nagent paisiblement.

Au coucher du soleil, sirotez une bière fraîche locale ou rendez-vous au restaurant en voiturette de golf pour un repas délicieux composé de pain des Bahamas, homard et pâtisseries. **RCA**

Musha Cay

Lieu Musha Cay, Bahamas
Site Web www.mushacay.com **Prix €€€€**

L'île de Musha Cay est un havre de paix de 60 ha, l'un des plus agréables au monde selon les rares personnes qui ont eu la chance de s'y faire dorloter.

Ce ruban de palmiers et de plages poudreuses qui accueille des clients depuis 2001 est entouré d'eaux turquoise interdites aux visiteurs. Un tel degré d'intimité est extraordinaire. Des plages sur lesquelles l'homme a rarement posé le pied encerclent l'île et un banc de sable adjacent, exposé brièvement chaque jour à marée basse, permet de rejoindre l'île voisine la plus proche en parcourant 3 km à pied au milieu de l'océan. Musha abrite cinq édifices dont un manoir, tous de style Tudor anglais, dotés de leur propre plage privée et bénéficiant des services de 30 employés engagés à l'année.

On ne trouvera pas ici de menu car le cuisinier de l'île, de formation internationale, prépare en fonction des exigences et goûts de ses clients des poissons et fruits de mer pêchés le jour même.

Les activités de l'île ont lieu autour d'un groupe de bâtiments baptisé The Landings, qui domine le port et comprend une salle à manger entourée de baies vitrées, un pavillon ouvert sur les côtés et coiffé de palmes, une piscine et même une bibliothèque. On peut se livrer ici à la pêche hauturière, à la voile, et à la plongée sous-marine. Que l'on dîne sous une tente sur sa plage privée ou que l'on contemple, ensorcelé, des feux d'artifice, on s'aperçoit qu'à Musha Cay le maître des illusionnistes a créé un paradis terrestre. **BS**

Musha Cay est constitué de 11 îles et 40 plages privées. Un petit paradis pour ceux qui y séjournent.

« Musha Cay représente un défi [pour ceux qui aspirent] au titre de plus beau séjour sur une île privée. »

Magazine *Town & Country*

Parrot Cay

Lieu Providenciales, îles Turques-et-Caïques
Site Web www.parrotcay.como.bz **Prix €€**

Quand on arrive en hors-bord à Parrot Cay, à 35 minutes seulement de Providenciales, la capitale des îles Turques-et-Caïques, on a l'impression de pénétrer dans un décor de film. Cette île caribéenne privée de 405 ha jouit de plages de sable blanc, d'une mer turquoise et de palmiers ; elle attire les plus en vue des célébrités qui apprécient sa sérénité et son intimité totale loin des paparazzi.

Des employés discrets vous emmènent rapidement le long du ponton en bois jusqu'à une voiturette qui vous conduit à votre logis. Toutes les chambres sont dotées de terrasses, et les villas en bord de mer possèdent une piscine privée. À quelques pas de la mer

« La plage de Parrot est d'une beauté [...] avec ses dunes et son sable doux. »

Condé Nast Traveler

des Caraïbes, ces villas respirent l'élégance discrète. On suit pendant quelques instants une promenade en planches pour parvenir au bar et au restaurant qui dominent une splendide piscine à débordement, une bibliothèque, un gymnase, deux courts de tennis et un spa d'inspiration balinaise, qui offre toute une gamme de soins corporels. On y trouve un jardin consacré à la méditation, une piscine et une véranda, ainsi que des pavillons indépendants dédiés au cours de yoga et à la méthode Pilates. **HA**

→ *Pour se délasser dans le plus glamour des environnements, rien ne vaut Parrot Cay.*

Salt Cay

Lieu Salt Cay, îles Turques-et-Caïques
Site Web www.saltcay.org **Prix €**

Salt Cay s'autodéfinit comme « l'île que le temps a oubliée », car il semble effectivement s'être arrêté depuis le déclin du commerce du sel. Les îles caribéennes qui l'entourent se sont tournées vers le tourisme, mais Salt Cay, longue de 3,2 km, est toujours fermement ancrée dans le passé. Cette destination est particulièrement indiquée à tous ceux qui désirent souffler un moment en se délectant de punch au rhum et de poissons grillés. Les plongeurs admirent ses récifs, notamment le Passage de Colomb, long de 2 134 m. Chaque année, de décembre à la mi-avril, entre 3 000 et 5 000 baleines à bosse gagnent les eaux entourant ces îles pour s'y reproduire.

« Souffrant de légers coups de soleil mais revivifiés par des margaritas, nous avons terminé la journée heureux. » **The Guardian**

Salt Cay n'abrite que 80 habitants environ. Le tourisme y est encore très peu développé, et si vous choisissez de vous y rendre vous serez peut-être le seul étranger. C'est indubitablement dans la plus totale solitude que vous jouirez d'une grande partie des plages de sable blanc, où vous pourrez faire des promenades romantiques, ramasser des coquillages et vous livrer à toutes les activités auxquelles l'humanité se consacrait avant que la technologie n'envahisse sa vie. **LD**

Les eaux qui entourent Salt Cay sont d'une transparence cristalline.

Cayo Levisa

Lieu archipel de Los Colorados, Cuba
Site Web www.cayolevisa.fr

À deux heures de route de La Havane se trouve Palma Rubia, minuscule village où l'on embarque pour l'archipel de Los Colorados, un chapelet de petites îles aux plages de sable blanc et doux situées face au détroit de Floride et qu'enveloppe une jungle épaisse de mangrove. La plus idyllique d'entre elles est Cayo Levisa, où le stress n'existe pas. Des récifs de corail noir se trouvent à proximité de l'île, où les seuls logis proposés aux touristes sont les bungalows rustiques dispersés entre les pins.

Le bar de la plage, où le sympathique barman offre des cocktails et de la musique cubaine sans discontinuer, est le point de rassemblement le soir venu. Outre ce bar et gril, on ne compte qu'un restaurant. Seuls les vacanciers qui arrivent en milieu de matinée et repartent à la fin de l'après-midi sont susceptibles de vous déranger. La vie marine grouille, et l'on aurait tort de ne pas se munir d'un masque et d'un tuba : la région abrite l'un des plus grands récifs de corail au monde et l'on compte 23 sites de plongée sous-marine accessibles en 45 minutes de bateau ou moins.

Le charme de Cayo Levisa provient de sa différence radicale avec les autres stations balnéaires cubaines, qui sont le plus souvent réservées par les voyagistes pour offrir aux touristes des vacances sans âme. Ici, on dispose presque de l'île pour soi seul : 3 km de sable d'une blancheur fabuleuse léché par une mer turquoise chaude et cristalline.

L'archipel comprend aussi Cayo Paraíso, île encore plus petite qui aurait été l'une des destinations de pêche préférées d'Ernest Hemingway. Bienvenue dans un paradis caribéen. **LB**

La vallée de Viñales

Lieu Pinar del Rio, Cuba
Site Web www.cubahotelbookings.com

Si vous désirez découvrir une vallée si splendide qu'elle vous fait songer à une possible ressemblance avec le jardin d'Éden, partez pour Cuba. Très fertile, parsemée d'innombrables plantations de café, de canne à sucre et de tabac, la région occidentale de Pinar del Rio jouit d'une végétation luxuriante, de magnifiques rivières et de sources naturelles. Viñales, un joli village, est blotti au cœur de l'époustouflante Sierra de los Organos, et la vallée de Viñales est un site protégé par l'Unesco. On comprend en un coup d'œil pourquoi depuis la route qui mène au village en contrebas : rien ne peut préparer à la vision des mogotes, des affleurements rocheux calcaires recouverts d'arbres, façonnés par des rivières souterraines et qui se dressent de façon spectaculaire au milieu du paysage verdoyant.

On peut explorer cette campagne paisible et humide à pied, à vélo ou à cheval. Viñales est un petit village typique de la campagne cubaine, où une rangée de maisonnettes de style colonial qu'ombragent les pins a été peinte de diverses teintes pastel. La plupart de ces maisons sont plus élégantes et mieux entretenues par leur propriétaire que celles qu'on trouve habituellement dans la campagne cubaine. C'est aussi le meilleur endroit où goûter à l'hospitalité de l'île : les habitants y sont chaleureux, courtois et obligeants, bien plus que n'importe quel habitant de La Havane. **LB**

→ *La vallée aux collines arrondies caractéristiques est un exemple extraordinaire de beauté naturelle.*

Plantation royale

Lieu Ocho Rios, Jamaïque

Site Web www.royalplantation.com **Prix €€€**

Faites escale à la Plantation royale à Ocho Rios, à la Jamaïque. Cet hôtel où l'on retrouve l'ambiance d'une plantation est un mélange glamour de meubles anciens européens et d'œuvres d'art et de textiles de la Jamaïque. La végétation tropicale luxuriante, la mer et les bougainvillées emplissent l'air d'un exotisme parfumé. On n'est pas surpris d'apprendre que l'hôtel a servi de décor à plusieurs films, dont *Le Baiser empoisonné* et *Permis de mariage*.

Seul objectif au programme : la détente. Balancez-vous dans un hamac ou partez pour l'une des deux plages où vous trouverez chaises longues, sports aquatiques et barbecue. Vous pouvez aussi vous délasser près de la piscine et son bassin à remous tout en vous délectant d'une vue splendide. Assurez-vous de ne pas rater un rituel très civilisé, celui du thé de 5 heures et ses scones fantastiques. Faites-vous dorloter au spa, peut-être avec un soin pour couple où, après s'être fait exfolier au sel et au sucre brun, on se glisse dans un Jacuzzi avant de terminer par un massage merveilleusement relaxant au parfum tropical.

Le restaurant français de l'hôtel, propose des ravioles au homard et des gambas grillées que l'on déguste assis sur des fauteuils Louis XIV recouverts de tissus éclectiques. Vous recherchez la solitude ? Demandez au personnel de vous arranger un dîner romantique sur la jetée entourée par la mer et les étoiles scintillantes. Si la cuisine vous séduit au point que vous aimeriez savoir la préparer, vous pourrez suivre un cours d'une demi-journée avec le cuisinier. En moins de temps qu'il ne le faut pour le dire, vous préparerez une fantastique soupe aux fruits de l'arbre à pain et des queues de homard au four. **RCA**

Strawberry Hill

Lieu Blue Mountains, Jamaïque

Site Web www.strawberryhillresort.com **Prix €€**

Le domaine de Strawberry Hill est agencé autour d'une plantation coloniale du XVIIIe siècle perchée dans les hauteurs. Il appartient à Chris Blackwell, le producteur de disques qui a découvert Bob Marley et fondé le label Island Records. Aujourd'hui élégant hôtel de charme, c'est un endroit où les musiciens, modèles et membres de la jet-set internationale aiment toujours se retrouver.

Des cottages en bois très ornés sont dispersés parmi les jardins qui jouissent de vues saisissantes de la ville de Kingston, à 915 m en contrebas. Des portes-fenêtres ouvrent sur de spacieuses vérandas privées où des pièces chantournées imitent le style d'ébénisterie qu'on trouvait ici au XIXe siècle. À l'intérieur, les chambres semblent avoir pour objectif de mettre en valeur d'élégants textiles, du linge en lin blanc, ainsi que des parquets et meubles en acajou poli.

« Les pics semblent recouverts d'un velours émeraude et on contemple la vue panoramique. »

The Guardian

À l'heure des repas, on rejoint les terrasses du restaurant, renommé pour sa nouvelle cuisine jamaïquaine. Le cuisinier a inventé divers plats accompagnés d'épices et sauces de la région qui, dit-on, dépassent toutes les espérances. **SH**

Randonnée dans les Blue Mountains

Lieu Blue Mountains, Jamaïque
Site Web www.great-adventures.com/destinations/jamaica/bluemo.html

La neige est peut-être la dernière chose qui vienne à l'esprit quand on évoque la Jamaïque, mais elle tombe parfois au sommet des Blue Mountains, à 2 256 m d'altitude.

Ces « montagnes bleues » constituent le massif le plus important du pays : il s'étend sur 38 km de long et 22 de large dans le tiers oriental de l'île. Vues du reste de l'île, les montagnes paraissent enveloppées d'une brume bleue, d'où leur nom, qui identifie aussi une marque de café cultivé sur leurs pentes fertiles. Les esclaves se sont autrefois réfugiés dans ces montagnes et plus de 5 000 espèces de plantes à fleurs y prospèrent, dont la moitié n'existent nulle part ailleurs.

Typiquement, on débute l'ascension du pic de Blue Mountain dans l'obscurité. Après avoir marché entre trois et quatre heures, on aura gravi 915 m de dénivelé, et lorsqu'on atteint le sommet on peut généralement apercevoir le soleil en train de se lever sur l'océan, illuminant les côtes septentrionale et méridionale de la Jamaïque. Par temps clair, on peut même deviner Cuba à 209 km au large. En redescendant, puisqu'il fait désormais jour on appréciera toute la beauté de la canopée, de la forêt de brouillards et des pentes recouvertes d'arbres.

On trouve dans ces montagnes bien évidemment plus d'un sentier de randonnée – des centaines d'entre eux, centenaires, relient les villages. Les ornithologues amateurs et les botanistes recommandent en particulier la vallée du Rio Grande et Hardwar Gap pour leur variété. **LD**

Chutes d'eau et torrents contribuent à créer la brume qui enveloppe les Blue Mountains de Jamaïque.

« Un paysage de plantations de café, de colline ondoyantes et de pics déchiquetés… »

Polly Rodger Brown, *The Independent*

The Caves

Lieu Negril, Jamaïque
Site Web www.thecavesresort.com **Prix €€€**

Avec ses 4 ha de jungle tropicale et de falaises en bord de mer, ses sentiers pavés et ses grottes naturelles, The Caves (« les grottes ») est l'un des hôtels les plus spectaculaires de la Jamaïque. Conçu par Greer-Ann et Bertram Saulter, il est constitué de cottages blottis dans un luxuriant jardin au bord de l'océan.

On y découvre une piscine près de la falaise, un mini-spa à découvert qui domine la mer, deux belvédères où l'on prend ses repas, chacun doté d'un bar, des sentiers menant aux vagues et des zones réservées aux bains de soleil. Le front de mer abonde en recoins cachés, y compris les grottes creusées dans la falaise en l'honneur desquelles l'hôtel est baptisé.

Tous les cottages ont été décorés différemment, mais toujours avec les couleurs éclatantes de l'île et des meubles en bambou. Évoquant un luxe rustique, ils sont construits en matériaux naturels, principalement du bois et de la pierre, et coiffés d'un toit de palmes.

Les alentours constituent un paradis maritime, parfait pour les amateurs de natation ou de plongée sous-marine, et l'on trouve des dauphins, tortues de mer et poissons en abondance autour du récif de corail voisin. L'hôtel peut vous aider à louer une moto, à réserver une séance d'équitation ou une descente de rivière en raft, ou encore à obtenir un certificat de plongée. **PS**

⇥ *L'hôtel offre une vue splendide sur la mer.*

Saba Rock

Lieu Virgin Gorda, îles Vierges britanniques
Site Web www.sabarock.com **Prix €€**

Les qualificatifs « isolée » et « idyllique » viennent immédiatement à l'esprit quand on découvre cette île minuscule où les yachts de passage se ravitaillent en eau. Accessible par hydravion ou par bateau, Saba Rock possède une atmosphère de bout du monde, probablement parce que l'île semble avoir été lâchée au hasard au milieu des Caraïbes. Située dans le détroit septentrional de Virgin Gorda, dans les îles Vierges britanniques, Saba Rock jouxte le parc national de Prickly Pear Island, une île déserte. Le légendaire récif d'Eustatia, à un jet de pierre de l'île, est le paradis des plongeurs, qui y découvrent entre autres opistognathes à tête jaune, blennies, scalaires et hippocampes.

« De loin la plus préservée des îles habitées des Caraïbes, Saba est spectaculaire. »

Condé Nast Traveler

Doté d'un passé haut en couleur (tous les pirates s'y sont arrêtés, de Barbe-Bleue à William Kidd), ce rocher est toujours l'une des étapes préférées des plaisanciers. Son ambiance caribéenne détendue est rehaussée par des pontons de bois sombre, des palmiers, des eaux cristallines et des ventilateurs qui ronronnent doucement au plafond, accompagnés par les alizés parfumés.

Contemplez le temps qui passe, une boisson fraîche à la main ou en vous balançant dans un hamac. Le soir, des *steel bands* animent de leur musique le restaurant et le bar. **RCA**

Hôtel Biras Creek

Lieu Virgin Gorda, îles Vierges britanniques
Site Web www.biras.com **Prix €€€**

Soixante des îles de l'archipel des îles Vierges britanniques sont volcaniques, et leur littoral déchiqueté abrite des criques au sable blanc immaculé. Aucun de ces lieux n'est plus idyllique que l'hôtel Biras Creek, isolé dans une anse à la pointe nord-est de Virgin Gorda, (« Grosse Vierge ») , ainsi nommée par Christophe Colomb à cause de sa forme arrondie.

L'hôtel, accessible par bateau seulement, est implanté dans un paysage unique au monde, entre la mer des Caraïbes et l'Atlantique. Le voyage sur ces eaux tentatrices est plein de promesses. De l'arrivée sur la jetée où les eaux turquoise lèchent la mangrove jusqu'aux visages souriants des visiteurs comme du personnel, l'ambiance y est enchanteresse. Où que l'on se tourne, on est entouré de bleus éclatants.

Chaque vue rappelle une brochure touristique promettant le paradis. On dit qu'il existe trois rythmes ici: lent, plus lent, et complètement immobile. Empruntez un vélo pour explorer les lieux ou un canot pour aborder les plages voisines désertes ou l'île de Prickly Pear, à moins que vous ne préfériez observer les animaux : les geckos et des iguanes bougons déambulent sans se soucier le moins du monde des êtres humains. Une journée paresseuse sur la plage n'est interrompue que par un barbecue savoureux au déjeuner, une plongée avec masque et tuba dans la mer limpide, voire une séance au gymnase ou au spa.

Ce domaine de 57 ha, dont les suites ont récemment été rénovées, constitue un sanctuaire tropical intime pour ses visiteurs. **RCA**

⇥ *La vue sur l'anse est toujours idyllique, que ce soit sous un soleil éclatant ou au crépuscule.*

Les Bains de Virgin Gorda

Lieu Virgin Gorda, îles Vierges britanniques **Sites Web** www.bvi.com ; www.paradise-islands.org/virgin-gorda-baths.htm

L'un des sites les plus recherchés se trouve sur Virgin Gorda, la troisième île par la taille. Les « Bains », une merveille de la nature, sont constitués de bassins exotiques et de grottes naturelles formés par des rochers de granit géants apparus il y a 70 millions d'années environ, quand la roche en fusion s'est mariée aux couches de lave du fond sous-marin des Caraïbes. Le magma a lentement formé d'immenses blocs de granit constitué de feldspath et de quartz. Environ 50 millions d'années après, le frottement des plaques continentales a soulevé ce fond marin et révélé le granit.

Arrivez tôt si vous préférez jouir de l'endroit seul, payez l'entrée et dirigez-vous vers les grottes. Les salles où des puits de lumière éclairent des eaux transparentes et peu profondes sont presque surréalistes. Certains de ces bassins naturels sont assez profonds pour qu'on puisse y plonger, mais attention à la marée montante. Suivez le sentier jusqu'aux plages de sable blanc parsemées de rochers. L'une d'entre elles, en contrebas des Bains, possède son propre lagon protégé par les rochers où l'on peut admirer de nombreuses tortues et raies, sans oublier les hippocampes. **RCA**

> *« Un lit de sable avec des rochers de granit massifs [...] dispersés en tas irréguliers le long du littoral. »*
>
> ***Condé Nast Traveler***

← *Virginales et luxuriantes, les exotiques îles Vierges britanniques offrent mer, soleil, sable et solitude en abondance.*

Plongée à Peter Island

Lieu Peter Island, îles Vierges britanniques
Site Web www.peterisland.com

Après un long vol suivi d'un transfert dans un petit avion à hélices, on est ravi de sauter dans la vedette qui conduit aux rivages privés de Peter Island. À l'arrivée dans ce paradis tropical, une voiturette de golf vous transporte jusqu'à l'hôtel avec vue panoramique sur la mer des Caraïbes.

L'attrait principal de Peter Island demeure les eaux transparentes qui l'entourent. Dirigez-vous vers la plage des Morts, ainsi nommée après que Barbe-Noire abandonna quinze pirates sur Dead Chest, l'île qui lui fait face, en ne leur laissant qu'une bouteille de rhum. L'un d'entre eux parvint à rejoindre la rive d'en face. Le reste appartient à l'histoire.

À quelques mètres de la plage se déploie le paradis des plongeurs : on nage au sein d'un arc-en-ciel de chirurgiens bleus, de chelmons à long bec jaune et orange, et de labres créoles aux tons violets chatoyants. Plus au large, à proximité des eaux baptisées « les Indiens », le spectacle continue avec des tortues de mer, poissons-trompettes, murènes et carangues bleues qui se glissent entre les coraux. La région est parsemée de sites de plongée protégés tels que celui de Salt Island, à une profondeur de 95 m, reconnu comme l'un des meilleurs au monde. Sautez sur le ferry qui rejoint l'île Jost Van Dyke, une oasis virginale de 150 habitants seulement. Explorez les eaux idylliques au large de Diamond Cay ou l'atoll de Sandy Spit, îlot bordé de palmiers adoré des plongeurs. À la fin de la journée, on a bien mérité de siroter un cocktail au rhum et à la noix de coco au bar, autrefois seulement accessible à la nage, ou l'on rejoindra les plaisanciers dans une hutte sur la plage transformée en bar. **RCA**

Plongée sous-marine à Little Cayman

Lieu Little Cayman, îles Cayman
Site Web www.oceanes.com

Les îles Cayman appartiennent à un massif sous-marin dont les pics dépassent à peine la surface de l'eau. En dessous, on découvre les falaises et les à-pics qui constituent certains des sites de plongée les plus renommés au monde. Les plus célèbres sont Bloody Bay et Jackson Blight, deux parois qui appartiennent au parc marin de Bloody Bay.

La paroi homonyme débute à 6 m seulement de profondeur mais plonge à 305 m de fond ou plus – certains avancent le chiffre extraordinaire de 1 829 m. La paroi est couverte d'éponges et de coraux aux teintes jaunes et rouges extraordinaires. Des étoiles de mer ondulent avec une lenteur infinie, et les murènes sortent nerveusement la tête des fissures où elles se cachent. Des scalaires, des chétodons et des poissons-perroquets aux couleurs éclatantes se déplacent rapidement aux côtés de longs poissons-trompettes au museau tubulaire. Les mourines et pastenagues, les requins, barracudas et mérous nagent près de là, de même que les tortues qui ont donné leur premier nom aux îles (quand Christophe Colomb les aborda en 1503, il les baptisa Las Tortugas). Tous ces poissons se détachent sur le bleu extraordinaire de la mer des Caraïbes.

Little Cayman est une île minuscule, longue d'à peine 16 km sur 1,6 km de large, peuplée de quelques résidents permanents seulement. C'est un endroit paisible où il n'y a pas grand-chose à faire hormis plonger et observer les animaux. Ses quelques hôtels vous invitent à vous allonger sous le chaud soleil caribéen et à vous adonner au farniente. **PE**

Un plongeur près du récif coloré de Little Cayman, l'un des meilleurs sites de plongée au monde.

Eden Rock

Lieu Saint-Barthélemy, Antilles françaises
Site Web www.edenrockhotel.com **Prix €€€**

L'Eden Rock était autrefois la demeure privée de Rémy de Haenen, premier maire de l'île de Saint-Barthélemy. Aujourd'hui cet hôtel qui représente le summum de la sophistication depuis des décennies est le plus glamour des établissements caribéens grâce à ses suites et villas, dont la Villa Rockstar, de 1 485 m^2, prédestinée à accueillir des fêtes et dotée d'un terrain de golf et d'un cinéma. On n'oubliera pas de mentionner le yacht de l'hôtel, le *Princess*, long de 20 m, qu'on peut louer avec son équipage pour une croisière dans les îles, mais c'est assez onéreux.

L'île de Saint-Barthélemy est dotée de jolies anses, de plages sauvages et de réserves marines où abondent les poissons aux couleurs éclatantes. À terre, le spectacle est tout aussi impressionnant au sein de l'hôtel, comme peuvent en témoigner d'anciens clients tels Mick Jagger et Mariah Carey. Les romantiques adoreront la suite Garbo et son charme hollywoodien des années 1930 : on y trouve un lit en bois et cuir blanc et une salle de bains signée Philippe Starck. Les James Bond en herbe seront séduits par la suite homonyme située au bord de l'eau et agrémentée d'une piscine, d'une terrasse et d'un Jacuzzi. **LP**

« Découvrez des moments de contact privés avec la splendeur naturelle des Caraïbes. »

L.A. Confidential

La Samanna

Lieu Saint-Martin, Antilles françaises **Site Web** www.lasamanna.com/web/omar/francais-hotel-la-samanna.jsp **Prix €€**

Saint-Martin est une île à double nationalité : un côté est français, l'autre néerlandais. C'est un fascinant mélange de cultures. La gastronomie joue un rôle essentiel du côté français : pâtisseries et excellents restaurants y abondent. Le côté hollandais abrite des casinos et une vie nocturne animée.

Visitez les deux capitales, Marigot et Philipsburg, au charme et à l'architecture distincts, le parc Eden de 3 ha, et le pic Paradis, haut de 426 m, depuis lequel on jouit d'une vue éblouissante sur l'île, à moins qu'on ne préfère disparaître à La Samanna, hôtel élégant où règne un raffinement serein. C'est l'incarnation du chic caribéen. Les chambres de l'étage supérieur bénéficient de terrasses privées sur le toit où des murets blanchis à la chaux éblouissent et forment contraste avec les coussins bleu azur. Dans les jardins, des hamacs se balancent mollement à l'ombre plaisante des palmiers.

Le spa Élysée, baptisé en référence à la mythologie grecque, abrite six salles de massage. On peut y choisir une vaste gamme de soins, du shiatsu à la réflexologie, des massages thaïlandais aux soins aux pierres chaudes. On peut même y pratiquer le yoga et la méthode Pilates et profiter des services d'un entraîneur personnel si on le désire.

Le restaurant de l'hôtel, à flanc de colline, offre une vue fantastique sur la baie Longue, et un menu qui mêle gastronomie européenne et caribéenne. Les ravioles de homard et un délicieux confit de canard sont accompagnés d'une carte des vins époustouflante. Les épicuriens sont ici au paradis. **RCA**

→ *La vue dégagée de la plage que l'on a depuis La Samanna compte parmi les plus belles des Caraïbes.*

Randonnée dans le parc de Morne-Trois-Pitons

Lieu parc national de Morne-Trois-Pitons, Dominique
Site Web whc.unesco.org/en/list/814

Paradis des amoureux de la nature, le parc national de Morne-Trois-Pitons, à la Dominique, offre certaines des randonnées les plus spectaculaires des Caraïbes grâce à ses 483 km de sentiers. Inscrit au patrimoine mondial de l'humanité, ce parc de 6 870 ha comprend des torrents, des cascades, une forêt tropicale entièrement préservée et des montagnes, sans oublier cinq volcans, 50 fumeroles et de nombreuses sources thermales. Son attraction principale, que l'on découvre sous un épais nuage de vapeur, est le lac d'eau bouillante, le deuxième au monde par la taille. C'est un chaudron d'une profondeur inconnue dont les eaux laiteuses atteignent entre 82 et 92 °C.

Comme le nom du parc l'indique, on y trouve trois pics enveloppés de brume, le plus haut atteignant 1 424 m. Aucun mammifère ne vit dans le parc mais attendez-vous à apercevoir de nombreux oiseaux, crustacés, reptiles et, si vous avez de la chance, un ou deux perroquets indigènes. L'un d'entre eux, le perroquet impérial, est l'oiseau national de la Dominique.

Les randonneurs ont en général pour destination la vallée de la Désolation, qu'on atteint après sept ou huit heures difficiles de marche incluant escalade sur des rochers raides et glissants. On part du village de Laudat avant de s'avancer au milieu d'une forêt vierge où abondent les oiseaux exotiques rares. La vallée est un haut lieu d'activité géothermique, avec ses sources bouillantes, ses flaques de boue bouillonnantes et ses mini-geysers. On peut se faire des masques de boue et soigner ses douleurs dans les chutes d'eau thermale. **JK**

« Une forêt tropicale luxuriante, associée à des éléments volcaniques de grand intérêt. »

Unesco

Des randonneurs sur un sentier de la vallée de la Désolation.

Hôtel Zandoli

Lieu près de Fond Saint Jean, Dominique
Site Web www.zandoli.com **Prix €€**

L'hôtel Zandoli, près des rochers de la côte sud-est de la Dominique, rappelle plus une villa qu'un hôtel avec ses cinq chambres et sa petite piscine cernées par 2,4 ha de forêt. Quand le soleil se couche, le lourd parfum de l'ylang-ylang flotte dans l'air.

La plus montagneuse et sauvage des îles constituant les Petites Antilles, la Dominique est située entre la Guadeloupe et la Martinique. À cause de sa topographie, il n'est pas toujours aisé de la parcourir. Le Zandoli n'est qu'à 21 km de Roseau, la capitale, mais semble plus éloigné. De magnifiques sentiers de randonnée traversent le domaine puis s'en éloignent, et il est facile de se perdre dans la forêt parmi les dattiers, les lianes de vanille, les muscadiers et les avocatiers quand on observe les oiseaux tropicaux voler au-dessus de sa tête, que l'on recherche des nids de colibri ou qu'on admire les fleurs indigènes aux couleurs éclatantes. Grâce au nombre limité de chambres, un séjour dans cet hôtel est toujours intime. Le littoral parsemé de rochers constitue un endroit idéal pour la méditation. Destination de choix pour les couples en voyage de noces, le Zandoli ne dispose ni du téléphone, ni de la télévision, ni de la radio.

La défense de l'environnement est un thème important ici. On peut se rafraîchir dans une petite piscine profonde traitée avec des produits biologiques (on peut aussi plonger avec masque et tuba au large des rochers près de l'hôtel), et l'eau des douches est chauffée par le soleil. Au cours du repas pris en commun le soir, on peut se délecter de nombreuses spécialités de la région ainsi que de fruits frais ; en début de soirée, un punch au rhum ou une bière kabuli accompagnent parfaitement le coucher de soleil. **LD**

Carlisle Bay

Lieu Carlisle Bay, Antigua
Site Web www.carlisle-bay.com **Prix €€€**

Antigua possède autant de plages qu'il y a de jours dans une année et ses eaux comptent parmi les plus belles des Caraïbes. Plaque tournante des îles Sous-le-Vent, elle est fréquentée par les célébrités dont certaines (tel Denzel Washington) y possèdent même une villa.

La décoration du Carlisle Bay, havre de luxe dans le sud de l'île, est très éloignée du style rustique qu'on trouve habituellement dans les Caraïbes : au Carlisle, on est parvenu à marier le style régional à une atmosphère urbaine et contemporaine. L'intérieur de l'hôtel est somptueux : le pavillon d'entrée est pourvu de volets de style plantation, les arrangements floraux sont gigantesques et les meubles sombres aux lignes pures sont tendus de tissu blanc. Les chambres, décorées de tons gris et lavande subtils avec des rideaux en soie sauvage, comportent des divans décadents et d'immenses baignoires ovales pour deux personnes. On aura du mal à choisir entre les deux restaurants raffinés de l'hôtel, Indigo On The Beach et East, dont la cuisine est d'inspiration asiatique.

« On se sent ici comme dans un sanctuaire, c'est l'escapade parfaite pour une relaxation complète. » ***The Daily Telegraph***

N'oublions pas de citer l'extraordinaire piscine, le spa, la bibliothèque branchée, une salle de projection dont les fauteuils en cuir bleu peuvent accueillir 45 personnes et le bar près de la piscine. **RCA**

Hermitage Bay

Lieu Hermitage Bay, Antigua
Site Web www.hermitagebay.com **Prix €€€**

Surplombant une baie cachée, privée depuis plus d'un siècle et à seulement 20 minutes en voiture de la capitale, Saint John's, les cottages en bois d'Hermitage Bay sont éparpillés sur un coteau abrupt et isolé qui contemple la mer turquoise des Caraïbes. Antigua a réservé l'une de ses plus belles plages à ce complexe hôtelier de luxe, de style balinais, où l'on trouve des parquets en acajou, des piscines à débordement et un service impeccable.

Les spacieux cottages sont équipés du linge le plus luxueux qui soit et d'un équipement hi-fi très moderne. La véranda offre des vues panoramiques sur la baie et l'océan.

« La vue depuis les cottages à flanc de coteau vaut à elle seule le voyage. »

The Daily Telegraph

Pour promouvoir le bien-être et la détente à Hermitage Bay, les activités aquatiques motorisées y ont été bannies au profit d'autres, moins envahissantes, comme la voile et la planche à voile. Si vous préférez vous faire masser au-dessus de l'eau à l'extrémité d'un ponton de bois et sous un toit de palmes construit à cet effet, c'est tout à fait possible, à moins que vous préfériez le spa. Une fois le soleil couché, le seul bruit auquel on devrait s'attendre dans ce domaine de 4 ha est le clapotis des vagues. **BS**

Jumby Bay

Lieu Jumby Bay, Antigua
Site Web www.jumbybayresort.com **Prix €€€€**

Le Jumby Bay Resort, une île privée de 1 215 ha, a récemment bénéficié de plusieurs millions d'euros de rénovations qui ont ramené le complexe hôtelier à un haut niveau de luxe. La décoration apaisante des chambres, aux tons beiges et crème, se marie astucieusement aux meubles coloniaux anglais. Les salles de bains, qui comprennent des Jacuzzi, sont elles aussi impressionnantes. Presque toutes les suites possèdent une entrée séparée avec patio et une grande terrasse. Les masseurs qui officient sous un pavillon sur la plage ont été formés aux techniques orientales et occidentales.

Pour les amoureux de la nature, Jumby Bay est aussi passionnant qu'apaisant, car les aigrettes blanches, les pélicans bleus (et les moutons) déambulent dans les environs. La plage de Pasture Bay constitue le joyau de l'île : c'est un site de nidification protégé pour les carets, tortues en voie de disparition. Les clients de l'hôtel sont d'ailleurs encouragés à participer au programme de défense de ces animaux. Plusieurs activités aquatiques sont proposées, dont la plongée, la voile, le kayak, le ski nautique, la planche à voile et la pêche hauturière. Trois courts de tennis, des randonnées à vélo ou à pied et des jeux de croquets complètent le tout.

Dans le restaurant à l'atmosphère détendue on peut prendre son petit déjeuner, son déjeuner ou un dîner léger cependant qu'un autre restaurant, plus gastronomique, offre une expérience plus raffinée encore – juste ce dont on a besoin après une journée allongé au soleil. **PS**

→ *La plage de Pasture Bay sert de site de ponte aux carets, tortues en voie de disparition.*

Rock Cottage

Lieu Blue Waters, Antigua
Site Web www.bluewaters.net **Prix €€€**

Perchée sur un affleurement rocheux des Caraïbes, la villa Rock Cottage est le genre d'endroit où l'on peut demeurer pendant des jours sans voir âme qui vive. Située sur la côte septentrionale d'Antigua, cette propriété privée jouit d'une vue à 270° sur l'océan.

Mélange de murs blanchis à la chaux, de dalles de marbre et de volets en bois se détachant sur la mer d'un bleu intense et une végétation émeraude, la villa Rock Cottage incarne le style caribéen. On peut choisir sa terrasse ou l'endroit où l'on désire prendre ses repas en fonction de la position du soleil, et la villa est aussi dotée d'un Jacuzzi privé et d'immenses chambres claires abritant de grands lits. L'élément le plus

« Un lieu pour des vacances aux Caraïbes proches de la perfection. »

The Mail on Sunday

époustouflant est peut-être la salle de bains à l'étage, destinée à un couple et dont les deux lavabos sont placés devant des fenêtres protégées de volets qui s'ouvrent sur une vue de l'océan encadrée de palmiers. Même si l'on parvient à s'arracher à ce spectacle, on n'a en aucune manière besoin de quitter les lieux, ni même l'île, sauf si l'on désire se prendre pour James Bond le temps d'une journée et utiliser la vedette privée amarrée en contrebas. **NS**

Si vous aimez perdre la notion du temps dans un lieu splendide et véritablement original, Rock Cottage est fait pour vous.

L'hôtel Jade Mountain

Lieu anse Chastenet, Sainte-Lucie
Site Web www.jademountainstlucia.com **Prix €€€**

Les suites de Jade Mountain sont entièrement ouvertes d'un côté de façon à jouir sans obstacle de l'une des plus belles vues au monde : les pics jumeaux des Pitons de Sainte-Lucie, inscrits au patrimoine mondial de l'humanité, qui se dressent dans la mer miroitante des Caraïbes.

La hauteur de plafond est de 4,5 m, les murs sont en pierre apparente, béton et corail ; on ne trouve que peu d'angles ou de lignes droites et les parquets sont en bois tropicaux. Il y a d'immenses lits à baldaquin, des meubles éclectiques et uniques, des douches à effet de pluie dotées de six jets corporels. On trouve aussi dans chaque suite un bain à remous chaud où l'on peut contrôler la couleur de l'éclairage de l'eau pour obtenir divers effets de chromothérapie pendant que l'on contemple le paysage. On peut contrôler de la même manière l'éclairage des piscines à débordement.

> *« Les différents espaces semblent flotter au-dessus de la mer des Caraïbes. »*
>
> ***Condé Nast Traveler***

Cet hôtel de grand luxe perché sur les collines luxuriantes de Sainte-Lucie est la création de son propriétaire, un architecte plein d'imagination. L'hôtel compte aussi une plage, un restaurant, un spa et plusieurs piscines. **SH**

⇐ *Allongé dans votre piscine à débordement à l'hôtel Jade Mountain, délectez-vous de la vue éblouissante.*

La plantation Jalousie

Lieu Les Pitons, Sainte-Lucie
Site Web www.thejalousieplantation.com **Prix €€€**

Quand son propriétaire actuel a acheté cette ancienne plantation de canne à sucre, on ne pouvait la rejoindre qu'en canoë. Aujourd'hui on peut prendre un taxi à l'aéroport puis emprunter une route escarpée et sinueuse ou monter dans un hélicoptère qui survolera les pics jumeaux de Sainte-Lucie, les Pitons.

La plantation Jalousie, située dans la vallée des Pitons au milieu de 78 ha de forêt vierge, abrite 115 chambres, dont des villas luxueuses, suites et chambres aménagées dans le moulin à sucre du XVIIIe siècle soigneusement restauré. Le lieu est décoré dans un style caribéen moderne, légèrement rustique mais confortable et jouit de vues panoramiques sur la mer et les montagnes. Cet hôtel cinq étoiles offre un excellent service. Le spa, baptisé Oasis de la forêt vierge, peut vous aider à vous détendre grâce à ses soins inspirés de la nature, dont des massages, des enveloppements corporels, des soins et masques aux pierres chaudes et des exfoliations corporelles mettant en œuvre l'eau des sources sulfureuses voisines.

Sur la plage, il faut s'avancer loin dans l'eau avant de perdre pied : l'endroit, très paisible, est parfait pour les nageurs. L'hôtel offre des cours de plongée avec tuba ainsi qu'une séance de plongée sous-marine gratuite à chaque client ; on peut aussi pratiquer quasiment tous les sports aquatiques existants. Si vous voulez relever un défi au cours de vos vacances, pourquoi ne pas escalader les Pitons ? Des guides sont disposés à vous y accompagner mais aussi à vous montrer les sources sulfureuses, les volcans et chutes d'eau de Sainte-Lucie. **LD**

Little Good Harbour

Lieu Shermans, Barbade
Site Web www.littlegoodharbourbarbados.com **Prix €€**

Cet hôtel de charme est situé dans le nord-ouest de l'île de la Barbade, dans le petit village de pêcheurs de Shermans. Des cottages y sont agencés autour d'une piscine, à quelques pas de la plage, et décorés avec une simplicité élégante. Ces villas indépendantes avec cuisine sont de style colonial, coiffées de toits roses et dotées d'une atmosphère chaleureuse et détendue. Elles jouissent aussi de terrasses et d'une vue sur la mer.

Même si l'hôtel est dépourvu de *room service*, le personnel s'efforce de rendre votre séjour aussi confortable que possible, sa devise étant : « La plus difficile de vos décisions concernera le menu du soir. » Le Fish Pot est un restaurant avec terrasse en bois en dehors des sentiers battus mais près du marché aux poissons, ce qui garantit la fraîcheur des plats proposés. Espadon grillé, jeunes palourdes en sauce créole ou homard sauté à la poêle, quel que soit votre choix.

> *« Les vagues se brisent juste en dessous de votre chambre. C'est un site typiquement caribéen. »*
>
> James Henderson, *Financial Times*

Little Good Harbour constitue une escapade même pour les habitants de la Barbade grâce à ses eaux cristallines, ses plages sablonneuses et son atmosphère paisible : c'est un endroit idéal où se détendre parmi les colibris, les palmiers où se balancent des singes, et les papillons. **LD**

Voir photo page 20.

Cotton House

Lieu Moustique, Saint-Vincent-et-les-Grenadines
Site Web www.cottonhouseresort.com **Prix €€€**

L'hôtel Cotton House a tout pour plaire. Sa situation sur une île tropicale, le paysage verdoyant, les bois épais, les falaises spectaculaires qui dominent des plages de sable blanc et un océan au bleu profond ont attiré d'innombrables célébrités, de David Bowie à Tommy Hilfiger.

L'hôtel bénéficie de 5 ha de jardins en bord de mer, et ses chambres sont réparties dans cinq demeures géorgiennes entièrement rénovées, trois cottages et une maison de plage, sans oublier les deux suites en duplex abritant chacune une chambre et une petite piscine privée. Des draps luxueux en coton égyptien et des moustiquaires ornent les lits king size (certains sont à baldaquin et en fer forgé). Parmi les détails modernes, citons l'équipement hi-fi très performant. Chaque chambre est aussi dotée d'un patio ou d'un balcon. Celle qu'on a baptisée The Tower (« la tour »), à l'étage supérieur de Coutinot House (une villa de cinq chambres sur la plage), l'emporte sur toutes les autres, mais la villa Cotton Hill, dotée de deux chambres, est inégalée dans le domaine de l'opulence. Une piscine privée en forme de botte entourée de dalles de pierre blanche et de chaises longues en teck vous permet de vous rafraîchir tout en contemplant les jardins et la mer, cependant que le bar aménagé dans l'ancien moulin à sucre procure des rafraîchissements aux couleurs étonnantes.

La salle de fitness offre aussi des soins de beauté, mais avec l'Atlantique et la mer des Caraïbes à votre disposition, vous préférerez peut-être aller faire de la voile, de la plongée ou partir en excursion sur un bateau à moteur, ou encore vous prélasser dans l'une des criques protégées de Moustique. **PS**

Randonnée sur la Soufrière

Lieu La Soufrière, Saint-Vincent, Saint-Vincent-et-les-Grenadines
Site Web www.aux-antilles.fr/saint-vincent/art-culture/sites-naturels.htm

Lorsque l'on évoque des vacances aux Caraïbes, l'idée de grimper au sommet d'un volcan actif et haut de 1 210 m ne vient pas immédiatement à l'esprit. La Soufrière de Saint-Vincent constitue pourtant l'une des grandes aventures de la région. Pour une randonnée réussie, mieux vaut rejoindre un groupe ou louer les services d'un guide. Vous serez ainsi transporté par la route depuis le port, le long du littoral, et traverserez les plantations qui marquent le début du sentier. Là, vous pourrez apercevoir par-dessus les arbres le sommet dénudé du volcan. Le sentier est bordé de bambous et de fougères arborescentes, et serpente dans la forêt tropicale autour de racines géantes, d'épaisses lianes et d'anciennes coulées de lave. La forêt fait ensuite place à une végétation plus alpine avant les éboulis aux alentours du cratère, où plus rien ne pousse. L'ascension exige entre deux et trois heures.

La vue au sommet est impressionnante. Le cratère s'enfonce à 213 m tandis qu'au-delà on aperçoit le reste de l'île jusqu'à l'océan. Les randonneurs pique-niquent parfois au sommet tout en admirant le paysage. Le retour exige une à deux heures de marche. Ceux qui en auront encore l'énergie pourront une fois parvenus au sommet continuer pendant 45 minutes pour aller se baigner dans le lac à l'intérieur du cratère. Il y a aussi des bains de boue riches en minéraux, mais leur accès est difficile. Si vous avez plusieurs heures devant vous, faites le tour du cratère pour découvrir divers panoramas de l'île. La dernière éruption de la Soufrière remonte à 1979, mais selon les experts elle pourrait entrer en activité à n'importe quel moment. **SH**

↗ *La Soufrière, volcan de Saint-Vincent, est célèbre pour sa beauté et son imprévisibilité.*

« Saint-Vincent est le paradis des amoureux de la nature grâce à ses sentiers de randonnée, sa forêt tropicale [. . .] et son volcan actif. »

Sophie Lam, *The Independent*

Hôtel Raffles Canouan

Lieu île de Canouan, Saint-Vincent-et-les-Grenadines
Site Web www.rafflescanouan.com **Prix €€**

Situé au milieu de 121 ha, jouissant de trois plages de sable blanc et de l'un des plus grands récifs de corail au monde, l'hôtel Raffles Canouan est si vaste que l'on emprunte une voiturette de golf pour le parcourir.

C'est une fantastique destination de lune de miel, et son église en pierre datant du XVIIe siècle a été le témoin de nombreux mariages. Le domaine abrite aussi un parcours de golf, le Trump International, considéré comme l'un des meilleurs au monde, et le spa de l'hôtel promet l'accès aux secrets de la jeunesse éternelle ; il propose aussi des masques après-soleil qui vous permettront de conserver votre hâle plus longtemps.

« Les Caraïbes n'avaient rien vu de si impressionnant depuis longtemps. »

Condé Nast Traveler

Canouan peut se targuer de constituer l'un des lieux les plus prestigieux des Caraïbes, et pas seulement grâce au superbe service qu'on y trouve, aux chambres de style colonial parfaitement équipées et aux restaurants en front de mer. Pour un vrai sentiment de solitude, louez un bateau pour explorer les récifs voisins, faites de la plongée ou découvrez pourquoi on surnomme Canouan l'île des Tortues en nageant en compagnie de ces créatures majestueuses. Le soir, dégustez des fruits de mer et du poisson frais au restaurant. **LD**

→ *On peut nager, déguster des mets délectables, jouer au golf et même se marier à l'hôtel Raffles Canouan.*

Palm Island

Lieu Palm Island, Saint-Vincent-et-les-Grenadines **Site Web** www.palmislandresortgrenadines.com **Prix €€€**

Palm Island est une île de 55 ha située près de l'extrémité méridionale de Saint-Vincent-et-les-Grenadines, archipel idyllique de 32 îles et récifs réputé pour sa beauté naturelle et ses eaux cristallines. Le complexe hôtelier de Palm Island demeure discret. Les villas où logent ses clients se fondent dans la végétation du littoral et offrent un repos absolu. Dénuées de téléviseur et de téléphone, leurs chambres offrent une vue fantastique sur la plage et les autres îles.

On y trouve aussi des meubles de bambou, des ventilateurs au plafond en rotin tressé, des poutres apparentes et de riches textiles. Les chambres sont très luxueuses: salles de bains en marbre, climatisation, peignoirs en coton, mini-réfrigérateurs, coffres-forts... Tout est inclus dans le prix du séjour et les vacanciers sont invités à prendre leurs trois repas quotidiens dans les deux restaurants du site, sans oublier le thé de l'après-midi, les cocktails d'avant dîner et le barbecue de la plage. On peut déjeuner en toute intimité n'importe où sur l'île et dîner à la lueur d'une lampe-tempête au bord de l'eau. Ceux qui recherchent des activités plus physiques que la sieste dans un hamac sur la plage pourront jouer au tennis, au minigolf, faire de la bicyclette ou pratiquer des sports nautiques : planche à voile, plongée avec tuba, kayak ou voile en catamaran. Le spa, le salon, la piscine, le gymnase et la bibliothèque occuperont des journées plus calmes.

Muni d'un masque et d'un tuba, on peut aisément explorer les environs, puis se rendre en excursion sur les îles voisines. Pour une aventure plus luxueuse, on fera une croisière nocturne à bord du bateau privé de l'hôtel, *The Pink Lady*, sur lequel on sirotera du champagne en contemplant le coucher du soleil sur la mer des Caraïbes. **SH**

Découvrez votre âme de Robinson Crusoé sur « votre » île privée dans les Caraïbes, Palm Island.

L'Anse aux Épines

Lieu Prickley Bay, La Grenade **Site Web** www.lanceauxepineshouse.com **Prix €€**

Vue de la mer, la petite tour ronde rappelle la tourelle d'un château ou un vieux phare. Cependant, une fois qu'on a accosté, on découvre que c'est celle d'un ancien moulin à sucre. Elle a été convertie en villégiature destinée à ceux qui recherchent une escapade très spéciale. Son emplacement ne pourrait être plus charmant : à flanc de colline à la Grenade au bord de Prickley Bay, une anse qui jouit d'une vue splendide sur l'Atlantique et la mer des Caraïbes.

La tour, qui peut accueillir jusqu'à quatre personnes, appartient à une demeure coloniale du XIXe siècle, l'Anse aux Épines, que l'on peut louer conjointement ; on peut alors loger quatorze personnes. L'ancien moulin à sucre se dresse au bord de l'eau dans une partie privée des jardins de près d'un hectare de la résidence principale. Sa tour contient deux chambres, un bar-cuisine et des vérandas couvertes ; une petite piscine complète le tout. On a aussi accès à un long ponton privé que l'on partage avec les habitants de la résidence principale. Les chambres sont équipées de tout le confort nécessaire. Les jardins englobent des sentiers privés, des coins cachés et une cascade de 6 m de haut. Ils conduisent à une plage et une jetée privées. La piscine à débordement est longue de 20 m : c'est la plus grande piscine privée des Grenadines. Il y a aussi une piscine réservée à l'Aquagym et un Jacuzzi.

Les hôtes bénéficient des services de cinq employés : un cuisinier-intendant, deux personnes chargées du ménage et deux autres, des jardins. Un massothérapeute et un chef cuisinier sont aussi disponibles pour un coût supplémentaire, de même qu'un bateau à voiles. Si cela ne suffisait pas, les visiteurs peuvent utiliser le hors-bord de la propriété, piloté par son propre capitaine. **SH**

⇑ *Cette luxueuse résidence a été aménagée dans un ancien moulin à sucre agrémenté de sa propre tour.*

Carriacou

Lieu Carriacou, La Grenade
Site Web www.carriacoupetitemartinique.com

Carriacou est la plus grande des Grenadines, un chapelet de ravissantes îles éparpillées entre l'île de la Grenade et Saint-Vincent. « La plus grande » est bien entendu un terme très relatif. Carriacou ne mesure que 11 km de long et 3 de large en moyenne. Son pic le plus élevé atteint 291 m d'altitude. D'origine volcanique, l'île était autrefois recouverte de champs de coton et de canne à sucre, mais le tourisme constitue désormais son activité principale, qui n'a heureusement pas gâché son ambiance détendue. Bien sûr, vous pouvez envoyer des courriels au monde extérieur, mais n'est-il pas plus important de se détendre autour d'un punch désaltérant ?

La seule activité énergique à laquelle semblent se livrer les habitants de l'île est la construction de bateaux, pour laquelle ils utilisent les techniques transmises par leurs ancêtres écossais. Ces derniers ont aussi légué leur nom de famille aux nombreux habitants de l'île, descendants du fruit de leurs liaisons avec des esclaves originaires d'Afrique occidentale. Hillsborough est la capitale de l'île où accoste le ferry de la Grenade. On trouve aussi sur l'île un minuscule terrain d'aviation dont la piste est en réalité une route où l'on stoppe la circulation le temps que les avions atterrissent.

À la fin mai, on peut assister au festival de musique maroon, dont l'un des temps forts est une bénédiction au cours de laquelle on répand du rhum et de l'eau à terre, avant que les spectacles de musique et de danse ne commencent. Si vous avez vraiment de la chance, vous trouverez par hasard une fête organisée par les habitants, où tout le monde met ses ressources en commun pour que quiconque puisse manger, boire et s'amuser gratuitement. **RsP**

Maca Bana

Lieu Saint George's, La Grenade
Site Web www.macabana.com **Prix €**

Petit complexe hôtelier de charme à flanc de colline qui surplombe la plage idyllique de Magazine Beach, le Maca Bana est entouré d'une végétation rappelant la jungle mais il est aussi doté de tout le confort. On loge dans l'une des sept villas artistiquement conçues parmi les jardins tropicaux, qui jouissent toutes de l'accès à une piscine à débordement avec vue sur la plage.

Dans ce paradis paisible parmi les cocotiers, on se soucie aussi d'écologie : l'énergie y est solaire et hydraulique. On trouve de plus sur place une serre biologique, un verger et un jardin de simples qui complètent les produits frais locaux dans la cuisine du restaurant. Le bar est installé directement sur la plage. Chacune des villas situées au milieu de ruisseaux chantants et de bassins où nagent les carpes koi est équipée d'une cuisine moderne : les hôtes peuvent préparer leurs repas ou faire appel à un cuisinier personnel.

« Décorées par le propriétaire, un artiste, les villas jouissent de vues époustouflantes. »

The Observer

Ils peuvent aussi recevoir des soins corporels dans leur villa, et les séances privées de yoga, de tai-chi et de méditation contribuent au profond sentiment de relaxation qui règne ici. Divers cours d'art et de cuisine sont aussi offerts. Les villas jouissent aussi de Jacuzzi en plein air, de vastes terrasses et de balcons. **LP**

Estate House

Lieu Mount Hartman Bay, La Grenade
Site Web www.mounthartmanbay.com **Prix €€€**

Mount Hartman Bay est un domaine privé situé sur une péninsule de l'île de la Grenade. Estate House, le manoir bâti à flanc de colline, est doté d'un toit en herbe et cactus ainsi que de chutes d'eau intérieures. Les habitants de la région l'appellent la maison troglodytique car on pénètre dans la demeure par une large porte creusée dans la falaise.

Une fois à l'intérieur, on découvre des aménagements de premier ordre qui rappellent Le Corbusier et Gaudí. Des colonnes blanches semblent flotter jusqu'à terre, derrière le bar en bois poli coule une cascade moussue, et une table aux dimensions impressionnantes vous invite à vous asseoir pour contempler le paysage. À l'arrière de la propriété, une petite maison coiffée de palmes donne sur une plage privée que protègent des récifs de corail.

On racontait autrefois que les marins pouvaient sentir l'île de la Grenade avant de la voir : l'air de cette île aux épices est chargé des parfums du gingembre, de la noix de muscade, du clou de girofle, de la cannelle et du cacao, épices que le cuisinier du domaine sait mettre à profit.

Vingt-quatre personnes très aisées désirant faire la fête n'ont pas besoin de chercher plus loin. Ici, tous leurs désirs seront exaucés : elles disposeront d'un yacht de 12 m et des services de son capitaine, de scooters des mers et de quatre-quatre. On peut pique-niquer sur un banc de sable paisible et oublié à midi et explorer un récif de corail l'après-midi, ou partir toute la journée en excursion dans la forêt tropicale accompagné d'un guide, à moins que le farniente sur la plage ne s'avère irrésistible. **LD**

Mount Plaisir

Lieu Mount Plaisir, Trinité -et-Tobago
Site Web www.mtplaisir.com **Prix €**

Mount Plaisir est situé en bordure du site de ponte des tortues luths le plus important de l'hémisphère sud. Chaque année, ces tortues géantes en voie de disparition couvrent d'innombrables kilomètres à la nage pour retourner par milliers sur cette plage. Au cours de l'été, elles pondent leurs œufs dans le sable la nuit, à quelques pas des chambres d'hôtel. Des milliers de bébés tortues complètent le cycle en repoussant le sable qui les recouvre et en se précipitant vers la mer.

Les suites de Mount Plaisir font face à la mer des Caraïbes, la forêt tropicale recouvrant les pentes du spectaculaire Mont Ju à l'arrière. Les chambres, simples, sont décorées d'œuvres d'artisans de la région. Le restaurant utilise les produits du jardin biologique du domaine ou ceux de la mer. Ses gâteaux et son pain à la noix de coco sont renommés dans toute l'île.

> *« Dans la forêt tropicale, vous verrez la pénélope siffleuse, un oiseau qui ne vit qu'ici. »*
>
> ***Harper's Bazaar***

Mount Plaisir constitue une base idéale pour des randonnées en forêt, des excursions en canoë sur la Grande Rivière, ou de longues promenades sur la plage. Si l'on part en forêt avec un guide, on peut passer la nuit dans une cabane dans un arbre, ou escalader une colline pour voir le soleil se coucher sur l'île voisine de Tobago. Les oiseaux sont particulièrement abondants et certaines espèces rares vivent dans la région. On peut observer ici le retour quotidien d'immenses volées d'orioles à queue jaune vers leurs nids **SH**

La Passion

Lieu Carthagène des Indes, Colombie
Site Web www.lapassionhotel.com **Prix €€**

Au cœur de la vieille ville de Carthagène des Indes cernée de murailles se trouve l'hôtel La Passion, un petit établissement très accueillant. Surplombant la mer des Caraïbes, Carthagène est l'une des villes les plus belles et les plus dynamiques d'Amérique du Sud, esprit que reflète cet hôtel de charme à l'élégance bohème envoûtante.

L'escalier de granit ancien donne sur huit chambres pourvues de hauts plafonds où l'on trouve des meubles anciens éclectiques, des textiles ethniques et des équipements modernes. Attendez-vous à y voir des fresques, des baies vitrées allant du sol au plafond, des malles en osier, de vieilles têtes de lit en bois sculpté, des tapis persans et colombiens, des cendriers marocains er des lampes de Séville. Vous aurez peut-être dans votre chambre une grande baignoire en béton, du plâtre qui s'effrite légèrement aux murs (l'effet est voulu) ou des meubles français patinés. À ces références au passé se mêle une technologie contemporaine, que ce soit la climatisation ou le matériel hi-fi.

La piscine sur le toit jouit d'un éclairage subtil la nuit et offre une vue saisissante sur les monuments de la ville et la mer au loin. On peut se rendre rapidement dans les îles voisines à bord du bateau à moteur de l'hôtel et il y a même un petit bateau de pêche accroché au plafond qui sert de balancelle. **SH**

« La ville – sa ville – semblait à l'abri du temps, immuable. »

Gabriel García Márquez, *L'Amour au temps du choléra*

Ciudad Perdida

Lieu Sierra Nevada, Colombie **Site Web** www.clubaventure.fr/voyage-Trek_Randonnee-Colombie-UKOGI-8592.php&voyages_Amerique_Colombie

Ciudad Perdida, la « ville perdue », est une étonnante cité datant de l'an 800. Il faut marcher pendant trois jours dans des conditions difficiles pour rejoindre l'entrée du site archéologique, au pied d'une montagne. Là, 1 200 petites marches glissantes et inégales s'élèvent depuis la rivière. Loin d'être aussi visitée que le Machu Picchu et donc nettement moins touristique, la cité n'a été découverte qu'en 1972 par des pilleurs de tombe.

Quand on atteint le haut de l'escalier au sommet de la montagne, on découvre les vestiges de la ville, éparpillés dans le paysage. Plus d'une centaine de terrasses en pierre où s'élevaient autrefois des huttes sont reliées par un dédale de sentiers et de marches. Une tranquillité presque inquiétante règne sur le site, en particulier quand on songe aux milliers de personnes qui y vécurent jusqu'à ce qu'il soit abandonné pendant la conquête espagnole. Les touristes sont si rares qu'on peut aisément s'imaginer être le premier à fouler les anciennes terrasses recouvertes de mauvaises herbes parsemées de fleurs des champs et bordées de palmiers.

La situation géographique du site, en hauteur, permet de découvrir des montagnes couvertes de jungle et un ciel où volent les oiseaux exotiques et des papillons aux couleurs éclatantes. Les Indiens de la région, descendants des habitants de la cité perdue, vivent dans des huttes dans la montagne. Ils disent avoir eu connaissance du site des années avant qu'il ne soit redécouvert dans les années 1970 mais ils n'avaient envie de partager ce lieu paisible avec personne. **JK**

⊡ *Une série apparemment interminable de marches recouvertes de mousse au milieu d'une jungle dense conduit à la cité perdue.*

Les plages de Tayrona

Lieu près de Santa Marta, Colombie
Site Web wikitravel.org/en/El_Parque_Tayrona

À l'extrémité septentrionale de la côte colombienne se trouve le parc national de Tayrona, qui s'étend sur 150 km² et est réputé comprendre certaines des plus belles plages d'Amérique du Sud. Ici, la Sierra Nevada de Santa Marta, l'un des massifs côtiers les plus hauts au monde, plonge vers des plages de sable blanc fin et les eaux turquoise de la mer des Caraïbes. Ces plages ne sont cependant pas faciles d'accès.

La ville la plus proche est Santa Marta, depuis laquelle on prend généralement un bus ou un taxi pour rejoindre l'entrée du parc à El Zaino. De là, un minibus transporte les visiteurs jusqu'au départ des sentiers de randonnée. La plupart les suivent à pied mais certains choisissent de louer une mule.

La plage d'Arrecifes est à environ 45 minutes à pied. Dans ce coin sauvage où les vagues s'abattent sur des rochers qu'elles ont sculptés au fil du temps, il est interdit de nager à cause de contre-courants dangereux. Un sentier rocailleux mène aux plages de La Piscina et d'El Cabo, où les eaux sont moins agitées. Si l'on suit pendant une heure environ un sentier escarpé qui part d'El Cabo, on rejoint El Pueblito, un petit village précolombien abandonné. On apercevra peut-être des singes pendant l'ascension, et très certainement quelques-unes des 200 espèces d'oiseaux qu'abrite le parc.

On peut passer la nuit dans une hutte ronde au toit de palmes qui évoque le style traditionnel des habitations kogui établies dans les falaises de Cañaveral, à 45 minutes de marche d'Arrecifes. **PE**

La forêt tropicale du parc national de Tayrona en Colombie rejoint presque la mer.

Les Galápagos

Lieu Galápagos, Équateur **Site Web** www.celebrityxpeditions.com **Prix** €€€€

Un voyage aux Galápagos, 19 petites îles relativement broussailleuses à 965 km au large de l'Équateur en Amérique du Sud, est une expérience inoubliable, qui permet d'approcher des créatures exotiques telles que fous, otaries et iguanes géants que la présence de l'homme n'effraie pas.

On trouve quelques hôtels à Santa Cruz, l'île principale et la capitale, mais pour observer les animaux qui inspirèrent à Darwin sa théorie de l'évolution, il est préférable de faire une croisière au cours de laquelle on visite au moins deux îles par jour. On peut pour cela embarquer sur le yacht de la compagnie Celebrity Xpeditions. On ne trouve à bord ni casino ni spectacle nocturne, mais des cabines spacieuses et de délicieux menus. De plus, après avoir marché plusieurs heures dans la végétation broussailleuse, on est accueilli à bord avec une serviette froide et du jus de fruits.

Les visiteurs posant un réel danger aux animaux dépourvus de toute appréhension, ils sont étroitement surveillés aux Galápagos. On ne peut accoster qu'accompagné d'un guide agréé par le parc national, et une fois sur le site (après un court trajet en canot pneumatique) on doit demeurer sur le sentier signalé. Tout cela n'est en rien pénible car on apprend tellement : que les frégates mâles ont leur poitrail rouge gonflé pour attirer les femelles de passage, que la danse des fous constitue un rituel d'accouplement, et que les iguanes marins des Galápagos sont noirs, excepté sur l'île d'Española où ils sont rouge et vert durant la saison des amours. Les guides trouveront aussi pour vous des tortues géantes dans les hauts plateaux de Santa Cruz, animaux qui disparurent presque au XIXe siècle, chassés par les baleiniers. On peut aussi se rendre sur la falaise d'où les albatros s'élancent dans l'air l'été. **JA**

« J'ai vu une immense tortue : elle ne m'a pas prêté attention. Elles se fondent dans la lave accidentée. »

Charles Darwin, *Carnet des Galápagos*

↑ *L'iguane de terre de Santa Fe compte parmi les espèces que l'on ne trouve que dans les Galápagos.*

→ *Kicker Rock est le vestige d'un cône de lave érodé par la mer.*

Hacienda Aguasana

Lieu Paria, Venezuela
Site Web www.venezuelatuya.com/oriente/aguasanafra.htm **Prix €**

Pour un retour à la nature, rendez-vous à l'hacienda Aguasana, dans la luxuriante région de Paria, dans le nord-est du Venezuela. Entourée de collines ondoyantes et de prairies où broutent les chevaux et les bisons, cette hacienda isolée et paisible abrite 17 bassins alimentés en sources thermales chaudes. Certains de ces bassins sentent le soufre, tandis que dans d'autres bouillonne de la boue. Il y a aussi un puits peu profond qui déborde d'une boue qui, dit-on, fait des miracles pour la peau et dont on peut s'enduire des pieds à la tête à l'aide d'une longue spatule. Laissez-la sécher au soleil avant de plonger dans l'un des bassins pour la rincer.

« Le mot "Aguasana" définit ce qu'offre ce site : santé et bien-être à travers l'eau et la boue. »

Propriétaires de l'hacienda Aguasana

L'hacienda offre aussi des massages antistress et des traitements de shiatsu. Elle contient plusieurs chambres simples mais confortables ainsi qu'une piscine. Si l'on y passe la nuit, on pourra barboter dans l'un des bassins chauds en contemplant le coucher de soleil. La jungle n'est qu'à une courte promenade et vaut la peine d'être explorée, car elle abrite une végétation aux couleurs éclatantes. Près de là se trouvent aussi les plages idylliques de Playa Medina et Playa Puy Puy.

L'hacienda est entièrement dédiée à la relaxation. Il n'y a rien d'autre à faire que de profiter des eaux aux pouvoirs thérapeutiques. **JK**

Hacienda Bukare

Lieu Paria, Venezuela **Site Web** www.petitfute.com/guide/214402-fabrica-chocolate-paria **Prix €€**

Toujours aussi sauvage et exotique que lorsque Christophe Colomb y passa au cours de son troisième voyage au Nouveau Monde en 1498, la région de Paria, dans le nord du Venezuela, est le paradis des amateurs de chocolat. Au cœur de celle qu'on a surnommée la côte du Chocolat, l'hacienda Bukare est une plantation de cacaoyers où l'on confectionne artisanalement des chocolats et où l'on propose des chambres d'hôtes.

L'hacienda abrite quatre chambres simples et spacieuses qui surplombent un jardin ombragé et parfaitement entretenu, entouré par des cacaoyers. Le propriétaire de la plantation organise des visites guidées qui permettent de découvrir la récolte et la production du cacao et qui se concluent par une dégustation. Les vrais amateurs de chocolat amer goûteront aux grains de cacao directement sur l'arbre : c'est la forme la plus pure du chocolat, dotée pense-t-on de propriétés thérapeutiques grâce à ses taux élevés d'antioxydants. C'est aussi une source de sérotonine, qui favorise le sommeil et soulage la dépression.

Cela dit, ceux qui surveillent leur poids devraient prendre garde. Même si le chocolat produit ici est constitué de près de 90 % de cacao, les hôtes sont invités à un festin ininterrompu dès le réveil.

Le petit déjeuner est composé de pain tartiné d'une pâte chocolatée et de chocolat chaud épais et crémeux, cependant qu'au dîner on peut déguster un succulent bœuf nappé d'une riche sauce au chocolat.

Prélassez-vous dans un hamac et régalez-vous d'un délicieux assortiment de chocolats de Bukare sans ressentir la moindre culpabilité. Après tout, quand le chocolat est aussi pur qu'ici, il ne peut sûrement pas vous faire de mal. **JK**

À bord du train *Hiram Bingham*

Lieu de Cuzco au Machu Picchu, Pérou
Site Web www.perurail.com/web/tper/francais-train-perurail.html **Prix €€**

Voyager à bord du train *Hiram Bingham* entre Cuzco et le Machu Picchu constitue certainement l'une des façons les plus spectaculaires de découvrir l'ancienne terre des Incas. C'est de toute évidence moins ardu que le trekking de trois jours qu'entreprennent des milliers de visiteurs chaque année.

Baptisé en l'honneur de l'historien qui découvrit les ruines de l'ancienne citadelle en 1911, le train roule six jours par semaine avec un départ à 9 heures du matin. Après une lente ascension, le train traverse le paysage spectaculaire et changeant de la Vallée sacrée, qui abrite des champs verdoyants et des villages pittoresques au pied des Andes. À l'intérieur de ce train luxueux, les voyageurs dégustent un brunch accompagné de cocktails au champagne et jus d'orange, tout en se délectant de la vue. Depuis les panoramas de montagne jusqu'à la splendide rivière Urumbamba, on ne s'ennuie pas une seconde durant les trois heures et demie de trajet.

L'arrivée à 12 h 30 au Machu Picchu permet de pénétrer dans le site historique alors que la majorité des visiteurs repartent déjà pour Cuzco. On peut ainsi découvrir le lieu dans une tranquillité relative et prendre son temps, car le train ne repart qu'au coucher du soleil. À l'arrivée, les passagers ont droit à une visite guidée privée suivie d'un thé à l'hôtel Sanctuary Lodge avant d'explorer la citadelle par eux-mêmes. Des cocktails et un dîner sont servis au retour dans le train. **HA**

« Au lieu d'un trekking pénible de quatre jours [...] vous pouvez laisser le train réaliser tous les efforts. »

Condé Nast Traveler

↗ *Le* Hiram Bingham, *au bleu et or caractéristique, serpente dans la montagne.*

Casa Andina

Lieu Isla Suasi, Pérou
Site Web www.casa-andina.com **Prix €€€**

L'Isla Suasi, une île privée dans la partie septentrionale du lac Titicaca, est à la même altitude que les Andes et le paysage y est littéralement époustouflant. On aperçoit le vaste lac bleu de chacune des 24 chambres de l'hôtel Casa Andina, petit hôtel rustique, sans oublier les alpagas et lamas qui broutent dans le jardin au-devant. Les hamacs rayés se balancent dans la brise cependant que d'innombrables oiseaux viennent attraper des poissons dans cette partie du lac, la plus profonde. On a du mal à concevoir que le stress existe ici.

On met longtemps à atteindre ce paradis péruvien, mais on y évite le tourisme de masse. L'île est à environ cinq heures de Puno et on peut la rejoindre par vedette, en s'arrêtant aux îles Uros où des populations traditionnelles vivent sur des îles artificielles constituées de roseaux flottants.

On éprouve un vrai sentiment d'isolement sur l'île Suasi. L'hôtel Casa Andina Private Collection est un édifice traditionnel en pisé et en roseaux mais sa cave abrite de nombreux vins chiliens et argentins ainsi que du Moët & Chandon. Ceux qui recherchent encore plus d'intimité réserveront l'une des deux chambres du cottage andin, qui jouit d'une terrasse côté lac et des services d'un majordome privé. Décoré de bois sombre et de tons crème, il est destiné notamment aux couples en voyage de noces.

Si vous recherchez un authentique sanctuaire sud-américain, l'hôtel abrite un sauna andin traditionnel et peut vous réserver une séance avec un chaman. Vous pouvez aussi contempler la sérénité du lac en canoë, grimper au sommet de collines recouvertes de fleurs ou contempler les étoiles à travers un télescope. L'air est si pur qu'on voit à des kilomètres à la ronde. **LD**

Croisière sur l'Amazone

Lieu Pérou, Brésil **Site Web** www.voyagespourlaplanete.com/perou-croisiere-amazonie-iquitos/ **Prix €€**

Ce n'est pas un hasard si l'Amazone constitue l'une des destinations rêvées des voyageurs aventureux. C'est l'une des plus grandes étendues encore sauvages sur terre. Malgré les progrès technologiques, cette majestueuse forêt vierge n'a pas encore été dominée et une grande partie demeure inexplorée.

Traversant neuf pays l'Amazone s'étend sur 4 650 km. Il faudra décider quel sera son point de départ ; beaucoup choisissent le port d'Iquitos au Pérou pour effectuer une croisière de dix jours jusqu'à Lima. On peut aussi opter pour un bateau plus petit pour explorer des affluents peu connus où l'on apercevra des singes, des loutres géantes et des paresseux. Le long des rives, les nénuphars géants peuvent atteindre 1,8 m de diamètre. On peut partir en randonnée dans la forêt et rendre visite à des tribus, et le soir venu on a l'occasion de partir à la recherche de chauves-souris, caïmans noirs et rainettes venimeuses. C'est une incroyable expérience, mais assurez-vous de passer par une société soucieuse de l'environnement : la destruction de la forêt amazonienne progresse à un rythme effrayant et l'on doit faire tout ce qu'on peut pour préserver ce trésor. **LD**

> *« C'est un fleuve au pouvoir vaste et unique, un vrai régal d'une beauté inégalable. »*
>
> **Carlos Germán Amézaga**, *Al Brasil*

Le cours sinueux du fleuve majestueux contraste avec la végétation luxuriante qui l'entoure.

Hôtel Monasterio

Lieu Cuzco, Pérou
Site Web www.monasteriohotel.com **Prix €€**

Gisele Bündchen et Leonardo DiCaprio ont posé leur tête sur les oreillers en lin de cet hôtel. Jane Fonda, Ben Kingsley et Goldie Hawn y ont goûté au légendaire cocktail maison, le *pisco sour*, et Shakira, vedette de la pop colombienne, a pris son café matinal dans le patio ombragé. Nous sommes à l'hôtel Monasterio de Cuzco, l'une des propriétés de luxe à l'avant-garde de la révolution du stylisme sud-américain.

Une efficacité calme règne au Monasterio, agencé autour du cloître d'un ancien monastère du XVIe siècle. Les chants grégoriens accompagnent le petit déjeuner, on dispose d'une chapelle privée et l'on se voit offrir des bains dignes d'une princesse andine. La cour centrale de l'hôtel en constitue le cœur, avec sa discrète fontaine et son cèdre vieux de 300 ans qu'entourent les jardins et les cloîtres.

« Le Monasterio [...] est l'un des établissements les plus majestueux d'Amérique du Sud. »

The Independent

L'hôtel traite le mal des montagnes (à une telle altitude, l'air comprend 30 % d'oxygène en moins et le corps doit s'y habituer) avec une approche moderne. Ses chambres sont enrichies en oxygène que pompent silencieusement des filtres afin de réduire la pression atmosphérique et d'aider les visiteurs à s'endormir. **DA**

La chapelle, ornée de tableaux du XVIIe siècle, est l'un des attraits du Monasterio.

Hôtel Reserva Amazonica

Lieu près de Puerto Maldonado, Pérou
Site Web www.inkaterra.com **Prix** €€

Sur une image satellite de la région amazonienne du Pérou, la ville de Puerto Maldonado est présentée comme une série de gros traits gris au milieu d'une étendue verte cependant qu'une rivière mordorée serpente à travers une épaisse forêt tropicale. Aussi improbable que cela puisse paraître, en descendant la rivière pendant une heure puis en grimpant sur la berge argileuse, on découvre l'un des hôtels les plus exceptionnels du Pérou. Le Reserva Amazonica d'Inkaterra appartient à une réserve naturelle de 12 140 ha. Havre de paix et de luxe discret, il est entouré d'une nature sauvage : des aras crieurs aux couleurs primaires éclatantes jusqu'aux délicats ouistitis et aux fleurs des héliconies d'un cramoisi spectaculaire.

Les bungalows, des constructions traditionnelles, sont ouverts de sorte que même les nuits les plus chaudes la légère brise qui s'élève de la rivière peut y pénétrer. L'absence de téléphone, d'Internet et même parfois d'électricité (elle est rationnée) est agréable et compensée par un personnel discret qui sait quand vous proposer un cocktail, vous tendre un gant de toilette imprégné d'eau glacée ou vous guider jusqu'à votre chambre à la lueur d'une lampe à pétrole.

Si vous avez la chance de loger dans l'une des suites Tambopata, leurs bassin et terrasse privés constituent l'endroit idéal où se délasser et se rafraîchir. On peut randonner parmi les arbres sous la conduite de l'un des guides expérimentés de l'hôtel, faire une excursion nocturne en canot et discerner sur les berges des yeux de caïman brièvement éclairés par une lampe de poche, ou marcher dans la canopée, à 30 m du sol, en écoutant, galvanisé, son murmure. **CR**

Machu Picchu Sanctuary Lodge

Lieu Cuzco, Pérou **Site Web** www.orient-express.com/web/omac/francais-machu-picchu-sanctuary-lodge.jsp **Prix** €€€

Bien que les autorités péruviennes tentent de plus en plus de limiter le nombre de personnes parcourant le sentier Inca jusqu'au Machu Picchu, la légendaire citadelle datant du XVe siècle, élue en juillet 2007 parmi les sept nouvelles merveilles du monde, demeure l'une des destinations touristiques les plus importantes.

Le Machu Picchu attire jusqu'à 700 000 visiteurs par an. L'hôtel Machu Picchu Sanctuary Lodge constitue l'endroit idéal où échapper aux hordes de touristes et découvrir le caractère spirituel de ce lieu inscrit au patrimoine mondial de l'Unesco ; seul hôtel à l'intérieur du site, il dispose de deux suites et 29 chambres.

« On songe aux mystérieux dieux de la montagne que les populations andines vénèrent encore. »

The Independent

La vue y est spectaculaire. Cela vaut la peine de dépenser un peu plus pour réserver une chambre avec vue sur la montagne ou, mieux encore, une chambre panoramique dotée de son propre balcon face à la citadelle. L'hôtel arrangera si vous le désirez une visite guidée du site avec un guide expérimenté. Levez-vous tôt et déambulez autour de la citadelle dans la lumière du petit jour pour réellement apprécier cette atmosphère insolite. La foule s'approche déjà de la Porte du Soleil, mais pendant quelques moments précieux vous pouvez vous délecter d'une paix parfaite. **DA**

Randonnée dans les Andes sur l'« autre » sentier inca

Lieu d'Ollantaytambo au Machu Picchu *via* Choquequirao, Pérou
Site Web www.peru.info/fr

Le traditionnel sentier inca, Capaq Nan, qui relie Ollantaytambo au Machu Picchu étant de plus en plus abîmé, les marcheurs ont recherché d'autres routes permettant de rejoindre la citadelle inca. La route de Cachora, longue de 120 km, est encore plus impressionnante (et plus difficile) que le sentier habituel et passe par la citadelle de Choquequirao, peu visitée et dont le nom signifie « berceau d'or ». On passe à gué des rivières grouillantes de poissons et des centaines de ruisseaux, on traverse des hameaux andins, des rubans de forêt et de vastes vallées. Cette randonnée qui dure de six à huit jours comprend des escaliers incas qui attaquent la pente frontalement et des virages en épingle à cheveux. On est ici dans l'une des régions les plus inaccessibles du Pérou – pas étonnant que les Incas s'y soient réfugiés dans les années 1560, après la conquête de Cuzco par les Espagnols.

Les orchidées constituent une excellente raison de faire une pause et de reprendre son souffle, à moins qu'on ne s'arrête pour respirer le parfum de la menthe poivrée et de la *muña*, un origan sauvage qui repousse les mouches. Choquequirao apparaît à cheval entre deux pics, à l'emplacement d'un col naturel. Au coucher du soleil on comprend pourquoi les anciennes tribus désiraient loger au-dessus des nuages. Il faut encore trois jours de marche pour rejoindre le Machu Picchu, où l'on arrive sûr d'avoir vu auparavant une ville inca moins célèbre mais plus grande et probablement historiquement plus importante. **CM**

Une randonnée à travers Choquequirao permet de découvrir des canaux d'irrigation, des chambres cérémoniales et des couchers de soleil magiques.

« Choquequirao est la vraie cité perdue des Incas [. . .] elle n'apparaît dans aucune des chroniques de l'époque. » **The New York Times**

Hacienda de Cayara

Lieu près de Potosí, Bolivie
Site Web www.cayara.com.bo **Prix €**

Élément essentiel du patrimoine historique bolivien, notamment de ses haciendas coloniales, Cayara est un joyau. Située à 25 km de la ville de Potosí, c'est l'une des rares haciendas encore en activité aujourd'hui en Bolivie. Construite en 1557, la propriété appartenait à des aristocrates espagnols ; aujourd'hui elle rappelle un musée vivant. Au sein de ce domaine de 100 ha, un élevage produit quotidiennement 350 litres de lait à partir desquels on confectionne de délicieux produits servis aux repas à l'hacienda. Les chambres sont relativement simples, et quand la température plonge la nuit, l'absence de chauffage forge certainement le caractère de ceux qui y dorment. Pendant la journée, on peut examiner les portraits qui ornent les murs de la salle à manger ou dépoussiérer d'anciens volumes de la bibliothèque pour remonter par leurs pages le cours de l'histoire. Pourquoi ne pas enchaîner avec une promenade à travers les prés du domaine ?

« L'un des hôtels les plus charmeurs et excentriques de Bolivie. »

Michael Jacobs, *The Independent*

On ne manquera surtout pas de faire la sieste dans le jardin d'hiver ensoleillé après le déjeuner ni de se pelotonner près du feu ronflant après un copieux dîner, un verre à la main, pour bavarder avec les autres clients de l'hacienda. Ce site historique est on ne peut plus évocateur. **DA**

Hôtel Chalalan

Lieu près de Rurrenabaque, Bolivie
Site Web www.chalalan.com **Prix €€**

En 1992, le village de San José de Echupiamonas avait besoin d'une autre activité économique que l'agriculture pour éviter que ses enfants ne partent vers les grandes villes à la recherche d'un emploi. Avec l'aide de subventions, sept famille des environs ont entrepris de construire l'auberge écotouristique de Chalalan (au cœur du parc national de Madidi), accessible seulement après cinq heures et demie de canoë sur la Beni et la Tuichi. On y retrouve un univers très éloigné du XXIe siècle où abondent les chinchillas, singes, tapirs, alligators et plus de 350 espèces d'oiseaux.

Le complexe écotouristique est situé au bord de la cristalline lagune de Chalalan, dans laquelle on peut se baigner. Les bungalows traditionnels se partagent quatre salles de bains communes et l'eau courante fonctionne à l'énergie solaire. Il y a plus de 25 km de sentiers de randonnée où, en compagnie d'un guide, on pourra découvrir la faune de la forêt ainsi que sa riche panoplie de plantes médicinales et indigènes. On peut aussi randonner la nuit à la lueur d'une lampe de poche pour observer les mœurs nocturnes des grenouilles, oiseaux, caïmans noirs et autres animaux.

Au nombre des régions du monde à la biodiversité la plus importante, cette forêt vierge abrite plus de 45 000 espèces de plantes, et malgré sa difficulté d'accès elle procure des souvenirs indélébiles au millier de touristes intrépides qui y parviennent chaque année. Non contents de découvrir la fragilité du lieu, ils aident les habitants de San José à préserver cette réserve unique au monde afin que les générations futures puissent à leur tour en profiter. **BS**

Hôtel Rosario

Lieu La Paz, Bolivie
Site Web www.hotelrosario.com **Prix €**

On peut facilement se sentir dépassé à La Paz. Le grand marché qui s'étale derrière la cathédrale San Francisco est fascinant mais épuisant, de sorte que ce charmant petit hôtel colonial situé en son cœur constitue un rare havre de paix, et l'on est surpris de sa qualité compte tenu de ses prix modérés.

Aménagé dans une hacienda du XIXe siècle et construit dans un style espagnol typique autour d'un patio ensoleillé, c'est un endroit très plaisant et aéré où l'on échappe à l'agitation du marché. On dispose aussi de nombreux coins tranquilles sur la terrasse ornée de plantes où l'on peut s'asseoir, lire, ou simplement jouir d'une atmosphère de raffinement paisible. Les chambres sont à la fois confortables et élégantes, leurs couvertures indiennes tissées apportant une touche douillette à la décoration. Bon nombre de ces couvertures sont en vente à la boutique du rez-de-chaussée, Anyi, qui propose de l'artisanat local fabriqué au sein d'une coopérative. Pour finaliser cette ambiance d'hôtel de charme marié à la tradition andine, le restaurant sert un buffet constitué de nombreux plats internationaux. Le week-end, des musiciens de la région revêtus de ponchos y jouent des airs folkloriques à la flûte de pan et au charango, un petit luth traditionnel en forme de petite guitare.

À l'accueil, au rez-de-chaussée, on peut boire autant de maté (une tisane à base de feuille de coca qui aide à lutter contre le mal des montagnes) et déguster autant d'en-cas que l'on souhaite tout au long de la journée. C'est un point de rencontre idéal où l'on échange des récits de voyage avec les autres clients. L'agence touristique de l'hôtel, organise des excursions jusqu'au lac Titicaca ainsi que des visites de l'autre côté de la frontière péruvienne. **DA**

Hostal de Su Merced

Lieu Sucre, Bolivie
Site Web www.desumerced.com **Prix €**

L'Hostal de Su Merced, une hacienda coloniale du XVIIIe siècle magnifiquement restaurée et transformée en hôtel, jouit d'une vue fantastique depuis son toit en terrasse sur celle qu'on appelle la « ville blanche » de Bolivie. Ce petit bijou constitue un refuge apprécié après l'agitation des rues de la ville.

Inauguré en 1997 à l'occasion d'un sommet politique important, le lieu est remarquable à la fois pour sa décoration pleine de goût et parce que, contrairement à de nombreux hôtels de Sucre, il est très lumineux et aéré. Si le toit est le paradis des amateurs de bains de soleil, le patio est plus frais grâce au clapotis d'une fontaine décorée de mosaïques ; c'est un endroit idéal où lire en sirotant une boisson fraîche.

Le niveau de confort du lieu en fait un choix tout naturel quand on s'arrête à Sucre : ses 21 chambres sont spacieuses, décorées de jolis meubles d'époque, le buffet du petit déjeuner est bon (beaucoup de muesli et de yaourt), et l'on a accès gratuitement à Internet sur l'ordinateur de l'hôtel. Fait plus important cependant, le Merced reflète le raffinement d'une époque révolue. Les repas sont servis dans une salle à manger aux nappes empesées et au service impeccable. On a l'impression de se trouver sur le tournage d'un film où l'on aurait été embauché comme figurant. Prendre un cocktail au bar avant le dîner renvoie à l'ère coloniale : œuvres d'art fanées au mur, sièges en cuir fatigué et verres de cristal accueillant le délicat tintement des glaçons. **DA**

La Laguna Verde

Lieu salar de Uyuni, Bolivie
Site Web www.voyage-bolivie.com

Le salar de Uyuni, un vaste désert de sel du Sud-Ouest bolivien, une région très reculée à la frontière chilienne, constitue la plus grande merveille naturelle du pays. Dotée d'un paysage éblouissant et de toute une gamme d'animaux et plantes exotiques, cette région est plus plate que la Hollande et plus blanche que le mont Blanc, avec des températures qui oscillent entre – 30 °C la nuit et 30 °C en journée.

Les tour-opérateurs locaux organisent des excursions de trois jours en Jeep. On part de Uyuni, ville accessible en train, pour se diriger vers la Laguna Verde (« lagune verte »), à 4 400 m d'altitude. Les couleurs complexes du lac reflètent la richesse minérale de la région, en magnésium, calcium, plomb comme en arsenic. Le lac est situé au pied de l'imposant Licancabur, un volcan à cheval entre la Bolivie et le Chili. La Laguna Verde et sa sœur, la Laguna Colorada (« lagune rouge »), font partie de la réserve andine nationale Eduardo Avaroa. Le paysage qui entoure le lac est entièrement recouvert de sel pur cristallisé et masque une vaste étendue de lacs souterrains dont l'eau affleure à la surface au cours de la saison des pluies (de décembre à mars).

Les lagunes incarnent parfaitement la beauté sereine du salar. Elles constituent aussi l'habitat difficile mais splendide d'espèces indigènes. Les flamants andins qui y abondent se parent d'un rose délicat dû à l'algue rose qui constitue leur source principale de nourriture. On aperçoit aussi dans les alentours des renards andins et des viscaches (de gros rongeurs) ainsi que des plants de quinoa et de queñual. **DA**

Les eaux thermales de Laguna Verde sont situées au cœur de l'une des dernières régions sauvages du monde.

Posada del Inca

Lieu lac Titicaca, Bolivie **Site Web** www.titicaca.com **Prix €€**

Visiter le lac Titicaca, lieu de culte et de mysticisme à cheval sur le Pérou et la Bolivie à 3 820 m d'altitude, constitue une véritable escapade. En son centre, l'Isla del Sol, où est située la Posada del Inca, constitue selon la légende le berceau de la civilisation inca.

La Posada se montre à la hauteur de telles références. Ancienne hacienda de 17 chambres coiffée de tuiles rouges et agencée autour d'une série de petits patios ensoleillés, l'hôtel respire la même ambiance mystique que le reste de l'île. L'hacienda, qui jouit d'une vue fantastique sur l'Isla de la Luna ainsi que sur la cordillère des Andes, permet de découvrir la vie sereine de l'île.

Les condors volent haut dans le ciel et les eaux du lac clapotent doucement près de vous. L'hôtel, très confortable, possède aussi une ambiance rustique : les chambres sont meublées de lits en bois brut et d'artisanat local. Toutes sont dotées de salles de bains et les douches fonctionnent à l'énergie solaire. Quand le soleil se couche sur l'île en fin d'après-midi, les clients de l'hôtel se retrouvent dans le jardin, sur des chaises longues, pour y converser, lire ou simplement jouir de l'atmosphère décontractée.

Une fois la nuit tombée, le dîner est servi dans une salle à manger commune et moderne qui rappelle légèrement une cantine d'école. La nourriture y est généreuse (ne manquez pas de goûter la truite, pêchée le jour même dans le lac) mais quelque peu onéreuse. L'agence de voyage basée à La Paz qui organise aussi le transport en hydrofoil sur le lac, gère de manière exclusive la propriété où l'on ne peut séjourner qu'en pension complète et à laquelle on n'accède qu'à travers l'agence. Faites-vous plaisir : rares sont les lieux aussi isolés que celui-ci. **DA**

Le refuge pour une détente complète : Isla del Sol, île du lac Titicaca ; peu d'endroits sont aussi paisibles.

Ariau Amazon Towers

Lieu près de Manaus, Brésil **Site Web** www.ariautowers.com **Prix €€**

L'Ariau Amazon Towers est niché au cœur de la forêt amazonienne : c'est le seul hôtel aménagé dans cette canopée et le plus grand de son genre au monde. Il est constitué de sept tours et de dix cabanes aménagées dans les arbres dont, à la cime d'un acajou de 30 m, la plus extraordinaire des suites de lune de miel au monde.

La tour 5 abrite des chambres aux vues panoramiques sur la forêt et ses animaux parmi lesquels on compte des aras rouges, des paresseux et des singes-araignées. Le restaurant de la tour 4 propose des spécialités régionales comme le *piracucu* d'eau douce. Les autographes de ses clients célèbres (dont Kevin Costner, Jennifer Lopez et Jimmy Carter, l'ancien président des États-Unis) sont fièrement exposés aux murs. Ne soyez pas surpris si l'endroit vous semble familier : il a servi de décor à de nombreux films et productions télévisées, dont *Anaconda, le prédateur* et l'émission de télé-réalité américaine *Survivor.*

Ce vaste assemblage de tours et de cabanes dans les arbres imaginé par Jacques Cousteau, légendaire naturaliste français, est relié par 8 km de passerelles ; il permet d'accéder à l'une des régions les plus sauvages au monde, à la biodiversité extraordinaire. L'hôtel se trouve juste en aval de l'archipel d'Anavilhanas, la plus grande concentration d'îles d'eau douce sur terre et l'habitat naturel du dauphin rose. On peut partir en excursion d'une journée pêcher le piranha dans le canot de l'hôtel, ou si cela paraît trop dangereux, se rafraîchir dans la piscine bâtie à hauteur de la canopée et admirer les perspectives uniques qu'offre cet hôtel singulier. **BS**

Réservez une chambre à l'hôtel Ariau Amazon Towers pour découvrir la forêt tropicale telle que les oiseaux la perçoivent.

Fazenda Barranco Alto

Lieu Mato Grosso do Sul, Brésil
Site Web www.fazendabarrancoalto.com.br **Prix €€**

« Le caractère isolé du lieu et son nombre limité de chambres en font une expérience particulière. »

Tribes Travel

Ne pouvant accueillir que neuf personnes et accessible seulement par avion privé, la Fazenda Barranco Alto est cachée au sein d'un paradis isolé. Au milieu des savanes, forêts et lagunes de cette vaste région sauvage du Brésil, c'est une réserve naturelle semblable à nulle autre. L'activité incessante des animaux qui l'habitent lui confèrent son rythme et ses sons particuliers. Plus de 450 espèces d'oiseaux la rejoignent une fois la saison des pluies achevée, en avril. Les jabirus (des échassiers), aras hyacinthe et colibris y sont aussi courants que les hirondelles en France, et le matin vous serez ravis d'apercevoir des volées tournoyantes en train de s'éveiller. On peut aussi y voir des singes hurleurs, des loutres géantes et des renards, et l'on s'estimera très chanceux si l'on parvient à apercevoir un jaguar. Les plus patients pourront l'observer, et si vous le ratez vous vous consolerez en admirant ses empreintes dans l'argile des marécages.

On peut partir en safari dans une Land Rover en compagnie du propriétaire de la fazenda. En parcourant les herbages et les marécages, on observera des troupeaux de pécaris aux lèvres blanches et des caïmans se chauffant au soleil sur les berges du Rio Grande. On peut aussi passer la journée à cheval, à traverser dans de grandes éclaboussures une prairie inondée : on découvre ainsi en profondeur l'habitat naturel du Pantanal. Partez en canoë ou à la pêche, ou participez au rassemblement du bétail avec les cow-boys : le ranch est toujours en activité. À la fin de la journée, un délicieux repas et un feu de camp seront à vous. **SWi**

*L'ara à ailes vertes (*Ara chloroptera*) est l'un des oiseaux exotiques qu'on peut voir dans le Pantanal.*

Pousada Maravilha

Lieu Fernando de Noronha, Brésil
Site Web www.pousadamaravilha.com.br **Prix €€€**

Fernando do Noronha est un endroit sans pareil. Escale de Darwin au cours de sa légendaire expédition sur le *Beagle* en 1839, le site a été inscrit au patrimoine de l'humanité par l'Unesco en 2001 (ainsi que l'atoll das Rocas voisin), et c'est l'un des plus beaux endroits du Brésil où nager avec masque et tuba pour observer une faune et une flore spectaculaires. C'est un site protégé et seuls 700 visiteurs par jour peuvent y accéder. Les plages demeurent d'une propreté immaculée, leurs eaux claires permettant une visibilité à 50 m.

La Pousada Maravilha abrite cinq bungalows et trois appartements de luxe, dont les chambres sont dotées de lits immenses, de douches extérieures et de hamacs en bambou, de Jacuzzi japonais et de meubles conçus par les meilleurs designers brésiliens pour la marque Artefacto. Des vitres allant du sol au plafond permettent de contempler la baie spectaculaire. La piscine à débordement est l'un des rares endroits où l'on pourra apercevoir l'un des autres clients avant de dîner dans le restaurant de l'hôtel. On peut aussi choisir le restaurant italo-brésilien, où l'on mange à la lueur des bougies. L'hôtel propose diverses activités, dont des visites guidées de l'île, de la plongée sous-marine, du surf et l'observation des tortues vertes tout juste écloses sortant des sables au milieu de la nuit – spectacle que Darwin contempla il y a presque 200 ans. **PS**

« "Paradis", tel est le mot qui vient immédiatement à l'esprit. »

Magazine *Travel+Leisure*

Hôtel Anima

Lieu île de Tinharé, Brésil
Site Web www.animahotel.com **Prix €€**

L'hôtel Anima, situé au milieu de 6 ha de forêt tropicale privés sur l'île de Tinharé sur la magnifique côte de Bahia, est constitué de neuf bungalows à 15 km au sud de la ville de Morro de San Paulo. Les bungalows sont éparpillés dans la végétation luxuriante. Leurs hauts plafonds, leurs paravents de bambou et leurs terrasses procurent un sentiment d'intimité totale. Le restaurant de l'hôtel sert un mélange de cuisine locale et internationale, et si le menu change au fil des saisons, on retrouve toute l'année certains des plats préférés des clients comme les crevettes en sauce aux fruits et piments ou les bananes flambées au rhum et épices avec sorbet à la noix de coco, le tout accompagné des vins de la cave privée de l'hôtel. Vous pouvez aussi attraper un poulpe dans les bassins rocheux qui jouxtent l'hôtel ; le cuisinier se fera un plaisir de vous le préparer. Le petit déjeuner est entièrement préparé sur place et comprend pâtisseries, confitures, pains frais et spécialités locales telles que des crêpes de tapioca.

L'atmosphère est on ne peut plus détendue. On peut se balancer dans les hamacs suspendus au-dessus des balcons en bois tout en lisant l'un des ouvrages de la bibliothèque de l'hôtel. Un salon a été aménagé en plein air sur une plate-forme en bois ouverte de tous côtés pour laisser entrer la brise océanique. Elle sert aussi de centre de conférences et d'espace d'exposition pour les artisans de la région ou pour des programmes pédagogiques traitant des coutumes, traditions et histoire de la région. On peut aussi trouver ici des jumelles permettant d'observer les nombreux oiseaux et des jeux de société pour passer le temps.

On rejoint l'île de Tinharé en deux heures par bateau ou 20 minutes par avion depuis Salvador. **BS**

Pousada Etnia

Lieu Trancoso, Brésil
Site Web www.etniabrasil.com.br **Prix €€**

La Pousada Etnia est située à Trancoso, le village le plus branché et le plus cosmopolite de Bahia. C'est une région au charme rural, où les plages sont parfaitement vierges et où règne un style de vie bohème. L'Etnia est un hôtel de charme délicieusement élégant, qui sert souvent de décor aux photographes de mode. On découvre les chambres éclectiques de l'hôtel parmi les arbres, chacune décorée selon un thème ethnique : il y a un bungalow africain avec des sculptures tribales et des meubles recouverts de peau de léopard, une suite marocaine avec arches mauresques et escalier de pierre blanchi à la chaux, sans oublier la chambre japonaise minimaliste.

D'autres bungalows évoquent Rome, la Méditerranée, l'Inde ou le Brésil. Ils sont en général meublés de lits à baldaquin modernes recouverts de moustiquaires. Les chambres sont dotées de cabines de douche, de vérandas privées et de jardins.

Les salles communes sont ouvertes sur les côtés, leurs grands rideaux blancs flottant dans la brise ; les fauteuils de rotin sont garnis de coussins blancs eux aussi, et la lumière y est tamisée le soir. Il y a une grande piscine extérieure, un petit spa avec massages et cours de yoga, et des hamacs suspendus entre les palmiers, bananiers et manguiers.

On n'est qu'à quelques minutes à pied de la place centrale de Trancoso, engazonnée et interdite à la circulation, bordée d'impressionnantes boutiques où l'on retrouve les marques les plus à la mode et des bijoux artisanaux. L'église coloniale blanche et plusieurs petits restaurants attendent juste au coin. Pendant la journée, la plupart des clients de l'hôtel rejoignent les plages voisines, qui comptent parmi les plus belles du Brésil. **SH**

Fazenda da Lagoa

Lieu Ilhéus, Brésil
Site Web www.fazendadalagoa.com.br **Prix €€€**

Oubliez les foules en Bikini de Copacabana, Bahia est le nouvel endroit branché du Brésil, et aucun lieu n'y est plus en vogue que la Fazenda da Lagoa. Les propriétaires de cet hôtel s'en sont épris au premier coup d'œil, ce que l'on comprend aisément. Cet ancien domaine agricole s'étend le long d'une plage de sable blanc, bordé à l'arrière par la forêt tropicale et la mangrove ; une lagune d'eau salée n'est pas loin. Le couple décrit l'endroit comme une *planetinha* (« petite planète »).

Chacun des spacieux bungalows comprend une terrasse, une douche extérieure, une télévision, des lecteurs de CD et de DVD, des hamacs, la climatisation et des lits avec moustiquaire. La décoration intérieure ne peut que vous faire sourire : inspirée du pop art, elle a été conçue avec des couleurs éclatantes par l'architecte Lia Siqueira et réalisée par Mucki Skrowronski, artiste carioca. Ce n'est cependant pas seulement une escapade de luxe en pleine nature : on défend ici le développement durable. On trouve des toilettes biodégradables dans la douche et l'on peut s'adonner à de nombreuses activités de plein air, dont le kayak, le surf et la randonnée en rivière.

Paysage mis à part, ce sont des détails inattendus qui font le charme de la Fazenda da Lagoa. Bien entendu, la piscine à débordement est élégante et impressionnante, tout comme le spa, mais il y a mieux : il suffit de hisser le drapeau près de son bungalow lorsqu'on est prêt à petit-déjeuner pour demander au personnel de cuisine de vous livrer votre panier-repas sur votre terrasse privée. **LD**

Corumbau

Lieu Corumbau, Brésil
Site Web www.corumbau.com.br **Prix €€€**

Dans la langue des Indiens Pataxos, Corumbau signifie « endroit lointain ». Et de fait, si en vous réveillant le premier matin après votre arrivée vous décidez de longer la plage pour une promenade agréable, assurez-vous d'emporter de l'eau : elle s'étend sur plus de 9 km le long de la côte de Bahia. À quelque mètres au large se trouve un récif de corail, et en plongeant dans ses eaux bleu-vert on se retrouve nez à nez avec une myriade de poissons tropicaux et de plantes sous-marines. La côte de Bahia, aussi baptisée côte des Cocotiers, est un ruban de 200 km constitué de splendides plages et bosquets de cocotiers. La Fazenda São Fernando est située au milieu d'un de ces bosquets. Ses six bungalows spacieux sont meublés avec élégance de bois sombre brésilien et jouissent tous de terrasses privées. On trouve aussi dans la demeure principale deux suites avec vue spectaculaire sur l'océan. Le prix du séjour comprend des repas traditionnels et gourmands à base de poisson frais.

La grande piscine à l'extérieur est entourée d'une promenade en bois qui mène à un salon extérieur encastré dont la forme carrée fait référence à l'architecture des anciens temples mayas. Après avoir nagé, promenez-vous dans la mangrove jusqu'au village pataxos voisin. Les Indiens de cette tribu furent les premiers d'Amérique du Sud à entrer en contact avec les Européens quand l'explorateur portugais Pedro Cabral accosta à Port Seguro en 1500. Aujourd'hui, on peut acheter des objets d'art et d'artisanat à leurs descendants.

On peut rejoindre Corumbau depuis toutes les grandes villes brésiliennes en passant par Porto Seguro où l'on prendra un hydravion, un bateau, un voilier, une voiture ou un hélicoptère. **BS**

Hôtel Tauana

Lieu Corumbau, Brésil
Site Web www.tauana.com **Prix €€€**

Une ambiance de luxe intime règne au Tauana, hôtel récemment construit sur une plage virginale de la région de Bahia. On peut s'y prélasser en écoutant le bruissement des feuilles dans le vent et le doux clapotis des vagues. Le reste n'est que silence.

La propriétaire et architecte portugaise de l'hôtel, Ana Catarina Ferreira da Silva, a tout conçu ici dans un mélange de styles brésilien et danois, avec un soupçon de modernisme des années 1960, en appliquant des principes de développement durable. Si l'immense domaine ne compte que neuf bungalows, Ana a tout de même planté 30 000 arbres. Le bois de construction provient de sources renouvelables, et l'architecte a utilisé des méthodes traditionnelles indiennes. On retrouve les produits du jardin biologique dans la cuisine raffinée du restaurant du domaine et les visiteurs se munissent la nuit de lampes-tempête pour réduire au minimum la pollution lumineuse.

Les immenses bungalows sont couverts de toits de palmes si épais qu'ils semblent sortis tout droit d'une toile de Gauguin, mais leur intérieur est aussi minimaliste qu'une galerie d'art moderne : parquets lisses et rideaux d'un blanc presque transparent s'agitant dans la brise. Installé dans des divans bas, on contemple la plage à travers des parois en verre en ayant l'impression d'appartenir aux pages glacées d'un magazine. Ne vous inquiétez cependant pas de votre apparence au milieu d'un tel décor : après avoir passé un peu de temps à Tauana, vous aurez bientôt le sentiment d'être vous aussi un top-modèle. **SH**

Le Convento do Carmo

Lieu Salvador de Bahia, Brésil
Site Web www.conventodocarmo.com.br **Prix €€**

Situé dans le pittoresque quartier de Pelourinho à Salvador (dans le Nordeste), l'hôtel Convento do Carmo a été inscrit au patrimoine culturel de l'humanité. La construction de ce bâtiment qui date de 1586 fut ordonnée par le premier ordre des frères carmélites. Au fil des ans, le couvent a été témoin de nombreux événements historiques, de l'invasion hollandaise jusqu'à l'indépendance de Bahia. Aujourd'hui, c'est l'un des hôtels les plus luxueux du pays. Ses 79 chambres et suites magnifiquement décorées sont équipées de téléviseurs à cristaux liquides, on peut choisir son oreiller parmi toute une gamme et les draps sont en doux coton égyptien. Il y a un spa, un Jacuzzi, un sauna et une piscine où se détendre ; on peut lire dans la bibliothèque aussi bien que dans l'un des salons publics. Les amateurs d'histoire seront aussi ravis par le musée voisin, qui abrite plus de 1 500 objets.

« Le Covento do Carmo est l'un des plus beaux hôtels récemment inaugurés. »

Magazine *Travel+Leisure*

À l'extérieur, on découvre le paradis paisible qu'est Salvador, ville fondée en 1549 et elle aussi inscrite au patrimoine de l'humanité. Célèbre pour son fabuleux carnaval et son atmosphère généralement festive, la ville a été la capitale du Brésil durant deux siècles et demeure le point de rencontre des cultures africaines, portugaises et indigènes. Avec sa magnifique architecture et ses rues pavées pittoresques, c'est un fabuleux endroit à découvrir. **PS**

Le Txai

Lieu Itacare, Brésil
Site Web www.txai.com.br **Prix €€**

Situé sur une partie de la légendaire côte des Cocotiers brésilienne que l'urbanisme n'a pas encore touchée, et au sein de 100 ha de forêt tropicale, rare sur la côte Atlantique, le complexe hôtelier du Txcai est une enclave isolée aux chambres éparpillées dans une plantation de cocotiers.

Impossible d'échapper au spectacle de l'océan dans ce site écotouristique jouissant de sources naturelles et de nombreuses cascades parmi les collines verdoyantes. On y compte 40 chambres, toutes pourvues de lits king size, de moustiquaires et de canapés-lits, dont 26 bungalows au toit en bois et palmes et aux murs extérieurs colorés. La plupart des bungalows se trouvent dans la partie basse du domaine, à proximité de l'immense piscine, mais d'autres sont dispersés sur les coteaux. Celui doté d'une mezzanine s'avère idéal pour une famille de quatre personnes tandis que d'autres peuvent en abriter jusqu'à huit.

Le prix en pension complète proposé par le Txai incite les clients à fréquenter le restaurant de l'hôtel, qui propose une cuisine typique de Bahia. Le menu change tous les jours mais suit un thème principalement brésilien, des marmites de poissons et fruits de mer accompagnées de haricots noirs et manioc jusqu'aux humbles pizzas.

Le spa de l'hôtel, perché sur une colline, propose des hydromassages, des soins corporels aux pierres chaudes, des cours de yoga et toute une série de masques et manucures.

On peut faire du kayak ou naviguer dans un bateau traditionnel le long du rio de Contas, suivre les sentiers de la forêt tropicale à cheval ou parcourir à pied celui qui conduit au promontoire de Camboinha, d'où l'on découvre un paysage encore intact. **BS**

Les villas de Trancoso

Lieu Trancoso, Brésil
Site Web www.mybrazilianbeach.com **Prix €€**

Le complexe de Trancoso est une enclave luxueuse dont les villas en bois sont blotties parmi les palmiers et les acacias. La tranquillité absolue du domaine attire les plus exigeants des voyageurs.

Dotées d'une ou deux chambres, les villas de Trancoso sont en bois rare du Brésil et décorées de meubles de la région, de moustiquaires et de coussins peints à la main. Elles jouissent d'un environnement superbe, une plage à plusieurs niveaux paysagère à un peu plus de 1 km au sud du village de Trancoso. Celui-ci a été fondé en 1586 le long d'une falaise depuis laquelle on découvre des kilomètres de plages au sable blanc immaculé. Au cours des sept dernières années, ce petit village de pêcheurs endormi est devenu l'une des destinations les plus en vogue d'Amérique du Sud et a reçu la visite de célébrités telles que l'acteur Leonardo DiCaprio, le top-modèle Naomi Campbell, et Al Gore, l'ancien vice-président des États-Unis.

On bénéficie dans le complexe des services d'un personnel parlant l'anglais et l'on y trouve des hamacs, un pavillon sur la plage, une piscine à débordement en marbre blanc, un bar auquel on accède en nageant et des douches en forme de cascades qui vous délasseront et vous rafraîchiront en même temps. On peut manger à la lueur des flambeaux une cuisine allant de l'exotisme au simple hamburger-frites.

Le complexe propose des activités diverses, dont des chevauchées sur la plage, du kayak, du VTT, à moins qu'on ne préfère jouer au golf sur le nouveau parcours de l'hôtel. **BS**

↗ *La plupart des villas ont un plan ouvert, sans cloisons, qui met en valeur la qualité de leur réalisation.*

« C'était merveilleux à tous les niveaux [...] dans un environnement aussi magnifique. »

John Danilovich, ambassadeur américain au Brésil

Hôtel Fasano de Rio de Janeiro

Lieu Rio de Janeiro, Brésil
Site Web www.fasano.com.br **Prix €€€**

Rio de Janeiro ne manque pas d'établissements de qualité mais aucun ne possède le charme du Fasano, un hôtel récent et contemporain, situé sur la plage d'Ipanema. Il bénéficie aussi d'un service très personnalisé dont la qualité ferait pâlir d'envie de nombreux établissements de son niveau. C'est le résultat des efforts enthousiastes de son personnel mais aussi de son propriétaire et créateur dont le goût et les valeurs sont visibles partout.

C'est un hôtel de rêve, depuis son restaurant de fruits de mer salué par la critique, au rez-de-chaussée, jusqu'à sa piscine chic sur le toit, un endroit ravissant dans la plus splendide des villes. C'est le genre d'hôtel où il devient très facile de s'attarder, car on y jouit de vues époustouflantes, que l'on soit près de la piscine ou dans une somptueuse chaise longue en bois poli, sur le balcon de sa chambre. On ne regrettera pas de dépenser plus pour réserver l'une des chambres en hauteur avec vue sur l'océan ; la vue sur la plage d'Ipanema est prodigieuse. Mise en valeur, voire transformée, par les miroirs magiques de Philippe Starck sur le balcon, cette vue constitue l'un des atouts majeurs de l'hôtel.

Dégustez un cocktail près de la piscine après une journée dans Rio et contemplez le ciel et la mer qui s'embrasent sous le regard du Christ rédempteur dressé au loin ; puis dirigez-vous vers le bar dans les étages inférieurs pour une soirée on ne peut plus branchée. **CR**

⇐ *La piscine sur le toit jouit d'une vue inoubliable sur la plage d'Ipanema et la montagne des Deux Frères.*

Pousada Picinguaba

Lieu près de Paraty, Brésil
Site Web www.picinguaba.com/fr/index.mhtml **Prix** €€

En bordure d'un petit village de pêcheurs au cœur d'un parc naturel, la Pousada Picinguaba est un hôtel à l'atmosphère détendue aménagé dans une ancienne demeure coloniale par un sympathique couple brésilien. Elle est aussi située sur la Costa Verde, site aux paysages extraordinaires inscrit au patrimoine mondial de l'humanité.

Les dix chambres confortables sont décorées d'art indien brésilien. C'est un excellent endroit où se déconnecter totalement du reste du monde, car il n'y a ni télévision, ni Internet, ni réseau de téléphone portable. Les ventilateurs au plafond et la brise marine constituent toute la climatisation dont on a besoin. Prélassez-vous au bord de la piscine près de l'océan ou abandonnez-vous aux mains d'un masseur dans le pavillon drapé de lin dans le jardin. La cuisine, biologique et à base de fruits et légumes de la région, est servie sous forme de buffet. Le poisson est une spécialité de la maison, du ceviche au churascos de piranha, un barbecue de type sud-américain.

Les aventuriers emprunteront les kayaks de l'hôtel et traverseront la baie jusqu'à la Praia Fazenda, une plage déserte de 3 km tout indiquée pour la promenade. Randonnées guidées, cours de surf, pêche, plongée et excursions en bateau jusqu'à une île déserte peuvent être organisés par l'hôtel. Si la ville vous manque, le port colonial de Paraty, ses restaurants, marchés et boutiques chic ne sont qu'à 25 minutes en voiture. **CSJ**

« Qualifier la baie de Picinguaba d'époustouflante ne lui rend pas justice. »

Guide *Hip Hotel*

Les clients peuvent se prélasser à l'ombre des palmiers de la pousada, qui domine la splendide Costa Verde.

Le gîte d'Indaiatiba

Lieu Paraty, Brésil
Site Web www.legitedindaiatiba.com.br/findex.htm **Prix €€**

Le Gîte d'Indaiatiba se trouve en pleine forêt vierge entre São Paulo et Rio, il est caché au bout d'un chemin rocailleux à 12 km de Paraty, une petite station balnéaire. Constitué d'un bâtiment principal et de cinq huttes éparpillées sur les coteaux escarpés de la forêt, le gîte est un vrai trésor hors des sentiers battus. Une minuscule hutte abritant un sauna domine ce paradis tropical où les seuls sons qu'on entende sont le gazouillis des oiseaux et l'eau qui cascade en direction de la rivière. Dans ces bungalows aux tons crème et rose, on n'aperçoit ni télévision ni téléphone ; leur seul luxe est une cheminée.

« J'ai visité une centaine d'endroits et j'ai immédiatement su que c'était celui-là. »

Propriétaire du Gîte d'Indaiatiba

Les activités proposées sont limitées : on peut lire dans un hamac sous le porche, nager dans la piscine d'eau douce, ou compter les nombreuses espèces d'orchidées sauvages qui poussent dans les environs. N'oublions pas l'aspect gastronomique du lieu. La cuisine franco-brésilienne du gîte est si délicieuse que les riches habitants de São Paulo y viennent en hélicoptère juste pour dîner. Choquant peut-être, mais quand on goûte dans la salle à manger, à la lumière des chandelles, un poisson à la sauce aux raisins et un ceviche extraordinairement acidulé, on comprend de tels agissements. **RCA**

L'île Piedade

Lieu Angra dos Reis, Brésil
Site Web www.privateislandsonline.com **Prix €€€€**

Piedade est à mi-chemin entre Rio de Janeiro et São Paulo, dans l'époustouflant archipel d'Angra dos Reis (« baie des rois »). C'est l'une des 365 îles de cet ancien repaire de pirates – une pour chaque jour de l'année. Le site est maintenant l'une des destinations préférées des plus riches des Brésiliens qui viennent y faire de la plaisance et de la plongée, et l'on y trouve aussi plus de 2 000 ravissantes plages désertes au cas où l'on aurait envie de s'isoler davantage.

L'île, dont le personnel subvient à tous vos besoins, peut accueillir jusqu'à 22 personnes. Si vous avez les moyens de la louer, vous disposerez d'une villa avec cinq suites, de six bungalows avec climatisation (deux personnes peuvent loger dans chacun d'entre eux) et d'une *beach house* avec barbecue et magnifique terrasse. Au sommet de l'île, on trouve un grand pavillon ouvert sur les côtés et encerclé de vérandas où les invités peuvent se prélasser à loisir et contempler le spectacle extraordinaire de la baie et de ses îles. On peut se rendre sur ces dernières en utilisant le bateau de Piedade, à moins que l'on ne préfère utiliser son propre hélicoptère. Piedade compte 1,6 ha d'arbres luxuriants et de rochers, mais aussi quatre petites plages privées, un court de tennis éclairé la nuit, un sauna et même un terrain de football. Parmi le personnel disponible en permanence, on trouve évidemment un vrai chef de cuisine.

Comme elle est particulièrement isolée, cette île minuscule est souvent louée par *Caras*, magazine people sud-américain, pour ses prises de vue ou pour y organiser des fêtes privées. **SH**

La ville portuaire de Paraty

Lieu Paraty, Brésil
Site Web www.descubraparaty.comr

Paraty ou paradis ? Une chose est sûre, un séjour ici est toujours trop court.

Splendide port colonial de la Costa Verde brésilienne, Paraty, fondé en 1667, est une ville parfaitement préservée inscrite au patrimoine mondial de l'humanité. Son nom signifie « rivière de poissons » en langue tupi. Son emplacement au bout du Caminho do Ouro (« chemin de l'or »), la route maritime commerciale qui reliait Rio et l'Europe aux mines d'or du Minis Gerais, a permis sa prospérité. Après le déclin de ses mines, Paraty a joué un rôle central dans la production de la *cachaça*, boisson alcoolisée brésilienne, de sorte que cette dernière fut surnommée pendant un temps « paraty ». Aujourd'hui, la ville qu'entoure la forêt tropicale est toujours très belle.

Quand on parcourt ses rues pavées et colorées interdites aux automobiles et où les livraisons se font encore en chariot tiré par des chevaux, on est ébahi par la beauté de l'architecture. Des églises telles la Capela de Santa Rita ou l'Igreja Matriz da Nossa Senhora dos Remédios ont été magnifiquement préservées. Admirez les demeures aux couleurs pastel ornées de mystérieux symboles maçonniques et l'arc-en-ciel des vitrines où sont présentés des hamacs colorés.

On vient à Paraty pour sa cuisine, sa musique et bien entendu sa cachaça. On goûtera aux spécialités locales que sont le gratin de poisson et banane ou le calmar fourré à la banane et au fromage accompagné de lait de coco. Passez la nuit dans une des nombreuses pousadas, simples mais splendides. Mick Jagger, Linda Evangelista et Tom Cruise sont tous venus s'y réfugier, et qui pourrait les en blâmer ? **RCA**

Cette ville coloniale est célèbre pour l'élégance de son architecture et la beauté de ses montagnes.

Sitio do Lobo

Lieu Ilha Grande, Brésil
Site Web www.sitiodolobo.com.br **Prix €€**

Allongé dans un hamac à Sitio do Lobo, un cocktail à la main, tout en contemplant les eaux bleues transparentes et les montagnes au loin, on se sent à des lieues de toute civilisation. L'hôtel est caché parmi les mandariniers et fleurs exotiques parfumés d'une île presque déserte, à deux heures au sud de Rio.

On y échappe complètement à la vie moderne habituelle. Ilha Grande est une île de 40 km de large mais n'est traversée d'aucune route. Le village le plus proche est à presque une heure de kayak. Sitio est un lieu quelque peu rustique dont les neuf chambres se fondent dans la jungle le long du littoral. Il appartient à la baie des Étoiles, site d'une plantation de café du XIXe siècle. Nichée parmi ses hectares de végétation luxuriante, la demeure principale a été le lieu de villégiature d'une riche famille brésilienne pendant 20 ans. Elle y a reçu de nombreux amis, certains riches et célèbres. Ce n'est que récemment que ce refuge en pleine nature s'est transformé en hôtel, où l'on retrouve une atmosphère confortable et familiale.

Rien ici n'évoque les grandes chaînes hôtelières. Les sofas sont taillés dans d'immenses blocs de granit, on se fait masser dans une hutte au toit de palmes et les vérandas en bois surplombent la mer. Les meubles de bambou sont incrustés de minuscules coquillages, et des pans de granit sont intégrés aux murs. On trouve des objets décoratifs insolites un peu partout, des modèles de bateaux jusqu'aux grenouilles en bois sculpté. La cuisine est simple et fraîche et abonde en fruits de mer et fruits de la région. L'hôtel possède aussi un héliport et son hors-bord transporte les clients dans la baie. Ces derniers sont toutefois encouragés à explorer en kayak le parc national qui entoure Sitio ou les 120 plages désertes de l'île. **SH**

Solar da Ponte

Lieu Tiradentes, Brésil
Site Web www.solardaponte.com.br **Prix €€**

Se dressant majestueusement sur la place centrale et près du vieux pont de l'une des plus anciennes villes du Brésil, le Solar da Ponte rappelle un bâtiment officiel ou une splendide demeure. C'est en réalité un élégant hôtel comportant 18 chambres spacieuses.

Le bâtiment était délabré quand il a été racheté par un naturaliste anglais et sa femme brésilienne dans les années 1970. Ils l'ont restauré avec goût pendant 30 ans et le Solar da Ponte apparaît désormais régulièrement dans les classements des plus beaux hôtels brésiliens. Il est situé au cœur d'une petite ville coloniale, Tiradentes, dans le Minas Gerais, où l'on exploitait l'or au XVIIIe siècle. Cette industrie a financé l'architecture de la ville, où l'on découvre encore aujourd'hui des rues pavées et des places ombragées bordées de splendides bâtiments anciens, avec en toile de fond les oniriques montagnes de São José. Les riches familles de Rio aiment venir se réfugier ici le week-end.

« […] une base merveilleusement civilisée depuis laquelle explorer la région. »

Guide de voyage Tatler

Le Solar da Ponte est décoré de meubles anciens, de fleurs fraîches et d'œuvres d'art de la région. On y découvre des parquets en bois recyclé, des lits en bois traditionnels et des portes-fenêtres ouvrant sur des jardins paisibles où fleurissent des orchidées aux couleurs éclatantes et où des oiseaux exotiques chantent dans les arbres. Ne manquez pas d'admirer les ouistitis qui gambadent sur la pelouse. **SH**

Ponta dos Ganchos

Lieu Santa Catarina, Brésil
Site Web www.pontadosganchos.com.br **Prix €€€**

Blotti au milieu d'une luxuriante forêt tropicale sur une lagune privée que ponctuent de minuscules îles, Ponta dos Ganchos est un paradis. Cet hôtel de luxe de l'État de Santa Catarina, sur la Costa Verde dans le sud du Brésil, comprend des bungalows à l'élégance rustique, certains dotés d'un sauna, d'un bain à remous ou d'une piscine à débordement. On doit avoir au moins 18 ans pour fréquenter l'hôtel; il attire en particulier les couples, notamment ceux qui viennent y passer leur lune de miel.

Impossible de s'ennuyer ici compte tenu de la gamme d'activités proposées, du tennis, du canoë et du volley-ball à la pêche hauturière et à la plongée sous-marine. La réserve marine d'Arvoredo, qui abrite certains des plus beaux sites de plongée du Brésil, est à moins d'une heure de bateau. L'hôtel comprend aussi un centre de fitness et un cinéma. L'un de ses attraits principaux est le luxueux spa, et l'on peut aussi recevoir des soins corporels de style shiatsu ou ayurvédique en plein air. Non loin, l'île d'Anhatomirim abrite l'un des plus vieux forts du Brésil.

Le menu, qui change chaque jour, est servi à toute heure de la journée, de sorte qu'on peut prendre son petit déjeuner à minuit si on le désire. Pour un repas romantique, on peut réserver un pavillon privé sur l'une des îles de la lagune, où l'on vous suggère les huîtres et moules de Santa Caterina. Malgré toute son opulence, l'hôtel respecte autant que possible l'environnement : on peut y louer des voitures électriques et un système naturel de traitement des déchets est prévu. **TW**

Ponta dos Ganchos, une petite péninsule de la côte brésilienne, est un coin de paradis privé très pittoresque.

Les chutes d'Iguaçu

Lieu Paranà, Brésil ; province Misiones, Argentine
Site Web www.iguazuargentina.com

Au bord de la Garganta del Diablo (« gorge du diable »), quand on contemple le vaste abîme en fer à cheval au fond duquel tombent des quantités inimaginables d'eau qui forment des nuages de brume et des rapides sombres qui pourfendent des arcs-en-ciel, on pénètre dans un univers onirique digne des contes de fées. La plus grande des chutes d'eau d'Amérique du Sud tombe de 74 m à la verticale au milieu de la forêt pluviale subtropicale. Composée de 272 cascades différentes, elle atteint près de 3 km de large. Ce n'est pas seulement sa taille qui impressionne. La magie d'Iguaçu vient du fait qu'on peut s'immerger totalement dans ce paradis aquatique pour observer ses extraordinaires torrents depuis quantité d'angles différents. Vu du côté brésilien, on découvre un panorama complet du site au loin, mais pour une vraie escapade on doit pénétrer dans le parc national d'Iguaçu, en Argentine, emprunter un train écologique qui traverse la forêt et se préparer à explorer.

Le sentier qui mène à la Garganta del Diablo traverse la large rivière Iguaçu à un endroit où elle coule paisiblement sans le moindre remous. Les colonnes de brume qui s'élèvent dans l'air et un grondement assourdissant annoncent le spectacle à venir, et une fois qu'on atteint les chutes il est impossible de ne pas être hypnotisé par les volumes d'eau précipitée. Prenez un bateau qui vous conduira tout droit sous la bruine pénétrante, ou empruntez le sentier Macuco pour observer les nombreux oiseaux qui vivent ici. Iguaçu constitue une expérience absolument grisante, que l'on visitera encore et encore dans sa mémoire. **CD**

L'eau cascade de façon spectaculaire le long de la falaise, du côté argentin, des chutes d'Iguaçu.

Le cap Polonio

Lieu Cap Polonio, Uruguay
Site Web www.discoveruruguay.com

Comprenant des kilomètres de côte sauvage qui font la renommée de l'Uruguay, le cap Polonio est une oasis de tranquillité pour les habitants de la région, qui apprécient la beauté encore sauvage de ses dunes ondoyantes. L'animation et le faste de Puntas del Este et de Diablo, pourtant proches, ne pourraient paraître plus éloignés.

Avec seulement deux hôtels à proximité, la plupart des visiteurs logent dans de rustiques *posadas* (auberges) sur la plage ou dans les cabanes bigarrées éparpillées parmi les monticules herbeux derrière les dunes. Les seules voitures sont les rares quatre-quatre qui conduisent les visiteurs entre les dunes, et l'on entend parfois un hennissement qui annonce l'arrivée d'un boghei tiré par un cheval dans le centre de la réserve, El Cabo. Dans cette ville oubliée par le temps, les habitants qu'on remarque le plus sont les otaries de la colonie qui vit à 30 m du rivage, au pied du phare qui protège la baie.

« Au cap Polonio, on a l'impression d'être dans une galaxie très très lointaine. »

Kelly Westhoff, Go-Nomad.com

Enveloppé par la douce brise, on voit ses soucis s'envoler au bruit des vagues ; sur la plage de sable blanc, on sort les pique-niques des paniers et on se lie d'amitié autour d'un feu de camp. C'est la plus idyllique des scènes de plage, don de la nature protégée depuis le début du XXe siècle. **VG**

Le désert d'Atacama

Lieu désert d'Atacama, Chili
Site Web www.awasi.cl **Prix €€**

Long de près de 1 600 km et longeant les Andes chiliennes où les volcans fument encore, le désert d'Atacama est l'endroit le plus sec sur terre. On découvre aussi en son centre des lacs salés d'un bleu éclatant où des flamants roses semblent dessiner un nuage brumeux perpétuel. Le silence est si profond qu'on peut les entendre boire.

Des geysers lancent de hautes colonnes de vapeur au-dessus de rubans d'algues rouge vif. La vallée de la Lune contient de vastes dunes dues à des soulèvements terrestres auxquels l'érosion a donné des formes étranges. Les couchers de soleil sont particulièrement époustouflants dans l'Atacama, quand le volcan Licancabur prend des teintes violettes.

À des lieues de l'animation de San Pedro de Atacama, l'hôtel Awasi est une oasis splendide, calme, et réservée à de rares visiteurs. Une série d'espaces clairs et découverts mènent au restaurant, qui propose de sublimes plats actuels. Des textiles traditionnels et une architecture en pisé se marient subtilement à des meubles contemporains pour un style à la fois régional et luxueux. Les chambres sont ravissantes : certaines, circulaires, sont coiffées d'un toit de chaume et abritent une baignoire encastrée. Mieux encore, Awasi est le seul hôtel d'Atacama où chaque client se voit attribuer son propre guide. On découvre ainsi des parties de la vallée de la Lune que personne d'autre ne visite et l'on peut admirer les geysers de Tatio après que les touristes ont disparu pour la journée. **CD**

Le désert d'Atacama aux puissants volcans et au paysage lunaire possède une beauté surnaturelle.

Astronomie à Elqui Domos

Lieu Paihuano, Chili
Site Web www.elquidomos.cl **Prix €**

En 1982, quand on a mesuré pour la première fois par satellite le champ magnétique de la terre, on a découvert que le centre de la planète se trouvait dans la vallée d'Elqui, site aride au centre du Chili.

En 2005 cet endroit a été choisi pour y ériger l'un des sept hôtels astronomiques du monde, le seul de son genre dans l'hémisphère sud. Les bâtiments de l'hôtel semblent se blottir les uns contre les autres. Ils constituent une approche radicalement novatrice d'un tourisme soucieux de l'environnement. Elqui Domos est constitué de sept dômes géodésiques à deux niveaux. Dans chaque dôme, le séjour et la salle de bains sont au niveau inférieur, et la chambre à l'étage est équipée d'une fenêtre amovible qui permet d'observer librement le ciel nocturne. Chaque bâtiment est aussi équipé d'un télescope, afin que les visiteurs ne perdent jamais de vue la raison de leur séjour ici. De la terrasse, on contemple des panoramas plus terrestres.

Le personnel de l'hôtel organise diverses activités telles qu'équitation, VTT, ou encore la visite d'un domaine viticole ou de la demeure de Gabriela Mistral, poètesse et Prix Nobel de littérature. On peut ainsi passer le temps avant que le soleil ne se couche et que la vraie aventure ne commence. Des cours d'astronomie et de nombreux ouvrages portant sur ce sujet sont proposés, et l'on pourra lire ces derniers dans des hamacs ou des baignoires en bois en plein air. Plusieurs observatoires internationaux sont situés dans la région, dont celui de Mamalluca, réservé aux amateurs et ouvert à la visite. **BS**

Chaque dôme d'Elqui Domos est équipé d'une terrasse et d'un télescope pour observer les étoiles.

La Carretera Austral

Lieu Chili méridional
Site Web www.visit-chile.org **Prix €**

La Carretera Austral est l'une des routes sud-américaines à la beauté la plus époustouflante, mais certains tronçons ayant juste été achevés, elle est encore peu connue et donc relativement peu fréquentée. Bien qu'elle traverse un territoire vaste et varié le long de ses 1240 kilomètres entre la ville animée de Puerto Montt et Villa O'Higgins, village du bout du monde, la route n'est que peu habitée car il y a trente ans les petits villages de pêcheurs qu'elle borde n'étaient accessibles que par bateau. Cela demeure une étendue sauvage et vierge de la Patagonie, faite de fjords profonds et silencieux, de torrents galopants et de pics déchiquetés d'où pendent des glaciers étincelants. Louez un quatre-roues motrices solides (la route est principalement en terre battue) ou mieux encore apportez votre VTT et préparez-vous à l'aventure. Plongez-vous dans les sources chaudes naturelles de Chaiten, au milieu des bois, avant de faire un détour par Futaleufu, paradis séduisant des amateurs de rafting. Attardez-vous dans le tranquille village de Puyuhuapi, au bord d'un fjord, avant de repartir pour Puerto Cisnes, village de pêcheurs humide mais pittoresque sur la côte occidentale. Retrouvez brièvement la civilisation à Coyhaique, ville de Patagonie épargnée par le tourisme, avant de découvrir des contrées entièrement sauvages plus au sud. Le Cerro Castillo, montagne évoquant un château de contes de fées, offre des pics acérés recouverts de neige et de superbes randonnées. Enfin, conservez un peu d'énergie pour le Lago General Carrera, une splendide étendue d'eau turquoise ponctuée de grottes de marbre et bordée de vielles estancias. Prévoyez de consacrer au moins deux semaines à cette escapade. **CD**

Secret Ranchito

Lieu Patagonie, Chili **Site Web** www.i-escape.com **Prix €€**

Les délices rustiques et les paysages andins spectaculaires qui entourent le Secret Ranchito dans le sud du Chili ne seront heureusement jamais gâtés par le tourisme de masse : grâce à son isolement complet, l'endroit est réservé aux voyageurs les plus déterminés. Y parvenir est une vraie aventure. On quitte tôt le matin en avion Santiago, la capitale du Chili, pour Puerto Montt, où l'on prend un vol charter jusqu'à Chaitén. Ensuite, il faut compter quatre heures en voiture pour arriver à Futaleufu, un petit village, où l'on descend pour gagner le ranch à pied, en 20 minutes. Enfin !

L'endroit est parfait pour les amateurs d'isolement total loin de toute civilisation. Les bagages sont apportés dans un vieux chariot à bœufs, et un quatre-quatre est garé à un quart d'heure à pied de votre logis, de l'autre côté d'un pont en bois et corde suspendu au-dessus d'une petite gorge spectaculaire. Les passionnés de pêche à la mouche seront ravis d'apprendre qu'on trouve des truites en abondance dans les eaux claires et froides de l'Azul et de la Futaleufu, deux rivières voisines. On peut les explorer en kayak ou en raft jusqu'à la frontière argentine, à moins que l'on ne préfère se balancer dans un hamac sur la plage privée au bord de la rivière.

On dort dans l'un des deux bungalows adjacents au ranch, en bois, dont les pièces uniques décorées de meubles simples et de tapis de laine sont divisées en coin cuisine et chambre. On y jouit d'une vue splendide sur les parois de granit des Tres Monjas. Tout confort n'est pas banni, puisqu'on dispose d'une douche chaude, du téléphone, de la radio et d'un lecteur de CD, mais on ne s'approchera probablement jamais autant d'un séjour primitif et mémorable au sein d'une nature on ne peut plus majestueuse. **BS**

Haut perché dans une vallée andine, le Secret Ranchito ne peut être rejoint qu'à pied, à cheval, en canoë ou en hélicoptère.

Croisière sur les fjords du Chili

Lieu sud du Chili **Site Web** www.argentinianexplorer-fr.com/francais/skorpios.asp **Prix** €€

Le long de la côte Pacifique du Chili, les fjords sont aussi profonds et spectaculaires que ceux de l'hémisphère nord, mais bénéficient d'un isolement presque complet, d'icebergs d'un bleu glacé et d'une population limitée. Les croisières explorent en général les fjords situés entre Puerto Montt (qu'on peut rejoindre par avion depuis Santiago) et Puerto Natales, inaccessible par la route. Les criques des environs ont été explorées par Magellan en 1520 puis par Darwin au début du XIXe siècle, alors qu'il se rendait aux Galápagos.

Cette région superbement isolée comprend des pics enneigés, une nature tout à fait sauvage et des baleines que l'on peut voir bondir hors de l'eau : indubitablement, un voyage dans cette partie du monde sera mémorable. Dans un monde en mouvement constant, où il suffit de cliquer avec une souris pour obtenir tout ce qu'on désire, parvenir jusqu'ici exige des trésors d'organisation. Ces 1 100 km remplissent quatre jours de voyage à un rythme paisible qui permet de retrouver son souffle et de remarquer les détails, comme les dauphins qui nagent dans le sillage du bateau ou les phoques jouant le long du rivage.

Les albatros, les pétrels géants et les pingouins de Magellan comptent parmi les innombrables délices qui attendent les ornithologues amateurs. Lorsque le bateau jette l'ancre, on peut emprunter un canoë pour explorer les îles et anses proches. Cette région enchanteresse à la faune et la flore abondantes ne reçoit que peu de visiteurs. Seuls quelques villages de pêcheurs et élevages de bétail sont éparpillés sur le littoral, et les colonies de pingouins l'emportent sur les êtres humains dans de nombreux endroits. Quand la nuit tombe, la Voie lactée se détache avec éclat sur le ciel d'un noir d'encre. **LD**

↑ *Un bateau pénètre dans les eaux glacées du fjord Amalia dans le sud de la Patagonie, au Chili.*

Puyuhuapi Lodge

Lieu île de Chiloé, Chili
Site Web www.puyuhuapilodgespa.com **Prix €€**

Après avoir roulé au milieu de bois dignes de contes de fées sur le gravier de la Carretera Austral, route isolée mais spectaculaire, on parvient enfin à un hameau tranquille au bord d'un fjord : Puyuhuapi. La dernière partie du voyage se fait en bateau pour rejoindre un bâtiment en bois qui se dresse au bord du fjord telle une cathédrale, sur fond de forêt vierge. Cela semble un endroit improbable pour un spa de luxe, et pourtant à l'intérieur de ce magnifique édifice se trouvent des bassins immaculés qu'alimentent trois sortes de sources. C'est le secret de Puyuhuapi : on y trouve non seulement l'eau de mer transparente provenant du fjord et une source cristalline que nourrit la fonte des neiges, mais aussi des sources thermales thérapeutiques riches en minéraux. Les propriétaires du spa ont établi une gamme de soins et engagé d'excellents spécialistes pour assurer le bien-être de leurs clients.

Son personnel chaleureux et attentif confère son charme à cet établissement à l'atmosphère détendue. Malgré leur simplicité, les chambres sont confortables, conçues en matériaux naturels, et leurs immenses fenêtres mettent en valeur la sérénité du fjord. Une cuisine raffinée complète l'expérience, qui peut paraître particulièrement miraculeuse dans ce coin si reculé de la Patagonie. On peut profiter d'un séjour ici pour se rendre jusqu'à l'imposant et mémorable glacier de la lagune San Rafael.

C'est le contact complet avec la nature qui rend Puyuhuapi si spécial : lancez-vous sur l'eau en kayak pour explorer les environs, ou partez en randonnée jusqu'au glacier suspendu de l'autre côté du fjord. Pour vous relaxer d'une journée bien remplie, vous pourrez vous immerger dans les bassins d'eau chaude. **CD**

Clos Apalta

Lieu Santa Cruz, Chili **Site Web** www.casalapostolle.com/LapostolleResidence/welcome_clos_wine.php **Prix €€**

Le Clos Apalta est le paradis des œnophiles. C'est un refuge tranquille où l'on peut se consacrer exclusivement au vin. Blotti à flanc de coteau au milieu des arbres dans la vallée Colchagua, le domaine viticole et son hôtel ont été fondés en 1994 par la famille Marnier-Lapostolle (productrice du Grand Marnier). Le vin du Clos est déjà réputé comme l'un des meilleurs du pays. Il vieillit au frais dans les magnifiques caves du domaine creusées dans du granit et étagées sur trois niveaux. Au cœur du bâtiment qui les abrite vous pourrez admirer un spectaculaire escalier en colimaçon. Les visiteurs peuvent découvrir l'élaboration des vins et même en goûter certains.

« Chaque villa a été baptisée en l'honneur d'un cépage planté dans les vignes. »

Manos Angelakis, LuxuryWeb.com

Quatre petites villas luxueuses ont été construites à quelques pas de là, chacune dotée d'un Jacuzzi, d'une cheminée, d'un lit king size et d'une terrasse. La gastronomie compte ici autant que le vin, et un cuisinier des environs prépare de délicieux plats accompagnés des meilleurs vins du domaine, sans oublier des Pisco Sours avec une touche de Grand Marnier. On peut explorer les 182 ha de vignes à cheval ou simplement les admirer de la piscine à débordement. **JK**

⇥ *La saisissante architecture ultramoderne du Clos Apalta est mise en valeur par le coteau verdoyant.*

Hôtel Indigo

Lieu Puerto Natales, Patagonie, Chili
Site Web www.indigopatagonia.com **Prix €€**

Quand on arrive à Puerto Natales et que l'on découvre ses maisons en étain dégradées par les intempéries et l'isolement, on a l'impression d'être au bout du monde. Ce petit port situé à 160 km de l'extrémité méridionale des Amériques, en Patagonie, est le dernier endroit au monde où l'on penserait trouver l'un des hôtels design les plus originaux du Chili.

Situé au bord du détroit du Dernier Espoir, l'Indigo possède une esthétique novatrice et chic rappelant le style scandinave avec ses bois blonds que complète l'architecture contemporaine du Chilien Sebastián Iriarrázaval. Dans les chambres, les baignoires ont été remplacées par des douches à effet de pluie. On trouve aussi trois immenses Jacuzzi sur le toit, depuis lesquels on peut contempler le fjord et les pics de Torres del Paine au loin.

« La vue que l'on a depuis l'hôtel Indigo constitue le plus grand des attraits de Puerto Natales. »

Christabelle Dilks, *The Guardian*

La plupart des visiteurs séjournent à Puerto Natales pour pouvoir se rendre à Torres del Paine, à 80 km au nord : c'est un parc national qui comporte certains des plus beaux circuits de trekking au monde et où l'on découvre des glaciers, des lacs aux eaux vertes et des pics de granit rose. C'est son luxe décontracté particulièrement réussi, idéal après les efforts de la randonnée, qui fait tout le charme de l'Indigo. **IA**

El Manantial

Lieu Purmamarca, Argentine
Site Web www.hotelmanantial.com.ar **Prix €€**

El Manantial del Silencio (« source du silence ») est de fait un lieu extrêmement paisible, à Purmamarca, un vieux village de Quebrada de Humahuaca. Le tourisme s'est développé dans cette magnifique gorge à la roche colorée depuis que l'Unesco l'a inscrite au patrimoine mondial de l'humanité en 2002. Heureusement, la plupart des visiteurs se contentent d'explorer le centre de la vallée et Purmamarca demeure relativement paisible. C'est pourtant de là que l'on jouit d'un des plus beaux panoramas d'Argentine : le Cerro de Siete Colores ou mont des Sept Couleurs, car on lui compte effectivement au moins autant de strates colorées. Il constitue une spectaculaire toile de fond pour le marché du village et son église de pisé traditionnelle qui abrite sous son toit en bois de cactus une série de magnifiques tableaux. Si le matin les touristes parcourent parfois ses rues, dès le début de l'après-midi Purmamarca retrouve sa sérénité profonde.

Le charme d'El Manantial provient de son architecture. Inspirée par celle des débuts de l'ère coloniale, elle est constituée de chambres confortables aux murs blancs. Des textiles traditionnels et tableaux leur apportent des touches de couleur. Avant de dîner d'un carpaccio de lama ou de raviolis au fromage de chèvre artisanal réalisé par le cuisinier de l'hôtel, détendez-vous devant un feu pétillant, un cocktail à la main.

Après un séjour au Manantial, un souvenir demeure gravé à jamais : le spectacle des salants au-dessus de l'hôtel à l'heure du couchant. C'est une mer de blanc scintillant qu'encadrent des nuages aux teintes cuivrées suspendus au-dessus d'imposantes et lointaines montagnes, le tout baignant naturellement dans un silence parfait. **CD**

Estancia Colomé

Lieu vallée de Calchaquí, Argentine
Site Web www.estanciacolome.com **Prix €€**

Le voyage jusqu'à l'Estancia Colomé est déjà un enchantement. Depuis Salta, ville à la splendeur coloniale délabrée, la route gravit Cuesta del Obispo, un profond ravin creusé dans des montagnes verdoyantes, avant d'avancer tout droit sur un plateau rouge empli de cactus. Rien d'autre ne semble pousser à 8 200 m d'altitude. Mais il suffit de descendre dans un canyon couleur terre cuite pour rejoindre une vallée isolée à la beauté brute et spectaculaire, et soudain découvrir une étendue émeraude constituée de rangées de vigne parfaitement ordonnées. Au cœur du domaine, entouré de lavande parfumée se trouve l'un des hôtels les plus époustouflants d'Argentine.

Ses immenses chambres, méticuleusement conçues et décorées de teintes ocre sobres, sont agencées autour d'un patio où murmure une fontaine de style zen. Le domaine est biodynamique, philosophie selon laquelle la terre et ses créatures ne constituent qu'un seul et même organisme. Le propriétaire considère ainsi que les 400 habitants de son domaine de près de 40 000 ha font partie de sa famille. Colomé est donc en harmonie avec son environnement.

Que l'on gravisse les sentiers des montagnes, que l'on chevauche avec le guide du domaine ou que l'on se repose près de la piscine en admirant le paysage, on est empreint d'un sentiment de paix profonde. La nuit venue, admirez la robe rouge sombre d'un Amalaya dans votre verre, ce vin au caractère intense issu de ces merveilleux paysages, dégustez-en une gorgée et oubliez le reste du monde. **CD**

La vie est trop courte pour boire du mauvais vin ou loger dans des hôtels médiocres.

↗ *L'Estancia Colomé abrite les vignes les plus hautes au monde, qui produisent des vins primés.*

Le parc national de Tierra del Fuego

Lieu Terre de Feu, Argentine
Site Web www.parquesnacionales.gov.ar **Prix €**

Le parc national de la Terre de Feu protège 63 000 ha à la pointe sud des Andes, du nord du lac Kami jusqu'au littoral du canal Beagle. Des kilomètres de sentiers pédestres parcourent l'île principale de l'archipel, le long de chutes d'eau, à travers des forêts et des tourbières, et aboutissent à des points de vue permettant de découvrir un littoral déchiqueté et des pics enneigés. On peut parfois apercevoir des condors, des albatros, des cormorans et des brassemers, canards dont le bout du bec est orange. Le parc abonde en couleurs toute l'année, particulièrement grâce aux glaciers, mais l'automne y constitue un spectacle saisissant quand les pentes recouvertes de forêt se parent de rouge.

Seul parc national côtier d'Argentine, Terre de Feu abrite des montagnes creusées de profondes vallées glaciaires parcourues de rivières et de lacs. La proximité de la mer et des vents d'ouest dominants lui confèrent une température modérément basse toute l'année. Même l'été, le mercure dépasse rarement 10 °C. Cela permet à une flore unique au monde, composée d'œillets maritimes, de baies, de lichens rares et de mousses, de pousser dans le parc.

Autrefois, les Yamana vivaient sur le littoral du canal Beagle et sur les rives du lac Rocha. Se nourrissant des produits de la mer, ils se déplaçaient en canoës d'écorce, pêchaient, et chassaient les otaries. On peut encore aujourd'hui apercevoir les vestiges d'un de leurs campements dans la baie de Lapataia. Les visiteurs peuvent camper dans le parc ou loger à Ushuaia, la ville la plus méridionale du monde. **AD**

⇒ *La beauté sauvage de la Terre de Feu offre un magnifique spectacle aux amateurs de tourisme vert.*

House of Jasmines

Lieu Salta, Argentine
Site Web www.houseofjasmines.com **Prix €€**

Le House of Jasmines est situé dans le Nord-Ouest argentin, à Salta, où la forêt subtropicale rencontre les canyons et les contreforts des Andes. Quand on pénètre dans le domaine, après avoir parcouru une longue allée d'eucalyptus, on découvre la demeure, blanchie à la chaux et recouverte de jasmin, coiffée de tuiles rouges et flanquée de vérandas.

L'intimité règne dans cet hôtel qui ne comprend que sept suites et où l'on a l'impression de séjourner dans une demeure privée. La décoration évoque un luxe doux aux accents rustiques : poutres au plafond, lustres en fer forgé, lampes et fauteuils anciens, lits à colonnes et nattes de jonc au sol. Certaines suites sont dotées de terrasses sur le toit, mais toutes offrent une vue imprenable sur le jardin, le domaine et les montagnes.

> *« À pied ou à cheval, les visiteurs sont libres de parcourir les jardins paradisiaques. »*
>
> Magazine *Travel+Leisure*

Au spa, on trouve des massages, des bains turcs et des saunas, et les magnifiques jardins abritent une piscine. Des chaises peintes en blanc sont éparpillées sur les pelouses et à l'ombre des plantes suspendues – l'endroit idéal où se détendre en dégustant un verre de vin de la région, le Torrontes. Le domaine s'étend le long de la rivière Arenales et abonde en orchidées, roses et bien entendu en jasmin sauvage. **SH**

Iruya

Lieu Salta, Argentine **Sites Web** www.enjoy-argentina.org ; www.clever-hotels.com/fr/Hôtel/Hosteria%20de%20Iruya/

La route qui mène à Iruya est inoubliable. On se dirige vers le nord depuis la Quebrada de Humahuaca, la vaste gorge classée au patrimoine mondial de l'humanité, puis l'on traverse un paysage d'une rudesse grandiose sur une route rocailleuse qui franchit plusieurs cours d'eau avant d'arriver à l'Abra del Condor, un col à 4 000 m d'altitude. La route redescend alors en virages à flanc de montagne. Puis on découvre au bout de la route le village d'Iruya, accroché à une pente abrupte.

La vie des villages andins a beaucoup changé avec l'arrivée de la télévision et du tourisme, mais Iruya est parvenu à préserver son identité. Le long de la rue principale se trouvent les commerces alimentaires, une minuscule poste et un centre téléphonique qui fonctionne par intermittence. On peut voir les habitants conduire leurs chèvres dans la montagne ou emprunter des sentiers qui mènent à des vallées isolées. San Isidro, un hameau idyllique, est à trois heures de marche. À Pâques, les maisons sont jonchées de fleurs, et l'été les toits sont recouverts de petites pêches que l'on fait sécher au soleil. On peut partir marcher un peu partout aux alentours du village, mais à la vérité quand on y arrive on ne veut plus en repartir.

Apportez un livre ou deux, prévoyez un séjour d'au moins cinq jours et préparez-vous à ralentir votre rythme. On peut loger chez l'habitant, où l'on se pelotonnera sous de lourdes couvertures en laine de lama l'hiver, ou réserver une chambre confortable à l'*hostería* Iruya. Admirez la vue sur la vallée en contrebas depuis la terrasse ou contemplez la nuit le ciel empli d'étoiles tout en vous délectant du silence. **CD**

➔ *Iruya offre un aperçu rare du mode de vie presque disparu des populations andines.*

En train sur *La Trochita*

Lieu Esquel, Argentine
Site Web www.latrochita.org.ar

La Patagonie est une étendue déserte dans laquelle on peut se perdre ou se trouver, voire se transformer. Butch Cassidy et le Sundance Kid, deux bandits en fuite, s'y sont cachés, à Cholilla plus exactement. Che Guevara éprouvait le désir ardent d'y retourner : « Si ce n'est pas pour toujours, du moins pour y faire une pause… » C'est toutefois Paul Theroux, par son ouvrage *Patagonie Express*, qui a fait connaître dans le monde entier la voie ferroviaire étroite de Patagonie.

À l'origine, celle-ci devait être reliée au réseau ferroviaire national et permettre ainsi le transport de peaux de mouton et de bétail destinés à l'exportation depuis des fermes isolées. Aujourd'hui, seuls demeurent 400 km de voie entre Esquel et El Maitén, à l'endroit où les Andes rencontrent la steppe. Le train constitue le meilleur moyen de découvrir ces paysages merveilleusement sculptés. La locomotive à vapeur originale tire encore des wagons en bois importés de Belgique en 1922 que réchauffent l'hiver de pittoresques poêles à bois. Au fur et à mesure que le train serpente entre collines et falaises le long de 600 virages, la composition du paysage change : on passe des coteaux boisés à des étendues de steppe désertique et à des rangées de peupliers que la lumière méridionale embrase. Faites une pause au hameau de Nahuel Pan et gonflez vos poumons de l'air frais des montagnes cependant que les Indiens Mapuche de la région vous proposent de petits gâteaux frits. Face à la locomotive toujours rutilante, songez que *La Trochita* a largement survécu aux hommes courageux qui posèrent ses rails sur ces terres reculées et inhospitalières. **CD**

⇐ *La voie étroite de Patagonie est baptisée* La Trochita, *« la petite étroite » en espagnol.*

Posada de la Laguna

Lieu Los Esteros del Iberá, Argentine
Site Web www.posadadelalaguna.com **Prix €€**

Le bateau fend silencieusement les eaux d'une lagune si vaste qu'à l'horizon ses eaux se fondent dans l'azur sans nuage, et que l'on se retrouve suspendu entre les deux éléments. Puis, lorsqu'on dépasse les étroits canaux qui séparent des îles flottantes, les oiseaux apparaissent. Les jacás s'interpellent du haut des arbres ; un éclat de couleur, et l'on aperçoit un gobe-mouches vermillon. Les jacanas aux pattes allongées se dandinent sur les feuilles de nénuphar et nourrissent bruyamment leurs petits. Les estuaires de l'Iberá sont les moins visités des merveilles naturelles de l'Argentine, et pourtant cette zone marécageuse abrite plus de 350 espèces d'oiseaux.

Les visiteurs peuvent effectuer des excursions nocturnes en bateau dans la lagune d'Iberá.

La Posada de la Laguna, le plus petit des hôtels d'un hameau au bord de la lagune, constitue la base d'exploration parfaite de cet univers magique. C'est un lieu élégant et intime. Les chambres face au rivage sont inondées de lumière et leur style rappelle celui d'une hacienda traditionnelle. Des hamacs sont suspendus sous la véranda et les jardins descendent en pente douce vers l'eau, au-delà de la piscine. Les guides connaissent la lagune par cœur et savent où apercevoir un caïman et où nichent les oiseaux. Au coucher du soleil, l'eau et le ciel se parent d'oranges profonds. **CD**

Les ruines des Missions jésuites

Lieu province Misiones, Argentine
Site Web www.turismo.misiones.gov.ar

« *Beaucoup des habitants des* reducciones *les abandonnèrent pour rejoindre la forêt.* »

Geoffrey Groesbeck, historien

Dès le début du XVIIe siècle, les jésuites ont construit 30 missions dans la région qui recouvre aujourd'hui le nord-ouest de l'Argentine, le Paraguay, l'Uruguay et le sud du Brésil. Les Indiens Guarani se réfugièrent par milliers dans ces sanctuaires où ils pouvaient échapper aux chasseurs d'esclaves portugais. Les prêtres établirent aussi autour des missions – des *reducciones* –, des colonies autonomes. Leurs revenus principaux provenaient de l'agriculture et notamment de la culture du maté, mais les Indiens y élevaient aussi du bétail et certains se consacraient à la création de textiles ou à la musique. « Il y a quelques jours, des musiciens de la colonie voisine, Yapepú, ont joué pour nous [...] ils ont chanté les vêpres, la messe et des litanies ainsi que certains cantiques, [...] avec tant de grâce et d'art que si on ne les avait pas vus on aurait cru que ces musiciens provenaient d'Inde ou d'une des plus grandes villes d'Europe », écrivait le père Stroebel en 1729. Mais en 1767 le roi d'Espagne, Charles III, expulsa les jésuites et les magnifiques bâtiments furent abandonnés.

Leurs ruines demeurent, et quatre de ces anciennes missions sont préservées au titre de patrimoine mondial de l'humanité. La plus belle de celles situées en Argentine est San Ignacio Miní, près de la ville de Posadas. On vient y admirer les sculptures complexes des murs effondrés et se promener sur la terrasse en dalles de pierre avant de pénétrer dans des pièces qui abritaient autrefois la bibliothèque ou les chambres des prêtres. Aujourd'hui, le gazouillis des oiseaux a remplacé les chants chrétiens, mais l'esprit du passé semble encore imprégner le site. **PE**

Les murs de grès rouge de San Ignacio Miní sont aujourd'hui en ruine mais toujours aussi imposants.

Cavas Wine Lodge

Lieu près de Mendoza, Argentine
Site Web www.cavaswinelodge.com **Prix €€**

La région de Mendoza produit 70 % du vin argentin. Au Cavas Wine Lodge, un domaine viticole à 32 km de Mendoza, au cœur de la région viticole argentine, on refuse de réduire le vin à une boisson. Ici, on pense en effet que le vin a non seulement sa place à table au dîner mais peut aussi entrer dans la composition de soins corporels au spa de l'hôtel.

Le domaine de Cavas a été le premier d'Argentine à introduire le concept de bain de vin comme soin corporel. Inventée en 1997 dans le Bordelais, cette technique utilise les propriétés thérapeutiques du vin pour combattre les effets du vieillissement de la peau. On ne séjourne pas simplement à Cavas pour se plonger dans le vin qui fait la fierté de la maison, un Bonarda 2005. Ce domaine de 14 ha abrite en effet au milieu de ses vignes des suites élégamment décorées.

« Un hôtel de luxe pour accueillir les passionnés de vin qui se rendent en masse à [Mendoza]. »

Wallpaper

La gastronomie occupe une place importante ici : le restaurant propose des menus gourmands que l'on accompagne d'une ou de plusieurs des 250 bouteilles de la cave, et l'on peut y suivre des cours de cuisine en réservant à l'avance. Le domaine propose même aux plus actifs de ses visiteurs de brûler les calories du dîner du soir précédent en travaillant dans les vignes. En retour, on leur remet des jetons qu'ils peuvent échanger contre un verre de vin au repas suivant. **DA**

Yacutinga Lodge

Lieu Iguaçu, Argentine
Site Web www.yacutinga.com **Prix €€**

Les touristes qui visitent l'Argentine se précipitent en général aux chutes d'Iguaçu, mais peu d'entre eux explorent la forêt qui entoure ces cascades. À 96 km en amont, là où le fleuve coule paisiblement, cachés au sein d'une forêt vierge riche en lianes et broméliacées se tiennent les cinq bungalows du Yacutinga Lodge.

Romantiques et rustiques mais aussi très confortables, ils baignent dans les bruits de la forêt qui bercent le sommeil des visiteurs. Quand on sort sur le pas de la porte au matin, on découvre que la terre rouge est recouverte de fleurs parfumées tombées pendant la nuit ; les capucins se balancent sans effort de branche en branche et les toucans crient au-dessus des têtes. Un séjour au Yacutinga Lodge offre aussi celle de participer à un programme de protection de 4 000 espèces de plantes et plus de 500 de papillons : c'est une réserve privée dans l'une des régions à la biodiversité la plus importante du monde.

L'aventure débute par un trajet en bateau le long du fleuve, guidé par des Indiens Guarani ; les caïmans se prélassent sur les berges et les martins-pêcheurs fusent au ras de l'eau. Des guides expérimentés vous conduisent dans la forêt pour découvrir ce fragile écosystème. On peut contribuer au programme de reforestation en plantant des arbres, ou se contenter d'écouter les biologistes en résidence vous expliquer leur projet de recherche. On peut aussi simplement barboter dans un bassin divin entouré de fleurs exotiques ou s'asseoir sur des plates-formes dans la canopée pour observer oiseaux et papillons. Au crépuscule, on se réunit près du feu, au bar en plein air, puis on part en randonnée nocturne dans la forêt devenue l'habitat d'animaux encore différents. **CD**

Estancia El Colibrí

Lieu Córdoba, Argentine
Site Web www.estanciaelcolibri.com/fra/index.php **Prix €€**

El Colibrí, où l'ambiance et la tradition d'une vieille estancia argentine se marient au style et au luxe d'un hôtel contemporain, est un ranch encore en activité. Situé au milieu de 170 ha, c'est à la fois un jardin privé et un parc national où l'on jouit d'innombrables vues.

L'édifice contient trois suites et six chambres luxueuses qui bénéficient de touches personnelles comme le feu ronflant qui vous accueille à votre arrivée. Le pavillon d'été abrite un bar et un salon, et l'on y découvre une voûte andalouse, des lustres qui pendent de hauts plafonds ornés de poutres, ainsi que des meubles élégants aux couleurs acidulées. Il n'est pas étonnant qu'*Harper* y ait organisé une fabuleuse séance de photos de mode et que *Vogue* et le guide de voyage *Tatler* aient aussi chanté les louanges de l'hôtel.

Sa beauté n'est pas superficielle : selon ceux qui y ont séjourné, le service et l'attention portée aux détails restent gravés en mémoire, qu'il s'agisse de goûter au vin dans la grande cave, d'apprendre à jouer au polo ou à danser le tango, sans oublier le superbe barbecue dans la campagne où l'on fait griller du lama, des travers de porc ou de l'agneau.

On peut admirer de la piscine les monts Córdoba, ou faire une séance de sauna finlandais, de bain turc ou de Jacuzzi pour soigner ses muscles endoloris après une longue randonnée à cheval, à moins qu'on ne préfère apprendre à rassembler le bétail ou à guider les moutons. Vous serez particulièrement gâté la dernière nuit de votre séjour, avec un dîner pour deux servi en toute intimité sur votre balcon. **LD**

Ce ranch charmant de style colonial est situé au milieu de la campagne argentine.

Équitation à Los Potreros

Lieu Córdoba, Argentine
Site Web www.ride-americas.com **Prix €**

Un phénomène étrange se produit à Los Potreros, un ranch d'élevage de 2 428 ha situé dans les hauteurs des Sierras Chicas argentines. Tout le monde, des gauchos aux filles de cuisine et aux visiteurs, semble y sourire constamment. C'est peut-être dû au maté.

Le ranch appartient depuis des générations à la famille Begg, qui y élève du bétail depuis des centaines d'années, mais aujourd'hui Robin et Kevin Begg ont aussi fait du lieu une destination touristique qui propose de luxueuses vacances équestres. Nés en Argentine mais élevés au Royaume-Uni, Robin et Kevin paraissent anglais. Dans la salle à manger de la ferme, on découvre de l'argenterie anglaise ainsi que de vieux volumes britanniques : *La Seconde Guerre mondiale* de Winston Churchill, *L'Amant de Lady Chatterley*. On y sert même de la marmelade d'oranges au petit déjeuner.

Mais il suffit de sortir pour voir qu'on est bien en Argentine, où les perruches se chamaillent et les gauchos portent le béret. Les chevaux, des criollos et paso peruanos, sont doux et ont la bouche tendre. On peut partir en excursion à cheval pendant plusieurs jours, jouer au polo ou simplement aller à l'amble pendant deux heures parmi les touffes d'herbe jaune pâle du ranch.

On est accueilli au retour par du thé, un gâteau maison, voire un verre du vin du domaine qui ouvre l'appétit avant le dîner. Ce ne sont pas là des vacances équestres difficiles. **PE**

Alvear Palace

Lieu Buenos Aires, Argentine
Site Web www.alvearpalace.com **Prix €€**

Ce vieil hôtel majestueux du quartier chic de Recoleta est une vraie institution à Buenos Aires. De fait, c'est là qu'Eva Perón, ancienne première dame d'Argentine et héroïne nationale, aimait venir prendre le thé. C'est encore aujourd'hui ici que l'élite argentine se délecte de ce thé qui a fait la réputation de l'hôtel et qui est servi chaque jour dans l'élégant jardin d'hiver à partir de 16 heures. Presque rien n'a changé depuis l'époque d'Eva, hormis la tarte à la rhubarbe, plus fraîche que jamais.

L'hôtel respire le charme ancien : imaginez un décor inspiré par le Versailles de Louis XVI, avec des œuvres d'art anciennes aux murs et des meubles de la Renaissance dans les suites élégantes. Le restaurant de l'hôtel, l'Orangerie, possède aussi une atmosphère très européenne et le spa offre une vaste gamme de soins. Les liens de l'hôtel avec Eva Perón constituent toutefois l'argument de vente principal de l'établissement. Le cimetière de la Recoleta, où sa dépouille fut transférée en 1974, n'est qu'à quelques pas de là et une course rapide en taxi vous amène à la Casa Rosada, le palais présidentiel où elle fit ses discours les plus émouvants et les plus mémorables, le poing levé et les cheveux serrés en un chignon sévère.

Aujourd'hui, l'Alvear est plus souvent associé aux vedettes de cinéma qu'aux chefs d'État : les acteurs Antonio Banderas, Catherine Deneuve et Salma Hayek comptent parmi les nombreuses célébrités qui viennent se délecter de son ambiance raffinée. Pour les puristes cependant l'hôtel sera toujours le domaine d'Evita, et les nombreuses dames d'un certain âge qui viennent chaque après-midi y prendre le thé témoignent de son influence durable. **DA**

La Corona

Lieu province de Buenos Aires, Argentine
Site Web www.inargentinatourism.com.ar **Prix €€**

À quatre heures de voiture au sud-ouest de Buenos Aires, dans les vastes espaces des pampas se trouve La Corona, à la fois luxueuse demeure et exploitation agricole, aux mains de la même famille depuis 1875. Le site offre aussi un programme complet de cours de yoga et soins corporels holistiques, dont des traitements thérapeutiques shiatsu et reiki.

Ici on met l'accent exclusivement sur la relaxation et le plaisir. Six chambres seulement accueillent des visiteurs. Deux d'entre elles sont dans la *pool house*, et les portes-fenêtres ouvrent sur des pelouses impeccablement entretenues. Les quatre autres sont situées dans la résidence principale. Un personnel attentif prépare votre petit déjeuner, nettoie votre chambre, vous fait du thé et vous encourage à débuter votre journée par une heure de yoga avant de partir pour la réserve ornithologique ou pour une promenade en calèche. Les plus sédentaires trouveront des hamacs dispersés dans les jardins et un billard. Au déjeuner, on peut se régaler d'un *asado*, un barbecue traditionnel argentin.

On ne met pas longtemps à s'adapter et à emprunter le rythme de cet hôtel de charme.

L'hôtel doit principalement sa réputation au spa. Un séjour d'au moins une semaine est nécessaire pour bénéficier des divers soins offerts, dont un programme asana qui vise la régénération de tout le corps. **BS**

Estancia Dos Talas

Lieu province de Buenos Aires, Argentine
Site Web www.dostalas.com.ar **Prix €€€€**

À deux heures de voiture de la frénésie de Buenos Aires, au milieu des pampas où l'on aperçoit ici et là du bétail, un long sentier bordé d'ormes argentés conduit à un bois d'immenses araucarias, puis à une clairière ornée de pelouses impeccablement entretenues. Là se dresse un château de style français datant de 1893 et pourvu d'un vaste escalier menant au perron. Sous les hauts eucalyptus, une longue table a été préparée pour le déjeuner et vos hôtes, en vous attendant, font griller d'énormes steaks pour un *asado* traditionnel argentin. Dégustez un verre de malbec, mordez dans une empanada épicée et détendez-vous. Vous êtes arrivé à destination.

Aucun séjour en Argentine n'est complet si on ne loge pas dans une estancia. Ces fermes d'élevage ont fait la richesse du pays et celle de Dos Talas en constitue l'exemple le plus authentique. Ce sont les descendants du fondateur de l'estancia qui vous accueillent, vous font visiter le parc et ses allées arborées ; ils vous inviteront à faire comme chez vous dans l'élégante demeure où se tenaient autrefois, dans les pièces aux hauts plafonds et jusque sur les élégantes terrasses à l'extérieur, des salons littéraires animés et des fêtes à la Gatsby. Le lieu respire l'histoire à travers sa vaste bibliothèque et ses photos évocatrices qui recouvrent ses guéridons anciens. Promenez-vous dans le domaine le matin puis passez l'après-midi au bord de la piscine à contempler les plaines infinies. Un gaucho vous guidera dans une excursion à cheval alors que le soleil descendra sous l'horizon courbe. Empli de sérénité, vous retournerez à l'estancia pour un dîner élégant suivi d'un sommeil profond. **CD**

Hôtel Faena

Lieu Buenos Aires, Argentine
Site Web www.faenahotelanduniverse.com **Prix €€**

C'est probablement quand arrive la nuit que l'on apprécie le mieux la décoration somptueuse et l'élégance sophistiquée de ce lieu. On peut alors pleinement admirer l'œuvre remarquable de Philippe Starck, du couloir éclairé en rouge jusqu'au hall d'une hauteur de plafond saisissante où flotte un parfum épicé, et de la fantaisie totale du restaurant à la splendeur plus froide de l'une des chambres où règnent le rouge, le blanc et l'or.

Au Faena, on a adroitement marié la fantaisie audacieuse à la décadence Belle Époque. Cela paraît tout à fait approprié puisqu'il a été aménagé dans une ancienne halle aux grains depuis laquelle les richesses agricoles de l'Argentine étaient exportées dans le monde entier à la fin du XIXe siècle. Après un apéritif au son du piano dans la bibliothèque où les tons chauds du bois et du cuir rappellent un ranch luxueux du début du XXe siècle, on éprouve une surprise délicieuse au restaurant Bistro à l'heure du dîner. Un équilibre parfait y règne entre l'excellence intemporelle et le modernisme élégant. Les repas y sont ponctués d'inventions de cuisine moléculaire et de déconstructions de plats classiques qu'apprécieront les amateurs de cuisine raffinée et de design. On peut achever son dîner à temps pour assister ensuite à l'un des plus beaux spectacles de tango de la ville, avec orchestre, vin et champagne à volonté au cabaret intime de l'hôtel : la théâtralité de l'endroit s'y cristallise en des tangos sensuels et mélancoliques. **CR**

Les têtes de licorne accrochées aux murs accentuent la décoration opulente et théâtrale du restaurant de l'hôtel.

La Becasina

Lieu delta du Tigre, Argentine
Site Web www.labecasina.com **Prix €€**

Vu du ciel, le delta du Tigre dessine un entrelacs de rivières parsemé de centaines d'îles. Quand on s'éloigne lentement en kayak de la petite ville de Tigre, dont les bâtiments élégants abritent des clubs d'aviron centenaires, on éprouve l'impression de s'échapper dans la jungle. La rivière se rétrécit jusqu'à former un tunnel entre de hauts arbres et une végétation luxuriante ; des rayons de lumière le traversent et éclairent des bateaux de plaisance. Les berges sont bordées de pittoresques maisons de bois sur pilotis, et des familles buvant du maté sur de vieux pontons vous saluent de la main. Une fois qu'on a traversé le Paraná et pénétré dans la partie plus isolée du delta, on ne rencontre que peu d'habitations. Les cours d'eau sont plus paisibles, leur végétation plus sauvage ; c'est le domaine des hérons. Puis, au plus profond de la jungle, une série de hauts piloris s'élèvent de la rivière, et parmi les arbres on aperçoit les élégants bâtiments de La Becasina. Des employés de l'hôtel viennent jusqu'à votre embarcation et se saisissent de vos bagages pour les apporter dans votre chambre.

La Becasina est un havre d'élégance au milieu d'une nature sauvage. Chaque suite est installée dans une hutte individuelle sur pilotis protégée par la végétation et dotée d'une véranda. La chambre est immense, la salle de bains presque autant et même la baignoire offre une vue splendide. Sirotez un gin sur la terrasse avant de vous glisser dans l'intime salle à manger pour un superbe dîner. Le service est discret et de premier ordre. Il n'y a pas d'escapade plus romantique aux alentours de Buenos Aires. Une vedette peut vous amener ici depuis la gare de Tigre en une heure. **CD**

Estancia Peuma Hue

Lieu Bariloche, Patagonie, Argentine
Site Web www.peuma-hue.com **Prix €€€€**

En ouvrant les rideaux, on découvre un lac scintillant bleu outremer. La paroi massive d'une montagne coiffée de neige et couverte d'une forêt épaisse s'élève depuis la rive. Vous pouvez explorer des sentiers conduisant à des cascades au milieu d'une forêt de coigües, où l'on apercevra parmi d'innombrables oiseaux le pic de Magellan, à tête rouge. Partez sur l'eau en kayak ou suivez le guide à cheval jusqu'à des lacs plus éloignés encore et inaccessibles par voiture. La région des lacs en Argentine offre des aventures inégalées au sein d'un décor naturel extraordinaire. Le domaine de Peuma Hue comprenant une grande partie de la rive du lac et un grand pan de montagne, ses clients peuvent explorer cette splendeur naturelle dans la plus complète des solitudes. On ne sera pas étonné d'apprendre que son nom signifie « endroit des rêves » dans la langue des Indiens Mapuche.

Notre objectif était de préserver les forêts et sources virginales de Peuma Hue ainsi que sa faune.

Les autres guides de l'hôtel vous conduiront en experts dans diverses randonnées et aventures. Les splendides bungalows dispersés dans le domaine constituent un choix varié, de la suite luxueuse dotée d'un lit majestueux et d'un double bain à remous au chalet de montagne parfaitement isolé. **CD**

Un après-midi à Las Balsas

Lieu Villa La Angostura, Patagonie, Argentine
Site Web www.lasbalsas.com.ar **Prix €**

Villa La Angostura est un village pittoresque de Patagonie, à l'atmosphère chaleureuse. Même s'il se trouve en Argentine, il rappelle légèrement la Suisse, peut-être à cause de ses chalets ou des chocolatiers installés à chaque coin de rue. Las Balsas, à l'extérieur du village, est une escapade comparable à nulle autre. Caché au bout d'un chemin de terre à l'intérieur du parc national de Nahuel Huapi, l'un des plus beaux sites de Patagonie, ce n'est certainement pas un endroit que l'on peut découvrir par hasard.

L'hôtel n'abrite que douze chambres et trois suites, ce qui garantit son intimité. Chaque chambre possède son propre style, de celle aux tons vieux rose et au panorama époustouflant encadré par les Andes à celle aux rayures rouges. On trouve même une suite beige simple et sophistiquée transformée par des tables de nuit faites de canoës coupés en deux et retournés. Aux deux piscines (l'une à l'intérieur, l'autre au-dehors) s'ajoute un spa qui offre une gamme étonnante de soins, depuis un « masque facial à l'or », où le métal joue un rôle anti-inflammatoire et antioxydant, jusqu'à la « chocothérapie », un soin corporel à base de chocolat.

Le restaurant et la salle où l'on goûte au vin constituent deux atouts majeurs de l'hôtel. Savourez un ceviche de truite, un crabe au lait de coco, ou une venaison en sauce au chocolat et à la mûre avant de vous laisser tenter par le dessert préféré des Argentins : un dulce de leche accompagné d'un sorbet aux fruits rouges et d'un biscuit à la noix de coco. **RCA**

↗ *L'hôtel, dont la façade est recouverte de lambris bleus, est un paradis luxueux hors des sentiers battus.*

« Chaque chambre possède son propre style et bénéficie d'une vue splendide sur le lac Nahuel Huapi. »

Magazine *Road & Travel*

La route des Sept Lacs

Lieu Patagonie, Argentine **Site Web** www.welcomeargentina.com/sanmartindelosandes/ruta-siete-lagos.html

On dit parfois que le voyage qui conduit à la destination fait autant partie de l'aventure que le temps passé sur place. C'est certainement le cas quand on se rend de San Martin de los Andes, en Patagonie, à Villa La Angostura le long de la *Ruta de los siete lagos*, ou route des Sept Lacs. Cet itinéraire, qui suit la route nationale 234, serpente sur 107 km à travers deux parcs nationaux de la province de Neuquén : Nahuel Huapi et Lanin. On parcourt environ 40 km sur des routes non goudronnées. San Martin, une charmante station de sports d'hiver, est constitué de chalets en bois et en pierre, et ses commerces abondent en équipement de ski, pulls d'alpaga et écharpes. C'est le dernier lieu civilisé avant Villa La Angostura.

Le paysage est si extrême que les visiteurs en ont littéralement le souffle coupé. Sans devoir jamais quitter la route, on peut apercevoir les sept lacs dans un paysage montagneux idyllique avec les Andes en toile de fond. Le Machónico, l'Escondido, le Correntoso, l'Espejo, le Lácar, le Falkner et le Villarino sont tous plus beaux les uns que les autres.

Ce n'est pas la Patagonie des pampas mais l'équivalent sud-américain des Alpes, en plus imposant. On s'attendrait à apercevoir des ours et des couguars mais seuls des chevaux et des vaches à la fourrure épaisse traversent la route. Si l'on vient au printemps, la fonte des glaces et des cascades bondissantes donnent une nouvelle vie au paysage, qui se pare de fleurs rouges et orange vif. La saison de ski est alors finie, et tous les touristes sont repartis. **RCA**

→ *Chaque virage révèle un panorama de lac, montagnes et forêt dense.*

Estancia Cristina

Lieu Patagonie, Argentine
Site Web www.estanciacristina.com **Prix €€**

Quand le bateau pénètre dans la partie la plus reculée du lac Argentino et se glisse entre des icebergs de la taille d'une maison, on peut se demander où l'on va aboutir. Trois heures plus tard, on rejoint l'imposant glacier d'Upsala. On dépasse des murailles de glace qui s'élèvent à la verticale à 70 m et d'où se détache parfois un bloc qui plonge sous l'eau. Quand le bateau s'approche de l'extrémité du bras le plus septentrional du lac, on peut apercevoir sur un rivage sauvage quatre petits édifices isolés sur fond de magnifiques montagnes : l'Estancia Cristina.

Cette ferme isolée de Patagonie fondée il y a un siècle accueille des visiteurs dans de confortables bungalows. On a une pensée émue pour les premiers habitants du lieu, qui élevaient des moutons au long d'hivers austères. Le chemin du retour jusqu'aux douillets bungalows dans la nuit fraîche et étoilée s'avère juste assez spartiate pour qu'on apprécie d'autant plus une chambre chaude et un lit confortable.

Les moments les plus mémorables de votre séjour seront toutefois passés en compagnie d'un guide qui vous mènera, au terme d'une longue marche sur une pierre vermillon polie par les anciens glaciers, à une crête d'où l'on découvre un panorama spectaculaire. Loin en contrebas, s'étendant jusqu'à l'horizon, le glacier d'Upsala se tient silencieux, énigmatique et imposant. En empruntant à la descente une gorge époustouflante, on découvre des fossiles d'ammonites et de mollusques, sans deviner nulle part la présence de l'homme. On ne voit que des troupeaux de lamas, des chevaux sauvages et des rivières où abonde le saumon quinnat. **CD**

Design Suites

Lieu El Calafate, Patagonie, Argentine
Site Web www.designsuites.com **Prix €€**

L'hôtel Design Suites est un chef-d'œuvre d'architecture respectueuse de l'environnement. Ce bâtiment construit avec des matériaux locaux abrite une galerie d'art, une boutique design et un restaurant raffiné dont la vue sur le lac Argentino défie l'imagination. Même si l'édifice est impressionnant en soi, ce sont ses détails qui constituent son réel attrait : un groupe de designers patagoniens a été chargé des meubles et de la décoration intérieure.

Chacune des suites est dotée de baies vitrées qui encadrent le paysage merveilleusement dépouillé, avec des pics au loin et un lac miroitant au premier plan. Une piscine chauffée, un spa, un sauna, un gymnase et un bar à vin complètent l'ensemble. De là, on se rendra à El Calafate, proche du légendaire glacier Perito Moreno. On ne peut qu'être abasourdi par le spectacle de sa paroi qui s'effondre dans le lac de façon périodique.

« L'hôtel Design Suites s'adresse aux amateurs de design. C'est une destination impressionnante. »

Wallpaper

Au-delà se trouvent des lacs et des montagnes parfaitement adaptées au ski l'hiver et à la randonnée l'été. L'hôtel peut aussi organiser d'autres activités, telles que le survol du glacier en montgolfière ou des randonnées à cheval dans les forêts et parcs naturels des environs. **DN**

Eolo et la beauté sauvage de la Patagonie

Lieu près d'El Calafate, Patagonie, Argentine
Site Web www.eolo.com.ar **Prix €€€**

Peu de sites inspirent un sentiment de solitude aussi complet que les panoramas sauvages de Patagonie, où des steppes inhabitables se déploient sans fin, et où seul le vent rompt le silence. Pour ceux qui préfèrent les draps en coton et les douces couvertures aux nuits fraîches sous la tente, il n'existe pas de plus beau perchoir depuis lequel contempler la beauté sauvage dela Patagonie que l'Eolo. On trouve dans ses 17 suites de vastes baies vitrées encadrant des paysages constitués de plaines et de cieux infinis ponctués de lacs, de montagnes et, par temps dégagé, des pics déchiquetés de Torres del Paine, à la frontière chilienne.

Cet hôtel de luxe est situé dans un ranch de 1 618 ha. Ses chambres constituent le nec plus ultra en matière de confort (lits king size, serviettes épaisses, fauteuils généreusement rembourrés), la décoration est d'une élégance impeccable mais discrète, le personnel est aimable et l'hôtel propose un système de pension complète. Le personnel vous préparera même un pique-nique raffiné.

L'Eolo redéfinit le concept d'éloignement complet. Pas de télévision, le spectacle de la nature s'avère nettement plus intéressant. Empruntez des jumelles ou profitez de l'immense télescope du hall pour observer les faucons, les aigles, et les lièvres de Patagonie qui peuplent la plaine. Ne manquez pas le glacier de Perito Moreno, une masse grinçante, le plus grand au monde en expansion, situé à une demi-heure de voiture seulement. **IA**

Cette vallée est blottie dans un paysage serein que recouvrent de hautes touffes de coiron.

↗ *L'Eolo est bâti au sommet d'une colline qui jouit d'une vue spectaculaire sur la plaine en contrebas.*

Le glacier Perito Moreno

Lieu province de Santa Cruz, Argentine
Site Web www.parquesnacionales.gov.ar

La Patagonie séduit par ses extrêmes : son désert aride, ses mers gelées et ses autoroutes rectilignes. Si l'on traverse la steppe vers l'ouest le long du 50e parallèle, on parvient au glacier Perito Moreno, entouré de vénérables forêts de hêtres et encadré par les pics déchiquetés des Andes. Joyau de l'éblouissant parc national de Los Glaciares (« des glaciers »), le Moreno est d'une beauté surréaliste et captivante. Fitzroy et Darwin furent près de le découvrir lors de leur expédition historique de 1831-1836, mais ce fut finalement Francisco Pascasio Moreno qui y parvint en 1877.

Aujourd'hui, les visiteurs peuvent explorer de diverses manières cette vaste langue de glace grinçante et toujours en expansion. Certains choisissent de marcher sur sa surface rappelant une meringue, d'autres d'escalader ses parois ou de le survoler en ULM en passant sous des nuages en forme de cigares. Les paresseux se contentent de s'asseoir sur la plateforme de la péninsule Magallanes pour contempler le glacier ou d'embarquer sur l'un des nombreux catamarans ou bateaux de croisière qui passent à proximité de la paroi qui s'effondre continuellement. Celle-ci atteint une hauteur de 60 m, le glacier recouvrant 414 km², soit une superficie plus importante que la ville de Buenos Aires. Cela vous impressionne ? Sachez que le champ de glace du Sud, dont le Moreno est issu, a la taille d'Israël. Le Perito Moreno s'effondre tous les quatre à cinq ans quand les eaux du Brazo Rico exercent une pression trop importante sur son front est et provoquent un spectacle qui attire des visiteurs du monde entier. **CM**

L'impressionnant Perito Moreno est l'un des trois glaciers de Patagonie qui ne sont pas en régression.

Croisière sur le MS *Fram*

Lieu Antarctique **Site Web** www.hurtigruten.fr
Prix €€€

L'Antarctique, l'environnement le plus fragile au monde, ne peut être décrit qu'avec des superlatifs : c'est l'endroit le plus froid, le plus élevé, le plus venteux, le plus sec et le plus glacé sur terre. Des règles strictes ont été établies par l'Association internationale des tour-opérateurs d'Antarctique afin de garantir la préservation de cet environnement vierge. La sécurité des passagers est aussi importante, et le très sophistiqué navire de la société Hurtigruten, le MS *Fram*, est le plus aisé à manœuvrer dans ces eaux.

Au cours de la croisière, on longe des icebergs et des glaciers, et depuis le salon du bateau les passagers peuvent admirer des pics hérissés en granit, certains si élevés qu'ils sont enveloppés de nuages vaporeux. Des sommets enneigés se reflètent dans les eaux immobiles et des blocs se détachent parfois pour tomber dans l'eau glacée parsemée de fragments et blocs de glace.

> *« Une merveilleuse brume dorée, les rayons du soleil couchant brillaient à travers la vapeur. »*
>
> Ernest Shackleton, explorateur

Les albatros plongent en piqué près du bateau, tels des bombardiers gris glissant sur les brises marines. À terre, on peut s'approcher des colonies de manchots et voir les phoques somnoler sur les glaces flottantes. Le navire progresse avec précaution au milieu des couches gelées, sa coque repoussant les blocs de glace flottant librement. Dans ce paysage impitoyable, nul ne peut échapper à la glace. **AD**

À la découverte de l'Antarctique

Lieu Antarctique **Sites Web** www.terdav.com ; www.voyagesofdiscovery.co.uk **Prix €€**

Un voyage en Antarctique, le continent blanc, constitue probablement l'escapade ultime, la chance de poser le pied sur une terre vierge où seules 100 personnes sont autorisées en même temps, et où l'on peut marcher au milieu de colonies de manchots, s'approcher des phoques et des icebergs, apercevoir des baleines nourrissant leur petit ou contempler les albatros qui flottent dans le sillage du bateau.

Les gros navires de croisière s'aventurent jusqu'en Antarctique, mais leurs passagers ne sont pas autorisés à débarquer sur le continent. Si vous voulez suivre les traces de Shackleton, vous devez choisir un vaisseau d'exploration. Ils sont en général petits et leur confort est limité, mais ce qu'on perd en élégance on le gagne en sensations fortes : loin de toute civilisation, on découvre l'un des environnements les plus hostiles du monde. Ne vous attendez donc pas à de confortables terminaux ni à des boutiques de souvenirs, mais pensez à emporter une paire de bottes imperméables, car vous irez à terre en canot pneumatique et débarquerez parfois dans l'eau ou sur des plages rocailleuses. Vous devrez aussi vous munir de pulls chauds, gants et bonnets de laine. Les bateaux se rendent en Antarctique au cours de l'été austral, entre novembre et mars, quand la glace est moins épaisse, mais il y fait tout de même froid.

Il existe plusieurs sortes de vaisseaux d'exploration, qui peuvent accueillir entre 100 et 500 passagers. Pour ceux qui préfèrent un minimum de confort, le *Discovery* de la société Voyages of Discovery constitue un excellent choix et comprend une équipe d'experts de la région qui partagent leurs connaissances étendues au cours de conférences à bord. **JA**

Le campement de Patriot Hills

Lieu Antarctique **Site Web** www.adventure-network.com
Prix €€€

Imaginez un paysage qui ne soit constitué que de neige, de glace et de roches et où ne survivent que de rares animaux et végétaux. C'est l'environnement difficile qu'on trouve en Antarctique, continent isolé dont Patriot Hills constitue le seul campement privé où la température peut plonger à – 89 °C l'hiver. Il y fait toutefois jour 24 heures sur 24 l'été et l'on y jouit de vues à l'infini et d'une solitude intense.

Établi en 1987, Patriot Hills n'est situé qu'à 1 075 km du pôle Sud. Après un trajet aisé de quatre heures et demie en avion depuis Punta Arenas, à l'extrémité méridionale du Chili, on atterrit sur une piste bleue glacée dans les monts Ellsworth. On peut ensuite parcourir à pied 700 m jusqu'au campement ou y arriver plus confortablement en scooter des neiges.

Les activités n'y manquent pas. On peut prendre un avion jusqu'au pôle ou, si l'on se sent particulièrement courageux, le rejoindre à ski. On devrait visiter les colonies de manchots empereurs sur le glacier Dawson-Lambton au bord de la mer de Weddell, ou tenter de parcourir les collines environnantes en raquettes ou en scooter des neiges, à moins que l'on choisisse de découvrir la géologie unique de la région en compagnie de guides expérimentés.

La tente-salle à manger est au cœur du campement de Patriot Hills. C'est là que les visiteurs se réunissent, partagent un repas réconfortant ainsi que leurs récits d'aventure. Ils se pelotonnent ensuite dans leur sac de couchage et suivent en rêve les traces de l'explorateur Roald Amundsen, le premier à atteindre le pôle Sud en décembre 1911. **BS**

↗ *Les tentes de Patriot Hills, qui rappellent celles d'une expédition, peuvent loger 50 personnes.*

« Mais nous sommes parvenus au pôle et nous mourrons comme des gentlemen. »

Robert Falcon Scott, explorateur

EUROPE

L'Europe offre des lieux de séjour d'une incroyable diversité : moulin-à-vent transformé en hôtel, château écossais, île grecque ou forteresse médiévale italienne. Il y en a pour tous les goûts et tous les budgets. Si vous aimez vous promener, vous n'aurez que l'embarras du choix : randonnée à cheval dans les montagnes du sud de l'Espagne, croisière sur un canal de Bourgogne ou voyage en train en Allemagne, etc.

← Castello Di Vicarello, Italie (p. 454)

L'île de Sainte-Hélène

Lieu Sainte-Hélène, Atlantique Sud
Site Web www.sthelena.se **Prix €€**

Minuscule tache située dans l'Atlantique Sud, à plus de 1 200 km de la terre ferme, c'est dans cette île que fut exilé Napoléon. En attendant la construction de l'aéroport, le seul moyen pour accéder à l'île est d'embarquer à bord du navire postal RMS *St. Helena*. Ce moyen de transport éprouvé constitue la bouée de sauvetage de l'île grâce à sa capacité de transport : 1 500 tonnes de vivres et 170 passagers à chaque voyage. Les visiteurs embarquent au Cap, naviguent durant deux jours et deux nuits jusqu'à la sauvage côte des Squelettes de Namibie, avant de mettre le cap sur le soleil couchant pendant cinq jours et d'atteindre cette île façonnée par les Anglais.

« Désolée et luxuriante [... .] un paysage qui semble reproduire la planète en miniature. »

Jenny Diski, *The Observer*

La côte désertique composée de roche volcanique rouge laisse place, à l'intérieur des terres, à un paysage subtropical luxuriant et vallonné. Les férus de sommets pourront gravir les 750 marches de l'escalier baptisé « échelle de Jacob » qui mène au sommet d'une colline de Jamestown. D'autres préféreront peut-être passer l'après-midi à regarder les pêcheurs s'occuper de leurs casiers à homards.

Pour rejoindre l'Europe, deux autres journées en mer seront nécessaires jusqu'à l'île de l'Ascension, encore moins peuplée, puis en empruntant un avion militaire jusqu'à Brize Norton, en Angleterre. **RsP**

Le Groenland en traîneau

Lieu Kangerlussuaq, Groenland
Site Web www.greenland.com **Prix €€**

Dans les merveilleux paysages de neige et de glace du Groenland, vous pourrez profiter d'une nature à l'état pur. Vous aurez la possibilité de partir observer les baleines ou de faire du kayak sur des eaux glacées. Mais surtout vous aurez la chance de vous balader en traîneau à chiens et, après quelques jours d'entraînement, de conduire vous-même votre attelage.

Dévaler cette étendue immaculée, tiré par une joyeuse horde de huskies est une expérience impressionnante. Chaussez une paire de bottes douillettes fourrées de laine, enfilez un manteau en peau de phoque et appliquez de l'écran total sur votre visage pour le protéger du soleil qui domine même par – 34 °C. Puis asseyez-vous sur un traîneau et observez votre conducteur inuit lancer ses chiens. Ici, ils courent côte à côte, tous les six de front, et non pas en ligne deux par deux, comme c'est souvent le cas.

Vous êtes au pays du soleil de minuit et de l'incroyable spectacle de lumières qu'offrent les aurores boréales. La nature sauvage et son caractère impitoyable ne sont qu'à quelques pas, et la route s'arrête à quelques kilomètres des frontières de la ville.

Pendant 10 000 ans, cette relation unique entre les hommes et leurs chiens a permis de rendre la région habitable ; faire du traîneau vous donnera un aperçu fascinant de ce lien si particulier. Avec un peu de chance, vous pourrez déjeuner dans un igloo fraîchement construit et achever votre journée par un verre de whisky de 30 ans d'âge, accompagné de glaçons extraits l'après-midi même de cette calotte glaciaire, vieille de 15 millions d'années. **RsP**

De splendides levers de soleil confèrent une brillance sublime aux paysages gelés parcourus en traîneau.

Croisière au Groenland

Lieu Groenland
Site Web www.hurtigruten.co.uk **Prix €€€**

Partez à l'aventure dans le monde glacial et reculé des grands explorateurs du Groenland. En dépit de son appellation, le Groenland (« terre verte » en danois), est un pays de neige et de glace situé dans le cercle arctique. Près de 85 % de l'île est recouverte de glace, épaisse de 3 km par endroits, de fjords immenses, d'icebergs gigantesques et est peuplée d'ours polaires, de baleines et de huskies.

Quelques agences proposent des excursions au Groenland dans le cadre de leurs croisières dans les fjords norvégiens. Les amateurs de croisière tranquille désirant fuir la civilisation peuvent ainsi commencer leur voyage au pays des Inuits dès l'atterrissage à Kangerlussuaq, tout près du mouillage du bateau.

Fram est certes un bateau moderne (de l'agence Hurtigruten) construit en 2007, mais ne vous attendez pas pour autant à une croisière de luxe. L'espace est suffisant pour se restaurer, dormir et regarder le monde défiler, mais, excepté quelques topos en journée sur l'histoire du Groenland, sa faune et sa flore, ainsi que quelques animations sportives pour entretenir sa forme, les loisirs sont peu nombreux à bord. Ce n'est toutefois pas un réel problème, car le vrai spectacle est à l'extérieur, avec les ours polaires (bien que leurs apparitions soient rares), les baleines et les icebergs de la taille d'une cathédrale.

Le Groenland étant la plus grande île du monde, le *Fram* ne peut la contourner entièrement. Deux itinéraires qui longent la côte sud-ouest sont donc proposés. Des arrêts journaliers permettent de visiter les villes (en rejoignant la côte *via* des bateaux à moteur pneumatiques), d'escalader des glaciers et même de faire un tour en hélicoptère pour survoler le fjord. **JA**

Hôtel Budir

Lieu péninsule de Snaefellness, Islande
Site Web www.budir.is **Prix €€**

L'hôtel Budir est situé à seulement deux heures de route au nord-ouest de Reykjavik. Entouré de montagnes enneigées, de volcans éteints et de chutes vertigineuses, il se dresse seul sur la côte déserte de la péninsule de Snaefellness, en Islande.

Le design est sobre et épuré. De cossus canapés rouges meublent des pièces au sol de bois brut, des cheminées en briques débordent de bûches empilées tandis que des vitrines en bois sombre laissent admirer des étagères d'ouvrages reliés en cuir. Le restaurant compte parmi les plus raffinés d'Islande et est spécialisé dans les produits de la mer et le gibier local. Le carrelet, la morue, le flétan ou encore les coquilles Saint-Jacques pêchés le jour même sont servis agrémentés d'herbes poussant sur la lave de Budir. Ce paysage désolé abrite en outre des oies, des lagopèdes de montagne, des guillemots et des cormorans, également proposés au menu selon la saison.

« L'océan est turquoise, la terre noire, les touffes d'herbe jaune pâle. »

Lucy Gillmore, *The Independent*

L'environnement est propice aux activités d'extérieur. Les visiteurs peuvent ainsi explorer le glacier en moto neige, partir pêcher ou observer les baleines. Les dunes qui prolongent la lave offrent un merveilleux terrain pour une balade à cheval. Vous pourrez vous promener sur les plages, à travers les dunes, la lave et les rochers, jusqu'à parvenir à de lointains villages et des falaises impressionnantes. **SH**

Hôtel Glymur

Lieu Hvalfjörður, Islande
Site Web www.glymurresort.com **Prix €€**

À moins d'une heure de route du centre de Reykjavik, l'hôtel se situe hors des sentiers battus. La cascade Glymur – qui a donné son nom à l'hôtel – donne sur le Hvalfjörður (« le fjord de la baleine ») et se révèle être un emplacement idéal pour profiter des attractions sauvages de l'Islande : les plages de sable noir, l'observation des baleines, les glaciers, les champs de lave et les immenses pâturages. Le panorama sur le fjord et les montagnes ainsi que les chambres originales et la carte fabuleuse proposée par l'établissement suffiront à vous relaxer. Les menus affichent des spécialités islandaises.

Outre ses 22 chambres réparties sur deux étages, l'hôtel dispose de plusieurs cottages de deux personnes à la décoration personnalisée. La « Maison de la relaxation et du silence » propose des cours de yoga aux amateurs d'ambiance calme et paisible. D'autres cottages tirent parti de l'environnement naturel comme la « Maison de la nature » décorée de matériaux locaux et dotée d'une cascade et d'une agréable cheminée. Le « Cottage romantique » dispose quant à lui d'un lit large et d'une baignoire à remous.

L'expérience islandaise tient dans le caractère unique de sa nature : des ciels purs qui laissent admirer le soleil de minuit l'été et les aurores boréales l'hiver, des poneys islandais hirsutes qui nous promènent, de leur marche assurée, dans les paysages de lave et les clairs ruisseaux de montagne conduisant à des cascades assourdissantes. Qu'il est purifiant pour l'âme d'être là, tout simplement, et de sentir la toute-puissance du monde naturel ! **LD**

↗ *Glymur est entouré de cascades, jaillissant des roches de lave noire.*

« Allez [à Glymur]… pour vous baigner dans des bains à remous géothermiques avec vue sur des eaux peuplées de baleines. »

Sarah Barrell, *The Independent*

Aurores boréales en Islande

Lieu Islande **Site Web** www.icelandtotal.com

Les anciens Islandais croyaient que si une femme enceinte regardait les aurores boréales, son enfant naîtrait atteint d'un strabisme. Les Amérindiens pensaient pouvoir conjurer les fantômes et les esprits en s'adressant aux aurores. Aujourd'hui, les explications des astronomes sont plus prosaïques. Lors d'explosions ou d'éruptions, le soleil émet des particules qui se dirigent vers la Terre et pénètrent dans sa haute atmosphère au niveau des régions polaires. Les molécules et les atomes de l'atmosphère terrestre entrent en collision avec les particules solaires, absorbant une partie de leur énergie. Afin de retrouver leur état dépourvu d'énergie, ils émettent de la lumière, comme les photons, ce qui se traduit par les aurores boréales que nous voyons.

Les aurores boréales sont particulièrement visibles sous l'ovale auroral, centré sur les pôles magnétiques de la Terre. L'Islande est située juste au milieu et, tant que le ciel est clair et sombre, c'est l'un des meilleurs endroits au monde pour admirer les aurores, en particulier entre septembre et mars.

Le spectacle ne dure parfois que quelques minutes, mais il est si intense qu'il laisse un souvenir impérissable. Des rubans verts et rouges balaient le ciel étoilé avant de s'affaisser en forme de tentes en trois dimensions et de se contorsionner, happés par le ciel. Ils semblent s'effacer puis, lorsque vous pensez le spectacle terminé, des bandes vert jade apparaissent à l'horizon et se transforment en pointes puis en traînées qui traversent les cieux. Loin du bruit du monde moderne, vous aurez la sensation d'avoir atteint un monde nouveau. **PE**

Des rubans de lumière tourbillonnent dans le ciel étoilé d'Islande.

Le glacier Snaefellsjökull

Lieu péninsule de Snaefellness, Islande
Site Web english.ust.is/Snaefellsjokullnationalpark

Il existe tant d'histoires concernant cette région d'Islande qu'il est difficile de savoir par où commencer. Les adeptes du New Age prétendent qu'elle serait un centre d'énergie mystique, l'auteur Halldór Laxness, Prix Nobel de littérature en 1955, venait puiser ici son inspiration et Jules Verne en fit la porte d'entrée du cœur du monde dans son œuvre *Voyage au centre de la Terre*. Les curieuses lumières observées ici la nuit pourraient faire croire à la présence de visiteurs surnaturels…

Par temps clair, la péninsule est visible depuis Reykjavik et par-delà Faxaflói Bay, surmontée du sommet blanc de son glacier. Un parc national entoure le glacier, émaillé de routes sinueuses, de falaises peuplées d'oiseaux marins, de pâturages jonchés de lave. Il y règne une paix et un calme qu'on ne peut trouver qu'ici.

Sur les plages qui entourent la péninsule gisent les reliques d'un autre monde : des morceaux de métal rouillés, restes des bateaux ayant accosté sur le sable noir au cours des années passées. À Djupalonssandir, de gros rochers arrondis, autrefois utilisés par les Vikings pour mesurer leur force, bordent le flanc gauche du chemin menant à la plage. C'est ici que prirent corps les plus belles sagas islandaises. Rares sont les lieux dans le monde pouvant réellement prétendre au qualificatif de « vierge », mais ce lieu est l'un d'entre eux. Alors que des chevaux islandais galopent dans les vastes pâturages, leurs pâles crinières au vent, il vous suffit de respirer l'air frais du glacier pour vous sentir vraiment vivant. **LD**

⇐ *Avec son toit rouge typiquement islandais, cette église isolée se dresse au pied du glacier Snaefellsjökull.*

Les sources d'eau chaude du Landmannalaugar

Lieu près de Reykjavik, Islande
Site Web www.landmannalaugar.info

Les sources d'eau chaude du Landmannalaugar sont depuis longtemps réputées apaiser certains maux. Que vous souffriez d'arthrite chronique, de migraines épouvantables, de dépression ou simplement du stress, ces sources sont connues pour leurs pouvoirs thérapeutiques.

Situé à 600 m au-dessus du niveau de la mer, un des plus vastes champs géothermiques du pays, le Landmannalaugar (« sources chaudes des habitants » en islandais) est entouré de pics volcaniques et de champs de lave noire. Cette région est riche en activité géothermique : d'innombrables sources d'eau chaude et froide dévalent le champ de lave pour converger dans de vastes bains chauds de plein air propices à la nage et à la détente. L'accès est relativement aisé l'été bien que la route soit un peu accidentée.

> *« [C'est] un ruisseau qui se mêle à une source chaude pour se déverser dans un bassin entouré de fleurs sauvages. »* **The Observer**

Une fois surmonté le choc initial de devoir se déshabiller par un froid si glacial, c'est un pur bonheur que de se plonger dans l'eau bouillonnante riche en minéraux. Vos douleurs s'estompent peu à peu tandis qu'agit la magie de cette douce chaleur. Pour vraiment apprécier la source, n'hésitez pas à vous déplacer afin de saisir le contraste entre les courants d'eau chaude et l'eau glaciale qui jaillit tout autour. **HA**

Le Blue Lagoon

Lieu Grindavik, Islande **Site Web** www.bluelagoon.com **Prix €**

Le Blue Lagoon a beau avoir été créé de toutes pièces par l'homme, il ne semble pas moins se fondre dans le paysage lunaire d'Islande. Situé à 39 km de Reykjavik et à près de 13 km de l'aéroport international de Keflavik, le Blue Lagoon demeure (à juste titre) l'une des attractions nationales les plus prisées.

Répartis sur une surface de 5 000 m², les gigantesques bassins d'eau thermale extérieurs sont riches en sels minéraux naturels et en algues, deux composants bénéfiques pour le traitement des maladies de la peau comme le psoriasis. Des nuages de vapeur flottent au-dessus de l'eau qui avoisine les 40 °C. Autant dire qu'il est difficile de s'en extraire, surtout lorsque la température extérieure est absolument glaciale. L'hiver, le lagon est souvent entouré de neige et c'est à cette période que le contraste entre l'air glacial et la douce chaleur de l'eau devient irrésistible. Les Islandais considèrent que la température extérieure idéale pour profiter pleinement du lagon est de – 10 °C. Enduisez-vous de la silice disponible dans les bacs qui entourent le bassin si vous souhaitez vous laver et vous faire un gommage, et si vous en avez assez de vous baigner, faites un tour dans le sauna et le hammam. Pour un massage du dos tonifiant, placez-vous sous la petite cascade du lagon.

Le paysage environnant est à la fois surréaliste et spectaculaire. Le lagon est niché au cœur de roches de lave noire ; au loin, on aperçoit des montagnes tandis qu'une centrale électrique voisine pompe l'eau chauffée par géothermie. Baignez-vous autant que vous le souhaitez, cela vous fera un bien fou. **JK**

Des nuages de vapeur sont suspendus au-dessus du Blue Lagoon aux eaux plus chaudes que l'air ambiant.

Les îles Féroé

Lieu îles Féroé (Danemark), Atlantique Nord
Site Web http://feroe.ifrance.com/mainpage.htm **Prix €**

Les îles Féroé offrent un extraordinaire panorama de montagnes volcaniques découpées, d'immenses falaises abruptes, de longs fjords sombres et de landes désolées balayées par le vent. Les vagues de l'Atlantique Nord viennent s'écraser contre les piliers rocheux qui balisent l'océan, tandis que les pics de basalte surgissent à travers les nuages menaçants.

Situées entre l'Écosse et l'Islande, les 18 îles Féroé appartiennent au Danemark, mais disposent d'un gouvernement autonome. En dépit du caractère abrupt et sauvage d'un paysage sectionné par de profonds fjords, la capitale, Tórshavn, est étonnamment cosmopolite et abrite des galeries et des musées intéressants, ainsi que de bons restaurants et bars. Les hôtels datent des années 1970. Vous pouvez loger dans un Bed and Breakfast ou bien louer une maison en bois traditionnelle.

Vous serez sous le charme de cet archipel méconnu aux paysages encore préservés.

Détendez-vous et profitez du paysage verdoyant encore préservé, des paysages marins éblouissants et de l'air le plus vivifiant d'Europe. Le climat maritime génère un temps rarement glacial, mais plutôt instable, hésitant entre pluie et brouillard puis devenant clair et ensoleillé. Faites une virée en bateau ou en hélicoptère pour admirer les falaises et les rochers peuplés d'oiseaux marins. Vous aurez sans doute la chance de voir les baleines qui sillonnent le large. **SH**

Hôtel Storfjord

Lieu Sunnmøre, Norvège
Site Web www.storfjordhotel.com **Prix €€**

Construit à la main en utilisant la technique du *lafta* (croisement de poutres), l'hôtel dispose de six chambres. Situé au milieu de 2,4 ha de terrains privés parmi des milliers d'hectares de forêts protégées à l'ouest de la Norvège, l'établissement est entouré de trois montagnes et d'un lac, et surplombe les grandioses Alpes Sunnmøre.

Mélange de style moderne et de tradition authentique, chaque chambre dispose d'une salle de bains luxueuse et d'un large balcon pour admirer la vue panoramique ; certaines sont même garnies d'un lit à baldaquin. Les chambres sont également équipées de matériel hi-fi et du réseau Internet wifi. En journée, vous pourrez faire du kayak dans la Glomset Bay ou grimper au sommet de la montagne Hautua pour jouir d'une vue splendide sur le village de Storfjorden, de Skodje et sur les lacs et fjords environnants. Les plus aventureux peuvent prendre le ferry jusqu'aux montagnes escarpées des Alpes Sunnmøre pour une balade en haute altitude. Revenez ensuite dîner à l'hôtel, dans le hall tout en bois, devant un bon feu de cheminée et prenez un dernier verre dans la galerie surplombant Glomset Bay et les monts enneigés.

De nombreux visiteurs utilisent l'hôtel comme base pour explorer la côte ouest norvégienne, avec Ålesund, les îles à l'ouest et les fjords et montagnes à l'est. Au commencement de la « route de l'Or », savourez l'un des paysages les plus époustouflants au monde, notamment le site de Geirangerfjord, classé au patrimoine de l'Unesco. En sillonnant les vallées, les hauts monts et les fjords, vous pourrez admirer d'impressionnantes cascades et des montagnes majestueuses. Mère Nature n'a jamais été aussi belle. **AD**

Les îles Lofoten

Lieu îles Lofoten, Norvège
Site Web www.lofoten.info

Elles se dressent majestueusement hors de l'eau, telles des parois abruptes de montagnes. Vous découvrirez cependant des criques sablonneuses, des landes spectaculaires et des marais isolés. Des baraquements en bois simples, souvent peints couleur rouille, émaillent l'étendue verte. Bien que situées au nord du cercle arctique, les îles Lofoten bénéficient d'un climat tempéré. Elles sont habitées depuis 6 000 ans, mais le village de pêche de Henningsvaer, la plus grande communauté des Lofoten, abrite seulement 500 habitants. Le village ne fut relié par des ponts aux autres îles qu'au début des années 1980.

Outre son industrie de la pêche, la communauté a développé une activité artistique, avec des expositions et un atelier de souffleurs de verre. C'est de là que partent les expéditions en mer, et des excursions sont proposées l'été pour observer les aigles marins. Certains de ces oiseaux possèdent une envergure allant jusqu'à 2 mètres. Røst et Vaerøy abritent des eiders, des macareux et des pygargues à queue blanche. Les amateurs de sports d'extérieur peuvent randonner à pied, à vélo, faire de l'escalade et du kayak lors des mois estivaux. De mi-février à avril, les îles Lofoten débordent de vie tandis que les pêcheurs de la côte norvégienne viennent y trouver les morues présentes dans les frayères voisines.

Préférez loger dans la cabine d'un pêcheur, ou *rorbu*, dont la majorité a été convertie en logements allant de la gamme rustique à la gamme de luxe. Certains bâtiments sur les quais, appelés *sjøhus*, ont également été transformés en maisons d'hôtes. **PE**

↗ *Un petit village sur l'île Moskenes, l'une des îles Lofoten, en hiver.*

« [Les îles Lofoten] ont une présence mystique dans la psyché collective des [Norvégiens]. »

The Independent

Kakslauttanen

Lieu Kakslauttanen, Finlande
Site Web www.kakslauttanen.fi **Prix €€**

C'est au cœur de la région enneigée de Saariselkä, au nord de la Finlande et au-delà du cercle arctique, là où les rennes brament sous la lune et où des cristaux de glace s'échappent de votre bouche à chaque mot prononcé, qu'est établi le village de Kakslauttanen, peuplé d'igloos et de chalets. Les chalets sont construits en rondins de pin et disposent de tout le confort nécessaire. Deux sortes d'igloo sont proposés : ceux en verre ou ceux en glace. Les deux sont parfaitement douillets, même si les seconds sont plus intimes que les premiers.

La journée, vous pouvez skier, faire une balade sur un traîneau tiré par des rennes et randonner en raquettes dans la campagne vallonnée et boisée. En rentrant à l'hôtel, vous serez saisi par le contraste avec la douce chaleur ambiante et pourrez profiter des vapeurs du sauna et de la piscine d'eau glacée. Le dîner est servi dans un vaste restaurant de glace équipé d'une grande table elle-même en glace où vous seront proposés du saumon grillé ainsi que du renne. Après, rien ne vous empêche de vous rendre dans la *kopa* de verre, ou tipi lapon, où se tiennent les soirées, afin d'admirer le panorama sur les aurores boréales jusque tard dans la nuit.

Le spectacle naturel des aurores boréales vaut à lui seul le déplacement. Entre le mois d'août et la fin du mois d'avril, les conditions atmosphériques engendrent un ciel zébré de lumières déclinant tout le spectre lumineux, depuis le simple éclat jusqu'au drapé de lumière. **SM**

← *Les igloos en verre de Kakslauttanen offrent un nouveau point d'observation des aurores boréales.*

Snow Castle

Lieu Kemi, Finlande
Site Web www.snowcastle.net **Prix €€**

« La structure, le travail de la glace et le jeu des lumières [sont] d'une beauté inouïe. »

Harriet O'Brien, *The Independent*

Chaque hiver depuis 1996 est construit le « plus grand château de neige au monde », à Kemi, au nord de la Finlande, et chaque printemps, ce dernier fond au soleil. L'édifice est différent chaque année : il fait parfois 20 m de haut sur trois étages, et peut aller jusqu'à s'étendre sur 1 000 m de long. Quel que soit son aspect, le château attire des dizaines de milliers de visiteurs la journée.

Des éclairages de couleur et d'incroyables statues creusées dans la glace contribuent à la mise en valeur de l'architecture. Outre ses murs, ses couloirs, ses tourelles et ses chambres, l'édifice abrite à chaque fois une chapelle, un restaurant et un hôtel.

À l'intérieur de ce gigantesque « igloo » de neige, la température avoisine les – 5 °C ; les visiteurs doivent donc s'habiller chaudement, même dans le restaurant équipé de tables et de sièges en glace recouverts de fourrure de renne. Les menus proposent des spécialités locales : soupe de renne, pommes de terre laponnes et airelles rouges. Les plats sont servis dans du papier d'aluminium afin de les maintenir au chaud, et les boissons sont servies dans de la vaisselle en glace.

Certains couples se marient dans la chapelle œcuménique (dotée de bancs en glace) et passent leur nuit de noces dans une chambre de glace. À l'intérieur de leur chambre dépourvue de fenêtres, les hôtes dorment dans leur sac de couchage spécial grand froid. Des toilettes sont disponibles, mais pour prendre une douche, il faudra prendre le bus qui dessert un hôtel voisin plus conventionnel. **SH**

Le restaurant du Snow Castle est chargé de sculptures de glace et de sièges tapissés de peaux de renne.

Le canal de Saimaa

Lieu du lac de Saimaa (Finlande) à la baie de Vyborg (Russie)
Site Web www.saimaatravel.fi **Prix €€**

Lorsque vous arrivez en Russie, un seul signe vous indique que vous venez de changer de pays : un poteau en béton planté dans l'eau glacée. Il est tellement incliné qu'il suffit d'une vague pour le recouvrir et effacer toute trace de frontière. À bord du bateau, vous observez le monde secret et silencieux de Saimaa se dérouler devant vous, ainsi que la campagne parsemée de forêts denses et de lacs.

La croisière démarre tôt le matin de Lappeenranta, à destination du poste de frontière historique de Vyborg, à l'intérieur de la Russie, une ville dont les vestiges, comme le château qui domine l'entrée du port, témoignent d'un glorieux passé. Le canal mesure 43 km de long. Du fait d'une différence de niveau d'eau de 76 m entre le lac de Saimaa et le golfe de Finlande (les deux extrémités du canal), il vous faudra franchir huit écluses, véritables prouesses d'ingénierie.

Saimaa est un cours d'eau sinueux… créé par la calotte glaciaire de l'âge de glace.

Le voyage permet aux passagers de se détendre et d'apprécier le paysage plusieurs heures durant. Seuls quelques bateaux empruntent le canal (le MS *Carelia* est le seul bateau de plaisance à proposer des croisières en Russie), et les passagers présents à bord admirent un monde qui leur resterait caché lors d'une visite traditionnelle de la ville. Le bateau possède deux restaurants et une terrasse, une place de choix pour admirer le canal et ses écluses. **CFM**

L'archipel de Porvoo

Lieu Porvoo, Finlande
Site Web www.magnusnyholm.net **Prix €€**

Avec une densité de 2,5 habitants/km^2, il n'est pas difficile d'éviter la foule en Finlande. Mais les eaux de l'archipel qui entoure Porvoo et Pellinki, cristallines et si calmes qu'elles reflètent le ciel, offrent une opportunité d'escapade parfaite.

Situé à quelque 56 km d'Helsinki, l'archipel comprend des centaines de petites îles, avec des bandes de terre verdoyantes protégées par des bouleaux argentés chatoyants et des pins débordant sur le golfe de Finlande. De petites cabanes en bois de pêcheurs émaillent le paysage et offrent un pied-à-terre douillet ; pas un hôtel en vue dans ce paysage. Entouré de bois, le chalet de plage Magnus Nyholm, à Tirmo, offre une retraite idéale avec une vue splendide sur l'eau. L'établissement permet d'accueillir quatorze hôtes et les visiteurs peuvent utiliser le sauna, louer un bateau ou nager dans les eaux pures et peu profondes de l'archipel.

La région est si belle qu'elle a inspiré de nombreux écrivains et artistes : le poète finlandais J.-L. Runeberg vivait à Porvoo et Tove Jansson, créatrice des personnages des Moomins, passait ses étés à Klovharu, l'une des îles les plus isolées de l'archipel. C'est dans les îles de l'archipel que se déroule l'intrigue du plus célèbre roman pour adultes de Jansson, *Le Livre d'un été*, qui décrit superbement cette beauté sauvage. Chaque année, la maison de l'auteur est ouverte au public pendant une semaine au mois de juillet.

Des croisières dans l'archipel sont proposées depuis Helsinki jusqu'au Porvoo historique tous les jours d'été, mais le meilleur moyen de contempler la magie de la région est de le faire seul, en dénichant un chemin caché qui descend jusqu'à la rive, ou une minuscule anse inhabitée qui vous accueillera l'espace de quelques instants. **CFM**

Un safari en motoneige

Lieu Luosto, Laponie finlandaise
Site Web www.snowgames.fi **Prix €€**

Les aurores boréales illuminent le ciel du cercle arctique de leurs drapés rouges, roses et verts. Le peuple autochtone Sami les surnommait « les feux du renard », car ils les prenaient pour des éclats lancés par la queue du renard polaire. Plus vous voyagez au nord, plus vous aurez de chance d'assister à ce spectacle extraordinaire. Le phénomène survient toute l'année, mais de manière plus intense l'hiver, lorsque les nuits sont longues et obscures.

Il existe de multiples manières d'admirer le spectacle, des treks nocturnes en raquettes aux virées en traîneaux tirés par des huskies. L'une des options les plus grisantes consiste à vivre un safari en motoneige. Là encore, le ciel nocturne est couleur d'encre tandis que le paysage hivernal est baigné d'une douce lumière bleutée ; le silence est brisé par le ronronnement des motosneiges tandis qu'elles filent le long des pistes enneigées. Les températures sont suffisamment glaciales pour transformer les larmes de vos cils en stalactites, mais les sièges et les poignées des machines sont chauffés, vous maintenant ainsi au chaud à l'intérieur de votre combinaison polaire. Une tasse chaude de jus d'airelles acidulées achèvera de vous réchauffer le corps.

Le firmament est marbré de traînées de couleurs enflammées qui dansent dans les cieux, mouvantes et scintillantes comme un feu d'artifice. Les pins croulent sous la neige, leurs branches ployant sous le poids telles des sculptures insolites. Éclairés par les phares des motoneiges, les cristaux de neige font scintiller de mille feux le paysage. **JP**

Parcourir la Laponie en motoneige est un moyen grisant de vivre la splendeur des aurores boréales.

Hôtel Utter Inn

Lieu lac Mälaren, Västerås, Suède
Site Web www.vasterasmalarstaden.se **Prix €€**

L'hôtel Utter Inn est l'un des endroits les plus insolites au monde pour dormir. Vous embarquez d'abord en bateau pneumatique dans le port de Västerås et parcourez environ 1 km sur le lac Mälaren. Vous êtes ensuite déposé sur une plate-forme de plongée sur laquelle flotte une petite cabane. Cette dernière possède une cuisine et une trappe au sol. C'est par cette trappe que vous accédez, *via* une échelle en métal, à votre chambre située dans une pièce étanche suspendue dans l'eau, sous la cabane.

Certains jugent l'hôtel plutôt trop reclus et oppressant. D'autres apprécient cet isolement, ce calme et cette légère sensation de danger. Certes, vous ne dormez pas littéralement parmi les poissons, mais vous pouvez les observer à loisir. Ou plutôt, ce sont eux qui vous regardent, comme si vous étiez dans un bocal à poissons. Les perches et les brochets du lac s'agglutinent contre la vitre, étudiant fixement leurs étranges visiteurs.

[L'expérience] recèle une sensation de prise de risque qui tend à décupler l'impact sensoriel.

À Utter, le dîner peut être acheminé par bateau le soir ; les hôtes peuvent également rejoindre la rive en empruntant un canoë pneumatique. Le petit déjeuner est compris dans la formule. La plate-forme flottante est idéale pour les visiteurs souhaitant parfaire leur bronzage et l'hôtel dispose d'infrastructures uniques, notamment d'une piscine flottante. **SH**

Icehotel

Lieu Jukkasjärvi, Suède **Site Web** www.icehotel.com **Prix €€**

« *La glace elle-même est totalement transparente… ce qui lui donne un aspect surnaturel.* »

Juliet Eilperin, *Washington Post*

↑ *Les lits de l'"Icehotel, en Laponie suédoise, sont recouverts de peaux de renne.*

→ *L'hôtel change d'aspect chaque année et de nouvelles sculptures remplacent les anciennes après leur fonte.*

Vers la fin des années 1980, le Suédois Yngve Bergqvist décida de construire un hôtel tout de glace en Laponie suédoise, à 200 km au nord du cercle arctique. Les maigres financements du début ne permirent qu'une construction de petite envergure. Mais, au fil des ans, le projet de Bergqvist prit de l'ampleur et le nombre de visiteurs augmenta.

Le bâtiment est aujourd'hui autant une galerie de sculptures de glace qu'un hôtel. Les portes principales donnent sur un hall chargé de colonnes sculptées et d'élégantes figurines d'une beauté scintillante. Les couloirs latéraux desservent les suites en glace, où les sculpteurs du monde entier viennent créer leurs propres visions en glace. Chaque hiver les œuvres d'art sont différentes : bien que l'hôtel conserve certains des plus gros blocs de glace durant l'été, les sculptures fondent au printemps et retournent dans la rivière Torne, d'où provient leur matière première.

Quel que soit le temps extérieur, les températures internes de l'hôtel avoisinent –5 °C. Les hôtes qui séjournent la nuit dans les chambres glaciales se voient équipés d'un sac de couchage rembourré, d'une tenue spéciale grand froid et de bottes (pour les moins téméraires, il existe des chambres chauffées, dans un autre bâtiment). Les cadres des lits sont réalisés en glace, mais leurs sommiers sont en lattes de bois et pourvus de matelas recouverts de peaux de renne confortables quoiqu'à l'odeur assez forte.

Le bar de glace propose des cocktails de vodka dans des verres en glace. L'hôtel utilise plus d'un demi-million de ces verres chaque année. Les hôtes doivent porter des gants afin de tenir les verres sous peine qu'ils ne leur glissent des mains. Tandis qu'ils boivent, la chaleur de leurs lèvres modèle les verres selon le contour exact de leurs bouches. **PE**

Nordic Light Hotel

Lieu Jukkasjärvi, Suède
Site Web www.nordiclighthotel.se **Prix €€**

Comme son nom le suggère, le Nordic Light Hotel est tout en lumières. Les installations acoustiques et mobiles du hall ainsi que les multiples mécanismes d'éclairage des pièces visent à recréer les motifs sans cesse changeants des aurores boréales et offrent une luminothérapie aux hôtes de l'établissement.

C'est l'hôtel officiel de la Semaine du design à Stockholm, du Salon de la mode et des Journées du design futur, ce qui explique la présence accrue de spécialistes de la mode. Ces derniers viennent séjourner dans l'une des 175 chambres de l'établissement, mélange scandinave de blanc minimaliste, de projections murales en guise de tableaux et de lits équipés d'éclairages modulables. Les hôtes peuvent siroter un cocktail dans le salon (qui accueille quelques soirées en semaine) et flâner en admirant certaines des plus belles conceptions que la Suède peut offrir en matière de design.

Outre les décors intérieurs des chambres, les prestations incluent une luminothérapie pratiquée par des thérapeutes et des masseurs professionnels. Cela n'a rien de nouveau : la lumière infrarouge est non seulement réputée efficace pour lutter contre les effets néfastes du décalage horaire, mais elle favoriserait également la circulation sanguine, éliminerait les toxines, réduirait la transpiration et améliorerait les mécanismes corporels d'élimination. L'acupuncture par laser est également pratiquée pour réduire certaines douleurs. Si vous êtes sceptique, vous pouvez toujours réserver une place pour un massage traditionnel. **PS**

« Choisir parmi les chambres proposées, c'est comme choisir la taille des vêtements. »

Jeanette Hyde, *The Observer*

⇱ *Jeux de projection et de déplacement des lumières dans le hall du Nordic Light Hotel.*

Le Grand Hôtel

Lieu Stockholm, Suède
Site Web www.grandhotel.se **Prix €€€€**

Que ce soit à cause des lustres et de sa fastueuse galerie des miroirs, du caractère intime de sa salle à manger ou de son vaste hall émaillé de piliers dorés et de canapés cossus, le Grand Hôtel de Stockholm symbolise la grandeur depuis plus de 130 ans. Cette institution scandinave est l'un des rares hôtels citadins classiques encore existant en Europe et s'enorgueillit de son statut de monument national suédois.

L'édifice est situé au cœur de Stockholm, sur la rive du port opposée au Palais royal. Il est dans la tradition suédoise de déguster un smörgåsbord dans le restaurant de l'hôtel qui surplombe le quai et ses bateaux à roues à aubes. La plupart des chambres possèdent une allure seigneuriale, en particulier l'appartement-terrasse qui domine le front de mer. C'est la « Suite Nobel », dans laquelle ont séjourné depuis plus d'une centaine d'années les gagnants du prix Nobel. Vous pourrez même vous asseoir dans le fauteuil qu'Albert Einstein utilisait.

« Les signatures recensées dans le livre d'or forment comme un almanach de la vie du XXᵉ siècle. »

Tim Ecott, *The Guardian*

Les lauréats du prix Nobel ne sont toutefois que la pointe de l'iceberg en matière de célébrités. Frank Sinatra fréquentait assidûment le bar ; quant à Greta Garbo, elle se cachait autrefois dans les salles de bains pour éviter les membres du personnel. Le Grand Hôtel dégage une touche de glamour si palpable qu'elle déteint sur tous ses hôtes. **SH**

Le Smådalarö Gard

Lieu Stockholm, Suède
Site Web www.sjonaramoten.se **Prix €€**

Le Smådalarö vous propose de plonger dans un bassin gelé après une séance de sauna chauffé au feu de bois ; vos sens seront comme « pétrifiés » après une telle activité. Saisi par ce contraste entre la chaleur étouffante et l'eau glaciale, après un plongeon dans la piscine de l'hôtel, vous serez fin prêt pour tester l'ensemble des activités de ce paisible manoir situé à 45 minutes en bus du centre de Stockholm.

Construit en 1810, cet hôtel entièrement réaménagé possède 62 chambres modernes. Les cheminées et les salles chaleureuses, comme celle baptisée *Gökboet* (« nid de coucou »), la préférée des jeunes mariés, ajoutent au caractère romantique du lieu. Si la météo le permet, un tour sur le lac, une partie de golf sur le cours de neuf trous, une virée à bord du yacht de l'hôtel, une sortie en aviron, une partie de pêche, une balade ou encore une partie de boules ou de tennis vous feront certainement rencontrer de futurs compagnons de sauna. Vous pouvez aussi rester à l'intérieur et vous détendre en jouant au billard ou aux fléchettes, ou encore peaufiner votre bronzage dans le solarium. Les eaux de la baie de Hemviken évoquent les saisons par leur myriade de couleurs : l'automne n'a jamais été plus beau qu'en Scandinavie. Dalaröhas est depuis longtemps une plaque tournante pour les marins et les gens du commerce, ce qui en fait un lieu chargé d'histoire.

Le restaurant et la salle à manger Nämdö servent de la haute cuisine suédoise et les meilleurs poissons et crustacés de l'archipel côtoient toutes sortes de gibiers et de volailles. L'atmosphère de Smådalarö vivifiera même les âmes les plus lasses. **PS**

Villa Källhagen

Lieu Stockholm, Suède
Site Web www.kallhagen.se **Prix €€**

La villa Källhagen est un petit hôtel situé dans le parc royal Djurgården, à Stockholm, apprécié des visiteurs depuis plus de 200 ans. Comme c'est souvent le cas dans les pays d'Europe du Nord à cause des longues heures de jour en été, l'architecture de la villa Källhagen se compose en grande partie de verre afin de tirer parti au maximum de la lumière.

Les 20 chambres donnent sur le parc et le joli canal Djurgården. Les pièces sont spacieuses, sentiment renforcé par la lumière naturelle, les bois pâles et les tissus aux couleurs agréables. Toutes les pièces disposent de balcons ou terrasses. Les férus de cuisine suédoise (en particulier du poisson) apprécieront le restaurant haut de gamme de l'hôtel spécialisé dans les mets traditionnels comme le hareng baltique frit.

Un cadre chaleureux et accueillant en harmonie avec l'environnement naturel de Djurgården.

L'hôtel offre une magnifique escapade au printemps ou en été, même si l'intérieur est remarquablement douillet l'hiver, en particulier lorsque la grande cheminée fonctionne, que le bar est ouvert et que le vent nocturne hurle au-dehors. Le site dispose en outre d'un sauna et d'une salle de relaxation, et vous pouvez louer un vélo pour partir à la découverte de la campagne. La villa se situe à dix minutes du centre-ville ce qui en fait une base parfaite pour ceux qui souhaitent découvrir Stockholm. **PS**

Hôtel Långholmen

Lieu Stockholm, Suède
Site Web www.langholmen.com **Prix €€**

Långholmen était autrefois la plus grande prison de Suède. Les imposants bâtiments du XIXe siècle érigés sur une île arborée non loin du centre-ville ont été transformés en hôtel et les anciennes cellules, en chambres. L'ancienne prison de la Couronne fut utilisée pour les prisonniers les plus célèbres de la capitale jusqu'en 1975 et la cage d'escalier d'origine subsiste au centre de l'édifice. Elle forme aujourd'hui un atrium spacieux entre les chambres.

Les cellules elles-mêmes possèdent encore de petites fenêtres, sans barreaux, mais les portes blindées ont été retirées. Chacune dispose d'une douche et de toilettes. Les murs sont décorés de coupures de journaux détaillant les crimes et jugements des prisonniers. Les hôtes reçoivent également la copie de l'emploi du temps journalier d'un ancien détenu.

La « prison » compte désormais 102 chambres, ainsi qu'une auberge de jeunesse, un centre de conférence, un musée et quatre restaurants, dont un se trouve dans l'édifice où les femmes prisonnières passaient leurs journées à tisser. Heureusement, le menu propose autre chose que du pain et de l'eau. Le site dispose également d'un café donnant sur un patio et vous pouvez jouer aux boules dans l'ancienne cour d'exercices.

L'île elle-même fait partie des plus vastes parmi les centaines qui forment la capitale suédoise. Son histoire a fait qu'elle est restée un coin de campagne presque vierge à seulement quinze minutes de marche du Palais royal et de la vieille ville. La petite plage qui jouxte les murs de l'ancienne prison est un lieu très apprécié par les vacanciers. **SH**

Yasuragi

Lieu Hasseludden, Suède
Site Web www.yasuragi.se **Prix €€**

Yasuragi signifie « paix intérieure et harmonie », et c'est ce qui vous attend dans cet établissement tranquille et spacieux situé à 20 minutes de Stockholm. Même lorsque les 166 chambres sont occupées, vous n'aurez jamais l'impression d'être noyé dans la foule. Les ornements bouddhistes à l'élégance simple et épurée créent un sentiment de calme tandis que la lumière naturelle alterne avec la douce lueur des lanternes, les tressages en jonc et les murs en bois pâle brut ornés de kimonos spectaculaires.

Une fois à l'intérieur, vous n'avez besoin que d'un kimono, de pantoufles, d'un maillot de bain et d'une serviette, qui vous sont d'ailleurs fournis. Avec l'assistance d'une hôtesse, vous choisissez une salle d'eau parmi celles que compte cette partie faiblement éclairée de l'édifice, et vous entamez ce processus lent et méditatif, alternant les jets d'eau chaude et froide avec un lavement méticuleux. Délassez-vous ensuite dans le spa bordé de pierres ou le sauna, avant de faire quelques longueurs dans l'immense piscine, puis de plonger dans les sources chaudes entourées d'arbres.

Les cours de méditation zen, comme le massage shiatsu, les cabines de flottaison ou encore le Seitai, une forme de yoga, ne pourront que vous donner l'impression d'une santé recouvrée. Deux restaurants sont à votre disposition. Teppanyaki possède douze points de grillades, chacun géré par un chef expliquant les traditions culinaires du menu tout en le préparant et en le faisant cuire au-dessus des flammes hautes : une performance de virtuose pour un résultat fameux. **OM**

↗ *Près de la piscine, le salon de thé est un mélange raffiné d'inspiration bouddhiste et scandinave.*

La simplicité est devenue un luxe rare, et c'est ce qui confère à Yasuragi cette impression d'exclusivité.

Gotland

Lieu Gotland, Suède **Site Web** www.gotland.net

Détentrice du record d'ensoleillement en Suède, la ville de Gotland (57 000 habitants) bénéficie de saisons qui lui sont propres et d'hivers doux, grâce à sa situation au large, à quelque 90 km de la terre ferme. Bordée de plages de sable fin et d'étendues de galets émaillées de piliers en calcaire aux formes étranges et presque grotesques, façonnées par le vent et la pluie, Gotland est une île fertile, faiblement vallonnée et très boisée où les habitants parviennent même à produire du vin.

Ses routes tranquilles et ses petites collines offrent un terrain idéal pour une découverte de l'île à bicyclette ou à cheval. Des sports étrangers sont pratiqués au mois de juillet lors des *Stångaspelen* (« jeux du pôle »), les mini-jeux olympiques propres à Gotland. Vous pourrez ainsi assister aux lancers de troncs d'arbre, à de la lutte ainsi qu'au pentathlon de Gotland.

Lors des mois estivaux, l'ensemble du théâtre de Rome joue des pièces de Shakespeare et autres classiques, dans les ruines d'un ancien monastère, tandis que défilent, lors du festival annuel de cerfs-volants, des passionnés venus de toute l'Europe.

Il existe pléthore de cottages de vacances et de condos à louer, ainsi qu'une multitude d'hôtels allant des maisons d'hôtes traditionnelles aux anciens manoirs reconvertis. À 35 minutes de vol de Stockholm, avec près de 25 liaisons journalières toute l'année, ou accessible par ferry, Gotland est une île calme où chacun peut apprécier la vie de plein air et où les barbecues sont plus que rituels. Des vols directs existent également au départ de l'Allemagne, de la Norvège et de la Finlande. **RsP**

Une formation rocheuse baptisée « le chien », exemple de roche calcaire sculptée par le vent et la pluie.

Les îles Koster

Lieu îles Koster, Suède
Site Web www.kosteroarna.com

Les îles Koster sont un secret scandinave. Situées au large de la côte Bohuslån de Suède, vers la frontière avec la Norvège, ces deux îles sont peuplées de quelque 300 habitants. Elles offrent une échappatoire estivale aux visiteurs norvégiens et suédois qui souhaitent se soustraire à la vie stressante du XXIe siècle. Ils viennent ici pour respirer le bon air et admirer la nature dans toute sa splendeur, pour les restaurants et leurs délicieux fruits de mer, et pour les traditionnelles résidences estivales rouges. Comme la plupart des îles habitées de l'ouest de la Suède, elles offrent une terre d'évasion même dans un pays foisonnant de grands espaces et de beaux paysages partout ailleurs.

« Ces deux îles… sont des réserves naturelles paisibles que les visiteurs peuvent arpenter à pied ou à vélo. »

Siobhan Mulholland, *The Independent*

Composé de deux îles, Koster Nord et Koster Sud, l'archipel comporte de nombreux récifs et îlots rocheux où séjournent des bateaux et des colonies de phoques. Koster Nord est la plus petite des deux et abrite 60 locaux. C'est un territoire de choix pour la marche, avec ses plages, ses landes, ses rochers datant de l'âge de glace et son phare restauré après avoir été abandonné près de 110 années. Koster Sud est l'île la plus active des deux, avec ses maisons d'hôtes, ses restaurants, ses hôtels, ses pistes cyclables et sa plage sableuse longue de 500 m, Kilesand. L'une des pistes mène à Valfjäll, point de vue face à une petite église en bois d'où vous pouvez voir tout l'archipel. **LD**

Hôtel Skovshoved

Lieu Copenhague, Danemark
Site Web www.skovshovedhotel.dk **Prix €€**

Le Skovshoved est un petit hôtel de bord de mer idéal pour une escapade romantique. En dépit de sa situation à seulement 20 minutes du centre de Copenhague, cette paisible banlieue côtière semble à mille lieues de l'agitation de la ville.

Toutefois, vous ne serez pas le premier à goûter les charmes de la région. L'hôtel Skovshoved existe depuis 1660 environ et s'est rapidement établi comme un lieu incontournable. En été, pour profiter de la lumière du jour sans fin, comme en hiver, lorsque la faible lueur diurne tente de percer l'obscurité, l'endroit est des plus romantiques. Avec leurs grands canapés couleur crème, les pièces communes éclairées à la bougie et animées d'un feu de cheminée crépitant sont propices à la détente, autour d'un verre de vin et d'un bon livre.

Admirablement situé entre les deux plus belles plages du Danemark, Charlottenlund et Bellevue, l'hôtel dispose de 22 chambres spacieuses, toutes décorées dans des teintes scandinaves et des camaïeux de crème, bleu et gris, aux sols parquetés et au mobilier blanc. Certaines chambres sont équipées de balcons dominant la mer. Le restaurant propose un menu franco-italien. Il y règne une ambiance élégante bien que décontractée.

Si vous aspirez à davantage de calme pour boire un verre, un sympathique petit pub jouxte le restaurant et, à quelques minutes de là, l'hôtel possède une jetée privée depuis laquelle les courageux peuvent plonger dans la mer glaciale. La plage est située plus bas, idéale pour profiter jusqu'au bout des longues soirées estivales scandinaves. **HA**

Le parc national de Thy

Lieu Thy, Danemark
Site Web www.visitthy.dk

Bénéficiant de plus d'heures d'ensoleillement que partout ailleurs dans le pays, le parc national de Thy s'étend sur 25 000 ha le long de la côte nord-ouest du Jutland et dans les terres. Le flanc occidental du parc possède un littoral immaculé que jouxte une immense étendue de dunes et de landes débordant de myrtilles, de canneberges et d'orchidées. Les plages sont prisées des véliplanchistes et des vacanciers danois qui affluent lors des mois estivaux, mais elles sont presque désertes hors saison.

Plus à l'Est, vous trouverez des collines ondoyantes et fertiles alternant avec de petits villages et des fermes aux arbres étranges couchés par le vent. Protégés par les plantations de conifères, les lacs riches en calcaire se cachent dans les terres. Ils comptent parmi les plus propres du Danemark et regorgent de plantes aquatiques et d'insectes. La multitude de carpes fait également le bonheur des amateurs de pêche à la ligne. Regardez les chevreuils longer le lac Nors tandis que vous vous baignez dans ses eaux translucides.

Vous pouvez vous jeter dans les vagues de la mer du Nord ou sillonner les dunes boisées à vélo.

Le terrain changeant du parc saura contenter les marcheurs, comme les amateurs de vélo et d'équitation, qui souhaitent explorer sa forêt et ses pistes côtières. Les sentiers ne sont cependant pas bien tracés et il est facile de se perdre dans ce paysage aux vastes plaines. **JK**

Manoir Steensgaard

Lieu Funen Sud, Danemark
Site Web www.herregaardspension.dk **Prix €€**

Niché au fin fond des célèbres collines de Funen Sud, le manoir Steensgaard fut pendant de nombreuses années la demeure d'un comte danois. Transformé aujourd'hui en hôtel de campagne et restaurant, vous pourrez cependant déambuler parmi les lambris de bois sculpté, le mobilier ancien, les peintures à l'huile et les armures.

L'avenue pavée mène à une cour située au centre des ailes du bâtiment principal qui remonte au XIVe siècle. Vous pénétrez dans le hall en traversant un immense sol aux carreaux de marbre rouge et blanc. Un lustre en cuivre orne un imposant escalier en bois qui conduit à un palier desservant les chambres, spacieuses. Leur style est aussi traditionnel que celui d'une résidence royale, avec des rideaux en chintz, des tissus à fleurs et d'élégantes coiffeuses. Au rez-de-chaussée, vous pourrez feuilleter des ouvrages reliés en cuir qui ornent les hautes étagères de la bibliothèque. Cependant, ne restez pas dans cette pièce trop tard, car on la dit hantée par le fantôme de la femme d'un propriétaire du Moyen Âge qui fit assassiner son mari et passa le restant de ses jours à regretter son acte. Les propriétaires affirment qu'elle apparaît deux minutes après minuit et tente d'effacer les traces du sang de son mari sur le sol.

Dehors, le lac est bordé d'arbres centenaires et, non loin de là, se trouve une exploitation laitière de vaches où les propriétaires fabriquent eux-mêmes leur beurre et fromage et cultivent des plantes et des légumes pour leur restaurant et leur boutique. Les dîners du restaurant ne comptent pas moins de quatre plats et sont servis dans une élégante salle à manger aux murs rouges, au linge de table crème et aux verres en cristal. **SH**

Sønderho Kro

Lieu Jutland, Danemark
Site Web www.sonderhokro.dk **Prix €€**

D'après les habitants de l'île de Fanø, le stress ne voyagerait pas très bien sur les eaux qui relient Esberg à la terre ferme. Et l'adage semble contenir une certaine part de vérité. Arriver à Fanø, après un court voyage en ferry depuis Esberg, est un peu comme pénétrer dans un autre siècle. La plupart des maisons autour de Nordby et Sønderho datent du XVIIe et XVIIIe siècle et tous les bâtiments en construction doivent adopter le style traditionnel.

Sur l'autre rive de l'île, Sønderho Kro est ouvert au public depuis 1722. Ne vous attendez pas à un style lisse et à un décor neutre : anciens cottages de pêcheurs reconvertis, les quatorze chambres parquetées portent des noms de grands bateaux entrés dans la légende de l'île ou des noms de la famille du gérant ; vous pourrez ainsi jeter votre dévolu sur Sophie, Bertha ou encore Olga. Pour plus d'intimité, demandez à séjourner dans la chambre dotée de son propre jardin.

> *« L'auberge la plus ancienne du Danemark, avec ses poutres en bois, ses plafonds bas et son mobilier d'époque. »* P. Oswell, *The Guardian*

L'hôtel propose de copieux repas traditionnels, en particulier à base de fruits de mer. Un tour à vélo sur les routes presque désertiques ou une promenade sur les plages somptueuses vous permettront d'éliminer les calories. Ne vous laissez pas dissuader par le fait que vous êtes sur une île au milieu de la glaciale mer du Nord. Vous serez agréablement surpris par la chaleur de l'eau du fait de sa faible profondeur. **HA**

Le fleuve Gudenå

Lieu Jutland, Danemark
Site Web www.visitdenmark.com **Prix €**

Sortez des sentiers battus en partant à la découverte de la région des lacs du Danemark, avec la descente en canoë du fleuve Gudenå. Entouré par une nature verdoyante et ondoyante, laissez le courant vous pousser en aval tandis que vous admirez la vue. Attardez-vous sur les eaux tranquilles du fleuve afin d'observer la diversité des oiseaux et de repérer l'aire de pique-nique idéale. Vous avez la possibilité de louer un canoë pour quelques heures ou plusieurs jours. L'office de tourisme de Silkeborg propose des forfaits canoë parfaits pour les familles. Les personnes plus confirmées peuvent parcourir les 160 km du fleuve en dix jours, en commençant à la source du Gudenå, près de Tørring au centre-est du Jutland, et en finissant à Fladbro, près du fjord Randers sur la côte est. Sur le parcours, plusieurs types de logements s'offrent à vous, du site de camping aménagé aux auberges rustiques et traditionnelles.

Les rives du fleuve sont agrémentées d'attractions de grande qualité comme Elmuseet, un musée spécialisé dans tout ce qui est de nature électrique. Il est situé sur le terrain de la centrale électrique du Gudenå. À Himmelbjerget, vous pouvez laisser votre canoë pour gravir une montagne. Cela vaut la peine de s'attarder dans certaines des villes traversées, comme la belle Silkeborg. Pour échapper à la foule, évitez la période des vacances scolaires. Voilà une escapade parfaite pour ceux qui ont le souci de l'environnement et cherchent à réduire leur empreinte carbone. **JK**

→ *Le fleuve Gudenå offre des kilomètres de balade en canoë à travers la verdoyante région des lacs.*

Park Hotel Kenmare

Lieu Kenmare, Irlande
Site Web www.parkkenmare.com **Prix €€**

Le Park Hotel domine l'étendue de Kenmare Bay et jouit de panoramas grandioses sur les montagnes Caha. C'est un endroit d'un calme exceptionnel, bien que situé à quelques minutes de marche de Kenmare, ville dynamique où l'on trouve des restaurants agréables et des lieux où l'on peut écouter de la musique irlandaise. Imposant édifice en pierre grise ceint de jolis jardins et de pelouses, l'hôtel possède un golf 18 trous et se trouve à quelques minutes en voiture des plus belles balades du Kerry.

Son sauna est uniquement accessible aux résidents de l'hôtel, ce qui en fait un lieu paisible dépourvu de l'agitation des hôtes non résidents. Le calme de votre séjour ne risque pas non plus d'être perturbé par des mariages ou des conférences, car cet établissement a choisi de ne pas les accueillir. Les intérieurs affichent un ameublement traditionnel, des peintures à l'huile originales et du mobilier ancien, même si les chambres sont équipées de tout le confort moderne. Les chambres de luxe sont plus spacieuses et disposent d'espaces de détente donnant sur l'eau. Le spa prodigue toutes sortes de soins. Les suites thermales partagent un bassin extérieur donnant sur les buissons, les fleurs et sur la baie au loin. Si vous êtes en forme, vous pourrez faire vos longueurs dans une superbe piscine de 25 mètres. Vous pourrez ensuite vous restaurer dans l'élégante salle à manger de l'hôtel ou vous rendre en ville où les restaurants Mulcahy's et Packies sont grandement recommandés. Chaque soir, des films classiques sont projetés dans le cinéma privé de l'établissement. **CSJ**

← *Les soins du spa se terminent par un moment de relaxation dans une pièce nimbée de lumière.*

Temple

Lieu Moate, Westmeath, Irlande
Site Web www.templespa.ie **Prix €€**

Établi dans une ferme vieille de 250 ans, sur le site d'un ancien monastère, ce centre de remise en forme accessible uniquement aux adultes, est l'endroit idéal pour échapper au train-train quotidien. Chassez vos soucis grâce aux soins de luxe prodigués dans cet environnement paisible de la campagne verdoyante de Westmeath.

Dans cette oasis de bien-être, la lumière naturelle afflue pour illuminer les pièces hautes de plafond abritant la suite « vitalité », un bassin pourvu d'hydrojets, le sauna et le hammam. Laissez-vous surprendre par l'enveloppement aux algues marines, la vinothérapie faciale ou un massage complet du corps. L'objectif de cet établissement est de compenser le stress de la vie quotidienne avec une attention particulière accordée à la relaxation et au bien-être. Après avoir choisi parmi les 80 soins réparateurs et holistiques proposés par le spa, partez vous promener à pied ou à vélo dans le parc de 40 ha. Cette merveilleuse sensation de détente persistera longtemps après votre départ.

S'inspirant de l'ancienne fonction du site comme monastère, les 23 chambres du bâtiment cloîtré du spa donnent sur les jardins intérieurs. Si vous souhaitez vous faire plaisir, il existe des suites pourvues de bains à remous et de balcons. L'alimentation proposée est saine et seuls les meilleurs ingrédients locaux sont sélectionnés. À mi-chemin entre le Bed and Breakfast, par son accueil chaleureux, et le spa moderne, le Temple Country Retreat offre une belle escapade dans un décor champêtre idyllique. **AD**

« Un sentiment de calme semblait régner dans ce spa lumineux et spacieux de deux étages. »

Grace Heneghan, *Holistic Health*

Doté de douze places, le bassin « vitalité » et ses jets d'eau thérapeutiques favorisent la détente.

Delphi Mountain

Lieu Connemara, Galway, Irlande
Site Web www.delphimountainresort.com **Prix €€**

Somptueuse retraite située sur la côte ouest sauvage d'Irlande, le Delphi Mountain est l'endroit idéal pour se faire dorloter. Les chambres donnent sur les montagnes et les suites cossues s'étendent sur deux niveaux, avec un salon chaleureux et une chambre à coucher en mezzanine. L'atout majeur de l'établissement est le spa. Vous n'aurez que l'embarras du choix parmi les massages, les soins (shiatsu, aromathérapie, Reiki), la myriade de gommages et d'enveloppements, les soins du visage ou encore les bains de purification aux algues marines. Si vous souhaitez essayer quelque chose de différent, vous pouvez tenter la cryothérapie qui consiste à envelopper les jambes d'algues afin de faire disparaître les boursouflures. L'établissement dispose également d'une suite équipée d'un luxueux bassin à remous, d'un sauna, d'un hammam aux murs en pierre sèche, ainsi que d'une piscine thermale.

« La suite thermale et les salles de relaxation jouissent de l'une des plus belles vues d'Irlande. »

Fionnula Quinlan, *Irish Examiner*

Cette retraite naturelle n'est toutefois pas dépourvue d'attrait en matière d'activités extérieures. Partez explorer les grottes de mer, surfez ou bien montez à cheval sur la plage ; faites du canoë ou du ski nautique dans le lac voisin ; ou partez à la découverte de la campagne alentour. Le restaurant Peregrine propose de délicieux fruits de mer de la région, comme les moules de Killary ou les coquilles Saint-Jacques, et les légumes proviennent du potager de la maison. **AD**

Bellinter House

Lieu Navan, Meath, Irlande
Site Web www.bellinterhouse.com **Prix €€**

Qu'obtient-on lorsque l'on transforme une belle maison de campagne de style géorgien nichée au cœur d'un superbe parc irlandais de 5 ha ? À Bellinter House, le résultat est un exceptionnel mélange de la puissance, de l'élégance et du luxe qui conviennent à un hôtel doté de tout le confort moderne. Comme le soutiennent les locaux, l'Irlande est elle-même un peu comme cela, la tête résolument tournée vers l'avenir, le cœur plein de contes mythiques merveilleux et d'une beauté naturelle luxuriante et verdoyante.

L'intérieur de Bellinter House a été amoureusement préservé, depuis les stucs du salon jusqu'aux fenêtres à guillotine et aux planchers. Les 34 chambres, chacune équipée de mobilier d'époque, sont pourvues d'un écran plasma. L'établissement compte également un élégant salon aux vues splendides, une bibliothèque bien fournie, une salle de jeu et deux excellents bars. Le bar permet de se réchauffer dans un cadre rustique avant de passer au décor plus sophistiqué du bar à vins qui abrite un superbe restaurant éclairé de manière naturelle (justement baptisé « Eden »), où vous pourrez apprécier les menus originaux composés d'ingrédients locaux. Goûtez donc les délicieux vins proposés ou, si vous préférez, commandez une Guinness avec votre steak, c'est tout aussi bon.

Les terrasses et pelouses de Bellinter sont idéales pour un dîner *al fresco*, tandis que le fleuve Boyne offre de bons coins de pêche à ceux qui souhaitent se détendre l'après-midi avant de se délasser dans le bassin à remous extérieur ou de savourer une Guinness devant la cheminée. **PS**

Château d'Ashford

Lieu Cong, Mayo, Irlande
Site Web www.ashford.ie **Prix €€**

Voilà un vrai château, avec ses tourelles et ses remparts, ses armures et ses lambris de chêne. La première pierre fut posée en 1228 par la famille de Burgo et, pendant huit siècles, ses habitants ont dominé les eaux bleues du Lough Corrib, le second lac le plus vaste d'Irlande. À partir du XVIIe siècle, la famille Guinness utilisa le château comme réserve de chasse et de pêche jusqu'à sa vente en 1939, date à laquelle il fut transformé en hôtel. Les tourelles et remparts ont vu défiler quantité d'hôtes de marque. Ainsi, le prince de Galles, qui devint par la suite le roi George V y séjourna en 1903 ; la salle de billard fut aménagée spécialement à son intention et le restaurant porte son nom. Le président américain Ronald Reagan séjourna également à Ashford ; un lit spécial fut commandé pour sa visite.

« [...] les montagnes alentour sont aussi calmes et immobiles que les visions d'un dieu islandais... »

George Moore, romancier

Aujourd'hui, le château d'Ashford possède 83 chambres et un spa. L'édifice est entouré de 141 ha de parc boisé. Les hôtes peuvent se détendre sur le terrain de golf ou s'initier à l'art de la fauconnerie. Des cours d'archerie, de tir aux pigeons d'argile et d'équitation sont également proposés.

Le lac est réputé pour ses truites sauvages et ses saumons. Vous pouvez aussi faire appel au guide du château pour découvrir Inchagoill Island et admirer l'église Saint-Patrick construite par le saint lui-même en 450 apr. J.-C. **PE**

Ice House

Lieu Ballina, Mayo, Irlande
Site Web www.icehousehotel.ie **Prix €€**

Situé dans l'estuaire magnifique et sujet aux marées de la rivière Moy, l'hôtel Ice House est une ancienne glacerie vieille de 150 ans, où la glace était stockée pour emballer le célèbre saumon de la rivière. L'édifice est aujourd'hui devenu un espace de détente, doté d'un spa luxueux et d'une architecture originale. C'est aussi une agréable base pour partir explorer la côte ouest de l'Irlande.

La maison blanche soigneusement restaurée est agrémentée d'un mur moderne en ardoise entrecoupé de lambris orange. Les 32 chambres et suites sont réparties entre le bâtiment du XIXe siècle avec son mobilier d'époque et ses fenêtres à guillotine, et l'aile moderne avec ses chambres minimalistes et ses fenêtres donnant sur la rivière Moy. Les salles de bains sont équipées du chauffage au sol ; les chambres sont spacieuses, agrémentées de tableaux d'art moderne et de télévisions à écran plasma.

Établi dans l'ancien entrepôt de glace aux voûtes d'origine, le restaurant Pier propose la quintessence de la gastronomie locale : l'agneau du Connemara, le bœuf irlandais, le pigeon rôti ou encore le râble de lapin. Le spa vaut également que l'on s'y attarde. Il comprend cinq salles de soins nommées d'après les bateaux jadis échoués sur la Moy, ainsi que des bassins à remous extérieurs surplombant la rivière. Certains des traitements incluent des massages du corps avec des galets chauds d'Inniscrone.

L'hôtel offre aussi un point de chute idéal pour les nombreux festivals de la côte ouest, les randonnées et la pêche au saumon dans la rivière Moy. **LD**

Du yoga sur l'île de Clare

Lieu Mayo, Irlande
Site Web www.yogaretreats.ie **Prix €**

Avec d'un côté sa vue sur les montagnes et de l'autre, sur les rouleaux de l'Atlantique, cette retraite rurale est aussi loin du reste du monde qu'il est possible de l'être. Le centre offre aux amateurs de yoga, débutants ou confirmés, un endroit où pratiquer loin du stress de la vie quotidienne.

Le cottage traditionnel de l'île, qui héberge les visiteurs, a été rénové avec des matériaux respectueux de l'environnement. Le bois, le chanvre, la terre cuite et l'ardoise naturelle renforcent l'atmosphère chaleureuse. La nouvelle salle de yoga tout en bois jouit de vues imprenables sur Clew Bay et Croagh Patrick.

Ce centre est une oasis de paix au milieu de 97 ha de pâtures peuplées de moutons et de chevaux. Des jardins organiques approvisionnent les cuisines en fruits et légumes tandis que vous aurez tout le loisir de vous promener dans les bois après les cours de yoga. La quasi-totalité des produits frais du menu végétarien sont biologiques ou cultivés sur place : des fromages et du beurre de la ferme au pain chaud et au lait de soja produit *in situ*. Même l'eau potable provient d'une source à proximité de la maison.

L'île de Clare affiche un décor unique propice à l'exploration et à l'introspection : une île sur une île, sur une île, aux confins de l'Europe ; une région qui vous entraîne aussi loin que la pratique du yoga. C'est un lieu idéal pour expérimenter la plénitude avant de la mettre en pratique dans la vie de tous les jours. Ce n'est cependant pas un ashram et l'atmosphère est plutôt détendue et ludique. En l'absence de cours, il est possible de louer l'une des maisons. **AD**

↗ *Paisible et jouissant d'une vue merveilleuse sur la mer, l'ermitage est idéal pour pratiquer le yoga.*

Le paysage grandiose et l'air marin vivifiant rendent un séjour sur l'île de Clare… inoubliable.

Ard Nahoo

Lieu Dromahair, Leitrim, Irlande **Site Web** www.ardnahoo.com **Prix €**

Ard Nahoo est un paisible ermitage écologique installé le long d'une petite route qui traverse la beauté luxuriante des Glens (« vallons ») du nord du Leitrim. Un lieu aussi magique que celui-ci mérite d'être protégé et préservé et c'est cet objectif qui a prévalu lors de la création de Ard Nahoo. Les trois chalets qui hébergent les visiteurs ont été construits selon des pratiques respectueuses de l'environnement.

Ce centre de remise en forme a construit toute son identité autour du mantra de l'intégrité. Vous pouvez choisir parmi toute une gamme de soins holistiques adaptés pour chaque individu et conçus pour reconstituer, rééquilibrer et calmer le corps et l'âme. Outre la variété de massages et de soins du visage proposés, il existe aussi une « Detox Box » censée détendre les muscles, nettoyer la peau et brûler les graisses, entre 900 et 2 400 calories par session. Les cours ont lieu dans un atelier tranquille, donnant sur la campagne.

Entre les soins et les cours de yoga, les hôtes ont le temps d'explorer les environs et les magnifiques collines de Leitrim. Participez à l'une des balades guidées qui vous fera découvrir les plantes et les arbres locaux et vous expliquera leurs liens avec le folklore irlandais. Au cœur du pays de Yeats, le paysage est impressionnant et apaisant. La journée les 40 célèbres greens de la campagne irlandaise vous attendent et la nuit, les étoiles brillent dans un ciel infini.

Vous pourriez, avec tout le nécessaire présent sur place, vous restaurer vous-même. Mais il est bien plus agréable de commander un délicieux plat végétarien préparé par le chef local et apporté dans votre chalet. Laissez-vous tenter par les exquises spécialités locales et laissez la magie de Ard Nahoo opérer en vous. Ici, se relaxer demeure l'ultime objectif. **SWi**

⮹ *Ard Nahoo offre une halte éthique au milieu d'un environnement naturel d'exception.*

O'Fabulous

Lieu Ardara, Donegal, Irlande **Site Web** www.ofabulous.com **Prix €€**

Petit, mais bien aménagé, l'O'Fabulous est plus qu'à la hauteur de son nom. Chargé d'ornements dorés scintillants et de miroirs étincelants, ce petit hôtel de luxe situé dans la ville côtière d'Ardara a été magnifiquement restauré. Construits à la fin du XIXe siècle, les bâtiments possèdent cinq chambres équipées de lits à baldaquin. Les salles de bains comportent des baignoires sur pieds, des douches à l'eau de pluie, ainsi que des peignoirs doux et épais. L'ameublement est lui aussi luxueux et raffiné, avec ses lourds drapés de velours, son lin irlandais, ses satins et ses soieries aériennes.

Si vous parvenez à vous extirper de ce nid douillet pour mettre le nez dehors, vous découvrirez de magnifiques balades avec des panoramas sur des montagnes exceptionnelles depuis Glengesh Pass ainsi que des landes recouvertes de bruyère. Allez à Loughros Point pour balayer l'Atlantique du regard, puis inspirez de grandes bouffées d'air frais en visitant le parc national de Glenveagh, une réserve naturelle, et le château du même nom, une folie victorienne nichée au cœur de lacs fabuleux. Voilà un cadre parfait pour une escapade spectaculaire et romantique.

Le petit déjeuner irlandais d'O'Fabulous, avec ses tranches épaisses de pain fait maison, son porridge, ses œufs frais agrémentés de saucisses et de bacon, vaut à lui seul le détour. Les agapes se poursuivent durant la journée, avec le thé servi au coin du feu. Le soir, la carte propose du crabe Donegal, avec un vin haut de gamme. Enfin, vous pourrez vous détendre en allant prendre un Bellini au bar à cocktails rétro. O'Fabulous se révèle être un lieu de détente idéal. **AD**

↑ *Avec ses miroirs ouvragés, ses élégantes tapisseries murales, O'Fabulous est un festin pour les yeux.*

L'île de Lusty Beg

Lieu lac du Fermanagh, Irlande du Nord
Site Web www.lustybegisland.com **Prix €€**

Dérivée du mot gaélique *Lusteabeg* (« petit et fertile »), Lusty Beg est un havre paisible situé à la pointe nord du Lower Lough Erne, dans le comté de Fermanagh, à 35 km de Enniskillen. Ancienne retraite pénitentielle de moines, l'île de 30 ha a plusieurs fois changé de main au gré des propriétaires qui se sont succédé au fil des siècles : elle appartint notamment à un aristocrate canadien et à un capitaine de l'armée britannique (qui construisit la première maison de location dans les années 1950). L'île est aujourd'hui une réserve d'oiseaux protégée et un lieu isolé propice à la détente.

Lusty Beg est accessible uniquement par bateau ou ferry. Ce dernier, qui traverse le lac grâce à un système archaïque de poulie à corde, ne peut cependant transporter que deux véhicules à la fois. Une fois sur l'île, les routes sont inexistantes ; une piste naturelle longe la rive et permet d'observer à loisir la vie de la faune ailée locale, en particulier une colonie de sternes caugek unique sur l'île. Des kayaks sont à la disposition de ceux qui préfèrent découvrir l'île en naviguant.

Les possibilités de logement sont variées, depuis les chambres d'hôtes jusqu'aux petites maisons indépendantes surplombant les lacs. À quelques minutes des quartiers d'habitation se trouve Island Lodge. Ce bar, le seul de l'île, joue régulièrement de la musique irlandaise traditionnelle et dispose de deux restaurants réputés pour leur poisson frais.

Les marins et amateurs de sports aquatiques adoreront Lusty Beg et se laisseront certainement séduire par le cadre isolé et le charme discret de l'île, un lieu où le temps semble s'être arrêté et où il est difficile de faire autre chose que se détendre et se faire plaisir. **LM**

Le château de Belle Isle

Lieu Fermanagh, Irlande du Nord
Site Web www.belleislecastle.com **Prix €**

Ce château du XVIIe siècle compte parmi les résidences estivales les plus luxueuses d'Irlande. Il se dresse sur les 190 ha de la propriété de Belle Isle, dans le comté de Fermanagh, près de la berge du lac, au milieu d'un paysage d'îles, de collines et de bois.

Les hôtes peuvent louer des cottages ou des appartements, mais l'option la plus inouïe consiste à profiter de l'usage exclusif d'une aile du château. Les huit chambres sont un mélange d'agencements originaux d'infrastructures antiques et modernes. L'édifice abrite ainsi de belles pièces de mobilier ancien, des cheminées et des tableaux. Les visiteurs disposent en outre d'une cuisine et de sept salles de bains.

« Perché au bord de l'eau, dans un paysage d'îles, de douces collines et de lacs. »

discovernorthernireland.com

Vous pouvez préparer vous-même vos repas, amener votre propre cuisinier ou disposer de tout le service de cuisine présent sur place. Les hôtes disposent également d'une salle de banquet avec sa galerie de ménestrels pouvant accueillir 30 convives à dîner. Le château comporte aussi un court de tennis conçu pour tous les temps, et offre la possibilité de chasser ou de pêcher le brochet. Les visiteurs peuvent emprunter un petit bateau de croisière pouvant transporter seize personnes autour des îlots et îles du Lough Erne. **SH**

→ *Rénové en 1993, le château du XVIIe siècle adopte un style de maison de campagne sans prétention.*

L'île de Tory

Lieu Donegal, Irlande du Nord
Site Web www.oileanthorai.com

Il est rare que les visiteurs soient accueillis personnellement par le roi à leur arrivée, comme il est peu commun de boire un verre avec lui dans le pub local. Et pourtant, cela arrive souvent sur l'île de Tory, balayée par les vents et située à 14 km de la côte de Donegal. En dépit de son relatif isolement dans l'immensité et l'âpreté de l'océan Atlantique, Tory abrite une population de 180 habitants. L'histoire de l'île remonte à la période du Néolithique, et compte Colmcille ou saint Colomba parmi ses enfants les plus célèbres. C'est ici que ce dernier érigea un monastère, au VIe siècle, qui domina la vie de l'île jusqu'à sa destruction par les troupes d'envahisseurs anglais en 1595.

Accéder à l'île relève parfois du défi en raison des vents forts et de la mer déchaînée qui dictent les horaires du ferry. Mais une fois sur l'île, la chaleur, la politesse et la cordialité des habitants vous mettront immédiatement à l'aise. Quelques établissements simples pourront vous héberger, comme l'hôtel situé près du port ainsi qu'une auberge de jeunesse ; car vous ne venez pas à Tory pour vous vautrer dans le luxe, mais pour le *craic* (« le bon temps »). Venez donc écouter Patsy-Dan Rodgers, le roi de Tory, joueur d'accordéon et artiste talentueux ; régalez-vous avec les contes de l'île dans le Club Soisialta ; chantez et dansez lors d'un *ceilidh* ou partez explorer les coins et recoins de l'île qui renferment les secrets du passé.

La visite de cette petite île battue par les vents et perdue aux confins de la civilisation se révélera immanquablement agréable et revigorante. **LM**

« C'est un endroit à la beauté envoûtante… et qui a charmé des générations d'artistes. »

Kevin Connolly, journaliste à la BBC

Baptisés « Dents de Balor », les rochers déchiquetés portent le nom d'un roi des Fomoires maléfique qui vécut sur l'île.

Scarista House

Lieu île de Harris, Hébrides, Écosse
Site Web www.scaristahouse.com **Prix €€**

Traversez les immenses étendues de sable désertiques de Scarista Bay sur l'île de Harris, dans les Hébrides extérieures, puis tournez votre regard vers la rive, au-delà des dunes verdoyantes où de robustes moutons paissent dans les embruns salés. Perdue au cœur de la baie, entourée de montagnes couvertes de bruyère, se dresse une demeure blanche de style géorgien.

Ce petit hôtel compte parmi les endroits les plus beaux et les plus isolés du Royaume-Uni. Avec ses cheminées antiques, ses grands canapés moelleux, ses livres anciens, ses antiquités et ses gravures encadrées, Scarista House ressemble à une agréable bastide.

« Nous avons marché sur la plage pendant 40 minutes… et rencontré quatre personnes. »

Caroline Boucher, *The Observer*

Vous pourrez tout aussi bien vous reposer à l'hôtel ou arpenter les 5 km de plages. Des bateaux sont à votre disposition pour faire le tour de Harris et vous transportent dans l'île déserte de Saint-Kilda. Les visiteurs peuvent aller voir les ateliers d'artistes locaux, découvrir les menhirs de Callanish, ou simplement faire le tour de l'île en voiture.

Scarista House est réputée pour sa cuisine. La plupart des produits sont faits maison, comme le pain, les yaourts, les gâteaux, les mueslis, la confiture et la glace. Les produits locaux sont largement utilisés : les coquilles Saint-Jacques et homards proviennent de la pêche du jour. **SH**

Pool House

Lieu Ross-shire, Écosse
Site Web www.pool-house.co.uk **Prix €€**

Nichée au pied des montagnes à l'extrémité du splendide Loch Ewe, à Wester Ross dans la région nord-ouest des Highlands écossais, Pool House est un lieu romantique, à la fois respectueux de l'environnement et témoignant d'un grand raffinement. Cette demeure vieille de 300 ans abritait autrefois Osgood Mackenzie, créateur du célèbre jardin d'Inverewe situé non loin de là. Depuis le rachat de l'hôtel en 1991, la demeure a été transformée en une sorte de sanctuaire rempli d'objets d'époque victorienne, d'antiquités, de tableaux, de bibelots de porcelaine et autres curiosités.

Pool House respire l'élégance bucolique. Des cheminées réchauffent les pièces ornées de lambris, comme la bibliothèque et ses confortables canapés : un cadre idéal pour passer une après-midi à paresser. Le bar propose une gamme impressionnante de whiskeys single-malt. Les suites sont immenses, magnifiquement meublées. Les lits spacieux, dont certains sont à baldaquin, et les grandes salles de bains victoriennes donnent à l'édifice des allures de demeure seigneuriale. Bien que la majorité des suites adoptent le style victorien, la suite « Nairana » rappelle les palais grandioses du Rajasthan tandis que la suite « Bramble » est décorée d'antiquités françaises.

Dîner en surplombant le loch, sous un plafond scintillant de milliers d'étoiles peintes à la main, est une expérience merveilleuse, même si de magnifiques couchers de soleil ou l'apparition de loutres peuvent contraindre les hôtes à délaisser leurs délicieuses assiettes le temps d'immortaliser cet instant par une photo. Pool House représente toute la magie des Highlands d'Écosse. **ML**

Uig Sands

Lieu île de Lewis, Écosse
Site Web www.bailenacille.co.uk **Prix €€**

À Baile na Cille, il y a toujours plus de plages que de visiteurs. Le minuscule hôtel jouxte Uig Sands, l'une des baies les plus reculées et les plus belles de Grande-Bretagne. Mais au lieu de bronzer et de nager, préparez-vous à marcher, pique-niquer, observer la faune et la flore sauvage, pêcher, prendre des photos, ou simplement respirer l'air frais au large de l'Atlantique. Et lorsqu'il sera temps de rentrer, la vieille demeure confortable sera prête à vous accueillir.

D'après la légende, c'est ici que furent rapportées les figurines de Lewis après leur découverte dans les dunes en 1831. Il est apparu que ces pièces d'échiquiers étaient en réalité les premiers modèles vikings du jeu. L'hôtel a été créé à partir de l'ancienne maison, de ses écuries et dépendances. Il comporte trois pièces à vivre, l'une équipée de la télévision, l'autre d'une chaîne stéréo et la dernière, de tables de billard et d'un baby-foot. Pour les mauvais jours, des jeux de société, puzzles et livres sont à votre disposition. Mais s'il fait beau, profitez donc du jardin, ainsi que des terrains de croquet et de tennis.

Les repas offrent de vrais moments de convivialité autour de plats savoureux confectionnés avec des produits locaux. Des petits déjeuners pantagruéliques vous sont également proposés. Le dîner comprend cinq plats, et les chambres sont confortables, agréables et sans prétention. Baile na Cille vous fait voyager hors du temps et il est inutile de vouloir utiliser son téléphone portable ici. **SH**

Le jardin de l'hôtel surplombe la somptueuse baie de Uig Sands, longue de 3,2 km.

Le phare de Rua Reidh

Lieu Gairloch, Écosse
Site Web www.scotland-inverness.co.uk **Prix €€**

Le phare de Rua Reidh se trouve à 20 km du village de Gairloch. Dans cette retraite perchée sur une péninsule recouverte de bruyère de la région nord-ouest des Highlands écossais, attendez-vous à voir davantage de dauphins que d'êtres humains.

Dans la maison aménagée du propriétaire, les visiteurs peuvent louer une chambre ou l'ensemble de l'édifice, soit 26 couchages. Le phare compte deux salons pourvus de cheminées, d'une véranda et jouit d'un panorama splendide sur les îles de Skye et les Hébrides extérieures.

Rua Reidh organise des week-ends de reconnaissance dans la nature qui reste la principale attraction du lieu. Des loutres apparaissent régulièrement sur les rives, tandis que les baleines, dauphins, requins-pèlerins et phoques sont légion en mer. Les falaises escarpées qui entourent le phare abritent des nids de fulmars, cormorans et mouettes, et les landes intérieures regorgent de pluviers dorés et de lagopèdes d'Écosse.

Le propriétaire propose également des excursions en famille sur le littoral au cours desquelles les enfants peuvent attraper des stromatées à fossettes, apprendre à différencier une patelle d'une bernacle, et dénicher des anémones rouges et des crabes dans les flaques d'eau salée. Les enfants plus âgés apprendront à allumer un feu, cuisiner les patelles et identifier les algues comestibles. Il est également possible de participer à des randonnées dans les rochers et des treks dans les montagnes Torridon. L'excursion sillonne 103 km de piste à travers des pics spectaculaires et les vastes plages de l'Atlantique. **PE**

« Nous avons décidé de le reprendre en voyant le panorama au sommet de la falaise. »

Les propriétaires du phare de Rua Reidh

⇱ *Le phare, aujourd'hui automatisé, fut érigé en 1910 par un cousin de Robert Louis Stevenson.*

Le château Stuart

Lieu Inverness, Écosse
Site Web www.castlestuart.com **Prix €€€**

Il y a plus de 70 ans, le comte de Moray voulut prouver que sa demeure, le château Stuart, n'était pas hantée. Il offrit donc une récompense à quiconque serait assez courageux pour y dormir. Une nuit sombre, un braconnier, originaire des Highlands, du nom de Big Angus se retira dans la chambre hantée aux trois tourelles située au sommet de la tour est. Le matin, le corps de Big Angus gisait froid et sans vie dans la cour, une expression de terreur inscrite sur le visage. Aujourd'hui, les propriétaires de cet hôtel vous posent la question : « Êtes-vous suffisamment courageux pour rester ? »

Big Angus ne fut pas le seul à perdre la vie ici. L'édifice est en effet le témoin d'une histoire sanglante. Le terrain fut octroyé à James Stuart, demi-frère de Marie, reine d'Écosse, au XVIe siècle. Or ce dernier fut assassiné, tout comme son fils, poignardé à mort. Le château fut achevé en 1625, mais une fois la dernière pierre posée, le clan MacIntosh s'en empara. Quelques années plus tard, le roi Stuart Charles Ier fut exécuté et le château abandonné. Il resta ainsi à l'abandon durant 300 ans.

Racheté dans les années 1980 par Charles et Elizabeth Stuart, l'édifice a été restauré pour devenir aujourd'hui un hôtel de luxe. Les cheminées, les tapis écossais et le mobilier d'époque témoignent du passé haut en couleur du château. Les escaliers ou les passages secrets et les cachettes diverses y sont légion et on trouve même une porte pivotante camouflée qui dessert un raccourci vers le bar du salon. **PE**

Auld Haa House

Lieu Fair Isle, Écosse **Site Web** www.go-bedandbreakfast.co.uk/auldhaaguesthousefairisle/ **Prix €**

Fair Isle est située à la pointe de la mer du Nord, à mi-chemin entre les Shetlands et les Orcades. Petite – elle mesure seulement 5 km de long et 1,5 km de large – et isolée, elle est parfois oubliée sur les cartes.

Il faut dire qu'il est difficile et onéreux d'accéder à Fair Isle. Il faut d'abord se rendre aux Shetlands ou aux îles Orcades, avant de prendre l'avion ou le bateau, selon le jour, la saison et la météo. Le brouillard et les tempêtes coupent parfois l'île du reste du monde. Pourtant, cette terre rocailleuse, avec ses 70 habitants, ses 1 000 moutons et ses 150 000 oiseaux de mer, est renommée dans le monde entier. L'art traditionnel du tricot pratiqué par ses habitants est plus célèbre que le lieu lui-même. Une poignée de tricoteuses perpétuent la tradition et l'ancienne école en pierre abrite désormais le musée du Tricot.

Construit vers 1700, Auld Haa (« vieux hall ») vous ouvre ses portes. La maison possède des murs en pierre d'un mètre d'épaisseur et un toit en pierre qui l'ont protégée des pires tempêtes de l'Atlantique durant des siècles. Cette maison est aujourd'hui devenue un Bed and Breakfast géré par un couple d'artistes américains qui se plaît à organiser des « week-ends peinture » pour les hôtes créatifs.

Le littoral de l'île est bordé de falaises vertigineuses et de baies immenses. On y trouve deux phares, une quincaillerie, des ports et des plages. Le personnel de l'observatoire des oiseaux de l'île vous emmènera dans les falaises pour observer les colonies de macareux et vous faire arroser par les plongeons des skuas.

Outre les tricoteuses, l'île regorge d'artisans très heureux de montrer aux visiteurs leur savoir-faire. L'après-midi se passe ainsi, à boire du thé dans leurs *crofts* et à parler de la pluie et du beau temps. **SH**

Le château de Balfour

Lieu îles Orcades, Écosse
Site Web www.balfourcastle.co.uk **Prix** €€

Ce château fut la résidence estivale de la famille Balfour depuis le milieu du XIXe siècle jusqu'en 1960, lorsque mourut le dernier de ses héritiers. Il fut racheté par l'officier de cavalerie polonais le capitaine Tadeusz Zawadzki et est aujourd'hui géré par son épouse écossaise et deux de leurs filles.

Le décor du lieu témoigne de son passé. Des cheminées chauffées au bois côtoient des pièces d'antiquités victoriennes. Des trophées de chasse de cerfs ornent les murs. Dans la bibliothèque se trouve un passage secret dans lequel, selon la légende, la famille Balfour se cachait lorsque des hôtes indésirables sonnaient à leur porte. La chambre des propriétaires renferme un lit à baldaquin sculpté du blason de la famille Balfour. Dans la salle à manger, vous pourrez goûter le gibier local et le poisson pêché dans les eaux de l'Atlantique et de la mer du Nord, ainsi que des fruits et légumes provenant du potager du château. Les plus romantiques pourront même se marier dans la minuscule chapelle du château qui peut accueillir 20 personnes.

Les férus d'histoire apprécieront la visite du village de Skara Brae vieux de 5 500 ans ; les ornithologues amateurs seront, eux, comblés dans les îles Orcades. C'est là que nichent les macareux entre mai et juin et que les visiteurs peuvent observer des pingouins, des guillemots, des fulmars, des labbes, des eiders et des sternes arctiques. Pour ceux qui souhaitent approcher de près la faune sauvage, on dit que les phoques de la région nagent vers ceux qui sifflent. **PE**

Difficile de réaliser que juste derrière ce château se cachent des îles désertes et des grottes marines inexplorées.

Lighthouse Cottage

Lieu îles Orcades, Écosse
Site Web www.orkneylighthouse.com **Prix** €€€

Situés dans les îles Orcades, au large de la pointe la plus au nord de l'Écosse, ce phare et la maison du gardien furent convertis en cottages. Rude et sauvage, le site abrite quantité de tortues, de phoques, de baleines et plus encore d'oiseaux.

Deux cottages vous sont proposés, tous deux conçus et construits par Thomas Stevenson (père de Robert Louis) et son frère David dans les années 1850.

L'île a son importance d'un point de vue historique. Plongez-vous dans les découvertes archéologiques locales, comme celle de Dwarfie Stane, unique exemple de chambre funéraire britannique taillée dans la roche et datant de la période néolithique ou du début de l'âge du bronze. La pêche en mer est généralement fructueuse depuis les falaises entourant le phare et on peut pêcher la truite dans le lac voisin de Heldale Water. Le repère le plus célèbre est le Old Man of Hoy, pinacle de pierre s'élevant à 137 m au-dessus du niveau de l'Atlantique, ce qui en fait une ascension audacieuse même pour les plus expérimentés des grimpeurs. Si vous venez à l'automne ou en hiver, vous serez aux premières loges pour assister aux magnifiques aurores boréales. **AD**

« Je suis fier de penser qu'ils [les feux] brûlent plus vivement pour le génie de mon père. »

Robert Louis Stevenson, romancier écossais

Les jardins du château d'Armadale

Lieu île de Skye, Écosse
Site Web www.clandonald.com

Laissez-vous envahir par une paix intérieure tandis que vous déambulez tranquillement dans ce surprenant jardin tropical, au milieu de la verdoyante et accidentée île de Skye. Les fleurs et arbres exotiques prospèrent dans ce jardin boisé de 16 ha, grâce au Gulf Stream qui gratifie cette région de l'Écosse d'un climat chaud et sans gel. Encerclant les ruines du château d'Armadale, les jardins font partie d'une immense propriété de 16 185 ha qui appartenait autrefois au clan Donald, l'un des clans les plus importants d'Écosse. Le clan Donald Lands Trust reprit les rênes de la propriété en 1971 et transforma les terres négligées en somptueux jardins. Des bosquets de tilleuls vieux de 200 ans bordent l'avenue principale du château, ainsi que des thuyas et des conifères *Araucaria araucana* plantés plus récemment. Les jardiniers accomplis admireront le soin porté aux détails : les bordures herbacées, les bassins garnis de plantes aquatiques issues du monde entier et la grande variété d'arbres et de buissons. Sous les arbres poussent des campanules, des orchidées et des fleurs des champs sauvages. Oasis de calme, ce site est idéal pour les mariages en plein air, dont les cérémonies religieuse et civile sont célébrées sur place.

Au sortir des jardins, plusieurs sentiers offrent de splendides panoramas sur le Sound of Sleat (« détroit de Sleat »), qui sépare l'île de Skye du continent écossais. Les chemins offrent les meilleurs observatoires possible pour admirer la richesse de la vie sauvage de la région : cherchez des yeux les chevreuils, les cerfs, les loutres, les oiseaux et même les aigles dorés. Cette immersion dans la nature ne vous coûte qu'un ticket d'entrée permettant d'accéder au château, aux jardins, à un musée et au parcours nature. **JK**

Les chutes de Glomach

Lieu Lochalsh, Écosse
Site Web www.lochalsh.co.uk

Il faut braver la rudesse des montagnes de l'ouest de l'Highland pour atteindre l'une des plus hautes chutes de Grande-Bretagne. Vous devrez mettre des chaussures de randonnée, car il faut compter entre cinq et sept heures pour parcourir les 8 km jusqu'aux tumultueuses chutes de Glomach.

Situées à l'est de Duich, sur le continent écossais, ces chutes sont encore plus impressionnantes après une grosse averse. Par mauvais temps, mieux vaut louer les services d'un guide pour éviter de se perdre. Commencez votre randonnée au centre du National Trust d'Écosse, dans le hameau de Morvich. Au cours de votre balade dans cette région montagneuse, vous aurez peut-être la chance d'apercevoir des cerfs et des aigles dorés. Le sentier menant aux chutes a beau être bien dégagé, les marcheurs peuvent sentir les vibrations des chutes avant de les apercevoir. *Glomach* signifie « lugubre » et vous comprendrez pourquoi si vous venez un jour de mauvais temps. Lorsque la température chute, d'étonnantes sculptures de glace viennent encadrer la cascade. Bien que le niveau d'eau soit moindre en été, la vue reste sans égal. **JK**

« La montagne s'offre souvent dans toute sa plénitude lorsque je n'ai pas de but. »

Nan Shepherd, poète écossais

→ *Les chutes spectaculaires de Glomach se jettent dans un abysse sombre après une cascade haute de 114 m.*

The Three Chimneys

Lieu île de Skye, Écosse
Site Web www.threechimneys.co.uk **Prix €**

Un ancien *croft* chaulé sur la rive nord d'un loch perdu, voilà un endroit bien insolite pour aménager un restaurant haut de gamme. Pourtant, The Three Chimneys (« les trois cheminées ») est réputé pour compter parmi les restaurants les plus raffinés d'Écosse. La propriétaire et chef, Shirley Spear, est célèbre pour sa cuisine à base de produits naturels locaux, avec des ingrédients comme les langoustines Dunvegan, l'agneau de Mull, le gibier sauvage de Skye et les gâteaux à l'avoine des Hébrides. La plupart des producteurs, cultivateurs et pêcheurs locaux approvisionnent le restaurant chaque jour. On doit la fabuleuse carte des vins à la passion de son mari Eddie. Le restaurant offre un espace intime doté de cheminées d'origine, de murs de pierres nus, de salles éclairées à la bougie et de poutres basses.

« Nous servons les produits locaux purement de saison les plus frais de toute l'Écosse. »

Michael Smith, chef cuisinier

L'annexe voisine baptisée The House Over-By abrite six suites modernes. Réparties sur deux niveaux, les pièces sont décorées selon le style simple du vieux restaurant. Chaque pièce dispose d'un accès direct au jardin dont la grille mène à la rive. Le petit déjeuner est servi dans la House Over-By, dans une salle lumineuse et vaste offrant une vue panoramique sur le loch et à l'ouest, sur les montagnes des îles de Harris et North Uist dans les Hébrides extérieures. **SH**

Hôtel de l'île Eriska

Lieu près d'Oban, Écosse
Site Web www.eriska-hotel.co.uk **Prix €€€**

L'hôtel de l'île Eriska est installé sur une île privée de 121 ha, au large de la côte ouest de l'Écosse. Le site est relié au continent par un pont en fer privé et n'est qu'à deux heures de Glasgow. La maison principale offre un exemple typique du style baronnial écossais du XIXe siècle, avec ses tourelles, ses remparts et ses baies. Aujourd'hui, l'hôtel dispose de 25 chambres, d'un restaurant renommé, d'un spa, et offre une large palette d'activités de plein air. À l'intérieur, Eriska est tel que vous l'imagineriez, avec son hall en lambris, sa cheminée qui fonctionne tous les jours de l'année et sa salle de piano avec vue sur les chênes plantés en 1884, l'année de construction de la maison.

Le thé de l'après-midi est un incontournable, avec son lot de pâtisseries, gâteaux, crêpes et autres viennoiseries britanniques. Le soir, savourez un cocktail dans un fauteuil en cuir au coin du feu, dans la bibliothèque, avant de dîner dans la salle à manger ou sous la véranda. Les menus varient selon les arrivages de crustacés sur la jetée, mais vous pourrez toujours déguster des huîtres, des moules et du saumon fumé dans les cuisines de l'hôtel, ainsi qu'une viande rôtie.

Les chambres sont cossues et douillettes. Le jardin abrite des suites plus modernes ainsi que des cottages dotés de leurs propres bains à remous. À côté de l'ancien jardin traditionnel, les écuries renferment une piscine de 17 m, un sauna, un hammam, des salles de soins et de sport.

Les activités sont légion dans l'île, comme le golf de six trous, le tir aux pigeons d'argile, la pêche, le tennis, le croquet, le vélo tout-terrain et plus simplement, des balades. Plus loin, des sentiers de randonnée séduiront les plus sportifs. **SH**

Le Boat Shed

Lieu Argyll, Écosse
Site Web www.ardanaiseig.com **Prix €€**

C'est sur les rives du loch Awe et de ses eaux cristallines que se tient l'hôtel Ardanaiseig, manoir baronnial du XIXe siècle, ceint d'une immense étendue d'eau.

Vous pouvez naturellement choisir de séjourner dans l'une des chambres traditionnelles aux teintes chatoyantes et aux étoffes somptueuses, mais il est bien plus agréable de se réfugier dans le romantique Boat Shed (« remise du bateau ») aménagé à deux minutes de marche de l'hôtel. Perché sur une jetée et léché par les eaux du loch, le Boat Shed possède des fenêtres sur toute sa hauteur et bénéficie d'une vue imprenable du loch jusqu'à Ben Lui. Asseyez-vous sur le ponton en bois, respirez l'air pur et ses effluves de bruyère et vos soucis s'envoleront. Ou, comble de la décadence, blottissez-vous dans votre lit, sur la mezzanine, et admirez la vue en sirotant un whiskey.

> *« La pureté vivifiante de l'air et le silence presque surnaturel… engendrèrent de sublimes rêveries. »*
>
> Rosie Doon, poétesse du XIXe siècle

Le Boat Shed comporte de quoi préparer vos repas, mais rien ne vaut un délicieux dîner servi dans la maison principale à la cuisine réputée. Essayez les raviolis de haddock puis laissez-vous tenter par un whiskey Aberdeen Angus. Vous aurez parfois du mal à vous concentrer sur vos assiettes, mais on vous pardonnera aisément, la vue depuis la salle à manger est tellement sublime ! Le loch révèle ici toute sa magie. **HA**

Eilean Shona House

Lieu Argyll, Écosse
Site Web www.eileanshona.com **Prix €€**

Situé sur une île privée au large de la côte ouest écossaise, Eilean Shona House est un modeste hôtel de style victorien bordé de 80 ha de pins sylvestres, de séquoias et du loch Moidart.

À l'intérieur de la maison, les œuvres d'art contemporain apportent une touche éclectique tandis que les antiquités, les cheminées en granit et les fenêtres à guillotine créent une authenticité que « le neuf essayant de plagier l'ancien » ne pourra jamais rendre. À ce propos, la rangée de bottes devant la porte et le vieux piano droit Steinbach vous donnent plutôt l'impression de participer à une réception privée.

Le site compte huit chambres décorées avec du mobilier d'époque, des fauteuils avec accoudoirs ou des baignoires en émail avec robinet en laiton, ainsi que cinq cottages dans les terres. J.-M. Barrie séjourna dans l'un d'eux dans les années 1920, alors qu'il écrivait le scénario de *Peter Pan*. Les vastes et simples jardins qui se déploient jusqu'à la mer sont chargés d'azalées et de rhododendrons qui se transforment en un bouquet de couleurs vers la fin du printemps.

Avec son ciel toujours changeant, les sables blancs de Shoe Bay et le calme qui y règne, l'endroit est idéal pour les amateurs de pêche au crabe et pour ceux qui aiment flâner dans les rochers. Avec un peu de chance, vous apercevrez peut-être un aigle marin, une martre ou la queue d'une loutre fendant les eaux.

Chaque soir, le dîner est servi dans la salle à manger dont le style n'est pas sans rappeler celui de Bloomsbury. Les huîtres, les langoustines et le gibier abondent et tout est réalisé en cuisine, du pain jusqu'à la glace. En vous couchant, tendez l'oreille pour écouter les râles des genêts au-dehors ; on peut entendre le cri de ces oiseaux jusqu'à l'aube. **SM**

Retraite au centre bouddhiste de Holy Isle

Lieu Holy Isle, Écosse
Site Web www.holyisland.org **Prix €€**

« Gardez-vous de tuer. Respectez les biens d'autrui et gardez-vous de voler ; dites la vérité et ne mentez pas ; gardez-vous des beuveries. » Ce sont quelques-unes des règles qui régissent le centre de Holy Isle pour la paix et la santé dans le monde.

Située au large de la côte occidentale de l'Écosse, près de l'île d'Arran, Holy Isle bénéficie depuis fort longtemps du statut de site sacré, avec sa source aux propriétés curatives et la présence d'un monastère du XIIIe siècle sur ses terres. Le centre lui-même est un modeste sanctuaire environnemental et spirituel fondé par Lama Yéshé Losal. Les visiteurs sont libres de passer leurs journées comme bon leur semble même si la plupart des cours proposés suivent un programme précis. Vous pouvez ainsi vous initier au yoga, à la méditation, à la cuisine végétarienne, au bouddhisme et à d'autres cours conçus pour vous connecter à votre moi spirituel. Les repas sont servis à heures fixes et le site peut accueillir plus de 60 personnes.

Depuis le début, le projet de Holy Isle est tributaire de volontaires œuvrant tant pour la plantation des arbres, la construction de murs en pierres sèches ou les travaux d'aménagement que pour le jardinage, la préparation des cours et la gestion du centre lui-même. La participation des hôtes est hautement appréciée, mais sans aucune pression. N'hésitez pas à explorer les environs : les plantes et les fleurs sauvages rares poussent grâce au climat du Gulf Stream, tandis que les poneys sauvages Eriskay et les troupeaux de chèvres et de moutons paissent alentour. Spectaculaires, les eaux côtières protégées de l'île attirent plusieurs espèces de phoques, de dauphins et même l'étrange requin-pèlerin. **HA**

Hebridean Princess

Lieu Écosse
Site Web www.hebridean.co.uk **Prix €€€**

Plus petit bateau de croisière de luxe au monde, *Hebridean Princess* (« princesse des Hébrides »), avec son service impeccable, sa cuisine haut de gamme et son décor somptueux, est le moyen idéal pour sillonner les îles écossaises et leurs terres accidentées.

Le bateau peut accueillir jusqu'à 49 passagers dans une atmosphère d'élégance raffinée. Avec une moyenne d'un membre du personnel par passager, le service est à nul autre pareil. Le restaurant Colomba vous ouvrira ses portes pour le dîner. La cabine la plus luxueuse est celle baptisée Isle of Arran, avec son lit à baldaquin et sa salle de bains en marbre de style victorien.

« Les dimensions du bateau nous ont permis de mouiller dans de petites criques dans un paysage montagneux à couper le souffle. »

Jennifer Wilson, *Daily Express*

Chaque matin, vous accostez sur une nouvelle île que vous découvrirez lors d'excursions guidées. Vous y observerez de nombreuses espèces d'oiseaux rares, des baleines et des phoques. Vous pourrez également marcher le long des *machair* (« plaines côtières ») tapissées de fleurs sauvages chatoyantes ou vous aventurer dans des vallons luxuriants pour admirer d'anciens châteaux et des menhirs. **AD**

→ Hebridean Princess *est conçu pour naviguer dans des lochs isolés aux paysages féeriques.*

The Witchery

Lieu Édimbourg, Écosse
Site Web www.thewitchery.com **Prix €€**

Avec ses suites somptueuses regorgeant d'antiquités et nichées au cœur d'édifices imprégnés d'une atmosphère du XVIe siècle, aux portes du château historique, The Witchery présente le cadre le plus romantique d'Édimbourg. Disposées en cercle autour d'une maison de négociant datant de 1595, les suites affichent un décor étonnant. Chaque suite est décorée de mobilier ancien et de riches étoffes d'époque. Les murs sont lambrissés en chêne et ornés de tapisseries, de miroirs et de sculptures tandis que les plafonds regorgent d'ornements peints et de dorures.

Baptisée The Inner Sanctum, la première suite de The Witchery donne la note avec son ancien lit à baldaquin, ses murs pourpres et dorés, son salon, sa bibliothèque et sa table de petit déjeuner dominant le Royal Mile. La salle de bains laquée en rouge comporte une ancienne baignoire à remous. La suite baroque du Old Rectory présente un lambris en chêne et des murs aux tapisseries pourpres, ainsi qu'un lit somptueux sculpté dans une ancienne chaire. Une imposante bibliothèque borde la cheminée tandis qu'un dressing conduit à une salle de bains en forme de chapelle, aux murs couverts de miroirs et de dorures.

Il va de soi que les sept suites de l'établissement sont souvent réservées des mois à l'avance, notamment par des stars de Hollywood comme Jack Nicholson ou Michael Douglas. Si vous ne parvenez pas à réserver une chambre, réservez au moins une table au restaurant. Il est réputé pour sa cuisine écossaise moderne et son décor éblouissant et cossu. **ML**

La salle de bains du Old Refectory, aux murs tapissés de miroirs, adopte un style romantique.

Fenton Tower

Lieu East Lothian, Écosse
Site Web www.fentontower.co.uk **Prix €€**

En 1591, James VI, fils de Marie reine d'Écosse, se retrouva encerclé par une armée rebelle à Fife. Fort heureusement, les habitants de la ville l'aidèrent à s'échapper et il prit un ferry sur le Firth of Forth pour rejoindre North Berwick, où il trouva refuge à Fenton Tower. Dominant les terres fertiles d'East Lothian, cette superbe tour fortifiée du XVIe siècle offre une vue imprenable sur le Firth of Forth et n'est située qu'à 32 km à l'est d'Édimbourg. Pendant des siècles elle fut laissée à l'abandon après sa mise à sac par les envahisseurs anglais. Cependant, un programme de restauration fut entrepris en 1998 grâce auquel la tour peut aujourd'hui accueillir jusqu'à douze personnes, dans un cadre pourvu d'infrastructures modernes et informel à la fois. Les hôtes bénéficient ainsi d'un service impeccable et d'une cuisine exceptionnelle dans un environnement à part.

Le revêtement de façade en crépi rose est fidèle à l'aspect d'origine et résulte d'un mélange de terre locale et de coquillages concassés. Avec ses meurtrières au rez-de-chaussée, la tour semble plutôt lugubre au premier abord. Cependant, les larges fenêtres des étages supérieurs dont certaines sont orientées sur trois côtés laissent filtrer la lumière naturelle.

Fenton Tower est entourée de plusieurs terrains de golf, dont le célèbre terrain de Muirfield. En outre, les territoires ne manquent pas pour chasser ou pêcher à la mouche.

Et pour ceux qui auraient des rêves de grandeur, la tour dispose de 8 ha de bois privés dans lesquels vous pouvez vous promener, ou simplement rêvasser au bord du ravissant *laich* (petit lac écossais). **HA**

Y Goeden Eirin

Lieu près de Caernarfon, pays de Galles
Site Web www.ygoedeneirin.co.uk **Prix €€**

Passer un week-end dans ce chaleureux Bed and Breakfast au cœur d'un village paisible du pays de Galles du Nord est plus qu'une simple escapade à la campagne. Nommé d'après un recueil de nouvelles écrites en gallois par le dramaturge John Gwilym Jones, l'établissement est moins une maison d'hôtes qu'un lieu d'étude de la culture et des arts gallois, pourvu de chambres.

Les propriétaires, John et Eluned Rowlands, sont d'anciens universitaires et la maison est remplie de bibliothèques croulant sous le poids des volumes littéraires. Des œuvres originales d'artistes gallois ornent les murs et attirent à la fois des cercles littéraires et des universitaires venus faire des recherches. Le gallois est la première langue parlée dans les environs et si vous souhaitez approfondir vos connaissances sur la culture locale, John donne régulièrement des cours du soir. Les visiteurs peuvent également explorer la région avec ses sentiers de randonnées et ses châteaux chargés d'histoire.

> *« Une initiation à la culture galloise et un endroit coquet d'où l'on peut explorer tout le pays. »*
>
> **Alastair Sawday, auteur de récits de voyage**

Confortable et conviviale, la maison d'hôtes peut accueillir jusqu'à six personnes. Préparé sur place, le dîner est servi dans la salle à manger équipée d'un vaisselier du plus pur style gallois. Les soirées se passent dans le salon, avec un verre de liqueur et un bon livre. **DA**

La côte d'Anglesey

Lieu Anglesey, pays de Galles
Site Web www.angleseycoastalpath.co.uk

Depuis l'inauguration du chemin côtier, de nombreux visiteurs séjournent à Anglesey, île rurale de Galles du Nord. Balisés de panneaux jaunes représentant la sterne arctique, les 200 km de sentier traversent 20 villes et villages procurant à chaque fois le gîte et le couvert.

Marquée par douze étapes, la piste légèrement vallonnée convient à tous et sillonne à travers un paysage de carte postale composé de terres arables, de landes, de marais salants, d'immenses falaises et de plages somptueuses. Procurez-vous les cartes « O.S. Explorer 262 » (côte ouest) et 263 (côte est) avant votre départ et comptez deux semaines pour parcourir l'intégralité du sentier, avec une moyenne de 11 km par jour. Le départ et l'arrivée officiels du sentier se font à l'église Saint-Cybi de Holyhead, mais chacune des douze étapes peut faire l'objet d'une randonnée quotidienne couvrant entre 11 et 21 km par jour. Certaines des sections, en particulier les pistes du nord allant de Cemaes à Church Bay, promettent des balades vivifiantes sur fond de paysage sauvage balayé par les vents.

Le tronçon le plus célèbre commence à Beaumaris et se poursuit en direction de Penmon Point, avec des panoramas somptueux sur Puffin Island, et Llanddona, plage paradisiaque pour les nageurs. Cette portion de 10 km sur le littoral est de l'île constitue une bonne mise en jambe pour la suite. Le tronçon final s'étire sur 3,2 km de marche fatigante le long du littoral, mais l'effort en vaut la peine. **DA**

↗ *Le phare de l'île de Llanddwyn reste ancré sur le continent excepté lors des plus hautes marées.*

Le littoral accidenté de Cemaes est d'une beauté exceptionnelle.

La chapelle de Saint-Curig

Lieu Snowdonia, pays de Galles
Site Web www.stcurigschurch.com **Prix €€**

Une délicieuse atmosphère à la fois aristocratique et bohème émane de ce petit Bed and Breakfast reculé. Cette impression provient sans doute de la conversion audacieuse d'une chapelle en pierre du XIXe siècle en espace décloisonné et de la personnalité exubérante de son propriétaire.

Prenez votre petit déjeuner sur une longue table en bois et admirez la beauté de l'ancienne abside. Subsistent autour de vous les élégantes fenêtres cintrées de la chapelle, les piliers de marbre, les vitraux et, au-dessus de vos têtes, un incroyable dôme en mosaïque dorée. Ce dernier fut commandé par William Sackville-West, lieutenant-colonel dans le régiment de gardes grenadiers de Sa Majesté et gestionnaire de propriétés, en mémoire de son épouse, Georgina.

Saint-Curig fut racheté par Alice Douglas en 1998. Le projet de rénovation fut ardu, mais le résultat est unique et original. Les chambres sont équipées de lits à baldaquin sculptés à la main et de sols en pierre chauffants. L'une des chambres abrite encore une chaire en pierre.

Quant au bain à remous installé dans un coin du cimetière, il donne directement sur le mont Snowdon, la plus haute montagne du pays de Galles. Pen-y-Pas, le point de départ des sentiers menant au Snowdon, n'est qu'à quelques minutes en voiture. Si vous venez d'escalader le Snowdon ou l'un des pics environnants, la chapelle offre un havre de détente idéal. Soyez toutefois rassurés, la porte de la chapelle donne aussi sur des sentiers de forêt moins ardus, dont certains conduisent même directement à un pub voisin. **SH**

→ *Saint-Curig date de 1883 ; le B & B a conservé le charme de la chapelle d'origine.*

Eco Retreat

Lieu Powys, pays de Galles
Site Web www.ecoretreats.co.uk **Prix €€**

La forêt de Dyfi est des plus étonnantes. Tandis que l'aube se lève sur le pays de Galles, les rayons du soleil s'attardent sur des formes insolites plantées au beau milieu de la forêt : quatre tipis indiens nord-américains de 6 m de diamètre et une yourte de style mongol de 5 m de diamètre. Le campement permet un véritable retour aux sources avec ses toilettes sèches et ses douches solaires.

Les propriétaires louent le terrain à une ferme locale biologique et garnissent les paniers à pique-nique exclusivement de produits locaux ou issus du commerce équitable. Les détritus servent d'engrais et tout est recyclé afin de conserver les licences écologiques obtenues.

Eco Retreat est bien plus qu'un lieu d'évasion, c'est une échappatoire aux pièges de la vie moderne. L'électricité et l'eau courante sont inexistantes et, fait majeur, pas de réseau pour votre téléphone portable. Cuisinez à la tombée de la nuit et allongez-vous sur un matelas moelleux, à la lueur d'une bougie. C'est un lieu où l'esprit s'évade pour en sortir plus libre et purifié au contact de la nature. Les hôtes sont invités à participer à une cession de méditation commune au cours de leur deuxième nuit et à une cession de guérison spirituelle ou *reiki*. Vous bénéficiez également d'une entrée gratuite pour le centre de la technologie alternative situé non loin de là. Ce site de détente comblera sans nul doute vos envies de grands espaces et vous serez assurés de ne croiser personne tandis que vous observez la forêt silencieuse depuis la porte de votre tipi. **DA**

L'Eco Retreat est un projet de tourisme primé et propose une authentique expérience d'évasion.

Le cottage de Trehilyn Isaf

Lieu Pembrokeshire, pays de Galles
Site Web www.underthethatch.co.uk **Prix €€**

L'un des cottages les mieux préservés du Pembrokeshire, Trehilyn Isaf, bénéficie d'un merveilleux emplacement côtier sur la péninsule Strumble Head où dominent des rochers noirs escarpés, des mégalithes, des collines enveloppées de brouillard et d'immenses falaises.

Le cottage a été entièrement restauré à l'aide de méthodes authentiques et durables telles que des peintures à faible teneur en toxine, de la laine de mouton pour l'isolation, de la chaux pour l'enduit et le chauffage central neutre en carbone. La vieille ferme magnifiquement rénovée a beau être écologique, elle n'en demeure pas moins privée du confort moderne.

« La maison donne l'impression d'être vivante et partie intégrante et organique du paysage. »

Niall Griffiths, *The Guardian*

À l'intérieur, le bâtiment affiche une alliance parfaite d'éléments traditionnels, comme l'énorme cheminée, et de minimalisme épuré. C'est le genre d'endroit dans lequel un sentiment de calme vous envahit lorsque vous y pénétrez.

Si vous parvenez à vous extirper de ce havre délicieux, partez à la découverte du Pembrokeshire et de ses nombreux châteaux. Ne manquez pas la baie d'Aber Mawr, entourée de falaises déchiquetées, et profitez de la vue imprenable depuis le phare Strumble Head. **HA**

Seaham Hall

Lieu Seaham, comté de Durham, Angleterre
Site Web www.seaham-hall.co.uk **Prix €€**

L'édifice possède une histoire prestigieuse. Il fut construit à la fin du XVIIIe siècle comme demeure seigneuriale. Il devint célèbre comme le lieu où Lord Byron épousa Annabella Milbanke en 1815. Au cours de la Première Guerre mondiale, il fut successivement transformé en hôpital militaire, en sanatorium pour les tuberculeux, en centre de traitement cardiaque de pointe et en maison de repos, jusqu'en 2002 où il retrouva son lustre d'antan pour devenir un hôtel et spa de luxe.

Le Seaham Hall d'aujourd'hui regorge d'œuvres d'art contemporain. L'artiste créatrice de vitraux Bridget Jones a créé le plafond de l'atrium en s'inspirant des poèmes de Lord Byron. Les œuvres des peintres Dale Atkinson et Paul Callagher ornent les murs tandis que des sculptures de Nicolaus Widerberg, Andrew Burton et William Pye sont exposées dans tout l'hôtel. Les suites sont résolument modernes et jouissent d'un système d'éclairage raffiné. Certaines salles de bains comportent des baignoires pour deux personnes. Le salon (dans lequel Lord Byron épousa A. Milbanke) est toujours utilisé pour des cérémonies de mariages civils et le restaurant sert une cuisine simple mais délicieuse sur des tables en bois.

C'est en empruntant un tunnel souterrain que vous accéderez au spa. Plus de 45 soins sont proposés dans ce havre de paix au décor asiatique. Au milieu des effluves de jasmin et du clapotis de l'eau, on découvre une piscine de 20 m, un hammam en granit noir, des bassins de plongée, une fontaine de glace et un hammam turc traditionnel. Plus qu'un bien-être esthétique, Seaham Hall vous procure une véritable plénitude intérieure. **PS**

Swinton Park

Lieu Masham, North Yorkshire, Angleterre
Site Web www.swintonpark.co.uk **Prix €€**

Si vous aimez le faste anglais, alors Swinton Park est fait pour vous. Composé de 30 chambres, cet hôtel de luxe affiche un caractère authentique avec ses tourelles, ses longs couloirs sonores et ses imposants escaliers menant à d'immenses chambres au style unique et individuel.

Swinton Park est un endroit idéal pour quiconque souhaite découvrir les Yorkshires Dales, bien qu'avec ses 80 ha de lacs, de jardins et de parcs, il y a peu de raisons d'aller voir ailleurs. Si vous êtes aventurier, vous pourrez vous initier à l'art de la fauconnerie, de la pêche ou de la conduite tout-terrain. Le restaurant de Swinton Park vaut également le détour. La plupart des produits sont cultivés dans le potager de 1,6 ha, le plus grand de ce style au Royaume-Uni, et agrémentent une cuisine de saison raffinée. L'hôtel est réputé auprès des amateurs culinaires, car il possède sa propre école de cuisine dirigée par un chef célèbre.

> *« Le spectacle des cerfs, des jonquilles et du parc nous fit chausser nos bottes pour une promenade. »*
>
> Jill Hartley, *The Guardian*

Une fois vos activités achevées, pourquoi ne pas se retirer dans la salle de jeu pour une partie de billard ou se faire masser dans le spa et la piscine à remous ? En somme, l'art de vivre britannique à son apogée. **RS**

→ *Swinton Park est le genre d'endroit où l'on s'attend à rencontrer les personnages de Jeeves et Wooster.*

Wolds Way

Lieu Yorkshire, Angleterre
Site Web www.nationaltrail.co.uk

Sauvage, tranquille et parfois même inquiétant, les paysages à couper le souffle du Yorkshire semblent s'étendre à perte de vue. C'est au cœur de cette nature que serpente le chemin de randonnée le plus tranquille de Grande-Bretagne, créé il y a 25 ans par un groupe de marcheurs enthousiastes.

Les 127 km du Yorkshire Wolds Way restent les moins fréquentés des sentiers de randonnées nationaux d'Angleterre. Pour beaucoup, c'est une bénédiction, car on y éprouve un véritable sentiment de liberté et il n'est pas rare de marcher seul pendant plusieurs jours sans rencontrer âme qui vive. Les randonneurs sont davantage susceptibles d'apercevoir un chevreuil en train de brouter ou un faucon crécerelle planant au-dessus de leur tête.

Le panorama est éblouissant, depuis la vue au sud sur le Humber jusqu'aux tours de la cathédrale de Lincoln au début de la randonnée, ou au nord, sur le spectaculaire cap de Filey Brigg qui ferme la marche. Vous traverserez le célèbre village médiéval anglais de Wharram Percy, abandonné à l'époque de la peste au XIVe siècle, et les tumulus de l'âge de bronze disséminés sur les hauteurs des Wolds. Les villages qui bordent le sentier semblent tout droit sortis d'une autre époque. Nul besoin d'arriver à cheval pour se présenter à l'auberge Ferry Inn de Brough bien que le bandit de grand chemin Dick Turpin ait été arrêté ici même en 1739. Après une course célèbre de 322 km depuis Londres sur sa jument Black Bess, le bras de la justice s'abattit sur Turpin, pendu peu après à York. **SWi**

Le Yorkshire Wolds Way serpente à travers les champs et les vallées et traverse de ravissants villages.

Hôtel Samling

Lieu Lake District, Angleterre
Site Web www.thesamling.com **Prix €€**

Le Samling est un lieu particulièrement luxueux avec un magnifique panorama sur le lac Windermere, un Jacuzzi extérieur et une cave bien remplie. Dès que les hôtes franchissent le seuil de l'hôtel, les gérants mettent tout en œuvre pour qu'ils se sentent ici chez eux, sans s'embarrasser de quelconques formalités. Il est difficile de ne pas se détendre et le charme de cette jolie maison à pignons du XVIIIe siècle opère en quelques minutes.

Les splendides jardins, peuplés de clématites, qui encadrent la bâtisse confèrent à l'endroit un charme particulier. L'établissement compte treize suites individuelles, aux vues imprenables sur le lac. Toutes sont chaleureusement agencées. L'une d'elles est décorée dans les tons bleus et verts ; elle dispose d'un salon séparé avec une cheminée. Une autre est installée dans un cottage proche de la maison principale ; elle est équipée d'une baignoire de style victorien, d'une douche et d'un salon installé dans une véranda.

> *« Nulle part on ne trouve [...] une telle profusion de beauté et d'éclat. »*
>
> **William Wordsworth, à propos du Lake District**

Le site affiche un mélange subtil de caractère traditionnel et de confort contemporain. Les hôtes savoureront l'intimité du Samling, même si les activités extérieures ne manquent pas avec les 27 ha de terrain de l'établissement et les paysages splendides du Lake District. **LP**

Le canal de Leeds et Liverpool

Lieu de Leeds à Liverpool, Angleterre
Site Web www.penninewaterways.co.uk/ll

Peu de modes de voyage sont aussi relaxants que la péniche. Une fois le système de gouverne maîtrisé, vous voilà parti.

Les berges du canal de Leeds et Liverpool ont vu défiler 150 ans d'histoire et c'est toute l'épopée de la révolution industrielle qui se déploie sous vos yeux. Shipley, Saltaire et Skipton n'ont peut-être pas tout à fait la même aura qu'Hambourg ou Florence, mais vous éblouiront par l'architecture de leurs anciens moulins et sucreries conçus et construits avec le soin autrefois réservé aux cathédrales. Mouillez l'ancre et déambulez dans le village de Saltaire construit par Sir Titus Salt pour ses artisans. Les lignes harmonieuses des maisons font écho à la beauté de la bibliothèque, du lycée, de la salle de concert et des usines aux cheminées majestueuses érigées à l'image des campaniles toscans.

> *« Les navires de 60 pieds de long, 14 pieds de large […] parviennent à franchir ses 92 écluses. »*
>
> Leeds and Liverpool Canal Society

Sir Titus Salt interdit la présence de pubs dans Saltaire, mais le canal de Leeds et Liverpool comprend plusieurs endroits où savourer une bière. L'un des plaisirs les plus savoureux lors d'une virée en péniche, juste après celui de mettre en route le moteur par un matin brumeux après un petit déjeuner copieux, consiste à accoster le quai d'un pub tandis que le soleil décline et à commander une pinte au bar. **SWi**

Le lac de Kielder Water et le Parc forestier

Lieu Northumberland, Angleterre
Site Web www.visitkielder.com

Si vous recherchez la paix et la tranquillité, inutile de chercher plus loin que le Parc forestier et le lac (Kielder Water and Forest Park). Grâce à la faible présence d'éclairages, le site est réputé pour avoir les ciels nocturnes les plus sombres d'Angleterre.

Kielder Water est le plus grand lac artificiel d'Europe du Nord et les plus vastes forêts d'Angleterre. Avec plus de 600 km^2 de terrains que l'on peut parcourir à vélo, à cheval ou à pied, le parc est si grand que l'on peut s'y promener pendant des heures sans croiser personne. Une multitude de sentiers de forêt se prêtent aux balades à pied ou à cheval, y compris le sentier longeant la rive du lac, longue de 43 km. Dans ce havre naturel, vous pourrez apercevoir des cerfs, des loutres, des blaireaux, des chauves-souris et différentes espèces d'oiseaux rares. Le parc abrite aussi près de 60 % de la population d'écureuils roux d'Angleterre.

Compte tenu de l'opacité des ciels nocturnes, le lac de Kielder Water, le parc forestier et l'observatoire de Kielder se prêtent à merveille à l'observation des étoiles. Vous pourrez parfaire vos connaissances en astronomie dans l'observatoire ouvert toute la journée et parfois en soirée. Ce décor rural regorge aussi d'œuvres d'art et d'architecture contemporaines. Les visiteurs avides de passer un jour ou deux dans ce coin paisible d'Angleterre n'auront que l'embarras du choix parmi la multitude d'aires de pique-nique et de lieux de restauration présents dans le parc. **HA**

L'air pur qui y règne et la nature encore sauvage font de ce site un magnifique lieu de promenade.

L'abbaye de Coombe

Lieu Coventrey, Warwickshire, Angleterre
Site Web www.coombeabbey.com **Prix €€**

Les moines cisterciens fondèrent l'abbaye de Coombe en 1150. Nichée au cœur historique du Warwickshire, cette propriété de 202 ha a été entièrement restaurée et transformée en hôtel.

L'établissement comporte toutes les commodités modernes et un service de chambre 24 heures sur 24. Admirez le mobilier d'époque et les détails de chaque pièce. Des installations modernes sont habilement cachées derrière des ornements d'époque, telle la salle de bains dissimulée derrière la bibliothèque. L'hôtel compte 83 chambres au total. Consentez à une petite folie en réservant l'une des huit chambres prestigieuses comme la Chinoiserie ou la suite Lady Craven. La Chinoiserie est empreinte du style asiatique et jouit d'une vue merveilleuse sur le lac et les jardins traditionnels, tandis que la suite Lady Craven renferme un lit à baldaquin couronné de plumes d'autruche.

Les célèbres banquets médiévaux vous permettent de remonter dans le temps jusqu'en 1539, avec plats, musique et divertissements d'une autre époque. Les hôtes sont reçus à la bougie et savourent un festin de quatre plats composé des classiques de la Cour comme le bouillon du baron ou la côte royale. Si les intrigues vous intéressent, participez donc au dîner mettant en scène un meurtre mystérieux au tournant du siècle. Vous pouvez également tenter l'expérience baptisée « Ghostly Goings On » qui vous raconte le passé de l'abbaye de Coombe avant de savourer un délicieux repas de trois plats. Si ceux qui ne retiennent pas les leçons de l'histoire sont condamnés à la répéter, alors cette abbaye est le lieu idéal pour réviser assidûment. **JS**

Hambleton Hall

Lieu Oaklam, Rutland, Angleterre
Site Web www.hambletonhall.com **Prix €€**

Ancien relais de chasse de style victorien, Hambleton Hall fut inauguré par le banquier Tim Hart il y a plus de 20 ans. Il est situé sur la rive de Rutland Water et combine avec succès une cuisine et un service impeccables au sein d'intérieurs divins.

Les 17 chambres se trouvent sous les toits et la plupart sont mansardées ; quasiment toutes surplombent le lac. Décorées dans un style élégant, bien que traditionnel, les chambres sont pourvues de grands lits et de gravures de chasse sur les murs. Voilà un hôtel qui a su résister à la tentation d'ouvrir un spa. Comme le note Tim Hart : « Pourquoi venir dans un lieu comme celui-ci et passer toute la journée à l'intérieur ? »

« C'est l'un de ces hôtels rares dans lesquels les hôtes se sentent véritablement choyés. »

Daily Mail

Ce serait un crime de ne pas partir explorer les eaux bleues de Rutland Water, le plus grand lac artificiel d'Europe. En effet, les hôtes ne manquent pas d'activités ici et même si la chasse au renard n'est plus à l'ordre du jour, vous pouvez toujours vous promener à pied ou à vélo autour du lac, observer les oiseaux ou pêcher la truite. Quoi que vous fassiez, n'hésitez pas à bien vous dépenser, car la cuisine de Hambleton est fameuse. Le chef n'utilise que le meilleur des produits locaux et ses plats sont majoritairement de saison, ce qui garantit une cuisine magistrale. **HA**

The Olive Branch

Lieu Clipsham, Rutland, Angleterre
Site Web www.theolivebranchpub.com **Prix €€**

The Olive Branch rassemble toutes les caractéristiques du pub de campagne anglais, avec son toit de chaume et ses pierres couleur miel. Si vous traversez le jardin et que vous poussez la porte, vous vous retrouvez dans une agréable pièce basse de plafonds et ornée de poutres, pourvue d'une cheminée, de tables en pin brut, de vieux fauteuils et de bancs.

Contrairement aux menus proposés par les pubs traditionnels, la cuisine est ici exceptionnelle. L'accent est mis sur les produits cultivés localement et de saison : la truite provient directement de Rutland Water, l'agneau de printemps et le porc, de la ferme voisine et les baies fraîchement cueillies, des haies alentour. La carte des vins est tout aussi impressionnante et propose un assortiment de vins à la fois jeunes et vieux.

À ce stade, vous pensez peut-être avoir rejoint le paradis des pubs, mais le meilleur reste à venir : vous n'avez même pas à rentrer chez vous, car de l'autre côté de la route vous attend Beech House, une charmante petite maison d'hôtes de style géorgien gérée par les propriétaires du pub Olive Branch.

Beech House témoigne de la même attention portée aux détails qui fit le succès du pub. Les six chambres sont décorées avec goût dans les tons verts, chocolat et lilas. La literie, les matelas cousus main, les draps en coton égyptien et les duvets en plumes de canard garantissent de bonnes nuits de sommeil. C'est reposé que vous vous réveillerez pour attaquer le copieux et délicieux petit déjeuner servi dans le pub. **HA**

Cotswold House

Lieu Chipping Camden, Cotswolds, Angleterre
Site Web www.cotswoldhouse.com **Prix €€**

Situé au centre de la jolie petite ville de Chipping Camden, au cœur des Cotswolds, chaîne de collines du centre de l'Angleterre, l'hôtel Cotswold House est un lieu d'escapade idéal pour un week-end. Les propriétaires de l'établissement n'ont rien laissé au hasard pour garantir à leurs hôtes un séjour idyllique. Depuis les lits gigantesques et confortables jusqu'aux fabuleuses salles de bains, Cotswold House assure un confort optimal. Grâce au minibar, vous pouvez vous servir votre rafraîchissement sans faire appel au personnel, le chauffage au sol vous réchauffe les pieds et vous bénéficiez de la connexion haut débit dans chaque pièce.

« Cette demeure du XVIIe siècle, avec ses élégants intérieurs, offre des chambres splendides. »

Kate Simon, *The Independent*

L'hôtel est géré par des particuliers et le service reflète le désir de garantir à chaque visiteur un séjour inoubliable. L'établissement est naturellement décoré avec goût. Les chambres pittoresques et chaleureuses possèdent des toits mansardés, des poutres et des cheminées (l'une dispose même de son jardin privé et d'un Jacuzzi), tandis qu'à Montrose House les huit chambres adoptent un style plus moderne avec leurs énormes baignoires en pierre et leur système d'éclairage ajustable. Le restaurant et le spa viennent compléter ce décor de qualité. **HA**

Dovecote

Lieu Oxford, Buckland, Angleterre
Site Web the-dovecote.co.uk **Prix €€**

Situé sur les terres du manoir de Buckland, près d'Oxford, le Dovecote est assurément au goût de la plupart des tourtereaux. L'hébergement proposé dans cette habitation du XVIIIe siècle est si confortable et accueillant que les hôtes rechignent à en partir.

Délabré au début du XXe siècle, l'ancien colombier a depuis été restauré et converti en un petit nid douillet indépendant pouvant accueillir jusqu'à quatre personnes. Subsistent à l'intérieur du bâtiment historique, la potence (terme technique désignant le mât central et l'échelle) et les 1 200 nichoirs ou boulins. Ce pigeonnier est de forme octogonale et particulièrement large, avec un briquetage rouge. Un escalier en colimaçon mène de la cuisine et de la salle à manger au sauna nordique et à la douche double. Grimpez encore quelques marches et vous accédez à la chambre située sous les toits du bâtiment et parfaitement intime.

« La plupart des couples qui passent le week-end dans le Dovecote ne mettent pas le nez dehors. »

Liz Bird, *The Observer*

Le pub voisin, The Lamb, peut livrer vos repas devant votre porte si vous ne vous sentez pas le courage de cuisiner. Si vous décidez de vous aventurer au-dehors, les environs ne manquent pas d'attrait : Oxford n'est qu'à 35 minutes en voiture, tout comme Blenheim Palace, lieu de naissance de Winston Churchill, et son jardin signé Capability Brown. **HA**

Le Manoir aux Quat' Saisons

Lieu Oxford, Oxfordshire, Angleterre
Site Web www.manoir.com **Prix €€€**

En arrivant au Manoir aux Quat' Saisons de Raymond Blanc, vous vous demandez quel genre de cadre peut bien offrir ce lieu étant donné sa proximité avec l'autoroute M40. Cependant, à peine l'imposante grille et l'entrée principale franchies, vous êtes aussitôt transportés dans la retraite paisible aux murs couleur miel du célèbre chef. C'est le genre d'endroit dans lequel tout est tellement axé sur notre bien-être que l'on a l'impression que notre arrivée a été planifiée à la minute près des jours à l'avance.

Les portes s'ouvrent avant que vous ayez eu le temps de trouver la poignée et les bagages vous sont retirés des mains sans que vous réalisiez ce qui vous arrive. Tout est fait pour vous signifier que vous êtes unique, quelle que soit la chambre réservée. Mais ce n'est pas non plus le genre d'endroit pompeux dans lequel vous n'osez pas éternuer ni élever la voix. Ici, l'humeur est à la détente et la décontraction.

Au Manoir, « la cuisine, le confort, le service et l'accueil » accordent une réelle attention aux détails et aucune chambre n'est identique, ce qui permet d'y séjourner plusieurs fois. Commandez le menu de dégustation Découverte avec ses dix plats et laissez vos papilles être transportées au paradis de la gastronomie. Prenez le temps de vous promener dans le jardin de l'hôtel, c'est là que poussent la plupart des produits frais que vous retrouverez dans votre assiette. **RS**

→ *Le Manoir est conçu pour qu'une fois sa grille franchie, vous vous y sentiez comme chez vous.*

Cherwell Boat House

Lieu Oxford, Oxfordshire, Angleterre
Site Web www.cherwellboathouse.co.uk **Prix €**

Le mode de transport fluvial le plus typiquement anglais est sans doute la barque ou *punt*, bateau au fond plat et à la proue carrée, conçu pour naviguer sur les petites rivières. Le *punter* propulse la barque à l'aide d'une longue perche le long de la rive.

Pour ceux qui sont en quête d'une idylle au cœur d'une ville universitaire animée, faire un tour en barque à Oxford est une expérience unique. C'est principalement sur la rivière Cherwell, qui traverse les champs et bois verdoyants d'Oxford avant de rejoindre la Tamise près des prairies de Christ Church Meadow, que vous pourrez apercevoir ces célèbres embarcations. Les points d'embarcation sont variés, mais Madgalen Bridge est trop bondé et Folly Bridge est trop risqué. Les pâtures de Port Meadow sont appréciées pour leur praticabilité, mais le meilleur point d'embarcation se trouve à Cherwell Boat House. Situé sur les rives de la rivière Cherwell, cet abri à bateaux est un restaurant, un café et un point de location de barques. Les fans de *Retour à Brideshead* seront dans leur élément même si les costumes en flanelle crème, le champagne, les blazers et les fraises sont en option aujourd'hui. **LB**

Passez la journée à longer les universités d'Oxford, les jardins botaniques et la campagne anglaise.

Paresser quelques heures dans une barque sur la rivière peut être une activité estivale parfaitement agréable.

Malmaison

Lieu Oxford, Oxfordshire, Angleterre
Site Web www.malmaison-oxford.com **Prix €€**

Première prison du Royaume-Uni à avoir été récemment convertie en petit hôtel de luxe, l'ancien château d'Oxford offre le genre de vie luxueuse dont auraient rêvé les anciens détenus.

Construit à l'origine par Guillaume le Conquérant en 1071 et agrandi par la suite, le château s'inscrit sur un site de 5 ha. Une fois la cour traversée, les visiteurs franchissent l'imposante façade de l'hôtel pourvue de meurtrières cruciformes et de tourelles sur lesquelles flottent des drapeaux. Au cours des dernières décennies, l'édifice fut dénommé H. M. Prison Oxford et c'est ici que fut tourné le film *L'or se barre* avec Michael Caine.

Aujourd'hui, avec ses 94 chambres du dernier chic, son bar et sa brasserie, Malmaison Oxford est le genre d'endroit où vous seriez plus qu'heureux de purger une longue peine. En entrant, vous êtes frappés par ce qui s'offre à vos yeux : un immense atrium surmonté d'une verrière et plusieurs galeries étagées. Reliés par des escaliers en fer, les murs blancs de ces étages sont constellés de minuscules portes rouges : les anciennes cellules. Chaque chambre se compose de trois anciennes cellules regroupées tandis qu'à l'intérieur les fenêtres cintrées rappellent aux hôtes qu'ils se trouvent aussi dans un château.

Les « détenus » d'aujourd'hui sont choyés comme ne l'ont jamais été les anciens prisonniers : les lits très confortables, la literie immaculée, les douches à hydrojets, les minibars et le système d'éclairage ajustable comblent le plus petit de vos désirs. Les extra, comme le nécessaire de toilette que vous êtes invités à emporter, les DVD dans chaque chambre et la collection de CD, concourent à faire de Malmaison un lieu où l'on s'éterniserait volontiers. **HA**

Hôtel Le Victoria

Lieu Norfolk, Angleterre
Site Web www.holkham.co.uk **Prix €**

Situé en face du sentier sablonneux et bordé de pins qui mène à la plage de Holkham, Le Victoria est devenu un lieu incontournable pour qui souhaite découvrir le littoral nord de Norfolk. Avec son atmosphère familiale et détendue alliée à ce qu'il faut d'élégance et de distinction, l'hôtel possède à la fois la convivialité d'un pub populaire et l'exclusivité d'une retraite de luxe.

Au Victoria, la cuisine est élaborée pour combler tous les palais, mais l'utilisation des produits locaux de saison garantit un menu toujours changeant où figurent les spécialités du Norfolk comme le crabe de Cromer ou le gibier et la venaison issus de la propriété voisine du comte de Leicester. Les hôtes se sentent très vite chez eux.

La plage demeure cependant l'atout majeur de l'établissement. Elle est idéale pour effectuer de longues marches ou pour construire des châteaux de sable avec les enfants. Si la plage de Holkham vous semble familière, c'est peut-être parce qu'elle fut immortalisée par Gwyneth Paltrow dans les scènes finales du film *Shakespeare in Love*. Après votre promenade sur la plage, retournez à l'hôtel où le style traditionnel anglais côtoie celui du Rajasthan, avec la baignoire sur pieds griffés de votre chambre, la bière pression Adnams disponible au bar, le mobilier importé du Rajasthan et les autres éléments coloniaux qui accentuent encore le charme fantaisiste de l'établissement. Si vous désirez être seul, vous pouvez séjourner dans l'un des trois pavillons récemment rénovés de la propriété du comte. **RS**

La splendide demeure de Holkham Hall a été construite au XVIIe siècle pour le comte de Leicester.

Strattons

Lieu Swaggham, Norfolk, Angleterre
Site Web www.strattons-hotel.co.uk **Prix €€**

Situé dans le bourg de Swaffham, Strattons, magnifique demeure en briques de l'époque de la reine Anne, revêt un aspect extérieur plutôt traditionnel. C'est un esprit résolument moderne qui anime la gestion de ce petit hôtel de luxe.

Les propriétaires gèrent l'établissement en s'appuyant sur des principes environnementaux. Ils veillent à utiliser des produits biologiques et d'origine locale si possible, à faire travailler les producteurs locaux et à recycler les déchets. Les efforts écologiques de Strattons ne se font toutefois pas aux dépens du confort. Chaque pièce est décorée avec goût et présente un style unique. Le décor de Strattons est résolument éclectique. On trouve en effet des tapis en peaux de vache sur le parquet, des bustes en marbre et des sculptures savamment disposées. Peintures et vitraux sont disséminés ici et là et des œuvres d'art originales ornent les murs. Chacune des dix chambres est étonnante, que ce soit la « Chambre rouge » romantique avec son lit à baldaquin, ses murs pourpres et sa salle de bains d'inspiration marocaine, ou la « Chambre vénitienne » avec sa reproduction presque grandeur nature de la *Vénus* de Botticelli sur le mur de la salle de bains.

Cependant, c'est la cuisine qui impressionne réellement à Strattons. Absolument tout sur le menu, du pain au chocolat du petit déjeuner jusqu'aux chocolats et petits-fours du digestif, est confectionné sur place. Le plateau de fromages est étonnant et propose un assortiment de fromages du Norfolk et autres spécialités britanniques, le serveur est capable de vous les décrire un par un avec force détails. **HA**

House in the Clouds

Lieu Thorpeness, Suffolk, Angleterre
Site Web www.houseintheclouds.co.uk **Prix €€€**

Du haut de ses 21 m, cette étrange maison, qui compte parmi les folies les plus célèbres du Royaume-Uni et qui domine la côte de Suffolk, a été transformée en maison de vacances.

Dans les années 1920, le dramaturge Glencairn Stuart Ogilvie entreprit de créer un village de vacances à Thorpeness qui rappellerait la *Merry England* (vision pastorale et idyllique de la vie anglaise). Le village devait respecter la mode des temps passés et offrir des divertissements de plein air. Il donnait directement sur la plage, possédait des pelouses impeccables, de jolis cottages et un lac artificiel bondé de barques colorées, autant de caractéristiques qu'il conserve aujourd'hui.

« Cette maison est vraiment la maison des fées, c'est ce que disent les enfants… »

Mme Malcolm Mason, écrivain, 1923

Le village manquant d'eau, on fit construire une tour avec une réserve d'eau. Pour cacher son affreuse façade, Ogilvie maquilla la tour en maison. Visible à des kilomètres, la maison semble perchée dans les arbres, d'où son nom de « maison dans les nuages ». Cette maison originale offre aujourd'hui un lieu merveilleux de vacances en famille. Elle héberge facilement douze visiteurs et dispose d'un terrain privé de 0,4 ha. À l'intérieur, le décor est fidèle au style anglais des années 1920 avec ses pièces lambrissées, ses portraits sur les murs et sa grande table en chêne dans la cuisine. Le panorama est exceptionnel et les enfants ne se lassent pas d'explorer cette bâtisse extraordinaire. **LD**

Tuddenham Mill

Lieu Tuddenham, Suffolk, Angleterre
Site Web www.tuddenhammill.co.uk **Prix €€**

Il y eut un moulin à Tuddenham pendant plus de 1 000 ans, même si le bâtiment actuel date de 1775. Depuis, le moulin a fait l'objet d'un projet de restauration et retrouve aujourd'hui sa facture d'origine alliée à la quintessence du style contemporain.

Des portes vitrées automatiques s'ouvrent pour révéler un hall élégant au sol composé de dalles et de bois sombre. Soutenues par d'énormes poutres en chêne apparentes, les pièces sont lumineuses et aérées. Le mobilier est stylé, moderne et italien tandis que les salles de bains regorgent d'accessoires signés Starck. Certaines renferment d'immenses baignoires en pierre en forme d'œuf, faites pour deux personnes, d'autres des douches modernes. Des lits gigantesques équipés de duvets en plume promettent un sommeil réparateur ; quant aux accessoires de toilette et aux peignoirs, ils sont signés respectivement Jo Malone et Missoni. Bien que les chambres soient équipées de modernes et luxueux accessoires hi-fi, de multiples éléments rappellent la fonction originelle du moulin. La vieille roue en fonte a ainsi été restaurée, placée sous verre et intégrée dans le bar pour devenir un magnifique élément d'architecture ; un éclairage original et novateur la fait revivre chaque nuit.

N'hésitez pas à goûter le crabe et le homard de Cromer, ou encore l'agneau issu d'Elveden Estate située à 16 km de là. Puis détendez-vous dans la campagne environnante, admirez les cygnes glissant sur le bassin et, comme de nombreux citadins vous précédant, prenez-vous à rêver à une vie loin de la ville, dans ce petit coin de paradis bucolique. **HA**

The Elms

Lieu Great Witley, Worcestershire, Angleterre
Site Web www.theelmshotel.co.uk **Prix €€**

Partir en vacances avec des enfants s'avère parfois être un oxymore. Récemment remeublé, ce fabuleux manoir de l'époque de la reine Anne, situé dans la campagne du Worcestershire, offre un refuge idéal aux parents éreintés. Nul besoin de laisser les enfants à des proches, car l'hôtel Elms est précisément fait pour les familles, avec ses 4 ha de parc et son fabuleux panorama sur Terne Valley.

Laissez vos jeunes enfants au centre aéré la journée et vos aînés s'entraîner au hockey sur table, au baby-foot, aux jeux de société et même aux jeux vidéo. À l'extérieur se trouvent un terrain de football et de croquet, un trampoline et une fantastique aire de jeux d'aventure, tous destinés à occuper vos enfants tandis que vous profitez du spa Aqua Sulis pour un soin bien mérité. Glissez-vous enfin dans la piscine translucide qui dispose de plusieurs lignes réservées aux adultes, ce qui vous épargne de lutter pour effectuer vos longueurs au milieu d'enfants hurlants.

« C'est un peu comme si vous passiez le week-end en compagnie d'amis fortunés. »

Simon Hughes, *The Daily Telegraph*

L'établissement est particulièrement réputé pour sa cuisine. Une fois vos enfants couchés, utilisez le service d'écoute gratuit de l'hôtel et installez-vous dans l'un des salons avec un bon gin tonic avant de succomber aux délices culinaires proposés. Qui donc a dit que les vacances en famille étaient stressantes ? **HA**

Hartwell House

Lieu Aylesbury, Buckinghamshire, Angleterre
Site Web www.hartwell-house.com **Prix €€€**

Séjourner à Hartwell House, demeure seigneuriale établie au milieu d'un parc de 400 ha conçu par Capability Brown, s'apparente davantage à un séjour passé dans la propriété, certes richissime et grandiose, d'un ami que dans un hôtel.

Ici, le service est discret et impeccable. Les majordomes surgissent comme par magie pour vous proposer un gin tonic devant la cheminée. Les canapés moelleux et les piles de revues vous donnent l'impression de passer un moment chez des amis. Avec son style rococo, sa cheminée en marbre et son plafond travaillé, la salle du petit déjeuner suscite l'émerveillement. Le pedigree de Hartwell House couvre près de 1 000 ans ; la demeure figure en effet dans le Domesday Book (« Livre du jugement dernier ») et le roi exilé Louis XVIII y séjourna avec sa cour.

« [Hartwell est] une saga historique de l'art paysager : on y trouve quasiment toutes les périodes. »

Sir Geoffrey Jellicoe, architecte paysager

La plupart des chambres sont spacieuses et elles donnent presque toutes sur le parc. Hartwell ne s'embarrasse pas de gadgets et vous ne trouverez pas d'écrans plasma ici. L'établissement préfère se concentrer sur l'essentiel. Les lits offrent un confort extrême, les salles de bains croulent sous les piles d'immenses serviettes moelleuses et la pression de l'eau est torrentielle.

Si vous n'êtes pas suffisamment détendus, dirigez-vous vers le spa où vous serez dorlotés comme un roi, ou une reine. **HA**

Luton Hoo

Lieu Luton, Bedfordshire, Angleterre
Site Web www.lutonhoo.co.uk **Prix €€**

Luton Hoo, dans le Bedfordshire, est ancré dans l'histoire de la Grande-Bretagne. C'est ici que la reine et le prince Philippe passèrent leur lune de miel et Winston Churchill réquisitionna la propriété, ancien siège de la famille Wernher, pour y tester les tanks lors de la Seconde Guerre mondiale.

Aujourd'hui, tout le monde (sous réserve d'avoir les poches bien remplies) peut y séjourner, car cette demeure du XVIIIe siècle a été convertie en hôtel de luxe. Ici tout est grand, audacieux et imposant. La plupart des pièces regorgent de dorures, de plafonds immenses chargés de fresques, de lambris en chêne sombre, de drapés de soie et de stucs de l'époque victorienne.

Bien qu'établi dans un cadre bucolique somptueux, Luton Hoo ne se trouve qu'à une heure de route de Londres. La propriété dispose d'un terrain de golf 18 trous et d'un spa, sans compter les 405 ha de parcs et jardins créés par Capability Brown. Deux lacs et une rivière serpentant à travers le parc verdoyant viennent compléter cet inventaire. Luton Hoo diffère des autres hôtels de campagne en ce sens qu'il ne cherche pas à être à la mode ; il offre simplement un service à l'ancienne dans une propriété étonnamment calme.

Vivez comme les aristocrates d'aujourd'hui et dînez au restaurant Wernher, l'une des salles à manger originelles dont le décor si somptueux avec ses lambris de marbre et ses riches étoffes colorées rappellent la magnificence du château de Versailles. Promenez-vous ensuite dans les jardins en terrasses ou partez pêcher et faire un tour de barque sur le lac si le soleil est au rendez-vous. **HA**

→ *La majestueuse demeure tient son nom d'un ancien occupant des lieux, Lord Thomas Hoo.*

Chelsea Physic Garden

Lieu Londres, Chelsea, Angleterre
Site Web www.chelseaphysicgarden.co.uk **Prix €**

Oasis de calme, ce jardin « secret » situé au cœur du quartier branché londonien de Chelsea constitue un havre de paix pour les visiteurs en mal de nature. Ce ravissant jardin de 1,6 ha fut créé en 1673 par la *Worshipful Society of Apothecaries* (« Société des apothicaires ») afin de permettre aux apprentis d'identifier les différentes plantes. Son emplacement, sur les berges de la Tamise, fut choisi en fonction de la proximité de la rivière, mais également du microclimat plus chaud qui donnait une chance de survie aux plantes d'origine étrangère comme les oliviers et les ananas.

Aujourd'hui, le jardin poursuit ses recherches sur les propriétés, les origines et la conservation de plus de 5 000 spécimens. Le jardin médicinal dévoile un fascinant éventail des plantes telles que la pervenche de Madagascar utilisée dans les traitements contre le cancer, la digitale laineuse, qui favorise la régulation des rythmes cardiaques anormaux ou encore la reine-des-prés dont provient l'aspirine. Dans le jardin de la médecine du monde, les visiteurs peuvent admirer les plantes utilisées sur tous les continents, y compris celles exploitées par les Maoris en Nouvelle-Zélande ou par les Aborigènes en Australie.

Le jardin des herbes aromatiques et des plantes utilisées dans l'élaboration des parfums renferme une importante collection de plantes et de fleurs parfumées. Sur le flanc ouest du jardin, la promenade historique expose le travail de plusieurs personnalités associées à l'histoire du jardin. **HA**

Référence dans l'histoire de la botanique, ce jardin présente un cadre agréable loin du vacarme de la ville.

Promenade à Highgate

Lieu Londres, Angleterre
Site Web www.highgate-cemetery.org

Le cimetière de Highgate fait figure d'escapade insolite pour qui veut fuir l'agitation de la ville. Il est divisé en deux parties. À l'est, se trouve une paisible succession de tombes modestes, y compris celles de romanciers comme George Eliot et Douglas Adams. L'imposant et large buste reposant sur la sépulture de Karl Marx est quant à lui plus ostentatoire, mais le site tout entier respire la simplicité.

La partie ouest est plutôt étonnante. À signaler que vous ne pouvez accéder au site que par une visite groupée. Dès les premières marches menant aux tombes, vous êtes aussitôt transporté à l'époque victorienne. Vous êtes entouré d'une architecture gothique, de tombes imposantes et d'une incroyable profusion de plantes verdoyantes qui recouvrent et habillent le cimetière tout entier. Le site, qu'on peut croire au premier abord laissé à l'abandon, est en réalité délibérément maintenu dans un état de ruine permanent.

Le cimetière ouvrit ses portes en 1839 dans le cadre de la création de sept nouveaux cimetières autour de Londres. Conformément au goût de la société victorienne pour les arrangements funéraires grandioses, de nombreuses sépultures affichent un style élaboré. L'impressionnante avenue égyptienne témoigne de l'intérêt du public pour les fascinantes découvertes archéologiques réalisées en Égypte à l'époque.

Il est difficile d'exprimer ce qu'inspire une visite du cimetière ouest : entre respect, crainte et fascination. Son calme et son état de ruine vous donnent l'impression de pénétrer sur un décor de film ou dans un tout autre monde. **CW**

« Les philosophes n'ont fait qu'interpréter le monde, il s'agit de le transformer. »

Épitaphe de Karl Marx, cimetière de Highgate

Les sépultures et la statuaire du cimetière sont un hommage à l'obsession funéraire de l'ère victorienne.

La cathédrale Saint-Paul

Lieu Londres, Angleterre
Site Web www.stpauls.co.uk

L'architecte Christopher Wren fut chargé de construire la cathédrale Saint-Paul après la destruction de l'ancien édifice dans l'incendie de Londres en 1666. Saint-Paul allait devenir la nouvelle paroisse protestante, un symbole d'espoir dans une ville médiévale détruite par les flammes. C. Wren souhaitait marquer le renouveau de Londres et, contrairement aux souhaits de l'Église qui désirait un clocher, il coiffa son œuvre baroque d'un énorme dôme, le deuxième plus grand après celui de Saint-Pierre, à Rome. Devenue une icône depuis le Blitz, la cathédrale reste l'édifice le plus significatif de la City de Londres et révèle toute sa magie la nuit, lorsque sa coupole est baignée de lumière.

« Wren mena à bien sa vision artistique : couronner le ciel de Londres d'une grande église à coupole. » BBC History website

En tant que premier monument du protestantisme britannique, Saint-Paul dégage une atmosphère différente de celle de ses homologues romaines. En dépit de la complexité de ses sculptures et de ses fresques délicates, l'édifice possède une légèreté et une âme qui la rendent moderne. La cathédrale est hélas souvent envahie par les touristes, excepté aux vêpres, ce qui empêche d'apprécier le calme et la solennité qui se dégage naturellement du lieu. L'édifice accueille une chorale composée de garçons et d'hommes depuis plus de neuf siècles et c'est un pur bonheur que de se laisser bercer par ces voix angéliques capables d'émouvoir le cœur le plus dur. **LB**

La pépinière de Petersham

Lieu Londres, Angleterre
Site Web www.petershamnurseries.com **Prix** €€

La pépinière de Petersham possède une collection de plantes impressionnante et un vaste jardin potager. Aménagé au cœur de la pépinière, le restaurant se compose de plusieurs serres, légèrement restaurées, de l'époque victorienne au style bobo chic et éclectique, et meublées de tables dépareillées et branlantes. Dressées avec soin et goût, les tables sont entourées de miroirs anciens, de ravissants outils domestiques ou de jardin, d'objets indiens tout à fait exquis et, naturellement, de caisses en bois débordant de plantes.

La pépinière possède une atmosphère toute particulière de jardin anglais et consacre une grande partie de ses terres à la culture des légumes, herbes et fruits les plus insolites. Mais c'est surtout par sa cuisine sensationnelle, évoluant au rythme des saisons et élaborée avec passion, que Petersham se distingue. Tout en savourant un Bellini aux pétales de rose, salivez devant le menu écrit à la main. Chaque jour différent, ce dernier n'est finalisé qu'en fin de matinée selon l'état de mûrissement des produits du jardin et ce qu'on trouve sur les étals du marché.

Laissez-vous tenter par une délicieuse salade accompagnée de la *burrata*, cette mozzarella au lait de vache crémeux à souhait et si frais qu'elle vient sans doute à peine de quitter l'Italie. L'été, vous pourrez déguster du saumon sauvage fumé au thé agrémenté de sauce verte piquante et d'asperges, et l'automne, un curry de courges et de tomates citronné. Les desserts, en particulier la glace à l'abricot et à la cerise et la tarte au chocolat, sont pure ambroisie. C'est un véritable festin qui vous attend dans ce jardin d'Éden où Mick Jagger et Madonna se sont déjà attablés. **SP**

Le parc de Richmond

Lieu Londres, Angleterre
Site Web www.royalparks.org.uk/parks/richmond_park

Ancien terrain de jeu privé de la famille royale britannique, Richmond Park est aujourd'hui ouvert aux simples roturiers. Ces terres de chasse privées, qui n'ont que peu changé au fil des siècles, sont situées à la porte de Londres et présentent un paysage varié de collines, de clairières boisées et de prairies. Que vous alliez du côté de Pen Ponds, un lac coupé en deux par une chaussée et un observatoire idéal pour le gibier d'eau, ou vers les bois isolés et magiques de Victoria au-delà de la plantation Isabella, vous aurez l'impression de vous trouver au cœur de la nature.

Plus vaste parc royal de Londres, il est en outre réputé pour sa faune sauvage, en particulier ses cerfs et ses daims. Ces gracieuses créatures paissent en harde sous les chênes séculaires jusqu'à la période automnale du brame lors de laquelle les mâles s'affrontent de manière spectaculaire afin d'attirer les femelles. En juin, vous pouvez admirer les faons vous observer timidement derrière les fougères.

Splendide demeure géorgienne, Pembroke Lodge abrite aujourd'hui un restaurant renommé. Elle fut autrefois l'ancienne résidence du Premier ministre britannique Lord John Russell, puis celle de son petit-fils, le philosophe Bertrand Russell.

Le parc jouit de panoramas imprenables. Le plus célèbre s'observe depuis le mont du roi Henri VIII et fait l'objet d'une protection juridique depuis 1710. De là, on peut observer la cathédrale Saint-Paul et la City de Londres, à plus de 16 km. C'est d'ici que le roi Henri cherchait à voir la fusée tirée depuis la Tour de Londres annonçant l'exécution d'Anne Boleyn. **SWi**

⇐ *Richmond Park est le seul endroit de Londres où l'on peut admirer près de 650 cervidés en liberté.*

Kemp Townhouse

Lieu Brighton, Angleterre
Site Web www.kemptownhouse.com **Prix €€**

Situé dans l'enclave éclectique de Kemp Town, ce petit bijou d'hôtel au style Régence a été remeublé avec goût par ses propriétaires allemands pour devenir un hôtel raffiné. Fort heureusement, tous les ornements d'époque ont été préservés.

À l'intérieur de la grande maison géorgienne à quatre étages, les neuf chambres disposent chacune d'un mobilier différent, avec des cheminées d'époque, des lits à baldaquin ou des baignoires sur pied. Chaque chambre possède une salle de bains privée, tandis que d'épaisses serviettes blanches, des bougies parfumées et un nécessaire de toilette complètent cette luxueuse panoplie.

« Ouvert depuis peu, Kemp Townhouse promet de devenir le nouvel hôtel le plus chic de Brighton. »

The Independent

Dans les tons gris et beige rosé, le décor contribue à l'atmosphère apaisante qui émane de l'établissement. Un éclairage tamisé et un feu crépitant vous attendent dans la salle à manger remplie d'une multitude d'objets d'art provenant du monde entier. Les pots en argent proviennent ainsi de Marrakech, certains tableaux sont des souvenirs de famille et le lustre fut expédié depuis New York.

Le petit déjeuner peut être servi dans la salle à manger donnant sur la mer ou bien dans la chambre. Muffins, mueslis et viennoiseries figurent sur le menu, mais vous pouvez aussi opter pour un petit déjeuner anglais afin de bien commencer la journée. **HA**

Chewton Glen

Lieu New Milton, Pampshire, Angleterre
Site Web www.chewtonglen.com **Prix €€€**

Même si les pelouses verdoyantes et les terrasses richement ornées rappellent *Gatsby le Magnifique*, c'est à la famille Maryatt qu'on doit la splendeur de la demeure de Chewton Glen. Un luxe inégalé servi selon la plus pure tradition anglaise. Élégance discrète et originalité signent chacune des 58 chambres dont les riches tissus d'ameublement et objets d'art côtoient les accessoires de luxe contemporain.

Le parc national de New Forest est tout aussi époustouflant. Le site abrite un court de tennis, ainsi qu'un terrain de croquet et de golf. Un sentier mène à la côte *via* des bois séculaires ; un itinéraire souvent emprunté par les contrebandiers des siècles passés.

« Un vrai hôtel country-house avec toute la distinction, le confort et la qualité que l'on peut espérer. »

The Good Spa Guide

Les soins sont dispensés dans l'intimité du spa au style romain où des ciels diurne et nocturne sont représentés sur les plafonds du bassin intérieur et de l'atrium de la zone d'hydrothérapie. Les salles de soins sont couleur taupe et les soins du visage Linda Meredith figurent sur la carte du spa, tout comme les soins corporels Molton Brown.

Les repas servis dans le restaurant primé allient la légèreté des fruits frais du petit déjeuner à la consistance des menus nocturnes. Tout ici, de la cordialité discrète du service aux fleurs présentées avec votre café, a été pensé avec soin. **VG**

Le chalet Grain Store

Lieu Lymington, Hampshire, Angleterre
Site Web www.theonionstore.co.uk **Prix €€**

C'est en se frayant un passage dans les méandres des petites routes du Hampshire, juste au nord de New Forest, que vous accédez au Grain Store établi en contrebas d'un sentier, juste derrière une insolite palissade de saules. Ce dernier fait partie d'un ravissant trio de refuges au romantisme rêvé.

Niché au cœur des 3 ha de terrain d'une maison en chaume du XVIIe siècle, l'élégant quoique rustique Grain Store (« grenier à grains ») rappelle une France rurale et coquette avec ses énormes poutres en bois et ses hautes fenêtres laissant la lumière inonder la pièce. Une baignoire française excentrique en fonte et un lambris en bois ornent la chambre, tandis que le lit est drapé de longues mousselines, comme s'il était possible de se soustraire davantage au monde. En vous couchant, vous aurez peut-être la surprise de découvrir une rose déposée sur votre oreiller.

Rendez-vous dans le salon décoré d'un plancher en bois simple, d'un lustre et d'une imposante table en bois, et dont la porte donne directement sur l'extérieur. Dehors, le jardin dispose d'une terrasse reculée bordée de saules. C'est un endroit idéal pour prendre son petit déjeuner ou, si le temps laisse à désirer, pour se réfugier sous la véranda et savourer un café près de la piscine. C'est également là que vous pourrez venir faire quelques brasses à la lueur des bougies.

Rares sont ceux qui parviendront à obtenir un réseau de téléphonie au Grain Store et nulle télévision ou radio ne viendra non plus vous distraire de ce délicieux état d'abandon. La belle ville animée de Lymington est seulement à quelques minutes, mais qui donc souhaiterait se mêler à la foule ? **NS**

Un spa thaïlandais au cœur du Hampshire

Lieu Brockenhurst, Angleterre
Site Web www.senspa.co.uk **Prix €€€**

Le Careys Manor Hotel se situe au cœur de New Forest. La propriété plutôt sévère qui vous accueille renferme un spa thaïlandais de renom capable de vous détendre jusqu'au bout des orteils. SenSpa propose une sélection innovante de soins où les techniques orientales et occidentales se mêlent.

Le spa axe toute sa philosophie sur la guérison intérieure et sur l'équilibre à trouver entre l'esprit, le corps et le mental. Que vous pénétriez dans la délicieuse piscine dédiée à l'hydrothérapie ou que vous vous délassiez dans le sauna aux herbes, le stress et la tension ne tarderont pas à s'évanouir. Mais vous sortirez bien vite de votre torpeur en pénétrant dans la salle de glace où un seau d'eau froide vous est déversé sur la tête. Dans cette même salle, vous pourrez également tester la douche de tempête tropicale, l'une des multiples douches revitalisantes, qui s'accompagne de pluie glaciale, d'éclairs et de tonnerre. Cependant, les meilleurs soins sont certainement les plus simples. Ne manquez sous aucun prétexte le massage dénommé Sen Fusion : vous serez malaxé à l'envi par l'un des thérapeutes qualifiés en massages thaïs et experts dans l'art de soulager les douleurs et raideurs musculaires.

S'il vous reste suffisamment d'énergie, le parc de New Forest compte plusieurs sentiers praticables à pied, à vélo ou à cheval, et vous pourrez admirer les poneys sauvages de New Forest. Après quoi vous pourrez déguster une délicieuse cuisine thaïe, idéale pour refaire le plein d'énergie avant d'entamer une autre journée à se prélasser dans le spa. **HA**

Le moindre détail de la décoration reflète la philosophie orientale du célèbre spa thaï.

« Le site a été extrêmement bien pensé pour parvenir à recréer une authentique atmosphère thaïe. »

The Guardian

Grayshott

Lieu Mindhead, Surrey, Angleterre
Site Web www.grayshottspa.com **Prix €€**

Dissimulée dans un coin paisible du Surrey, Grayshott est l'ancienne gentilhommière du poète victorien lord Alfred Tennyson. L'établissement dégage une atmosphère de grandeur raffinée bien que dénuée de prétention et renferme un spa prestigieux où la cordialité, l'accessibilité et le luxe sont de mise.

Ici, pas de rythme imposé : chacun est libre de choisir comment organiser ses journées. Il n'est pas rare d'apercevoir un curiste endormi dans le salon au coin du feu et, avec 19 ha de jardins paysagés, donnant sur 283 ha de terres, il est relativement aisé de s'immerger dans la campagne environnante. Parmi les soins proposés, les amateurs de spa pourront opter pour l'ostéopathie crânienne, le massage énergie vitale ou encore les techniques de liberté émotionnelle.

Le luxe est omniprésent comme en témoignent l'élégant décor aux teintes crème, les tapis éclatants, les lits confortables et les multiples détails comme les bougies bordant l'imposant escalier. La cuisine est inoubliable : l'accent est mis sur une alimentation saine et savoureuse et, au déjeuner, les hôtes se servent directement au buffet qui regorge de salades, légumes grillés, grillades de poissons et de riz sauvage. Le soir, le menu à la carte est servi dans la salle à manger ou dans le restaurant Conservatory. Les portions sont plus petites le soir, car de nombreux hôtes surveillent leur ligne. La qualité demeure cependant indéniable.

Vous pouvez aussi tester la méthode Pilates, assister à des cours de yoga ou faire de la gym. Une promenade quotidienne à 8 h du matin vous mettra en appétit pour le petit déjeuner sain et copieux qui vous attend. **LC**

Manoir Owlpen

Lieu Uley, Gloucestershire, Angleterre
Site Web www.owlpen.com **Prix €**

Ce manoir de l'ère Tudor et dont l'histoire s'étend sur 900 ans est l'un des manoirs les plus romantiques d'Angleterre. Depuis plus de 30 ans, les propriétaires louent une suite de bâtiments disséminés dans leur domaine, qu'ils ont convertie en ravissants cottages d'époque indépendants.

Certains de ces édifices sont historiques et tous sont uniques. Pouvant accueillir de deux à neuf hôtes, les cottages vont de la grange médiévale comme Tithe Barn (romantique retraite isolée pour deux personnes aux poutres en chêne massif et au charme rustique), aux fermes imposantes telles que Court House (maison à pignons datant de 1620 et disposant de cinq couchages). Grist Mill est un ancien moulin à eau construit près du charmant ruisseau Ewelme ; il date de 1728 et peut accueillir huit visiteurs. Marlings End est quant à lui un cottage de tisserand traditionnel avec trois chambres, une vue exceptionnelle et un magnifique jardin attenant.

> *« Owlpen… l'épitome du village anglais… a traversé des siècles de vie rurale. »*
>
> Le prince de Galles

Quel que soit le cottage choisi, vous serez conquis par la beauté de la campagne environnante. Ce hameau centré autour d'une ravissante église et du manoir lui-même se niche en contrebas d'une vallée boisée peuplée de hêtres aux teintes cuivrées. La devise de la famille Mander *Vive Bene* (« bien vivre ») trouve un parfait écho à Owlpen. **HA**

Barnsley House

Lieu Cirencester, Gloucestershire, Angleterre
Site Web www.barnsleyhouse.com **Prix €€€**

Les Cotswolds sont devenues une sorte de Mecque pour les citadins en quête de bonheur simple. Ils viennent ici jouer aux seigneurs du manoir dans l'un de ces nouveaux hôtels de campagne au charme à la fois rustique et glamour. Barnsley House compte parmi les pionniers de ce nouveau style d'établissement rural.

Cet élégant manoir historique est entouré de 4,5 ha de jardins conçus par l'ancienne propriétaire et jardinière Rosemary Verey. Les visiteurs venaient autrefois admirer les parterres verdoyants, mais ce luxe est aujourd'hui réservé aux hôtes fortunés de l'hôtel. Flânez aux abords des terrasses ensoleillées, des prairies et des parterres traditionnels ou détendez-vous près du jardin où se trouvent un temple et un bassin.

Le jardin n'est pas le seul atout de Barnsley House. Préparez-vous à défaillir à la vue du spa : construit à l'intérieur d'un jardin encaissé, il est équipé de fenêtres allant du sol au plafond, d'un sauna, d'un hammam et d'une salle de relaxation. À l'extérieur se trouve une piscine chaude dédiée à l'hydrothérapie et pourvue de douches massant le dos. Les aficionados de spa se régaleront avec la myriade de soins proposés.

Avec seulement neuf chambres, Barnsley conserve une atmosphère intime et un confort optimal. Les lits sont immenses, les oreillers moelleux, des fleurs du jardin fraîchement cueillies parfument l'air et les salles de bains affichent un luxe décadent. Et c'est sans mentionner les douches spacieuses, les baignoires sur pieds, le système d'éclairage original et les télévisions avec écran plasma. De l'autre côté de la route se dresse le pub du village. Passez-y boire un verre avant le dîner, vous apercevrez peut-être les habituées du lieu : Kate Moss ou Liz Hurley. **HA**

Lucknam Park

Lieu Chippenham, Wiltshire, Angleterre
Site Web www.lucknampark.co.uk **Prix €€€**

Quittez la route de campagne jonchée de feuilles, franchissez la vieille grille en pierre et empruntez une avenue longue de presque 2 km, bordée de tilleuls et de hêtres dont trois sont vieux de plus de 200 ans. Ce tunnel arboré s'ouvre sur une pelouse impeccable située en face de Lucknam Park. Établie au milieu de 200 ha de parc boisé sur les collines verdoyantes entourant Bath, la propriété dispose d'un restaurant, d'un spa, d'une piscine intérieure, d'un exquis jardin séculaire et même d'un centre équestre de 30 chevaux dont les invités peuvent disposer.

On doit l'édifice à un riche marchand du XVIIe siècle qui fit fortune en important du tabac de Virginie et qui, par la suite, fit construire la partie centrale de la propriété. Agrandie par les propriétaires successifs, cette dernière est aujourd'hui un hôtel de luxe traditionnel.

> *« Lucknam Park est le genre d'hôtel dans lequel il fait bon s'imaginer pouvoir rester à jamais. »*
>
> Kate Kellaway, *The Observer*

Situées à l'avant de la maison, les meilleures chambres possèdent des lits à baldaquin, des tables de réception, des salons, des salles de bains en marbre et jouissent d'une vue unique sur le parc. Au milieu des antiquités, des bibelots et des étoffes luxueuses, les touches modernes se font discrètes. Mélange de cuisines traditionnelle et moderne, les menus sont issus des meilleurs fournisseurs de la région et du jardin d'herbes aromatiques de Lucknam. **SH**

Hôtel Royal Crescent

Lieu Bath, Angleterre
Site Web www.royalcrescent.co.uk **Prix €**

Cet élégant hôtel situé au centre de Bath, au cœur du Royal Crescent (« croissant royal ») célèbre pour son architecture, vous plonge d'emblée dans les pages d'un roman de Jane Austen. L'hôtel occupe deux bâtiments presque inchangés depuis le XVIIIe siècle, lorsque les aristocrates se rendaient à Bath pour bénéficier des propriétés thérapeutiques de l'eau.

L'extérieur de l'hôtel conserve le même aspect qu'il y a 250 ans. À l'intérieur, d'immenses vases de lys parfumés embaument l'air, un feu de cheminée crépite dans le salon et les membres du personnel, d'une discrétion parfaite, apparaissent comme surgis de nulle part exactement au moment où vous en avez besoin. Les chambres ont été magnifiquement restaurées selon leur état d'origine du XVIIIe siècle. Les tapis, les teintes et les pièces de mobilier ont été soigneusement choisis pour conserver cette authenticité tout en assurant un confort optimal.

À Bath House, les amateurs de spa se verront proposer une gamme de soins ainsi que l'accès à la piscine de relaxation chauffée. Après quelques longueurs, plongez-vous dans l'un des bains à remous brûlants avant de vous immerger dans un bain d'eau glacée, une pratique favorisant la circulation sanguine.

Ne manquez pas de vous restaurer au Dower House, le restaurant du Royal Crescent qui surplombe le jardin. Si le temps est au beau fixe, vous pourrez même vous asseoir sous un magnolia en fleur, dans le jardin calme et isolé, écouter le chant des oiseaux et savourer un thé tout comme le faisaient les élites de l'époque géorgienne lors de l'âge d'or de Bath. **HA**

⇐ *Ce célèbre hôtel est situé au centre du superbe Royal Crescent de Bath, construit au XVIIIe siècle.*

Le spa thermal de Bath

Lieu Bath, Angleterre
Site Web www.thermaebathspa.com **Prix €**

Le spa thermal de Bath (Thermae Bath Spa) est le seul lieu de Grande-Bretagne où les visiteurs peuvent plonger dans une eau de source chauffée naturellement. Les spas présents dans les hôtels, même à Bath, utilisent en général de l'eau du robinet chauffée. Ce centre utilise une eau de source riche en minéraux qui, après avoir atteint sous terre la température de 45 °C, est remontée à la surface. Les Romains, concepteurs du bassin élaboré qui subsiste toujours à quelques mètres de là, utilisaient cette même eau.

L'édifice contemporain allie luxe et modernité. Plus de 140 architectes ont concouru pour remporter le contrat. Le projet de Nicholas Grimshaw recourt à la pierre traditionnelle de Bath, à l'instar des bâtiments géorgiens entourant le spa, à d'immenses panneaux de verre et à d'originaux hublots ronds.

« Le toit est appréciable la nuit, lorsque le ciel est illuminé… et que la vapeur commence à flotter… » **Vincent Crump, *The Times***

Le spa prodigue des soins traditionnels ainsi que des séances dans le Hot Bath restauré et d'époque géorgienne ou dans le Cross Bath, bassin thermal situé de l'autre côté de la rue, au-dessus de l'ancienne citerne romaine. Au spa principal, vous trouvez tout ce dont disposait le baigneur romain de l'époque : des saunas à vapeur aromatique dans des alcôves circulaires en verre, une piscine intérieure avec des jets à basse pression, des bains de pieds bouillonnants, une douche immense et un bassin sur les toits. **SH**

Babington House

Lieu Babington, Somerset, Angleterre
Site Web www.babingtonhouse.co.uk **Prix €€**

Babington est une vieille demeure aux pierres couleur miel érigée en 1370. Club privé, c'est également un hôtel de luxe avec restaurant. Niché au cœur du Somerset, dans le West Country, l'édifice entouré de 7 ha de terres apparaît au bout d'une avenue arborée.

Le secret du succès de Babington tient au mélange de style classique et d'esthétique contemporaine. Tout est centré autour de la maison principale, avec sa bibliothèque, son bar et sa salle de billard. Vous pouvez prendre vos repas dans la House Kitchen, dans la Log Room plus à l'écart, ou sur la terrasse si le temps du Somerset le permet. De l'autre côté du jardin, le Cowshed spa abrite des bassins extérieurs et intérieurs, une salle de gym, un hammam, un sauna, des salles destinées aux soins aromatiques ainsi qu'une salle de cinéma. Dans les jardins, on trouve des courts de tennis en gazon et en dur, un terrain de cricket, une pelouse dédiée au croquet, un lac (avec des cygnes), et un jardin d'époque. Les chambres sont situées soit en haut du grand escalier en acajou de la maison principale, soit de l'autre côté de l'allée en gravier, dans l'ancienne maison de gardien, l'ancienne remise de voitures et les anciennes écuries. L'une des chambres dispose d'une baignoire sur pieds près du lit tandis qu'une autre possède une terrasse équipée d'une baignoire à remous. **SH**

« … on peut visiter la chambre 6, prisée de Madonna pour sa baignoire sur le balcon. »

Susan D'Arcy, *The Times*

L'île de Lundy

Lieu canal de Bristol, Angleterre
Site Web www.lundyisland.co.uk

Le littoral de cette île minuscule (environ 5 km de long et 1 km de large) a certes été ravagé par les vagues, le vent et les assauts des Vikings, pirates et bandits, mais Lundy demeure épargnée par le monde moderne. Les voitures sont absentes et l'île ne compte qu'une poignée d'habitants, un pub et des champs qui s'étirent jusqu'aux falaises peuplées de macareux, d'agneaux, de cervidés et de chèvres sauvages.

Vous avez la possibilité de loger dans un camping abrité, dans un château du XIIIe siècle, dans une ville géorgienne, dans une barque de pêcheur ou dans un phare. Au total, 23 lieux peuvent vous héberger, chacun étant meublé et décoré avec soin, comme en témoignent les cartes navales et tableaux de naufrages sur les murs, les cheminées et les étagères chargées de jeux de société et d'ouvrages sur la faune et la flore sauvages.

Les activités sont légion pour un site si petit. Vous pourrez participer à des randonnées, des séances de plongée avec masque et tuba et des croisières en bateau autour de l'île où vous pourrez entendre les colonies de phoques gris avant de les voir. Les plongeurs affectionnent l'île pour ses eaux cristallines et le lieu est en passe de devenir l'un des sites d'escalade les plus prisés du Royaume-Uni. Lundy possède une atmosphère intemporelle où les choses simples de la vie, comme nager dans la mer ou siroter une bière dans la taverne Marisco, occupent la première place. Depuis la pointe sud de la côte ouest de l'île jusqu'aux États-Unis, la mer s'étend à perte de vue. **LD**

→ *Le phare de Lundy est l'un des bâtiments historiques préservés par l'association en charge du patrimoine britannique, le Landmark Trust.*

Gaia House

Lieu Newton Abbo,t Devon, Angleterre
Site Web www.gaiahouse.co.uk **Prix €€**

C'est pour échapper au stress de la vie quotidienne que les gens viennent à Gaia House. Perdue dans la campagne du South Devon, Gaia House, le seul centre de retraite indépendant de Grande-Bretagne, occupe les lieux d'un ancien couvent entouré de collines et de bois. Bien que les retraites et les cours soient inspirés de la tradition bouddhiste, tout le monde peut y participer et la philosophie et l'ambiance restent ouvertes et dénuées de dogmatisme.

Les hôtes peuvent participer à une retraite organisée ou libre. Les thèmes abordés sont légion : la retraite zen, la méditation intérieure, le qi gong et le yoga. Le programme n'est pas fait pour ceux qui souhaitent paresser dans leur lit le matin ou papoter avec des amis : les participants sont en effet tenus de se lever à 6 heures du matin et la journée se termine à 21 h 30. La méditation silencieuse rythme la journée, qu'elle soit pratiquée dans le vaste hall de méditation ou à l'extérieur, en marchant. Calme, discipline et sérénité sont ici les maîtres mots.

Les retraites se déroulent dans un silence absolu et la règle de la non-utilisation des téléphones portables permet de s'immerger dans le calme. Le logement est sans prétention, mais confortable ; il existe quelques chambres simples, mais la plupart sont partagées. Les visiteurs sont priés d'offrir une heure de leur temps par jour pour le bon fonctionnement de la maison, que ce soit en jardinant, en faisant la vaisselle ou le ménage. Bien que simple, la cuisine est savoureuse et copieuse et les repas végétariens sont servis collectivement dans une salle à manger surplombant la pelouse.

L'emploi du temps chargé permet néanmoins d'explorer les environs de Gaia House et de s'immerger dans le silence, la contemplation et la nature. **LC**

Combe House

Lieu Exeter, Devon, Angleterre
Site Web www.thishotel.com **Prix €€**

Combe House a été consacré l'un des hôtels les plus romantiques de Grande-Bretagne et il est aisé d'en comprendre la raison. Situé dans la campagne bucolique du Devon, ce manoir champêtre élisabéthain est accessible *via* une longue route sinueuse où se côtoient des juments et des poulains arabes et des faisans qui sillonnent en toute liberté les 1 415 ha de la propriété. Poussez la lourde porte en chêne pour pénétrer dans le hall d'entrée en lambris sombre, avec ses canapés confortables et sa cheminée.

Les seize chambres sont toutes décorées différemment. Celles de la maison principale ont une atmosphère traditionnelle, tandis que la Linen Suite, récemment rafraîchie, adopte un style sobre et contemporain. Cette suite composée d'une seule chambre dispose d'un vaste salon et d'une salle de bains équipée en son centre d'une baignoire en cuivre de 1,8 m de diamètre pouvant accueillir deux personnes.

Nous avons la chance d'être bien situés et de vivre dans un cadre idyllique.

Pour un cadre romantique, optez pour un séjour dans le Combe Thatch Cottage, niché dans les bois. Ce havre idyllique équipé de mobilier ancien renferme un énorme poêle et regorge de bouquets de fleurs fraîchement coupées. À l'arrière du cottage, le jardin privé est une pure merveille et, pour des occasions particulières, un chef de Combe House pourra même venir y concocter un dîner aux chandelles pour deux. **HA**

Le fort Polhawn

Lieu Rame Head, Angleterre
Site Web www.polhawnfort.com **Prix €**

Situé à l'extrémité de la péninsule Rame Head de Cornouailles, ce fort possède toujours un pont-levis en état de marche, prêt à être levé en cas d'attaque. Le fort fut construit dans les années 1860. La marine française, sous Napoléon III, venait alors d'acquérir le premier navire de guerre à vapeur du monde. En riposte, le Premier ministre britannique de l'époque, Lord Palmerston, ordonna la construction d'une série de « forts napoléoniens », dont Polhawn fait partie. Les forts ne furent jamais exploités et furent baptisés par la suite les folies de Palmerston.

Aujourd'hui, Polhawn est plutôt plus accueillant. L'édifice compte huit chambres, qui donnent toutes sur la mer, pouvant accueillir confortablement 20 hôtes. Le fort est souvent loué pour des mariages (les dîners d'une centaine de convives ont lieu dans une vaste salle en briques voûtée qui abrite quatre des casemates pour canons originelles), mais se loue également en période de vacances. Il possède sa plage privée et un yacht de luxe de 15 m baptisé le *Polhawn Whisper* sur lequel les hôtes peuvent aller faire un tour. Avec leurs colonies d'oiseaux marins, les spectaculaires falaises de la côte de Cornouailles sont idéales pour une promenade vivifiante.

Autre particularité de Polhawn, son escalier en spirale possède une volute inversée. Les escaliers des fortifications anciennes tournent généralement dans le sens inverse des aiguilles d'une montre : en effet, l'ennemi était censé venir d'en bas et les soldats qui se battaient en haut avaient ainsi plus d'espace à l'extérieur de la spirale située du côté de leur bras droit, porteur de l'épée. Or, l'escalier principal de Polhawn tourne dans le sens des aiguilles d'une montre, car on pensait que l'attaque viendrait d'en haut. **PE**

La ferme de Botelet

Lieu Liskeard, Angleterre
Site Web www.botelet.com **Prix €**

Botelet est une ferme en activité devenue Bed and Breakfast depuis les années 1930. Elle propose désormais des locations de yourtes de Mongolie et dispose de deux cottages avec cuisines. Le plus grand des deux, Manor Cottage, est une maison datant du XVIIe siècle, au sol carrelé, aux poutres en chêne et équipée d'un piano. Les placards de la cuisine contiennent de la vaisselle cornouaillaise, la cheminée crépite et les chambres, meublées avec simplicité et goût, sont équipées de lit en bois ou en laiton, au style chic et désuet, et d'étoffes aux motifs floraux. La cuisine est même pourvue d'un puits éclairé qui pompe une délicieuse eau minérale souterraine. Botelet est le genre d'endroit où les hôtes se sentent comme chez eux après avoir exploré les merveilles historiques de la région, comme le cercle en pierres de Duloe, le fort néolithique de Bury Down et les fonts baptismaux ancestraux de l'église Saint-Cuby.

« Niché dans un creux, , ce petit bijou est une merveille de par son style… et ses couleurs. »

The Guardian

Si vous préférez être immergé dans la nature, optez pour un séjour dans une yourte, installée à l'abri du bruit et jouissant d'une vue imprenable sur les terres agraires jusqu'à la mer. Admirez le panorama en sirotant un jus de pommes frais du jardin, ou offrez-vous un soin par le thérapeute qui pratique l'art du massage et de la réflexologie. Quel que soit le type de logement choisi, vous serez conquis par la beauté du lieu. **SWi**

Le sentier côtier de Rock à Polzeath

Lieu Rock, Angleterre
Site Web www.cornwall-online.co.uk

Le village de Rock est un havre de plages romantiques, de falaises sauvages, de plaines ouvertes et immenses, et de cuisine raffinée. La commune a parfois mauvaise presse dans la région à cause d'histoires d'écoliers canailles et de routes de campagne fréquemment bloquées par des véhicules imposants. Que cela ne vous dissuade pas de louer un cottage dans les environs. La superbe campagne de Camel Valley possède ce que la Cornouailles peut offrir de mieux : des ciels bleus dégagés, des plages de sable doré ; un cours de golf vallonné ; et des coteaux verdoyants conduisant à l'estuaire dont les eaux abritées sont idéales pour les marins novices. L'été, les plages émaillées de brise-vent et de cerfs-volants colorés résonnent des rires des enfants jouant dans les rochers et des familles qui pique-niquent.

À Rock, les surfeurs sont absents. Vous pouvez marcher sur les falaises ou le long des plages, traverser Daymer Bay et poursuivre jusqu'à Polzeath, une plage creusée dans les falaises où les surfeurs et bodyboarders sont légion. Ici, les rires se mêlent aux cris tandis que les bodyboarders novices se lancent gaiement sur la vague.

Sur le chemin, vous pourrez également visiter la tombe de Sir John Betjeman à Daymer Bay. Ce dernier est enterré dans la belle église de Saint-Enodoc, édifice du XIIIe siècle niché dans les dunes herbeuses au pied de Braey Hill. Il y a plusieurs centaines d'années, on ne pouvait y pénétrer que par le toit car elle était enfouie dans les dunes. **LB**

« Arpentez… les plages de Daymer Bay et observez le paysage que Betjeman a immortalisé. »

Chr. Somerville, *The Daily Telegraph*

Le sentier côtier longe le flanc de la falaise et révèle un panorama extraordinaire les jours de grand vent.

Driftwood Hotel

Lieu Porscatho, Angleterre
Site Web www.driftwoodhotel.co.uk **Prix €€**

C'est dans un coin paisible de la côte sud de Cornouailles, là où les falaises herbeuses descendent au pied de la Manche et du Gulf Stream, que se trouve ce petit hôtel privé. De là, vous atteindrez le joli village de pêcheurs de Portscatho après une marche de 2 km environ à travers la campagne. Excepté ce village, l'hôtel se trouve à 1 000 lieues de tout.

Driftwood Hotel est un endroit simple ; certains le trouvent romantique, d'autres dépaysant. Ils sont nombreux à venir pour son restaurant. Vous pourrez en effet y déguster du homard ou du crabe pêché le matin même et la plupart des produits cuisinés proviennent de la région. Les jours ensoleillés, profitez de la terrasse ; lors des chaudes soirées, des lampes-tempête éclairent le jardin. Une série de terrasses mènent du jardin à la rive et vous pouvez vous abriter dans une cabane cachée dans les arbres qui surplombent l'eau.

L'hôtel est décoré avec goût et décline le thème nautique dans toutes ses pièces. Détendez-vous dans les salons remplis de livres, de revues et de jeux de société. Chaque chambre est décorée avec simplicité, dans les teintes bleu marine et blanc. Des motifs de coquillages habillent les tissus et on trouve du bois flotté un peu partout. Les volets en bois sont peints en blanc. Les chambres donnent naturellement sur la mer et celles du rez-de-chaussée possèdent leur propre terrasse.

Les hôtes peuvent emprunter un sentier boisé pour descendre jusqu'à la crique ou se rendre en voiture à Saint-Mawes, célèbre paradis des yachts, *via* des routes bordées de haies. Si vous éprouvez l'envie de renouer brièvement avec l'agitation du monde, un ferry vous fera traverser l'estuaire, depuis Saint-Mawes jusqu'à la ville balnéaire de Falmouth. **SH**

Pencalenick House

Lieu Polruan, Angleterre
Site Web www.pencalenickhouse.co.uk **Prix €€**

C'est aux confins d'une route sinueuse de Cornouailles, perchée au-dessus des eaux tranquilles de la rivière Pont Pill, que se trouve Pencalenick House, œuvre moderniste et luxueuse de l'architecte Seth Stein. Isolée de tout (un hôpital dédié aux tuberculeux occupait autrefois les lieux), la maison est parfaitement respectueuse de l'environnement, comme en témoignent son toit semé d'herbe et sa structure en pierre et en bois provenant de la région.

Pencalenick affiche un luxe certain. Les sept chambres possèdent du mobilier signé Philippe Starck et chacune donne sur une terrasse longeant la façade de la maison. Décloisonnées, les pièces à vivre sont équipées de hautes fenêtres. Les tables disposées sur la pelouse invitent à dîner dehors tandis qu'un sentier mène à un coin barbecue dans les bois. Un yacht privé se tient à la disposition des hôtes qui souhaitent pêcher le maquereau ou explorer les criques. Le gérant organise volontiers des virées en canoë ou des promenades à cheval dans la campagne environnante.

« Pencalenick House est une transposition moderniste de la maison traditionnelle hobbite. »

Harper's Bazaar

Conformément à l'étiquette écologique de la maison, Pencalenick privilégie les matériaux naturels et locaux. Cette exigence se retrouve également dans la cuisine préparée avec des produits régionaux. **PE**

Les jardins perdus de Heligan

Lieu Mevagissey, Angleterre
Site Web www.heligan.com

Une atmosphère tragique pèse sur ce merveilleux jardin situé dans les vallées luxuriantes qui surplombent le village de pêcheurs de Mevagissey. Le jardin fut la propriété de la famille fortunée des Tremayne pendant plus de 400 ans. Morts sur le front lors de la Première Guerre mondiale, les jardiniers ne furent pas remplacés ; négligés, les jardins, peu à peu envahis par la végétation, finirent par tomber dans l'oubli.

Quatre-vingt-dix ans plus tard, une équipe de passionnés retrouva la trace d'indices prouvant que ces hectares de jungle renfermaient bel et bien un trésor. Leur projet de restauration fut un véritable triomphe. Plus encore que par ses massifs de rhododendrons (qui comprennent le plus gros spécimen du monde), ses fougères arborescentes (en provenance de Nouvelle-Zélande) et ses immenses feuilles de *Gunnera*, Heligan brille par son histoire.

La restauration a mis en valeur l'immense talent de cette génération perdue de jardiniers. Les visiteurs peuvent voir le bureau du jardinier en chef de l'époque, petite cabane en brique accolée à une serre. Sur les étagères s'entassent des pots de confiture remplis de graines soigneusement étiquetés et des plannings de plantation s'amoncèlent sur un vieux bureau en bois. Les visiteurs pourront pénétrer dans la réserve aux pommes, regarder les latrines extérieures aux murs portant les signatures de toute l'équipe de jardiniers de l'époque, et découvrir l'ingénieux procédé auquel recouraient les jardiniers pour chauffer leurs serres avec du crottin de cheval. **SH**

→ *Les jardins perdus de Heligan font pénétrer le visiteur dans l'univers magique du passé victorien.*

L'île de Bryher

Lieu îles Sorlingues, Angleterre
Site Web www.tresco.co.uk/stay/hell-bay **Prix €€**

Le bateau serpente entre les rochers depuis Saint-Mary, l'île la plus grande, jusqu'à Bryher. Un vieux quatre-quatre roule sur les routes défoncées qui mènent à l'hôtel. Large d'un kilomètre à peine, Bryher est la plus petite des Sorlingues. Soixante-dix habitants occupent l'île de Tresco considérée comme beaucoup plus moderne en raison de sa route en béton. Large de 4 km et dotée d'un aéroport, Saint-Mary apparaît en comparaison comme un véritable centre-ville.

Bryher fait partie de l'archipel des Sorlingues et est l'île située le plus à l'ouest. Son seul point de référence connu est Hell Bay («baie de l'enfer»), son unique hôtel, accueillant et chaleureux ; des Thermos chauds sont offerts aux hôtes partant en balade. Ce complexe de bâtiments bas de plafonds et blanchis à la chaux est situé à quelques mètres d'une jolie crique de sable. Priez pour qu'une tempête se déchaîne. La pluie battante vient alors se fracasser contre les vitres tandis que les hôtes dégustent les plats de crabe et de homard de Bryher, servis avec des légumes de l'île.

À l'intérieur, l'hôtel ressemble à un abri de bateaux du Cape Cod, avec ses chaises en osier, ses sols en bois et ses murs aux couleurs pastel. L'établissement regorge de tableaux modernes, y compris un Barbara Hepworth, mais c'est depuis la baie vitrée que s'observent les plus belles images. **SH**

La côte de Bryher subit la foudre des tempêtes de l'Atlantique, ce qui explique le nom de l'hôtel.

Fort Clonque

Lieu Aurigny, îles Anglo-Normandes
Site Web www.landmarktrust.org.uk **Prix €€**

Fort Clonque fut envahi par les Allemands lors de leur occupation des îles de la Manche au cours de la Seconde Guerre mondiale. Dangereusement perché sur un promontoire rocheux accessible uniquement par une chaussée coupée de la terre ferme à marée haute, cet emplacement, dans lequel les visiteurs d'aujourd'hui peuvent séjourner, fut construit sur les ordres du haut commandement allemand. En dépit des murs larges de 6 m, vous vous endormirez en entendant l'écrasement continu des vagues sur les rochers en granit qui vous entourent.

Solidement établi sur la côte abrupte de l'île d'Alderney, à l'extrémité d'une longue chaussée que 8 km séparent de la France, Fort Clonque est construit, non pas sur, mais à l'intérieur du promontoire sinueux et isolé dont il suit les contours naturels. Il en résulte un ensemble pittoresque de tours et de remparts étalés sur plusieurs niveaux.

Les premiers aménagements défensifs furent commencés en 1847, même si la fonction d'avant-poste du fort ne fut effective qu'à partir de l'occupation allemande, à laquelle on doit l'ajout de la plupart des quartiers des officiers encore visibles aujourd'hui. Fort Clonque peut accueillir jusqu'à treize visiteurs disséminés dans les quartiers des officiers et des soldats, dans la bretèche, dans l'arsenal supérieur et dans le bunker allemand. Le fort dispose d'une cuisine moderne et effectue ses ravitaillements à Sainte-Anne. Faites attention à ne pas trop traîner sur les lieux, car la marée pourrait vous empêcher de rejoindre vos quartiers. Une cheminée et un piano droit contribuent à adoucir la rudesse de l'environnement en apportant une note de charme et de détente. **BS**

Le parc de Kinderdijk

Lieu Près de Rotterdam, Pays-Bas **Site Web** www.kinderdijk.com

Pour un paysage flamand classique qui rappelle une toile d'ancien maître, ne cherchez pas plus loin que le parc de Kinderdijk. On y découvre 19 moulins à vent traditionnels datant du milieu du XVIIIe siècle, érigés sur les berges d'un canal à 16 km seulement de Rotterdam. C'est la plus grande concentration de vieux moulins en Hollande. Ils étaient autrefois très utiles, car la majorité du pays étant au niveau de la mer ou en dessous, les inondations ont toujours représenté un grand danger. Pendant plus de 200 ans ces moulins ont pompé l'eau des polders d'Alblasserwaard pour éliminer ce risque.

Au cours de la deuxième semaine de septembre, les moulins, éclairés la nuit, constituent un spectacle inoubliable. On peut aussi visiter le site un samedi de juillet ou d'août, quand tous les moulins sont en activité. La plupart de ces bâtiments merveilleusement restaurés sont désormais habités, mais l'un d'entre eux accueille les visiteurs. Pour un droit d'entrée peu onéreux, on peut grimper l'escalier étroit et raide qui conduit à chaque étage et explorer ce qui constituait le logis exigu du meunier et de sa famille. Ne vous inquiétez pas, même si les ailes donnent l'impression qu'elles décapiteront quiconque essaiera de pénétrer dans le bâtiment ou d'en sortir, ce n'est pas le cas grâce à leur conception intelligente.

On peut suivre les berges du canal à bicyclette, et même faire du patin à glace sur ce dernier l'hiver s'il fait assez froid. Si cela requiert trop d'efforts, laissez-vous glisser sur les eaux paisibles en bateau ou promenez-vous le long des sentiers tout en goûtant à la tranquillité de cette région sereine. **HA**

La beauté envoûtante des moulins de Kinderdijk, site inscrit au patrimoine mondial de l'humanité.

Dîner au Posthoorn

Lieu Monnickendam, Pays-Bas
Site Web www.posthoorn.eu **Prix €€**

Cet ancien relais de diligences datant du XVIIe siècle se dresse parmi d'humbles maisons de pêcheurs, dans un petit village à 20 minutes en voiture du centre d'Amsterdam. Le Posthoorn a toujours été un lieu de rencontre pour les dignitaires qui voyageaient le long de la côte. Il y a trois ans, ses nouveaux propriétaires ont rénové l'édifice qu'ils ont transformé en un élégant hôtel-restaurant. C'est encore aujourd'hui un lieu de rencontre pour les voyageurs du XXIe siècle.

Le style et le design règnent partout dans l'édifice, depuis les lustres anciens grandioses associés avec soin à des meubles contemporains en bois sombre jusqu'aux vieux vases de porcelaine et aux parquets polis. Le bar, aux murs lambrissés, est doté d'une cheminée et propose une carte des cigares. On ne trouve au-dessus de la salle à manger que cinq chambres luxueuses décorées avec une finesse extraordinaire. Chaque suite est baptisée et décorée en l'honneur d'un visiteur célèbre du Posthoorn. Les murs de la suite Napoléon Bonaparte sont tendus de lin imprimé auquel se marient de riches tons chocolat, et la suite Persijnen Kamer (les Persijn sont les fondateurs d'Amsterdam), avec poutres apparentes et coussins moelleux, est douillettement aménagée sous les combles.

Au rez-de-chaussée, le restaurant offre une cuisine moderne composée avec des ingrédients régionaux hollandais dans un décor simple et dépouillé. On y est assis dans de confortables fauteuils recouverts de toile, et les murs sont ornés de tableaux contemporains. Les hauts plafonds classiques et monumentaux accueillent d'énormes lustres modernes. On peut aussi choisir de manger à l'ombre des parasols dans la cour pavée de briques. **SH**

Hôtel Julien

Lieu Anvers, Belgique
Site Web www.hotel-julien.com **Prix €€**

Situé dans une rue étroite au cœur de la vieille ville, l'hôtel Julien peut ne pas séduire de prime abord. Cependant, quand on passe les immenses portes en bois de ces deux charmantes maisons de commerçants du XVIe siècle qu'unit une cour paisible, on abandonne toute inquiétude.

Présentez-vous à la réception en bois de chêne vernis où une paroi en verre permet d'apercevoir une cour lumineuse, une ravissante salle à manger et un salon. Des portes très ornées et des lambris épais constituent le décor parfait du mélange éclectique de meubles anciens et contemporains. Admirez les splendides chaises tendues de peau de vache ou glissez-vous dans la bibliothèque pour y savourer près du feu un café frais et des chocolats belges, avant de monter l'escalier de bois blond pour rejoindre l'une des 22 chambres.

> *« Cette demeure a retrouvé un nouveau souffle… et est devenue un hôtel de rêve. »*
>
> Katie Bowman, *The Times*

Le blanc domine dans la décoration très épurée. Choisissez une chambre avec vue sur la cathédrale, ou une autre au plafond plus élevé, dotée d'une terrasse. On prend le petit déjeuner à une table commune ancienne, de style flamand. On savoure des confitures et pains maison, du fromage, du saumon, des œufs, des yaourts et une salade de fruits fraîche. L'hôtel dispose également d'un spa et d'une superbe terrasse avec vue imprenable sur le vieux port d'Anvers. **SWi**

Hôtel Pand

Lieu Bruges, Belgique
Site Web http://www.pandhotel.com/homef.htm **Prix €€**

Situé au cœur de Bruges, à deux pas des canaux, l'hôtel Pand est géré par la famille Vanhaecke, qui a reconverti cette demeure du XVIIIe siècle en un merveilleux établissement de charme. Leur entreprise a bénéficié d'un avantage certain : les Vanhaecke sont des antiquaires établis, et tous les objets et meubles anciens que l'on aperçoit dans l'hôtel ont aussi été soigneusement sélectionnés par les experts en résidence.

La passion des meubles anciens s'y marie aux touches modernes sophistiquées et même parfois à des meubles décalés qui confèrent à l'hôtel tout son attrait. Ses 26 chambres ont été décorées individuellement. Ces espaces raffinés où l'on découvre des meubles anciens et des textiles Ralph Lauren sont aussi équipés de la climatisation et de la Wifi. Certaines suites abritent aussi des Jacuzzi et des téléviseurs à écran plat, et l'hôtel comprend même deux maisons d'hôtes ; l'une est à pignons, donne sur le canal et date du XVIe siècle, l'autre est un manoir de la même période.

On s'attend évidemment à découvrir une bibliothèque dans un hôtel de ce calibre et celle du Pand, merveilleusement intime, contient une cheminée, des malles Louis Vuitton et des objets précieux en bois. Le bar éclairé aux chandelles est tout aussi douillet avec ses fauteuils en cuir Chesterfield, ses meubles en acajou et son ambiance extraordinairement cosy. La salle du petit déjeuner ouvre sur une petite cour et il y a même un sauna au sous-sol. L'hôtel offre tous les services d'un établissement de luxe international, mais on y trouve aussi l'approche personnelle et l'intimité d'une demeure privée. **PS**

Duke's Palace

Lieu Bruges, Belgique
Site Web www.kempinski-bruges.com **Prix €€**

Situé au cœur du quartier médiéval de Bruges, le Kempiski Hotel Duke's Palace, qu'abrite un édifice bâti pour le duc Philippe III en 1429, constitue aujourd'hui l'un des plus beaux palaces d'Europe après avoir été rénové de fond en comble.

À quelques pas seulement de la place centrale de Bruges, l'hôtel est aussi une galerie d'art. Ses chambres sont décorées d'objets anciens et d'œuvres du XVe siècle soigneusement restaurées. De nombreux éléments historiques ont été sauvegardés, dont la grande salle de bal et la chapelle, un monument historique dont les vitraux sont demeurés intacts et dont les murs sont ornés de fresques plusieurs fois centenaires.

« Avec ses tourelles élancées et ses jardins paisibles, c'est le lieu idéal pour découvrir la région. »

Suzanne Cadisch, *The Independent*

Le restaurant raffiné de l'hôtel offre des spécialités belges, et le bar propose la plus importante des cartes de vins et bières de Bruges. Le grand jardin paysagé est transformé une fois par mois en lieu d'exposition où l'on peut acheter les œuvres d'artistes de Bruges et de sa région. Des chocolats artisanaux sont offerts dans le salon et ne sont jamais meilleurs que dégustés face au feu ronflant de la cheminée du XVe siècle, par une froide soirée hivernale.

L'hôtel abrite aussi trois salles de soins où l'on peut recevoir masques et massages, d'élégants hammams, un sauna, une salle de fitness et une piscine couverte. **BS**

Les serres royales de Laeken

Lieu Bruxelles, Belgique
Site Web www.monarchie.be

C'est dans les serres royales de Laeken, situées en bordure de la capitale et qui rappellent un palais, que l'on retrouve les lourds parfums du Congo colonial. Des visiteurs fascinés se promènent parmi les orchidées, azalées et camélias, en respirant les arômes vaporeux des oranges amères et des fougères humides. Les lignes sinueuses des serres de style Art nouveau révèlent des perspectives changeantes et laissent entrevoir des canopées vertes, coupoles, tourelles et tunnels de verre.

Ces serres tropicales sont nées d'un caprice royal : œuvre d'autoglorification, leur construction fut ordonnée par Léopold II (1835-1909). Ce dernier ne daigna jamais visiter le Congo belge, mais, passionné de plantes, il désirait qu'on lui fasse régulièrement parvenir par mer un mini-Congo. Le défi était ici de créer « un printemps éternel dans un parfait palais de verre », et de parvenir à faire pousser un jardin tropical sous un climat septentrional.

Les architectes et jardiniers de Léopold exaucèrent tous ses vœux, mais on doit également rendre hommage au roi, aussi passionné de construction que de plantes exotiques, que ce soient des caoutchoucs, des *Ficus benjamina*, des ananas ou des bananiers nains. Léopold recevait ses amis dans ces jardins d'hiver, nageait dans la piscine recouverte d'une verrière et paradait sur un éléphant africain. Renseignez-vous avant de vous rendre sur place, car les serres ne sont ouvertes au public que durant une période limitée au printemps. **LGS**

L'un des magnifiques sentiers situées au cœur de la palmeraie des serres royales de Laeken, à Bruxelles.

L'archipel des îles Halligen

Lieu Schleswig-Holstein, Allemagne
Site Web http://www.wattenmeer-nationalpark.de/main.htm

Les îles Halligen ont toujours été à la merci de la mer du Nord – une tempête ou une marée haute peuvent facilement submerger la majorité des terres. Si les deux se produisent en même temps, on peut perdre à jamais une partie d'une île. C'est donc un endroit où l'on vit précairement : les maisons sont construites sur des tumulus artificiels d'un mètre de haut qui les protègent des inondations. Et pourtant, cet endroit possède une beauté particulière. Les cieux y sont aussi vastes que les panoramas. Des volées d'oiseaux tournent au-dessus de maisons au toit de chaume, de fermes en briques rouges, de digues et de chaussées fragiles. La ligne droite de l'horizon n'est interrompue qu'ici et là par un moulin solitaire ou un phare robuste.

« Les marais salants et les vasières de la mer des Wadden sont des lieux de flux constant. »

Alan Harper, *The Guardian*

La mer a avalé une grande partie des îles au fil des siècles. Celles-ci sont parfois reliées au continent par des chaussées sur pilotis avant d'en être séparées par l'érosion des marées. Ce paysage aquatique est plus protégé sur le plan juridique que physique. Il appartient au parc national de la mer des Wadden, et l'on peut découvrir ses vasières, observer ses oiseaux migrateurs et sa flore particulière au cours d'excursions guidées. D'autres visiteurs se contentent de prendre un ferry ou le train à voie étroite qui relie certaines îles et avance presque au milieu des vagues. **SH**

L'île de Rügen

Lieu Rügen, Allemagne
Site Web www.ruegen.de

Imaginez une île tranquille aux falaises de craie blanche et aux longues plages sablonneuses derrière lesquelles se dressent de calmes bois de hêtres. Les collines sont parsemées de jolies maisons blanches, de sentiers de randonnées et de pistes cyclables, d'églises médiévales, de demeures majestueuses et de châteaux. Même si Rügen est la plus grande île d'Allemagne, elle est peu connue en dehors du pays. Elle se dresse au milieu de la Baltique, au nord-est du pays, mais jouit d'un climat inhabituellement doux. L'île est devenue célèbre en Allemagne quand elle est apparue dans les paysages de Caspar David Friedrich, peintre romantique du XIXe siècle, et c'est aujourd'hui l'un des lieux de villégiature les plus populaires du pays.

Les hôtels du littoral sont tous dotés de plages sablonneuses et de jetées, et l'on peut partir en excursion en bateau jusqu'au Danemark, en Suède, en Pologne ou dans les îles allemandes voisines. L'île abrite deux parcs nationaux et une réserve naturelle. Ses falaises boisées offrent une vue panoramique de la Baltique et de la côte allemande, cependant que dans l'arrière-pays on découvre un paysage varié, depuis les collines recouvertes de bruyère jusqu'aux lits de roseaux, aux bois fleuris et aux riches terres arables plates.

La majorité de l'architecture date du XIXe siècle et plus particulièrement de l'âge d'or des villes d'eaux, et bon nombre des petites villes et villages de l'île sont reliés par un historique train à vapeur à voie étroite. On a peut-être du mal à éviter les autres touristes sur Rügen, mais on y éprouve l'impression d'avoir échappé au XXIe siècle. **SH**

La jetée de Sellin, sur l'île de Rügen, a conservé son architecture traditionnelle.

Grand Hôtel de Heiligendamm

Lieu Mecklenburg-Vorpmmern, Allemagne
Site Web www.kempinski-heiligendamm.com **Prix €€**

Le Grand Hôtel de Heiligendamm brille de toute sa blancheur sous l'éclatant soleil de midi, contrastant avec le bleu du ciel et le turquoise pâle de la Baltique. Surnommée la ville blanche au bord de la mer, Heiligendamm est la plus ancienne station balnéaire d'Allemagne, et abrite une station thermale constituée de six édifices néoclassiques. Cette dernière fut fondée par le grand-duc de Mecklenbourg, Frédéric-François Ier, venu ici en 1793 pour respirer l'air pur et salé et admirer les forêts de hêtres et les eaux sans marées.

Le bâtiment du Grand Hôtel a été brièvement utilisé comme hôpital et sanatorium dans les années 1930, mais après de luxueuses rénovations en 2003, rien ne rappelle ce passé, sauf peut-être les clients aisés qui trottinent jusqu'au spa de luxe dans des pantoufles blanches et des peignoirs moelleux. Tony Blair, Vladimir Poutine et Nicolas Sarkozy ont tous logé ici au cours du sommet du G8 en 2007, et en dehors de l'arène politique Bono et Bob Geldof ont entre autres fréquenté les lieux.

La gastronomie est ici une affaire sérieuse. L'hôtel abrite un restaurant asiatique, un bar à sushis et autres établissements raffinés, sans oublier le restaurant Friedrich Franz. De nombreuses activités sportives sont aussi offertes, dont la voile et l'équitation. Le joli village de Kühlungsborn, à 30 minutes à peine à bicyclette, s'avère idéal pour une excursion d'une journée, de même qu'un voyage dans le train à vapeur à voie étroite qui fonctionne encore après plus de 140 ans de bons et loyaux services. **TW**

⇐ *Le Grand Hôtel de Heiligendamm, situé juste au bord de la Baltique, jouit d'une vue splendide.*

Loin de la foule à Bürgerpark

Lieu Brême, Allemagne
Site Web www.buergerpark.de

Situé en plein cœur d'une des plus grandes villes d'Allemagne, Bürgerpark est entouré de bois denses que l'on associe plus aisément à la campagne qu'à une mégalopole. Contrairement aux parcs et jardins de la majorité des villes, il n'a pas été conçu comme lieu de récréation des classes dirigeantes, mais établi pour et par les citoyens ou Bürger.

Dans les années 1860, les habitants de Brême ont formé le comité de boisement de Bürgerweide et ont depuis préservé le parc ainsi créé à travers des initiatives et dons personnels. Mis à part les bois et de vastes prairies, on y trouve aussi des espaces paysagers et un enclos d'animaux. L'une des raisons d'être du parc est d'offrir une réserve naturelle aux citadins dans l'impossibilité de se rendre à la campagne, notamment aux enfants, et les sentiers du site abritent des renseignements sur les plantes et animaux ainsi que sur leur habitat.

> *« Bürgerpark est considéré comme l'un des plus beaux parcs paysagers d'Allemagne. »*
>
> ***The Independent***

Le Finnbahn, une piste de course conçue en collaboration avec un institut médical de façon à réduire les chocs sur les articulations, reflète le désir de procurer ici une expérience saine. Diverses installations du parc accueillent des manifestations culturelles, et les bénéfices des représentations théâtrales et concerts contribuent directement à l'entretien du parc. **DaH**

Hôtel Bühlerhöhe

Lieu Baden-Baden, Allemagne **Sites Web** www.buehlerhoehe.de ; www.museum-frieder-burda.de **Prix €€€**

Situé dans les hauteurs de la Forêt-Noire et entouré de 18 ha de parc boisé, le Schlosshotel Bühlerhöhe constitue le sanctuaire idéal pour échapper aux pressions de la vie moderne. Malgré son isolement, il n'est qu'à 14 km de Baden-Baden, élégante ville d'eau, jadis refuge estival de l'aristocratie européenne et dont la vieille ville, les bains et le légendaire casino sont toujours aussi attrayants sans oublier le récent musée Frieder Burda construit par le célèbre architecte Richard Meier.

L'attention prêtée aux détails, digne d'un 5-étoiles, est évidente dans la décoration, les installations et le service qui respecte l'intimité et le repos des clients.

L'hôtel est situé sur l'un des belvédères panoramiques les plus époustouflants de la Forêt-Noire.

Les chambres et les suites ont été somptueusement décorées. On retrouve le même luxe au spa et au centre de soins où relaxation et prévenance sont les maîtres mots. Des soins corporels et des soins de beauté sont offerts dans des salles soigneusement décorées et à l'éclairage subtil.

Ceux qui préfèrent un style de vie plus actif peuvent accéder à la salle de fitness ou à la somptueuse piscine de l'hôtel emplie d'eau de source. Les bois environnants constituent aussi le cadre parfait d'une tranquille promenade l'après-midi. On ne fait pas mieux que le Bühlerhöhe en matière de luxe. **TW**

Planten un Blomen

Lieu Hambourg, Allemagne
Site Web www.plantenunblomen.hamburg.de

Hambourg est célèbre pour ses canaux et voies navigables, son quartier chaud et son port qui accueille d'énormes bateaux. On peut échapper à cette animation dans cette ville très verte dotée de nombreux parcs et jardins, dont le plus tranquille est celui de Planten un Blomen (« plantes et fleurs »).

Ce jardin public a été aménagé en 1930 à l'occasion d'une grande exposition florale, à l'emplacement de l'ancien jardin zoologique et des cimetières qui l'entouraient. Cette vaste étendue a été réaménagée en 1953, 1963 et 1973 pour accueillir diverses expositions internationales d'horticulture. Un havre de paix et de verdure est ainsi né au cœur de la ville.

Cette immensité verte s'étend de la gare de Dammtor jusqu'aux environs du quartier de Saint-Pauli. Les visiteurs parcourent ses allées en admirant ses ravissantes compositions de fleurs et de plantes, et pénètrent dans les cafés du parc pour une pause autour d'un verre de vin ou d'une bière fraîche. Des serres tropicales débordantes de magnifiques orchidées et situées dans la partie orientale du parc appartenaient autrefois à l'Alter Botanischer Garten (vieux jardin botanique).

L'été, des concerts de jazz sont organisés sous le kiosque à musique ainsi que des spectacles de son et lumière au-dessus du lac à 21 heures, aux accents de musique classique. L'hiver, le parc accueille la patinoire découverte la plus grande de toute l'Allemagne. On se doit particulièrement d'admirer le jardin japonais, agencé autour d'un lac dont les rives abritent une authentique maison de thé nippone. **CK**

→ *Les massifs de tulipes du Planten un Blomen contrastent avec les lignes verticales des gratte-ciel.*

Croisière dans le Brandebourg

Lieu Berlin, Allemagne
Site Web www.brandenburg-tourism.com

Avec un réseau de voies navigables de près de 32 000 km, la région de Berlin constitue l'un des rares écosystèmes d'Europe. Abritant plus de 3 000 lacs et un labyrinthe de canaux et rivières bordés de châteaux, de manoirs, d'églises à charpente en bois, de champs colorés de coquelicots et bleuets et de grands jardins, c'est l'endroit idéal pour une escapade relaxante et stimulante en même temps.

Les voies navigables cristallines du Brandebourg sont adaptées non seulement à la natation mais aussi à la voile et au canoë, les courants faibles permettant de voyager dans les deux sens. Environ 1 600 km sont navigables en péniche motorisée, mode de transport n'exigeant aucun permis tant qu'on ne dépasse pas les 5 km/h. On peut mouiller à proximité de tous les sites touristiques majeurs, ce qui permet de visiter le Brandebourg sans utiliser ses routes bordées d'arbres.

Les voies navigables… offriront une poussée d'adrénaline à tous les amoureux de la navigation.

Si l'on recherche la tranquillité, la Spreewald et son réseau de rivières isolées – cette région boisée a été surnommée la Venise du Brandebourg – constitue un refuge pittoresque au sud-est de Berlin, tandis que ceux qui ont envie de faire une halte luxueuse choisiront le Saarow Health Resort sur le lac Scharmützelsee. Les voies navigables de Berlin permettent de découvrir la ville sous un nouveau jour. **DaH**

Hôtel Bleibtreu

Lieu Berlin, Allemagne
Site Web www.bleibtreu.com **Prix €€**

Inauguré en 1995, le Bleibtreu, dont le nom signifie « demeure fidèle » en français, est le premier hôtel design de Berlin. Aménagé dans une demeure du XIXe siècle de la Bleibtreustrasse, l'une des petites rues élégantes donnant sur la Kurfürstendamm, la célèbre rue commerçante, le Bleibtreu n'évoque pas de prime abord un hôtel de charme. On trouve un café animé au rez-de-chaussée, ainsi qu'un restaurant et un fleuriste. Après ces commerces, on suit une allée qui conduit à un jardin de graviers de verre puis à la réception, légèrement cachée dans une cour ombragée.

Une fois à l'intérieur, on ne peut qu'admirer l'œuvre du designer Herbert Jacob Weinand. Les chambres aux tons généralement neutres, toutes différentes, sont décorées de meubles en bois non traité (ce qui correspond aux principes écologiques du Bleibtreu), ainsi que de mosaïques italiennes. Les différentes essences de bois utilisés, notamment dans les couloirs, dégagent de délicats parfums qui excitent l'odorat.

L'attrait du restaurant – outre une cuisine inventive et saine – est constitué par la présence d'une ravissante cour recouverte de dalles de terre cuite. Le spa, dans le sous-sol de l'hôtel, a aussi fait couler beaucoup d'encre. Petit, il abrite toutefois un sauna, une salle de réflexologie, une autre d'acupuncture, et l'on peut y bénéficier des services d'un entraîneur personnel et y suivre des cours de méditation. Le fleuriste de l'hôtel est spécialiste des roses rares et de toutes sortes de beautés exotiques et bizarres. On peut aisément rejoindre tous les monuments importants, restaurants et manifestations culturelles de l'ouest de Berlin depuis l'hôtel. **PS**

Brandenburger Hof

Lieu Berlin, Allemagne
Site Web www.brandenburger-hof.com **Prix €€**

Dès l'entrée, il est évident que l'on pénètre dans l'ancien hôtel particulier d'un aristocrate prussien du XIXe siècle : les imposantes portes en bois révèlent en s'ouvrant un lustre en cristal au plafond décoré de frises en plâtre, qui est encadré par des colonnes blanches. Le parquet couleur miel continue jusque dans le jardin d'hiver qui donne sur une cour ornée de buissons soigneusement taillés et de sentiers pavés.

On devine encore ici et là, au Brandenburger Hof, le style prussien cérémonieux, mais il se fond désormais à une décoration plus méditerranéenne : le cuir sombre et l'acier brillant se mêlent à des bois clairs et à des tons neutres. Le résultat est un hôtel au luxe décontracté doté d'un excellent restaurant et d'un spa, blotti dans une rue tranquille de l'ancien Berlin-Ouest, à une courte distance des boutiques de la Kurfürstendamm.

« Les chambres abondent en meubles anciens splendides... et l'hôtel comprend un restaurant très respectable. »

The Economist

Le restaurant de l'hôtel a été récompensé pour sa cuisine et sa carte de 850 crus allemands. Un seul client à la fois est reçu au spa qui offre des soins de beauté ou thérapeutiques tels que des massages balinais accompagnés d'aromathérapie ou de thalassothérapie. Les suites de l'hôtel dominent le jardin japonais et ont été décorées dans un style Bauhaus. **SH**

Hôtel de Rome

Lieu Berlin, Allemagne
Site Web www.hotelderome.com **Prix €€€**

L'ancienne banque centrale de Berlin-Est est un vieux bâtiment majestueux de 1889. Il s'élève sur la Bebelplatz, près de l'université Humboldt et de l'Opéra. Après la réunification allemande, le bâtiment était un centre de conférences peu utilisé jusqu'à ce que la chaîne Rocco Forte le rachète et entreprenne un programme de rénovation de plusieurs millions pour le transformer en hôtel de luxe. L'hôtel de Rome est instantanément devenu l'un des plus prestigieux de la ville, l'endroit parfait depuis lequel explorer la capitale. L'intérieur a été modernisé, mais on devine encore des traces du passé : l'ancienne chambre forte de la banque est désormais une piscine et l'immense hall a été transformé en salle de bal avec panneaux en stuc, plafond vernissé et sol en mosaïque. Les plus belles chambres sont dotées de larges balcons qui donnent sur la ville et il y a une terrasse sur le toit qui domine la place.

Le restaurant italien, salué par la critique, ouvre sur le toit en terrasse. La décoration est un mélange de verre de style berlinois et d'acier, avec des tons très germaniques (noir, rouge et gris) et des meubles modernes onéreux et rares. Les suites des deuxième et troisième étages occupent les anciens bureaux des directeurs de la banque dont elles ont conservé l'atmosphère digne avec leurs hauts plafonds, leurs lambris et leurs décorations en stuc. Les salles de bains sont dotées de douches italiennes, de mosaïques de marbre et de baignoires en fonte sur pieds. Les vestiges historiques les plus intéressants sont peut-être les éclats de grenade datant de la Seconde Guerre mondiale et incrustés dans les lambris des murs. **SH**

Le parc Wörlitz

Lieu Saxe, Allemagne
Site Web www.woerlitz-information.de

À la fin du XVIIIe siècle, un riche prince allemand, qui avait beaucoup voyagé, fit appel à une série de jardiniers renommés et d'ingénieurs civils afin de concevoir et de réaliser l'un des plus beaux jardins d'Europe. Plus de 200 ans après, l'immense parc paysager de style anglais du prince Léopold est toujours intact. Mieux encore, ses 92 ha sont totalement libres d'entrée, prêts à être explorés comme au jour de leur inauguration.

Le parc est au nord de Wörlitz, petite ville pittoresque saxonne près d'un bras de l'Elbe, dont provient toute l'eau utilisée dans le jardin. Le parc a été désigné patrimoine mondial de l'humanité en compagnie d'autres petits jardins de la région au sein du « Royaume des jardins ». C'est l'architecture paysagère plus que les plantes qui compte à Wörlitz. On y trouve bien entendu des plates-bandes fleuries majestueuses et de nombreux arbres, mais le parc est dominé par des grottes, canaux, ponts, îles artificielles, reliefs et un immense lac. Ce dernier est si grand qu'une de ses parties est inspirée du domaine de Stourhead en Angleterre – mais ici ce n'est qu'un jardin particulier. Une autre partie du parc composée d'un canal et de ses îles est, pense-t-on, une imitation du domaine classique de Stowe, lui aussi en Angleterre.

Que l'on glisse sur ses canaux en gondole ou que l'on suive ses sentiers à pied, on découvre des perspectives soigneusement conçues. Bosquets et sculptures ont été placés afin d'attirer le regard vers le paysage. On remarque ici et là une palmeraie ou de faux temples, avant qu'un sentier qui serpente dans les arbres n'aboutisse soudain à un panorama aquatique. **SH**

« Le Royaume des jardins est un exemple exceptionnel de conception paysagère et d'urbanisme du XVIIIe siècle. »

Comité du patrimoine mondial de l'Unesco

Ce bâtiment construit entre 1788 et 1796 a été recouvert de rochers au petit bonheur la chance.

Résidence Bülow

Lieu Dresde, Saxe, Allemagne
Site Web www.buelow-residenzen.de **Prix €€**

On sait généralement que les bombardements alliés ont ravagé la ville de Dresde le 14 février 1945, mais on ignore souvent que la ville a su renaître de ses cendres. Comme l'explique l'un des responsables du tourisme de Dresde, « c'est le seul endroit au monde où le nombre de monuments historiques progresse d'année en année ».

Certaines parties limitées de cette grande cité baroque ont échappé aux bombardements et un ou deux coins de l'historique Neustadt (« ville nouvelle » en français), comme la Rähnitzgasse, ont été conservés en l'état et permettent d'imaginer ce que fut la ville à son âge d'or. C'est là que l'on trouve la Résidence Bülow, hôtel particulier baroque de 1730 et méticuleusement restauré par Horst et Monika Bülow après 1989.

L'hôtel abrite 25 chambres spacieuses et cinq suites ; le spa, qui s'étend sur plus de 400 m^2 baignés de lumière naturelle, constitue un autre des attraits de l'établissement. Les parties publiques sont décorées de meubles anciens et un bar animé occupe le sous-sol. Grâce à son cuisinier, le restaurant de l'hôtel est réputé être le meilleur de la ville, sans concurrence sérieuse.

La Résidence Bülow offre par-dessus tout l'occasion de découvrir le miracle moderne qu'est Dresde. Sa légendaire ligne des toits a été restaurée une fois la Frauenkirche achevée, en 2006. Ajoutons à cela l'opéra Semper, la cathédrale catholique, le palais du Zwinger, la « Voûte verte » (qui abrite les trésors des rois saxons) et la galerie de peintures, et Dresde demeure aussi important aujourd'hui que jadis. On ne manquera pas non plus d'admirer les villas et châteaux demeurés intacts sur les coteaux de l'Elbe, et la vieille ville de Meissen et sa porcelaine, non loin de là, le long du fleuve. **GMD**

Schloss Eckberg

Lieu Dresde, Saxe, Allemagne
Site Web www.schloss-eckberg.de **Prix €€**

Le Schloss Eckberg est un véritable château de contes de fées (avec tours, tourelles et voûtes néogothiques) perché sur une colline dans les bois aux environs de Dresde. Au dehors, on découvre des vignes, des jardins de simples et des rosiers fuchsia qui dévalent la pente jusqu'au fleuve.

Cet hôtel de 17 chambres a vu le jour en 1859. Il était alors la demeure d'un commerçant de la région, mais a été transformé en établissement de luxe aisément accessible depuis la ville de Dresde. Chaque chambre est décorée de meubles et objets anciens de valeur. Dans certaines d'entre elles, on peut s'asseoir sur une banquette sous la fenêtre pour admirer d'impeccables jardins à l'italienne, le coude de l'Elbe et la vieille ville de Dresde au-delà. La Kavaliershaus, entourée d'arbres séculaires et de rhododendrons majestueux, a été aménagée dans un style plus moderne. Vous y trouverez 79 chambres toutes très élégantes et 5 suites, dont la suite « lune de miel », digne de la nuit de noces d'une princesse. Le bâtiment abrite également un centre de bien-être et une salle de musculation.

Les gastronomes sont ici au paradis. Le restaurant lambrissé de noyer et pourvu d'un parquet luisant et d'un plafond décoré à la feuille d'or sert des plats typiquement allemands. Pour bénéficier de la vue ravissante, réservez une table dans le jardin d'hiver dont les fenêtres gothiques vont du sol au plafond, et, tard le soir, pour une pause agréable avant d'aller vous coucher, découvrez la cave à vins où l'on trouve de nombreuses bouteilles de Saxe et d'ailleurs. **TW**

Le train de Brockenbahn

Lieu Massif du Harz, Allemagne
Site Web www.harzmagic-info.co.uk/Brockenbahn.html

Si vous aimez les voyages en train qui donnent le frisson, vous adorerez le Brockenbahn. Ce vénérable train à vapeur grimpe en haletant jusqu'au sommet du Brocken, le plus haut pic d'Allemagne à 1 141 m d'altitude, en serpentant le long des pentes abruptes.

Le Brockenbahn compte parmi les trois lignes ferroviaires qui constituent le réseau à voie étroite de Harzer Schmalspurbahnen, dans le massif du Harz, les deux autres étant le Harzquerbahn et le Selketalbahn. La plupart de ces trains fonctionnent encore à la vapeur et utilisent souvent des locomotives datant des années 1950. La ligne permet de parcourir le paysage extraordinairement varié du parc national du Harz, constitué de sombres forêts, de falaises escarpées et de bizarres formations rocheuses. Ces montagnes occupent une place particulière dans le folklore allemand : on dit que chaque année, le 30 avril, jour de la Walpurgisnacht, les sorcières du Harz rejoignent le diable au sommet du Brocken avant de partir pour l'enfer avec lui. Les montagnes ont aussi été immortalisées par Goethe qu'elles fascinaient à un point tel qu'il y a situé la scène du Sabbat des sorcières de *Faust*, sa célèbre tragédie.

La région est parsemée de petites villes et de villages médiévaux pittoresques ; le plus célèbre d'entre eux, Goslar, est perché sur une colline, désigné patrimoine de l'humanité et baptisé la « Rome du Nord ». L'hiver, quand les forêts denses de hêtres et d'épicéas sont recouvertes d'une neige poudreuse et que les rivières et torrents scintillent sous le bas soleil, le paysage se transforme en univers magique. L'été, on peut l'admirer depuis l'un des wagons découverts. **TW**

→ *Une locomotive à vapeur traverse un paysage immaculé et glacial dans le massif du Harz.*

99 7234-0
99 7234-0

Cure de jeunesse au Parkschlösschen

Lieu Bad Wildstein, Allemagne
Site Web www.parkschloesschen.de **Prix €€**

Le Parkschlösschen, vaste et paisible édifice caché au milieu de hauts arbres, offre une escapade au pays des thérapies alternatives, particulièrement l'ayurvéda, une médecine orientale vieille de 5 000 ans qui utilise la détoxification, les préparations à base de plantes, la nutrition et les massages. Dans le parc de 4 ha et son château de style Art nouveau règne la philosophie ayurvéda selon laquelle « la santé dérive de l'harmonie de l'individu et de la nature ». L'hôtel a été entièrement rénové à l'aide de matériaux naturels (bois, laine, ardoise et marbre) et l'eau provient d'une source thermale proche. Toutes les chambres ont été purgées des « influences néfastes » des fils électriques (protégés d'une double isolation) et la plomberie, recouverte de marbre, est décorée de douces couleurs pastel.

L'équipe de médecins spécialistes d'ayurvéda (mais également diplômés de médecine occidentale) s'assure que les clients tirent profit autant que possible de leur séjour.

Le lieu est un havre de paix pour les cadres supérieurs stressés, les convalescents, ainsi que ceux qui se préoccupent de leur bien-être en général. On peut nager, jouer au tennis ou faire de la randonnée dans les bois, et des saunas, massages, séances de yoga et de méditation ou soins alternatifs sont à la disposition des clients. L'hôtel n'accepte pas les enfants et décourage activement l'utilisation de téléphones portables. Les repas gourmands sont végétariens et dépourvus de tout produit laitier et l'on ne sert ni thé ni café ni alcool, les clients étant encouragés à boire de l'eau chaude. **SH**

Le parc national « Bayerischer Wald »

Lieu Bavière, le long de la frontière tchèque, Allemagne
Sites Web www.naturpark-bayer-wald.de ; www.bayerischer-wald.de

Autour des monts bavarois de Falkenstein, de Rachel et de Lusen, le long de la frontière de la République Tchèque, s'étend entre Bayerisch Eisenstein et Finsterau le premier parc national allemand : le parc national « Bayerischer Wald ».

De l'autre côté de la frontière se situe le parc national tchèque « SUMAVA ». À eux deux, ils constituent la plus grande surface boisée et protégée d'Europe centrale, soit plus de 900 km². Le principe qui y préside : « laisser la nature être la nature ». De fait, nul part entre l'Atlantique et l'Oural n'a pu ainsi prospérer, selon ses propres lois, une telle forêt sauvage. Des milliers d'hectares de cette forêt ont été détruits par les bostryches. Mais ce qui serait une catastrophe pour une forêt exploitée n'est qu'un cycle de renouvellement pour une forêt vierge, un processus unique en Europe et d'une beauté peu commune. Des chemins de randonnées balisées et des pistes cyclables mènent les visiteurs vers les « highlights » du Parc national. Des parcours d'aventure illustrent l'évolution autonome de la forêt ; trois types en présence : forêt d'épicéas, forêt mixte aux essences diverses, et des alpages parsemés d'épicéas. Mais aussi tourbières de montagne et innombrables reliquats, plus que centenaires, de la forêt primitive.

Le centre du parc naturel de Falkenstein, près de Ludwigsthal avec sa « maison de la flore et de la faune sauvages » ainsi que le centre de Lusen près de Neuschönau, avec la maison Haus Eisenmann, offrent aux hôtes de passage des expositions intéressantes et des informations actualisées sur ce site sauvage. Tout autour, des réserves naturelles et de vastes enclos où l'on peut voir des ours, des lynx et des bisons. **KFS**

La route allemande des Vins jusqu'à Pfälzer Wald

Lieu Rhénanie-Palatinat, Allemagne
Site Web www.germany-tourism.de

La magnifique campagne dégagée qui entoure Kandel, Minfeld, Winden et Bad Bergzabern peut être explorée en voiture, à bicyclette ou à pied. Ici les vergers de pommiers et les champs de citrouilles se parent de couleurs à l'automne et les petites parcelles de maïs jouxtent les vignes dont provient le vin nouveau vendu en bord de route.

La Deutsche Weinstrasse (route allemande des Vins) traverse de nombreux villages préservés où les vignes grimpent le long des murs des maisons à colombages. Suivez les panneaux illustrés d'un pichet qui indiquent les sites offrant des dégustations de vin. Le climat presque méditerranéen permet aux abricotiers, châtaigniers, figuiers et citronniers de s'épanouir.

Même si la région est touristique, les petites routes qui ne font pas partie des itinéraires habituels et traversent des villages endormis s'avèrent très tranquilles. La solitude croît encore quand on monte jusqu'au parc naturel de Pfälzer Wald, où les habitations sont cachées par les bois et les routes sinueuses. Les arbres à feuilles persistantes, les châtaigniers et les chênes font place ici et là à des clairières mouchetées de soleil. Les vallées de la Saarbach et de la Speyerbach serpentent en contrebas en images inversées et les sommets offrent des vues spectaculaires du Wald. Les villages forestiers ponctuent les routes et abritent des boulangeries où flotte l'arôme du pain frais, et de petits restaurants servent des plats typiques de la région. On rencontre peu de touristes au cœur de ces villages qui restent authentiques. **CM**

↗ *Ces jolies vignes d'automne bordent la route qui conduit au parc naturel de Pfälzer Wald.*

Ici le climat est doux, le paysage rappelle la Toscane et les habitants sont chaleureux.

Hôtel Bareiss

Lieu près de Baiersbronn, Forêt-Noire, Allemagne
Site Web www.bareiss.com **Prix €€**

La route pour rejoindre l'hôtel Bareiss, près de Baiersbronn Mitteltal dans le sud-ouest de l'Allemagne, serpente à travers les bois sombres et enchantés de la Forêt-Noire.

Bareiss répond à tous les désirs possibles : c'est le paradis des gastronomes, un endroit où venir se faire dorloter ou simplement jouir de la nature. Doté de cinq bassins, trois saunas et de bains à remous, le spa dernier cri du Bareiss offre toutes sortes de soins et cures, de l'ayurvéda à l'ostéopathie. Que l'on souhaite se faire plaisir avec des soins corporels Thalgo inspirés de la mer ou avec un exotique massage tibétain du dos, tout est possible. L'hôtel offre aussi diverses activités à ses clients, telles que golf, pêche, randonnée ou cours de peinture et de cuisine. L'un des restaurants du site possède une cave de 18 000 bouteilles, gérée par Claus-Peter Lumpp, qui a travaillé avec Alain Ducasse. Le restaurant offre des plats italiens légers tandis que le Dorfstuben est une authentique salle tyrolienne, un bistro rustique et lambrissé qui abrite une impressionnante collection de pendules anciennes à coucou, et dont les serveuses souriantes, vêtues de costumes traditionnels, vous apportent des spécialités de la Forêt-Noire telles que crêpes aux lardons, salade de saucisses et truite fraîchement fumée, le tout accompagné d'une Pilsner fraîche à la pression. **RCA**

« Un repas au Bareiss engage tous les sens. Attendez-vous à des goûts extraordinaires et complexes. » **Sue Style, *Financial Times***

Camping Hopfensee

Lieu près de Füssen, Bavière, Allemagne
Site Web www.camping-hopfensee.de **Prix €**

Camping unique en son genre, ce vaste mais paisible complexe est situé sur les bords du lac Hopfen où de verts pâturages jouxtent les Alpes bavaroises. Le lac est l'un des plus chauds de la région d'Allgäu et se prête donc idéalement aux sports aquatiques non motorisés. Füssen, une petite ville pittoresque, n'est qu'à 5 km et un peu plus loin se trouve l'une des plus importantes destinations touristiques de la région, le château de contes de fées de Louis II de Bavière, Neuschwanstein. On peut apercevoir la plaine depuis le parc du château et la tentation est grande de rejoindre les champs verts en contrebas pour échapper à la foule.

On parvient néanmoins à fuir les hordes de touristes à l'intérieur du camping, notamment au spa – un lieu que les « patients » visitent pour se défaire de leurs maux ; l'air pur et la relaxation suffisent souvent. Fondées sur les thérapies holistiques développées par Kneipp, originaire de la région, les cures de physiothérapie du camping comprennent différents soins appropriés à divers problèmes de santé courants. On doit s'inscrire à l'avance – jusqu'à trois mois auparavant – si l'on prévoit une visite en été. Cependant, ceux qui n'ont besoin que de relaxation peuvent se rendre au deuxième spa, au centre du camping, qui offre aussi des massages, des bains et des soins de beauté, un sauna et un solarium.

Le camping, qui comprend une piscine couverte chauffée, est ouvert toute l'année, et l'hiver on y découvre une piste de ski de fond de 60 km ; on peut louer ici skis, luges et vélos. Des emplacements spacieux sont réservés aux caravanes ou mobile homes (les tentes ne sont pas admises). Si vous ne désirez pas cuisiner, un restaurant sous verrière sert une cuisine superbe. **CFM**

Berchtesgaden

Lieu Bavière, Allemagne **Site Web** www.linternaute.com/voyage/allemagne/baviere/curiosite-naturelle/berchtesgaden/

À 120 km au sud-est de Munich, près de la frontière autrichienne, les époustouflantes routes en lacet des Alpes allemandes conduisent à un lieu de villégiature populaire depuis l'époque où le concept de voyage d'agrément était encore complètement étranger à la plupart des gens. Ce sont les membres de l'aristocratie bavaroise qui, les premiers, ont apprécié Berchtesgaden. Aujourd'hui, ce village historique situé dans un cadre exceptionnel et protégé, est devenu une destination tourisque très populaire.

À l'intérieur du parc national, les deux pics enneigés du massif du Watzmann dominent les pittoresques clochers de Berchtesgaden et le profond lac glaciaire de Königssee. Des traditions qui paraissent pittoresques aux citadins sont toujours honorées ici. La randonnée en montagne et la navigation sur le lac comptent parmi les activités les plus populaires, le paysage inspirant un sentiment de paix profonde. Ceux qui préfèrent des efforts plus soutenus peuvent skier l'hiver, tandis que les falaises de Watzmann Ostwand présentent un défi aux varappeurs. Vous pourrez également visiter l'ancienne résidence de Hitler, le Nid d'Aigle, située sur le Kehlstein d'où vous jouirez d'un superbe panorama. La beauté indiscutable de la région et son rythme de vie tranquille permettent un séjour parfaitement relaxant. **DaH**

« Un spectaculaire paysage de montagne [...], certains des plus beaux panoramas alpins. »

William Cook, *The Guardian*

Schloss Elmau

Lieu Massif de Wittenstein, Bavière, Allemagne
Site Web www.schloss-elmau.de **Prix €€**

« Un endroit où les gens en bonne santé qui souffrent d'un fardeau peuvent en être soulagés » : c'est ainsi que Johannes Müller, philosophe et fondateur du Schloss Elmau, décrivait ce château à son inauguration en 1914. Le site a immédiatement attiré les artistes, bohèmes et esthètes en tout genre qui recherchaient un lieu culturel où se revivifier mentalement et physiquement. La même philosophie est toujours appliquée au château que les visiteurs fréquentent autant pour ses activités culturelles que pour son paysage et les soins qui y sont prodigués.

Une grande partie du bâtiment a été détruite par un incendie en 2005, mais une restauration complète lui a rendu son ancien éclat, voire plus. Seul édifice de sa vallée et se détachant sur le Wetterstein, une falaise presque verticale, le château jouit d'un environnement auquel l'adjectif époustouflant ne rend pas justice. Si vous vous êtes jamais demandé ce que l'on ressentirait en se retrouvant dans le film *La Mélodie du bonheur*, ne cherchez pas plus loin : ici règnent de majestueuses montagnes dont les pentes sont recouvertes de fleurs sauvages, des lacs transparents et le tintement des cloches au cou des vaches, sans oublier plus de 110 km de sentiers de randonnée et de VTT. Le légendaire pavillon de chasse de Louis II est à trois heures de marche.

Chacune des 140 élégantes chambres et suites de l'Elmau, certaines dotées d'un dressing, abrite des murs recouverts de soie et des parquets en chêne ou en tek poli. On trouve aussi sur place deux spas, une librairie, plusieurs boutiques de luxe et six restaurants raffinés. Une fois par an, généralement en novembre, des chefs du monde entier viennent participer au festival gastronomique international de l'hôtel. **TW**

L'île d'Ouessant

Lieu Finistère, France **Site Web** www.ouessant.fr

L'île d'Ouessant est un lieu sauvage et rocailleux à 16 km de Brest, entouré de falaises redoutables et d'un Atlantique dangereux à cause de ses marées et courants. Site le plus occidental de France, l'île ne mesure que 6 km sur 3 km, mais est devenue célèbre dans le monde entier à cause de sa situation géographique, de ses tempêtes hivernales dévastatrices et des batailles navales qui y ont jadis opposé les Français aux Anglais. Ouessant apparaît aussi régulièrement sur les bulletins de navigation radio, car elle garde l'entrée du passage maritime le plus emprunté au monde, le rail d'Ouessant, que balise un chapelet de phares.

On arrive sur l'île, dans la baie du Stiff, après une traversée parfois agitée depuis Brest ou Le Conquet, un village de pêcheurs. L'île se parcourt à bicyclette ou en minibus. Les prés dépourvus d'arbres où broutent les moutons paraissent lugubres à certains, tandis que pour d'autres les rochers, l'herbe rase et les maisons blanches aux murs épais arc-boutées contre les éléments sont magnifiques.

De l'autre côté de l'île se trouve son unique village, Lampaul, doté de deux cafés, un restaurant et une boulangerie, deux petits hôtels, et quelques chambres d'hôtes et gîtes. L'été, les hortensias et les fuchsias se pressent contre les murs blanchis à la chaux. L'hiver, on comprend pourquoi les fenêtres sont renfoncées d'un mètre dans les murs en guise de protection.

On déambule sur l'île en respirant profondément son air marin tonifiant et pur. On apercevra peut-être des phoques et des oiseaux de mer, et l'on peut choisir de passer le temps en prenant des photos, en peignant, en marchant ou en faisant de la bicyclette. **SH**

Le phare du Créac'h, sur l'île d'Ouessant, domine une côte déchiquetée.

L'île de Batz

Lieu Finistère, France **Site Web** www.iledebatz.com

Longue de 3 km et large de la moitié seulement, l'île de Batz n'est qu'un minuscule point sur la carte, au large de Roscoff en Bretagne. C'est cependant un lieu où l'on remonte dans le temps et où l'on retrouve une France romantique où les charrues sont tirées par des chevaux, les hommes portent le béret et les mères de famille parcourent l'île à bicyclette. Le sable y est blanc, les rochers sont des sculptures de granit érodé et les maisonnettes se blottissent sous les pins et les palmiers. Pour toute circulation, on n'aperçoit que des tracteurs. Il n'y a pas la moindre boîte de nuit en vue – seulement des potagers cultivés avec amour, 18 plages et 16 km de littoral déchiqueté.

L'île est adorée par l'élite parisienne, les hommes politiques et les célébrités qui revêtent ici shorts amples et tongs pour goûter à une vie simple parmi des paysages marins sauvages et des haies où abondent les fuchsias, les capucines et les hortensias. Assis dans les cafés du port, on mange des crêpes et l'on boit du cidre avant de se promener autour du phare de l'île, de ses mares aux canards et de ses forts envahis par la végétation.

Le petit jardin de fleurs tropicales a été créé en 1897 par un riche Parisien qui avait découvert que la température moyenne ne variait que de quelques degrés au fil de l'année. Le gel est extrêmement rare sur l'île, grâce à sa situation protégée et à la présence de courants marins chauds.

L'île abrite deux hôtels à l'ancienne, 40 gîtes et quelques chambres d'hôtes. L'utilisation du breton pour indiquer les noms de rues et de place ainsi que certains plats au menu des restaurants peut dérouter, mais tout le monde parle le français. Les élégantes chambres d'hôtes de Ti Va Zadou constituent l'un des meilleurs hébergements de l'île. **SH**

⬆ *De nombreuses petites embarcations sont essaimées le long du littoral de la minuscule île de Batz.*

Les abers du Finistère

Lieu Finistère, France **Site Web** www.finisteretourisme.com

Le nom du Finistère, département le plus à l'ouest de France, est dérivé du latin *Finis Terre* ou « fin du monde ». Dans la langue bretonne, que l'on parle encore ici, il est appelé Penn ar bed, soit « début du monde ». Que l'on choisisse la première interprétation ou la seconde, la région est célèbre pour son littoral spectaculaire et son isolement (que le monde débute ou s'achève ici). Comme son cousin anglais le Land's End, le Finistère est doté d'une côte sauvage et déchiquetée, dont l'histoire est constituée de récits romantiques, de naufrages, de contrebande et de mythes et légendes.

La côte septentrionale du département est bordée par la Manche et célèbre pour ses abers, de profonds estuaires de rivière ou fjords. Elle en abrite trois : l'Aber-Ildut, l'Aber-Wrach et l'Aber-Benoît. Le premier est aussi le plus petit et sépare l'océan Atlantique de la Manche ; l'Aber-Benoît est long de 8 km et bordé de huit villages, et l'Aber-Wrach est le plus célèbre de tous. Il abrite cinq îles, dont l'île Vierge qui possède le phare le plus haut d'Europe, un port de plaisance populaire et de nombreux petits villages de pierre.

C'est sans doute à pied que l'on découvre le mieux le Finistère. Ce n'est pas sans raison qu'on surnomme la région la « côte des légendes » : les contes y abondent, qu'ils aient pour sujet le roi Arthur ou les voyageurs celtes et la Cornouaille, et l'on peut découvrir ici des mégalithes, des sites celtes et des sources sacrées. Si l'on suit le sentier des Lutins le long de la pointe du Raz, le cap le plus exposé aux éléments et le plus occidental, on se retrouve entre lande et mer. Le chemin des Phares, long de 100 km, relie Portsall à Brest et permet de découvrir 23 des 111 phares du Finistère. **LD**

↑ *Un escalier en bois conduit à l'Aber-Wrach, dans le Finistère.*

La forêt de Brocéliande

Lieu Ille-et-Vilaine et Morbihan, France
Sites Web www.bretagne35.com ; www.broceliande-tourisme.info

Encore hantée par des lutins et des fées, cette forêt située sur le territoire de la commune de Paimpont vous entraînera au pays de Merlin l'enchanteur. Émaillé de dolmens et de menhirs, le domaine accueille cyclistes, cavaliers, randonneurs et éternels amoureux de mystères et de belles légendes ! Avec un peu d'imagination, vous vous prendrez pour un chevalier de la Table Ronde à la recherche du Saint-Graal ou, si l'histoire de la Gaule et des Gaulois vous passionne, vous repèrerez au plus profond de la forêt les chênes les plus hauts. Les druides vénéraient ces arbres sacrés et venaient couper des boules de gui avec une faucille en or. Prévoyez un plan pour ne pas vous perdre dans ce site légendaire, fatal aux amants infidèles. Marchez avec précaution sur les pas de la fée Morgane, demi-sœur du Roi Arthur, et aventurez-vous dans le Val Saint-Retour, une balade impressionnante mais facile de quatre kilomètres dans cette vallée encaissée, creusée dans le schiste rouge. Vous aurez l'impression que les ruisseaux et les arbres aux troncs torturés vous font signe pour murmurer un secret. À Concoret, sur les rives d'un lac, le Château de Comper où se trouve le « Centre de l'Imaginaire Arthurien » dissimule, paraît-il, le palais de cristal construit par Merlin pour la séduisante fée Viviane. À défaut d'extraire une épée d'un rocher, comme le fit le Roi Arthur avec Excalibur, suivez le chemin balisé d'une feuille de chêne en métal, à travers pins, landes et ajoncs, pour découvrir la fontaine de Barenton aux eaux miraculeuses. Elle est située au milieu d'une clairière, à cinq kilomètres de Tréhorenteuc, près du hameau au joli nom de Folle Pensée. On y venait en procession pour faire venir la pluie, en période de sécheresse. **DM**

Le Mont-Saint-Michel

Lieu Manche, France
Site Web www.ot-montsaintmichel.com

Le Mont-Saint-Michel, avec ses flèches gothiques, ses jardins dégringolant le long de ses flancs et ses fortifications intactes perchées spectaculairement sur un rocher isolé à plus d'un kilomètre au large, attire quatre millions de visiteurs par an.

Rares sont ceux qui connaissent la meilleure manière de profiter du site. Il suffit d'attendre que les bus et les touristes soient repartis en fin d'après-midi pour jouir seul de cette île féerique jusqu'en milieu de matinée le lendemain. Mieux encore, les boutiques de souvenirs ferment quand les touristes s'en vont et la rue principale semble alors appartenir au Moyen Âge.

Logez à l'auberge Saint-Pierre, à colombages et datant du XVe siècle, qui surplombe en partie la rue pavée qui conduit à l'abbaye. Les fortifications de l'île constituent son mur du fond. Peu onéreuse et chaleureuse, elle est inscrite aux Monuments historiques. À l'intérieur, on découvre un assemblage de vieilles poutres, lambris, tapisseries, fenêtres à petits carreaux, escaliers en colimaçon, vieux volets de bois et murs de pierre apparente. Le restaurant est typiquement français avec sa cheminée ronflante et ses nappes à carreaux rouges et blancs ; il sert des crustacés de la baie et de l'agneau de pays.

L'auberge est douillette plutôt que luxueuse, mais quel 5-étoiles donne directement à l'arrière sur les remparts d'un site du patrimoine mondial ? En utilisant leur clé, les clients de l'auberge peuvent sortir en pyjama au milieu de la nuit pour monter sur les remparts et contempler la marée se précipitant sur les vastes vasières. **SH**

⇥ *L'île fortifiée du Mont-Saint-Michel s'élève au-dessus des vasières tel un château de conte de fées.*

La route du Cidre

Lieu Calvados et Orne, France
Site Web www.cambremer.com **Prix €**

Ces 40 km de petites routes étroites parcourant une campagne paisible et ondoyante sont encore méconnus. Explorez la route du Cidre à votre rythme, en prenant le temps d'admirer les haies fleuries, les vergers de pommiers et les fermes.

Cette boucle relie une série de petits villages normands dont les maisons à colombages traditionnelles sont ornées de jardinières débordant de géraniums. De petits troupeaux de vaches broutent dans les vergers et les poules déambulent dans les cours de ferme. La vingtaine de petits producteurs de cidre qui ponctue la route constitue autant d'étapes. Vous n'êtes pas obligés de goûter au calvados ni à la spécialité locale, le pommeau, mais pourquoi vous en priver ? Leur goût diffère légèrement chez chaque producteur qui l'adapte en fonction de recettes familiales ancestrales.

« Le paysage de pâturages et de vergers, de fermes à colombages, est un décor idyllique. »

Emily Hatchwell, *The Independent*

Les conducteurs pourront se contenter de goûter au jus de pomme, et même si la route est parfaitement adaptée aux cyclistes, n'oubliez pas qu'il sera peut-être difficile de rapporter la cargaison que vous ne pourrez vous empêcher d'acquérir en route, séduit par le goût du cidre. Essayez de vous arrêter au village de Beuvron-en-Auge, l'un des plus beaux de France et dans les crêperies duquel les familles de la région se réunissent le dimanche pour un festin normand traditionnel. **CM**

Le port d'Honfleur

Lieu Calvados, France
Sites Web www.ot.honfleur.fr ; www.musees-honfleur.fr

Si les jeux de la lumière sur l'eau vous fascinent et si l'envie de peindre vous prend, n'hésitez plus ! C'est une délicieuse escapade culturelle que l'on vous propose, avec cours de peinture à l'appui sous la houlette du directeur d'Art Graphique de Honfleur, pour suivre les pas des impressionnistes. Posez votre chevalet sur le quai de ce petit port de mer situé sur l'estuaire de la Seine, d'où partaient armateurs, négociants et corsaires en direction du Canada, des Antilles et des côtes africaines.

Sujet de prédilection des peintres, son bassin à flot bordé de maisons médiévales aux façades couvertes d'écailles d'ardoises accueille des vieux gréements, classés monuments historiques au même titre que les Greniers à Sel, construits au XVIIe siècle, sur l'ordre de Colbert, pour la salaison des morues pêchées sur les bancs de Terre-Neuve. Puisqu'elle figure sur les toiles des maîtres de l'impressionnisme, vous visiterez forcément l'église Sainte Catherine, dont la nef la plus ancienne a l'aspect d'une coque de bateau renversée. En peignant des marines au ciel tourmenté, vous ferez peut-être partie de l'École d'Honfleur, à l'instar d'Eugène Boudin, un enfant du pays, mais aussi de Claude Monet, de Gustave Courbet et de J.B. Jongkind ! Et si la musique vous inspire plus que la peinture, Honfleur vous enchantera avec la visite des Maisons d'Erik Satie, un compositeur qui maniait aussi bien l'art de la mélodie que l'humour.

La visite du laboratoire-musée d'un autre humoriste, Alphonse Allais vous mettra le cœur en joie. Le soir, vous vous régalerez des produits de la mer en dînant au Sa.Qua.Na, un lieu de goût au décor sobre, où l'on sert de délicieux poissons, pêchés le jour même. **DM**

Le port d'Étretat

Lieu Seine Maritime, France
Sites Web www.etretat.net ; www.chateaudesaygues.fr

Impossible de visiter la Normandie sans s'arrêter à Étretat, pour s'émerveiller du spectacle des falaises déchiquetées qui forment arches, aiguilles et pinacles au-dessus des eaux vertes de la Manche. Au XIXe siècle, ce modeste village de pêcheurs s'est transformé en station balnéaire en attirant l'attention des artistes.

À la Belle Époque, c'est un lieu à la mode où l'élite parisienne se presse pour aller au théâtre et jouer au casino. Claude Monet, Eugène Boudin, Camille Corot ont immortalisé ce paysage unique créé par la nature en peignant la Manneporte et la fameuse Aiguille. Du haut de ses 70 mètres, celle-ci a fait couler beaucoup d'encre, notamment de la plume de Maurice Leblanc, l'auteur des aventures d'Arsène Lupin. Le gentleman-cambrioleur y aurait caché son butin. À défaut de faire main basse sur des bijoux, ne négligez pas les trésors de ce port de pêche : l'église romane, flanquée d'une tour gothique, les halles aux massives poutres de bois qui abritent un marché couvert où les artisans vendent des souvenirs.

Arrêtez-vous devant le Manoir de la Salamandre, une demeure normande aux superbes colombages et, pourquoi pas, passez la nuit au château des Aygues, ancienne résidence des reines d'Espagne, qui propose de ravissantes chambres d'hôtes. Vous priverez-vous d'une visite au Clos Arsène Lupin, la résidence cauchoise de Maurice Leblanc, une belle maison d'écrivain ? Tout y est conservé à l'authentique, du bureau en rotonde jusqu'à son salon, où il imaginait les aventures de son héros. Et si vous boudez les galets de la plage, respirez à pleins poumons l'air iodé en vous promenant sur la digue, sous la protection de Notre-Dame de la Garde qui, depuis sa petite chapelle sur la falaise, veille toujours sur les pêcheurs. **DM**

Reims et le champagne

Lieu Reims, Marne, France **Sites Web** www.ville-reims.fr
www.lescrayeres.com **Prix €€**

Comment résister à une escapade aussi séduisante qu'une visite de Reims, la capitale du Champagne ? Aimable, pétillante, fascinante, les adjectifs ne manquent pas pour qualifier cette cité, où furent sacrés les rois de France ! Aimable parce que sa cathédrale, chef-d'œuvre de l'art gothique, abrite des anges. Le plus célèbre vous accueille sur la façade avec un sourire radieux. Vous serez ébloui par la nef et les chapelles aux sculptures fines comme de la dentelle. Poussez la promenade jusqu'à la basilique Saint-Rémi et le Palais du Tau où sont conservés de sublimes tapisseries et le trésor de Charlemagne.

Parce que le champagne est symbole de la fête, Reims est une ville pétillante : dans le quartier du Champ-de-Mars et de Saint-Nicaise, des milliers de bouteilles au col renflé dorment dans des caves gallo-romaines. Une visite à pied s'impose pour découvrir les immeubles Art Nouveau et Art déco, dont la Villa Demoiselle, face aux caves Pommery, un chef-d'œuvre architectural superbement restauré par les Compagnons de France, aujourd'hui le siège de la maison Vranken. Il faut longer cours et boulevards, faire une halte au café du Palais puis entrer dans le hall de la bibliothèque Carnegie et pourquoi pas, assister à un spectacle au Grand Théâtre et boire une flûte de champagne dans le somptueux foyer. Et puis, pour parfaire un week-end romantique, un séjour s'impose dans une grande maison, le château des Crayères. Dans le parc ombragé par des arbres centenaires, la veuve Pommery a créé un lieu d'exception, dont le décor est signé Pierre-Yves Rochon, l'un des grands architectes d'intérieur d'aujourd'hui. La table gastronomique, l'élégance raffinée des salons et chambres de style néoclassique : tout contribue à l'enchantement ! **DM**

Le lac de Gérardmer

Lieu Gérardmer, Vosges, France
Site Web www.gerardmer.net

Haut dans les Vosges, près de la frontière allemande, le lac de Gérardmer est un havre de tranquillité. L'été, ses 115 ha accueillent les passionnés de sports aquatiques, particulièrement de voile et de planche à voile, qui peuvent admirer les montagnes verdoyantes en toile de fond et les jolis chalets du rivage. L'hiver, c'est l'une des plus petites stations de ski de France, où les skieurs débutants ou de niveau intermédiaire peuvent profiter des pistes relativement tranquillement, cependant que les habitants de la région rejoignent les 100 km de pistes de fond qui traversent les forêts de sapins et conduisent à des points de vue époustouflants.

L'endroit n'est pas branché, mais c'est là tout son charme. Les chalets et hôtels entourant le lac doivent leur attrait à la splendeur d'une ère révolue. Le Manoir du Lac, par exemple, a accueilli Guy de Maupassant qui recherchait la solitude à la fin de sa vie et que la sérénité des environs ravissait.

Aujourd'hui, le lac de Gérardmer est moins prisé par les écrivains que par les amateurs de tous types d'activités de plein air. Début septembre, chaque année, s'y déroule un triathlon dont les concurrents nagent dans les eaux transparentes du lac, partent à vélo dans les montagnes voisines qui font parfois partie du Tour de France, puis courent dans les collines boisées. Depuis la littérature du XIXe siècle jusqu'aux pentes de ski et aux compétitions sportives, Gérardmer est la destination d'amateurs d'air frais de toutes sortes. **LD**

La situation géographique du lac de Gérardmer, haut dans les Vosges, en fait un lieu de villégiature idéal l'été comme l'hiver.

Beaune et ses vins

Lieu Côte-d'Or, France
Site Web www.ot-beaune.com

Rouge ou blanc ? Au cours d'une escapade gastronomique et culturelle, vous devrez forcément répondre à cette question si vous faites une pause dans l'un des villages de la côte de Beaune. Leurs noms, vous les connaissez pour les avoir lus sur la carte des vins des meilleurs restaurants. Ponctuée de petits vignobles, la route qui commence à Nuits-Saint-Georges est un enchantement. Vous vous arrêterez à Corton où le château ouvre ses portes aux œnologues distingués. Le château de Savigny-les-Beaune est un autre noble lieu où l'on déguste avec émotion les grands crus dans de magnifiques caves du XVIe siècle : Pommard, Volnay, Meursault, sans oublier Puligny-Montrachet un vin blanc exceptionnel, le préféré d'Alexandre Dumas.

Et pour mieux vous familiariser avec l'histoire de la vigne et du vin, visitez l'hôtel des Ducs de Bourgogne, à Beaune, converti en musée. Vous en profiterez pour visiter la ville fortifiée qui abrite derrière ses murs les fameux Hospices aux toits couverts de tuiles vernissées et hérissés de girouettes blasonnées. D'inspiration flamande, ces bâtiments au service des malades et des pauvres furent construits au XVe siècle, après la Guerre de Cent ans. Les patients dormaient à deux ou à plusieurs dans les lits alignés de chaque côté de la grande salle de l'Hôtel-Dieu. Les dimanches et jours de fête, ils avaient accès à la salle Saint-Louis où l'on admire le polyptyque du jugement dernier, un chef d'œuvre de Rogier van der Weyden.

Cinq mille objets – tapisseries, lits, coffres, sculptures, pots à pharmacie et tableaux – enrichissent les collections de l'Hôtel-Dieu, un musée dont la splendeur architecturale est restée intacte. En revanche, les Hospices demeurent encore aujourd'hui un hôpital où l'on accueille les plus démunis. **DM**

Le canal de Bourgogne

Lieu De la Côte-d'Or jusqu'à la Nièvre, France
Site Web www.canal-de-bourgogne.com

Une croisière sur le canal de Bourgogne constitue le moyen idéal de découvrir cette région renommée pour son vin et sa culture. Cette paisible voie navigable possède un charme à l'ancienne né des péniches astucieusement aménagées qui glissent le long des vignobles et des champs de tournesols, des fermes et des collines boisées. Les itinéraires varient, mais lors d'une croisière typique d'une semaine on peut parcourir les 50 km qui séparent Dijon de Vandenesse, en voyageant à un rythme paisible pendant la journée et en se laissant tout le temps d'apprécier le paysage. Des péniches luxueuses sont dotées de ponts spacieux où l'on dîne en plein air, et parfois aussi d'un Jacuzzi.

> *« Réputé être le plus beau canal de France, il parcourt une campagne splendide. »*
>
> **Liz Myers, *The Guardian***

À l'intérieur, on découvre une décoration sereine dans l'espace salon-salle à manger, le bar, la bibliothèque et les lumineuses cabines avec lit double ou lits jumeaux.

Des activités supplémentaires peuvent être organisées pour ceux qui le souhaitent, qu'il s'agisse d'un vol en montgolfière, d'une randonnée à cheval ou d'un parcours de golf. Les passagers peuvent quitter le bateau pour suivre le chemin de halage à pied ou à bicyclette jusqu'à l'écluse suivante. **SoH**

→ *Le village médiéval de Châteauneuf domine la plaine de l'Auxois et le canal de Bourgogne.*

Les bords de Seine

Lieu Paris, France **Sites Web** www.batobus.com ; www.bateaux-mouches.fr ; www.quai48parisvacation.com

Rien de plus agréable, par beau temps, que de découvrir Paris en flânant le long de la Seine qui traverse la capitale sur treize kilomètres ! Pour les promeneurs et les bibliophiles, une balade du côté des bouquinistes sur les quais de Conti ou de Malaquais est un vrai moment de bonheur. Si vous avez déniché un bon roman, pourquoi n'iriez-vous pas le lire au bord de l'eau, sur un banc de l'île Saint-Louis ou au Square du Vert-Galant, un lieu de rendez-vous ombragé qui termine en pointe l'île de la Cité.

Que font les paresseux qui rêvent de découvrir les berges de la Seine entre le Pont d'Austerlitz et le Pont Alexandre III, inscrites au Patrimoine mondial de l'Humanité ? Une solution s'impose : se laisser mener en bateau ! Si l'on veut côtoyer les Parisiens, le batobus entre la Tour Eiffel et le jardin des Plantes qui s'arrête judicieusement à huit endroits stratégiques est un moyen peu onéreux pour visiter Paris. Mais si l'on revendique son penchant romantique, on optera pour les fameux bateaux-mouches ! Le jour, la croisière est délicieuse mais à la nuit tombée, quand les monuments, mis en valeur par des éclairages féeriques, défilent sous vos yeux au fil de l'eau, c'est un spectacle éblouissant. Des palais royaux, des prisons où se sont déroulées les heures sombres de la Révolution succèdent à de magnifiques immeubles aux façades grandioses que toisent les flèches des églises et des tours aux toits pointus. Ce sont dix siècles de l'histoire de Paris qui se reflètent au clair de lune, sur les eaux de la Seine. **DM**

⇦ *Le* Simpatico, *au centre, amarré sur les quais de la Seine au pied de la Tour Eiffel.*

Le Marais

Lieu Paris, France
Site Web www.parismarais.com

La Marais est un quartier situé dans les 3ᵉ et 4ᵉ arrondissements de Paris. Recouvert à l'origine des zones humides qui lui ont donné son nom, ce quartier a été occupé par la noblesse aux XVIIᵉ et XVIIIᵉ siècles avant que les artisans et les ouvriers ne s'y installent. Au début du XXᵉ siècle, une importante communauté juive y prospéra et l'on y trouve désormais une nombreuse communauté chinoise ainsi qu'une vie gay animée.

La place des Vosges, emblématique de Paris, est située au cœur du Marais. Construite en 1605 sur ordre d'Henri IV, c'est l'une des plus belles places de la capitale. Abritant en son centre un petit jardin public, elle est bordée sur les quatre côtés par d'harmonieuses façades de briques rouges et de pierre ; les arcades qui longent la place accueillent restaurants, galeries et boutiques. Faites une pause apéritive dans l'un des nombreux cafés ou asseyez-vous dans le jardin public pour un pique-nique improvisé, avec une baguette et du fromage ou d'autres spécialités des commerces environnants.

> *« Il n'est rien au monde d'aussi puissant qu'une idée dont l'heure est venue. »*
>
> **Victor Hugo, qui vécut place des Vosges**

Le Marais est l'un des deux quartiers protégés de Paris bénéficiant de règles d'urbanisme strictes. Ses rues étroites bordées de cafés, boutiques et galeries constituent une fenêtre intime sur le passé de la capitale. **BS**

Montmartre

Lieu Paris, France
Site Web www.montmartre-paris-france.com

Souvent considéré comme le dernier village de Paris à cause de son environnement rural originel, le quartier le plus élevé de la capitale est célèbre pour son passé bohème. Il a été baptisé en l'honneur de la colline Montmartre, haute de 130 m. Son histoire artistique (Van Gogh, Toulouse-Lautrec et beaucoup d'autres peintres ont vécu ici) est exploitée autant que possible place du Tertre, où des artistes dessinent le portrait de touristes prêts à payer quelques euros. Toutefois, si l'on s'éloigne un peu des boutiques de souvenirs pour rejoindre les allées qui entourent la basilique du Sacré-Cœur, de style romano-byzantin, on redécouvre ce que fut le quartier quand il constituait encore un village loin de l'animation de la métropole.

Saint-Jean-l'Évangéliste-de-Montmartre est beaucoup moins fréquentée par les touristes mais tout aussi intéressante que le Sacré-Cœur. Se dressant non loin de Pigalle, elle allie des influences mauresques à des éléments Art nouveau. Non loin encore, la chapelle des Martyrs, baptisée en l'honneur de saint Denis qui aurait été décapité à cet emplacement, constitue un autre lieu paisible loin de la foule.

Si l'on se dirige vers le sud, à quelques pas on découvrira le musée de la Vie romantique, parfait pour effectuer une pause avant de retourner vers le Sacré-Cœur et l'un des coins les plus surprenants de Paris : les vignes de Montmartre. Ce vignoble, qui appartient aujourd'hui à la Ville, fut créé en 1930 afin d'empêcher les promoteurs immobiliers d'y bâtir. Aujourd'hui, il fait la fierté des habitants du quartier et son atmosphère bucolique fait oublier qu'on est en ville. **DaH**

Jour et nuit, Montmartre déborde d'activité : il y a beaucoup à découvrir hors des sentiers battus.

CONSULAT
LE CONSULAT
Brasserie
CHANGE
AGFA

Les jardins Albert-Kahn

Lieu Paris (Boulogne-Billancourt), France
Site Web www.albert-kahn.fr

Les jardins et le musée Albert-Kahn, situés à Boulogne-Billancourt, constituent un trésor qui a réussi à échapper aux hordes touristiques et n'en est que plus ravissant.

Albert Kahn était un banquier français et un millionnaire philanthrope idéaliste qui décida de consacrer sa fortune à la réalisation « d'archives de la planète ». Ses magnifiques 4 ha de jardins constituent un réel amalgame de styles horticulturaux internationaux. On y trouve des jardins français, anglais et japonais ainsi que trois forêts miniatures qui reproduisent ce qu'on peut trouver en Afrique, en Asie ou aux États-Unis. Les jardins étaient un lieu de rencontre à la mode au sein de l'intelligentsia européenne jusque dans les années 1930, quand Kahn fit faillite à la suite du krach de 1929. Les jardins devinrent alors publics et forment aujourd'hui une oasis paisible et verdoyante où l'on échappe à l'agitation de la vie parisienne.

« Dans le ruisseau, des feuilles de nénuphar se balançaient dans la brise parfumée par le jasmin. »

Jacqueline McGrath, *New York Times*

Déambulez dans la roseraie parfumée et admirez la symétrie des jardins à la française ; il y a un étang limpide où flottent les nénuphars et un bosquet de bouleaux pleureurs qui se pare d'un jaune éclatant à l'automne. Le joyau du site est toutefois le jardin japonais qui déborde de camélias, de magnolias et de cerisiers. **HA**

L'abbaye royale de Fontevraud

Lieu Fontevraud-l'Abbaye, Maine-et-Loire, France
Site Web www.hotelfp-fontevraud.com **Prix €**

Fontevraud est le lieu de sépulture du roi Henri II d'Angleterre, de sa femme Éléonore d'Aquitaine et de leur fils Richard Cœur de Lion, ainsi que d'autres membres de la famille royale. Neuf cents ans d'histoire se sont écoulés depuis mais cette abbaye du XIIe siècle, l'un des ensembles monastiques les plus importants au monde, a conservé sa beauté élégante.

Au sein du domaine de ce complexe constitué d'édifices avec cloîtres, de cours et jardins, ainsi que d'une église abbatiale, se trouve le prieuré Saint-Lazare, autrefois occupé par des religieuses et désormais transformé en paisible hôtel qui domine les vergers de pommiers. Légèrement en retrait des autres bâtiments, bordé de murets de pierre et de jardins à la française, l'hôtel est bâti de la même pierre que l'abbaye, un tuf calcaire au ton doux agréable à l'œil. Les 52 chambres ont été entièrement rénovées à l'aide d'une palette simple, mais classique. Le restaurant Saint-Lazare, au sein de l'hôtel, est élégant, les lignes claires de la pierre crème et des fenêtres en ogive constituant un cadre apaisant pour un repas préparé à l'aide des produits qui font la renommée de la région et accompagné, comme il se doit, de vins de Loire. On prend le thé près de la cheminée du salon l'hiver, cependant que l'été la terrasse ensoleillée se transforme en lieu de méditation paisible. L'attrait principal de l'hôtel est bien entendu son emplacement au sein d'un complexe de 12 ha où le respect de la tranquillité est exigé. Le guide des visiteurs de l'abbaye royale indique en effet : « Par égard pour l'atmosphère paisible et silencieuse du site, nous vous prions de respecter le monument et ses jardins, de les admirer dans le calme, et d'éviter de courir et de crier. » **CFM**

Château et jardins de Chaumont

Lieu Centre, Loir-et-Cher, France
Site Web www.domaine-chaumont.fr

En été, les passionnés d'horticulture se rendent à Chaumont, entre Amboise et Blois, pour découvrir lors du Festival international des jardins un éventail d'installations végétales mises en scène par des paysagistes, jardiniers et plasticiens venus du monde entier. Romantiques, futuristes ou rocambolesques, trente jardins baignent dans des brumes irisées, présentent d'étranges machines sonores comme des orgues hydrauliques, exhibent des couleurs improbables ou jouent avec de savants éclairages. Ils peuvent aussi faire la part belle aux légumes du potager ou pire, donner le premier rôle aux « mauvaises herbes » !

Chaque année, c'est un exercice de style débordant d'imagination, décliné à partir d'un thème différent dont le but est d'inventer de nouvelles images pour les jardins de demain. Pour le visiteur qui reprend une ou deux idées à son compte, c'est un moment de bonheur. Avant d'y accéder, il faut grimper jusqu'au château Renaissance, flanqué de deux tours fortifiées. On traverse le parc dessiné par l'architecte-paysagiste Henri Duchêne, à l'ombre des cèdres géants, puis arrivé sur la terrasse, d'où l'on domine la Loire, on pense à l'échange forcé qu'accepta sans broncher la belle Diane de Poitiers. À la mort d'Henri II, Catherine de Médicis, sa veuve intraitable, exigea la restitution du château de Chenonceau, lui laissant en contrepartie celui de Chaumont. Oublié pendant des siècles, le château renoua avec le faste à la fin du XIXe siècle grâce au Prince et à la Princesse de Broglie. Les splendides écuries, électrifiées en même temps que l'Opéra Garnier, datent de cette époque. Impossible de quitter sans nostalgie ce lieu à la croisée de l'histoire et de la création contemporaine ! **DM**

La vallée de la Loire à vélo

Lieu Vallée de la Loire (Loiret, Loir-et-Cher, Indre-et-Loire et Maine-et-Loire)
Site Web www.loireavelo.fr **Prix €**

La vallée de la Loire parcourt de ses méandres le centre de la France avant de se jeter dans l'océan Atlantique. Aussi baptisée le jardin de la France, la région est célèbre pour son architecture éblouissante et ses châteaux de contes de fées. Parsemé de villages historiques, ce paysage doucement vallonné se prête parfaitement au vélo. Quand on descend en pédale libre une petite route de campagne de la vallée de la Loire, on se sent complètement détendu, en vacances. Ce mode de transport est assez rapide pour satisfaire le touriste qui désire visiter différents sites, mais assez lent pour permettre de savourer le paysage.

Les centaines de châteaux parsemés dans la vallée de la Loire illustrent des siècles de richesse et les prouesses architecturales de la Renaissance. D'un château à l'autre, on admire des jardins à la française aux buis taillés et des douves où nagent des cygnes.

Le château de Chambord est probablement le plus impressionnant. Abritant 440 pièces et une tourelle pour presque chaque jour de l'année, c'est un magnifique monument à la gloire de l'architecture de la Renaissance. Depuis la citadelle d'Angers jusqu'à la beauté indescriptible des vitraux de la cathédrale de Chartres, les amateurs de culture seront comblés.

Cet itinéraire ne constitue pas seulement un régal pour les yeux et l'esprit. Les coteaux recouverts de vignobles que parcourent d'innombrables petites routes vous inciteront à goûter certains des délices de la région, particulièrement si vous logez dans des petits hôtels de campagne. Rappelez-vous que vous êtes dans l'une des régions où l'on produit les meilleurs vins au monde, terre des sancerres, pouilly-fumé, vins d'Anjou et de Saumur. **SWi**

La Venise verte

Lieu Marais poitevin, Charente-Maritime, France
Site Web www.marais-poitevin.com **Prix €**

Cette « cousine verte » de Venise ne pourrait être plus éloignée du tourisme de masse qui a envahi la cité italienne au cours des dernières décennies. Situé dans l'ouest de la France, à l'est de La Rochelle, le Marais poitevin est un réseau de canaux centenaires conçus afin d'irriguer les terres arables environnantes. Le Marais avait été créé au fil du temps par le retrait de l'océan et la région désignée réserve naturelle avant qu'elle ne perde son statut à cause de l'importance agricole du site. Son merveilleux paysage pastoral demeure une destination où règne la sérénité.

Situé au bord de la Sèvre, Coulon, classé parmi les plus beaux villages de France, constitue le point de départ de nombreux itinéraires touristiques. C'est l'endroit idéal depuis lequel explorer le Marais. Mieux vaut engager pour la journée un guide et sa barque à fond plat afin de ne pas se perdre dans le labyrinthe de canaux, même si des plans sont disponibles pour ceux qui préfèrent louer une embarcation et éviter les itinéraires établis. La première option est toutefois recommandée car les guides vous expliqueront aussi l'histoire de la région, son importance en tant qu'écosystème, et le manège des barques crée une atmosphère intime en harmonie avec l'environnement enchanteur et paisible.

La Venise verte doit son nom aux lentilles d'eau qui la recouvrent et qui donnent aux canaux l'apparence d'une étendue verte et plate. Certains d'entre eux sont à peine accessibles par barque tandis que d'autres font 20 m de large, créant un habitat naturel qui n'a pas son pareil ailleurs en France. **DaH**

Les canaux du Marais poitevin sont un magnifique réseau que l'on explore en barque plate ou en canoë.

L'île de Ré

Lieu Charente-Maritime, France
Sites Web www.hotel-de-toiras.com ; www.iledere.com

La Rochelle est l'un des ports médiévaux les mieux préservés de France, grâce à son conseil municipal tatillon, mais le secret le mieux gardé de la région est l'île de Ré qu'un pont relie au continent. Plate, étroite et sablonneuse, elle est parsemée de petits villages ravissants. Chaque bâtiment doit être blanchi à la chaux, coiffé de tuiles orangées et doté de volets verts, ce qui donne lieu à une splendide et rustique symétrie.

Cette petite île de l'Atlantique attire de riches mais discrets Parisiens qui y viennent chaque année. Dans le port aux tons de miel de Saint-Martin-de-Ré, des artistes bohèmes et légèrement aristocratiques fréquentent des bistros charmants en contemplant les allées et venues des chalutiers ostréicoles. Pour côtoyer les habitués, réservez une suite spacieuse et opulente à l'Hôtel de Toiras, peut-être la Maréchal qui jouit d'une vue splendide sur le port. L'hôtel jouxte La Table d'Olivia, un adorable restaurant. La gastronomie à Saint-Martin est toujours à base de poisson et de fruits de mer, notamment les moules et les huîtres provenant des bancs dont le nord-est de l'île est bordé.

Quand on parcourt les rues, on découvre des marchés de fruits et légumes, des magasins d'objets de la maison ou de vêtements, et de nombreux Parisiens élégamment vêtus. Parcourez les remparts ou louez un vélo pour partir vers les plages sablonneuses au sud. Quand l'automne approche et que les touristes sont repartis, la vie adopte un lent rythme séduisant. On ne se préoccupe plus que de l'élevage des huîtres et des moules sur l'île, et un délicieux silence règne sur les rues embrumées de Saint-Martin. **LB**

⇦ *Grâce à des normes de construction et d'urbanisme rigoureuses, l'île de Ré est demeurée pittoresque.*

Le château de Saint-Loup

Lieu Saint-Loup-Lamairé, Deux-Sèvres, France
Site Web www.chateaudesaint-loup.com/wordpress **Prix €€**

Et si vous vous plongiez dans la vie quotidienne d'un châtelain de l'Ancien Régime ? C'est un séjour inédit au sud de la vallée de la Loire, que propose l'actuel propriétaire de ce château aux tours carrées, coiffées d'ardoise, qui domine le village de Saint-Loup Lamairé. Plus chanceux que le roi Jean Le Bon qui fut enfermé au château, Charles-Henri de Bartillat a mené un vrai combat pour acquérir sa demeure dont il est, d'une certaine façon, prisonnier volontaire !

Le maître des lieux a déployé une énergie considérable pour redonner vie au château. Il l'a entièrement rebâti à partir des ruines épargnées par le temps. Les douves et le donjon remontent au Moyen-Age, les deux ailes et le bâtiment central qui lui donnent sa forme en H rendent hommage à l'époque d'Henri IV. Quant au pavillon carré qui se reflète dans les eaux du canal, il date du règne de Louis XIII. Enfin l'ensemble a été remanié dans le style troubadour à la fin du XIXe siècle.

Réaménagé avec goût, le château accueille des voyageurs dans des chambres spacieuses qui s'ouvrent sur un parc magnifique de 50 hectares. Les hôtes privilégiés peuvent même louer la tour carrée qui abrite deux chambres meublées avec raffinement mais éclairées à la chandelle ! Les archives ont permis de reconstituer à l'identique les jardins d'usage et d'ornement. Après une promenade entre les topiaires de buis et les jardins d'eau, on se dirige vers l'orangerie, surtout quand les agrumes en fleurs embaument en plein hiver. Et c'est une poignée de cerises en été ou une délicieuse confiture faite avec les fruits récoltés au verger, que les voyageurs retrouvent sur leur table, en prenant leur petit déjeuner sur la terrasse du château. Une escapade dans le passé qui ne manque pas de saveur ! **DM**

Saint-Émilion et son village

Lieu Gironde, France **Sites Web** www.saint-emilion-tourisme.com ; www.hostellerie-plaisance.com **Prix €**

Vous avez sans doute trempé les lèvres avec délectation dans un verre de Saint-Emilion mais savez-vous que ce cru prestigieux est le nom d'un des plus beaux villages de France ? C'est une escapade gourmande et une invitation difficile à refuser qui s'offre aux voyageurs. Au nord de Bordeaux, perchée sur une colline et protégée par de hautes murailles, la cité fortifiée doit paradoxalement son nom à un ascète. Elle est classée avec son vignoble au patrimoine mondial de l'humanité. Au Moyen-âge, les pèlerins y font une halte prolongée : à preuve, les couvents, chapelles, cloître et maisons bourgeoises qui bordent les escalettes, des volées de marches tortueuses pavées de granit, fermées par des portes massives.

Pour souffler un peu, faites une pause pour goûter un délicieux macaron, la spécialité locale. Levez les yeux pour admirer la Tour du Roy avant de descendre dans les galeries souterraines transformées en caves où se bonifient des vins de renommée mondiale. Et puis entrez dans l'étonnante église troglodytique, creusée dans le calcaire. Juste à côté, un nouvel hôtel, l'Hostellerie de Plaisance, vient d'ouvrir ses portes. Dans un décor d'Alberto Pinto où le design réveille l'ambiance médiévale, chambres et suites rivalisent de confort et de luxe.

Puisque le « paysage culturel » de Saint-Émilion est classé, faites le tour du vignoble, soit 5 400 hectares divisés en quatre terroirs. Découvrez les châteaux de Figeac, Pressac, Cheval Blanc, le joli Château des Tours remanié par Viollet-le-Duc et autres splendides paysages viticoles classés ; poussez la porte de la belle église romane à Saint-Martin, et après une journée riche en évènements, accordez-vous enfin le plaisir de déguster ce fameux vin à la robe pourpre, baptisé le « nectar des dieux » par le Roi Soleil en personne. **DM**

Les Sources de Caudalie

Lieu Bordeaux, Gironde, France
Site Web www.sources-caudalie.com **Prix €€**

Lorsqu'on se rend aux Sources de Caudalie, on visite non seulement l'un des spas les plus luxueux de Bordeaux mais l'on pénètre aussi, physiquement et spirituellement, au cœur de la tradition viticole française dans un village dont l'activité en ce domaine remonte au début du XIVe siècle.

Aujourd'hui, les 56 ha de vignes des Sources de Caudalie comprennent le domaine du Château Smith Haut Lafitte, en activité depuis le XVIIIe siècle, et divers bâtiments reconstruits autour de quatre granges abandonnées. Les chambres varient en taille, depuis les Confort dotées de lits king size et de terrasses jusqu'aux suites spacieuses avec cheminée et terrasse.

La culture du vin représente néanmoins le cœur et l'âme de l'hôtel. Sa cave creusée dans la roche abrite 15 000 bouteilles et reflète l'expérience de plusieurs générations de viticulteurs. Les vignes du domaine ont 30 ans d'âge en moyenne et leur densité approche des 10 000 pieds par hectare. Le merlot et le cabernet-sauvignon dominent, et l'hôtel abrite sa propre coopérative viticole. Le restaurant de l'hôtel, la Grand'Vigne, inspiré des orangeries du XVIIIe siècle, surplombe l'un des nombreux étangs du domaine et propose de délicieuses spécialités.

L'expression « spa de vinothérapie » a été inventée ici quand une source géothermique inhabituellement riche en minéraux a été découverte à 500 m en dessous des fondations du château. Aujourd'hui, diverses cures sont proposées, dont des soins à base de polyphénols de pépins de raisin, qui contribuent à ralentir le vieillissement naturel de la peau. **BS**

→ *On peut choisir de loger près de l'eau, dans la ravissante cabane de l'île aux Oiseaux.*

La dune du Pyla

Lieu bassin d'Arcachon, Gironde, France
Site Web www.dune-pyla.com

Cette immense dune de sable beige est la plus importante de son genre en Europe : haute de 107 m, elle atteint 500 m de large. Elle serpente sur 3 km le long du bassin d'Arcachon, à 60 km de Bordeaux. Sculptée par le vent, elle croît et change constamment. Dépourvu de la moindre végétation, ce paysage désertique paraît magique ; les vents qui soufflent en permanence dessinent de nombreux motifs curvilignes et ondulations sur le sable.

La dune offre des possibilités d'aventure illimitées aux visiteurs imaginatifs. On rejoint le sommet par l'un des deux escaliers avant de se laisser glisser sur le sable jusqu'à l'océan, une expérience grisante. On peut aussi y jouer au cerf-volant, ou simplement se promener en respirant l'air marin, tout en admirant la vaste étendue bleue de l'océan Atlantique d'un côté, et le tapis vert sombre des pins de l'autre. Les amateurs de sensations fortes peuvent s'adonner au Deltaplane ou au parapente et ainsi apprécier les dimensions impressionnantes de la dune à vue d'oiseau.

Au pied de la dune pousse une épaisse pinède au-delà de laquelle on devine un labyrinthe de ruisseaux et de lagunes. Quand le soleil se couche, la dune se pare d'un rose lumineux ; c'est l'un des moments préférés des photographes. On peut aussi la contempler dans toute sa splendeur en bateau depuis la baie de Biscaye. Une fois que vous aurez admiré l'endroit tout votre content, allez dîner à Arcachon. La région abrite 2 500 ostréiculteurs et tous les restaurants proposent des huîtres que l'on accompagnera d'une bouteille de la région. **JK**

⇐ *La grande dune du Pyla, la plus haute d'Europe, constitue un paysage désertique toujours changeant.*

Une ferme de beauté

Lieu Eugénie-les-Bains, Landes, France **Sites Web** www.michelguerard.com ; www.ville-eugenie-les-bains.fr **Prix €€**

Et si, votre beauté était le but d'une escapade dans un cadre idyllique ? Vous ne pouvez ignorer que Christine Guérard a changé radicalement et délicieusement la façon de garder la ligne, en lançant dans un village où le temps s'est arrêté, la mode des Spas.

À Eugénie-les-Bains, niché dans la verdure, c'est un univers de rêve qui vous attend pour retrouver forme et énergie. Dans son enclos de fruits et de fleurs, la ravissante Ferme Thermale, propose une retraite aquatique destinée à éliminer le surpoids, la fatigue et autres maux de notre époque. « La beauté est une thérapie », explique Christine qui maîtrise la science du bien-être depuis sa tendre enfance, grâce aux secrets que lui a confiés son père, fondateur de la chaîne thermale du Soleil. Aux vertus des eaux chaudes et pures des sources thermales, il faut ajouter la qualité des massages drainants et traitements adaptés à chaque hôte pour lisser, modeler corps et visages. Le bain floral, dit « à la reine » ou le bain purificateur, à l'impériale, où l'on trempe en apesanteur dans une boue blanche de kaolin, avant de faire une pause de détente dans un jardin d'hiver, vous feront oublier tension et stress et vous donneront des ailes pour courir le long du parcours de santé, aménagé sous les platanes de l'allée cavalière.

Promenez-vous dans les jardins où les herbes aromatiques voisinent avec les roses et, avant de regagner votre chambre douillette à l'Hôtellerie thermale de la Maison Rose. Si vous y dînez ou si la gourmandise vous pousse aux Prés d'Eugénie ou à La Ferme aux Grives, autres lieux de délices, vous n'aurez pas besoin de compter les calories en savourant des mets exquis. Michel Guérard, l'inventeur de la cuisine minceur, s'en est chargé pour vous ! **DM**

Le canal du Midi

Lieu Sud-Ouest, France
Site Web www.canalmidi.com **Prix €€**

On n'avance qu'à 6 km/h, mais l'on ne s'ennuie jamais. Bienvenue sur le merveilleux canal du Midi. Un chemin de halage longe les 240 km de cette voie navigable qui relie l'étang de Thau et la ville de Sète, port de la Méditerranée, à Toulouse et à la Garonne. On peut ensuite continuer jusqu'à Bordeaux et à l'Atlantique en empruntant le canal latéral à la Garonne.

Suivre ce chemin à pied ou à bicyclette fait aussi partie de l'aventure, mais le réel plaisir débute quand on monte à bord de la péniche qu'on a louée. On s'habitue vite à guider le bateau (qui peut loger de deux à douze personnes, selon sa taille) et à passer les nombreuses écluses – le canal en compte 91 mais comme on ne progresse que de 16 km par jour environ, on ne les verra probablement pas toutes. Il y a généralement quelqu'un pour vous aider, et l'éclusier sera heureux de vous vendre des œufs, du vin et des produits frais de la région et d'échanger une histoire ou deux. Si vous ne désirez pas cuisiner, vous croiserez en chemin de nombreux restaurants et cafés.

> *« La lumière filtrait à travers un feuillage délicat, créant parfois des arc-en-ciel sur l'eau. »*
>
> Sarah Poyntz, *The Guardian*

Essayez de faire étape à Carcassonne pour visiter sa spectaculaire citadelle, et ne manquez pas l'escalier de neuf écluses de Fonsérannes, près de Béziers. La traversée du sombre et humide tunnel d'Ensérune, à la seule lumière du phare de la péniche, constitue un autre temps fort de la croisière. **RsP**

Au pays de l'armagnac

Lieu Gers, France **Sites Web** www.tourisme-landesdarmagnac.fr ; www.buscamaniban.com

Pour les adeptes de l'œno-tourisme, en plein essor aujourd'hui, la Gascogne qui rime presque avec pays de cocagne, propose une escapade délicieuse, gourmande et culturelle. Au cœur du Sud-Ouest rural, vous découvrirez des paysages charmants qui varient selon que vous traversez une forêt de pins ou les coteaux vallonnés de l'Armagnac.

Accrochés au flanc des collines, des châteaux et des bastides dominent des champs de tournesols et des vignobles qui produisent des vins blancs distillés en alambic puis vieillis dans des fûts de chêne. De cette longue opération mystérieuse qui tient de l'alchimie, résulte un alcool ambré aux sublimes arômes fruités, l'Armagnac, d'appellation d'origine contrôlée : la plus vieille eau-de-vie de France puisqu'elle vient de fêter son sept-centième anniversaire. La région que l'on compare à la Toscane offre des trésors d'activités touristiques qu'apprécient randonneurs et amateurs d'histoire. En savourant foies gras et cassoulets, tous garderont à l'esprit les exploits des mousquetaires, ces Cadets de Gascogne qui défendaient la couronne royale avec bravoure et menaient joyeuse vie. Profitez d'une visite et d'une dégustation au domaine de Busca-Maniban, un château du XVIIe siècle classé monument historique. Sa façade en trompe-l'œil cache un extraordinaire escalier monumental. Vous ferez connaissance des héros gascons dont les portraits ornent la grande salle « à l'italienne ».

Et pour prolonger votre promenade, explorez l'antique cité d'Eauze et son nouveau musée archéologique… s'il vous reste encore des jambes après avoir fait honneur au fameux nectar. **DM**

Le chemin de Saint-Jacques-de-Compostelle

Lieu De Lourdes, dans les Hautes-Pyrénées, à Saint-Jacques-de-Compostelle, La Corogne, Espagne
Site Web www.chemins-compostelle.com

Pendant plus de 1 000 ans, tous les chemins d'Europe septentrionale ont mené à Saint-Jacques-de-Compostelle, ville dont la cathédrale abrite, selon la légende, la dépouille de saint Jacques l'apôtre. Aujourd'hui, si l'on marche de Lourdes à Saint-Jacques, on voit encore beaucoup d'entre eux mais ils sont rarement nu-pieds de nos jours, et certains parcourent même le chemin à vélo ou en voiture – mais quel plaisir y a-t-il à cela ? Les milliers de marcheurs qui arpentent chaque année ces sentiers très fréquentés n'ont pas tous des motifs religieux, mais si vous réalisez un authentique pèlerinage à pied (munissez-vous d'un passeport de pèlerin au début de votre voyage), vous pourrez loger dans les gîtes d'étape, presque gratuits.

Si l'on débute au bord des Pyrénées, le pèlerinage est long de 750 km. On suit des chemins boisés qui traversent un paysage de montagne spectaculaire et des hameaux ancestraux. Des chapelles en ruine ponctuent le parcours et les villes millénaires que sont Burgos et Léon, dotées de vastes cathédrales gothiques, procurent un avant-goût de la destination finale.

Beaucoup de pèlerins prévoient d'arriver à Saint-Jacques le 25 juillet pour les trois jours de fête de Sant Iago. Si les rues sont animées et l'atmosphère festive en général, on se souviendra surtout du spectacle de l'immense encensoir de la cathédrale balancé d'avant en arrière et qui est censé transporter jusqu'à Dieu les prières des fidèles. Que l'on soit motivé par la religion ou par l'émotion, un voyage aussi épique que celui-ci ne peut que vous transformer à jamais. **SWi**

↗ *Le pèlerinage peut prendre jusqu'à 31 jours, mais peut être aisément divisé en segments plus courts.*

« J'ai été transporté au Moyen Âge, quand des millions de pèlerins venaient recevoir ici l'absolution. »

Derek Bishton, *The Daily Telegraph*

Le Mont Perdu

Lieu Hautes-Pyrénées, France **Sites Web** www.mppm.org ; http://whc.unesco.org/fr/list/773

Ce paysage de montagne exceptionnel s'étend à cheval entre les frontières française et espagnole. Le mont Perdu (Monte Perdido en espagnol) se situe côté espagnol et culmine à 3 352 m. Côté français, le parc national des Pyrénées abrite les splendides cirques de Gavarnie, d'Estaubé et de Troumouse. Classé patrimoine mondial par l'Unesco, c'est l'un des rares endroits d'Europe où les modes de vie pastoraux ont été préservés.

La diversité de sa faune et de sa flore est extraordinaire. On compte 1 500 espèces de fleurs et les mammifères abondent, dont le bouquetin d'Espagne qui escalade agilement de précaires rochers à pic et falaises ou le sanglier sauvage, que l'on chasse encore traditionnellement dans la région. Les aigles survolent les pics et si l'on a de la chance on pourra apercevoir le légendaire gypaète, un rapace de 3 m d'envergure.

Faire de la randonnée dans les Pyrénées coupe toujours le souffle, à cause non seulement des dénivelés importants mais aussi de la beauté des vallées, des cascades de haute montagne et des lacs d'un bleu profond. Cette chaîne coiffée de neige est parcourue par les randonneurs tout au long de l'année, qu'ils choisissent de camper, de dormir dans des refuges de montagne ou dans de rustiques chambres d'hôtes.

Une fois sur place, on a du mal à imaginer que la vie continue dans les villes. La région est demeurée peu développée et abrite quelques villages reculés où la vie n'a pas vraiment changé depuis des décennies. À cause de sa géographie, cela demeurera certainement ainsi, ce qui est en soi rassurant. **LD**

⇐ *La rivière Arrazas, dans le massif de Tozal del Mallo, au cœur du parc national d'Ordesa et du mont Perdu.*

La côte basque

Lieu Pyrénées Atlantiques, France **Sites Web** www.biarritz.fr ; www.saint-jean-de-luz.com ; www.luzgrandhotel.fr

Ourlant le littoral de rouleaux d'écume, les vagues de l'Atlantique qui déferlent sur la côte basque attirent les surfeurs du monde entier. Les plus fervents se retrouvent à Guéthary, un ancien village de pêcheurs. À moins de dix kilomètres, la plage de Biarritz compte aussi des adeptes de ce sport de glisse mais l'essor de cette station balnéaire remonte au XIXe siècle, quand Eugénie de Montijo, la future épouse de Napoléon III vint en villégiature. Pour elle, l'Empereur fit bâtir une villa somptueuse surplombant l'Océan, devenue le célèbre hôtel du Palais.

Aujourd'hui, le palace s'est agrandi et modernisé en se dotant d'un spa luxueux. Tournées vers l'océan, de ravissantes villas Belle Epoque sont éparpillées à travers la ville. Si la houle n'est pas trop menaçante, aventurez-vous sur le Rocher de la Vierge et déjeunez dans l'un des restaurants du port. Ensuite, prenez la route de la corniche, faites une pause à Bidart, un port d'où s'embarquaient les chasseurs de baleine, le temps de goûter le fameux gâteau basque. Puis roulez jusqu'à Saint-Jean de Luz, connu autrefois pour ses corsaires !

À présent, les voiliers sont plus nombreux que les bateaux de pêche aux couleurs bariolées. Le front de mer, protégé par une épaisse muraille qui lui donne des allures de chemin de ronde, s'étire jusqu'à la colline Sainte-Barbe pour le bonheur des promeneurs. Découvrez les jolies boutiques des rues piétonnes et ne manquez pas de visiter l'église Saint-Jean-Baptiste, la plus célèbre du pays basque où fut célébré le mariage du jeune Louis XIV avec l'infante Marie-Thérèse. Et si vous rêvez d'un accueil royal, réservez une suite au Grand Hôtel, un palace, doublé d'un centre de thalasso, posé sur la plage. **DM**

Le Moulin de Perle

Lieu Fosse, Pyrénées-Orientales, France
Site Web www.pyreneesgites.com **Prix €€**

Cet ancien moulin situé dans une vallée pittoresque des Fenouillèdes, splendides contreforts des Pyrénées, a été restauré en compagnie d'autres bâtiments du domaine par ses propriétaires. L'ensemble est désormais constitué de trois gîtes indépendants qui peuvent loger respectivement trois, cinq et six personnes. On peut aussi choisir une formule chambres d'hôtes, et suivre des stages de peinture. Les artistes ne manqueront pas d'inspiration face aux vignobles, forêts, rivières, gorges époustouflantes et châteaux cathares des environs perchés sur leur promontoire rocheux. Dans les gîtes mêmes, les visiteurs découvriront des poutres apparentes, des poêles à bois, de charmants patios et de jolis jardins avec un ruisseau qui passe tout près. Les murs de pierre apparente, les toits recouverts de tuiles et les boiseries peintes en bleu ciel sont mis en valeur par des plantes grimpantes à fleurs, d'autres en pots et de majestueux arbres. Le site est entouré de prairies sauvages où les orchidées fleurissent en bordure du bief du moulin.

« Prélassez-vous au soleil ou promenez-vous à la découverte des montagnes et des jolis villages. » **Propriétaires du Moulin de Perle**

Le Moulin de Perle est situé entre deux petits villages et constitue l'endroit de base idéal pour explorer la région. La piscine et les courts de tennis d'un des villages sont aisément accessibles, à seulement cinq minutes à pied. **SH**

La Montagne noire

Lieu Montagne noire (Tarn, Hérault et Aude), France
Site Web www.jedecouvrelafrance.com/f-594.tarn-montagne-noire.html

La Montagne noire doit son nom relativement menaçant à ses pentes très boisées qui semblent très sombres de loin. Quand on s'en approche, toutefois, on comprend pourquoi cette région est si renommée. Son environnement très protégé se prête parfaitement à la randonnée, à la pêche, à l'équitation et à l'exploration. La Montagne noire est parsemée de châteaux datant de l'époque des cathares, y compris la citadelle de Carcassonne, classée patrimoine mondial, la forteresse de Hautpoul, le château de Lastours et celui de Saissac.

La Montagne noire, contiguë à l'extrémité sud-ouest du Massif central, appartient au parc naturel du Haut-Languedoc ; elle est divisée entre trois départements : le Tarn, l'Hérault et l'Aude. Elle culmine au pic de Nore, qui domine la plaine de Carcassonne du haut de ses 1 219 m. De là, les Pyrénées tremblent à l'horizon. La végétation change spectaculairement sur les pentes de la Montagne noire, qui, en fonction de leur orientation, subissent les vents dominants de l'Atlantique ou de la Méditerranée. Dans la vallée de l'Orb, par exemple, on aperçoit des mimosas, des oliviers et des cerisiers alors qu'à quelques kilomètres à l'ouest les vents dominants proviennent de l'Atlantique et les arbres fruitiers et les fleurs cèdent la place aux hêtres.

Nager dans des lacs de montagne frais et transparents constitue le temps fort de toute escapade dans la région. Plusieurs d'entre eux sont si populaires qu'ils rappellent de petites stations balnéaires. Le lac de Pradelles, par exemple, est doté de maîtres-nageurs, Pédalo, courts de tennis, minigolf, sentiers de randonnée et même de divers restaurants. **SH**

⇒ *La Rigole coule à travers la Montagne noire avant de se jeter dans le canal du Midi.*

Les Fermes de Marie

Lieu Megève, Haute-Savoie, France
Site Web www.fermesdemarie.com **Prix €€**

De nombreux voyageurs rêvent de loger dans l'un des ravissants chalets essaimés sur les pentes alpines. Jocelyne et Jean-Louis Sibuet ne se sont pas contentés de rêver : ils ont trouvé et acheté plus de 20 fermes, granges et chalets bancals, les ont redescendus de la montagne planche par planche et poutre par poutre avant de les remonter en une sorte de village, en bordure de Megève.

À l'intérieur des chambres, on ne trouve ni animaux ni bottes de foin, mais de vieux meubles de bergers savoyards et des objets d'artisanat populaire auxquels on a discrètement ajouté des éléments modernes, comme la télévision par satellite, des lits somptueux et d'opulentes salles de bains en marbre. L'atmosphère rustique a été préservée grâce au bois patiné omniprésent et à des détails domestiques. L'entreprise a dû parfois sembler périlleuse, mais elle est extraordinairement réussie : les Sibuet sont parvenus à créer un hôtel de luxe unique en son genre qui possède l'atmosphère de vieilles granges romantiques dans les montagnes.

Ce lieu excentrique est attrayant tout au long de l'année. L'hiver, des navettes vous conduisent jusqu'aux remonte-pentes et l'été on peut faire de la randonnée ou du VTT en montagne, jouer au tennis ou simplement se détendre en jouissant des installations de l'hôtel ainsi que des boutiques et cafés de Megève. Le spa, la salle de fitness, la piscine et le restaurant renommé séduisent les visiteurs douze mois par an. Dans le spa, on trouve même des produits à base de plantes de montagne comme l'arnica et la prêle, spécialement créés pour Les Fermes de Marie. **SH**

→ *Il est presque impossible de trouver un site plus typiquement alpin que Les Fermes de Marie.*

La ligne des Hirondelles

Lieu entre Dole et Saint-Claude, Jura, France
Sites Web www.lignedeshirondelles.fr ; www.salineroyale.com

Pour découvrir les paysages sublimes du Haut-Jura, il n'y a qu'une solution : le chemin de fer ! Or c'est une excursion à bord d'un petit train au nom poétique, la ligne des Hirondelles, qui vous permet de faire cette escapade inoubliable. Cette ligne, l'une des plus belles d'Europe, offre un parcours de 123 kilomètres entre Dole et Saint-Claude qui va faire monter en flèche votre adrénaline!

Atteignant 1 000 m au col de la Savine, le chemin de fer coupe la montagne en franchissant 36 tunnels et s'envole vers les nuages en empruntant 18 viaducs. Terminée en 1912 au coût d'un million de francs-or par kilomètre et réhabilitée depuis, cette ligne régulière qui circule tous les jours a gardé ses ouvrages d'art pour traverser la forêt de Chaux, les vignobles de l'Arbois, les plateaux du Grandvaux, la Vallée de la Bienne…

Si de nombreuses industries locales ont disparu, la beauté de la nature n'a pas changé. Ce train moderne et confortable, composé de wagons panoramiques, dessert douze gares. Pour profiter pleinement de votre voyage, composez votre parcours en intégrant une halte, le temps de pique-niquer en forêt, de faire une randonnée, de visiter un petit musée, ou d'acheter une pipe de bruyère. Si l'architecture vous passionne, une formule accompagnée propose un circuit à Arc-et-Senans pour visiter la Saline Royale et déjeuner sur place. Construite en hémicycle et entourée de jardins, cette saline, classée au patrimoine mondial de l'Unesco est l'œuvre d'un visionnaire du XVIIIe siècle, Claude Nicolas Ledoux, qui rêvait d'une cité idéale. Mais de grâce, aussi passionnante soit-elle, abandonnez votre lecture entre Morbier et Morez, quand le train enjambe les viaducs, véritables joyaux de la ligne des Hirondelles, et retenez votre souffle ! **DM**

Les lacs de Savoie

Lieu Haute-Savoie, France **Sites Web** www.lac-annecy.com ; www.perebise.com ; www.bourgetdulac.com

Laissez-vous tenter par une escapade en Savoie qui vous mènera aux bords de deux lacs sublimes, le lac d'Annecy et le lac du Bourget. Né de la fonte des grands glaciers, le lac d'Annecy baigne une jolie ville qui, par ses jolis canaux, rappelle Venise dans un décor alpin. Faites un tour du lac en bateau pour vous imprégner de la beauté du paysage. Les monts enneigés ou recouverts de pins dominent les eaux bleues réputées pour leur propreté. En automne, les couleurs somptueuses des forêts à l'entour et la température exquise en font une destination idéale pour fuir la jungle urbaine. Un prétexte pour visiter Talloires et dîner à l'auberge du Père Bise, une institution familiale bien connue des gourmands.

Autre balade à fleur d'eau sur un autre lac de montagne, celui du Bourget, immortalisé par Lamartine, qui songeait aux heures heureuses passées avec une jeune amie disparue. Les bords du lac sont un sanctuaire pour les oiseaux et sur la rive plus sauvage, pour les moines de Hautecombe, où l'abbaye offre un lieu de retraite et de spiritualité. Tous les voyageurs sont sensibles aux charmes des villes d'Annecy et d'Aix-les-Bains. À Aix, une station thermale de renom, on prend les eaux sous forme de douches-massages dans des thermes luxueux avant d'aller jouer au casino, selon la tradition du siècle dernier. Résidence des Ducs de Savoie, Annecy est une destination où la détente prime. Les églises – dont la cathédrale Saint-Pierre -, les maisons à arcades, les petits ponts rivalisent de beauté avec les jardins de l'Europe qui bordent le lac : un lieu de prédilection pour les peintres et les amoureux. Tous apprécieront le théâtre d'eau sur l'île aux cygnes qui met en scène des fontaines lumineuses jaillissant de deux obélisques. **DM**

Chamonix et l'aiguille du Midi

Lieu Haute-Savoie, France **Sites Web** www.chamonix.com ; www.compagniedumontblanc.fr/pages/grand_hotel_montenvers.html

Point n'est besoin de chausser des souliers à crampons pour découvrir l'un des plus beaux paysages de haute-montagne et approcher un glacier mythique, la Mer de Glace. Au départ de Chamonix, une station de ski et un centre d'alpinisme de renommée mondiale, élevez-vous dans les airs en prenant le téléphérique de l'aiguille du Midi. Après un premier arrêt qui vous acclimate avec l'altitude, montez jusqu'à 3 842 mètres. À 360 degrés, la vue est époustouflante ! En face de vous se dressent les pics français, suisses, italiens et, dominant les crevasses bleutées de sa masse immaculée, le mont-Blanc. La vue plongeante sur la vallée de Chamonix est tout aussi prodigieuse. Connue de tous les amoureux de la montagne, l'aiguille du Midi est le point de départ de randonnées dont le Tour du Mont-Blanc, d'escalades et de ski hors piste pour les sportifs chevronnés qui bravent la fameuse vallée Blanche. Sans mettre votre vie en danger, vous pouvez, à partir de cette plateforme vertigineuse, faire une escapade en Italie en prenant la télécabine panoramique qui monte jusqu'à la pointe Helbronner en traversant le Glacier du Géant.

De retour à Chamonix, ne vous privez pas du plaisir de découvrir la Mer de Glace, « une mer agitée qui aurait gelé tout à coup ». C'est un petit train rouge, en fonction depuis 1908, qui vous conduit jusqu'au site du Montenvers. Choisissez la fin de l'après-midi, quand la lumière colore le glacier de teintes irisées. Comme la nuit tombe vite, profitez auparavant du spectacle féerique de la grotte et de la galerie des cristaux. Pour assister égoïstement au lever du soleil sur les Alpes avant l'arrivée des touristes, réservez une chambre à l'hôtel du Montenvers où se trouve un petit musée d'une richesse insoupçonnée. **DM**

Un spa dans les neiges

Lieu Haute-Savoie, France **Sites Web** www.courchevel.com ; www.hotelstrato.com **Prix €€€**

Envie de respirer l'air pur des montagnes ? Une escapade à Courchevel vous fera le plus grand bien ! Cette station de ski bien connue de la jet-set internationale est aussi en plein été un paradis pour les randonneurs. Tous les sportifs un peu mondains apprécieront un hôtel unique, situé sur la piste de Cospillot, à Courchevel 1850. Ce chalet traditionnel à la façade ornée de balcons en dentelle de bois, réserve bien des surprises. Il faut pousser la porte de cet hôtel pour découvrir les innovations technologiques et esthétiques affichées haut et fort à tous les niveaux.

Or, c'est une autre idée du luxe qui est mise en scène par des décorateurs lyonnais, surtout dans le spa qui est aussi théâtral qu'un foyer d'Opéra. À travers l'hôtel règne l'esprit design, rehaussé toutefois d'accents baroques. Des meubles contemporains aux lignes pures voisinent avec des statues de saints au visage naïf. Des couleurs vitaminées et contrastées pimentent salons et restaurants. Que ce soit dans les chambres spacieuses où les lits douillets sont recouverts d'un plaid de fourrure ou au coin du feu d'un salon raffiné pour se retrouver entre amis après une journée sportive, tout est conçu pour le confort. Grandiose et sophistiqué, le Spa est une bulle de bien-être où, éclairé par un lustre en cristal de Murano, l'azur des peintures murales inspirées des chefs d'œuvre de la Renaissance italienne, rivalise avec les eaux bleues de l'immense piscine chauffée. Sur 800 m^2, ce n'est que luxe, sérénité et beauté avec des massages, modelages et soins adaptés à chaque personnalité. Pourtant les fous de la poudreuse préfèreront le ski-room, unique en son genre, qui dévoile grâce à ses immenses baies vitrées, le plus grand domaine skiable du monde. **DM**

En montgolfière au-dessus du puy de Dôme

Lieu Puy de Dôme, France **Site Web** www.franceballoons.com/vol-montgolfiere,volcans-d-auvergne.php **Prix €€**

La chaîne des Puys d'Auvergne est l'une des destinations touristiques les plus populaires de France : plus de 80 montagnes aux origines clairement volcaniques y sont alignées du nord au sud. Face à ces cratères verts s'élevant depuis la plaine, on a du mal à imaginer qu'ils sont le simple résultat de collisions tectoniques : ils semblent plus mythiques que cela, et certainement plus photogéniques. Ils ne sont jamais plus beaux que vus du ciel, quand on dérive en montgolfière, porté par la brise au coucher ou au lever du soleil.

On peut voir le Massif central, les monts du Cantal et aussi loin que le Mont-Blanc par temps clair. Le puy de Dôme est le plus élevé de la chaîne, avec ses 1 463 m d'altitude, cependant que le cratère lisse et vert du puy Pariou culmine à 1 210 m ; on peut en rejoindre le centre par un sentier.

La région attire un demi-million de visiteurs par an dont beaucoup suivent le sentier des Muletiers, une vieille voie romaine qui mène au sommet du puy de Dôme et aux anciens temples de Mercure qui s'y dressent. Le magnétisme du site est tel que d'autres temples y ont été érigés depuis l'ère préchrétienne. D'autres visiteurs choisissent le parapente ou le Deltaplane depuis la cime, afin de découvrir diverses vues aériennes de la région. L'eau de Volvic, produite ici, doit sa richesse minérale aux volcans ; ceux-ci sont aussi à l'origine des pierres de lave dont sont construites les fermes de la région, lave qu'on retrouve sur les courts de tennis et routes des environs. **LD**

Le cratère du puy de Dôme semble très vert et doux et ne montre aucun signe d'activité volcanique.

En canoë sur l'Ardèche

Lieu Ardèche, France
Site Web www.ardeche.guideweb.com/canoe-kayak **Prix €**

Les 32 km du cours de l'Ardèche entre Vallon-Pont-d'Arc et Saint-Martin-d'Ardèche ne sont pas réservés à ceux qui désirent se confronter aux rapides. Il suffit d'avoir plus de sept ans et de savoir nager pour les parcourir en kayak ou en canoë.

On suit des gorges creusées par l'Ardèche dans la craie et le calcaire au fil des millénaires ; c'est le plus bel endroit du parc naturel régional des Monts d'Ardèche, et le point de départ de l'excursion, Vallon-Pont-d'Arc, est une arche naturelle en pierre qui s'élève à 60 m au-dessus de l'eau couleur sarcelle. À certains endroits, les falaises se dressent à 305 m au-dessus des têtes. De nombreuses entreprises louent des canoës et des kayaks, pour deux heures seulement ou pour deux jours. On peut alors camper à Gaud et à Gournier, dont les campings sont équipés de douches, de barbecues, mais on doit réserver son emplacement à l'avance.

> *« Malgré des noms terrifiants tels que la dent Noire, ces rapides sont aisément négociables. »*
>
> **Gordon Lethbridge, *The Independent***

Les plus aventureux viendront en début de saison. En avril et en mai, l'eau est plus haute et le courant plus rapide, et l'on peut prolonger son excursion pour découvrir d'autres segments de la rivière. À la fin de l'été, l'aventure sera plus détendue, des segments où l'on peut se laisser flotter dans un courant très lent s'alliant à des rapides excitants. On peut aussi s'arrêter sur l'une des plages qui bordent la rivière. **PE**

Saint-Cyrq Lapopie

Lieu Lot, France
Site Web www.saint-cyrqlapopie.com

D'une beauté à couper le souffle, ce village agrippé à un rocher qui domine une boucle du Lot du haut de ses 80 mètres, a conservé sa noblesse et son mystère. Classé Monument Historique, il a séduit un grand nombre d'artistes dont André Breton, le Pape des surréalistes, Max Ernst et Man Ray. Au détour des ruelles ou au pied de la tour carrée sur laquelle s'appuie l'église gothique, vous aurez l'impression que le passé ressurgit.

Bâties en pierre blonde, les maisons aux toits pentus couverts de tuiles ocre voisinent avec des échoppes qui affichent des façades à encorbellement et des fenêtres géminées. Les quais de cet ancien port fluvial n'accueillent plus les ballots de marchandises acheminées à dos d'âne du village médiéval. Un petit musée évoque ces activités anciennes qui firent la gloire et la richesse du bourg. Aujourd'hui, le fleuve invite les visiteurs aux promenades en barque et en canoë-kayak tandis qu'artistes et artisans d'art ont remplacé peaussiers, tourneurs de bois et chaudronniers dans les ateliers nichés sous les arcades. De la rive droite du Lot, la vue du village perché est saisissante car elle dévoile l'harmonie des toits en cascade qui s'enroulent autour de l'église.

Pour vivre une autre expérience tout aussi passionnante, les voyageurs poursuivront leur route vers la vallée sauvage du Célé. Ils descendront dans la grotte de Pech-Merle, un sanctuaire paléolithique, où ils découvriront des peintures rupestres d'une fraîcheur remarquable. D'ailleurs, le Lot et ses affluents réservent des merveilles insoupçonnées. Avec les villages secrets, les escarpements rocheux surmontés par des châteaux forts, vous aurez à chaque pas et à chaque méandre la preuve de l'ingéniosité de l'homme. **DM**

À la découverte de l'Aubrac

Lieu Lozère, France **Sites Web** www.laguiole-online.com ; www.aubrac.com ; www.cheminsdusud.com

D'une beauté à couper le souffle, le plateau de l'Aubrac garde jalousement ses secrets. Une aubaine et une merveilleuse escapade pour le voyageur qui s'aventure dans ce paysage austère, balayé par le vent. L'Aubrac est un paradis pour les ornithologues, pêcheurs à la mouche et tous ceux qui ont envie de redécouvrir la nature.

Qu'il s'agisse d'un pélerinage culturel qui suit le chemin de Compostelle, du tour des monts d'Aubrac ou de la route des lacs, les randonneurs auront le cœur en joie ! Mais avant de reprendre la route, il convient de visiter Aubrac, l'un des plus beaux villages de France. Près de l'église Notre-Dame des Pauvres, les murs de l'ancien hôpital ou Dômerie rappellent le devoir d'hospitalité des moines : une tradition reprise avec brio par Catherine Painvin dans une belle maison bourgeoise transformée en chambre d'hôtes, Le Comptoir d'Aubrac. Glissez dans votre sac à dos une bonne dose du fameux Thé d'Aubrac, une liqueur à base de menthe sauvage, avant de vous remettre en marche.

Faites halte au château de la Baume, le petit Versailles du Gévaudan, dont la ferme est transformée en gîte. Autre étape de charme : Saint-Urcize, une petite cité de 500 habitants. Les ruelles bordées de maisons aux toits de lauze encerclent l'église romane du XIIe siècle au curieux clocher en forme de peigne. Pour mieux s'imprégner de l'esprit du lieu, les voyageurs avisés réserveront une des jolies chambres d'hôtes de la Fontaine de Grégoire, une ancienne école religieuse. Les gastronomes auront réservé une table au restaurant de Michel Bras à Laguiole. À mille mètres d'altitude, ce village doit sa célébrité à ce chef de renommée mondiale autant qu'aux couteaux de grande qualité fabriqués sur place. **DM**

Le Colorado provençal

Lieu Vaucluse, France **Sites Web** www.provenceweb.fr ; www.provence.visite.org ; www.parcduluberon.fr

La Provence n'a pas fini de vous surprendre. Loin des champs de lavande et des vieux mas aux toits de tuiles protégés par une haie de cyprès, des falaises abruptes aux couleurs fauves font partie des paysages où la douceur de vivre n'a plus cours.

Situés dans le périmètre du parc du Luberon, deux villages méritent votre visite. Près d'Apt, bâti sur un piton rocheux, Roussillon est bien connu des peintres parce qu'on y exploitait l'ocre à ciel ouvert. Le site a gardé ses carrières rebaptisées « le sentier des ocres » dont les pentes ravinées évoquent le Far-West américain. Vous serez éblouis par le feuillage presque phosphorescent des bosquets de pin et de chênes verts et par les roches qui font dialoguer le rouge vermillon avec le mauve et le jaune orangé. Grimpez jusqu'à la Chaussée des Géants où un spectacle titanesque vous attend. Qui de l'homme ou des dieux, vous demanderez-vous, a pu sculpter ainsi la colline ? La même sensation se reproduit à Rustrel, un autre village au pied du plateau d'Albion, connu pour son fer et ses ocres. L'érosion a raviné le site, laissant de hautes colonnes de sable aux couleurs incandescentes. Ce sont les fameuses « cheminées de fées » que protègent des blocs rocheux.

En automne, après le départ des derniers touristes, quand le dernier rayon de soleil caresse ce paysage dantesque, vous ne saurez plus s'il s'agit d'un miracle de la nature ou d'une intervention surnaturelle. Si l'ocre est toujours exploité à Gargas, près de Roussillon, les carrières de Rustrel ont fermé pour le bonheur des promeneurs. Empruntez les sentiers pédestres entre Rustrel et Gignac, en vous arrêtant en chemin pour photographier ces merveilles minérales et, de retour chez vous, étonner vos amis **DM**

L'abbaye de Sénanque

Lieu Gordes, Vaucluse, France
Site Web www.senanque.fr **Prix €**

Communauté de cisterciens, ce monastère du XIIe siècle aux murs en pierre ocre et au toit de tuiles mouchetées est plaisant à l'œil ; il est difficile de ne pas être séduit par son architecture et son silence. Entouré de collines boisées, il accueille des visiteurs désireux d'y suivre une retraite qui peut durer jusqu'à huit jours.

Les résidents temporaires sont acceptés quel que soit leur sexe ou leur religion, mais ils doivent participer à la vie monastique faite de prière et de silence ; de fait, ce dernier doit régner à tout moment, y compris durant les repas et exception faite de quinze minutes par jour. Les moines suivent une routine qui débute à 4 heures du matin et comprend cinq périodes telles que les vêpres et la messe, services auxquels les visiteurs sont invités à assister. Le reste de la journée est consacré à la lecture, la méditation et le jardinage. L'été, les champs environnants se parent du ton violet des rangées uniformes de lavande. Les moines cultivent cette plante depuis des siècles et en tirent du miel (l'abbaye abrite des ruches) ainsi que du parfum.

L'abbaye Notre-Dame de Sénanque demeure l'un des plus purs témoins de l'architecture cistercienne primitive.

Même si l'on suit une retraite à l'abbaye, on est autorisé à quitter ses murs et le paysage qui l'entoure offre de spectaculaires randonnées, particulièrement recommandées pour ceux qui éprouvent le besoin d'exercer leurs cordes vocales. **CFM**

La Mirande

Lieu Avignon, Vaucluse, France
Site Web www.la-mirande.fr **Prix €€**

À proximité du splendide palais des Papes d'Avignon, La Mirande, un opulent hôtel, constitue l'adresse la plus recherchée de la ville et l'un des plus beaux établissements européens.

La Mirande, qui appartient à un ensemble de bâtiments dont on peut situer l'origine aux débuts de la papauté en Avignon, en 1306, est devenu un hôtel dès 1796. Au cours des 200 ans suivants, c'est demeuré l'hôtel Pamars. On retrouve la même attention aux détails dans chacune de ses 20 chambres et de ses espaces de vie, depuis les rideaux doublés de soie et les vitres anciennes qui laissent apercevoir la vie quotidienne d'Avignon, jusqu'aux parquets de chêne, au marbre de Carrare des salles de bains, aux œuvres de maîtres accrochées aux murs, aux tapisseries belges et au papier peint imprimé à partir de clichés de bois anciens. Dans l'élégant restaurant de l'hôtel, les repas se prennent sous un magnifique plafond à double caisson, datant de la Renaissance. Si vous désirez dîner dans un environnement plus sélect encore, la table d'hôtes située dans la cuisine du XIXe siècle est disponible le mardi et le mercredi.

Le lieu rappelle les grands hôtels particuliers de l'aristocratie et l'on entend parfois que si le pape avait goûté à la vie de La Mirande, il n'aurait pas été aussi désireux de repartir à Rome. **BS**

« L'art culinaire de La Mirande a tendance à préférer… l'harmonie des combinaisons inattendues. »

Claude Eveno, *La Mirande*

Le Luberon

Lieu Vaucluse, France
Sites Web www.provenceweb.fr ; www.parcduluberon.fr

Le Luberon se compose de deux massifs distincts, séparés par une rivière, l'Aiguebrun. Chaque massif a ses farouches défenseurs mais le visiteur n'a cure de cette frontière dans cette région où tout est calme et beauté. Découvrir les villages perchés qui émaillent les versants nord et sud, se perdre dans les ruelles en calade avant de se reposer près d'une fontaine à l'ombre d'un platane font partie des plaisirs à savourer dès les beaux jours.

Personne ne s'étonne qu'Ansouis, Gordes, Lourmarin, Ménerbes et Roussillon soient classés parmi les plus beaux villages de France. En plein été, à pied ou en VTT, le promeneur recherche l'ombre fraîche de la forêt de cèdres qui coiffe la montagne entre Bonnieux, Lacoste et Ménerbes. L'histoire entre dans la légende pour évoquer le passé de ces fiefs souvent fortifiés qui ont résisté aux assauts des troupes catholiques ou aux épidémies de peste. La culture est au rendez-vous à Lourmarin dans les salons d'un château Renaissance. Ansouis n'est pas en reste avec sa magnifique forteresse et Gordes s'enorgueillit d'un musée logé dans un château et d'un curieux village de bories, des constructions voûtées en pierres sèches.

Les randonneurs acharnés empruntent volontiers le « chemin des crêtes » et parcourent ainsi les sommets du Grand Luberon dont le Mourre Nègre qui culmine à 1 125 mètres. Accessible à tous, le Parc naturel du Luberon mettra tout le monde d'accord : c'est un territoire sauvage qui protège faune, flore et paysages dont la diversité vous enchantera. **DM**

Gordes est caractéristique des villages médiévaux des collines du Luberon.

Le parc ornithologique de Pont-de-Gau

Lieu près des Saintes-Marie-de-la-Mer, Bouches-du-Rhône, France
Site Web www.parc-ornithologique.camargue.fr

La Camargue est réputée pour ses chevaux sauvages et ses flamants roses : ce sont ces derniers qu'on pourra observer au parc ornithologique de Pont-de-Gau. Ces étonnants volatiles perchés sur de longues et fines échasses y sont en résidence toute l'année, mais leurs rassemblements ne sont jamais plus spectaculaires qu'en hiver, la saison des amours. De décembre à mars, jusqu'à 20 000 flamants roses se réunissent dans le parc ornithologique pour choisir un partenaire. Leur cou gracieux étiré autant que possible et le bec en l'air, ils se pavanent en groupe, tournant leur tête à gauche et à droite. Si vous avez de la chance, vous les verrez s'envoler ensemble, s'élevant haut dans les airs en un nuage dense de plumes roses.

Le parc recouvre 60 ha de zones humides et les visiteurs peuvent parcourir les 8 km de sentiers qui traversent marais et lagunes où se nourrissent les oiseaux indigènes et les migrateurs – dont des hérons, cigognes, aigrettes, sarcelles, oies et cygnes. Cachez-vous dans l'une des huttes construites à cet effet et vous pourrez observer les résidents du parc s'avancer dans l'eau, pêcher et voler comme si vous n'existiez pas. Des panneaux d'information aident les visiteurs à identifier les oiseaux et à comprendre leurs mœurs, et des visites guidées permettent d'approfondir ces connaissances. On trouve aussi des aigles, des faucons, des busards, des buses et des vautours dans le parc, raison pour laquelle on ne devrait pas manquer de lever le regard vers le ciel de temps en temps. **PE**

Flamants roses en eau peu profonde dans le parc ornithologique de Camargue au coucher du soleil.

L'abbaye de Sainte-Croix

Lieu Salon-de-Provence, Bouches-du-Rhône, France
Site Web www.hotels-provence.com **Prix €€**

Ce magnifique monastère du XIIe siècle entouré de jardins parfumés de lavande et de romarin, a été rénové et reconverti en hôtel de luxe. De style roman, dotée de voûtes rondes et de petites fenêtres, et magnifiquement préservée, l'abbaye est située dans l'un des premiers contreforts des Alpilles, à l'est.

Les anciennes cellules spartiates ont été transformées en 21 chambres et quatre appartements confortables, certains espaces très simples, d'autres majestueux. Les épais murs de pierre protègent de l'ardent soleil provençal, et les chambres aux murs blanchis à la chaux demeurent fraîches quelle que soit la chaleur extérieure – elles sont aussi équipées de la climatisation, juste au cas où cela serait nécessaire. Des plafonds voûtés, d'immenses cheminées et de grosses poutres participent au charme rustique du site, tout comme les tomettes au sol et les tapis colorés jetés çà et là. Certaines chambres bénéficient d'une vue sur les romantiques jardins, d'autres sur la vallée. Le restaurant de l'hôtel offre une excellente cuisine locale qu'on peut déguster sur la terrasse panoramique, en contemplant le paysage grandiose dans lequel est nichée la petite ville médiévale de Salon-de-Provence.

L'été, on peut s'asseoir sur des terrasses couvertes de vigne vierge. Les meubles rustiques se marient aux objets d'art. Il y a aussi une piscine et un club de tennis près de là pour ceux qui débordent d'énergie, mais pourquoi ne pas se dorer au soleil, un verre de rosé dans une main et un livre dans l'autre, allongé sur la terrasse en écoutant le chant des cigales et une cloche d'église qui sonne au loin ? **HA**

« Il y a 20 000 ans, le plateau de Salounet, qui appartient au domaine de l'abbaye, était habité par les Salians. » Guide *Relais & Châteaux*

L'abbaye de Sainte-Croix constitue une escapade provençale luxueuse dans un cadre riche en histoire.

Les calanques

Lieu entre Marseille et La Ciotat, Bouches-du-Rhône, France
Site Web www.calanques13.com

À quelques minutes en voiture de Marseille, un coin de nature a été entièrement préservé. Parmi les magnifiques calanques, pins, falaises rocheuses et eaux turquoise, on a l'impression d'être dans les Caraïbes. Dérivées du mot corse *calanca* qui signifie « crique », les calanques sont d'anciens estuaires de rivière. Elles découpent le littoral et s'enfoncent jusqu'à 4 km à l'intérieur des terres. Ces zones à la beauté naturelle extraordinaire sont désormais protégées et ont pu demeurer à l'état sauvage.

Certaines sont bordées de cabanons, et de petits restaurants sont éparpillés près de l'eau. À Sormiou, Le Lunch propose des plats de poisson relativement onéreux qu'on mange sur du mobilier en plastique, mais le restaurant a un avantage unique : la Méditerranée clapote à ses pieds et le panorama n'est que mer bleue et falaises de calcaire. Les autres calanques, Queyron, Podestat, En Vau, Port Pin et Port Miou, offrent exclusivement des plages, des rochers et des pinèdes au bord d'une eau bleu marine transparente.

L'accès est interdit à la circulation l'été, afin de préserver la zone et de prévenir les feux de forêt ; on doit alors rejoindre les calanques à pied, parfois en marchant 3 km. Port Pin et En Vau sont magnifiques et méritent la randonnée d'une heure et demie à travers la forêt de Gardiole qui s'achève par une descente escarpée. Même si les calanques sont populaires, la majorité des gens sont rebutés par les efforts requis.

On peut toutefois aussi y arriver par bateau et rejoindre les sites de plongée que sont les grottes sous-marines des Trémies, des Capélas ou de Castelvieil. Les plus paresseux se contenteront de conduire jusqu'à la corniche des Crêtes et au cap Canaille pour apercevoir les calanques en contrebas. **RCA**

Montagne Sainte-Victoire

Lieu Var, Bouches-du-Rhône, France **Sites Web** www.atelier-cezanne.com ; www.aixenprovencetourism.com/aix-sainte-victoire.htm

La montagne Sainte-Victoire qui a été magnifiquement peinte par de Cézanne, domine le Pays d'Aix. Pour cette escapade culturelle et sportive, mettez des chaussures de marche pour arpenter les chemins caillouteux de cette masse majestueuse de calcaire blanc qui se colore selon les caprices de la lumière. En parcourant les sentiers bordés de lavandes, d'arbrisseaux et de bruyères, à l'ombre des pins penchés, vous aurez l'impression d'accompagner le peintre sur le motif. Vos pérégrinations vous mèneront au prieuré du XVIIe siècle, non loin du sommet. Continuez pendant encore quelques minutes jusqu'à la Croix de Provence. Ce repère offre un panorama digne de ce nom. Vous gravirez rapidement les derniers rochers de la Brèche des Moines. Arrivé à ce poste d'observation, le point d'orgue de votre promenade, reprenez votre souffle en savourant cet instant solennel.

Les automobilistes suivront la route qui fait le tour de la montagne en s'arrêtant dans de jolis villages : Le Tholonet, Puyloubier, Pourrières et enfin Vauvenargues où vécut Picasso. Ne vous privez pas d'une visite à l'atelier de Cézanne, « le Grand Maître à tous » où, les jours de pluie et de mistral, le peintre s'enfermait avec son chevalet et ses objets favoris, les sujets de ses natures mortes qui ont gardé une étonnante présence. Si la vie de Cézanne vous intéresse, une promenade au départ de l'Office du Tourisme d'Aix-en-Provence, jalonnée de clous portant l'initiale C, permet de retrouver au fil des rues, les quartiers et lieux où il vécut.

À pied ou en voiture, pour vous remettre de vos émotions, prévoyez une étape à Gémenos, au Relais de la Magdeleine, une vieille bastide couverte de lierre reconvertie en ravissant hôtel de charme. **DM**

Les Baux de Provence

Lieu Bouches-du-Rhône, France
Sites Web www.lesbauxdeprovence.com ; www.cathedrale-images.com/

Sculpté dans la pierre, ce village fantomatique se dresse sur l'éperon rocheux qui domine la chaîne des Alpilles. Se promener dans les ruelles en calade où des murs démantelés voisinent avec les nobles façades d'anciens hôtels particuliers correspond à une escapade dans un temps reculé. Les ruines du château des seigneurs des Baux, posé en à-pic au bord de la falaise, gardent-elles encore en mémoire les poèmes que les troubadours chantaient dans les cours d'amour ? Montez au donjon pour vous imprégner de l'esprit des lieux, surtout quand souffle le mistral !

En fin d'après-midi, attardez-vous dans le cadre grandiose de ce bastion médiéval. Passez devant le manoir de la Tour de Brau, aujourd'hui musée archéologique, et faites une pause à la Mairie qui partage avec l'office du tourisme le splendide hôtel de Claude de Manville, bâti au XVIe siècle par un Huguenot qui paya cher son insubordination au pouvoir royal. Poussez la porte de l'église Saint-Vincent où la lumière se glisse à travers les vitraux de Max Ingrand. On y donne tous les étés un festival d'art sacré. Entrez dans la Chapelle des Pénitents Blancs pour admirer des fresques contemporaines puis, après une pause sur une terrasse ombragée, rencontrez artistes et artisans dans leur atelier, visitez galeries et petits musées.

En quittant le village, prévoyez une visite au Val d'Enfer. Dans les immenses salles souterraines des carrières romaines qui servirent de décor au film de Jean Cocteau, Orphée, la Cathédrale d'Images propose à présent de magnifiques spectacles audiovisuels. **DM**

← *Les Baux-de-Provence, pittoresque village médiéval de 500 habitants, au coucher du soleil.*

L'Oustau de Baumanière

Lieu Les Baux-de-Provence, Bouches-du-Rhône, France
Site Web www.oustaudebaumaniere.com **Prix €€**

Une escapade hédoniste? Même s'il est blotti sous les rochers du Val d'Enfer, c'est le paradis qui vous attend à l'Oustau de Baumanière, une des tables les plus célèbres de Provence. Jean-André Charial, petit-fils du créateur Raymond Thullier, dirige avec brio cet établissement légendaire où l'on cultive, dans un vieux mas fortifié du XVIIe siècle, la grande tradition avec chaleur et sobriété, tant au niveau de la cuisine que dans la qualité de l'accueil.

Au-delà des créations subtiles du chef, que viennent chercher depuis plus d'un demi-siècle barons de l'industrie et stars du grand écran ? Sans aucun doute l'élégance décontractée et le confort absolu du lieu qui regroupe plusieurs maisons en pierre de taille, envahies par la vigne vierge. L'une d'elles a été reconvertie en spa ; une autre propose des cours de cuisine. Si les jardins à la française sont restés, si les roses rivalisent en parfum avec le thym, la lavande et le basilic, le décor aux chaudes couleurs provençales s'est modernisé sans rien perdre de son charme. Sous les plafonds voûtés, des meubles signés par les grands designers côtoient des commodes anciennes.

Quand le soleil chauffe à blanc les roches des Alpilles, il règne une délicieuse fraîcheur sur la terrasse, à l'ombre des mûriers : une bonne raison pour prolonger un déjeuner gourmand !

Les chambres sont encore plus douillettes et raffinées qu'auparavant, avouent les fidèles clients de l'Oustau qui retardent le moment d'aller piquer une tête dans la piscine ou d'aller visiter en voisin l'un des plus beaux villages de France, les Baux de Provence. Bonne nouvelle : quelques chambres d'hôtes, ouvertes récemment, permettent de séjourner dans cet éden, à un tarif plus abordable. **DM**

Les îles de la Méditerranée

Lieu Alpes-Maritimes, Var, France **Sites Web** www.porquerolles.com ; www.cannes-ilesdelerins.com ; www.abbayedelerins.com

Rien de plus dépaysant qu'une escapade en bateau dans les îles de la Méditerranée, si proches du continent et si éloignées de l'agitation des villes !

Embarquez donc à Cannes en direction des îles de Lérins. C'est au fort de l'île Sainte-Marguerite, devenu prison royale, que fut enfermé au XVIIe siècle l'Homme au Masque de Fer. Même si Alexandre Dumas propose sa théorie, son identité reste une énigme. Sa cellule se trouve dans le passionnant Musée de la Mer. Avant de repartir, traversez la forêt domaniale pour respirer les senteurs des pins. À quelques encablures, l'île Saint-Honorat est toujours un lieu de vie monastique. Son abbaye fortifiée domine palmiers, pins parasols et cyprès qui protègent les vignobles. Pour ensoleiller vos soirées d'hiver, achetez un flacon de Lérina, une liqueur distillée par les moines. Si l'air de la mer vous réussit, évitez le plein été et programmez une autre escapade aux Îles d'or, appelées ainsi en raison de la lumière et de la douceur du climat. Pour rejoindre Porquerolles et Port Cros, prenez la navette qui part de Hyères, de Bandol ou du Lavandou. À Porquerolles, louez un vélo pour découvrir les plages de sable blanc qui alternent avec les côtes rocheuses. Même s'ils sont pentus, les sentiers qui embaument le parfum des eucalyptus vous enchanteront.

Que diriez-vous d'une évasion idyllique à Port-Cros, dans un ravissant hôtel, Le Manoir, situé à quelques mètres du port ? Ce lieu mythique, bien connu des écrivains qui y font retraite, domine un jardin où la végétation tropicale s'en donne à cœur joie. Gravissez le plus haut sommet de l'île pour dénicher des petites criques secrètes ou explorez le premier parc national marin en vous initiant à la plongée. Inutile de rêver des Caraïbes : le paradis terrestre est tout près ! **DM**

Les jardins du Rayol

Lieu Le Rayol-Canadel, Var, France
Site Web www.domainedurayol.org

À seulement une heure de voiture de Saint-Tropez, au pied du massif des Maures, se trouvent une demeure tranquille et son jardin dominant la mer. Le propriétaire initial de ce domaine situé au Rayol-Canadel-sur-Mer planta en 1910 un vaste jardin sur un promontoire sauvage qui surplombait la baie des Figuiers. Au fil des ans, la demeure et le jardin furent abandonnés. Le Conservatoire du littoral les racheta en 1989, permettant ainsi la préservation d'une faune et d'une flore précieuses ainsi que des falaises sauvages.

Le domaine a depuis été transformé en une série de jardins représentant les différentes régions du monde qui jouissent d'un climat méditerranéen. On peut ainsi découvrir une immense diversité botanique dans un seul endroit. Déambulez dans le jardin des îles Canaries, puis admirez les yuccas et cactées, de Basse-Californie. Le jardin d'Australie-Méridionale abrite des eucalyptus parfumés et des cactées cependant que le paysage méditerranéen abonde en oliviers, pins et palmiers. Le domaine propose aussi des jardins du Chili et d'Afrique du Sud. Les plantes et arbres ne sont pas identifiés, contrairement à la coutume de nombreux jardins botaniques, et l'on devra donc se munir d'un guide si l'on désire en apprendre le nom.

Il est impossible de ne pas être impressionné par ce magnifique jardin encerclé d'arbres verdoyant dans un cadre marin époustouflant. L'été, descendez l'escalier raide qui conduit à la plage pour vous baigner dans l'eau claire et découvrir la faune et la flore sous-marines du site. **HA**

Un extraordinaire jardin niché au pied du massif des Maures au Rayol-Canadel-sur-Mer.

Ces magnifiques cactées poussent dans le jardin xérophyte représentant la Basse-Californie.

Le Couvent des Minimes

Lieu Mane-en-Provence, Alpes-de-Haute-Provence, France
Site Web www.couventdesminimes-hotelspa.com/fr/index.php
Prix €€

Les murs de pierres blanches vieux de 300 ans et le clocher des Minimes dominent des champs de lavande, d'oliviers et d'amandiers. De vieux volets en bois, des terrasses bordées de balustrades, des fontaines et des carreaux en terre cuite confèrent son caractère à ce bijou architectural.

Après de luxueuses rénovations dirigées par un architecte spécialisé et effectuées par des artisans de la région, le Couvent des Minimes a été inauguré en 2008 ; il abrite un hôtel de 46 chambres, un spa et un restaurant gastronomique. Les privations monastiques ne sont plus du tout à l'ordre du jour. Les chambres et les suites sont modernes et bien équipées, décorées de tons pâles simples, et le bois, la pierre et les textiles de qualité y jouent un rôle important.

Les hôtes peuvent se prélasser sur des terrasses privées en admirant les montagnes ou se rafraîchir dans les caves voûtées en dégustant divers millésimes. Il y a un court de tennis éclairé la nuit et une piscine découverte chauffée, sans oublier un parcours de golf proche. Les visiteurs peuvent aussi se promener dans le grand domaine et découvrir ses cloîtres, la chapelle d'origine, des sculptures anciennes et les vestiges de jardins en terrasses qui faisaient autrefois la renommée du monastère et de ses activités botaniques. Le restaurant et le spa font usage de produits cultivés sur place ou dans les environs, dont naturellement asperges et truffes pour le premier, et miel, citrons, huile d'olive et lavande pour le second. **SH**

Tout en modernisant ce couvent de 300 ans, L'Occitane a préservé le style original du bâtiment.

Le parc du Mercantour à cheval

Lieu Alpes-Maritimes, France
Site Web horse.chez-alice.fr **Prix €€€**

Depuis des siècles, les éleveurs et les bergers déplacent leurs troupeaux vers les estives sur la montagne au début de l'été et en redescendent à l'automne. Aujourd'hui, Denis Longfellow, un Californien qui réside en France depuis 30 ans, guide ses chevaux (de Mérens) de Sainte-Agnès, à quelques kilomètres du littoral méditerranéen au nord de Nice, jusqu'à sa ferme dans la montagne en suivant les sentiers que les habitants de la région utilisent depuis toujours. Il emmène en même temps des visiteurs.

Le périple dure trois à cinq jours. On loge dans de confortables gîtes, on monte vers le Boréon au printemps et on redescend vers la côte à l'automne. Le Boréon est situé en bordure du parc du Mercantour, presque inhabité et surnommé la Petite Suisse à cause de ses paysages alpins. Le parc comprend des pics de 3 048 m d'altitude, mais aussi des champs de lavande et d'oliviers. On y trouve 2 000 espèces de plantes, souvent rares, dont l'edelweiss, le lis martagon, la saxifrage et la gentiane. Divers animaux vivent dans le parc, dont plusieurs milliers de chamois, des marmottes qu'on entend souvent siffler, des sangliers sauvages et quelques loups récemment réintroduits.

On peut monter à cheval dans le parc même si l'on ne désire pas suivre la transhumance, car Longfellow offre des randonnées d'une journée ou d'une demi-journée pendant l'été, ainsi que d'autres depuis la côte en hiver. Il vit à Sainte-Agnès d'octobre à la mi-juin et au Boréon le reste du temps. La transhumance se déroule à la mi-juin et à la fin septembre. **PE**

« Suivez d'anciens sentiers romains jusqu'aux sommets couverts de neige. »

Site Web de la société Horse and Venture

Découvrez le parc national du Mercantour à cheval, en vous sentant l'âme d'un cow-boy.

Sur la route des parfums

Lieu Alpes-Maritimes, France
Sites Web www.ville-grasse.fr ; www.jacqueschibois.com

Cette escapade olfactive vous conduit jusqu'aux collines de l'arrière-pays cannois où, il n'y a pas si longtemps, poussaient jasmin, mimosa et roses. C'est à Grasse, capitale du parfum dès le XVIIe siècle, que cette promenade vous entraîne. La visite du Musée International de la Parfumerie s'impose tout comme celles de parfumeries de renom. C'est un univers captivant et secret où l'alchimie le dispute à la chimie dans l'élaboration de fragrances uniques au monde. Vous y verrez alambics, flacons précieux et, avec les conseils d'un Nez, vous aurez la possibilité de créer votre propre parfum en participant à un atelier.

Ne manquez pas de flâner à travers le quartier historique, où se croisent des ruelles, bordées d'hôtels particuliers, qui débouchent sur de charmantes placettes comme la place aux Aires, ou sur un passage couvert entouré d'arcades. En plein été, entrez dans la cathédrale Notre-Dame du Puy pour trouver un peu d'ombre et admirer un magnifique retable de Bréa et trois tableaux de Rubens. Cette ville du parfum sait aussi flatter le palais. À quelques minutes du centre-ville, la table la plus célèbre, la bastide Saint-Antoine est implantée au milieu d'une oliveraie sur une colline qui domine l'Esterel et la baie de Cannes. C'est sur la terrasse envahie par les fleurs qu'il faut goûter les spécialités du chef et maître de maison. Légère et savoureuse, parfumée à l'huile d'olive, aux herbes de la garrigue et parfois aux fleurs, sa cuisine fait les délices d'une clientèle qui vient de tous les coins du monde. La bastide propose aussi une dizaine de chambres et suites, d'un confort abouti, aménagées avec une élégance minimaliste, ou privilégiant le charme provençal avec de beaux meubles authentiques qui fleurent bon la cire. **DM**

Èze et son jardin

Lieu Èze, Alpes-Maritimes, France
Sites Web www.eze-riviera.com ; www.chateaueza.com

Entre Nice et Monaco, Èze domine la Méditerranée du haut de ses 429 mètres d'altitude. C'est un village où tout est roc « au point, qu'on ne distingue plus le travail de la nature et de l'homme ». Si vous êtes sportif, empruntez le sentier où Friedrich Nietzsche imagina une partie de son chef-d'œuvre *Ainsi parlait Zarathoustra*. Plus prosaïquement, laissez votre voiture au parking et grimpez jusqu'en haut du village en empruntant les ruelles bordées d'échoppes artisanales.

À l'écart du reste du monde, Èze a retrouvé une nouvelle vie grâce au Prince Guillaume de Suède qui acheta plusieurs maisons regroupées à présent en un hôtel de luxe. Le Château Eza attire une clientèle fortunée sur sa terrasse au-dessus de la mer, le temps d'un inoubliable dîner aux chandelles.

Ne manquez sous aucun prétexte depuis un belvédère privé ou public le coucher du soleil qui, pour citer Nietzsche, « répand l'or de richesses inépuisables » Accordez-vous un autre moment de bonheur en visitant le Jardin Exotique qui encercle les ruines du château féodal. Suspendu entre ciel et terre, il possède plus de 400 essences sculpturales dont des aloès, des cactus, des agaves aux formes sculpturales. Au gré du parcours thématique ou artistique, la promenade est un enchantement. Puis, faites une pause dans un espace créé pour se détendre, lire et penser.

C'est la version contemporaine d'un enclos que rafraîchissent un miroir d'eau et une petite cascade qui se glisse entre les rochers. Dans l'intimité de ce jardin de méditation, vous ne serez pas seul mais en compagnie de quinze statues, à la fois pudiques et sensuelles, baptisées Les Déesses de la Terre, pour contempler l'immensité de la Méditerranée. **DM**

La Villa Kérylos

Lieu Beaulieu-sur-Mer, Alpes-Maritimes, France
Site Web www.villa-kerylos.com

La Villa-Musée Kérylos est un lieu magique situé à Beaulieu, entre Nice et Monaco. Conçue sur le modèle d'un palais de Délos, elle vous propose une escapade dans le temps. Cette « Folie » de la Belle Epoque concrétise le rêve d'un banquier érudit, Théodore Reinach. N'hésitant pas à engloutir une fortune colossale dans ce projet, il fait appel à un architecte, féru d'hellénisme comme lui.

Bâtie sur un rocher qui surplombe la Méditerranée, la villa blanche qui porte le nom d'un oiseau de mer s'organise autour d'un péristyle, rythmé par des colonnes de marbre blanc. Encadrant le patio central, salons, bibliothèque et chambres, parés de fresques et de mosaïques, regorgent de prodigieuses collections et de meubles en bois exotique inspirés des modèles de l'antiquité. Avant que la Villa ne soit léguée en 1928 à l'Institut de France, Reinach se plaît à effacer tout signe de modernité. Vêtu à l'antique, il accueille ses hôtes dans le péristyle et les invite à consulter les archives de sa bibliothèque. Ses invités se plient à ses caprices, conversent en prenant un bain dans les somptueux thermes en marbre tigré de Carrare et dînent allongés sur un triclinium, tandis qu'un musicien pince les cordes de sa lyre.

Attardez-vous dans ce lieu hors du temps où chaque détail est un enchantement, que ce soit le piano Pleyel caché derrière des panneaux de marqueterie, les lustres en albâtre qui dissimulent le système électrique, la chambre rouge du maître de maison, dédiée à Eros, ou le décor bleu aux oiseaux de la chambre de son épouse. Ébloui par ces merveilles qui célèbrent le culte de l'Antiquité, n'oubliez pas le mot d'ordre « Xaipe » (Réjouis-toi), lancé dans l'entrée par le coq sur le précieux sol de mosaïque ! **DM**

Mas Candille

Lieu Mougins, Alpes-Maritimes, France
Site Web www.lemascandille.com **Prix €€**

Loin du bruit et des fureurs de la Croisette – même quand Cannes ne fait plus son cinéma – on savoure le calme et le silence de l'arrière-pays en séjournant au Mas Candille, une ancienne ferme du XVIIIe siècle reconvertie en hôtel de luxe, légèrement à l'écart du village de Mougins.

Le voyageur a l'impression d'être invité dans une ravissante maison de famille plutôt que d'être le client, privilégié certes, d'un établissement cinq étoiles. C'est une enfilade de salons aux chaudes couleurs de la Provence qui vous accueille. Avec soulagement, vous constatez que le décor n'a pas sacrifié aux exigences de la mode. Jugez de la surprise ! Les meubles anciens fleurent bon la cire, des bouquets de fleurs fraîches alternent avec des corbeilles de fruits, sur fond de rideaux de lin et de jolis imprimés.

Laissez-vous tenter par les exquises spécialités du chef, lors d'un déjeuner sur la terrasse et contemplez le paysage encore préservé de l'urbanisation. Pas de jardin à la française mais des cyprès qui montent la garde le long de la façade et puis, encadrant des champs plantés d'oliviers, des pins d'Alep et des pins parasols qui invitent à faire la sieste. On est ici à la campagne ! Ouvertes sur les collines du pays grassois, les suites et les chambres prolongent le charme ensoleillé de cette thébaïde. Le confort et le bien-être règnent en maîtres absolus pour que la nuit soit aussi belle que le jour.

Si l'on tient à quitter ce lieu divin en forme éblouissante, on profitera des bienfaits du spa, qu'entourent trois piscines et deux bains bouillonnants. On y dispense des soins de beauté et des massages bienfaisants, qui peut-être feront de vous une star au prochain festival de Cannes. **DM**

En train entre Nice et Tende

Lieu Alpes-Maritimes, France
Site Web www.maligne-ter.com/nice-tende **Prix €**

Quoi de mieux que le train pour admirer le paysage entre la Côte d'Azur et la frontière italienne au col de Tende ? On embarque à bord du *Train des Merveilles* pour un trajet de deux heures entre Nice et Tende. Géré par la SNCF, le train circule tous les jours pendant l'été et la plupart des week-ends le reste du temps.

La voie ferrée suit la vallée de la Roya et traverse plus loin les Alpes en empruntant le tunnel du col de Tende qui conduit en Italie. Dans la partie supérieure de la vallée de la Roya, près de Tende, la voie comporte deux virages en épingle. On traverse en chemin de nombreux tunnels, dont celui situé entre l'Escarène et Sostel, long de 6 km. Malgré leur nombre important, le paysage est si magnifique que le voyage est mémorable. Le train longe des montagnes sauvages, traverse des viaducs, de profondes gorges et vallées et s'arrête dans plusieurs ravissants villages de montagne tels que Fontan et La Trinité, fantastiques points de départ pour les randonneurs.

On peut effectuer le trajet complet d'un trait ou s'arrêter dans certains villages pour visiter les lieux, comme le parc du Mercantour ou la vallée des Merveilles, célèbre pour ses mystérieuses peintures rupestres, avant de repartir vers Nice. On peut aussi continuer jusqu'à Cuneo, en Italie, qui vaut la peine qu'on s'y attarde pour la nuit. On doit cependant pour cela s'organiser à l'avance, car les liaisons sont malheureusement peu fréquentes. En hiver, le train permet d'accéder aux montagnes pour y faire du ski sans devoir emprunter les routes verglacées. **HA**

Hi Hotel, temple du design

Lieu Nice, Alpes-Maritimes, France
Site Web www.hi-hotel.net **Prix €€**

Signé Matali Crasset, designer d'une créativité aussi audacieuse qu'originale, le Hi Hotel a été imaginé avec une approche ludique et pragmatique. Un séjour, même court, dans ce lieu d'avant-garde est une escapade qui remettra en question votre cadre de vie. S'ils sont esthétiques et dynamiques, les jeux de couleurs ne sont pas dus au hasard : ils correspondent à des zones définies selon leur sens et leur fonctionnalité.

Traversez le lobby couleur fuchsia et pour vous mettre dans l'ambiance, prenez un verre au bar vert anis, structuré autour d'une alcôve en forme de nacelle, un tremplin pour l'imagination où l'on écoute de la musique en regardant des vidéos. Illustrant une thématique particulière, chaque chambre reflète une organisation réfléchie de l'espace en invitant la salle de bains dans son périmètre épuré et libéré. Tous les codes traditionnels du mobilier sont revisités selon une fantaisie qui n'est qu'apparente : la baignoire se dote d'un baldaquin, le lit repose sur une estrade qui ressemble à un atoll au milieu d'un lagon.

Ne quittez pas l'hôtel sans profiter du hammam à l'harmonie bleu et vert qui rappelle les jardins de Majorelle ou faites une pause au bord du bassin-piscine sur le toit pour admirer la Baie des Anges. La cantine-bio du rez-de-chaussée vous amusera mais dînez ou déjeunez plutôt au restaurant gastronomique de la nouvelle plage de l'hôtel, conçue à l'image du Hi, Dans un décor turquoise et blanc, Matali Crasset a revu et corrigé la façon dont on se baigne, dont on déjeune, dont on bronze et dont on savoure une cuisine légère et goûteuse sur les rives de la Méditerranée. **DM**

Piana

Lieu Corse, France
Site Web www.otpiana.com

Situées sur le littoral occidental déchiqueté de la Corse, les *calanche* sont des pics de roche rouge aux formes bizarres qui constituent la toile de fond époustouflante de Piana, l'un des plus beaux villages de France. Le lieu possède une beauté sauvage qui donne le frisson, et à juste titre : c'est ici que les Génois se livrèrent à un massacre en 1489, n'épargnant que femmes et enfants. Si le sang a jadis dévalé les rues étroites qui confèrent son charme au village, désormais une tranquillité sublime y règne.

Situé sur un étroit plateau à 438 m au-dessus de la Méditerranée, Piana surplombe le golfe de Porto ainsi que les péninsules de Scandola et Senino. Les maisons d'un rose ravissant sont blotties autour de l'immense église de Sainte-Marie, construite à l'aide de fonds publics entre 1765 et 1795 pour une assemblée qui ne réunissait que 735 fidèles. Depuis l'église, une rue étroite et escarpée dévale jusqu'à Ficaghjola, petit village de pêcheurs paradisiaque, puis au hameau de Vistale avant d'aboutir à la petite plage protégée d'Arone, où l'on peut nager en toute sécurité.

Après avoir admiré le coucher de soleil sur l'île, on peut éprouver des difficultés à la quitter. On se dirigera alors vers l'hôtel des Roches Rouges, l'un des divers établissements à l'élégance fanée charmante et typiquement corse. Celui-ci, nouvellement restauré, abrite à présent des chambres lumineuses et de jolis meubles anciens. Sa cuisine gastronomique est dominée par des poissons et fruits de mer frais fournis directement par les pêcheurs des environs. **RsP**

⇐ *Les rochers roses des calanche de Piana constituent le décor sauvage d'une escapade en Méditerranée.*

Randonnée en Corse

Lieu Corse, France
Site Web www.le-gr20.com/fr

Le GR20, au nom peu romantique, appartient au réseau européen de sentiers de grande randonnée. Parfois baptisé *Fra li monti* (« à travers les montagnes »), il traverse la Corse en diagonale du nord au sud, en parcourant collines et montagnes. C'est l'un des plus beaux, mais aussi des plus difficiles d'Europe.

Ce parcours de 180 km passe par des sommets à plus de 2 000 m d'altitude mais on n'a pas besoin d'être un spécialiste de l'escalade pour l'entreprendre, il suffit de savoir marcher en terrain accidenté. Suivez la balisage rouge et blanc peint sur les rochers et les arbres. Le parcours complet exige environ 15 jours de marche, mais on peut n'en faire qu'une partie. Le tronçon septentrional est le plus montagneux et le plus difficile, mais aussi le plus beau. On débute au nord près de Calvi et on termine près de Porto-Vecchio au sud, mais on peut rejoindre ou quitter le sentier à de nombreux endroits.

> *« La Corse est un paradis, le genre d'endroit que nous désirons tous trouver avant quiconque. »*
>
> **Craig R. Whitney, *The New York Times***

De novembre à mai, il est dangereux à cause de la neige, et au milieu de l'été il peut y faire trop chaud. Juin et septembre sont donc idéaux. On se souviendra en particulier des ponts suspendus et des chaînes boulonnées aux rochers aux endroits difficiles, auxquelles on s'agrippe, ainsi que des magnifiques panoramas permettant de découvrir la nature dans toute sa gloire. **SH**

Plaisir gourmand à Vienne

Lieu Vienne, Autriche
Site Web www.sacher.com **Prix** €€

Impériale ou princière, Vienne est d'abord une ville où le plaisir est roi ! Impossible de visiter la capitale de l'Autriche sans visiter l'hôtel Sacher, un lieu mythique où tout contribue au bonheur de vivre ! Cette escapade épicurienne vous enchantera, tant pour son faste, inspiré par les palais des Habsbourg, que pour sa délicieuse spécialité, la fameuse Sacher-Torte. Inventé au XIXe siècle par Franz Sacher pour le prince Metternich, ce divin gâteau au chocolat où se glisse de la confiture d'abricots jouit d'une renommée mondiale. Vous pouvez l'acheter à la boutique de l'hôtel mais, de toute évidence, il vaut mieux le déguster lentement avec une tasse de café en admirant le décor néo-classique somptueux, récemment mis en scène par Pierre-Yves Rochon. Ne demandez pas la recette, c'est un secret bien gardé ! En revanche, découvrez les artistes lyriques et célébrités qui ont fréquenté l'hôtel depuis sa création : dédicacés aux générations successives de la famille Sacher, leurs portraits ornent les murs de l'entrée tendue de velours et de brocart rouge. En effet, la couleur, affichée haut et fort, contribue à l'ambiance festive ! Attardez-vous au Salon Bleu, un écrin raffiné, ou encore au Salon Rouge où boiseries, statues, tableaux, tapis, rideaux de soie, meubles précieux évoquent une époque glorieuse, insouciante, où l'on valsait jusqu'à l'aube. D'ailleurs, le Sacher propose des suites et des chambres toutes différentes. À vous de choisir entre une ambiance romantique, avec un lit royal à baldaquin ou un style épuré, mis en valeur par un mobilier signé par un grand designer du vingtième siècle ! Une solution idéale si vous avez envie de passer une soirée à l'Opéra qui, par chance, se trouve juste en face ! **DM**

Palais Coburg

Lieu Vienne, Autriche
Site Web www.relaischateaux.com/coburg **Prix** €€

Aménagé dans l'ancien hôtel particulier des ducs de Coburg, l'hôtel Biedermeyer Palais Coburg a été inauguré en 2003. Chacune des 35 suites a été conçue individuellement, l'ensemble respectant la structure architecturale originelle du palais. On y découvre même une grande piscine couverte, un luxe rare à Vienne.

Aucun élément important de l'ancien hôtel particulier n'a été perdu, et le « salon familial » est un ravissement. Il expose des portraits de tous les Coburg à l'époque de sa construction et reflète l'extraordinaire succès du petit duché qui a offert des monarques à la moitié de l'Europe.

Entouré de plantes tropicales, le spa offre un cadre idyllique pour se relaxer pleinement…

Le Palais Coburg s'enorgueillit d'avoir l'un des meilleurs restaurants de Vienne. Il abrite aussi l'une des meilleures caves au monde avec des millésimes qui remontent au XVIIIe siècle, certains pouvant être dégustés dans les salons et au bar à vin de l'hôtel.

Le Palais Coburg a été construit en intégrant l'un des bastions des murailles de la vieille ville, et contemple le légendaire Ring et le parc de la ville au-delà. Les voûtes militaires aux lignes fortes ont été dégagées dans le magnifique hall. Les caves profondes du bastion où dormaient les soldats ont été préservées et incorporées à la structure impressionnante de l'hôtel. **GMD**

Schloss Fuschl

Lieu Salzbourg, Autriche
Site Web www.schlossfuschlresort.at **Prix €€€**

Depuis 1450, cet ancien pavillon de chasse et château de contes de fées domine sur une minuscule péninsule qui s'avance dans le lac Fuschl, en Autriche. Univers isolé tranquille et majestueux, cet hôtel à la décoration classique compte selon le magazine *Condé Nast Traveler* parmi les 25 meilleurs d'Europe.

La plupart des chambres opulentes sont situées à l'intérieur du château mais six autres, décorées dans le style classique Salzkammer, sont installées dans le pavillon de chasse (*Jaegerhaus*), au pied des murailles du château. Il y a aussi six cottages au bord du lac dotés de leur propre terrasse et de toutes les installations dignes d'un grand hôtel. Plus de 150 œuvres d'anciens maîtres ornent les nombreuses pièces communes du château.

Les repas constituent les temps forts de tout séjour à l'hôtel Schloss Fuschl, dont de copieux petits déjeuners servis sur la terrasse au-dessus du lac. Les menus du restaurant, baptisé Impérial, offrent une cuisine traditionnelle autrichienne dont une truite fumée pêchée dans le domaine et la légendaire tarte Schloss Fuschl.

Si vous désirez en apprendre davantage sur l'histoire haute en couleur du château, rendez-vous dans le hall d'exposition. La tour abrite une bibliothèque et le bateau de l'hôtel permet de traverser le lac. Il y a aussi un parcours de golf de neuf trous, et les clients peuvent louer l'une des voitures anciennes de l'hôtel pour des excursions romantiques. **BS**

Le mausolée de l'archevêque Dietrich

Lieu Salzbourg, Autriche
Site Web www.salzburg.info

Situé sur la rive droite de la rivière Salzach, la Linzergasse, l'une des rues commerçantes principales de Salzbourg, a toujours constitué une artère importante de la ville. Mais il suffit de passer des grilles ornées en fer forgé en retrait de cette rue piétonne animée pour pénétrer dans l'univers silencieux du cimetière de l'église Saint-Sébastien. Les cloches de cuivre de l'église baroque brisent parfois le silence, mais leur son tend à embellir toute visite au cimetière.

Ordonné par le prince-archevêque Wolf Dietrich en 1595, ce cimetière est de style italien et bordé de cloîtres. Au centre se dresse la chapelle de Saint-Gabriel, érigée entre 1597 et 1603 comme mausolée du célèbre archevêque qui gouverna Salzbourg durant la majorité de l'ère baroque. On s'assied à l'intérieur dans la pénombre entrecoupée ici et là de la lumière qui traverse les œils-de-bœuf du toit et qui joue sur les murs de céramique aux couleurs complexes. La chapelle constitue un refuge rafraîchissant lorsque la chaleur estivale règne au-dehors et l'on peut y faire une courte pause quand la neige recouvre les tombes. C'est aussi dans ce cimetière que se trouve la tombe de Mozart. **CFM**

« Wolf Dietrich von Raitenau [...] a apporté le style et l'architecture de la Renaissance italienne à la ville. »

Encyclopœdia Britannica

Le Mavida Balance

Lieu près de Salzbourg, Autriche
Site Web www.mavida.at **Prix €€**

Dominant les eaux du lac Zeller et encerclé par les Alpes autrichiennes, cet hôtel ultramoderne est ce qu'on fait de mieux en matière de chic dernier cri. Ce centre de bien-être appartient au groupe Design Hotels, et sa décoration intérieure est l'œuvre de la designer Niki Szilagyi, originaire d'Allemagne.

Pour désintoxiquer son corps, on choisira les saunas finlandais traditionnels du Mavida ainsi que des soins spécifiques à cet établissement, dont un à base de pierres précieuses et huiles rares qui promeut la paix intérieure (et extérieure). Ceux qui désirent trouver la sérénité sans tarder se tourneront vers le bassin de flottaison, dont une séance ou deux procurent les mêmes bénéfices qu'une semaine entière de vacances. Les amateurs d'activités de plein air peuvent emprunter les bicyclettes de l'hôtel pour rejoindre les rives du lac Zeller et la plage privée du Mavida, à dix minutes de là. Le lac est entouré de plus de 30 pics hauts de 3 000 m. Zell am See, petite ville historique, n'est qu'à quelques minutes en voiture et l'hôtel jouxte les alpages et les torrents de montagne du magnifique parc national de Hohe Tauern. De retour à l'hôtel, on savourera une cuisine raffinée qui reflète des influences traditionnelles autrichiennes et méditerranéennes et utilise les produits frais du potager du Mavida. **BS**

« Le décor minimaliste confirme que [l'hôtel] rivalise avec les plus sophistiqués des établissements citadins. » ***The Independent***

Le train à crémaillère du Schafbergspitze

Lieu Haute-Autriche
Site Web www.schafberg.net **Prix €**

Il n'y a que deux moyens de parvenir à l'hôtel Schafbergspitze, seul bâtiment perché au sommet de la plus haute montagne de la région de Salzkammergut : marcher ou prendre le train à vapeur à crémaillère. Quelle que soit la méthode choisie, le voyage par temps clair offre des tableaux époustouflants. Un chapelet de sept lacs glaciaires bleus apparaît au début de l'ascension et des sommets alpins coiffés de neige bordent la vallée sur des kilomètres. Quand les touristes de la journée sont repartis, le mont Schafberg est à vous pour la nuit si vous dormez au sommet (1 780 m).

Le train à crémaillère, le plus vieux d'Autriche, fonctionne depuis 1893 au départ du village de Saint Wolfgang, au bord d'un lac, et le trajet dure environ 45 minutes au cours desquelles les paysages grisants se succèdent. L'hôtel, vieux de 150 ans, est géré par la famille Pasch depuis les années 1960 et est ouvert du début mai à la fin octobre. Il compte 25 chambres doubles et cinq suites familiales, toutes dotées de salles de bains individuelles et certaines de balcons orientés au sud et donnant sur le lac Wolfgang. Simples mais décorées avec goût de meubles en pin dans un style typiquement autrichien, les chambres sont spacieuses et lumineuses. La cuisine, saine et traditionnelle, est servie dans une série de salles à manger et, en été, sur une terrasse offrant une vue ouverte sur la région en contrebas. Compte tenu de la situation géographique de l'hôtel, son caractère gastronomique est évidemment important. On peut réserver des séjours comprenant le billet de retour en train à crémaillère. **CFM**

⇒ *Le train à vapeur gravit des côtes, offrant une vue magnifique sur le paysage environnant.*

Schloss Dürnstein

Lieu Dürnstein, Autriche
Site Web www.relaischateaux.com/durnstein **Prix €€**

Ce château baroque est le joyau du tranquille hameau de Dürnstein dans la région viticole de Wachau, inscrite au patrimoine mondial en 2000. La rue principale est bordée de jolis cafés et abrite aussi la boulangerie Schmidl dont les *Laberl* (des petits pains) sont célèbres dans toute l'Europe centrale.

L'empereur autrichien Léopold se trouvait dans ce château en 1683 quand il apprit que les Turcs avaient été repoussés aux portes de Vienne. Désormais converti en hôtel, l'édifice accueille toujours les princes et les rois. Certains membres des familles royales espagnole, japonaise et anglaise y ont récemment séjourné. Le château a été acquis en 1937 par Raimund Tiery, dont les descendants, toujours propriétaires, l'ont transformé en élégant hôtel regorgeant de meubles anciens fabuleux.

Le décor [de l'hôtel] évoque les styles baroque, Biedermeyer et Empire.

Ces dernières années, les cuisines ont été fort améliorées, et c'est aujourd'hui un délice de prendre ses repas dans la salle à manger principale ou l'été sur la terrasse qui domine le Danube. Naturellement, la carte des vins de Wachau est sans égale. Un labyrinthe de splendides pièces voûtées occupe le rez-de-chaussée et de nombreuses chambres renferment des meubles à la valeur inestimable. Sur la terrasse, on trouve la piscine, et la vue sur le Danube est l'une des plus romantiques d'Autriche. **GMD**

Spa Mayr & Mohr

Lieu Kärnten, Autriche
Site Web www.mayrandmore.at **Prix €**

Oubliez les bougies parfumées, l'aromathérapie et les fleurs de frangipanier. Cet ancien hôpital autrichien transformé en établissement de remise en forme a adopté une approche stricte centrée sur les résultats et n'évoque en rien les spas où, typiquement, le personnel est aux petits soins pour les clients. Imaginez plutôt des infirmières imposantes en uniforme blanc impeccable, un réveil matutinal et un régime frugal – ici, on souhaite que votre cure vous transforme à jamais.

Ce concept est fondé sur la méthode Mayr, selon laquelle le système digestif est la clé de voûte d'une bonne santé. Une cure d'une semaine au spa comprend un régime qui peut sembler étrange : des tisanes, des examens médicaux, des massages désintoxiquants et des analyses d'urine. La santé est la préoccupation principale du lieu – raison pour laquelle il est dépourvu d'ascenseur – et l'air frais ainsi que le paysage alpin feront des merveilles pour votre bien-être. L'hôtel est situé sur les rives du lac Worth, où l'on peut faire du bateau, et à proximité du golf. Toutes les chambres donnent sur le lac ou les jardins.

Ce spa n'est ni un paradis tropical chic ni un centre de massages, mais un séjour d'une semaine suffit à vous changer le corps et l'esprit. Des thérapies antistress, des solutions contre le burn-out et de nombreuses autres cures ciblant des styles de vie malsains y sont proposées, et chaque programme est adapté aux besoins de la personne.

Après la cure, votre peau sera plus lumineuse, vous dormirez mieux, serez plus énergique et disposerez des outils nécessaires à un nouveau départ et à un nouveau mode de vie, en toute conscience. **LD**

Ski de fond à Ramsau

Lieu Tyrol, Autriche
Site Web fr.bergfex.com/steiermark/langlaufen/ramsau **Prix €€**

Imaginez-vous glisser à grandes enjambées et sans effort dans un paysage enneigé constitué de pics aigus et de forêts silencieuses paraissant ensorcelées. C'est une manière d'envisager le ski de fond dans les Alpes tyroliennes. Le bruissement rythmé de vos skis sur la neige scintillante et le « *Grüss Gott* » amical d'un skieur qui vous croise en font un mode de transport enchanteur.

Le ski de fond peut être aussi athlétique ou aussi détendu qu'on le désire. Il peut représenter un exercice complet pour les bras, les jambes et tout le corps, ou une promenade tranquille entre un café où l'on aura dégusté une boisson chaude et un strudel aux pommes, et un bar où l'on compte boire une bière.

Leutasch, non loin d'Innsbruck, est ce qu'on fait de mieux en termes de domaine skiable en Autriche, car il bénéficie d'un enneigement record et de 200 km de pistes tracées sous le pic pyramidal du Hohe Munde qui culmine à 2 661 m. La piste ne s'élève que très graduellement entre les villages paisibles de la vallée principale : on y voit défiler des skieurs de tous âges et de tous niveaux.

Plus haut, le terrain devient nettement plus escarpé quand on se dirige vers la forêt : on trouve beaucoup moins de skieurs sur les pistes, même si les chalets où l'on s'arrête pour se désaltérer sont pleins. Avec une précision toute autrichienne, chaque itinéraire est balisé d'une couleur différente indiquant son niveau de difficulté et équipée de diagrammes qui indiquent les montées, les descentes et la distance totale. On sait toujours où l'on est. **TL**

↗ *Un skieur de fond dans les splendides Alpes tyroliennes.*

« Comme on se sent libéré en glissant à travers un paysage silencieux. »

Stephen Venables, *The Guardian*

Posthotel

Lieu Tyrol, Autriche
Site Web www.posthotel.at **Prix** €€

La direction et le personnel du Posthotel Achenkirch n'aiment pas utiliser le terme « bien-être ». Reconnu comme l'un des meilleurs spas et centres de soins corporels d'Autriche, le Posthotel a cependant proposé ce concept à sa clientèle reconnaissante 20 ans avant que le mot soit couramment utilisé dans l'industrie hôtelière.

L'approche du Posthotel dans ce domaine s'avère presque légendaire : depuis les exfoliations corporelles jusqu'aux soins anti-cellulite, à la thérapie par l'oxygène et à l'utilisation de diverses techniques orientales, dont le tai-chi, tout ici est possible. On peut choisir un simple massage shaolin, ou préférer flotter sur un lit d'eau, le corps enveloppé d'un soin, tout en contemplant les étoiles à travers la verrière de l'atrium de l'hôtel. Le personnel du spa bénéficie d'une formation complète et continue à être à l'avant-garde des approches holistiques de la santé et du bien-être.

Les 43 chambres de l'hôtel sont décorées dans un style rustique avec des parquets en bois naturel et des baignoires japonaises remplies à ras bord d'eau parfumée. Toutes les chambres sont pourvues de baies vitrées et de terrasses auxquelles s'ajoutent des détails appréciables tels que corbeilles de fruits et accès à l'Internet à haut débit.

Le restaurant de l'hôtel propose une cuisine à base de produits frais des environs. Pour vous détendre, rien de mieux qu'une partie de tennis ou de squash, une excursion en voilier sur le magnifique lac Achensee ou une randonnée à cheval avec le massif de Karwendelgebirge en toile de fond. **BS**

L'hôtel est niché au cœur des bois de l'idyllique vallée tyrolienne d'Achental.

Hôtel-spa Liebes Rot-Flüh

Lieu Grän, Autriche
Site Web www.rotflueh.com **Prix €€**

Ce n'est pas un hôtel, c'est une escapade de conte de fées. Le « château de Cendrillon », qui abrite le spa, rappelle une scène de théâtre avec ses bains à remous cachés dans des grottes ornées de stalactites et dotées d'une ambiance onirique. On y trouve des hammams, des saunas, et une grotte de glace, le design occupant toujours la première place. Plus de 50 soins sont offerts, depuis les bains aux pétales de rose jusqu'aux massages revigorants. Après votre soin, détendez-vous dans le lumineux espace méditerranéen parfumé de fleurs fraîches. Ou plongez dans la piscine au-dehors pour vous rafraîchir – même en hiver !

Si l'intérieur est plus qu'agréable, l'extérieur est phénoménal. Sous un manteau de neige l'hiver et de fleurs l'été, les montagnes, les prairies alpines et le paisible lac glaciaire Halden constituent un décor lui aussi digne d'un conte de fées. Le lieu est parfait pour la randonnée ou le ski de fond dans les montagnes – si toutefois on parvient à s'arracher aux feux ronflants des cheminées, à la cuisine opulente et aux somptueuses chambres.

Les suites sont meublées dans un style qui mêle Gustave Klimt et Tiffany à des éléments plus rustiques. Il n'y a pas deux chambres semblables, néanmoins beaucoup sont pourvues de Jacuzzi et sauna. De grandes suites familiales sont aussi disponibles et l'hôtel offre aux enfants des programmes d'activités quotidiens afin que leurs parents puissent se détendre au spa l'esprit libre. Bonheur suprême et vraie relaxation. **CFM**

Les régions du Tyrol [...], entre paysages sublimes et vallées sauvages, ne manqueront pas de vous séduire !

L'hôtel est impeccablement conçu et décoré, depuis les chambres luxueuses jusqu'à l'immense spa.

Le lac de Neusiedl

Lieu frontière austro-hongroise
Site Web www.neusiedler-see.at

Au cœur de l'Europe centrale, à cheval sur la frontière austro-hongroise et entouré de rideaux de gros roseaux, le site constitue un phénomène géographique inhabituel. La steppe hongroise canalise naturellement l'eau vers ce site, mais celle-ci ne pouvant s'écouler nulle part, un grand lac s'est formé dans un bassin peu profond. Le lac de Neusiedl est peu connu hors de l'Europe centrale et pourtant sa superficie est de plus de 300 km^2. Certains visiteurs se perdent sur les 500 km de sentiers où l'on randonne à pied ou à vélo parmi les roseaux, les marais et les étangs. D'autres rejoignent la foule des bases nautiques près de villes telles que Podersdorf et Morbisch.

« La remarquable architecture rurale des villages du pourtour du lac [...] ajoute au grand intérêt culturel de ce site. »

Comité du patrimoine mondial de l'Unesco

Le lac atteint tout au plus 1,80 m de profondeur. Cela signifie qu'il se réchauffe rapidement l'été et constitue un immense bassin récréatif calme, à des kilomètres de la mer. On peut y faire du bateau, de la planche à voile, y nager et y pêcher, à moins qu'on ne préfère prendre un cours de cerf-volant ou louer un hors-bord. L'hiver, le lac gèle facilement et le patinage ou le ski de fond y sont populaires. Les villages intemporels qui l'entourent abritent de magnifiques palais des XVIIIe et XIXe siècles. Inscrit au patrimoine mondial, le lac fait aujourd'hui partie d'un parc transfrontalier. **SH**

Bien-être à Klosters

Lieu Klosters, Grisons, Suisse
Site Web www.vereinahotel.ch **Prix €**

L'élégante station de Klosters est la référence en matière de charme et d'authenticité alpine. Très prisée par les familles royales et les célébrités, elle propose de superbes itinéraires de randonnée et plus de 300 km de pistes recouvertes de neige immaculée.

Mais la neige n'est pas son seul attrait. Loin des pistes peuplées de skieurs en combinaison Prada se cachent quelques perles comme l'Aquareina-Spa de l'hôtel Vereina. Alliant luxe et intimité, il dispose de thermes, de saunas (finlandais et aromatiques) et de toute une gamme de soins pour une pause bien-être inoubliable. L'une des piscines est dotée de jets de massage vivifiants, alors que l'autre est idéale pour couvrir quelques longueurs. Grâce à un large éventail de massages (complets ou spécifiques, rajeunissants, stimulation des zones de réflexe du pied), vous vous sentirez tonique et revigoré. Ne partez pas sans avoir essayé le soin phare de l'hôtel, le bain au lait de Cléopâtre pour régénérer la peau.

L'hôtel Vereina, somptueux bâtiment de style chalet, se situe sur le flanc ensoleillé de Klosters, à quelques minutes à peine du cœur du village. Chic et élégant, l'édifice date de 1890, mais après une rénovation complète, il fait désormais un retour en scène spectaculaire.

Si vous parvenez à vous arracher du restaurant et du piano-bar, explorez les pistes de ski de fond et de ski nordique, faites un tour sur la patinoire ou dévalez les pistes de Parsenn en empruntant le téléphérique du Gotschna. Si vous rêvez de survoler les montagnes, essayez-vous au parapente au-dessus de la vallée de Prättigau en décollant de Gotschnagrat. Il n'y a pas plus paradisiaque. **AD**

Chalet Eugenia

Lieu Klosters, Grisons, Suisse
Site Web www.skiinluxury.com **Prix €€€**

Le chalet Eugenia est l'opulence incarnée. Ce chalet de six chambres, au personnel dévoué à votre confort, dispose d'un sauna et d'un hammam intérieurs, d'un bureau lambrissé, d'un grand salon et de deux splendides salles à manger – mais le meilleur reste à venir.

Le style est classique et sophistiqué, offrant un confort exceptionnel. La plupart des chambres ont des balcons avec une vue fabuleuse sur l'impressionnant massif du Gotschna. Si vous vous sentez d'humeur aventureuse, un chauffeur est à votre disposition 24 heures sur 24. Malgré l'extravagance du chalet, le charme du paysage est absolument irrésistible. L'Eugenia bénéficie d'une situation idéale, à 2 minutes de la jolie station de Klosters. S'étendant au pied de l'Engadine, le paysage montagnard est à couper le souffle. Pas étonnant que Klosters soit depuis longtemps le lieu de villégiature hivernal préféré de la famille royale britannique.

« Peut-être le chalet le plus chic des Alpes… Le luxe de l'Eugenia a de quoi vous laisser bouche bée. »

Tom Robbins, *The Observer*

Il va sans dire que les amateurs de ski seront ravis, entourés du domaine de Madrisa (parfait pour des vacances en famille) et des excellentes pistes du domaine de Parsenn. Amateurs de décors féeriques, dévalez la piste menant à Küblis et suivez le trajet historique conduisant à Arosa. Mais si vous choisissez de rester au calme, le chalet Eugenia est le lieu idéal pour se reposer en regardant les flocons tapisser doucement le sol. **LP**

Hôtel Therme

Lieu Vals, Grisons, Suisse
Site Web www.therme-vals.ch/fr/ **Prix €€**

L'hôtel Therme, bijou d'architecture moderne, est le lieu rêvé des amateurs de design contemporain. Selon certains critiques, les thermes imaginés par Peter Zumthor mettent en scène l'eau, la pierre et la lumière dans une expérience quasi religieuse. Après avoir conçu ce bâtiment ultramoderne en quartz gris, Zumthor s'est ensuite attaqué à l'hôtel défraîchi qui jouxtait les thermes pour créer les « Provisoires ». Ces chambres modernes, toutes blanches, sont décorées de tapis indiens multicolores et de fauteuils en cuir dans des tons chocolat. L'ambiance est à un milliard d'années-lumière du style Heidi qui a caractérisé la Suisse pendant si longtemps.

Construits à flanc de montagne, les thermes surplombent la source Saint-Pierre dont ils tirent leur eau. Propriété de la commune, tout comme les thermes, l'hôtel reste abordable. Luxe suprême, il donne accès aux thermes – en dehors des heures d'ouverture au public –, où bien des réjouissances vous attendent. La plus grosse attraction est la série de bassins : chauds, froids ou parfumés de pétales de fleurs. La lumière est fantastique, filtrant à travers des lucarnes bleues ou émanant du sol. Certains bassins sont peints en blanc et recouverts d'une pierre gris sombre au-dessus de la ligne de flottaison, créant l'illusion que l'eau rutile. C'est un plaisir incroyable que de se baigner dans l'eau chaude, le regard perdu sur les cimes enneigées, pendant que les flocons dansent tout autour de vous.

Tout invite à la relaxation. Détendez-vous dans les bassins, sirotez des cocktails et admirez la beauté des Alpes suisses en écoutant des chants monastiques se mêler au son de l'eau bouillonnante. Si après cela vous vous sentez encore stressé, votre cas est désespéré. **AD**

Le lac de Lucerne

Lieu Lucerne, Suisse centrale (Uri, Schwyz et Unterwalden)
Site Web www.myswitzerland.com

Nichée dans un écrin de cimes enneigées, Lucerne est une des villes les plus élégantes et les plus romantiques, avec ses tourelles féeriques et ses ponts en bois fortifiés. Mais son charme alpin dissimule une ville moderne regorgeant d'attractions, où les hôtels Belle Époque bordant le lac côtoient des bâtiments à l'architecture futuriste, comme le KKL (Centre de la culture et des congrès) perché sur le lac.

Après l'agréable trajet en train reliant l'aéroport de Zurich aux abords du lac, on se retrouve face à un paysage de carte postale, d'élégants cygnes louvoyant entre les bateaux à aubes sur le lac de Lucerne, aussi appelé lac des Quatre-Cantons, avec en toile de fond les monts Pilate et Rigi. Ce cadre idyllique est le décor de plusieurs festivals organisés toute l'année. Venez en juin, quand les rues s'emplissent de musique traditionnelle, ou en juillet pour le Blue Balls Festival où vous danserez au rythme de notes blues, soul, funk et R&B. Les collines prennent littéralement vie au son de la musique en août et septembre, à la faveur des nombreux concerts et festivals (danse, opéra, théâtre, ballets) attirant des centaines d'artistes venus du monde entier.

À tout moment de l'année, rendez-vous au mont Pilate où vous jouirez d'une vue exceptionnelle. Déjeunez au sommet et savourez ce voyage combinant bateaux à vapeur, télécabines, gondoles ainsi que le chemin de fer à crémaillère le plus raide du monde, qui serpente à travers des prairies parsemées de gentianes et de chalets en bois décorés de géraniums. Vous n'entendrez pas beaucoup de tyroliennes, mais vous y trouverez la perfection suisse. **MN**

↗ *La vue spectaculaire sur le lac au sommet du mont Rigi Kulm vous laissera pantois.*

« J'ai été totalement époustouflé et subjugué par la splendeur du paysage. »

Michael Winner, réalisateur

Hôtel Bella Tola

Lieu Saint-Luc, Valais, Suisse **Site Web** www.bellatola.ch **Prix €€**

Construit en 1883, il n'y a rien de surprenant à découvrir que le Bella Tola est l'un des plus beaux hôtels historiques de la région. Ce qui n'était au départ qu'un petit hôtel alpin, bâti sur les fondations d'une villa romaine, est devenu, au fil des rénovations, un hôtel somptueux à l'écart de la foule touristique.

Situé à 1652 m d'altitude, sur une terrasse surplombant la route creusée dans les parois du val d'Anniviers, le Bella Tola est resté entre les mains de la même famille pendant trois générations, avant d'être racheté par les propriétaires actuels. Plutôt que de moderniser la grande dame des hôtels suisses, ils ont soigneusement rénové sols et fenêtres et ajouté plusieurs œuvres d'art, quelques pièces de collection et des meubles anciens pour créer le décor d'un séjour inoubliable.

C'est l'endroit rêvé pour se reposer et recharger les batteries. Les chambres cossues sont décorées de meubles d'époque, certaines jouissant d'un balcon privé pour admirer la vue sur les vallées. Doté d'une piscine intérieure jouxtant une cheminée, d'un sauna, d'un hammam, d'une fontaine de glace et de salles de massage, l'hôtel propose une multitude de soins pour détendre les muscles endoloris par une journée de ski.

La vallée est le paradis des skieurs, mais si vous voulez partir en randonnée, rendez-vous à la célèbre station de Grimentz (15 minutes en voiture), où un guide est à disposition. Sinon, lézardez au soleil, confortablement installé dans un transat sur la terrasse de l'hôtel. La vue sur les pics culminant à 4000 m, dont le splendide mont Cervin, est absolument fabuleuse.

Un groupe de jazz joue parfois dans le salon douillet avant l'heure du dîner. **AD**

⬆ *Un nouvel espace destiné au bien-être dans un cadre merveilleusement reposant.*

The Lodge

Lieu Verbier, Valais, Suisse **Site Web** www.thelodge.virgin.com **Prix** €€€

Si Verbier est la reine des stations alpines de luxe, The Lodge est le couronnement de sa gloire.

Cet hôtel ultramoderne, doté de neuf chambres, se situe à deux heures de route de l'aéroport de Genève. Ses nombreuses prestations sont tout simplement exceptionnelles : piscine intérieure, bains à remous, spa, espace de jeux, cave à vin et même un cinéma. Pendant votre séjour au chalet, vous disposez d'un chauffeur personnel et de guides de randonnée sur demande, ainsi que d'un chef qui vous délectera d'une cuisine sur mesure. Le personnel dévoué, dont une esthéticienne et un coordinateur d'activités, est aux petits soins pour satisfaire tous vos caprices. Vous pouvez même demander au barman de créer votre cocktail favori que vous siroterez au coin du feu, tout en admirant la vue majestueuse. Le paysage est tout aussi spectaculaire que l'hôtel. En hiver, quand le chalet fonctionne sur un système de location exclusive, les Alpes suisses forment un cadre enchanteur avec leurs cimes recouvertes d'un tapis de neige. Au printemps et en été, le paysage fleurit et se pare d'un arc-en-ciel de couleurs vives. Que vous dévaliez les pistes en hiver ou troquiez vos skis contre des chaussures de randonnée en été, vous tomberez sous le charme d'un panorama époustouflant.

Le Lodge est à cinq minutes à pied des remontées mécaniques et du village branché de Verbier, réputé pour sa vie nocturne animée. Cependant, avec toutes les prestations dont dispose le Lodge, vous n'aurez peut-être qu'une envie : rester bien au chaud dans votre luxueux refuge. Évidemment, cela a un coût, mais c'est la dernière folie de Branson et après un ou deux cognacs dans le Jacuzzi, vous oublierez tout du prix. **LP**

The Lodge fait partie des résidences haut de gamme de Branson – un petit éden luxueux.

Le Riffelalp

Lieu Zermatt, Valais, Suisse
Site Web www.riffelalp.com **Prix €**

Debout sur son balcon, on ne peut que rester béat d'admiration devant le majestueux mont Cervin. Le Riffelalp (2 200 m d'altitude) surplombe de plus de 600 m l'agitation du village de Zermatt et bénéficie d'une vue exceptionnelle sur ce fabuleux pic pyramidal. Le panorama est enchanteur dans la lueur orangée du petit matin.

Niché dans un charmant écrin au milieu des forêts alpines, uniquement accessible par des sentiers, des pistes de ski ou le chemin de fer à crémaillère de Gornergrat, ce grand hôtel est un point de chute idéal pour des vacances au ski ou une escapade d'été, quand les prairies sont tapissées de fleurs.

Ses chambres bénéficient de tout le confort moderne en plus d'un style et d'un caractère que l'on trouve rarement dans ce genre d'hôtel. Les suites Matterhorn et Monte Rosa sont parfaites pour les familles ; l'hôtel regorge d'activités pour occuper ses hôtes, dont une chapelle reconvertie en salle de concerts, un home cinéma, une piscine intérieure, une piscine extérieure (avec une vue superbe sur la montagne), un spa dernier cri et deux pistes de bowling.

La meilleure façon d'entamer la soirée est de déguster un millésime dans la vinothèque, avant de savourer les spécialités locales dans l'un des trois restaurants (ne passez pas à côté de la raclette), puis de vous détendre au bar en sirotant un digestif pendant que le pianiste vous berce de sa douce musique. Autre atout majeur, l'hôtel est situé au pied des pistes, alors poussez la porte et tout schuss sur les pentes ! **LP**

← *L'hôtel jouit d'une vue sensationnelle sur le célèbre et gigantesque mont Cervin.*

Camp de Whitepod

Lieu Les Cerniers, Berne, Suisse
Site Web www.whitepod.com **Prix €**

Ce qui apparaît comme un tas de balles de golf géantes autour d'un chalet alpin est en fait un ensemble de tentes en forme de dômes appelées « pods ». Perchés à 1 700 m au-dessus du village des Cerniers, ces pods constituent l'un des écorefuges les plus branchés.

Issu de l'imagination de l'entrepreneur suisse Sofia de Meyer, le concept de Whitepod est né du désir de créer un domaine qui tirerait le maximum de son environnement, tout en préservant sa beauté. Construits sur des plates-formes en bois et conçus comme des igloos traditionnels, les pods sont étanches à l'eau et aux UV, ignifuges et isolés grâce à des matériaux utilisés par la NASA. Le chauffage est assuré par un poêle à bois et chaque chambre dispose d'un lit confortable orné d'édredons et d'oreillers d'excellente qualité, d'une literie bio et de peaux de mouton. Les fenêtres panoramiques donnent sur le massif des Diablerets et un chalet alpin datant de 1820. C'est là que se trouve la salle à manger où vous dégusterez de délicieux produits locaux, souvent biologiques.

« Un cadre enchanteur, un air pur et vivifiant et la sensation d'être en parfaite communion avec la nature. » **Simon Mills, *The Guardian***

De nombreuses activités vous attendent : escalade de glaciers, promenades en raquettes, à cheval, à ski et même en traîneau tiré par des chiens. Après avoir dépensé toute votre énergie, profitez d'une large gamme de soins allant de longs massages à des séances de réflexologie et d'ostéopathie. **PS**

Hôtel Beau-Rivage

Lieu Lausanne, Vaud, Suisse
Site Web www.lhw.com/beaurivage **Prix €€€**

Lausanne attire les touristes depuis que Lord Byron y est venu accompagné des Shelley en 1817, et que Mary y a écrit *Frankenstein*. L'hôtel d'Angleterre où ils ont séjourné est toujours en activité et a récemment été incorporé à la nouvelle extension du vénérable hôtel Beau-Rivage.

Le Beau-Rivage n'existait pas du temps de Byron et des Shelley. Il a été construit en 1861, au summum de l'engouement britannique pour le lac Léman. Passer l'été en Suisse était l'occasion de profiter des joies du lac et de l'air frais des montagnes. Chaque canton avait son « grand hôtel », mais le plus somptueux de tous était le Beau-Rivage. Étant donné son succès, une nouvelle aile dut être construite à la fin du siècle, reliée à la vieille bâtisse par une élégante salle de bal de style Art nouveau.

Les chambres sont toutes magnifiques, mais les plus belles se trouvent dans l'aile Art nouveau, avec une vue s'étendant des eaux tranquilles du lac aux cimes des Alpes françaises, illuminées par les rayons du soleil au crépuscule. L'hôtel dispose également d'un superbe jardin, d'une piscine et d'un spa. La clientèle n'est pas toujours très jeune, beaucoup venant s'occuper de leur compte bancaire. Il n'est pas rare de croiser des hommes politiques, surtout dans la ravissante salle à manger avec ses décors en stuc et ses splendides tableaux. Il y a de très bons restaurants où vous pourrez goûter aux poissons du lac : corégones, ombles chevaliers et perches, marinés dans un merveilleux vin vaudois produit à quelques kilomètres à l'est. Les activités sont nombreuses, mais l'une des façons les plus agréables de se détendre est d'emprunter l'un des bateaux à aubes jusqu'au château de Chillon, immortalisé par Byron. **GMD**

La Réserve

Lieu Genève, canton de Genève, Suisse
Site Web www.lareserve.ch **Prix €€€**

Air pur et vivifiant, cadre enchanteur et style incomparable font de La Réserve une véritable bouffée d'oxygène. Luxueux sans verser dans l'ostentatoire, l'établissement se situe au bord du lac Léman, au cœur d'un parc paysager, gage d'intimité et de relaxation. Mais ne passez pas votre temps à lézarder, car La Réserve est le paradis des fêtards : toutes les nuits, les cocktails se succèdent au son d'une musique mixée par un DJ jusqu'au petit matin, et les restaurants français et chinois sont pris d'assaut par la jet-set genevoise. Une fois la gueule de bois passée, montez dans l'élégant *motoscafo* vénitien de La Réserve (navette gratuite) et partez visiter la ville cosmopolite de Genève. Sinon, laissez-vous envoûter par l'atmosphère chic et décontractée de l'hôtel ou profitez des nombreuses activités dont une session de *wakeboard* sur le lac.

Si la façade paraît banale, les chambres sont d'un raffinement exquis : parquet huilé, couleurs riches, dessus-de-lit en velours et salle de bains en granit. De nombreuses chambres, certaines dotées d'une grande terrasse, ont vue sur le lac ou sur les Alpes. Sans tenir compte de la beauté des lieux, le spa vaut à lui seul le détour. Occupant toute une aile de l'hôtel, il abrite 17 salles proposant des soins variés, des piscines (intérieure et extérieure), un sauna et un hammam. Le spa offre aussi des prestations personnalisées (hydrothérapie et bains aux fleurs de jasmin, par exemple). **LP**

La décoration raffinée et parfois audacieuse est l'œuvre du célèbre créateur Jacques Garcia.

« Le style est librement inspiré des pavillons africains, avec des imprimés fauves et un restaurant niché sous une tente. » Condé Nast Traveler

Le Piémont à vélo

Lieu Piémont, Italie
Site Web www.italiatourismonline.com

La région du Piémont se situe à la pointe nord-ouest de l'Italie, bordée par la Suisse au nord et la France à l'ouest. Célèbre pour ses truffes blanches et sa gastronomie, le Piémont est aussi réputé pour la qualité de ses vins.

Ce paysage idyllique est le parfait décor d'une randonnée en VTT. De douces collines succèdent aux prairies et aux champs de tournesol. Au détour des routes sinueuses surgissent soudain de minuscules hameaux et des villages médiévaux pittoresques. Le panorama est aussi beau que varié, des vignes ondoyantes aux massifs alpins bordant la région. Par temps clair, on peut même apercevoir le majestueux mont Blanc.

Turin, la capitale du Piémont, est le point de départ idéal d'une balade en VTT. La cité médiévale est sillonnée de pistes cyclables qui vous permettront d'admirer sa myriade de châteaux, de cathédrales et de musées. Poursuivez votre trajet jusqu'à Bra, l'une des villes les plus prisées des gourmets, et Albe, capitale de la truffe blanche. Mais la vraie magie se trouve entre les villes, où l'air se charge du parfum des fleurs sauvages et du chant des oiseaux.

Les routes de campagne vous mèneront le long de rivières tumultueuses, à travers d'immenses forêts de pins et de châtaigniers. Faites une pause dans les petits villages et savourez un délicieux repas dans l'un des nombreux restaurants. Goûtez aux truffes, escargots et fromages présentés lors des fêtes du terroir organisées tout au long de l'année. Après vous être installé pour la nuit, dégustez un verre de Barolo, connu dans le monde entier pour être le roi des vins. **JP**

⇥ *Parcourez les douces collines du Piémont et savourez les délicieuses spécialités de la région.*

Les vignobles du Barolo

Lieu Barolo, Piémont, Italie
Site Web www.piemonteitalia.eu/fr/

L'appellation Barolo et ses vignobles sont les plus contrôlées d'Italie.

La route étroite menant au village de Barolo serpente à travers de douces collines ondoyantes. Malgré sa petite taille, Barolo est la « capitale » d'une région vinicole célèbre dans le monde entier. Le village a donné son nom à un vin rouge puissant et complexe issu du nebbiolo, pur produit du Piémont. Ce cépage bleu étant très chargé en tanins, le Barolo est parfois un vin difficile – et donc cher – à produire.

La commune de Barolo a tout le charme de l'Italie rurale. Embarquez-vous pour une tournée des vignobles, accompagné d'un guide pour vous mener à travers les collines du sud d'Alba, visiter les vignobles, goûter aux crus et découvrir d'illustres caves à vin.

L'histoire du Barolo, surnommé « le roi des vins et le vin des rois », est intimement liée aux grandes familles du Piémont. Ainsi, vous visiterez le château de Barolo, où vécut la marquise Giulia Colbert, qui créa ce vin. Puis vous parcourerez les exploitations des communes situées à l'est de Barolo (Massolino à Serralunga et Elio Grasso ou Conterno Fantino à Monforte), réputées pour leur Barolo plus structuré, riche en tanins en raison de sa longue maturité.

Mais il y a aussi bien d'autres choses à faire, comme goûter à la gastronomie locale. Si les gressins sont nés ici, la cuisine du Piémont est généralement raffinée et copieuse : truffes, fromages montagnards, veau et noisettes sont de délicieuses spécialités. Vous pouvez aussi visiter de splendides châteaux, faire du lèche-vitrines dans des villes historiques comme Asti et Alba, admirer les merveilles sur les étals des marchés ou participer à une chasse à la truffe. **SH**

Vigne de Barolo, mûrissant au soleil des coteaux de Cuneo (Piémont).

La Villa

Lieu Monbaruzzo, Piémont, Italie
Site Web www.lavillahotel.net **Prix €€**

Perchée sur une haute colline surplombant les vignes de Monteferrato, La Villa est un ancien palais du XVIIe siècle reconverti en un somptueux hôtel par ses propriétaires anglais. Où que le regard se pose, le panorama est exceptionnel, bordé par les Alpes à plus de 100 km. Ancien manoir, La Villa a été entièrement restaurée pour retrouver sa gloire d'origine. Devenue une magnifique résidence rurale, elle s'est, depuis son ouverture en 2005, forgé la réputation d'être le meilleur hôtel de la région.

Chacune des quatorze chambres a été décorée avec un goût exquis, alliant charme désuet et confort moderne. Aux antiquités et meubles d'époque, tous réalisés par des artistes locaux, s'ajoute ainsi le meilleur de la technologie actuelle. Déjeunez *alfresco* à l'ombre de la grande pergola ou prenez un verre au bar du lounge, centre névralgique de l'hôtel. Ce dernier dispose également d'une salle où vous pourrez déguster les crus locaux. À l'Honesty Bar vous pourrez siroter un Barolo fruité ou un Barbera.

L'atmosphère [de La Villa] est à la fois détendue, sophistiquée et conviviale.

Le restaurant La Vie propose des produits locaux. Pionnier de l'écogastronomie, le Piémont est célèbre pour la qualité de sa cuisine et pour posséder le plus grand nombre de restaurants gastronomiques d'Italie. **HA**

Pian della Mussa

Lieu Pian della Mussa, Piémont, Italie
Site Web www.canavese-vallilanzo.it

Au sommet du minuscule val d'Alla, calme vallée alpine au nord-ouest de Turin, la route devient si raide et étroite qu'on a l'impression d'approcher du point culminant d'une montagne. Après avoir enchaîné une succession de lacets et s'être frayé un chemin entre maisons et champs haut perchés, on éprouve une joie mêlée d'admiration à voir la route s'aplanir et s'élargir en un vaste et majestueux plateau. Arriver à Pian della Mussa, c'est comme pénétrer un monde perdu.

De vieilles femmes vous raconteront que Pian della Mussa regorge de légendes et l'on comprend aisément pourquoi. Ses flancs sont émaillés de cascades immaculées projetant une légère brume et des myriades de gouttelettes sur la plaine, tandis que marmottes et chamois, du haut d'affleurements improbables, semblent inspecter les prairies en contrebas. Les montagnes elles-mêmes, enjambant la frontière franco-italienne, sont desservies par des pistes jonchées de refuges en pierre datant des années 1880, tous chargés d'un lourd passé, notamment ceux ayant abrité les résistants de la dernière guerre mondiale.

Il n'y a pas de meilleur endroit pour méditer sur les merveilles historiques et naturelles de Pian della Mussa qu'un banc en bois dans un vieux café niché au cœur de cette splendeur. Le restaurant jouit d'une vue imprenable sur la plaine et les massifs montagneux. Vous y dégusterez leur spécialité, le zabaglione, entremets à base de jaunes d'œufs, de sucre et de vin doux et corsé qui fait le délice des randonneurs depuis des siècles. C'est le lieu idéal pour s'abandonner à ses songes ou, pour les plus aventureux, entamer l'escalade jusqu'aux lacs qui vous feront découvrir les plaisirs alpins. **CW**

Hôtel Petit Palais

Lieu Milan, Lombardie, Italie
Site Web www.petitpalais.it **Prix** **€€**

Milan est le genre de ville qui plaît aux voyageurs amateurs de luxe, de culture et de mode. Véritable univers dédié aux boutiques chic et à la gastronomie, riche de plusieurs siècles d'une histoire passionnante, Milan attire les voyageurs du monde entier. Les vrais connaisseurs séjournent au Petit Palais, élégante demeure du XVIIe siècle récemment reconvertie en un charmant hôtel mêlant grâce et intimité.

C'est le genre d'hôtel où la qualité est le maître mot, avec ses chandeliers de Murano, ses tapis tissés main et ses verres de cristal. Les suites sont toutes décorées différemment avec un goût exquis. Draperies raffinées, meubles d'époque, ouvrages originaux en stuc se marient harmonieusement avec les équipements les plus modernes. Les salles de bains sont travaillées avec le meilleur marbre italien et comportent des Jacuzzi et de gigantesques douches. Certaines suites jouissent de terrasses privées ou donnent sur le ravissant patio et les trois suites royales disposent d'une cheminée. Dans l'après-midi, thé ou apéritif sont servis dans le grand salon, tandis que le petit déjeuner se prend dans la splendide cave voûtée (ou dans votre suite, si vous le désirez).

Malgré l'atmosphère sereine de l'hôtel, le Petit Palais n'est qu'à 10 minutes à pied des innombrables magasins, boutiques de luxe, restaurants et bars de Milan, ainsi que des hauts lieux culturels de la ville : la Piazza del Duomo, l'opéra de La Scala, et l'église Santa Maria delle Grazie. Alliant confort et modernité, offrant des prestations haut de gamme et un monde de plaisirs à quelques pas du seuil, le Petit Palais est l'une de ces fabuleuses destinations qui sauront à la fois vous enflammer et vous détendre. **PS**

Le lac Majeur

Lieu Lombardie/Piémont, Italie
Site Web www.lelacmajeur.com

Au nord de la Lombardie s'égrène un chapelet de treize lacs, tels des joyaux sur un collier étincelant. Les habitués de la région vous diront que chaque lac a son charme, mais le lac Majeur surpasse tous les autres. Célèbre pour les stations Belle Époque de Stresa et Baveno et le splendide trio des îles Borromées, le lac Majeur est la perle de la Lombardie. Large de 54 km, il est impossible de le traverser à la nage, mais ses eaux cristallines sont assez propres pour qu'on s'y baigne. Les îles au milieu du lac sont la propriété de la famille Borromée. Isola Bella et Isola Madre sont de vastes et majestueuses îles, recouvertes de jardins ornés des palais rococo de la famille Borromée. Isola dei Pescatori (« l'île des pêcheurs ») est jonchée de maisons pittoresques et son littoral fourmille de pêcheurs réparant leurs filets à côté de leur bateau.

> *« Il est impossible de décrire les lacs italiens, personne ne s'y risquerait. »*
>
> **Henry James, écrivain**

Le lac Majeur vaudrait d'être visité à chaque saison et sous des ciels différents, même si son fameux microclimat fait qu'il est parfois possible de l'explorer en une seule journée. Au matin, il n'est pas rare qu'un nuage de brume recouvre le lac, peu à peu percé par quelques rayons du soleil. Quand la brume se lève, l'eau qui scintille est un spectacle éblouissant. **SWi**

→ *Qu'on le découvre en bateau ou de la terre ferme, le lac Majeur est spectaculaire.*

L'Albereta

Lieu Erbusco, Lombardie, Italie
Site Web www.relaischateaux.com/albereta **Prix €€€**

Ancienne maison de maître, la demeure est aujourd'hui devenue un manoir campagnard. Situé sur l'une des collines de la Franciacorta, entouré de vignes et d'un parc aux arbres centenaires, l'Albereta est le paradis des gourmets et des épicuriens. En effet, l'hôtel abrite un restaurant renommé dont le chef, Gualtiero Marchesi – formé par les frères Troisgros à Roanne – interprète le répertoire italien avec des tonalités françaises : le risotto est cuisiné avec un savoureux bouillon de poulet, du safran et une touche de parmesan, le tout orné d'un carré de feuille d'or. Il revisite également le tournedos Rossini en utilisant du veau plutôt que du filet de bœuf, pour une viande encore plus succulente.

La cuisine de Marchesi est influencée par son amour de l'art, particulièrement évident dans ses plats inspirés de tableaux.

L'hôtel jouit de tout le confort moderne : salons raffinés, piscine intérieure, magnifique spa et hélisurface. L'une des chambres possède même un toit en verre ouvrant. C'est un point de chute idéal pour des excursions dans ce coin peu connu de la Lombardie. À ne pas rater : la ville de Bergame, pour ses églises et ses musées. **GMD**

⇦ *La villa du XVIIe siècle semble avoir poussé au milieu des vignes qui l'entourent.*

Le Tyrol à cheval

Lieu Sud du Tyrol, Italie **Sites Web** www.theridingcompany.com ; www.activehotels.com/1/fr1/1427772-residence-tolderhof-rasun-anterselva.html ; www.hotel-zur-post.at/

Le Tyrol a de quoi faire perdre la tête. Bien que le sud du Tyrol soit situé en Italie, la majorité des habitants parle allemand. Nichée sur la frontière autrichienne, la région est jonchée de magnifiques montagnes, de vallées verdoyantes et de pommeraies séculaires où résonnent les cloches pendues au cou des vaches. C'est aussi la patrie du haflinger, race de petit cheval à l'allure régulière, dont la robe alezane est ornée d'une splendide crinière blanche et qui fut développée dans cette partie des Dolomites à la fin des années 1800.

Rendez-vous aux écuries de Tolderhof qui proposent des randonnées d'une demi-journée ou une journée entière dans le paysage alpin. Vous y trouverez également une école d'équitation où l'on enseigne le dressage et le saut d'obstacles – idéal pour se perfectionner avant de s'aventurer au-dehors. La randonnée ne se pratique pas exclusivement en été. En hiver, on prend un plaisir fou à galoper à travers une neige blanche et virginale. Vous pourrez aussi vous initier au ski joëring, qui consiste à s'atteler à un cheval et à se laisser tracter sur la neige, comme au ski nautique. Vous devrez savoir skier, mais la pratique de l'équitation n'est pas nécessaire.

Séjournez à l'hôtel Post, établissement qui dispose d'un spa proposant des massages et de soins d'aromathérapie pour reposer vos muscles endoloris. Le restaurant sert des repas composés de cinq plats – parfait pour refaire le plein d'énergie après une journée bien remplie. Mais vous pouvez aussi séjourner dans un appartement jouxtant les écuries, d'où vous pourrez accéder à toutes les prestations de l'hôtel. Sinon, réservez à la Villa Prugger, résidence de style Art nouveau pouvant loger jusqu'à treize personnes et bénéficiant d'un grand jardin privatif. **PE**

Le Vigilius

Lieu Lana, sud du Tyrol, Italie
Site Web www.vigilius.it **Prix €€**

Accessible uniquement par téléphérique, le sublime Vigilius Mountain Resort (1 500 m d'altitude) offre une vue incroyable sur le massif des Dolomites. C'est l'endroit rêvé pour échapper à la pollution et au stress de la ville : le parfum des mélèzes embaume l'air pur et frais et la station est un havre de paix.

Cet hôtel moderne diffère totalement des chalets tyroliens traditionnels. L'architecte Matteo Thun, spécialiste de l'écochic, s'est servi du verre et des essences de bois locales pour intégrer ce long bâtiment dans son cadre naturel. Évoquant un arbre couché par la tempête, la réception se trouve dans la base renversée et les chambres dans le tronc. Pour préserver la chaleur, le toit a été recouvert d'herbe, tandis que les chambres en plan ouvert sont meublées de manière minimaliste et dotées de murs en torchis. Décorées de boiseries, toutes les chambres jouissent de balcons ou de terrasses pour admirer le panorama.

Le luxueux spa propose des soins et massages variés, ainsi que des bains de vapeur, un sauna et des cours de yoga. Essayez le bain de foin, parfait pour stimuler la circulation sanguine. Les spécialités tyroliennes sont au menu du Parlour Ida alors que le 1500 sert des plats végétariens aux saveurs méditerranéennes. Finissez la soirée au coin du feu ou glissez-vous sur la terrasse pour admirer la vue céleste. En hiver, quand la montagne est tapissée de neige, partez faire une balade en luge, à ski ou en raquettes. L'été, profitez des 50 km de pistes de ski de fond ou initiez-vous aux sports nature (marche nordique, parapente ou tir à l'arc). **AD**

Plongez dans la piscine à débordement et vous aurez la sensation de nager parmi les montagnes.

Les Dolomites

Lieu Sud du Tyrol, Italie
Site Web www.valgardena.it

Si les Dolomites ne sont pas les plus hautes cimes des Alpes, elles sont sûrement les plus spectaculaires. Les montagnes surgissent du décor, silhouette fantastique aux contours déchiquetés, au cœur d'un paysage idéal pour une randonnée. Si les hauts sommets sont réservés à l'escalade, de vastes espaces invitent à des promenades plus paisibles, avec des télésièges et des téléphériques reliant les vallées.

Partez au début de l'été, avant que les champs ne soient fauchés, et vous serez accueilli par une myriade de fleurs sauvages. Découvrez l'Alpe de Siusi, haut plateau verdoyant surplombant la ville italienne d'Ortisei (St Ulrich pour les Autrichiens), dans une région où l'on parle allemand, italien et même un dialecte local, le ladin. Le paysage est parsemé de petits rhododendrons et de gentianes, ainsi que de centaines d'autres espèces. La marche se fait ici sans effort, le long de doux sentiers, avec la silhouette du Sassolungo s'élevant au-dessus des alpages.

Le charmant refuge du Sassolungo est bien connu des grimpeurs et des randonneurs. Si vous passez la nuit dans cet abri, ou dans l'un des nombreux autres refuges perchés sur ces sommets, vous serez récompensé par une vue féerique au petit matin dont vous serez quasiment le seul à profiter. Partez à la recherche d'edelweiss en suivant le chemin reliant le sommet du Secada au paysage rocailleux de Puez. Après une longue marche pour grimper jusqu'au refuge Pisciadu, vous traverserez le massif du Sella (recouvert de neige, même en été), au gré d'une randonnée aussi belle que vivifiante. **TL**

« … paysages sauvages, presque lunaires, se dressant telles des pierres tombales. »

Nick Redman, *The Observer*

⇱ *Passez la nuit dans un refuge en bois perché dans le Val Gardena pour profiter de la beauté des Dolomites.*

Dobbiaco

Lieu Dobbiaco, sud duTyrol, Italie
Site Web www.dobbiaco.info

Avec les affleurements rocheux des Dolomites d'un côté, les Alpes de l'autre et les eaux turbulentes de la Rienza baignant les vallées d'Alta Pusteria et de Landro, le ravissant village de Dobbiaco (Toblach, en allemand) jouit sans nul doute d'une situation exceptionnelle. Niché dans une province italienne au sud du Tyrol, près de la frontière autrichienne, on y parle à la fois allemand et italien, d'où les deux noms du village.

L'endroit ne compte que 3 200 habitants et se distingue par la tour vert et blanc, couronnée d'un dôme bulbeux, de l'église paroissiale Saint-Jean-Baptiste. En hiver, Dobbiaco est le paradis des skieurs, mais tout au long du printemps et de l'été, les pâturages alpins conservent leur splendeur. Du haut de ces sommets, on respire parfois le parfum des forêts de mélèzes s'élevant des collines pour imprégner l'air pur de la montagne, sur fond de paysage baigné de tranquillité. La sérénité des lieux est impressionnante, bien qu'ils ne soient pas totalement isolés : une poignée de vieilles fermes, de refuges et de chapelles émaillent le paysage et le décor est si magnifique qu'on voudrait s'y fondre. Les forêts et le parc naturel de Sesto, dans lequel se trouve le village, regorgent de pistes de randonnée. Des circuits touristiques ont été aménagés autour des eaux cristallines du lac de Dobbiaco et le massif des Tre Cime (« trois cimes ») offre de nombreuses possibilités de balades dans un paysage qui vous laissera pantois.

Séjournez dans l'hôtel de votre choix ; tous sont dotés de spas et tirent merveilleusement parti de leur cadre naturel. Le compositeur autrichien Gustav Mahler passait souvent ses étés dans ce village où il composa sa 9ᵉ symphonie et le début de la 10ᵉ entre 1908 et 1910. **CFM**

La route du prosecco

Lieu Vénétie/Frioul-Marche Julienne, Italie
Site Web www.prosecco.it

La région de la Vénétie est une carte postale vivante de l'Italie : ravissants paysages, architecture raffinée et mets délicieux. C'est dans cette région, tapie sous Venise et les contreforts des Alpes, qu'on produit le prosecco et que la première route des vins italiens a été inaugurée en 1966.

Longue de 47 km, la Strada del Vino Prosecco serpente entre Conegliano et Valdobbiadene, capitales de cette région vinicole. La route démarre au pied du château de Conegliano, puis s'étend le long des crêtes des collines jusqu'à San Pietro di Feletto. Trônant parmi les plaines bordées de montagnes, Molinetto della Croda, moulin du XVIᵉ siècle encastré entre les rochers à côté d'une grande cascade, est souvent décrit comme une perle « sertie dans un roc ». Au fil des siècles, il a été célébré par de nombreux peintres et artistes à l'inspiration exaltée par un verre de prosecco.

> *« … reconnaissable à sa couleur jaune paille clair, son corps modéré et ses intenses arômes fruités. »*
>
> **Prosecco DOC de Conegliano-Valdobbiadene**

La prochaine étape est l'abbaye Santa Maria de Follina, où des moines fondèrent une filature de laine bien avant le crépitement des premières bulles de prosecco. Le chemin continue à travers un paysage ponctué de villas patriciennes, de forêts de châtaigniers et de vignes poussant sur des terrasses escarpées. La route offre une vue admirable sur les vignobles avant d'atteindre sa destination finale, Valdobbiadene, nichée dans une vallée au pied des Alpes. **SWi**

Le Bauer Palladio

Lieu Venise, Vénétie, Italie
Site Web www.palladiohotelspa.com/ **Prix €€**

Arriver à Venise, c'est comme pénétrer sur un plateau de cinéma. Vous pourrez prolonger cette impression en choisissant de séjourner au Bauer Palladio, hôtel élégant situé sur l'île de Giudecca. Ce haut lieu de l'histoire vénitienne, situé à quelques mètres du célèbre hôtel Cipriani, est une halte incontournable pour ceux qui souhaitent côtoyer des célébrités tout en gardant un pied ancré dans le passé. L'hôtel se trouve juste en face du Grand Canal, mais on a l'impression d'être à des milliers de kilomètres des hordes de touristes envahissant la place Saint-Marc.

Le bâtiment est un couvent restauré, conçu par Andrea Palladio dans un style Renaissance et la façade imposante contraste avec l'intérieur relativement austère. Cependant, les vastes salles sont magnifiquement décorées pour créer une surprenante sensation d'intimité. Les chambres et suites de l'hôtel sont ornées d'antiquités, de tapisseries et d'objets artisanaux, chacune avec vue sur le jardin ou le lagon. De grands efforts ont été entrepris pour conserver l'esprit Renaissance des lieux.

Le spa de l'hôtel jouit d'une vue époustouflante sur le lagon de Venise et propose toute une gamme de soins. Toutefois, l'un des atouts de la résidence est probablement la navette privée électrosolaire qui transporte la clientèle jusqu'au Bauer Il Palazzo situé près de la place Saint-Marc, en plein cœur de Venise. Fatigué par une journée de shopping et d'excursions, rendez-vous à l'embarcadère, montez sur votre navette privée et laissez-vous glisser sur le lagon pour retrouver la sérénité de votre hôtel. **RS**

Cet hôtel raffiné a été soigneusement restauré et sa situation en bord de mer offre un panorama grandiose.

Cinque Terre

Lieu De Riomazziore à Monterosso, mer Ligurienne, Italie
Site Web www.lecinqueterre.org/fra/

Cinque Terre, site classé au patrimoine mondial de l'Unesco, est constitué de cinq petits villages, reliés par un ravissant sentier pédestre. Chaque village est accessible par train ou bateau, mais le seul moyen d'explorer la côte dentelée est de la parcourir à pied.

Le village le plus au sud, Riomaggiore, fut édifié au Moyen Âge sur un vallon propice à la culture des oliviers et des vignes. En raison du terrain abrupt, les jolies maisons en bois sont bâties tout en hauteur, telles des tours de plusieurs étages. De vertigineux escaliers permettent d'accéder aux maisons et bâtiments. C'est ici que débute la célèbre Via dell'Amore (« route de l'Amour »). Ce sentier pavé d'environ 1 km de long relie Riomaggiore à son voisin le plus proche, Manarola. Taillé à mi-falaise, il se parcourt en une vingtaine de minutes et offre une vue spectaculaire sur le village et la Méditerranée.

Il faut environ une heure de marche pour aller de Manarola à Corniglia. Situé au milieu des quatre autres villages, Corniglia est cerné sur trois côtés de vieilles terrasses en pierre et de vignes verdoyantes. Vernazza est un bourg de pêcheurs traditionnel niché dans une crique. On ne peut y accéder qu'à pied, car les habitants se sont opposés à la construction d'une route pour préserver le caractère et la tranquillité des lieux. La dernière portion du circuit des Cinque Terre s'étend jusqu'à Monterosso. Cette marche d'une heure et demie est la plus ardue, mais aussi la plus belle. Le sentier vous mènera à travers les vignes et les vergers d'oliviers et vous profiterez de superbes vues plongeantes sur la baie. **JP**

« Chaque village est unique, taillé dans les falaises au milieu de terrasses abruptes… »

Ariel Foxman, *The New York Times*

⇱ *Manarola est un des plus petits villages des Cinque Terre, perché sur les rochers au-dessus de la mer.*

L'Émilie-Romagne en voiture

Lieu Émilie-Romagne, Italie
Site Web www.emiliaromagnaturismo.it

Entre panorama spectaculaire et tohu-bohu des villes, rouler à travers l'Émilie-Romagne est une expérience que vous n'êtes pas près d'oublier ! Les Italiens conduisent comme ils vivent : avec fougue et empressement. À vous de tenir le rythme !

L'Émilie-Romagne est réputée pour ses sublimes paysages et sa fabuleuse gastronomie. C'est l'endroit idéal pour effectuer un circuit en voiture qui vous fera découvrir le merveilleux paysage et les délices culinaires. Atterrissez à l'aéroport de Parme, niché dans la vallée luxuriante du Pô. La ville est célèbre pour son jambon fumé, le prosciutto di Parma. Prenez la route qui vous conduira sans effort jusqu'à Reggio d'Émilie, où vous pourrez goûter à une autre spécialité locale : le parmigiano-reggiano. Prenez à l'est et vous arriverez à Modène, terre du fameux vinaigre balsamique à la saveur aigre-douce, dont la production remonte au XIe siècle. Point de passage obligé dans la région : Maranello – la ville des Ferrari. Depuis les années 1940, cette ville est le siège des célèbres voitures de sport, le fondateur Enzo Ferrari ayant déménagé à Maranello après le bombardement de son usine de Modène lors de la Seconde Guerre mondiale.

Après avoir admiré la quintessence de la mécanique italienne, reprenez la route à travers le paysage verdoyant, le long des contreforts des Apennins jusqu'à la ville de Bologne, connue pour être le haut lieu de la gastronomie italienne. Profitez-en pour savourer une assiette de pâtes nappées de la fameuse sauce que les Italiens appellent *ragù*. Les collines entourant Bologne sont parsemées de petits villages pittoresques et de villes à explorer. Poursuivez alors jusqu'à Ravenne ; le trajet est agréable et vous pourrez admirer l'architecture byzantine richement décorée. **JP**

Casa Argento

Lieu Camaiore, Toscane, Italie
Site Web www.invitationtotuscany.com **Prix €€**

Le panorama de cette résidence raffinée est si spectaculaire qu'on peut même apercevoir la Corse. Perché au sommet des Alpes apuanes, au-dessus de Camaiore et Pietrasanta, c'est le lieu idéal pour oublier le stress de la ville.

La maison fait partie d'un groupe de bâtiments utilisés autrefois comme lieu de stockage pour les mines d'argent à proximité. Aujourd'hui, la plupart des maisons sont en ruine mais la Casa Argento a été magnifiquement restaurée. Vous pouvez soit louer toute la maison (6 personnes max.) ou simplement l'étage (3 personnes max.). De toute façon, l'intimité est garantie, car personne ne partage la propriété avec vous.

« Même s'il n'y avait que Florence en Toscane, la région serait merveilleuse. »

Sir Arnold Wesker, dramaturge britannique

Prenez la route des collines et passez vos journées à suivre les chemins serpentant autour des montagnes et des vallées. Puis rentrez vous rafraîchir dans la douche extérieure taillée dans les rochers, avant de vous baigner dans le Jacuzzi extérieur. Les activités ne manquent pas dans la région. En été, lézardez sur la plage, située à 35 minutes, ou partez savourer la cuisine locale dans l'un des restaurants des villages avoisinants. Visitez les carrières, d'où provient le marbre blanc du *David* de Michel-Ange et profitez-en pour découvrir Pietrasanta, où les sculpteurs locaux exposent leurs œuvres tout au long de l'année. Les villes de Lucques et Pise regorgent aussi de trésors culturels. **AD**

Hôtel et spa Grotta Giusti

Lieu Monsummano Terme, Toscane, Italie
Site Web www.grottagiustispa.com **Prix €€**

Grotta Giusti est célèbre pour sa grotte naturelle transformée en sauna. Les salles, surnommées Enfer, Purgatoire et Paradis, ont un taux d'humidité de 100 % et une température croissante. Mais l'hôtel dispose d'autres atouts. Cette élégante villa du XIXe siècle est remplie d'antiquités et de tableaux au charme classique et raffiné. Velours luxueux, vastes salons et décors en marbre ajoutent à la splendeur des lieux.

L'attraction majeure de l'hôtel est l'eau thermale, riche en bicarbonates, sulfates, chlorites, magnésium et calcium. Découverte en 1849, elle n'a cessé d'attirer les foules. Jaillissant à 34 °C, elle est recommandée pour traiter les problèmes musculaires ou cardio-vasculaires et coule également des robinets ornant les salles de bains en marbre. Dans un genre plus moderne, le centre de bien-être dispose d'une zone asiatique, d'une salle de sport, d'une piscine thermale extérieure avec cascade et hydromassages sous-marins et même d'un centre de médecine esthétique mêlant méthodes anciennes et techniques de pointe. Les soins sont variés : fangothérapie, massages suédois et shiatsu, tandis que des parfums d'églantine, de réglisse, d'algues et d'olive embaument l'air. Grotta Giusti est plus qu'un spa thermal ; c'est désormais un véritable complexe avec piscines, courts de tennis et restaurant gastronomique. **RCA**

« Verdi surnommait la Grotta la "huitième merveille du monde"… Cela dit, claustrophobes s'abstenir. »

The Times

Les jardins de Boboli

Lieu Florence, Toscane, Italie
Site Web www.aboutflorence.com/florence/parcs-Florence.html

Le jardin le plus célèbre de Florence a beau être cité dans tous les guides, si vous grimpez une longue série de marches pour quitter le palais Pitti, vous risquez de vous retrouver « perdu » dans une partie du jardin qui reste méconnue de la plupart des visiteurs. Les 45 ha du jardin sont l'endroit idéal pour échapper à la foule des touristes visitant Florence. Cependant, certains endroits sont moins fréquentés que d'autres et si vous rêvez de tranquillité (et d'échapper au soleil toscan), évitez l'amphithéâtre, situé juste derrière le palais et menant à la fontaine de Neptune. Là, les haies de buis transforment le jardin en une série de lignes et de motifs symétriques, entourant des bassins guindés dotés d'affreuses statues en pierre.

Ailleurs, particulièrement à l'ouest du palais, les visiteurs se font rares et vous prendrez plaisir à vous promener le long des allées secrètes et sinueuses, protégées du soleil par les massifs de noisetiers, les grands pins et les rangées de cyprès. Les pelouses bordées de haies, les petits bosquets et les prés sont parfaits pour céder à une sieste et faire jouer les enfants en toute sécurité, loin des rues animées de la ville. À l'est du jardin, vous profiterez de belles vues sur Florence en vous rafraîchissant dans un petit café.

La plupart des visiteurs entrent dans les jardins par le palais Pitti, sur la Piazza dei Pitti, mais il y a un accès bien plus tranquille, près du Forte Belvedere, qui donne sur une petite rue bordée de champs. Attention, les jardins sont fermés le premier et le dernier lundi de chaque mois. **CFM**

Le jardin regorge de perles ombragées, loin des allées pompeuses et des bassins guindés jouxtant le palais.

Castello Vicchiomaggio

Lieu Greve in Chianti, Toscane, Italie
Site Web www.vicchiomaggio.it **Prix €€**

La légende veut que Léonard de Vinci ait séjourné ici pendant qu'il peignait *La Joconde* et il faut avouer que le cadre magnifique entourant l'hôtel a de quoi inspirer les artistes. Surplombant des rangées de cyprès, des bosquets d'oliviers et des champs de maïs, cette bâtisse du XVe siècle, avec sa tour crénelée, monte la garde sur un paysage féerique. Ses murs en pierre abritent de petites cours baignées de soleil dont chaque coin est orné de gigantesques pots en terre cuite. La piscine privée est entourée de jardins, avec en toile de fond les collines toscanes.

Le domaine de 130 ha, qui produit à la fois du vin et de l'huile d'olive, est situé à mi-chemin entre Florence et Sienne, au cœur de la région du Chianti et à 5 minutes de Greve in Chianti, ville toscane typique, jonchée de petits magasins proposant des produits locaux à cuisiner de retour au château. La résidence est dotée de suites spacieuses et raffinées, décorées de rouges profonds et de couleurs naturelles qui mettent en valeur la beauté de l'architecture. Toutes les chambres jouissent de vues magnifiques, que ce soit sur les vignes ou le paysage environnant. En plus de salles de bains modernes, les appartements disposent de petites cuisines, même si le restaurant prépare des mets délicieux à base de produits récoltés dans le domaine.

N'oubliez surtout pas de goûter au vin du domaine. Le château s'est forgé une réputation en produisant un excellent chianti et son propriétaire, John Matta, a été élu « meilleur producteur de vin italien » pendant trois années consécutives. Les hôtes bénéficient d'une visite guidée du vignoble. Que vous passiez vos journées à explorer les environs ou que vous restiez sur place, vous serez séduit par ce séjour enchanteur. **CFM**

Villa San Michele

Lieu Florence, Toscane, Italie
Site Web www.villasanmichele.com **Prix €€**

Avec une façade censée avoir été conçue par Michel-Ange et une décoration intérieure aussi précieuse et raffinée qu'une œuvre d'art, la Villa San Michele est un point de chute sublime pour explorer les trésors de Florence. Cet ancien monastère franciscain du XVe siècle est niché dans les régions boisées des collines de Fiesole, loin du trafic et du bruit de Florence, mais à quelques minutes du centre historique de la ville.

La façade et l'imposante loggia de la villa, qui semble tirer son nom de l'église Saint-Michel-Archange, datent de 1600, quand le bâtiment fut agrandi et totalement rénové par Giovanni di Bartolommeo Davanzati. Ces dernières années, elle a été rénovée en une luxueuse villa encadrée de splendides jardins. Les chambres offrent des vues spectaculaires sur les fabuleux paysages s'étendant de l'autre côté de Florence et la campagne du Chianti. La chapelle, jolie *cappellina* datant du XVIIe siècle où les moines allaient prier et méditer, a été transformée en suite nuptiale.

Prenez un livre et paressez parmi les citronniers, à l'ombre des glycines ; c'est le paradis.

Des navettes gratuites sont à votre disposition pour vous rendre au centre-ville où vous pourrez visiter la galerie des Offices, le Duomo, le Ponte Vecchio et autres hauts lieux florentins. Puis rentrez à la villa pour vous détendre et vous relaxer. Le sommeil vient aisément en ce lieu béni ; c'était un monastère, après tout. **AD**

Fattoria Montelucci

Lieu Pergine Valdarno, Toscane, Italie
Site Web www.montelucci.it **Prix €**

Au cœur de la Toscane, loin de la cohue, cette exploitation agricole, rustique et pourtant raffinée, est devenue l'une des plus belles réussites de l'agritourisme. Savourez (littéralement) la vie rurale en parcourant la ferme et goûtez à la bonne chère en direct des producteurs. Soyez rassuré, l'endroit n'a rien d'une ferme industrielle. Montelucci a choisi une approche simple mais luxueuse, en se concentrant sur des produits maison, délicieux et biologiques. Sa raison d'être est d'offrir aux visiteurs un aperçu des activités et produits locaux : fruits, légumes et bétail. Sa joie et sa fierté sont les vaches chianinas avec leur robe blanche et leurs longues cornes. Comptant parmi les plus vieilles races de bovins, elles sont célèbres pour la qualité de leur viande.

L'huile d'olive fraîche et fruitée est produite sur place à partir d'un mélange de quatre sortes d'olives, alors que le vin est issu des vignes de Sangiovese. Pendant votre séjour, vous pourrez également faire des balades à pied, à cheval ou à VTT, chasser ou prendre des cours de cuisine. C'est aussi un bon point de chute pour explorer les villes toscanes comme Florence et même passer un peu de temps au Mall, centre commercial regroupant les marques Prada, Gucci et Armani.

Dans son écrin de verdure, Montelucci regorge de charme, avec sa magnifique piscine et ses vues sur les collines verdoyantes du Val d'Arno. Que ce soit dans le restaurant bio ou les chambres, simples mais coquettes, le décor est unique et traditionnel, mais d'une étonnante élégance. Couleurs neutres, lits en fer forgé et canapés bruns rayés de blanc se marient harmonieusement avec les pots de cactus et les salles de bains modernes. Séjourner à Montelucci, c'est goûter au meilleur de la Toscane. **RCA**

Vie de palace à Florence

Lieu Toscane, Italie
Site Web www.fourseasons.com/florence **Prix €€**

Pour mieux profiter d'une escapade culturelle dans la ville des Médicis, l'idéal serait de séjourner dans un *palazzo* du XVIe et son ancien couvent, que vient de rénover Pierre-Yves Rochon, architecte d'intérieur de renommée mondiale. Dans ce lieu imprégné d'histoire, la mise en scène grandiose vous laissera muet d'admiration. Sous les lustres en cristal et les bas-reliefs rehaussés de stucs dorés, les soieries des rideaux et des sièges pavoisent aux couleurs de la Toscane. Exécuté par les meilleurs ébénistes et laqueurs florentins, le mobilier des salons et des chambres répond au luxe et au confort exigés par la chaîne hôtelière Four Seasons. « Le plus souvent, explique l'architecte d'intérieur, ce sont les coloris des plafonds peints ou des fresques murales qui ont dicté mes choix. » Pour le voyageur, le raffinement de la Renaissance se vit dès le matin en prenant son petit déjeuner dans l'appartement d'un ancien cardinal ou, en fin d'après-midi, en sirotant un cocktail dans un salon intime aménagé dans une ancienne chapelle, sous le regard bienveillant d'une statue de marbre. Après la visite de la cathédrale et sa coupole, du Palazzo Vecchio, du musée des Offices, ou après quelques incursions discrètes et fructueuses dans les boutiques de la Via dei Tornabuoni, une promenade dans le silence paisible du jardin botanique de l'hôtel vous redonnera un nouveau souffle. Vous vous glisserez dans l'extraordinaire salle de bal, ferez une halte dans le spa afin de ne manquer aucun détail de la scénographie éblouissante. Et avant de vous endormir dans l'écrin douillet de votre suite et de rêver au faste de la cour de Laurent le Magnifique, vous noterez de mémoire les harmonies délicates et audacieuses du décor, posées comme les notes mélodieuses d'une somptueuse partition. **DM**

Castello di Magona

Lieu Livourne, Toscane, Italie
Site Web www.castellodimagona.it **Prix €€**

Quel meilleur moyen de savourer les plaisirs de Livourne que de séjourner le château même de la ville ? Surplombant les côtes de la Maremme, juste en face de l'île d'Elbe, se trouve le Castello di Magona, énorme bâtisse du XVIe siècle encadrée de jardins paysagers. Cette résidence abrita un grand nombre de ducs toscans, mais ce fut Léopold II qui lui donna véritablement ses lettres de noblesse. Aujourd'hui, ce château offre la possibilité de séjourner dans une résidence historique avec, toutefois, tout le confort du XXIe siècle. Il est ouvert toute l'année et peut accueillir jusqu'à 28 personnes. Cependant, durant l'été, les chambres sont réservées principalement à la semaine.

Une route bordée de pins et de cyprès conduit au splendide Castello entouré d'un parc et de jardins impressionnants. L'intérieur de cette demeure magnifiquement restaurée est imprégné de 500 ans d'histoire qui se retrouvent dans le luxe du décor. Les salles à manger voûtées sont pavées de dalles en argile ornées de splendides tapis asiatiques aux motifs très élaborés. Les salons sculptés sont décorés de plafonds parquetés, de confortables canapés, d'étagères remplies de livres et de pièces d'armurerie. Les chambres sont peintes dans des tons délicats et offrent de belles vues sur les collines toscanes parsemées de cyprès et d'oliviers. Les meubles sont aussi raffinés que les chambres : immenses penderies en bois, lits à baldaquin et grands tableaux dorés représentant des ancêtres en armure.

Ce cadre vous transporte dans le monde voluptueux de la noblesse du XVIe siècle, à tel point qu'on s'attend presque à tomber, au détour d'un couloir, sur le grand duc Léopold en personne, se prélassant sur un sofa entouré de sa suite. **SWi**

L'île d'Elbe

Lieu Île d'Elbe, Toscane, Italie
Site Web www.elbatuttanatura.com

D'après la mythologie romaine, la déesse Vénus aurait cassé son collier en émergeant des eaux de la mer Tyrrhénienne, faisant tomber sept perles qui refirent surface sous la forme des sept îles formant l'archipel toscan. C'est ainsi qu'apparut Elbe, la plus grande des sept îles, qui conserve aujourd'hui encore un charme mythique.

Elbe est célèbre pour ses eaux étincelantes – parmi les plus pures d'Europe – et ses plages de sable fin et blanc, bordées de pins et de chênes verts. Ses forêts séculaires, chargées du parfum des châtaigniers, possèdent un charme envoûtant. Elle fait partie du plus grand parc marin d'Europe. Les amateurs de plongée s'émerveilleront devant le corail rouge, tandis que les randonneurs admireront les orchidées sauvages, les bleuets et les violettes pendant l'escalade du Monte Capanne, la plus haute cime de l'île.

Les rues du vieux port de Portoferraio, principale ville de l'île, sont flanquées d'élégants bâtiments aux couleurs ocre. Quittez l'agitation des ports et explorez les vieux villages en suivant les sentiers de bergers qui serpentent à travers les collines parfumées et les forêts ombragées, ou savourez la sérénité d'une crique.

Fetovaia, au sud-ouest, est une plage magnifique, avec son sable d'albâtre et des rochers en granit. Grimpez le long des ruelles étroites et tortueuses de la vieille Marciana et immergez-vous dans cette ville dotée d'un riche patrimoine historique. Napoléon, exilé à Elbe en 1814, a néanmoins pu apprécier et admirer la beauté des crépuscules empourprés au-dessus de la Corse, île qui le vit naître. **KF**

La ville de Poggio, sur l'île d'Elbe, est entourée de forêts luxuriantes et ses rues sont pavées de granit.

Castello di Vicarello

Lieu Cinigiano, Toscane, Italie
Site Web www.vicarello.it **Prix €€**

Le Castello di Vicarello, situé dans la région de Grosseto, est perché au sommet d'une colline tel un château de conte de fées, dans un écrin de verdure parsemée d'oliviers et de vignes. Ce petit château du XIe siècle est une demeure rustique et intime mêlant charme historique et luxe moderne. L'hôtel dispose de quatre suites et d'une villa, remplie d'antiquités et de meubles raffinés où se côtoient inspirations asiatique et italienne.

Le cadre est d'un romantisme absolu. Détendez-vous sur les terrasses, arpentez les allées de gravier ou admirez le soleil couchant. Un petit spa propose des soins apaisants et des cours de yoga. Les suites, aux vues panoramiques, sont dotées de poutres apparentes, de grandes fenêtres et d'épais murs en pierre.

La cuisine, mélange de saveurs toscanes et méditerranéennes, est basée sur des produits maison. Goûtez au pigeon frit au bacon avec de la sauge et des raisins blancs, arrosé d'un verre de Castello di Vicarello, mélange de cabernet sauvignon et de cabernet franc issus du vignoble du domaine.

On se laisse vite emporter par le rythme de vie indolent régnant dans ce cadre. Promenez-vous dans les jardins, parmi les roses, les gardénias, la lavande et les mûriers. Par temps clair, une brise fraîche et salée souffle vers les terres et on aperçoit au loin les eaux scintillantes. Découvrez Sienne, à une heure de route, ou partez explorer le parc national d'Uccellina et les sources de Saturnia. **AD**

Voir photo page 230.

L'Andana

Lieu Grossetto, Toscane, Italie
Site Web www.andana.it **Prix €€**

L'Andana est l'ancien pavillon de chasse du grand-duc de Toscane Léopold II. Il est situé dans un magnifique endroit de la Toscane, niché parmi les oliveraies et les vignes centenaires de la Maremme, où rien ne vient troubler le silence hormis le chant des cigales et le roucoulement des colombes.

La propriété a depuis été transformée en hôtel de luxe par le restaurateur Alain Ducasse, en partenariat avec un créateur de spas pour donner naissance à L'Andana, relais gastronomique et spa. Les 33 chambres sont élégantes et raffinées, ornées de rideaux en soie, de tissus italiens, d'antiquités toscanes et de somptueux couvre-lits. Mais la palme du luxe revient aux salles de bains, carrelées de marbre, dont les baignoires sont absolument immenses.

« L'Andana est le reflet de la Maremme… unique, authentique, généreuse. »

Alain Ducasse, cofondateur

Pour un moment de détente absolue, essayez le massage aux pierres chaudes (dos, visage et crâne), extrêmement relaxant. Confiez-vous aux mains expertes de la thérapeute et laissez-vous sombrer dans un demi-sommeil paradisiaque. Après cela, plongez dans la piscine à débordement ou cédez aux délicieuses gourmandises figurant au menu du spa. Pour éliminer tous ces excès, promenez-vous dans les jardins ou, pour les plus courageux, dirigez-vous vers le parcours de golf ou le court de tennis. **HA**

Le château de Ripa d'Orcia

Lieu Ripa d'Orcia, Toscane, Italie
Site Web www.castelloripadorcia.com **Prix €**

Les murailles, remparts et tours du château de Ripa d'Orcia surplombent les paysages de Toscane depuis des siècles. Le château est situé au bout d'un chemin de gravier serpentant à travers les bois, au cœur de la vallée d'Orcia jusqu'au corps de garde. Il n'y a plus de pont-levis, mais on a l'impression de se retrouver en plein Moyen Âge. À l'intérieur se trouvent un hameau et une église, ainsi qu'un labyrinthe d'escaliers en pierre, de chemins, de jardins, de dépendances et de tourelles. On se croirait dans un village musée – avec sa boulangerie, sa charpenterie, sa forge, son pressoir à olives et ses greniers.

Le château appartient depuis longtemps à une famille de nobles qui l'entretient avec soin. Elle vit toujours dans le château principal, mais loue des chambres et des appartements dans certaines dépendances. À l'intérieur, pas de luxe ostentatoire. Les chambres sont simples et rustiques, dotées de meubles en bois toscans, de poutres apparentes, de dalles en terre cuite et d'épais volets. Certaines ont des cheminées et des terrasses privées et toutes offrent des vues splendides. Les chambres n'ont ni télévision ni téléphone, mais les salles de bains sont contemporaines. La seule concession à la modernité est la piscine construite sur une terrasse avec vue panoramique.

La salle à manger commune sert des plats copieux à base de produits cultivés dans les jardins et le grenier a été transformé en salle de lecture avec cheminée. Le château possède un domaine de 324 ha et produit de l'huile d'olive et du vinaigre ainsi que du vin rouge, blanc et doux. La vieille cave est un espace où les clients peuvent goûter aux vins et à l'huile d'olive vierge extra qu'on peut acheter sur place. **SH**

Hôtel Terme di Saturnia

Lieu Saturnia, Toscane, Italie
Site Web www.termedisaturnia.it **Prix €**

Voilà maintenant 3 000 ans que des sources d'eau naturelles jaillissent d'un cratère volcanique devant ce qui est devenu le Terme di Saturnia Spa and Golf. Cet hôtel chic et minimaliste, situé au pied du vieux village de Saturnia, dans la région de Maremme, possède un des spas les plus célèbres au monde, réputé autant pour ses soins médicaux que pour ses soins esthétiques, qui vous seront prodigués dans l'une de ses 50 salles.

L'eau suit un trajet souterrain qui s'infiltre lentement à travers les microfissures de la roche, absorbant sels et minéraux au cours d'un voyage qui mettra 40 ans à atteindre la piscine thermale, bouillonnant jour et nuit au cœur de l'hôtel. Ce dernier dispose de 140 chambres, d'un bassin intérieur et de six extérieurs, de deux restaurants, d'un centre de fitness, de courts de tennis, d'une réplique de thermes romains et d'un parcours de golf professionnel de 18 trous.

> *« Le bassin est le cratère d'un volcan, rempli d'eau de pluie filtrée par le sol. »*
>
> Denis Campbell, *The Observer*

Le paysage toscan, avec ses collines ocre, ses vignes luxuriantes, ses villages perchés et ses châteaux médiévaux, séduit les voyageurs depuis des siècles. En Maremme, les paysans élèvent leur bétail à l'ancienne et la région est jonchée de ruines étrusques. Le village médiéval de Montemerano et la ville magique de Pitigliano valent largement la peine que vous vous arrachiez de l'hôtel pour une journée. **TW**

Hôtel Borgo Santo Pietro

Lieu Cortone, Toscane, Italie
Site Web www.borgosantopietro.com **Prix €**

Il y a environ sept siècles, Borgo Santo Pietro était le lieu de halte de pèlerins venus de toute l'Europe pour se rendre à Rome. Ce minuscule domaine, datant du XIIIe siècle, est situé sur une petite colline parmi les cerisaies et les jardins d'agrément. Le ravissant village de Palazzetto n'est qu'à une heure de l'hôtel, au bout de la vieille route des Pèlerins. Sienne et le littoral toscan sont à une demi-heure de route.

Tout récemment, la vieille villa et ses dépendances ont été magnifiquement reconverties en hôtel de luxe. Le Borgo possède désormais tous les attributs d'un établissement haut de gamme, avec des soins thermaux prodigués dans la vieille boulangerie, des produits frais issus d'un jardin bio et une piscine à débordement encadrée de jardins immaculés. Pourtant, l'endroit reste intime ; les huit chambres regorgent de meubles d'époque et sont agrémentées de détails raffinés : plâtres sculptés, miroirs aux cadres dorés, poutres apparentes, baignoires autonomes et cheminées. Les gigantesques lits sont dotés de matelas cousus main en provenance spéciale du Danemark.

> *« Cortona est la première ville dans laquelle nous ayons séjourné et nous y revenons toujours. »*
>
> **Frances Mayes, *Sous le soleil de Toscane***

L'élégante salle à manger est parfaite pour les dîners aux chandelles, sinon installez-vous sur la terrasse à colonnades, près de la piscine. Le menu comporte de délicieux plats italiens, à base de produits récoltés dans le jardin ou dans les fermes des environs. **SH**

Le mont Amiata

Lieu Toscane, Italie
Site Web www.sienaonline.com

Au loin, le mont Amiata se dresse avec majesté, dominant l'ensemble du paysage toscan. Culminant à 1 730 m, cette montagne est, après l'Etna, le deuxième volcan le plus haut d'Italie et se situe dans la partie la plus septentrionale des Anti-Apennins, chaîne de volcans parcourant le sud de la Toscane.

Bien que sa dernière éruption remonte à plus de 180 000 ans, la chaleur qu'il dégage alimente encore les sources d'eau chaude qui se trouvent à son pied. Pendant des siècles, Italiens et touristes se sont rués vers ces eaux riches en minéraux, connues pour leurs vertus curatives et relaxantes. La région compte un grand nombre de lieux de cure ouverts tout au long de l'année. Certains ont bâti des complexes thermaux autour des sources ; d'autres ne sont que des bassins naturels, sculptés par la nature au fil du temps.

Cependant, il y a bien d'autres activités à découvrir autour du mont Amiata. Sillonné de nombreux sentiers balisés, ce volcan éteint est devenu le paradis des randonneurs. En altitude, d'épaisses forêts de hêtres, de sapins et de châtaigniers recouvrent les parois, alors que le bas des pentes est parsemé d'oliviers et de roches volcaniques aux formes étranges. De décembre à mars, les chemins sont tapissés de neige fraîche, invitant les skieurs à parcourir les forêts ou à découvrir l'une des stations du massif.

Vous aurez le choix entre des centaines de balades différentes pour profiter du paysage varié et somptueux qu'offre la montagne, des sources d'eau fraîche aux minuscules villes et villages jonchant les versants du volcan. L'une des villes les plus célèbres est celle d'Abbadia San Salvatore. Bâtie autour d'un des plus vieux monastères toscans, cette ville est une perle de l'architecture du XVIIe siècle. **JP**

La Maremme

Lieu Toscane/Latium, Italie
Site Web www.lamaremmafabene.it

Si vous pensez que la Toscane est devenue trop touristique, détrompez-vous. La Maremme, région s'étirant du sud-ouest de la Toscane au nord du Latium, a su conserver un aspect sauvage avec ses plages, ses forêts et ses montagnes. Elle est célèbre pour ses 160 km de littoral rocheux bordé de villages de pêcheurs et de ravissantes baies propices à la baignade.

Pour ceux qui n'apprécient les grands espaces que ponctués de bonnes tables, dirigez-vous vers le golfe de Follonica, dont les plages de Cala Martina, Cala Violina et Castiglione della Pescaia regorgent de cafés-restaurants où festoyer entre deux bains de soleil. Goûtez au pecorino, le fromage local, arrosé d'un verre de Morellino di Scansano. Découvrez les îles de Giglio et Giannutri, dont les falaises plongent dans les eaux turquoise de la méditerranée, ou le promontoire de Monte Argentario, haut lieu de la plongée sous-marine.

Les forêts de pins qui bordent les plages sont parsemées de lagunes grouillant d'oiseaux sauvages, car toute cette zone n'était que marais avant que Mussolini n'entreprenne de les assécher. Férus d'ornithologie, rendez-vous à l'Oasis de la lagune d'Orbetello, réserve naturelle ouverte aux visiteurs de septembre à avril, ou au lac de Burano, le plus grand site d'hivernage italien, qui abrite la moitié des espèces vivant ou migrant à travers le pays.

La Maremme est aussi célèbre pour ses *butteri*, gardiens de troupeaux toscans qui se parent de beaux costumes pendant les divers festivals et veillent à ce que la région préserve sa beauté sauvage. **PE**

↗ *La Maremme, dont les marais ont été asséchés il y a moins d'un siècle, reste relativement méconnue.*

« Les paysages, surtout ceux de l'Argentario, sont parmi les plus beaux de la Toscane. »

Tim Jepson, *The Daily Telegraph*

Pérouse

Lieu Pérouse, Ombrie, Italie
Site Web http://turismo.comune.perugia.it

Pérouse est une ville fascinante avec ses épais remparts, ses toits de tuiles rouges, ses vieilles portes et arcades, ses fresques baignées de soleil et son panorama. C'est l'essence même de l'Italie représentée dans l'art de la Renaissance. Au sommet du Duomo, point culminant de la ville, vous jouirez d'une vue splendide sur un paysage infini de collines, parsemées de cyprès et de terrasses abruptes plantées d'oliviers et de vignes. Mais les antiques remparts offrent tant d'intérêt qu'ils sont parfaits pour se livrer à un passe-temps bien italien : la *passeggiata* (« promenade »), afin de profiter des merveilles culturelles de la ville.

À travers les divers styles de son architecture, Pérouse invite à s'immerger dans un passé incroyablement riche. Les murailles étrusques et l'arc d'Auguste furent édifiés au IVe siècle av. J.-C. (avant que les Romains n'osent les remanier), alors que le palais des Prieurs, qui abrite la galerie nationale de l'Ombrie, date du Moyen Âge. Juste à côté, sur la Piazza Grande, d'extraordinaires sculptures du XIIIe siècle ornent la Fontana Maggiore, tandis que les bruits de la vie moderne se mêlent au son des cloches dans le lointain.

Si le passé plus sanglant de Pérouse vous intéresse, descendez vers les entrailles du temps. Un escalier vous mènera jusqu'au Rocca Paolina – ancien siège de la famille Baglioni. Ce clan assoiffé de sang tenait jadis les rênes de la ville avant que le pape Paul III, personnage tout aussi cruel, ne les fasse assassiner, enterrant leurs restes sous les rochers de la forteresse – ainsi que leurs palais, sept églises et 138 maisons. **SWi**

La Fontana Maggiore, sculptée par Nicola et Giovanni Pisano, fut conçue par Fra Bevignate.

Le château de Todi

Lieu Collelungo, Ombrie, Italie
Site Web www.todicastle.com **Prix €€€**

Et si vous deveniez le roi de votre propre château ? C'est ce que vous propose cette imposante forteresse médiévale qui se dresse parmi les collines verdoyantes de l'Ombrie, au centre de l'Italie. Même si le château de Todi jouit désormais de tout le luxe nécessaire au confort de ses hôtes, il fut jadis un bâtiment austère, théâtre de multiples conflits. Au Moyen Âge, on jetait des cuves d'huile bouillante du haut des remparts et les restes de nombreux soldats ont été retrouvés autour du site. De ce passé restent les murailles, la tour, les meurtrières et une sortie secrète, ainsi qu'une atmosphère historique qui se ressent partout.

Petits déjeuners, ménage dans les chambres, serviettes et draps de qualité sont inclus dans la location du château. Le reste des prestations est à la carte : libre à vous d'utiliser la cuisine tout équipée ou de demander ce que les propriétaires vous préparent à dîner et/ou à déjeuner.

Le château dispose de quatre chambres, d'une dépendance logeant trois personnes et de trois villas disponibles à la location. À l'extérieur, vous trouverez une piscine, des terrasses offrant une vue grandiose, ainsi que des collines menant à des oliveraies, des vignes et un parc clôturé, le tout bordé de rangées de cyprès. En outre, une foule d'activités vous attendent : randonnées pédestres ou à VTT, séances de massage ou de gymnastique avec entraîneur personnel, dégustations gastronomiques et cours de cuisine – dont un vous apprenant à préparer vos propres pâtes. Vous pourrez même visiter les caves à vin, les fermes et les pressoirs à huile de la région. **SH**

⇐ *Le château de Todi en Ombrie vu de l'ouest, avec ses collines verdoyantes et ses vergers.*

Les lacs du Latium

Lieu Latium, Italie
Site Web www.rome-roma.net/lacs-latium

Oubliez les lacs Majeur, de Garde, Côme et Lugano et découvrez les trois lacs volcaniques du Latium, au nord de Rome. Bracciano est peut-être plus connu pour son château que pour son lac. Épargné par le tourisme de masse, le lac est l'endroit idéal pour échapper aux étés caniculaires de Rome en profitant des sports nautiques ou en se promenant dans les forêts, les oliveraies et les jardins. Visitez le château pour découvrir des légendes où se mêlent amours perdus, assassinats, passages secrets et trahisons, et arpentez ses remparts éclairés par la lueur des torches.

Le lac de Bolsena est le plus grand lac volcanique d'Italie, avec sa superficie de 115 km² et ses deux îles au centre. Bordées de douces collines recouvertes de vignes, ses belles plages sont baignées de l'eau la plus pure d'Europe. Sur le côté inhabité du lac se trouvent deux petites baies isolées et c'est aussi un lieu très apprécié des plaisanciers et des plongeurs.

> *« Les eaux ont été épargnées par la pollution en raison de l'absence d'industrie lourde. »*
>
> **Stephen Pritchard, *The Observer***

Le lac de Vico est le plus petit lac, malgré sa superficie de 11 km². Cratère volcanique entouré de réserves naturelles et surplombé par le mont Venere, il doit son origine, selon la légende, au dieu Hercule qui défia les habitants de soulever sa massue. Quand il la reprit, un fleuve apparut, donnant naissance au lac. **LD**

Yoga dans le Latium

Lieu Rieti, Casperia, Latium, Italie
Site Web www.sunflowerretreats.com **Prix €€**

Quand Rome tomba, Casperia prit vie, car ce refuge fortifié perché au sommet d'une colline protégea les habitants des envahisseurs barbares. Situé à 45 minutes de Rome, ce village médiéval baigné de soleil est désormais le cadre des séjours yoga proposés par Sunflower Retreats. Du mystérieux palais Forani, dans l'enceinte même du village, aux grottes voisines où saint François d'Assise vécut et prêcha, il règne une atmosphère spirituelle se prêtant parfaitement à la poursuite plus contemporaine du bien-être.

Le yoga est le point central de ces vacances. Dans une étable restaurée, une pièce a été aménagée avec une source d'eau fraîche bouillonnant sous le plancher.

« Savourez le charme d'un authentique village italien en vivant une expérience spirituelle. »

The Italian Magazine

Les cours, les massages, le reiki et les soins de beauté font merveille pour évacuer le stress, tout comme les dégustations de vins ou les cours de cuisine italienne. Le salon-bar, fréquenté par les clients et les habitants du village, propose des petits déjeuners bio, des snacks, des boissons ainsi que des divertissements en soirée.

Bordé d'oliveraies, de bois ombragés de montagnes et de ravissants villages, ce lieu regorge d'activités, même si tout se fait sur un rythme lent. Les Sunflower Retreats créent une ambiance de groupe idéale pour les voyageurs solitaires, mais c'est aussi un lieu parfait pour des vacances entre amis ou en couple si vous aimez le yoga et les paysages idylliques. **OM**

La Posta Vecchia

Lieu Rome, Latium, Italie
Site Web www.relaischateaux.com/posta **Prix €€€**

Le cadre évoque un tableau de Lorrain, peintre français du XVIIe siècle. La Posta Vecchia est située à côté d'un château gothique, dont les fondations semblent plonger dans la mer. Malgré le sentiment d'être transporté dans le passé, elle n'est qu'à une courte distance du centre de Rome et la nuit, on peut apercevoir les lumières de Lido Del Faro, près de l'aéroport principal de la ville.

La Posta Vecchia était à l'origine une maison d'hôtes où séjournait le prince Odescalchi, propriétaire du château voisin. Puis ce fut un relais de poste avant d'être abandonné pendant un siècle. Le millionnaire américain J. P. Getty l'acheta en 1965 et fit venir des archéologues qui découvrirent que la maison était bâtie sur le site d'une villa romaine. Les vestiges qu'ils mirent au jour sont abrités dans la cave de l'hôtel.

Il reste encore de nombreux objets provenant de la collection d'antiquités de Getty, dont une magnifique table à trois pieds et l'armoire à trousseau de Marie de Médicis. Certains de ces trésors sont exposés dans les chambres ; parmi eux, un lit datant du XVIIe siècle qui appartenait jadis au prince Colonna.

La Posta Vecchia devint un hôtel au début des années 1990, et aux deux extrémités du bâtiment, les arcades autrefois ouvertes abritent aujourd'hui une salle à manger et une piscine. La plupart des vins sont de qualité supérieure, comme les Brunello et les Barolo, mais certains vins locaux, dont d'incroyables Frascati, vous pousseront à changer d'avis sur ce cru largement raillé. En été, vous dînerez sur la terrasse, bercé par le clapotis des vagues de la Méditerranée. **GMD**

⊡ *La façade de la luxueuse Posta Vecchia, où séjournait autrefois le prince Odescalchi.*

Découvrir la Sabine

Lieu Latium, Italie
Site Web www.sabina.it/index-i.html

À moins d'une heure de Rome, la Sabine déploie un paysage de collines ondoyantes ponctuées de villages médiévaux nichés sur les crêtes. Roccantica en est un parfait exemple, avec son labyrinthe de ruelles pavées surplombées d'une forteresse médiévale. Chaque année en août, il accueille un festival où, durant quatre jours, se succèdent fauconniers, cracheurs de feu et banquets de sangliers, avec un grand spectacle médiéval pour la procession de l'Assomption. Si déambuler dans ce charmant village ne suffit pas à vous dégourdir les jambes, partez pour une randonnée d'un jour au mont Pizzuto, le plus haut pic de la région (1 300 m). Vous serez récompensé par une vue sublime sur le mont Terminillo recouvert de neige, le Tibre serpentant à travers les vallées et, par temps clair, la mer Tyrrhénienne, non loin de Rome.

Mais vous n'avez pas à monter si haut pour vous promener à travers des paysages enchanteurs. Casperia, autre village perché aux murs couleur miel ponctués de tours et de tourelles, est le point de départ de balades plus tranquilles le long de sentiers de muletiers et de pistes boisées, à travers des forêts de chênes verts, des oliveraies argentées et des vignobles. Si vous préférez les bâtiments historiques, arrêtez-vous à l'abbaye de Farfa ou à l'église Santa Maria de Vescovio, ancienne cathédrale dont la simplicité fait la beauté.

Enfin, avant de retourner en ville, prenez le temps de savourer un verre de vin sur les places de Poggio Mirteto ou Casperia et de goûter à l'huile d'olive vierge, autre merveille de la Sabine. **SWa**

Le village de Toffia (850 habitants) perché sur une colline verdoyante, au nord de Rome.

Villa Dragonetti

Lieu Pazanica, Abruzzes, Italie
Site Web www.villadragonetti.it **Prix €€**

La Villa Dragonetti est un chef-d'œuvre de l'art italien. Bâtie à l'origine pour servir de résidence d'été à la famille Dragonetti de Torres, cette propriété du XVIe siècle a été soigneusement restaurée pour lui faire retrouver sa splendeur d'antan. Cachée dans le petit village préservé de Paganica, au pied du massif de Gran Sasso, dans la région des Abruzzes, la villa frappe par sa beauté dès qu'on aperçoit son grand domaine verdoyant, son dédale de jardins et sa piscine.

L'architecture de la villa remonte au XVIe siècle, mais l'intérieur fut réaménagé au XVIIIe siècle par des artistes français spécialement sollicités ; leurs immenses fresques représentant la faune et la flore tapissent la villa Dragonetti du sol au plafond, faisant basculer les visiteurs dans un univers élégant et hors du temps. L'hôtel ne dispose que de quatre chambres doubles et de trois suites. Cette faible capacité d'hébergement crée une atmosphère intime. Les chambres sont relativement spacieuses, ornées de fresques et de peintures murales, ainsi que de meubles d'époque comme les énormes coiffeuses, les armoires et les épais rideaux. Les salles de bains sont tout aussi remarquables par leur flamboyance, et la villa possède trois autres chambres dans la dépendance, en plus d'un petit patio.

Le restaurant de la Villa Dragonetti est très connu dans la région, surtout pour les plats régionaux qui sont sa spécialité, mais les visiteurs apprécieront aussi les délicieux petits déjeuners maison. Les jardins sont assez luxuriants pour accueillir des mariages et la piscine extérieure est parfaite pour prendre un apéritif avant de dîner. L'hôtel est aussi une étape de choix pour les skieurs et randonneurs ou simplement pour les amateurs de séjours raffinés. **PS**

Hôtel Sextantio

Lieu Sabto Stefano Di Sessanio, Abruzzes, Italie
Site Web www.sextantio.it **Prix €€**

Le Sextantio Albergo Diffuso, situé à Santo Stefano Di Sessanio, petit village médiéval italien, n'est pas tant un hôtel qu'un projet culturel ambitieux. Il y a quelques années, ce minuscule hameau n'était plus qu'une ville fantôme. Daniele Kihlgren, entrepreneur milanais, tomba amoureux de cet endroit lorsqu'il le traversa à moto et décida de lancer un vaste projet de rénovation. Son but était de promouvoir le tourisme, tout en préservant des siècles de culture et de folklore.

Kihlgren, aidé d'une équipe de chercheurs, a préservé cet esprit médiéval en concevant cet hôtel. Les chambres, taillées dans la pierre, ressemblent à des grottes et sont ornées d'immenses portes en bois (avec de longues clés en fer) et de cheminées naturelles. Le linge de lit est tissé à la main dans un atelier voisin et la nourriture provient de fermes environnantes. Quelques touches modernes, comme les salles de bains design, les planchers chauffants et l'éclairage à distance ont été ajoutés pour le confort des hôtes.

« Par la beauté de son architecture, Santo Stefano vous invite à plonger dans le passé. »

Marc Zakian, *Town & Country* magazine

L'hôtel est doté d'ateliers et d'un restaurant recréant cette ambiance médiévale, ainsi que de salles d'exposition. À l'extérieur, la vie continue dans le village comme elle le fait depuis des siècles. **PS**

Sextantio a été délicatement restauré pour ressembler à ce qu'il était il y a cinq siècles.

Le parc national de la Majella

Lieu Abruzzes, Italie
Site Web www.parcomajella.it/LgFRA/visParco_sentieri.asp

Au cœur des Abruzzes, loin des plages bondées, s'étire la Majella, havre de paix formé de montagnes et de champs parsemés d'ermitages médiévaux. Ce parc national italien encercle le massif de Monte Amaro, le deuxième pic le plus haut de tout le massif des Apennins. Culminant à haute altitude, les montagnes de la Majella offrent elles-mêmes une grande variété de reliefs à arpenter. Au pied du massif, champs et forêts alpins cèdent peu à peu la place aux paysages semi-désertiques des sommets, constellés de neiges éternelles.

Decontra est le point de départ idéal d'une randonnée. À 810 m d'altitude, ce hameau montagnard jouit d'un panorama incroyable sur les prairies sauvages au sud de la gorge. De nombreux sentiers débutent à cet endroit, pour s'élancer à l'assaut des sommets ou paresser parmi les fleurs sauvages.

Prenez une demi-journée pour crapahuter jusqu'à San Bartolomeo. Au terme d'un sentier rocailleux longeant les champs, vous traverserez le plateau de Valle Giumentina débouchant sur ce sanctuaire médiéval. Les pistes ondulent entre les troupeaux de moutons et les chemins herbeux sont bordés de curieuses habitations coniques désertées par les bergers. On dit qu'il y a des années, quand un missionnaire chrétien égaré s'aventurait dans les montagnes, ils se cachaient dans une grotte pour former une nouvelle faction.

Vous trouverez d'autres ermitages en pierre en plongeant dans le monde de la gorge d'Orfento. En bas de la gorge serpente la rivière Orfento, avec ses rives ombragées cernées d'une verdure luxuriante et ses sentiers isolés longeant les eaux cristallines. **SWi**

« Le froid est clair et sec, la neige sèche et poudreuse, et l'on voit la trace des lièvres dans les champs. »

Ernest Hemingway, à propos des Abruzzes

↖ *Les montagnes de la Majella sont nimbées de charme et de mystère.*

Le monastère Santo Spirito

Lieu L'Aquila, Abruzzes, Italie
Site Web www.monasterosantospirito.it **Prix €**

Le monastère Santo Spirito, construit en 1222, fut l'un des premiers sites cisterciens des Abruzzes – région tranquille du sud de l'Italie, principalement connue pour ses merveilleux paysages parsemés de villages médiévaux et de parcs nationaux. Il y a plusieurs années, il fut transformé en pension, dont la silhouette rectangulaire, ornée de grands murs en pierre flanqués d'un haut clocher, s'élève majestueusement au cœur d'un paysage ondoyant.

Dès que vous passez le vieux portail en fer, le silence s'abat et votre voix se mue automatiquement en un murmure. Le monastère a été impeccablement restauré, à tel point qu'il parvient à conserver l'ambiance et le caractère de son statut d'origine. Une fois à l'intérieur, vous trouverez une grande cour carrée (à l'origine un cloître) encadrée d'une église abritant des fresques datant de 1280, un réfectoire, un dortoir et douze chambres au charme sans artifice. Ces dernières, où dormaient jadis les moines, ont beau être meublées avec simplicité, elles n'en sont pas pour autant monacales. Toutes jouissent de vue sur la cour centrale et de meubles en bois modernes.

Cachés par une végétation dense et sauvage, loups, cerfs et martes rôdent à travers bois.

Il y a même une petite salle de sport, un sauna, une salle de lecture et un patio d'où vous pourrez admirer le paysage intemporel. C'est l'endroit parfait pour se détendre, méditer et philosopher. **PS**

Spa dans les Abruzzes

Lieu Caramanico Terme, Abruzzes, Italie
Site Web www.lareserve.it **Prix €**

La Réserve est un luxueux centre de thalassothérapie agrémenté de chambres et non un hôtel agrémenté d'un institut. Pour autant, c'est un lieu de villégiature tout à fait charmant. Bel ouvrage d'architecture moderne, ce bloc de béton et de verre émerge de la colline verdoyante telle une forteresse amicale, offrant un magnifique panorama sur le parc national de la Majella. À l'intérieur de cet imposant édifice règne une atmosphère de tranquillité et de bien-être qui se propage immédiatement aux hôtes. Cette aura apaisante se ressent dès l'entrée où les murs blancs, les chaises design et les planchers vernis créent une ambiance relaxante. Des photos en noir et blanc couvrent les murs du sol au plafond et une immense lucarne ronde inonde le bâtiment de lumière. Les chambres sont claires et lumineuses, avec des murs blanchis à la chaux et des combinaisons de couleurs simples. La station a été bâtie ici en raison de la présence d'eau sulfureuse dans le massif voisin des Apennins, et c'est cette eau qui coule au cœur de la station. Le lieu le plus marquant est peut-être la vaste piscine extérieure : bordée de terrasses ensoleillées aux vues enchanteresses, elle luit d'une lumière bleutée quand on l'illumine la nuit. À l'intérieur du bâtiment, le grand bassin ovale, avec ses plages de teck et ses piliers blancs, est également un cadre magnifique.

La station dispose d'une large gamme de soins effectués par des thérapeutes dont la spécialité est l'hydrothérapie, les curistes étant même encouragés à boire l'eau pour ses propriétés détoxifiantes. L'institut propose des traitements de pointe comme la régénération cellulaire, mais aussi des massages, des cures thermales, des séances de diététique ainsi que des enveloppements de boue thermale. **SH**

Hôtel Regina Isabella

Lieu Île d'Ischia, Campanie, Italie
Site Web www.reginaisabella.it **Prix €€**

Le Regina Isabella, sur l'île d'Ischia dans la baie de Naples, est situé au bord de l'eau, niché dans un cadre verdoyant ponctué d'affleurements rocheux. Une digue en pierre garde les eaux sereines et permet de lézarder au soleil ; sur le côté s'étend une plage privée avec le joli village et la montagne à l'arrière-plan. Derrière l'hôtel se trouve une petite place avec une église, un musée et un marché aux antiquités.

On comprend pourquoi un riche producteur de films italien a choisi ce lieu pour bâtir son hôtel dans les années 1950 et pourquoi le Regina Isabella est apprécié de la jet-set internationale. À l'intérieur, on imagine encore les habitués tels Richard Burton ou Charlie Chaplin en train d'arpenter les sols en faïence et le salon aux meubles napolitains spécialement créés pour l'hôtel. Les murs sont décorés de tapisseries, de mosaïques et d'art moderne – et chaque fenêtre offre une vue prodigieuse sur la mer.

Les chambres sont un parfait exemple du raffinement italien et les suites sont dotées de terrasses et de piscines privées. Détendez-vous sur les meubles en osier ornant la véranda ou savourez des fruits de mer dans l'un des restaurants en admirant la vue.

L'hôtel a été bâti au-dessus de sources thermales riches en minéraux qui attirent les baigneurs depuis des siècles. Aujourd'hui, un spa luxueux de deux étages propose des soins thérapeutiques à base de boue volcanique. Les quatre piscines sont toutes superbes, mais nous vous recommandons particulièrement le bassin d'eau de mer purifiée qui surplombe la mer devant l'hôtel, offrant une vue extraordinaire. **SH**

L'une des quatre piscines du Regina Isabella, surplombant la baie de Naples.

Hôtel Micalò

Lieu Naples, Campanie, Italie
Site Web www.micalo.it **Prix €€€€**

La baie de Naples abrite tant de merveilles naturelles que la ville baroque, folle et fascinante, est souvent négligée par les visiteurs. L'hôtel Micalò est un havre de paix situé dans le quartier huppé de Chiaia. À l'extérieur, les rues de la Riviera di Chiaia, bordées de belles résidences bâties par les vice-rois espagnols et les aristocrates locaux, sont colorées et bruyantes.

Si la façade de ce palais du XVIIe siècle paraît un peu décrépite, l'intérieur romanesque crée une atmosphère relaxante après une escapade napolitaine. Les murs blancs incurvés se marient au sol en marbre crème, offrant une ambiance éthérée. Les œuvres d'art de jeunes artistes napolitains ajoutent des touches de couleur et le décor est jonché de plantes miniatures et de sculpturales roches volcaniques. Les neuf chambres sont presque toutes immenses, avec de grands murs ponctués d'œuvres d'art et des salles de bains d'inspiration zen perchées sur des mezzanines surplombant de gigantesques lits.

« Les chambres sont empreintes d'un luxe discret et meublées avec raffinement. »

Sunday Herald

L'élégant restaurant (qui sert un délicieux petit déjeuner, des rafraîchissements et des plats napolitains) jouit d'une belle vue sur les jardins de la Villa Comunale et la mer. Chiaia concentre un grand nombre de boutiques chic, de galeries et de restaurants, et Mergellina dispose d'hydrofoils pour visiter les îles de la baie et les stations de la côte. **NB**

Hôtel La Minervetta

Lieu Naples, Campanie, Italie
Site Web www.laminervetta.com **Prix €€**

Perché à flanc de coteau dans les collines du Sorrento, ce restaurant des années 1950 a été transformé en hôtel de luxe par un styliste d'intérieur et, avec son allure de loft méditerranéen, aurait sa place dans les pages d'un magazine de décoration intérieure. Le soleil napolitain inonde les pièces à travers de grandes fenêtres, illuminant les meubles design d'une petite touche rétro. Les couleurs contrastent avec les œuvres d'art et les céramiques exposées dans les alcôves et sur les étagères.

Il règne une atmosphère accueillante dans cet hôtel raffiné sans être snob. Des vieilles cartes marines ornant les murs aux bols de citrons frais trônant sur les tables basses, tout est fait pour créer une ambiance chaleureuse. Certaines des douze superbes chambres sont dotées de baies vitrées offrant une vue à 180° sur la mer azur. Dormez avec les stores enroulés pour vous réveiller au moment où le soleil point au-dessus de ce cadre enchanteur. Écoutez le clocher de l'église carillonner à travers le village en contrebas, puis prenez votre petit déjeuner dans la cuisine où des pâtisseries, des fruits frais et des cappuccinos sont servis sur l'immense table. Passez la journée sur la plage privée de l'hôtel où un hydrofoil vous attend pour visiter Capri, Ischia, Naples et Positano. Sinon, descendez les 300 marches conduisant au petit port de pêche de Marina Grande pour vous immerger dans l'ambiance et participer à la *passeggiata* du soir.

Sirotez un cocktail et admirez le coucher de soleil, confortablement installé sur les sofas, les matelas et les chaises longues disposés sur la terrasse. Ou bien plongez dans le Jacuzzi avec vue sur le Vésuve et la baie scintillante de Naples, en contemplant la piscine, comme accrochée au bord de la falaise. **AD**

Hôtel Le Sirenuse

Lieu Positano, Campanie, Italie
Site Web www.sirenuse.it **Prix €€**

Pendant 250 ans, le Sirenuse a été la résidence d'été d'une famille d'aristocrates napolitains. Aujourd'hui, il dégage une certaine noblesse, peut-être due au fait qu'il appartient toujours à la même famille. Prima donna des hôtels de Positano, il attire les écrivains et les stars d'Hollywood depuis les années 1950. Perchée au-dessus de la ville ensoleillée, cette demeure raffinée recouverte de vignes donne la sensation de se trouver à des milliers de kilomètres des rues en contrebas.

De la terrasse, où vous découvrirez une piscine et des chaises longues d'un blanc immaculé ainsi qu'une salle à manger sous une véranda voûtée, la vue est splendide : du dôme en majolique de Santa Maria, si proche qu'on a l'impression de pouvoir la toucher, au profil sinueux des îles des Sirènes dont l'hôtel tire son nom. Détendez-vous dans la piscine chauffée surplombant la ville aux couleurs pastel de Positano, ou évadez-vous en profitant des bains turcs et du bio-sauna.

> *« Le Sirenuse, avec sa façade rouge pompéien, est une icône de l'hospitalité italienne. »*
>
> ***Condé Nast Traveler***

S'il fait trop chaud, abritez-vous dans l'un des salons raffinés ou trouvez un coin ombragé sur une terrasse fleurie. Le bateau de l'hôtel est à votre disposition pour vous rafraîchir dans la mer avant de retrouver la plage de Positano, à 5 minutes de l'hôtel. Offrez-vous une chambre avec balcon et Jacuzzi faisant face à la mer – vous ne vous lasserez jamais de la vue. **AD**

Casa Angelina

Lieu Praiano, Campanie, Italie
Site Web www.casangelina.com/fr/index.hotels **Prix €€€**

Au sommet d'une colline surplombant la côte amalfitaine, vous aurez du mal à vous extraire de l'ambiance chic, moderne et minimaliste de l'hôtel Casa Angelina pour explorer ce fabuleux littoral. L'hôtel est situé dans la petite ville de Praiano, entre Amalfi et Positano. Prenez l'ascenseur panoramique pour boire un cocktail sur la plage, abrité sous un parasol, ou plongez dans la piscine avec vue sur le bord de mer. À l'intérieur de l'hôtel, un bassin hydrothérapique bouillonne sous un plafond constellé de fibres optiques.

Ici, le luxe est empreint de simplicité, avec d'élégantes chambres blanches aux lignes épurées. Certaines jouissent de vastes terrasses où siroter un verre, allongé sur une chaise longue. Détendez-vous et respirez l'odeur des roses s'élevant des jardins en gradins. Au crépuscule, elles libèrent un parfum paradisiaque qui envahit les balcons pendant la soirée. Pour plus d'intimité, réservez l'Eaudesea, suite de quatre appartements au bord de la mer. Ces maisons de pêcheurs sont parfaites pour une escapade romantique.

Le restaurant propose une cuisine où se mêlent les arômes et parfums de la côte amalfitaine. Le vin est un pur délice et vous aurez une vue spectaculaire en vous attablant au bord de la terrasse. Après avoir dîné, dirigez-vous vers le bar à cocktails et arrêtez-vous pour admirer les œuvres d'art exposées dans l'hôtel, dont des verres de Murano, de splendides tableaux et des sculptures en bronze. Amateur de cigares, dégustez un verre de grappa dans le salon qui vous est dédié et profitez du panorama.

Les villes d'Amalfi, Positano et Ravello ne sont qu'à une courte distance en voiture. **AD**

Les jardins de la Villa Rufolo

Lieu Ravello, Campanie, Italie
Site Web www.villarufolo.it

Nichée dans la verdure, une tour carrée marque l'entrée du domaine de Piazza Vescovado. De l'autre côté du porche, citronniers et cyprès mènent à la villa bâtie au XIIIe siècle par la famille Rufolo, riche famille de mécènes. Malgré ses transformations, la Villa Rufolo conserve un grand nombre de ses caractéristiques originales.

C'est le lieu idéal pour se détendre au milieu des vestiges du passé, entouré de sculptures, de vieilles arcades, de cours mauresques et de cloîtres aux ravissantes colonnades et loggias. Une myriade d'écrivains et d'artistes ont trouvé l'inspiration dans ce lieu, notamment dans les jardins romantiques du XVIIe siècle, agencés par Neville Reid. Perchées à 350 m d'altitude au-dessus de la Méditerranée, les terrasses offrent un panorama sur la côte amalfitaine et le cap d'Orso, encadrés de falaises escarpées et de collines drapées de vignes et de citronniers.

Véritable festival de couleurs et de parfums, les jardins sont un délice en toute saison, mais tout particulièrement en été, lors d'un festival de musique mondialement célèbre – organisé pour la première fois en l'honneur de Richard Wagner, qui surnomma ce lieu « le jardin enchanté de Klingsor » dans son dernier opéra, *Parsifal*. Aujourd'hui, l'accent est mis sur la diversité : concerts de musique de chambre, opéras et ballets sont donnés à travers toute la ville, mais aucun lieu n'est aussi impressionnant que les jardins de la Villa Rufolo. Alors que la lune se lève sur le public hypnotisé, assis parmi les fleurs, la scène construite au bord de la falaise semble flotter entre ciel et mer. **SoH**

→ *Les jardins de la Villa Rufolo surplombent la côte amalfitaine, offrant une vue sublime sur la baie.*

La Masseria San Domenico

Lieu Savelletri à Fasano, Pouilles, Italie
Site Web www.masseriasandomenico.com **Prix €€**

Retirez-vous dans le luxe et le raffinement de cet hôtel situé sur la côte des Pouilles, dans le talon de la botte italienne. Cette éblouissante *masseria* blanche, datant du XVe siècle, est une ferme restaurée dotée d'une tour de guet qui servait à protéger les chevaliers de Malte des attaques ottomanes.

Il règne une ambiance magique dans ce paradis mauresque. Les 32 chambres disposent de lits en fer forgé et de luxueux tissus d'ameublement. Les portes-fenêtres s'ouvrent sur les oliveraies et offrent une vue ensorcelante sur le domaine luxuriant et la somptueuse mer Adriatique. Au centre des jardins impeccables entourés d'oliviers trône une piscine d'eau salée bordée de rochers et la navette gratuite menant au terrain de golf vous déposera en 15 minutes sur la plage privée parsemée de cabines chic.

Le spa propose des soins de thalassothérapie basés sur l'eau de mer et la richesse minérale des algues de l'Adriatique pour détoxifier et purifier le corps et l'esprit. D'autres activités sont proposées : tennis, gym aquatique, golf, planche à voile et plongée. Mais vous pouvez également explorer les cavernes, stalactites et formations rocheuses de Castellana Grotte, près de Bari. La ville baroque de Lecce, la plus importante de la région, grouille d'animations tandis que les villages perchés d'Ostuni et Martina Franca regorgent de vieilles églises, de cafés et de galeries d'art.

Allez dîner au San Domenico, avec ses splendides colonnes et son plafond voûté. Ancien pressoir à olives, le restaurant propose des produits en provenance directe de la ferme. **AD**

« Un farouche havre de paix pour voyageurs stressés. »

Le Figaro

⇖ *Les pierres blanches et rutilantes de la* masseria *préservent la fraîcheur même au plus fort de l'été.*

Les Pouilles en voiture

Lieu Pouilles, Italie
Site Web www.viaggiareinpuglia.it

Les Pouilles sont le talon de la botte italienne. Bordée par l'océan, où se rejoignent les mers Adriatique et Ionienne, c'est une région de maisons blanches perchées sur d'immenses falaises, d'oliveraies et de vignobles, de cathédrales monumentales et de ruelles pavées. Épargné par le tourisme de masse (n'oubliez pas votre guide de conversation), offrant des paysages spectaculaires et une multitude de sites à découvrir – vieux ports, plages de sable blanc, restaurants familiaux servant des pâtes maison –, c'est l'endroit idéal pour se promener en voiture à l'écart de la foule.

Les itinéraires sont multiples, mais si vous voulez avant tout voir la mer, faites le tour du littoral en partant de Margherita di Savoia, connue pour ses mines de sel et son musée de la Saline. Admirez la vue sur le détroit d'Otranto pendant que vous prenez la direction de Trani. Visitez la majestueuse cathédrale, avant de déguster du poisson frais sur le vieux port. Votre prochaine étape est Molfetta, dont les plages attirent de nombreux surfeurs, puis Monopoli, autre vieille ville charmante un peu plus au sud-ouest.

Prenez le temps de découvrir Brindisi et ses bâtiments en brique, puis les peintures des grottes préhistoriques situées près d'Otranto, la ville d'Italie la plus à l'est. (Amateurs de romans gothiques, lisez *Le Château d'Otranto*, écrit par Horace Walpole, pendant votre séjour.) En remontant un peu, vous arrivez à Gallipoli (à ne pas confondre avec le célèbre champ de bataille), divisée en deux parties : le bourg, qui s'étend sur une immense plage, et la vieille ville, perchée sur une île calcaire reliée à la terre ferme par un pont datant du XVIe siècle. Enfin, remontez la côte ionienne et ses plages baignées d'eau cristalline. Les villages entourant Ginosa sont particulièrement pittoresques. **PE**

La Villa Parco del Vaglio

Lieu Locorotondo, Pouilles, Italie
Site Web www.villaparcodelvaglio.it **Prix €€€**

Le paysage des Pouilles est extrêmement sec et aride, composé de plaines couvertes d'oliveraies. Son trait architectural le plus caractéristique est le *trullo* italien, de mystérieux bâtiments en pierre ronds, dotés de murs blanchis à la chaux et de toits coniques en tuile noire, un peu comme des moulins sans aile. La plupart datent du XVe siècle et auraient été construits sans l'autorisation des seigneurs locaux. Réalisés sans mortier, ils étaient facilement démantelés en cas d'inspection puis rebâtis une fois la menace passée.

Malgré leurs origines modestes, des milliers de *trulli* ont survécu. La plus grosse concentration se trouve à Alberobello (ville classée au patrimoine de l'Unesco) qui rassemble plus de 1 500 trulli, dont un grand nombre sont toujours habités. Les touristes affluent, surtout en été, car louer un *trullo* dans la campagne est la garantie d'un séjour authentique.

> *« Les* trulli *sont des exemples remarquables de la construction sans mortier… »*
>
> **Comité du patrimoine mondial de l'Unesco**

La Villa Parco del Vaglio en est un parfait exemple. Ce petit groupe de *trulli* soigneusement restaurés forme une vaste maison de vacances pouvant loger jusqu'à huit personnes, mais pouvant également être divisée en plus petites unités. Dotée d'épais murs de pierre, la maison de plain-pied reste fraîche pendant l'été sans climatisation. Les sols en pierre et les hauts plafonds voûtés ont été préservés, agrémentés d'équipements modernes et de douches particulières. **SH**

Hôtel La Sommità

Lieu Ostuni, Pouilles, Italie
Site Web www.lasommita.it **Prix €€**

Caché dans un dédale de minuscules allées au sommet d'Ostuni, La Sommità est un luxueux hôtel design. Ce palais historique offre une vue splendide sur des oliveraies et les flots bleus scintillants de l'Adriatique. Comble du chic italien, il conserve néanmoins certains traits du XVIe siècle : voûtes fraîches, escaliers en colimaçon, murs en pierre et colonnes sculptées.

Les clients sont accueillis dans des chambres couleur crème aux meubles somptueux – le décor minimaliste est une création de Culti, boutique milanaise possédant une part de l'hôtel. Si un objet vous plaît, vous pouvez vous le faire expédier chez vous. Réservez une chambre avec terrasse pour savourer un petit déjeuner ou un apéritif face à la mer. Le solarium est idéal pour se détendre hors des journées caniculaires et le spa souterrain propose des soins sur mesure pour apaiser douleurs et courbatures des voyageurs. Mais le meilleur vous attend au restaurant, où vous dégusterez une cuisine régionale. Les poissons pêchés dans la localité sont cuits à la perfection, les vins et les pâtes sont divins. Prenez une table dans le jardin espagnol, parmi les fleurs d'oranger et les oliviers.

> *« Ostuni est une ville ronde bâtie autour d'une colline couronnée par La Sommità. »*
>
> ***Condé Nast Traveler***

La Sommità n'a pas de piscine, mais les hôtes ont accès à une petite plage privée. Randonnées à cheval et à VTT sont également possibles et des cours de cuisine peuvent être organisés. **AD**

Hôtel Torre Camigliati

Lieu Camigliatello Silano, Calabre, Italie
Site Web www.torrecamigliati.it **Prix €**

Si en Calabre un grand nombre de vieilles demeures seigneuriales sont aujourd'hui en ruine, le Torre Camigliati, pavillon de chasse du XVIIIe siècle situé au cœur de la Sila Grande, a été magnifiquement restauré pour lui faire retrouver sa splendeur d'origine. Hôtel, centre culturel et parc littéraire, le pavillon s'intéresse surtout à la vie et à l'œuvre de l'auteur britannique Norman Douglas, qui au début du XXe siècle siècle écrivit le récit de voyage *Old Calabria*. Entouré d'un domaine privé de 80 ha, il baigne dans une merveilleuse atmosphère intime et sereine.

Au premier étage se trouvent plusieurs salles de réception resplendissantes, ornées de meubles du XVIIe siècle. Les douze chambres d'hôtes ont été redécorées dans ce même style d'époque, avec des lits en fer, de vieilles armoires et une vue sur le parc créant une ambiance intemporelle. Près de là, les six mini-appartements, plus modernes, sont d'anciens cottages transformés en logements indépendants accueillant couples et familles. Les parties communes perpétuent la noblesse du pavillon, avec de vastes salons et cheminées, une ravissante salle à manger et un grand hall parfois utilisé pour des concerts ou des expositions. Au rez-de-chaussée se trouve le centre d'accueil abritant de nombreux livres sur la Calabre, des expositions réalisées par des photographes tels que Mimmo Jodice et une boutique d'objets artisanaux.

Le paysage sied parfaitement aux randonnées contemplatives et aux promenades paisibles ; poussez un peu plus loin et vous découvrirez tout un chapelet de villages médiévaux, d'églises byzantines, de panoramas enchanteurs, d'anciennes communautés albanaises et même les vestiges de colonies grecques. Des visites guidées peuvent être organisées. **PS**

Les îles Éoliennes

Lieu Îles Éoliennes, Sicile, Italie
Site Web www.italiantourism.com/island6a.html

Volcans ardents, bains de boue bouillonnants et fumerolles vaporeuses – cette partie du monde est d'une grande instabilité –, les sept îles volcaniques au large de la côte sicilienne – Lipari, Vulcano, Salina, Panarea, Stromboli, Filicudi et Alicudi – offrent un spectacle flamboyant à plus d'un titre.

Stromboli et Vulcano sont des volcans actifs et l'activité volcanique est partout présente sur l'archipel, mais chaque île a son propre caractère. Sur certaines, les volcans aux cratères fumants sont ponctués de canyons. Quelques îles sont recouvertes de sable noir alors que d'autres sont aussi blanches que du sucre ; certaines sont arides, d'autres verdoyantes. Du haut de falaises à pic, des rochers aux formes étranges viennent s'écraser près des eaux turquoise. En plus d'un terrain varié, chaque île a une ambiance différente. La jet-set préfère l'éblouissante Panarea, grouillant de yachts pendant l'été, alors qu'Alicudi est une île sauvage dont les 80 habitants sont connus pour se détester cordialement. Salina est la plus verdoyante et le fabuleux Stromboli est parsemé de petites criques de sable noir formées par les coulées de lave. Lipari est une île sans prétention, jonchée de petits restaurants et de ravins tapissés de fleurs, qui abrite une population constante et une ville de taille moyenne. Dans ses ruelles pavées, vous dégusterez de délicieux plats cuisinés à partir de produits locaux comme le fenouil sauvage, les tomates cerises et une variété infinie de poissons. Si vous supportez les relents sulfuriques de Vulcano, prenez un bain de boue censé guérir maladies articulaires, névralgies et problèmes cutanés. **LB**

↗ *Lipari, la plus grande île de l'archipel éolien, au large de la côte sicilienne.*

« Toutes différentes, ces îles sont des bijoux bruts et étincelants attirant une foule très variée. »

Condé Nast Traveler

Mondello

Lieu Mondello, Sicile, Italie
Site Web www.palermotourism.com

Quand on songe à Palerme, on imagine plus des rues bondées que des plages dorées. Mais à 20 minutes de l'agitation du centre-ville se trouve la petite ville balnéaire de Mondello. Autrefois village de pêcheurs florissant où les habitants gagnaient leur vie grâce au thon pêché au large de la côte ouest de la Sicile. Quand l'industrie s'essouffla, ils réalisèrent rapidement le potentiel de cette grande baie pittoresque. Bordée de sable fin et d'eaux turquoise, Mondello devint une destination populaire auprès des riches Siciliens.

Aujourd'hui, les plages sont jonchées de cabines de bain aux couleurs pastel. Au large, planches à voile et voiliers ponctuent l'horizon.

Suivez les rues bordées de palmiers jusqu'au minuscule centre-ville et vous verrez que Mondello s'appuie encore lourdement sur son passé de port de pêche. La marina est remplie de bateaux de plaisance et de bateaux de pêche. Un petit groupe de cafés et de restaurants servent calamars, oursins et crevettes à peine sortis de l'océan.

D'ici on jouit d'une vue dégagée sur la baie et les pentes vertigineuses du Monte Pellegrino, où les ossements de Santa Rosalia, sainte patronne de Palerme, furent découverts dans une grotte en 1624. Selon la légende, Santa Rosalia aurait sauvé la ville de la peste bubonique, et chaque 14 juillet, les habitants la célèbrent en organisant un festival et une procession à travers Palerme. Le sommet du Monte Pellegrino offre un panorama magnifique de la Méditerranée. **JP**

⇐ *Ces petits canots pittoresques sont utilisés pour pêcher dans le golfe de Mondello.*

Villa Ducale

Lieu Taormina, Sicile, Italie
Site Web www.villaducale.com **Prix €€**

Imaginez-vous à la Villa Ducale, en train de siroter un verre de prosecco sur votre terrasse privée surplombant les flots bleus de la mer Ionienne, ou admirant les cimes enneigées du mont Etna, dont les volutes de fumée et les occasionnelles coulées de lave ajoutent un frisson d'excitation à la tranquillité de la scène. Séjourner dans cet ancien manoir, transformé en petit hôtel élégant géré par Andrea et Rosaria Quartucci, c'est découvrir la Sicile authentique – et Taormina.

Le jardin méditerranéen, avec son petit spa et sa terrasse où est servi le petit déjeuner, est un ravissement pour les yeux. La terre cuite, les céramiques peintes et le fer forgé dans les parties communes, ainsi que les meubles et produits régionaux ornant les chambres, se marient harmonieusement pour créer une ambiance sophistiquée, mais accueillante.

« Les propriétaires ont recréé l'atmosphère d'une villa privée… »

Mary-Clare Jerram, *The Daily Telegraph*

Vous aurez peut-être du mal à vous arracher de la Villa Ducale, mais le centre historique de Taormina n'est qu'à 10 minutes à pied. Serti dans un écrin de collines, ses ruines pittoresques, ses boutiques et ses restaurants élégants attirent écrivains, familles royales et stars d'Hollywood depuis des décennies. Ils viennent pour son amphithéâtre grec, ses vues sur le mont Etna et Castelmola, ancien village médiéval situé près de l'hôtel. Mais ils viennent également pour savourer la riche et délicieuse cuisine sicilienne. **MN**

Cala Brandinchi

Lieu San Teodoro, Sardaigne, Italie
Site Web www.sardegnaturismo.it

Le sable doux et blanc forme une demi-lune autour des eaux turquoise de la mer Méditerranée. C'est le genre de vue qui a valu à la Cala Brandichi, au nord-est de la Sardaigne, le surnom de « Tahiti ». Située près de la célèbre station de San Teodoro, la Cala Brandinchi s'étend un peu plus haut sur la côte que sa fameuse rivale, La Cinta. Toutes deux sont bordées de sable fin et offrent les eaux cristallines et les fonds de mer sablonneux que l'on s'attend à trouver sur cette île paradisiaque au large de la côte ouest italienne. Les eaux baignant la Sardaigne comptent parmi les plus propres de la Méditerranée et les plages pour touristes sont balayées et nettoyées quotidiennement. La côte de San Teodoro est ponctuée de huit plages, mais la Cala Brandinchi sort du lot avec ses immenses étendues et son étrange panorama. Le sable doux cède la place à des dunes ondoyantes, tapissées de buissons de genévriers donnant sur d'épaisses forêts de pins. En été, une brise marine rafraîchit la chaleur caniculaire et même en hiver le climat est agréablement doux.

Des plages, l'on peut apercevoir l'île de Tavolara. Jadis un minuscule royaume, elle n'est habitée que par quelques familles. Longue de 5 km, elle culmine avec Monte Cannone à 565 m au-dessus du niveau de la mer. Tavolara est une réserve aquatique depuis 1997 et les eaux claires et chaudes entourant l'île sont très populaires auprès des plongeurs. Faune et flore sont particulièrement riches sur cette partie préservée du littoral où nichent cormorans, mouettes, canards, hérons et même flamants roses.

Quand vous aurez fini de vous détendre sur ces plages, rentrez à San Teodoro pour boire un verre et vous restaurer. **JP**

La côte sarde en kayak

Lieu Sardaigne, Italie
Site Web www.locationsardinia.com

Avec ses 2000 km de côtes baignées des eaux calmes, claires et chaudes de la Méditerranée, la Sardaigne est le paradis des kayakistes. La côte crénelée s'étendant au nord et à l'est de l'île est ponctuée de criques cachées et de plages secrètes, inaccessibles de la rive, et abrite de nombreuses colonies d'oiseaux de mer nichant sur ses falaises.

Démarrez l'aventure en visitant les îles les plus proches, dont une grande quantité sont inhabitées et ne se situent qu'à quelques kilomètres de distance. Les plages de sable blanc sont parfaites pour camper après avoir pagayé au soleil. Il y a plein de choses à voir le long de ces eaux réputées pour leur pureté : plusieurs millionnaires italiens ont leurs villas sur la côte et de votre kayak, vous aurez une excellente vue sur leurs extravagances, sans parler des formations rocheuses cinglées par le vent et les vestiges de l'âge de bronze.

« Le Nord-Est est dominé par un fabuleux archipel d'îles et de sculptures en granit. »

Jim Krawiecki, *The Guardian*

Si vous souhaitez passer plus d'un après-midi sur l'eau, d'autres circuits sont à votre disposition. À environ 12 km de là, le détroit de Bonifacio séparant la Sardaigne de la Corse requiert un effort physique raisonnable. Vous devrez pagayer contre les célèbres vents qui soufflent à travers le détroit en admirant les impressionnantes falaises blanches. Il y a aussi plusieurs îles désertes à visiter en chemin : Spargi, Santa Maria, Razzoli, et Budelli sont toutes d'excellents choix. **LD**

Xara Palace

Lieu Mdina, Malte
Site Web www.xarapalace.com.mt **Prix €€**

Le taxi se met à serpenter à travers des chemins poussiéreux en direction d'une crête rocailleuse au centre de l'île. Enfin, les imposantes tours et tourelles de la ville fortifiée de Mdina apparaissent au sommet de la colline. La voiture ignore les panneaux interdisant la circulation, emprunte un pont étroit au-dessus des douves, traverse un ancien corps de garde et s'arrête sur les pavés usés d'une grande cour normande devant un vieux manoir ; une arrivée digne du passé historique du plus bel hôtel de Malte. Le Xara Palace a été bâti au sein même des remparts par des nobles Siciliens à l'époque où les croisés de Saint-Jean gouvernaient l'île.

Il y a environ dix ans, une famille de la région acheta le bâtiment délabré et passa des années à le rénover et à le redécorer avec des œuvres d'art et des tableaux maltais. Le résultat est fabuleux, des oliviers noueux plantés dans l'atrium au vieux gramophone installé sur le palier. Le restaurant moderne aménagé sur le toit jouit d'une vue panoramique sur la côte, attirant des clients venus des quatre coins de l'île, et le village médiéval de Mdina est idéal pour une promenade digestive. Mdina est surnommée la « ville silencieuse », car il est interdit de conduire à travers le dédale d'allées étroites séparant les palais, les couvents et les églises. Rien de surprenant à ce que Xara soit devenu un repaire de stars, telles que Brad Pitt, Roger Moore et Bruce Willis.

La plus incroyable des 17 chambres est la suite romantique cachée au sommet d'un escalier en colimaçon, avec un énorme Jacuzzi illuminé trônant sur une terrasse privée en plein cœur des remparts. Elle est particulièrement agréable le soir, pour admirer les lumières de La Valette scintiller au loin. **SH**

Les îles Ciès

Lieu Îles Ciès, Galice, Espagne
Site Web www.turgalicia.es

Superbe et sauvage, la côte atlantique espagnole est sûrement le meilleur endroit pour admirer d'immenses étendues de sable fin. C'est ici, au nord du Portugal, dans la région de la Galice, que se trouvent les îles Ciès. Archipel situé au large de Vigo, sur la côte nord-ouest, cet ancien repaire de pirates est aujourd'hui un parc national, inhabité et authentique, qui n'est ouvert au public que pendant les mois d'été.

Prenez le ferry à Baiona pour passer quelques jours à lézarder au soleil sur la plage de Rodas, splendide croissant de sable doux et blanc adossé à de petites dunes abritant un calme lagon d'eaux cristallines. À l'ombre des pins bordant une plage de sable blanc baignée d'une mer turquoise, on se croirait sur une île paradisiaque des Caraïbes plutôt qu'au bord de l'Atlantique. Un campement, assez onéreux, est situé dans un site magnifique avec vue sur la mer. Dans ce cadre serein se trouve un bon restaurant proposant de délicieux fruits de mer, mais vous devrez porter vos bagages et votre matériel de camping sur plus de 1 km. À l'ouest, d'immenses falaises en granit cachant des grottes subissent les assauts de l'Atlantique. Trois îles principales (dont deux reliées par un banc de sable) sont bordées d'îlots et d'affleurements rocheux. Si la grande attraction reste la plage, la flore attire aussi de nombreux visiteurs. À l'intérieur des terres, les forêts de pins et d'eucalyptus sont parsemées de digitales pourpres et d'asphodèles blancs. Passez la journée à parcourir les sentiers balisés et à admirer la vie sauvage, puis reposez-vous sur la plage. Il y en a même une réservée aux nudistes. **AD**

Les îles Ciès font partie d'une réserve naturelle protégée abritant des colonies d'oiseaux marins.

Parador dos Reis Católicos

Lieu Saint-Jacques-de-Compostelle, Galice, Espagne
Site Web www.parador.es **Prix** €€

Le Parador dos Reis Católicos est le plus chic des Paradores espagnols. Ces 80 hôtels gérés par l'État occupent des bâtiments historiques comptant parmi les plus prestigieux du pays. Le Católicos se trouve sur la place du Obradoiro, flanquée d'une cathédrale romane et d'un collège militaire tout aussi impressionnant.

Considéré comme le plus vieil hôtel du monde, c'était, en 1499, un hôpital pour les milliers de pèlerins qui convergeaient vers Saint-Jacques-de-Compostelle (désormais classé au patrimoine mondial de l'Unesco). Renouant avec mille ans de tradition, les pèlerins modernes sont encore logés et nourris gratuitement s'ils effectuent le chemin de Saint-Jacques. Aujourd'hui, hormis les salles de bains modernes et quelques somptuosités, le bâtiment ne semble pas avoir beaucoup changé. Des mets délicieux sont servis dans les anciennes écuries aujourd'hui transformées en restaurant. À la vue des cloîtres, des jardins impeccables et des lits à baldaquin, on se croirait revenu 500 ans en arrière. Autre preuve de sa noblesse, rois, reines et présidents ont tous honoré ce lieu sacré de leur présence. **TW**

« [...] le pèlerinage... allait m'aider à me trouver moi-même. »

Paulo Coelho, *Le Pèlerin de Compostelle*

Cet édifice, vieux de cinq siècles, a su préserver toute son élégance et sa beauté.

Posada del Valle

Lieu Arriondas, Asturies, Espagne
Site Web www.posadadelvalle.com **Prix** €€

Luxe et volupté ne sont pas les traits marquants de cette ferme de caractère nichée au pied des Pics d'Europe, au nord de l'Espagne. Mais si vous êtes attiré par les paysages grandioses, la défense de l'environnement, les randonnées et les produits du terroir, l'hôtel Posada del Valle comblera vos désirs.

Au milieu des années 1990, ce corps de ferme, tout de bois et de pierre, a été transformé en hôtel traditionnel doté de douze chambres. Le couple qui en est propriétaire est composé d'un célèbre horticulteur et d'un chef cuisinier – la combinaison parfaite pour un hôtel dédié à la dégustation de produits maison. La demeure est située sur une exploitation biologique de 7 ha où sont élevés des chèvres, des xaldas (race de moutons assez rare), des poulets en liberté et deux poneys des Asturies. Bordée de champs de foin et de fleurs sauvages, la ferme produit également du cidre.

Au début de 2008, le restaurant remporta un prix décerné par la Société espagnole d'agriculture biologique pour ses délicieux repas composés de produits cultivés sur le domaine. Au petit déjeuner, les invités dégustent du jus de pomme frais et du pain maison. L'hôtel est caché dans un paysage de collines verdoyantes et les restaurants les plus proches sont à 45 minutes en voiture, mais l'hôtel propose des menus très créatifs en soirée. Avoir une voiture n'est pas nécessaire pour passer un merveilleux séjour au calme. Les propriétaires vous proposeront une liste de balades et des taxis sont à votre disposition si vous désirez vous aventurer plus loin. À 20 minutes en voiture, les plages méconnues du nord des Asturies sont une destination sublime à découvrir et la ravissante ville d'Oviedo est à une heure et demie en train. **LC**

Hôtel Marqués de Riscal

Lieu Elciego, Pays basque, Espagne
Site Web www.starwoodhotels.com **Prix €€**

La rénovation de la cave Marqués de Riscal opérée par Frank Gehry a fait basculer le minuscule village d'Elciego dans le futur. On se sent comme privilégié quand on foule le tapis rouge en direction des chambres aux lignes pures où le luxe suinte de chaque élément : douceur de l'érable, touches de cuir, marbre noir dans les salles de bains. Les chambres sont résolument modernes et dotées d'écrans plats. C'est Gehry qui a sélectionné toute la décoration intérieure : des meubles inspirés par Alvar Aalto aux fauteuils pop signés Roset.

Visitez l'ancienne cave datant de 1858 et ne ratez pas l'extraordinaire « Cité du vin ». Un peu effrayante, la « crypte » contient environ 16 000 bouteilles de chaque millésime depuis son premier cru. Pour goûter le vin en admirant la vue, dirigez-vous vers le fabuleux salon situé sur le toit. Surplombant la cathédrale médiévale d'Elciego, c'est le lieu parfait pour savourer l'une des mille bouteilles du bar à vins Vinoteca qui abrite une immense collection de rouges, rosés et blancs. Rendez-vous ensuite au restaurant gastronomique où vous pourrez déguster des mets de la Rioja et du pays basque.

Profitez des bienfaits de la vinothérapie au spa Caudalie, avec sa magnifique piscine et son paisible salon. Plongez-vous dans un Jacuzzi géant en forme de tonneau, rempli d'un puissant mélange de grains de raisin écrasés tout en sirotant une infusion au raisin. Il y a tant de manières de savourer le vin ! **RCA**

Vision quasi surréaliste, les volutes en titane de Gehry surgissent au cœur des vignobles de la Rioja.

Mas de Torrent

Lieu Gérone, Catalogne, Espagne **Site Web** www.mastorrent.com **Prix €€**

Cette ancienne *masia* ou ferme est le genre d'endroit où l'on peut rester caché pendant des jours. Niché au cœur du paysage catalan, entre Barcelone et Gérone, la *masia* a conservé suffisamment de ses traits d'origine pour qu'on imagine la grande maison de campagne qu'elle devait incarner au XVIIIe siècle. Un pressoir à olives trône au milieu de la salle de jeux et les meubles d'époque ornant les dix bungalows indépendants viennent renforcer le charme.

L'hôtel s'étend sur un vaste domaine où des orangers bordent des sentiers menant aux bungalows. Ces derniers sont pourvus de deux salles de bains, une immense chambre et un salon séparé. Sept de ces bungalows, les suites supérieures, disposent aussi d'une piscine privée. L'hôtel propose même une sélection de livres dans lesquels plonger tout en lézardant au soleil. En cas de stress majeur, détendez-vous au spa ou demandez à bénéficier d'un massage complet dans votre chambre. Si ces instants de relaxation ont aiguisé votre appétit, commandez à manger dans votre chambre ou aventurez-vous au restaurant gastronomique, où vous pourrez savourer l'incroyable menu « dégustation » composé d'un apéritif, d'un poisson, d'un plat de viande, d'une mignardise et d'un dessert, tous créés à partir des produits frais cultivés dans la région ou dans les jardins aromatiques et potagers de l'hôtel.

Après un tel festin, un peu d'exercice ne peut pas faire de mal, alors allez faire quelques longueurs dans la grande piscine extérieure, jouez au tennis ou empruntez un VTT à l'hôtel pour explorer le paysage environnant. **JED**

↑ *L'hôtel aux murs ocre conserve l'aspect et le caractère de l'ancienne ferme du XVIIIe siècle.*

Hôtel Sa Rascassa

Lieu Begur, Catalogne, Espagne **Site Web** www.hostalsarascassa.com/portal/fr **Prix** €€

Contrairement aux idées reçues, les plus belles escapades ne sont pas forcément chic et onéreuses. Merveilleux refuge, le Sa Rascassa ne possède que cinq chambres dépourvues de téléphone. Situé en plein cœur d'une forêt de pins, l'hôtel, bâti en 1916, a le caractère d'une demeure plus ancienne. Situé à 40 m de la côte à Cala d'Aiguafreda, les clients viennent ici pour profiter du paysage sublime entre montagnes et plages désertes. Il n'y a ni bar ni discothèque à des kilomètres à la ronde ; c'est l'endroit parfait pour s'isoler dans une divine sérénité.

Décorées de couleurs méditerranéennes avec des meubles traditionnels en chêne, les chambres sont douillettes et chauffées pendant les mois d'automne. Le restaurant propose une belle sélection de plats espagnols agrémentés de touches locales : jambon ibérique, sardines fraîchement pêchées, bar et baudroie. Dînez à l'intérieur ou dans la cour, assis sous les lumières scintillantes attachées aux pins. Trouvez un coin tranquille donnant sur la crique et admirez la vue avec un verre de Rioja et un bol d'olives, en savourant pleinement ce calme enchanteur.

Au bout d'un chemin étroit dans une baie idyllique, à quelques kilomètres de Begur, l'hôtel Sa Rascassa est un point de chute idéal pour découvrir la côte. Suivez les sentiers pédestres autour des rochers, allez nager dans la mer pendant l'été et explorez la région. C'est l'Espagne authentique, loin des plages bondées et des bars bruyants, là où les Barcelonais viennent passer leurs week-ends. Déambulez dans les allées pavées de Begur et fouinez parmi les objets d'art ou admirez les œuvres d'artistes locaux exposées lors du marché aux puces hebdomadaire. Continuez jusqu'aux charmantes villes médiévales de Pals et Peratallada et visitez le musée Salvador Dalí à Figueries. **AD**

↑ *Le restaurant de l'hôtel ouvre sur une charmante cour éclairée par des lanternes.*

Le monastère de Montserrat

Lieu Montserrat, Catalogne, Espagne
Site Web www.abadiamontserrat.net

En 880, des petits bergers virent une lumière descendre des cieux dans les montagnes de Montserrat – les anges se mirent à chanter et le cœur des enfants s'emplit de joie. Pendant un mois, les apparitions continuèrent et une expédition fut menée jusqu'à une grotte. Quand les prêtres l'explorèrent, ils trouvèrent une image de la Vierge Marie. Plus tard, au XIe siècle, l'abbé Oliba fonda un petit monastère sur ce site et aujourd'hui encore, 80 moines bénédictins accueillent les pèlerins dans leur sanctuaire rocailleux.

Les moines de Montserrat partagent leurs prières et leurs repas avec leurs hôtes pélerins. Les touristes peuvent visiter le musée ; le bâtiment fut conçu par Josep Puig i Cadafalch, qui créa plusieurs monuments de Barcelone (y compris la Casa Martí, abritant aujourd'hui le restaurant Els Quatre Gats). Le musée accueille plus de 1 300 œuvres, allant d'un sarcophage égyptien à une sculpture du XXIe siècle. Il y a également une chorale à Montserrat qui jouit d'un prestige international, ainsi qu'une école de musique remontant au moins au XIVe siècle.

Le massif de Montserrat est une réserve naturelle sillonnée de nombreux sentiers, dont un menant au sommet du San Jeroni, d'où l'on jouit d'un fabuleux panorama sur le relief escarpé (Montserrat signifie « montagne en dents de scie » en catalan). Beaucoup de visiteurs ne viennent que pour la journée, mais si vous désirez rester plus longtemps, réservez une chambre à l'hôtel Abat Cisneros ou un appartement à l'Abat Marcet. **PE**

← *Le monastère est situé dans l'ombre du massif de Montserrat, un lieu unique et mémorable.*

Spa Six Senses

Lieu Barcelone, Catalogne, Espagne
Site Web www.ritzcarlton.com/en/Properties/Barcelona **Prix €€**

Le Six Senses Spa, situé aux 42e et 43e étages de l'Hotel Arts, à Barcelone, jouit d'une vue sublime sur la mer Méditerranée. C'est un lieu unique. L'Hotel Arts surplombe le Port Olympique, et de toutes ses chambres et installations, le Six Senses Spa bénéficie du plus haut panorama. Dans les saunas, les lignes pures des bancs en bois scandinave se marient aux cadres géométriques des immenses baies vitrées, tout en invitant le bleu de la mer et la lumière du soleil. Il y a également deux terrasses extérieures avec vue sur la ville.

Parmi les traitements proposés, le soin exclusif Art of Stone est un massage qui combine les propriétés curatives de la roche au toucher humain pour rétablir l'équilibre et la vitalité. Le Six Senses Sensory Journey dure environ trois heures, mais le temps passe rapidement. La thérapie par la couleur, ou chromothérapie, est également présente : tous les soins et saunas sont décorés de six couleurs particulières, pour augmenter le bien-être du corps et de l'esprit.

Si vos pores sont obstrués par la pollution de la ville, essayez le masque thaï, à base de miel, de yaourt, de sésame et d'huile de jojoba, qui nettoie et exfolie la peau ; ou essayez le soin du visage aux huiles essentielles où l'on utilise des pierres chaudes et froides pour masser le visage, le cou et les épaules. Les plus hardis apprécieront peut-être les bougies d'oreilles hopi, une technique ancestrale utilisée par des tribus amérindiennes : des bougies spécialement conçues (il s'agit de tubes de tissu recouverts de cire d'abeille) sont allumées et placées dans l'oreille pour faire circuler une atmosphère saine dans les oreilles, les sinus et la gorge. Mais si vous avez plutôt envie de vous dépenser, rendez-vous au centre de fitness qui propose des cours de yoga, tai-chi et Pilates. **PE**

Le jardin de Montjuïc

Lieu Barcelone, Catalogne, Espagne
Site Web www.barcelonaturisme.com

Si les jardins de Mossen Costa i Llobera s'accordent parfaitement à l'ambiance folle de Barcelone, ils offrent aussi un grand bol d'air frais aux visiteurs épuisés par les élucubrations de Gaudí. L'accès aux jardins se fait à pied ou en empruntant le funiculaire/téléphérique pour arriver jusqu'au sommet de Montjuïc où se trouvent les jardins de cactées, accrochés à la colline surplombant le port de Barcelone.

Les jardins ont été créés par l'architecte Joaquim Casamajor i d'Espona. Ils ont été plantés par Joan Pañella et sont dédiés au poète majorquin Miguel Costa i Llobera. Dans les jardins se trouve un monument dédié au pin de Formentor qui a inspiré le plus célèbre poème du poète catalan. Les jardins regroupent plus de 200 espèces de cactées et plantes grasses provenant de pays aussi divers que le Kenya, l'Éthiopie et le Mexique, certaines mesurant plus de 6 m de haut. Il y a également plus de douze espèces de pins à l'ombre desquels s'abriter du soleil brûlant.

« Montjuïc et le Tibidabo donnent du caractère à notre ville. »

Mairie de Barcelone

Le plus vieux cactus du parc, *Oreocereus neocelsianus*, parfois appelé le « vieil homme des Andes », a été importé d'Italie et est âgé de plus de 200 ans. Dans la chaleur du soleil espagnol, les cactées de Montjuïc projettent des ombres fantastiques et semblent tout droit sorties d'un autre monde. **EP**

Hôtel Omm

Lieu Barcelone, Catalogne, Espagne
Site Web www.hotelomm.es **Prix €€**

Si les hôtels modernes sont légion à Barcelone, l'hôtel Omm est unique en son genre. Situé dans le quartier chic de Passeig de Gràcia (parfait pour une journée de shopping), l'Omm a été créé par l'architecte Juli Capella aidé des décorateurs d'intérieur Sandra Tarruella et Isabel López. La conception futuriste et l'ambiance tamisée donnent l'impression d'entrer dans un fabuleux vaisseau spatial. Le style dominant est très marqué par le minimalisme postmoderne, mais l'avant-gardisme de l'Omm est contrebalancé par une certaine sérénité, comme l'évoque son nom.

Songez au hall d'entrée en plan ouvert, avec sa cheminée en îlot ; ou à la terrasse en teck sur le toit, qui jouit d'une vue fabuleuse sur la Pedrera et la Sagrada Família de Gaudí, mais aussi d'une superbe piscine. Les chambres sont claires et lumineuses, avec des murs délicatement sculptés et toute une série de gadgets high-tech. Les chambres en façade sont dotées de balcon, alors que les autres disposent de terrasses surplombant la Casa Milá de Gaudí.

Le restaurant Moo est tout aussi bien aménagé et l'on y pénètre *via* un patio orné d'une façade en verre, parsemé de bambous géants et de sculptures en acier. Le restaurant sert une cuisine catalane délicieuse et moderne. Les deux salons-bars proposent des cocktails et organisent des concerts pendant une grande partie de la semaine et tous les week-ends. Si vous craignez une ambiance un peu trop agitée, n'ayez crainte : tout est fait pour que votre séjour soit paisible, raffiné et relaxant. Vous pouvez toujours vous détendre au spa de l'hôtel et profiter des nombreux soins disponibles, y compris des massages sous l'eau. **PS**

Les montagnes de Prades

Lieu Catalogne, Espagne
Site Web www.ctv.es/USERS/albertb/montag__prades.htm

Les montagnes de Prades se trouvent à 60 km au nord de Tarragone, en Catalogne – paysage verdoyant mais rocailleux parsemé de villages isolés et de cimes enneigées. La plupart des gens ne découvriront ce panorama qu'à travers les pages des magazines, car le meilleur de ces montagnes n'est accessible qu'à pied.

Se balader à travers les montagnes de Prades, c'est découvrir une multitude de paysages fabuleux : sommets couronnés de neige, immenses forêts de pins et petits villages en pierre. Mais Prades est avant tout une terre de contrastes : entre la vue époustouflante offerte par le canyon du Barranco de Garx à l'ambiance des cafés remplis de bergers chantant des chansons traditionnelles, c'est une multitude d'expériences merveilleuses qui vous attend. Ces montagnes sont un ravissement tant pour les habitants que pour les touristes et au détour d'un sentier bordant une ligne de falaises calcaires, vous arriverez aux à-pics et aux gorges qui ont inspiré le jeune Picasso.

La montagne foisonne de chênes et pins abreuvés par d'innombrables cours d'eau.

Cette région, peuplée de créatures étranges comme le chat sauvage et le blaireau européen, est plantée de splendides érables, noisetiers et chênes. Protégée par l'État, sa beauté est intemporelle. Personne ne pourra vous joindre sur votre portable et vous finirez enfin par apprécier le silence. Et tout cela à deux heures de Barcelone. **SWi**

La réserve naturelle Sierra Y Cañones de Guar

Lieu Aragon, Espagne **Site Web** www.guara.org

Cette réserve protégée du nord-est de l'Espagne est principalement célèbre pour ses canyons. Quatre rivières (Guatizalema, Alcanadre, Mascun, et Vero) parcourent le paysage calcaire, creusé de grottes et canyons fabuleux sculptés par l'érosion.

Il y a environ 90 sites de canyoning dans la réserve. L'un des plus populaires est le canyon du rio Vero. Il vous faudra marcher et savoir nager pour l'affrpnter, mais il n'y a pas de descente en rappel, ce qui en fait un bon choix pour les débutants. Ceux qui aiment les vues vertigineuses apprécieront le canyon du rio Formiga, avec possibilité de descendre en rappel et dont le plus bel atout est une magnifique cascade dissimulant une grotte. Sinon, essayez le canyon de la Peonera inférieure, connu pour ses grottes étranges et l'eau cristalline de ses bassins. Ceux qui préfèrent garder les pieds au sec trouveront également d'excellents parcours de randonnée pédestre ou à VTT.

Grottes, cavernes et canyons… en bref, un paysage d'une rare beauté.

Mais l'aventure n'est pas le seul charme de cette merveille. Parmi les oiseaux, on compte des vautours fauves, des gypaètes barbus et des aigles royaux. L'art rupestre est également présent : plus de 60 grottes et abris sont ornés de peintures datant du paléolithique supérieur. Et si toutes ces découvertes vous mettent en appétit, les restaurants perchés sur la colline vous régaleront de plats traditionnels et copieux. **PE**

Les Pics d'Europe

Lieu Pics d'Europe, Espagne **Site Web** www.spain.info

Les Pics d'Europe comptent parmi les dernières régions sauvages d'Europe. Ces crêtes calcaires s'étendent sur 40 km entre les Asturies et la Cantabrie, près de la côte nord espagnole, et leurs cimes déchiquetées s'élèvent jusqu'à 2648 m. Protégée comme parc naturel depuis presque 100 ans, la région abrite une incroyable profusion de plantes et d'animaux. Vous pourriez même apercevoir des ours bruns, des loups, des lynx, des vautours et des sangliers sauvages dans les coins les plus reculés.

Le trait le plus caractéristique des Pics sont les gorges abyssales sculptées par les rivières coulant vers le nord depuis des milliers d'années. Elles offrent aux randonneurs des vues sublimes sur des ruisseaux scintillants, des lacs paisibles, des cimes enneigées et des vallées verdoyantes parsemées de forêts de hêtres et de chênes séculaires ainsi que de riches pâturages. Si vous vous sentez d'attaque, grimpez à l'assaut des sommets jonchés de refuges montagnards ou explorez le monde souterrain formé des grottes les plus profondes d'Espagne. Partez à la découverte des gorges, avec des ânes et des chèvres pour seule compagnie. Puis déambulez à travers les villages en pierre endormis, en admirant les vieilles fermes, les cerisiers chargés de fruits, les nuées de papillons et les champs de fleurs bourdonnant de milliers d'insectes.

La petite ville de Potes, au centre de trois grandes vallées, est un point de chute idéal. De là, vous pouvez conduire jusqu'à Fuente Dé et vous faciliter la tâche en empruntant un téléphérique jusqu'à mi-parcours. **SH**

Les Pics étaient les premières terres visibles à l'horizon pour les marins revenant d'Amérique.

Le parc Primo de Rivera

Lieu Saragosse, Aragon, Espagne
Site Web www.aragonguide.com

Les habitants de Saragosse disent que le parc Primo de Rivera – qu'on appelle généralement le Parque Grande ou Grand Parc – est le poumon de la ville. Inauguré en 1929 par Miguel Primo de Rivera, le dictateur qui régna sur l'Espagne pendant sept ans durant les années 1920, il offre aux habitants 40 ha d'espaces verts dédiés à la détente.

C'est une tradition tout espagnole, bien sûr. Si les habitants de New York font du jogging à Central Park et ceux de Londres se prélassent sur des chaises longues à Hyde Park, les promeneurs espagnols pratiquent principalement le *paseo* : l'art de la promenade. Ils revêtent de beaux vêtements, se rencontrent, se saluent et avant tout, se font voir. Certes, le cadre est des plus raffinés et digne des quatorze années qui furent nécessaires à sa conception et à sa construction. L'entrée principale s'ouvre sur l'imposante avenue de San Sebastián, jonchée de fontaines et flanquée de jardins à la française, tandis que sur la colline de Buenavista, la statue en marbre de Carrare du roi Alphonse Ier d'Aragon (qui reprit la ville aux musulmans en 1118) trône à 6 m de hauteur.

Il y a aussi des jardins botaniques, où les passionnés d'horticulture peuvent communier avec la flore d'Aragon, un jardin d'hiver (grande zone sauvage plantée de pins), ainsi qu'un jardin dédié à Simón Bolívar. Si tout cela ne suffit pas à vous distraire, il y a aussi un train touristique, un parc d'attractions, des vélos et des tandems à louer. C'est l'endroit parfait pour échapper au bruit de la ville jouxtant le parc. **PE**

La statue du roi Alphonse Ier dit le Batailleur se dresse au milieu du parc Primo de Rivera, à Saragosse.

Hôtel A.C. Santo Mauro

Lieu Madrid, Espagne
Site Web www.ac-hotels.com **Prix €€**

Madrid regorge de petites perles méconnues et souvent somptueuses ; rien de surprenant alors à voir la silhouette de l'A.C. Santo Mauro surgir au milieu des rues verdoyantes du quartier huppé de Chamberi. Construite par l'architecte Louis Legrand sur les instructions du duc de Santo Mauro, cette demeure néoclassique a, depuis que la première pierre a été posée en 1894, vécu de nombreuses existences. Ancienne résidence du marquis de Santo Mauro, le bâtiment fut transformé en hôtel en 1991.

Si la façade de la bâtisse impressionne déjà, l'intérieur est encore plus splendide. L'architecture se marie à des tons subtils de noir, blanc et gris et les rénovations récentes créent une ambiance contemporaine. Les 51 chambres incluent des studios et des suites en duplex, dont certaines occupent les anciennes écuries de la demeure. Le raffinement est omniprésent : meubles d'époque, rideaux de soie, tapis persans et une foule de détails luxueux à faire rougir un marquis.

> *« [Madrid] est la plus espagnole de toutes les villes, la plus agréable à vivre… »*
>
> **Ernest Hemingway, *Mort dans l'après-midi***

Ici, l'ancien et le moderne se côtoient avec bonheur. Le restaurant est situé dans l'ancienne bibliothèque. La salle de réunion se trouve dans l'ancienne salle de bal et l'hôtel dispose d'une piscine couverte ainsi que d'un centre de fitness très bien équipé. **PS**

Hôtel Urban

Lieu Madrid, Espagne
Site Web www.derbyhotels.com **Prix €€**

Avec sa façade de métal et de verre, l'hôtel Urban apporte depuis son ouverture, à la fin de 2004, une touche d'ultrachic à Madrid. Situé à égale distance du musée de Thyssen-Bornemisza, du Prado, de la Puerta del Sol et de Santa Ana, paradis des tapas, l'hôtel a déjà de nombreux atouts sans avoir à mentionner la merveilleuse collection d'œuvres d'art.

Le propriétaire, Jordi Clos, est un amateur d'art réputé qui dirige une fondation archéologique. L'hôtel expose la collection de la fondation tout en arborant ses propres merveilles, comme le marbre blanc de Thasos, des figurines de Papouasie-Nouvelle-Guinée, des portraits chinois vieux de trois siècles et une superbe collection de statuettes hindoues du XIXe siècle. Le hall d'entrée abrite également un musée d'art égyptien, remarquable pour ses sculptures de pharaons, et dont certaines pièces datent de 300 av. J.-C.

Mais la sensibilité artistique de l'Urban s'étend bien au-delà des objets d'art. La décoration et l'éclairage intérieurs sont d'un goût absolument exquis. Le bureau de la réception reflète l'éclat de la colonne d'albâtre qui s'élève au milieu de l'atrium ; les murs sont ornés de tubes fluorescents et des globes lumineux viennent ajouter au modernisme centré sur le minimalisme. Les 96 chambres, au style contemporain, sont également décorées d'œuvres d'art (avec notes explicatives).

Le restaurant propose une délicieuse cuisine méditerranéenne. Au bar, entouré de parois vitrées, les clients peuvent siroter cocktails et déguster des huîtres, et y croiseront sans doute des personnalités de la capitale. Il n'y a pas meilleur endroit pour apprécier la vie urbaine. **PS**

Parador de Chinchón

Lieu Chinchón, Madrid, Espagne
Site Web www.paradores.es **Prix €€**

À tout juste 50 km de la frénésie madrilène, le Parador de Chinchón est un havre de paix. Ancien monastère augustinien, il fut fondé par les seigneurs de Chinchón au XVIIe siècle. Ces derniers firent venir les premiers moines pour vivre ici sous la protection du château voisin. Mais les moines n'avaient pas la vie facile. Au fil des siècles, ils furent bannis puis réintégrés, avant de voir leur propriété confisquée. Le bâtiment fut finalement détruit par un incendie en 1929.

Restauré par l'architecte Juan Palazuelo, le Parador conserve son aspect baroque et ses traits caractéristiques de la Renaissance. L'hôtel est orné de tapisseries recouvrant les murs, de peintures murales symbolisant des personnages religieux et de plafonds peints dans des tons ocre. Les murs du bar sont carrelés en bleu et blanc et les fauteuils en cuir usés auraient beaucoup à raconter s'ils pouvaient parler.

« Cette ville pittoresque de 4 400 habitants a conservé le cadre théâtral de sa Plaza Mayor du XVIe siècle. » **The New York Times**

Cyprès, roses et haies de troènes poussent dans les jardins, tandis que les fontaines renforcent le sentiment de sérénité. Les chambres sont meublées simplement, sans manquer de confort. L'une d'elles, dotée d'une terrasse avec vue sur le château, est parfois louée par des matadors qui toréent dans l'arène de Chinchón. **PE**

Parador de Guadalupe

Lieu Cáceres, Estrémadure, Espagne
Site Web www.paradores.es **Prix €€**

Cáceres, dans la province autonome d'Extremadura, à l'ouest de l'Espagne, reste méconnue des touristes. Charmant village de pierres et de pavés, Cáceres joua un rôle vital dans l'exploration de l'Amérique du Sud. De nombreux conquistadors venaient d'ici, notamment Francisco Pizarro. Le nom « Guadalupe » est aussi originaire de la région. La petite statue noire de Notre-Dame de Guadalupe fut découverte dans les environs au XIVe siècle. Un monastère fut bâti et son nom se répandit à travers tout le Nouveau Monde.

Le palais de Torreorgaz, qui abrite le Parador, date de la même époque. Gothique à l'origine, il fut réaménagé, intégrant aujourd'hui une façade du XVIIIe siècle, décorée avec les armoiries des différents propriétaires qui se sont succédé. La plus vieille structure de l'hôtel est sa tour, faite de brique et de granit.

À l'intérieur, le bâtiment est un ravissant labyrinthe. La cour intérieure est dotée de murs rouges en terre cuite, d'une galerie voutée et de fenêtres aux grilles en fer forgé. Ces couleurs se retrouvent dans les rouges et ocres de la décoration du salon, contrastant avec la façade relativement simple du Parador. La plus grande chambre est la Comendador de Alcuéscar, qui jouit d'une salle de bains attenante et d'un Jacuzzi, avec vue sur le sanctuaire de Nuestra Señora de la Montaña (sainte patronne de Cáceres) et le jardin.

Près de l'hôtel, plusieurs sites sont à découvrir : les peintures rupestres de Maltravieso ainsi que le théâtre, l'amphithéâtre et le musée romains de Mérida. La région de Cáceres était une base vitale pour l'Empire romain et les vestiges sont d'une qualité incroyable – pourtant peu de visiteurs sortent des sentiers touristiques pour explorer cette perle de l'Espagne. **PE**

Le parc national de Monfragüe

Lieu Estrémadure, Espagne
Site Web www.spanish-fiestas.com/extremadura

En Estrémadure, région la moins peuplée d'Espagne, se trouve le parc national de Monfragüe. Parc naturel depuis 1979, il fut désigné comme tel en 2007, bénéficiant en outre de la protection de l'Unesco, qui le déclara réserve de biosphère.

La vie sauvage est riche dans cette vaste région dépeuplée où il est bien plus fréquent d'apercevoir des aigles s'élancer vers le ciel que des hommes. La route déserte reliant Plasencia à Trujillo vous mène au cœur du parc, dans un paysage où les oliviers sauvages, les chênes verts et les chênes-lièges s'épanouissent au milieu des broussailles roussies par le soleil. Seules trois routes sillonnent le parc, toutes situées dans la partie la plus au nord, le reste ne pouvant être exploré qu'à pied. Le parc est ponctué çà et là d'affleurements rocheux, où nichent plusieurs espèces d'oiseaux, comme les faucons pèlerins, les aigles et la plus grande colonie au monde d'urubus noirs.

> *« Des milliers de visiteurs viennent chaque année... pour "préserver et redécouvrir" la nature. »*
>
> **Programme *l'Homme et la biosphère* de l'Unesco**

Deux rivières traversent le parc, le rio Tajo et le rio Tiétar, ajoutant à la beauté de ce paysage clairsemé. Cerfs, sangliers sauvages, loutres et des espèces rares telles que le loup ibérique et le lynx peuplent cette région. Villarreal de San Carlos, seul lieu habité du parc avec 30 habitants, regroupe plusieurs centres d'information si vous souhaitez en savoir plus sur le parc. **CFM**

Parador de Almagro

Lieu Almagro, Castille-La Manche, Espagne
Site Web www.parador.es **Prix €€**

Quatorze cours intérieures ornent le Parador de Almagro, dans la région espagnole de la Manche. Ancien couvent consacré à saint François, il fut construit par la famille Davila de la Cueva en 1596. Les moines sortaient alors de leurs cellules à minuit pour rejoindre la chapelle et prier pendant trois heures. Après quoi, ils retournaient se coucher pour se relever à l'aube et prier de nouveau.

Aujourd'hui, les visiteurs dorment dans ces cellules, certes pourvues de plus de confort. Les chambres disposent de lits à baldaquin et de meubles d'époque élégants. Ce raffinement historique se retrouve également dans les parties communes : salon et salle à manger sont ornés de carrelage étincelant, de poutres apparentes et de plafonds voûtés. Mais c'est l'extérieur qui évoque réellement la sérénité. Les nombreuses cours du Parador regorgent de fontaines et de verdure, et la piscine extérieure est bordée de terrasses.

« Chaque mur, chaque couloir, chaque cour évoque la sérénité de ses premiers occupants. »

Tom Reynolds, *The Sunday Times*

À proximité du couvent, visitez le théâtre en plein air d'Almagro, qui date du XVIIe siècle. La réserve naturelle de Tablas de Daimiel attire les férus d'ornithologie venus du monde entier, ainsi que les oiseaux migrateurs tels que les hérons, les aigrettes, les butors et les canards plongeurs. C'est aussi la patrie de Don Quichotte ; vous trouverez de nombreux vins et fromages, et évidemment quelques moulins. **PE**

Parador Condestable Davalos

Lieu Ubeda, Andalousie, Espagne
Site Web www.paradores-spain.com/spain/pubeda.html **Prix €€**

Ruy López Davalos était un soldat qui combattit pour les chrétiens pendant la reconquête de l'Espagne. Il fut capturé et emprisonné par les musulmans. Quand il fut libéré, le roi Jean II l'honora du titre de *condestable* (« connétable »). Aujourd'hui, le portrait de Davalos orne le restaurant de l'hôtel, même s'il n'a jamais vécu ici. En fait, cette demeure était le palais de dom Fernando Ortego Salido, doyen de Málaga.

Édifié au XVIe siècle, mais reconstruit au XVIIe siècle, ce Parador atteint des proportions gigantesques. Sa façade plate, bâtie de pierres couleur miel, donne l'impression d'un bâtiment austère, mais elle cache une ravissante cour intérieure à double galerie rehaussée d'élégantes arches en pierre et dont la partie supérieure, vitrée, est bordée de grands rideaux blancs. Le patio crée une atmosphère intime avec ses plantes en pots, sa fontaine en pierre et ses meubles en fer forgé. D'ici, un large escalier en pierre mène à l'étage supérieur, orné d'une magnifique cheminée, de bougeoirs en fer forgé et d'armures remontant à l'époque de la Reconquista. Les chambres sont pavées de terre cuite et meublées d'armoires et de bureaux anciens placés à côté de confortables sièges et canapés. Dans le restaurant, le chef sert des spécialités locales.

Le Parador est bordé de la place de Vasquez. Les bâtiments voisins figurent parmi les plus importants de la ville d'Ubeda : la chapelle d'El Salvador, l'église de Santa Maria, le palais Vazquez de Molina et le palais des marquis de Mancera. **PE**

Le palais du XVIe siècle est aussi appelé Parador de Úbeda, d'après la commune qui l'abrite.

Parador Castillo de Santa Catalina

Lieu Jaén, Andalousie, Espagne
Site Web www.parador.es **Prix €€**

« *On s'attendrait presque à voir Charlton Heston dans son costume du Cid…* »

David Clement-Davies, *The Guardian*

Surplombant la ville andalouse de Jaén, ce Parador est un hôtel de caractère. Ses parties publiques ont des plafonds voûtés et des arches qui s'élèvent à plus de 20 m de hauteur. Parmi ses chambres, de nombreuses disposent de lits à baldaquin, de tapisseries et de balcons offrant une vue extraordinaire sur les oliviers et les montagnes rocheuses de la Sierra Morena et de la Sierra Nevada. La salle à manger, à l'éclairage tamisé, conserve le style architectural arabe et sert des spécialités locales comme l'*ajo blanco* (soupe à l'ail froide), l'*ensalada de perdiz* (salade de perdreaux), la *pipirrana* (salade mixte) et le *morcilla en caldera* (ragoût de boudin noir). Et pour gommer tous vos excès de gourmandise, la piscine extérieure est à votre disposition.

L'hôtel n'est pas aussi vieux qu'il y paraît. Même s'il jouxte l'ancien *castillo*, il ne date que des années 1960. Le château fut construit sous le règne musulman, mais tomba aux mains des chrétiens quand les troupes de Ferdinand III de Castille envahirent la ville en 1246. Au cours des deux siècles qui suivirent, les attaques reprirent, mais les chrétiens résistèrent, bâtissant une forteresse et une chapelle. Ferdinand II d'Aragon et Isabelle finirent par chasser les Maures d'Espagne en 1492, mais la paix ne dura pas à Jaén. Napoléon l'envahit en 1810 et les menaces durant les guerres carlistes de la fin du XIXe siècle suscitèrent de nouvelles fortifications.

Mais aujourd'hui, tout est calme. D'ailleurs, le bâtiment et ses jardins luxuriants dégagent une telle sérénité que le général de Gaulle s'installa ici pour écrire ses Mémoires. **PE**

⇱ *L'hôtel est situé sur le site d'une forteresse arabe du XIIIe siècle, sur la colline de Santa Catalina.*

Hôtel Hospes Palacio del Bailio

Lieu Cordoue, Andalousie, Espagne
Site Web www.hospes.com **Prix €€**

L'Hospes Palacio del Bailio est synonyme de luxe discret. Dissimulé parmi les étroites ruelles de la vieille ville de Cordoue, ce magnifique hôtel est situé dans un manoir du XVIe siècle qui servit tour à tour de base militaire et d'écuries.

Comme de nombreux bâtiments andalous, il est bâti autour d'une cour de style mauresque, où l'on respire l'odeur acidulée des orangers et citronniers parfaitement taillés, bercé par le clapotis de l'eau s'écoulant dans une fontaine en pierre du XVIIIe siècle. Cet hôtel fabuleux cache en outre un trésor : les vestiges d'une maison romaine, découverte par les anciens propriétaires. Aujourd'hui, les vestiges se trouvent sous le sol en verre du restaurant et sont allumés la nuit pour un effet spectaculaire.

Vous pourrez vous détendre dans le jardin fleuri ou sur la terrasse ensoleillée entourée d'orangers.

La piscine à débordement est le parfait antidote aux effets du soleil méditerranéen. Le spa Bodyna, en partie situé dans une cour flanquée de colonnes en pierre, est l'un des atouts majeurs de l'hôtel, tandis qu'au sous-sol, trois autres spas ont été construits autour d'anciens thermes romains. À 15 minutes à pied, vous trouverez la merveilleuse *mezquita* de Córdoba, la plus splendide mosquée jamais construite par les Maures et qui mérite amplement son classement au patrimoine mondial de l'Unesco. **TW**

Le parc de Coto Doñana

Lieu Andalousie, Espagne **Site Web** www.naturespana.com/fr/parcs_naturels/coto_donana **Prix €**

Observer la vie sauvage peut s'avérer frustrant. Qu'on ait méticuleusement préparé sa visite ou non, on ne peut jamais être sûr que les animaux soient au rendez-vous. Ce qui rend le parc national de Coto Doñana si agréable et passionnant à visiter, c'est qu'il grouille d'animaux sauvages, à tel point qu'il y a toujours quelque chose d'intéressant à observer. Avec plus de 300 000 oiseaux nichant dans le parc, ce ne serait vraiment pas de chance de passer la journée sans rien voir.

Le parc tire son nom de la farouche duchesse doña Ana de Silva y Mendoza qui bâtit une résidence en ce lieu pour s'éloigner le plus possible de la civilisation. Le parc s'étend sur plus de 1 300 km² de côtes, formées principalement de dunes, de marais et de lacs offrant des conditions de vie et d'habitat parfaites pour les 125 espèces d'oiseau présentes – notamment quelques rares spécimens vivants de l'aigle ibérique. Les 125 autres espèces (parmi lesquels milans royaux, méropidés, huppes fasciées et loriots d'Europe) sont quant à elles des oiseaux migrateurs – et des mets de choix pour l'un des plus célèbres habitants du parc : le lynx ibérique, dont le parc est devenu l'un des derniers refuges.

Vous pouvez visiter certaines parties du parc à pied, le long des sentiers reliant les centres d'information (où vous trouverez des expositions sur la faune locale), qui vous feront traverser lacs et marais où des postes d'observation ont été installés pour admirer les animaux. Si vous souhaitez explorer le parc plus avant, le mieux est de réserver une visite en 4 x 4 accompagné d'un guide qui vous emmènera dans les zones les plus inaccessibles, jusqu'aux points d'observation les plus remarquables. **JF**

Zuheros

Lieu Zuheros, Andalousie, Espagne
Site Web www.zuheros.com.es

C'est une vision de l'Espagne dont vous vous souviendrez pendant des années : l'un des plus célèbres *pueblos blancos* (« villages blancs ») de l'Andalousie, niché dans les montagnes rocheuses, suspendu entre le bleu du ciel et le vert des oliviers.

Zuheros, au centre du triangle Cordoue/Malaga/Grenade, est un parfait exemple des villages mauresques présents dans la région, avec ses rues étroites et un passé remontant à l'époque préromaine. La ville ne compte qu'un millier d'habitants et une poignée d'auberges et d'hôtels, mais ça ne l'a pas empêchée d'attirer les touristes de tous horizons. Le petit restaurant Los Palancos, Llana 43, sert des plats traditionnels consistants – parmi lesquels chevreaux lapin et cochon de lait – et séduit ceux qui recherchent la tranquillité et l'intimité des montagnes andalouses.

Zuheros borde le parc naturel de la Sierra Subbetica, qui regorge de sentiers de randonnée, et la vieille voie ferrée traversant le village a été transformée en piste cyclable et pédestre. À seulement 4 km du village, l'attraction majeure de la région est la Cueva de las Murcielagos (« grotte des chauves-souris »), qui abrite une multitude de stalactites et stalagmites ainsi que ces fameux mammifères. Les grottes de ce territoire renferment également un grand nombre de vestiges néolithiques, y compris des peintures rupestres. La fromagerie de Las Balanchares, au centre du village, est connue dans le monde entier pour son fromage de chèvre, qui se savoure grillé, en guise de tapas. Rapportez-en chez vous, avec une bouteille d'huile d'olive, pour prolonger le goût des vacances. **LD**

→ *Le village de Zuheros dans les montagnes andalouses est un parfait exemple de* pueblo blanco.

Hacienda de San Rafael

Lieu Séville, Andalousie, Espagne
Site Web www.haciendadesanrafael.com **Prix €€**

L'hacienda de San Rafael est le lieu idéal pour ceux qui aspirent à se couper totalement du monde extérieur. Nichée au cœur du paysage andalou, le long d'une grande allée bordée d'oliviers, c'est l'image parfaite d'une hacienda espagnole : des murs plus blancs que blancs, entourés de jardins plantés d'herbes aux mille parfums et de champs de tournesol s'étendant à perte de vue. La propriété, datant du XVIIe siècle, est entre les mains de la même famille depuis 150 ans. Ancienne oliveraie, elle a été transformée en hôtel de luxe après avoir été méticuleusement réaménagée par ses propriétaires anglo-espagnols, les frères Anthony et Patrick Reid, à qui l'on doit également le sublime hôtel Corral del Rey, à Séville.

« En séjournant dans ce petit hôtel de luxe, on se croirait dans sa propre villa. »

The Independent

Les onze chambres supérieures bordent une petite cour ornée de bougainvilliers, où chaque année des hirondelles viennent nicher et barboter pendant que vous sirotez votre sangria ou dégustez des plats méditerranéens à la lumière des chandelles. Pour une intimité totale, réservez l'une des trois *casitas* (« petites maisons »), chacune dotée d'un jardin et d'une piscine à débordement réservée aux clients des *casitas*. **TW**

Les jardins de l'Alcazar

Lieu Séville, Andalousie, Espagne
Site Web www.sevillaonline.es/francais/seville/alcazar.htm

Le cadre évoque plus le Maroc que l'Europe – le jardin de ce fabuleux *alcazar* (palais) a été bâti sur des ruines mauresques et regorge de palmiers, cyprès, myrtes et citronniers qui protègent les visiteurs du soleil de plomb andalou. Avec ses bâtiments blanchis à la chaux, ses ruelles pavées et ses grands palmiers, Séville est l'une des villes les plus évocatrices et l'Alcazar (Reales Alcazares) ainsi que ses jardins attirent de nombreux touristes.

Ce monument impressionnant est le palais royal de Séville. Fort mauresque à l'origine, le palais et ses pièces couvertes de mosaïques ont été agrandis à de multiples occasions et la plupart des édifices ont été bâtis sur des ruines mauresques pour le roi Pierre Ier de Castille, qui régna de 1350 à 1369. Le palais de la ville a été édifié pour devenir l'un des plus grands exemples d'architecture mudéjare – style dominant sous le règne chrétien en Espagne, mais fortement influencé par l'architecture islamique. L'ajout d'éléments gothiques contraste avec le style islamique prédominant.

Les vastes jardins de l'Alcazar sont un lieu idéal pour se détendre à l'ombre des palmiers : de petites cours arabes nichées entre des bassins étincelants, des fontaines et des sièges parfaits pour s'adonner à une paisible contemplation. Au printemps (peut-être la meilleure saison pour visiter l'Andalousie), les orangers perdent leurs fruits et répandent leurs célèbres effluves de marmelade. Malgré la popularité de cette oasis urbaine, il y a toujours un espace tranquille où se reposer, rêvasser ou s'imprégner de l'atmosphère. Les jardins sont ouverts toute l'année, mais fermés les samedis et dimanches après-midi. Difficile d'imaginer un cadre plus reposant en plein centre-ville. **LC**

Le parc María Luisa

Lieu Séville, Andalousie, Espagne
Site Web www.spain.info

Assis à l'ombre des orangers, bercé par le doux clapotis de l'eau s'écoulant dans les fontaines, tout incite à fermer les yeux, à se détendre et à laisser son esprit vagabonder. Le parc María Luisa est le plus grand parc urbain de Séville et son vaste domaine, ponctué d'arbres séculaires, est l'endroit idéal pour échapper à la chaleur et à la poussière des rues de la ville.

Situé au sud de la ville, le parc a été conçu par le paysagiste français Jean-Claude Forestier (qui travailla aussi sur le bois de Boulogne, le « poumon » de Paris) afin d'offrir un cadre aux bâtiments pastiches qui furent construits pour l'Exposition ibéro-américaine de 1929. Le résultat est impressionnant. La foule se presse autour de hauts lieux tels que la Plaza de España, à quelques pas des parties les plus verdoyantes du parc, mais ce dernier est assez grand pour que vous n'ayez aucune peine à trouver un endroit calme et intime, frais et relaxant où vous pourrez vous abriter de la chaleur.

Ce vaste domaine, offert à la ville par la princesse Marie-Louise d'Orléans en 1893, est sillonné d'avenues et de sentiers bordés d'arbres, de parterres de fleurs et de jardins colorés, de mares, de bassins, de chutes d'eau, de statues, de fontaines et de monuments dédiés à de célèbres écrivains espagnols. Au centre du parc se trouve un grand lac doté d'une île où l'on peut s'asseoir tranquillement pour contempler les oiseaux alentour. Le parc María Luisa a souvent été décrit comme l'un des plus beaux parcs urbains d'Europe. **CFM**

↗ *De nombreux éléments architecturaux du parc comportent des céramiques de style mauresque.*

« [L'œuvre de Forestier] est un modèle d'interprétation créative en matière d'architecture paysagère. » Alan Tate, *Great City Parks*

L'Andalousie à cheval

Lieu Andalousie, Espagne **Sites Web** www.ridingandalucia.com/French/AboutFR.htm ; www.randocheval.com/Programmes/ch102_espagne_alpujarras.htm#nevada

Quel meilleur point de vue que le dos d'un cheval pour admirer le fabuleux paysage andalou ? Non seulement on a une bien meilleure vue qu'à pied, mais on parcourt également une distance bien plus grande.

Vous trouverez une multitude d'agences proposant des randonnées à cheval dans cette partie de l'Espagne, que vous soyez cavalier débutant ou confirmé. Quel que soit votre niveau ou l'agence choisie, c'est un excellent moyen de communier avec la nature.

Au plus fort de l'été, les journées commencent tôt, avant que le soleil ne soit levé et que la chaleur ne rende les mouvements trop pénibles. Perché sur un étalon andalou, vous prendrez la direction des montagnes de la Sierra Nevada pour suivre les vieilles pistes cavalières et les sentiers des bergers remontant à l'occupation mauresque. Pendant votre ascension le long des collines emplies de l'odeur des pins, respirez le parfum du thym et du romarin foulés par les sabots de votre monture.

Vous traverserez des rivières bordées d'eucalyptus et des champs d'orangers, citronniers et amandiers. Parfois, vous vous arrêterez le temps d'une pause et de rafraîchissements bien mérités, avant de retrouver cette fabuleuse sensation d'espace et de liberté accentuée par l'absence de clôtures et de routes goudronnées.

À l'heure de la pause, un délicieux pique-nique vous sera servi – du pain, du fromage et du chorizo –, arrosé de bière et de vin régionaux. **HA**

→ *Une randonnée à cheval permet de découvrir la diversité des paysages andalous en toute liberté.*

Hôtel Trasierra

Lieu Séville, Andalousie, Espagne
Site Web www.trasierra.co.uk **Prix €€€**

Le Trasierra est un hôtel familial du XVIe siècle conçu pour ceux qui apprécient la beauté, le confort, la bonne cuisine et la paix. Et si vous souhaitez vous engager dans un mode de vie plus sain, l'hôtel organise deux fois par an des programmes de remise en forme avec InSpa, spécialistes du bien-être.

Les montagnes roussies de la Sierra Morena forment un paysage sauvage et romantique, peuplé de sangliers et de taureaux s'abritant à l'ombre des oliviers et des châtaigniers. Dans une lointaine vallée, au milieu de 1 210 ha d'oliviers et d'orangers, se trouve le Trasierra avec ses bâtiments blancs de chaux reliés par des allées en terre cuite. Des porches mènent à de ravissants jardins aromatiques, tandis qu'une eau turquoise scintille dans une grande piscine adossée à un paysage de terre rouge. À l'intérieur des chambres, le style campagnard anglais se mêle à la décoration espagnole.

> *« Au Trasierra, tout sort de l'ordinaire ; c'est un endroit qui nourrit les rêves. »*
>
> ***The Independent***

La journée commence tôt avec des cours de yoga près de la piscine, tandis que le jour se lève derrière les montagnes. Au petit déjeuner, régalez-vous de salade de fruits, porridge, smoothies et jus de fruits frais. Puis une promenade à vélo dans les montagnes sauvages vous mettra en appétit pour un déjeuner léger et détoxifiant. L'après-midi, profitez d'une séance de massage ou de réflexologie, ou lézardez au soleil. **HA**

Cortijo Faín

Lieu Arcos de la Frontera, Andalousie, Espagne
Site Web www.andalucia.org/gastronomia/cadiz/cortijo-fain/ **Prix €€**

Cet hôtel a beau être compact, les chambres sont aussi spacieuses que des appartements en centre-ville. Même les plus petites chambres sont dotées de salons s'ouvrant sur d'immenses salles de bains avec de grandes baignoires et une salle d'eau séparée. Fermez les volets et laissez la fenêtre ouverte toute la nuit pour respirer le doux parfum des eucalyptus. Au matin, vous risquez d'être réveillé par le chant des oiseaux, mais les lits sont tellement confortables que vous ne tarderez pas à retomber dans un sommeil profond.

Chaque chambre de ce *cortijo* (« ferme ») tire son nom d'un des nombreux poètes inspirés par le village voisin d'Arcos de la Frontera, le plus joli *pueblo blanco* (« village blanc ») de toute l'Andalousie. L'hôtel est bâti autour d'une cour datant du XVIIIe siècle, ornée d'une fontaine et de bougainvilliers. De nombreuses chambres ont des fenêtres donnant sur les deux côtés, renforçant la luminosité naturelle et permettant d'admirer la vue sur la cour ainsi que sur les jardins plantés de centaines d'oliviers séculaires. Ces arbres bordent la piscine, si bien qu'en nageant on entend parfois une olive tomber sur les dalles voisines.

Le style est typiquement andalou et l'architecture originale du *cortijo* a été méticuleusement préservée, alors que les écuries ont été transformées en un charmant bar à tapas. D'autres chambres sont à votre disposition dans les dépendances de l'hôtel, qui se trouvent entre le premier et le neuvième trou du parcours de golf, lequel offre d'ailleurs une vue splendide sur Arcos de la Frontera. Le meilleur moment pour s'y rendre est dans la soirée quand, au volant d'une voiturette, vous admirerez lapins et grouses dans la lumière du crépuscule. **JED**

Hôtel Escondrijo

Lieu Vejer de la Frontera, Andalousie, Espagne
Site Web www.escondrijo.com **Prix €€**

Vejer de la Frontera est un village espagnol aux murs blanchis à la chaux qui semble s'être figé dans le temps. Niché dans ce labyrinthe de ruelles pavées se trouve l'Escondrijo, hôtel de luxe aux cinq chambres élégantes. La maison a été bâtie avec les ruines de la chapelle Vera Cruz et certaines parties remontent à l'époque des Maures, comme la cour intérieure surplombée d'une coursive et le puits du XIIe siècle.

Les chambres sont à la fois confortables et contemporaines, chacune avec son propre style : au rez-de-chaussée, décloisonnement et hauteur de plafond pour une sensation de grand espace, ou volets et draperies rouges pour une atmosphère plus feutrée.

« Ce n'est pas un simple duplex... c'est un rêve de l'âge d'or espagnol. »

Juliet Kinsman, *The Observer*

Les chambres du haut jouissent de terrasses privées offrant un sublime panorama sur des kilomètres.

À quelques minutes de l'hôtel, les plages de la Costa de la Luz sont idéales pour faire de la voile, du cerf-volant, de la plongée ou admirer baleines et dauphins. Explorez les forêts de pins perchées sur les falaises surplombant les flots tumultueux ou promenez-vous à cheval le long de la plage. Vous pouvez aussi louer des VTT, jouer au golf ou simplement admirer le vol des oiseaux. Pour une plongée dans la culture espagnole, Cadix, Xérès et Séville ne sont qu'à quelques kilomètres, vous garantissant d'être de retour sur la terrasse de l'Escondrijo pour le coucher du soleil. **PE**

Casita La Laguna

Lieu Tarifa, Andalousie, Espagne **Site Web** www.vidarustica.com/298/hideaways-for-two/la-casita-laguna/ **Prix €€**

Ce petit refuge pour deux est situé dans un cadre merveilleux d'où vous contemplerez les détroits menant au Maroc avec la mer pour seule compagnie. Cette minuscule *casita* au sud de Tarifa, cachée parmi les dunes et les pins, est l'endroit idéal pour une escapade en amoureux. La vue sur l'Afrique du Nord et les lumières de Tanger scintillant au loin est des plus romantiques.

À l'intérieur, la décoration est simple et épurée, ornée de lanternes et de céramiques de style marocain. La lumière inonde la pièce à travers de grandes fenêtres et un poêle réchauffe l'atmosphère les nuits d'hiver. La *casita* est écologique, puisant l'électricité de l'énergie solaire, éolienne et maritime (fournie par la source voisine). À l'extérieur se trouve une terrasse spacieuse où l'on peut s'asseoir pour admirer le crépuscule rougeoyant et les jardins abrités mènent à des plages désertes parfaites pour se baigner et pique-niquer loin des foules. La *casita* est également reliée à une ferme où vous pourrez louer des chevaux pour vous promener à travers la forêt de pins et le long des plages jusqu'à Bolonia, petit village de pêcheurs.

À 15 minutes en voiture, Tarifa est une charmante destination pour passer la journée à déambuler dans les rues sinueuses avant d'explorer le château et le port. Sinon, faites escale au Maroc, à seulement 45 minutes en hydrofoil. Le soir, descendez au restaurant de poissons ou cuisinez et mangez sur la terrasse sous un ciel constellé d'étoiles. Faites le plein de provisions au marché de Tarifa où vous trouverez du poisson fraîchement pêché ainsi que des herbes et légumes régionaux. Cette *casita* est un havre de tranquillité. **AD**

Hôtel Hoopoe Yurt

Lieu Cortes de la Frontera, Andalousie, Espagne
Site Web www.yurthotel.com/about.html **Prix €€**

« Le séjour dans une yourte est aussi romantique que l'on peut l'imaginer. »

Tiffanie Darke, *The Sunday Times*

« Retourner à la nature est un vrai plaisir dans ce campement fonctionnant à l'énergie solaire », s'enthousiasmait un journaliste dans le journal anglais *The Independent*. Blotties dans un coin sublime de l'Andalousie, les yourtes se dressent au milieu de 3 ha d'oliviers et de chênes-lièges, à 20 minutes du pittoresque village de Cortes de la Frontera.

Les hôtes séjournant ici bénéficient d'une vue imprenable sur les montagnes. Chaque yourte – et il y en a cinq – jouit d'un panorama splendide sur les montagnes nimbées de bleu du Grazalema, ainsi que d'un grand jardin privé équipé d'un hamac, de meubles de jardin et d'une salle de bains. À tous ceux à qui répugnerait l'idée de se doucher en plein air et d'utiliser des toilettes extérieures, n'ayez crainte : les jardins parsemés de fleurs garantissent votre intimité.

L'hôtel Hoopoe Yurt est conçu pour tous ceux qui aiment passer du temps à l'extérieur, loin des fioritures modernes, tout en restant à distance raisonnable des bars et des magasins. C'est un lieu aussi calme que vivifiant. Vous vous réveillerez au son des cloches pendues au cou des chèvres, mêlé aux cris d'une armada d'oiseaux : éperviers, tourterelles et bondrées. Malgré leur côté « retour à la nature », les yourtes sont larges et confortables, dotées de meubles d'intérieur au cas où le temps se gâterait.

Les gourmands seront comblés. Quatre jours par semaine, les propriétaires proposent des menus à base de produits locaux et arrosés de vin. Le dîner est servi sous une pergola, éclairée par des lanternes chinoises, dressée à côté de la piscine. **LC**

Le confort ici est essentiel. Les yourtes sont toutes équipées de lits doubles et de salles de bains.

Hôtel Los Castaños

Lieu Cartajima, Andalousie, Espagne
Site Web www.loscastanos.com **Prix €€**

Los Castaños est un hôtel de cinq chambres situé à Cartajima, l'un des *pueblos blancos* (« villages blancs ») situés entre Marbella et Ronda. Ici, les collines pittoresques se gravissent en lacet. Les gorges vertigineuses et les routes sinueuses, autrefois célèbres pour abriter des bandits, se disputent votre attention face à un panorama prodigieux.

Les propriétaires voulaient créer un petit hôtel à la campagne, chic et décontracté, et elles ont réussi. La salle de massage et la terrasse sur le toit, dotée d'une piscine, de sofas moelleux et d'une cheminée ouverte, feront chuter votre niveau de stress. Si les environs vous inspirent, des blocs à dessin sont à votre disposition dans chaque chambre. L'hôtel propose même des « séjours peinture », avec des cours donnés par un artiste local, ainsi que des cours d'écriture. Sinon, un ornithologue peut vous emmener à la découverte des oiseaux (quatre espèces d'aigles peuplent la région). Les plus sportifs partiront à l'assaut des rochers et des forêts de châtaigniers qui bordent les sentiers reliant les sept villages de l'Alto Genal. Ou pourquoi pas nager dans la rivière ou monter à cheval à Ronda ? Les plus courageux affronteront les grottes ou les parois du massif de Los Riscos. Puis vous raconterez vos aventures autour d'un dîner aux chandelles où se mêlent les parfums de l'Andalousie et de l'Afrique. **PE**

> *« … on se laisse séduire par l'harmonie d'un mode de vie plus lent et plus tranquille. »*
>
> ***Scotsman***

Hôtel La Cazalla

Lieu Ronda, Andalousie, Espagne
Site Web www.lacazalladeronda.com **Prix €€**

Ronda est une jolie ville andalouse attirant de nombreux touristes. Son vieux quartier aux murs blanchis à la chaux est situé au bord d'une gorge vertigineuse traversée par un pont en pierre du XVIIIe siècle. À 10 minutes du pont, au bout d'un sentier caillouteux, se trouve l'hôtel le plus isolé de la région – minuscule bâtiment de six chambres dans une vallée tranquille entourée de montagnes et de forêts.

La propriétaire, Maria Ruiz, a longtemps cherché un site adéquat et c'est dans cette petite cachette qu'elle a créé une charmante maison campagnarde qui ressemble davantage à une villa privée qu'à un hôtel. C'est un lieu idéal pour une escapade. Détendez-vous au milieu des coussins, draperies, céramiques et antiquités, promenez-vous dans les collines ou rendez-vous dans le jardin pour jouer aux boules ou lire au calme.

La décoration est un brin excentrique, avec des arches en arabesques, des murs blanchis à la chaux, de vieux tableaux et livres, des ventilateurs et des moustiquaires. À l'extérieur, il y a une piscine cachée, mais pas de télévisions ni de climatisation.

Dans la chambre, le réfrigérateur est rempli de fromages, vins et bières. Où que vous posiez le regard, le panorama est fabuleux et des jumelles sont à votre disposition dans votre chambre pour admirer les magnifiques oiseaux de la région.

La Cazalla n'a pas de menus, mais les délicieux dîners sont cuisinés avec les meilleurs ingrédients en provenance des marchés locaux, en plus des herbes, légumes et fruits cultivés dans le potager. C'est un moment divin que de dîner à l'extérieur en savourant le silence à la lueur des bougies. **SH**

Les Jardins de l'Alhambra

Lieu Grenade, Andalousie, Espagne
Site Web www.alhambra.org

« La perle sertie dans l'émeraude » : c'est ainsi qu'un poète maure décrivait l'antique enceinte d'Alhambra, à Grenade. Ancienne résidence des sultans Nasrides, cette enceinte fortifiée du XIIIe siècle abrite un fabuleux palais et la forteresse d'Alcazaba, tandis qu'autour d'elle s'étendent des jardins islamiques comptant parmi les plus beaux du monde.

Les jardins constituent un élément vital du mode de vie musulman. Ils sont considérés comme un moyen d'échapper à la chaleur du désert et l'eau joue un rôle capital dans leur conception. L'eau ne fait pas qu'apaiser l'âme, elle rafraîchit également les édifices en pierre. Les jardins d'Alhambra sont connus sous le nom de Généralife, ce qui signifie « jardin du paradis », « verger » ou « jardin des délices ».

Bâti au XIVe siècle, le patio de la Acequia se trouve au cœur des jardins, avec un long canal d'irrigation bordé sur un côté de plus d'une dizaine de fontaines, chacune propulsant un mince jet d'eau se cabrant dans les airs. Continuez à travers le portique nord jusqu'au patio de los Cipreses. Là, vous trouverez un bassin rectangulaire encadré d'une haie parfaitement taillée. Au centre se trouve une petite mare avec une fontaine en pierre glougloutant en son milieu.

La plupart des jardins créent cette même sensation d'ordre et de géométrie. Les buis sont sculptés selon des formes étranges : tourelles, triangles et étoiles parfaitement dessinés. Chaque recoin dévoile un splendide panorama ; chaque cour renferme un fabuleux exemple de l'art et de l'architecture arabes. **JP**

⇐ *Les fontaines bordant le magnifique patio de la Acequia, dans les jardins de l'Alhambra.*

Parador de Grenade

Lieu Grenade, Andalousie, Espagne
Site Web www.parador.es **Prix €€**

Peu d'hôtels au monde peuvent rivaliser avec le somptueux décor du Parador de Grenade. Cette célèbre chaîne d'hôtels a réussi à transformer près d'une centaine de bâtiments historiques en des lieux de séjour grandioses, mais aucun ne surpasse la beauté et la richesse historique de Grenade.

Le bâtiment est situé en plein cœur de la majestueuse Alhambra, grande enceinte fortifiée qui se dresse devant les montagnes de la Sierra Nevada. Construite au XIVe siècle, elle faisait partie d'un palais et d'une mosquée à l'époque où Grenade était l'une des villes les plus florissantes et les plus enviées du monde musulman. Avec la reconquête chrétienne en 1492, le bâtiment fut transformé en chapelle et monastère franciscains. Au cours des années qui suivirent, l'édifice périclita, ne laissant que de rares traces de ses traits originaux. Aujourd'hui pourtant, l'inspiration mauresque se ressent encore dans l'architecture, les fontaines apaisantes et les jardins remplis de glycines. Une grande quantité d'œuvres d'art et de meubles classiques ornent le cloître et l'intérieur, dont chaque fenêtre s'ouvre sur un panorama époustouflant, surtout celles surplombant l'Albaicin. **SG**

« [L'hôtel] exauce le rêve de tout voyageur romantique : dormir dans l'Alhambra. » ***Condé Nast Traveler***

Le monastère fut le premier lieu saint construit à Grenade sur les ordres de la monarchie catholique.

Hôtel Cuevas Pedro Antonio de Alarcón

Lieu Guadix, Andalousie, Espagne
Site Web www.andalucia.com/cavehotel **Prix €**

Inutile d'être un homme des cavernes pour vivre dans une caverne, aiment à répéter les habitants de Guadix. Plus de la moitié de la population de cette ville est troglodyte (c'est la plus grande concentration de grottes habitées en Europe) et leurs habitations disposent de tout le confort moderne : Internet, électricité, eau courante, etc. À l'hôtel Cuevas Pedro Antonio de Alarcón, maison troglodytique située un peu en dehors de la ville, il y a même une suite avec Jacuzzi.

Les gens de la région vivent dans des grottes depuis le VIIIe siècle. Selon certains, les grottes se développèrent quand les Maures, fuyant la reconquête chrétienne, partirent vers les collines et se cachèrent sous le sol. Quelle que soit la raison de leur existence, les grottes ont leurs avantages. La température est constante toute l'année, avec un mercure avoisinant les 19 °C. Des feux de bois réchauffent les grottes si nécessaire, la fumée remontant le long de cheminées blanchies à la chaux qui se dressent en direction du ciel. Certains vantent une qualité de sommeil incomparable, en raison d'une certaine connexion avec la terre, alors que d'autres citent la singularité de leur habitation comme principale attraction.

L'hôtel Cuevas Pedro Antonio de Alarcón comporte 23 appartements, chacun avec vue sur Guadix et la Sierra Nevada. Tous disposent du chauffage central, de la télé, du téléphone, d'une salle de bains, d'une cuisine et d'un barbecue privé. Il y a aussi un restaurant et une piscine. Équitation ou escalade dans les collines, visite des thermes romains à Guadix sont quelques-unes des activités possibles. **PE**

Hôtel Los Jardines de Palerm

Lieu Ibiza, îles Baléares, Espagne
Site Web www.jardinsdepalerm.com **Prix** €€

Ibiza est connue pour ses discothèques, mais il existe un minuscule recoin où l'on peut se détendre en toute tranquillité. Los Jardines de Palerm est un petit hôtel luxueux (il n'y a que neuf chambres) créé à partir d'une ancienne ferme du XVIIe siècle. Surplombant la baie de San Antonio, c'est un havre de paix pourtant tout près des plages et de la vie nocturne.

La plupart des clients apprécient particulièrement la sérénité des jardins exotiques et des piscines à débordement. Les chaises longues disposées sur les nombreuses terrasses dont dispose le domaine sont autant de coins tranquilles où se relaxer. Les chambres blanches et épurées, ornées de céramiques chinoises et d'anciens manuscrits, accentuent encore cette sensation de sérénité. Il n'y a pas de restaurant, mais le petit déjeuner est inclus et le personnel peut gentiment servir à manger aux fêtards qui auraient trop dormi. Le chef préparera même un sandwich ou une salade pour ceux qui ne parviennent pas à s'arracher de leur chaise longue à midi et un bar en libre-service est à votre disposition pour vous rafraîchir. La ville pittoresque de San José n'est qu'à quelques minutes à pied, avec ses murs blanchis à la chaux, ses palmiers et ses boutiques de poteries. **PE**

« Le domaine, ses jardins aquatiques et ses deux piscines offrent une intimité absolue. »

Harpers Bazaar

L'île de Formentera

Lieu Formentera, îles Baléares, Espagne
Site Web www.turismoformentera.com

Bien que Formentera ne soit qu'à quelques kilomètres du sud d'Ibiza, on croirait qu'un monde la sépare de sa voisine ; si Ibiza est l'île de la fête – jonchée de discothèques, de bars et de hordes de fêtards en sueur –, Formentera est celle de la détente ; située au large de la côte est espagnole et accessible uniquement par ferry (une heure) ou par hydrofoil (25 minutes) à partir d'Ibiza, l'île n'a pas encore succombé aux ravages du tourisme de masse.

Les rares touristes qui parviennent jusqu'ici, la plupart ne venant que pour la journée, trouveront un lieu minuscule (ses 83 km^2 en font la plus petite des îles habitées des Baléares) au charme bucolique inoubliable. D'ondoyantes collines tapissées d'oliviers et ponctuées de petits villages en pierre mènent à des plages comptant parmi les plus belles d'Espagne. En regardant le sable blanc et propre et les eaux bleues et claires, on se croirait presque aux Caraïbes. C'est l'endroit parfait pour faire de la voile et vous pouvez louer du matériel de plongée si vous voulez nager parmi les poissons colorés qui peuplent les eaux de la côte. Découvrez l'île en toute décontraction grâce à un vaste réseau de pistes cyclables menant le long des plages et jusqu'aux paysages sauvages, battus par le vent, du centre de Formentera.

La vie nocturne est aussi détendue que le doux clapotis des eaux de la Méditerranée, et l'île abrite une multitude de petits restaurants douillets, dont un grand nombre situé idéalement sur la plage. Ceux de la rive nord, en face d'Ibiza, offrent des vues magnifiques en particulier au crépuscule. **JF**

→ *Admirez le crépuscule et regardez les rochers changer lentement de couleur sous vos yeux.*

Hôtel Finca Son Palou

Lieu Orient, Majorque, Espagne
Site Web www.sonpalou.com **Prix €€**

À tout juste 40 km de Palma se trouve le minuscule hameau d'Orient. Avec une poignée de maisons couleur miel éparpillées le long des rues pavées, rien n'a beaucoup changé au fil des ans. La cloche sonne toujours dans la petite église de Saint Jordi et quand un mariage est célébré, c'est une véritable attraction.

Le village est niché dans une vallée fertile entourée des majestueuses montagnes de Tramuntana et le Finca Son Palou est idéalement situé pour admirer le fabuleux paysage et s'immerger dans la paix et la sérénité de la région. Ancien manoir du XIVe siècle, cette *finca* familiale a été rénovée selon des critères de haute qualité, tout en préservant son ambiance rustique. Le domaine privé, dont les produits sont servis dans votre assiette, dispose de kilomètres de pistes pédestres et cyclables à explorer et d'une piscine à débordement avec vue sur la vallée. Les vastes chambres sont toutes conçues différemment ; fraîches et relaxantes au cours des saisons chaudes, elles se font douillettes et accueillantes pendant les mois d'hiver. Les sols en pierre, les murs blancs et les poutres apparentes se marient aux meubles élégants pour créer une atmosphère simple, mais raffinée.

Le petit déjeuner, servi sur la terrasse l'été, se déguste sur un rythme lent. Sirotez le jus d'une orange cultivée dans un champ voisin, mordez dans un croissant croustillant à peine sorti du four et savourez le café fort avec pour seul accompagnement le chant des oiseaux et les cloches des moutons. Pour le déjeuner et le dîner, la *finca* se targue d'offrir une cuisine méditerranéenne moderne, basée sur les meilleurs ingrédients régionaux ; lors des douces soirées d'été, dînez dehors pour admirer le dégradé de couleurs nimbant les montagnes au crépuscule. **SD**

La Serranía

Lieu Pollensa, Majorque, Espagne
Site Web www.laserrania.com **Prix €€**

Pendant le printemps et l'automne, artistes, écrivains et yogis viennent trouver l'inspiration dans cette paisible demeure au pied des montagnes de Tramuntana, à 10 km du centre historique de Pollensa. Posée sur un domaine privé de 4 ha, La Serranía respecte et tire parti de son cadre.

Les hauts plafonds et les grandes fenêtres créent un espace clair et ouvert, rehaussant la beauté des sols en marbre et en chêne, des murs en pierre et des boiseries en cèdre. Rien d'étonnant à ce que cette fabuleuse propriété serve régulièrement de décor à des films et prises de vue, tout en accueillant de nombreux séminaires et groupes de touristes. Pourtant, c'est un lieu très intime, au luxe minimaliste, mais raffiné, avec des salles de bains en marbre et des terrasses privées. Si vous cherchez encore plus de tranquillité, rendez-vous dans la salle de méditation ou détendez-vous entre les mains d'une masseuse. Prenez le temps de méditer dans la grande piscine de La Serranía, mais gardez la tête hors de l'eau pour admirer l'incroyable vue sur la vallée parsemée d'amandiers, d'oliviers et de chênes. Pendant l'été, vous aurez tout le temps de profiter de la piscine ainsi que des cours de yoga ponctués de savoureux brunchs et dîners. Plus de temps, c'est aussi plus d'occasions de goûter à la délicieuse cuisine régionale. **JS**

« Parfait pour qui cherche l'inspiration… ou à s'échapper de la vie quotidienne. »

Harpers & Queen

Hôtel Son Gener

Lieu Arta, Majorque, Espagne
Site Web www.songener.com **Prix €€**

Cette ferme en pierre du XVIIIe siècle gisait en ruine sur une colline au milieu des champs du nord-est de Majorque. Toni Esteva, architecte et décorateur, la repéra et consacra de nombreuses années à la transformer en l'un des hôtels les plus charmants de l'île. Son Gener est devenu une *finca* raffinée de dix chambres, encadrée de collines ondoyantes recouvertes d'oliviers et de vergers. Entourée de potagers et d'arbres fruitiers, elle s'ouvre sur la Méditerranée scintillant au loin. La ville la plus proche est celle d'Arta, où vous arpenterez les allées en pierre jusqu'à une chapelle perchée sur une colline, et les plages bordant l'hôtel comptent parmi les plus belles de l'île.

À l'intérieur, la décoration est chic et épurée. Explorez le labyrinthe de murs en pierre et de vieilles poutres en bois, parmi les sols en pierre de chaux et les antiquités. Le style n'est ni ampoulé, ni opulent, juste discret avec de vastes chambres décorées dans des tons neutres, des escaliers en pierre et quelques bouquets de fleurs fraîches pour égayer l'atmosphère. Les cheminées sont allumées lorsque la température se rafraîchit, et les portes à double battant s'ouvrent sur de grands jardins.

Les vastes chambres dont dotées de terrasses privées, de lits à baldaquin, de hauts plafonds avec poutres apparentes et de fauteuils recouverts de plaids couleur crème. Certaines ont des terrasses sur le toit avec vue sur la mer. Le petit spa décoré de pierre, verre et bois sombre abrite deux piscines, intérieure et extérieure, un sauna, un hammam, un Jacuzzi et une salle de massage. Vous apprécierez une cuisine de terroir, fraîche et délicieuse, que l'on déguste dehors, sous les bougainvilliers. Cet hôtel est un endroit vraiment paisible et relaxant. **SH**

La Residencia

Lieu Deiá, Majorque, Espagne
Site Web www.hotellaresidencia.com **Prix €€€€**

Surplombant le village montagnard de Deiá, ce splendide hôtel jouit d'une vue fabuleuse sur les montagnes de Tramuntana et les eaux scintillantes de la Méditerranée. Il est situé dans un domaine paysager de 12 ha composé de vastes pelouses, de jardins fleuris, de citronniers parfumés et de terres cultivées. À l'origine formée de trois manoirs, La Residencia est meublée d'un mélange d'antiquités majorquines, de tissus campagnards et d'objets d'art locaux. L'hôtel parvient à combiner un sentiment de luxe absolu avec la rusticité d'une hacienda.

La Residencia s'étend sur des marches ocre et à travers un labyrinthe de splendides chambres et jardins. Que vous appréciiez le charme désuet des chambres de la vieille maison ou l'opulence moins discrète des suites supérieures, vous serez séduit par ce cadre empreint de glamour ibérique. Vous pourrez dîner au restaurant El Olivo – situé dans un pressoir à olives du XVIe siècle, il propose un menu gastronomique composé de plats délicieux aux accents régionaux – ou au Son Fony – à l'atmosphère plus décontractée, mais offrant une cuisine tout aussi savoureuse.

« Les chambres sont décorées dans le plus pur style majorquin. »

The Sunday Times

L'atmosphère nonchalante de Deiá, village très apprécié des artistes, écrivains et poètes depuis des décennies, se communique à cet hôtel mémorable. L'ambiance est calme et sereine, mais le village dégage un caractère étonnant, tout comme l'hôtel. **SWi**

Résidence Abama

Lieu Guía de Isora, Tenerife, îles Canaries, Espagne
Site Web www.abamahotelresort.com **Prix €€€**

Cette station de luxe sur la côte ouest de Tenerife repose sur une plage de sable blanc bordée de palmiers sous les contreforts du mont Teide. Abama est le lieu rêvé de ceux qui aspirent à des vacances actives. Vaste et débordant d'équipements, elle est dotée de huit piscines, d'une plage privée et d'un golf de 18 trous. Il y a dix restaurants dont la cuisine varie entre sushi, *parrilla* (grillade) argentine, fruits de mer et classiques italiens. Quant aux chambres, le choix est également au rendez-vous. Vous pouvez séjourner ou à la Citadelle, au centre de la station avec vue sur le parcours de golf, ou dans les villas, situées dans un coin plus calme. Chaque villa possède un balcon et la décoration évoque l'époque mauresque : sensualité de la terre cuite, bois sombre et tapis somptueux.

Sur la plage, à vous de choisir entre voile, plongée ou pêche en eaux profondes ou détente en profitant d'un massage sous le soleil. Le club de tennis dispose de sept courts et propose des leçons privées. Il y a également une salle de fitness offrant des cours de yoga, Pilates et tai-chi, un espace bien-être – la gamme de soins est si vaste que vous aurez du mal à en faire le tour –, un tepidarium, un hammam, un sauna africain, un bain de vapeur aux herbes, un parcours Kneipp, un bassin d'hydrothérapie, une cabine de neige et un jardin.

Parmi les activités, choisissez entre club de lecture, cours de salsa, danse du ventre et concours de bridge ou de billard. Et pour les enfants, des clubs proposent toutes sortes d'animations : préparation de gâteaux, fabrication de colliers, danse et jeux de plein air. **PE**

Les grandes terrasses de l'Abama offrent un panorama varié et fabuleux.

Hôtel San Roque

Lieu Garachico, Tenerife, îles Canaries, Espagne
Site Web www.hotelsanroque.com **Prix €€**

À l'extrémité de Tenerife, loin des plages bondées de la côte sud, parmi la végétation luxuriante et tropicale de la côte nord-ouest, découvrez Garachico – petit village de pêcheurs aux murs blanchis à la chaux. La majeure partie de Garachico a été détruite par une éruption il y a 300 ans et l'on voit encore le parcours de la lave. Quelques cafés, une église et une boutique peuplent le village et juste à côté de la grand-place bordée d'arbres se trouve une demeure du XVIIIe siècle transformée en superbe hôtel de luxe.

La majestueuse façade en terre cuite laisse deviner le style et l'atmosphère régnant à l'intérieur. Après une série de cloîtres et de voûtes, on accède à des salles sombres et fraîches ornées de poutres apparentes, de gros fauteuils en osier, de splendides œuvres d'art espagnoles et de rideaux couleur crème s'agitant dans la brise. En haut d'un escalier en colimaçon, la suite en triplex jouit d'une terrasse avec vue sur les montagnes et la mer. Une petite lucarne ronde au-dessus du lit donne sur les toits de Garachico.

« San Roque est un subtil mélange de charme colonial et de confort moderne. »

Louise Roddon, *The Daily Telegraph*

La cour est dotée d'une immense piscine, allumée la nuit. La mer n'est qu'à quelques minutes à pied et bien qu'il n'y ait pas de plage, les vacanciers profitent des bassins naturels formés par la lave. Des cannes à pêche sont disponibles à la réception et si vous attrapez un poisson, le chef le servira à dîner. **SH**

Les montagnes de Gran Canaria

Lieu Gran Canaria, îles Canaries, Espagne **Site Web** www.grancanaria.com/patronato_turismo/La-Randonnee.1787.0.html

Alors que la plupart des visiteurs de l'île prennent la direction du sud pour profiter des plages de sable fin et des ports pittoresques, la région montagneuse de Gran Canaria est un refuge idéal pour qui veut s'isoler au milieu d'un paysage spectaculaire : montagnes volcaniques séparées par de riches prairies et vallées, tapissées de fleurs et de palmiers. S'élevant jusqu'à 1 900 m d'altitude, les montagnes sont toutes ponctuées de charmants villages reliés par d'anciens sentiers royaux (*caminos reales*). Même au sommet des cimes, les températures avoisinent les 15 °C ou plus pendant la saison la plus froide, offrant des conditions parfaites pour partir en randonnée d'octobre à avril.

Côté logement, les montagnes de Gran Canaria sont parsemées d'élégantes maisons troglodytes qui sont louées à des individus ou à des groupes de cinq personnes maximum. Autre possibilité : l'hôtel Fonda de la Tea, dans le village endormi de Tejeda, où quelques boutiques, restaurants et même un musée proposent un charmant contrepoint à la paix et à la sérénité des montagnes environnantes. Le prix inclut une voiture de location, mais vous pouvez opter pour une solution plus écologique, comme les navettes, et choisir les transports en fonction de vos besoins.

Mais le plus important dans une randonnée à Gran Canaria, c'est la découverte de la région, que vous pouvez entreprendre en solitaire ou en groupe organisé, selon vos envies. En arpentant les sentiers, le parfum des pins vous fera tout oublier de votre quotidien. **DaH**

⇥ *Explorez ce fabuleux paysage volcanique pour une randonnée inoubliable.*

Finca Las Longueras

Lieu Gran Canaria, îles Canaries, Espagne **Site Web** www.grancanaria.com/patronato_turismo/La-Randonnee.1787.0.html **Prix €€**

Construite en 1895, cette grande bâtisse campagnarde sur l'île de Gran Canaria se trouve au milieu d'une plantation où poussent bananes, oranges, avocats et papayes, enivrant les badauds d'un délicieux parfum tropical. Même les hôtes de ce lieu merveilleux – situé au bout d'une route serpentant à travers les collines – peuvent facilement se perdre dans le dédale de sentiers zigzaguant à travers la plantation.

Ce luxueux hôtel rural, aussi connu sous le nom de Maison rouge (Casa Roja) et aménagé dans le plus pur style colonial avec son porche voûté et ses hauts plafonds, appartenait autrefois à une famille d'aristocrates. L'impression de grandeur perdure : châlits en cuivre richement décorés, longs couloirs, immenses fenêtres voûtées et vaste collection d'objets d'art.

Admirez des couchers de soleil romantiques, dans un cadre tropical.

L'hôtel Finca Las Longueras possède neuf chambres, mais vous ne croiserez jamais âme qui vive parmi ces 173 ha perchés au-dessus de l'océan Atlantique. Asseyez-vous au milieu des vergers, un verre de vin à la main, et admirez le soleil plonger telle une boule de feu derrière les montagnes, ou démarrez la journée par une orgie de fruits, à peine cueillis des arbres qui vous entourent. Et si jamais vous vous lassiez du parfum de la fleur d'oranger ou de la sensation d'isolement, ce joyau n'est qu'à 32 km du tohu-bohu de Las Palmas. **NS**

Finca Malvasia

Lieu Lanzarote, îles Canaries, Espagne
Site Web www.fincamalvasia.com **Prix €**

Dans les années 1700, d'immenses cônes volcaniques aspergèrent Lanzarote de lave en fusion, transformant l'environnement en un paysage fantastique et déchiqueté. Certains pourraient penser qu'une vallée nichée entre deux volcans ne constitue pas le cadre idéal pour trouver le sommeil, mais deux propriétaires britanniques ont créé un havre de détente sur cette île.

Quatre cottages rustiques forment un L autour d'une piscine sculptée, oasis de blanc et de flore tropicale dans un paysage de lave noire. Les bougainvilliers escaladent les murs jusqu'aux toits ocre et les palmiers projettent leur ombre sur les jardins privés. L'ancien et le moderne se côtoient à l'intérieur des cottages : systèmes high-tech posés sur des étagères en pierre brute ; dalles de terre cuite recouvertes de tapis éclatants et salles de bains raffinées regorgeant de plantes vertes. La nuit, le silence est impressionnant et le ciel bleu vif semble à portée de main.

L'isolement est toutefois relatif. Le spa propose des soins et massages dispensés dans une yourte en pierre, les plages de sable fin sont à moins de 10 km et la région est sillonnée d'un réseau de pistes de randonnée pour les plus aventureux. Des cours d'écriture, de cuisine et de peinture créatives sont également disponibles sur demande. Les repas ne sont pas inclus, mais les petits déjeuners bio, composés de fruits cultivés sur place, sont livrés jusqu'aux terrasses les plus isolées. Pour remplir le frigo, un marché fermier vend des fromages, fruits, légumes et pain frais tous les week-ends. Pour les stressés du boulot en quête d'évasion, les couples à la recherche d'un refuge romantique ou les artistes en mal d'inspiration, les montagnes volcaniques de Lanzarote sont une destination idéale. **JC**

Aquapura

Lieu vallée du Douro, de Bragança à Oporto, Portugal
Site Web www.aquapurahotels.com **Prix €€€**

Dans le nord-est du Portugal, le fleuve Douro serpente entre de vertes collines dont les versants sont depuis des siècles couverts de vignobles étagés. Cette vallée, classée au patrimoine mondial de l'Unesco, est notamment célèbre pour son porto.

Aquapura est le nom d'un hôtel spa occupant un étonnant manoir sur la rive sud du fleuve. Le centre de cure se trouve dans une annexe moderne entièrement vitrée. L'intérieur, d'inspiration asiatique, se distingue par ses surfaces en bois sombre qu'éclaire la flamme vacillante des bougies. Les salles dont le décor a été réalisé avec des matériaux naturels possèdent d'immenses fenêtres donnant sur la vallée du Douro.

« [Une] longue tradition viticole a modelé ce paysage d'une remarquable beauté. »

Comité du patrimoine mondial de l'Unesco

Le restaurant de l'hôtel propose des spécialités régionales réinventées par le chef français, qui utilise pour confectionner ses sauces les huiles d'olives et les portos de la région. Vous pourrez les savourer dans le patio ou dans la salle moderne du restaurant.

Élégantes et spacieuses, les chambres de l'Aquapura au décor minimaliste et apaisant comprennent des salles à manger où il est possible d'être servi 24 heures sur 24, de luxueuses salles de bains, de grands lits à baldaquin aux draps en coton immaculés et des salles de soins. Certaines sont pourvues de balcons offrant une belle vue sur des cloîtres anciens et, bien sûr, sur le Douro. **SH**

Flor da Rosa

Lieu Portalegre, Portugal
Site Web www.pousadasofportugal.com **Prix €€**

Si vous aimez les tourelles, n'allez pas plus loin. Bien qu'il s'agisse d'un ancien monastère, l'édifice ressemble plus à un château qu'à un bâtiment religieux. Construit en 1356 pour les chevaliers de l'ordre de Malte, il fut superbement restauré par l'architecte portugais Carrilho da Graca. Imprégné d'histoire, il possède de magnifiques voûtes et des cloîtres médiévaux.

Le bar est l'une des pièces les plus spectaculaires. Autrefois réfectoire du monastère, il se distingue par les voûtes de son plafond, ses fenêtres cintrées et ses piliers en pierre qui se marient parfaitement avec ses sofas en cuir brun aux lignes géométriques. Dans les chambres, des fauteuils tapissés de blanc sont disposés contre les murs de pierre immémoriaux. L'hôtel ne compte que 24 chambres. La plupart des touristes sont d'accord pour dire que les plus belles sont les trois situées dans la tour.

La *pousada* ("hôtel de luxe") se trouve dans le petit village de Crato, dans l'Alentejo, connu pour ses poteries encore réalisées de manière artisanale. Non loin de là se dresse aussi la ville fortifiée de Portalegre.

Pour ceux qui recherchent la paix et la sérénité, Flor da Rosa est le lieu idéal pour se détendre. Vous pouvez paresser au bord de la piscine, déguster l'excellente cuisine régionale du restaurant dont les fenêtres panoramiques offrent de superbes vues, ou bien siroter un petit *vinho do porto* avant d'aller vous coucher. Ceux qui préfèrent plus d'activités pourront jouer au golf, au tennis, monter à cheval, pêcher, chasser et observer les oiseaux. Que vouloir de plus dans un monastère datant du XIVe siècle ? **PE**

La Serra da Estrela

Lieu Serra da Estrela, Portugal
Site Web www.quintadoriodao.com/eng/out/estrela.html

Culminant à 1 933 m, les plus hauts pics du Portugal, baptisés à juste titre la montagne des Étoiles, semblent vraiment toucher le ciel. Il est pourtant facile d'accéder à leur sommet grâce à une route pavée conduisant au plateau qui les couronne et au lieu appelé la Torre (la tour), d'où l'on peut apercevoir la mer, située à 160 km.

Cette chaîne de montagnes granitique massive qui s'étire sur plus de 100 km, et dont plus de la moitié se trouve à plus de 700 m de haut, est vraiment un superbe exemple des miracles de la nature. Des rochers escarpés de forme étrange, des gorges profondes, des torrents impétueux et des lacs tranquilles émaillent ce paysage exceptionnel.

« Près [du] sommet, il y avait, disait-on, un lac dans lequel flottaient les épaves des bateaux. »

Herman Melville, *Moby Dick*

Le Mondego, le plus grand fleuve coulant uniquement au Portugal, prend sa source ici, comme le Zêzere. Parc naturel protégé, la chaîne de montagnes abrite la station de ski de Lorigã.

Vous y trouverez une faune et une flore abondantes, des cascades, des forêts et des cavernes mystérieuses. Il n'y a plus d'ours, et les loups sont devenus rares, mais vous apercevrez des loutres, des rats d'eau et de nombreux oiseaux rares. **RsP**

Le petit village de Parente se trouve au milieu de la luxuriante forêt de la Serra da Estrela.

Penha Longa

Lieu Sintra, près de Lisbonne, Portugal
Site Web www.penhalonga.com **Prix** €€

Depuis Lisbonne, un court trajet en voiture permet d'accéder à cet hôtel si différent des autres. Le domaine, situé sur les pentes méridionales des collines de Sintra, entre lacs et jardins luxuriants, fut longtemps un lieu de séjour de la royauté portugaise et des dignitaires étrangers. Aujourd'hui encore, l'endroit est un lieu de retraite paisible et le monastère du XIVe siècle est toujours là. Il est même possible de se marier dans la petite chapelle.

Près de cet ancien édifice, juste avant l'hôtel moderne, se trouve un spa d'inspiration asiatique où vous pourrez siroter des thés fruités et vous reposer près des divers bassins avant ou après une séance de soins. Si vous parvenez à vous arracher à ce lieu agréable, allez vous baigner dans la piscine surplombant l'immense terrain de golf de l'Atlantique. Non loin de là se dresse l'élégant hôtel de 194 chambres comprenant quatre restaurants différents dont la Serra, à côté de la piscine, et le Midori, qui sert des mets japonais. Le plus récent est l'Arola où le chef confectionne une cuisine portugaise très novatrice. Le petit déjeuner de l'Assa Massa, le bar de l'hôtel, se compose d'une multitude de fruits frais, de céréales, d'une grande variété de pains et d'un choix fantastique de confitures maison qui sont de vrais délices.

Calé dans un fauteuil confortable, profitez du grand balcon du bar pour contempler le soleil qui se lève au-dessus des montagnes environnantes. **JED**

« L'édifice se dresse tel un palais au milieu de collines, de lacs cristallins et de jardins luxuriants. »

New York Times

Devant Penha Longa, une agapanthe bleue aussi appelée lis du Nil exhale un merveilleux parfum.

Lapa Palace

Lieu Lisbonne, Portugal
Site Web www.lapapalace.com **Prix** €€€

Bâti à l'origine en 1870 pour le comte de Valenças, le Lapa Palace se distingue par son élégante façade rose, ses décorations en stuc et en bois sculpté et ses superbes azulejos magnifiquement conservés. En 1992 il est devenu un hôtel élégant et luxueux très apprécié.

Il se dresse en effet au milieu de jardins splendides, de ruisseaux et de fontaines ornementales proches du centre de Lisbonne et jouit de vues spectaculaires du Tage. Près de 109 chambres sont disponibles, et même celles dites standard sont dotées de terrasses et de balcons, de reproductions de meubles français et anglais, de salles de bains en marbre (quelques-unes avec des bas-reliefs et des bains à remous) et d'un décor classique du XVIIIe siècle. Les 22 chambres et suites royales, toutes différentes, sont ornées de meubles d'époque, restaurés. Quant aux quatorze chambres de la villa de style italien qui occupe les anciennes écuries, elles donnent sur des jardins privés parfaits pour profiter des rayons du soleil en fin d'après-midi.

L'hôtel attire des hôtes de marque qui apprécient beaucoup sa suite royale pastel de style rococo. La chambre de la Tour, où l'on trouve une télévision pop-up au bout du lit, un bain à remous pour deux personnes et une tourelle privée abritant une salle à manger, est réservée aux mariés en voyage de noces. Après une séance d'exercices dans le centre de remise en forme ou un bain dans la piscine chauffée, rendez-vous au Rio Tejo pour goûter l'une des 50 variétés de thés. Prisé pour sa cuisine contemporaine, le Cipriani, le restaurant de l'hôtel, est considéré comme l'un des meilleurs restaurants de Lisbonne. Cet établissement raffiné ne pourra que vous séduire. **PS**

Palacio Belmonte

Lieu Lisbonne, Portugal
Site Web www.palaciobelmonte.com **Prix** €€

Quand Maria et Frédéric Coustols achetèrent l'antique palais, celui-ci était un édifice délabré. Il leur fallut plusieurs années et plusieurs millions d'euros pour le restaurer. Cet hôtel est un monument national classé, situé non loin du château Saint-Georges, dans le vieux quartier d'Alfama.

Bien que les propriétaires aient introduit une touche de modernité, les baignoires du XIXe siècle parfaitement conservées et les carreaux bleu et blanc d'origine ne sont que quelques-uns des éléments les plus anciens. Les suites qui portent toutes le nom de Portugais célèbres sont décorées d'authentiques miroirs, armoires, tableaux et dessins du XVIIIe siècle. Les personnes romantiques apprécieront la suite Bartolomeu de Gusmão, qui se trouve au sommet de l'une des tours mauresques de l'édifice. Sa terrasse donne sur l'Alfama et le Tage.

« Occupant un ancien palais, le Belmonte semble toujours conçu pour la noblesse. »

Condé Nast Traveler

Le jardin ajoute au charme de l'hôtel. Il s'agit d'un véritable éden regorgeant d'arbres fruitiers et de bougainvilliers entouré de murs blanchis à la chaux. Ne ratez pas la piscine de marbre noir et la bibliothèque contenant plus de 4 000 livres et publications dans diverses langues. Le Belmonte dispose même de sa propre chapelle. Lieu de culture et hôtel de luxe, il mérite le détour. **PS**

Hôtel Ritz

Lieu Lisbonne, Portugal
Site Web www.fourseasons.com/lisbon **Prix €€**

Si vous recherchez le luxe avec un grand « L », le Ritz de Lisbonne devrait faire votre bonheur. Au premier abord, il peut sembler être l'un des nombreux édifices anciens de la capitale.

Bâti sur l'une des sept collines de Lisbonne, il offre des vues impressionnantes sur les sites les plus réputés de la cité (notamment le parc Édouard-VII, le château Saint-Georges et le Tage). L'intérieur ne manquera pas de vous séduire avec une profusion de tapisseries, de peintures et de reproductions d'objets anciens réalisées par des artistes portugais. L'hôtel comporte des suites immenses et merveilleusement meublées, dotées de salles de bains en marbre, de grands lits à baldaquin en acajou, de coiffeuses anciennes en bois de citronnier et de somptueux tapis.

« [Les] suites possèdent des décorations comme vous ne pourrez en trouver dans aucun autre grand hôtel portugais. » **New York Times**

Le restaurant Varanda est l'un des plus huppés de Lisbonne. Le bar comprend une superbe terrasse donnant sur le parc. Pour jouir d'une vue imprenable, n'hésitez pas à vous rendre dans la salle de sport située sur le toit. Elle a le privilège de posséder une piste de course permettant d'admirer la ville. Vous pourrez ensuite aller dans le spa de l'hôtel, création d'inspiration zen, proposant de fantastiques bains de vapeur, des massages des pieds et des soins divins. **PS**

Le monastère des Hiéronymites

Lieu Lisbonne, Portugal
Site Web www.mosteirojeronimos.pt

Pour jouir d'une atmosphère paisible à proximité du site le plus touristique de Lisbonne, rien ne vaut le monastère des Hiéronymites (mosteiro dos Jerónimos), dans le quartier de Belém.

Une enfilade de couloirs en spirale mène jusqu'aux pièces renfermant la tombe du poète Fernando Pessoa et celle de l'historien Alexandre Herculano, ainsi que celles de centaines de moines hiéronymites. D'autres passages permettent d'accéder au sommet du monastère où le ciel donne l'impression d'être soutenu par les pinacles des tours. À l'intérieur, les murs en pierre d'un blanc pur ont été embellis par l'imagination des marins qui venaient prier ici avant d'embarquer pour de longs voyages. Ceux qui revinrent décrivirent de manière fantastique leurs périples, faisant le tableau des choses qu'ils avaient vues ou rêvées à l'étranger.

Le monastère rend parfaitement l'état d'esprit de ces aventuriers téméraires. Des scènes de la Bible apparaissent au milieu des toiles qui semblent sorties de contes de fées. L'arche de Noé est un exemple particulièrement réussi, avec ses hordes d'animaux qui envahissent la proue d'un vaisseau archaïque rappelant les embarcations peu résistantes à bord desquelles les marins partaient à la découverte de nouveaux mondes.

Des offices sont toujours célébrés dans l'église. Asseyez-vous au fond et laissez-vous bercer par les murmures des fidèles. **JED**

La nef de l'église Santa Maria, surprenante par le raffinement et la virtuosité de sa voûte.

Nossa Senhora do Monte

Lieu Lisbonne, Portugal
Site Web www.golisbon.com

Lisbonne a été construite sur sept collines. Nossa Senhora do Monte, Notre Dame de la Colline, se dresse sur la plus haute. Vêtue de blanc, faisant un signe de bénédiction avec l'une de ses mains, elle domine les toits rouges de la cité et les eaux du Tage en contrebas. Derrière elle se trouve la chapelle qui lui est consacrée et qui date de 1243. C'est à cet endroit qu'au IVe siècle l'évêque de Lisbonne, São Gens, fut martyrisé.

Près de la chapelle, un point de vue (le Miradouro) se compose de jolies terrasses carrelées. Tournez votre regard vers la gauche pour apercevoir les fabuleux créneaux du château Saint-Georges, qui mérite également une visite. Une courte promenade à pied depuis le Miradouro vous y mènera. Montez dans les tours et flânez le long des remparts. Puis offrez-vous un café, en profitant de vues encore plus incroyables de la cité.

Si vous n'avez pas envie d'y aller à pied (il faut compter environ 30 minutes de marche depuis le centre de la ville), prenez le tramway n° 28. Les tramways de Lisbonne sont réputés pour leur aspect rétro. L'itinéraire du 28, qui gravit les collines de la cité, est un véritable enchantement.

Les habitants de la région disent qu'il vaut mieux se rendre au Miradouro au crépuscule. Lorsqu'il fait beau, le ciel devient en effet d'un bleu intense, puis vire au rose cendré à proximité des eaux sombres, couleur d'encre, du Tage. Notre-Dame-de-la-Colline brille alors de tous ses feux dans son sanctuaire en verre. Plus bas, lors des chaudes soirées d'été, les lumières jaunes et orange de Lisbonne scintillent. **PE**

Le chemin menant à Nossa Senhora do Monte, sur la plus haute colline, est abrupt, mais la vue est splendide.

Pousada Rainha Santa Isabel

Lieu Estremoz, Portugal
Site Web www.pousadas.pt **Prix €**

Ancienne ville de garnison à la frontière entre l'Espagne et le Portugal, Estremoz était censée empêcher les incursions de l'ennemi espagnol. La *pousada* Rainha Santa Isabel occupe un palais royal qui jouxte un impressionnant donjon du XIVe siècle, dans la ville haute. Les remparts en forme d'étoile de l'édifice rappellent ceux de l'ingénieur militaire français Vauban. À 395 m au-dessus du niveau de la mer, les jardins privés du palais permettent de jouir de vues exceptionnelles d'Elvas, d'Évora et de Badajoz, de l'autre côté de la frontière.

Le palais était à l'origine destiné à la femme du roi Denis. La reine Isabelle y mourut en 1336. Il devint un hôtel dans les années 1960. Au premier étage du donjon, se trouve une pièce octogonale au plafond voûté. Partout, on découvre du mobilier d'époque et de merveilleuses antiquités, y compris d'anciens lits à baldaquin. Une multitude d'armures et d'armes anciennes ornent le bar qui est somptueux. La cuisine est constituée de plats simples d'Alentejo : des soupes au pain appelées *migas*, l'*arroz de marisco* (une sorte de paella aux crustacés) et des prunes d'Elvas.

Estremoz abrite une immense *praça* centrale où, le samedi, se tiennent des marchés animés. Vous y trouverez en particulier des gilets en peau de mouton et des chaussons traditionnels de bergers, ainsi que des poteries en terre cuite de la région et des fromages au lait d'agnelle. Les magasins d'objets d'art anciens contiennent, dit-on, des perles rares, comme des objets en étain anglais du XVIIIe siècle. N'oubliez pas de visiter le musée d'Alentejo, l'église du couvent de São Francisco et le château d'Estremoz. **GMD**

Monte do Chora Cascas

Lieu Montemor-o-Novo, Portugal
Site Web www.wonderfulland.com **Prix €€**

Le Monte do Chora Cascas est une ferme traditionnelle que sa propriétaire, l'architecte Sónia Estima Marquez, a restaurée et transformée en petit hôtel campagnard à l'atmosphère intime.

Ce dernier ne compte que sept chambres plus caractérisées par leur couleur que par leur numéro. Vous ne risquez donc pas de vous perdre à l'intérieur. Avec leurs lits en fonte, leurs murs de couleur vive et la présence de linge blanc immaculé, les chambres ont un charme discret. Les plafonds en bois rappellent l'édifice d'origine, mais les salles de bains gigantesques sont, elles, tout à fait modernes.

Le grand salon comprend des canapés rembourrés où il fait bon s'enfoncer, un grand piano à queue, des sculptures chinoises en bois et de délicats vases en verre remplis de fleurs. Dehors, vous découvrirez une jolie cour, des jardins luxuriants et admirerez le magnifique panorama de la vallée et de la ville de Montemor, située sur un versant de colline. Vous pourrez vous allonger sur un lit de plage au bord de la piscine avec un verre de *vinho verde* que vous siroterez lentement.

Si vous avez besoin de plus d'activités physiques, prenez la direction du court de tennis. Cependant, vous avez aussi la possibilité d'aller vous promener à bicyclette. Pour passer une journée inoubliable, allez visiter la ville de Montemor dont l'architecture rappelle les anciens ordres religieux et la noblesse terrienne d'autrefois. Vous découvrirez ainsi les multiples couvents, les belles maisons de maître du XVIIIe siècle et les églises aux autels barroques impressionnants. **AD**

Pousada de Vila Viçosa

Lieu Vila Viçosa, Portugal
Site Web www.pousadasofportugal.com **Prix €€**

Les *pousadas* font partie d'un réseau d'hôtels détenus par l'État et occupant des édifices historiques décorés de manière à refléter la culture et l'héritage de la région. Celle de Vila Viçosa (qui porte aussi le nom d'hôtel Dom João IV) est l'un des plus beaux établissements du genre. Elle se trouve dans un couvent du XVIe siècle, le Convento das Chagas de Cristo, dans la ville historique de Vila Viçosa. Celle-ci fut autrefois le siège de la royauté. Sur la place centrale, une immense statue entièrement en marbre représente, à cheval, Jean IV, premier roi de la maison capétienne de Bragance.

Vila Viçosa est connue pour ses carrières de marbre. Il n'y a donc rien d'étonnant à ce que le marbre blanc soit omniprésent dans la salle de réception de l'hôtel. En déambulant dans les vieux couloirs, vous constaterez que le marbre laisse la place à de la pierre sur les sols et à du bois dans les chambres. Il n'est réservé qu'aux cages d'escalier et aux salles de bains.

Ce n'est pas seulement le caractère historique de l'hôtel qui attire les touristes. Ceux-ci apprécient aussi la petite salle de sport, ainsi que la vaste piscine en plein air. L'été, il est possible de manger dans la cour et de se reposer ensuite dans les cloîtres, à l'abri du soleil. Des orangers, de la vigne et de la lavande poussent en abondance dans le jardin paisible.

La *pousada* se trouve juste à côté de l'ancienne résidence royale, le Paço Ducal, renfermant une superbe collection de porcelaines, d'azulejos et de tapisseries. **SH**

Pousada dos Loios

Lieu Évora, Portugal
Site Web www.pousadas.pt **Prix €€**

Fondé en 1485, l'ancien monastère Saint-Jean-Baptiste est l'un des plus beaux hôtels du Portugal. Malgré une façade baroque relativement simple, la splendeur de l'édifice de style manuélin et gothique saute aux yeux. Après le démantèlement du monastère en 1843, le bâtiment eut divers usages, abritant notamment des conscrits, avant de devenir, en 1965, l'un des hôtels historiques du pays.

Les touristes dorment dans les 31 cellules bien aménagées des moines, équipées de salles de bains. La salle à manger se trouve au rez-de-chaussée d'un ancien cloître de deux étages, près de la sacristie possédant une étonnante double porte en fer à cheval de style manuélin. Le restaurant propose des spécialités d'Alentejo, comme le jambon *Porco preto* (Iberico), et des desserts (*morgado*) typiques comme le *pão de rala* (pain émietté mélangé à de la confiture de courge). Bien entendu, on y sert surtout des vins rouges et blancs de la région. Ne manquez pas de goûter le Pera Manca, le vin le plus prestigieux d'Évora.

Chaque pierre, chaque regard et chaque objet de Dos Loios est pétri d'histoire.

En séjournant à Dos Loios, vous aurez la chance de découvrir le site d'Évora qui est protégé par l'Unesco. Ses édifices blanchis à la chaux ornés de carreaux bleus donnent l'impression que peu de choses ont changé ici depuis le XVIIIe siècle. **GMD**

La vallée du Tage

Lieu de Castelo Branco à Lisbonne, Portugal
Site Web http://www.portugalvivo.com/spip.php?rubrique62

Le Tage est un fleuve, mais pas n'importe lequel. Il s'agit en effet de l'un des plus importants cours d'eau de toute la région ibérique. Il prend sa source en Espagne et se jette dans la mer au Portugal. Le Tage forme une frontière naturelle de plus de 47 km entre les deux pays. Il est aussi le cœur et l'âme de Lisbonne, l'une des plus belles cités du monde, et alimente en eau potable les deux pays frontaliers. Plus de 40 000 oiseaux de 154 espèces différentes vivent dans ses zones humides au sein de la réserve naturelle de l'estuaire du Tage, dans l'est du Portugal.

D'une extrême beauté, le parc est depuis des siècles une destination incontournable pour tous les passionnés d'ornithologie. Imaginez-vous en train de contempler le Tage miroitant dans la vallée, en contrebas, les aigles majestueux qui planent au-dessus de vous ou les colonies de cigognes noires, symboles du parc, en train de barboter dans les luxuriants marécages.

Le parc a une superficie de plus de 259 km². Que vous soyez à pied, à vélo ou en voiture, vous apprécierez sa féerie et en garderez un souvenir impérissable. En outre, en suivant les méandres du Tage, vous découvrirez quelques-uns des villages et des villes les plus pittoresques du pays. Parmi les deux plus beaux lieux, citons la cité fortifiée médiévale d'Obidos, et Sintra, dont le site est inscrit au patrimoine mondial de l'Unesco. En vous promenant le long des remparts d'Obidos, vous apercevrez les toits recouverts de tuiles en terre cuite des maisons blanchies à la chaux qui bordent d'étroites ruelles pavées. Sintra est un mélange féerique de palais, de gorges et de forêts. **AM**

Le château d'Almourol, ancien bastion des Templiers, se dresse sur une petite île du Tage.

Alcácer do Sal

Lieu Setubal, Portugal
Site Web www.pousadasofportugal.com **Prix €€**

Partout au Portugal, il existe des *pousadas* dans des sites exceptionnels. Leurs propriétaires peuvent en règle générale vous apprendre beaucoup de choses sur leur pays. Ils sont souvent amicaux, intéressants et connaissent toutes les légendes de la région. Certains hôtels occupent d'anciens monuments historiques, d'autres sont résolument modernes. L'hôtel Dom Alfonso II tient un peu des deux à la fois.

Il se trouve derrière les imposants murs de pierre d'un château dont l'histoire a 5 000 ans. Surplombant un ancien village et une superbe vallée, le vieil édifice orné de tourelles a été transformé par un grand architecte portugais en un hôtel doté de tout le confort moderne. Les chevaliers d'antan auraient du mal à reconnaître leur ancien bastion. Ce dernier comprend en effet maintenant une piscine éclairée la nuit, et sa cour à colonnades est ornée en son centre d'un cube de verre illuminé. Ce mélange de modernité et de tradition donne à l'hôtel son cachet. Les parasols et les lits de plage côtoient les remparts en pierre nus, les vieux volets en bois offrent un contraste avec les lignes épurées du mobilier contemporain et les parquets cirés. Encadré de colonnes blanches, le restaurant à haut plafond sert des spécialités de la région, comme la soupe au poisson de Sado, du riz à la tomate avec de l'anguille frite ou du ragoût d'agneau avec de la crème.

Vous pouvez faire du canoë sur le fleuve en contrebas du château, des promenades le long des sentiers de l'estuaire du Sado, des expéditions en montgolfière ou encore gagner les plages de la péninsule de Troia. Alcácer do Sal est un joli village dont les ruelles sont bordées de cafés et d'échoppes d'artisan, de maisons médiévales et de vieilles églises d'origine musulmane. **SH**

Monchique

Lieu Faro, Portugal
Site Web www.monchiquetermas.com **Prix €€**

Nichée dans un col, entre les pics Picota et Foia, la petite ville de montagne de Monchique attire des visiteurs depuis l'époque des Romains. Les gens viennent se baigner dans l'eau de ses sources naturelles qui a une température constante de 32 °C et dégage un arôme âcre de soufre.

Les rois du Portugal et d'Italie, ainsi qu'une foule de célébrités, y ont effectué une cure de remise en forme. Les bouteilles d'eau originaires de Monchique garnissent les tables de nombreux restaurants pourtant assez éloignés des sources. Néanmoins, cette ville de 10 000 habitants a su rester à l'abri des vagues de tourisme qui déferlent sur la côte voisine.

« Monchique est une station thermale depuis les Romains… son eau savoureuse est la meilleure de l'Algarve. » **Paul Lewis, *New York Times***

Ses rues pittoresques, escarpées et pavées, ses portes mystérieusement ombragées, ses ateliers et ses studios d'artistes et d'artisans contribuent à créer une atmosphère envoûtante. Le monastère franciscain délabré du XVIIe siècle permet de contempler le panorama d'une authentique campagne portugaise.

L'hôtel Villa Termal das Termas de Monchique se trouve au milieu de jardins colorés et de forêts verdoyantes. Magnifiquement réaménagé, il possède à présent tout le confort moderne tout en étant toujours aussi paisible. La plage la plus proche s'étend à seulement 18 km de là. **RsP**

Les caves Blandy

Lieu Funchal, île de Madère, Portugal
Site Web www.symingtonfamilyestates.com/winelodge

Miel et raisins secs, caramel et vanille, citron et citron vert. Ces saveurs vous font peut-être penser à des desserts, mais c'est de l'arôme de grands crus qu'il est ici question.

L'établissement vinicole ancestral de Blandy se trouve derrière la promenade de Funchal, la capitale de Madère. Cet ancien monastère franciscain baigne dans les vapeurs d'alcool et les pierres usées de ses cours pittoresques et de ses celliers vous mènent d'abord dans un musée consacré à l'alcool qui a fait la renommée de l'île. Ensuite, vous pourrez déguster vous-même une goutte de ce breuvage. Selon la légende, ce vin doux fut créé par hasard, quand on oublia une caisse de bouteilles à l'intérieur d'un bateau durant un long séjour en mer jusqu'en Amérique. Au retour, le vin « cuit » avait une saveur veloutée qui incita les vignerons à laisser leurs fûts de vin vieillir dans la chaleur de Madère. Aujourd'hui, les vins sont simplement chauffés à des températures élevées au cours d'un processus appelé *estufagem*.

Les bouteilles et les tonneaux tapissent les murs. Bien que les raisins poussent et soient pressés sur les pentes volcaniques de Madère, le goût du vin est surtout dû au temps qu'il passe dans les fûts en bois des établissements de Funchal. Son arôme dépend en effet de son vieillissement et du chêne constituant les fûts.

Asseyez-vous donc sur un tabouret dans la principale cave de dégustation où l'on vous servira un choix de jeunes madères. Il y en aura pour tous les goûts puisque cela va du Sercial, le plus sec et le plus léger, au Malmsey, un madère riche et sucré. **SWi**

Selon vos moyens, vous pourrez vous offrir des madères de plusieurs décennies, ou plus vieux encore.

« Le vin datait de 1803… et il était encore frais et vif… comme une fenêtre s'ouvrant sur une autre époque. » Junior Vianna, œnologue

Reid's Palace

Lieu Funchal, île de Madère, Portugal
Site Web www.reidspalace.com **Prix €€**

C'est ici, dans l'air embaumant le mimosa, que Winston Churchill peignit et écrivit ses *Mémoires de guerre*, et que le dramaturge George Bernard Shaw apprit le tango. Les deux hommes aimaient beaucoup Madère, joyau de l'océan Atlantique.

Comme son nom le suggère, le Reid est une destination royale. L'hôtel se distingue par son charme et son standing. Son cadre, au sommet d'une falaise, offre une vue privilégiée sur la baie de Funchal. Il n'est donc guère surprenant que les clients de l'hôtel, depuis son ouverture en 1891, fassent partie du beau monde. Le capitaine Scott y fit une escale en 1901 alors qu'il était en route pour l'Antarctique, Rita Hayworth et le prince Ali Khan, qui venaient de se marier, recherchèrent un peu d'intimité derrière ses murs en 1949, le dictateur cubain Fulgencio Batista et son entourage y résidèrent après avoir été évincés du pouvoir par Fidel Castro en 1959. Cependant, que vous soyez d'ascendance royale ou un simple mortel, vous serez traité avec une courtoisie hors du commun.

Cet hôtel élégant se trouve au milieu de 4 ha de magnifiques jardins tropicaux. Vous pouvez y couler des jours paisibles au bord de l'une des trois piscines ou encore dans le spa qui donne sur l'océan, dîner dans les excellents restaurants de l'hôtel, sans oublier le thé de l'après-midi, une tradition au Reid. Le cadre tranquille et la vue sont tels que les visiteurs quittent à contrecœur ce dernier. **LP**

« Winston Churchill se retira dans l'hôtel après avoir perdu son poste. »

Adrian Mourby, *The Independent*

Le Reid's Palace offre une vue spectaculaire sur la baie de Funchal et ses falaises impressionnantes.

Choupana Hills

Lieu Funchal, île de Madère, Portugal
Site Web www.choupanahills.com **Prix €€**

Les hôtes qui viennent en voiture de Funchal passent à côté d'orangeraies aux arbres étrangement tordus en raison de l'inclinaison de la route. Le Choupana Hills est situé au sommet d'une des plus hautes collines de Funchal, dans un paysage luxuriant et verdoyant.

À la réception de l'hôtel, le bois sombre étincelant et les objets d'art tibétains discrets font ressortir l'immense baie vitrée qui va du sol au plafond en forme de pointe, permettant d'admirer la courbe pittoresque du port de Funchal. Cependant, ce n'est rien par rapport aux vues que l'on a depuis les chambres. Chaque bungalow a été conçu pour que vous profitiez au maximum de la beauté du panorama. Vous pouvez donc vous prélasser sur votre balcon sans perdre une miette du paysage ou contempler celui-ci depuis votre lit grâce aux immenses portes en verre du patio. Même le verre dépoli des cabines de douche est à la bonne hauteur, afin de ne pas vous masquer complètement la vue.

« Les visiteurs hument l'air embaumant le parfum de l'eucalyptus en admirant l'océan. »

Revue *Town and Country Travel*

Vous ne rencontrerez pas d'autre personne, à moins que vous alliez au restaurant Xôpana ou que vous vous aventuriez au bord de la piscine couverte ou près de celle en plein air, ou encore que vous demandiez à ce que l'on vous serve vos repas dans votre bungalow. Mais vous pouvez aussi vivre en reclus, dans un calme parfait. **JED**

Quintinha de São João

Lieu Funchal, île de Madère, Portugal
Site Web www.quintinhasaojoao.com **Prix €€**

En arrivant à Estalagem Quintinha de São João, vous avez plus le sentiment d'être chez vous que dans un hôtel. Situé dans une rue discrète près du centre de Funchal, l'édifice évoque une maison d'amis décorée avec goût. Cette impression est encore renforcée par l'accueil chaleureux du personnel à la réception de ce charmant petit hôtel.

Avec ses grands balcons donnant sur la piscine du toit, les jardins et les collines environnantes, le lieu est idéal pour se détendre. La piscine est ouverte tôt, vous avez donc la possibilité de vous baigner au réveil, avant de savourer un petit déjeuner copieux dans le restaurant A Morgadinha. Chaque chambre est très spacieuse ; les suites se composent d'un salon et de chambres séparées, chacune ayant son balcon. Vous pouvez faire venir une masseuse dans votre chambre ou vous rendre dans le spa de l'hôtel qui inclut trois salles de soins, ainsi qu'un bain à remous, un sauna et un hammam.

Si vous n'avez aucune envie de quitter l'hôtel, sachez que le jardin recèle un grand nombre de coins ombragés et confortables, ainsi que des pavillons agréables meublés de fauteuils moelleux, de tables et de canapés où vous pouvez tranquillement lire et vous détendre.

Le soir, laissez-vous tenter par les cocktails du bar ou demandez au personnel de vous organiser un dîner romantique dans les jardins sous la tonnelle fleurant bon le jasmin. Quand les étoiles apparaîtront dans le ciel, vous vous rendrez compte que vous souhaitez rester à jamais dans ce lieu paradisiaque. **JED**

À la rencontre des dauphins

Lieu Pico, îles des Açores, Portugal
Site Web www.dolphinconnectionexperience.com

Sur l'île volcanique de Pico dans les Açores, vous avez la possibilité de côtoyer les dauphins et les baleines qui, chaque été, se nourrissent dans les courants chauds et non pollués du Golf Stream. Pico est l'un des plus beaux sites naturels de la planète. L'île attire des scientifiques, des plongeurs et des photographes qui, tous, sont émerveillés par ses paysages et sa vie marine fascinante.

Autrefois réputé pour la chasse à la baleine, le paisible village de pêcheurs de Lajes do Pico est un lieu exceptionnel pour observer les dauphins et les baleines. Quand la chasse à la baleine a été interdite dans les années 1980, les insulaires ont commencé à proposer aux touristes des excursions en mer dont le point de départ est l'Espaço Talassa (« l'observatoire des baleines »). Les guides peuvent localiser des bancs comptant jusqu'à 200 dauphins.

The Dolphin Connection vous offre des séjours vous permettant de nager avec les dauphins, une expérience qui vous marquera à jamais. Enfilez votre combinaison de plongée et prenez place à bord d'un bateau, afin d'aller observer les paisibles dauphins de Risso et les cachalots. Plongez dans l'eau cristalline pour admirer la danse des grands dauphins ou des dauphins tachetés, quand ils fendent les vagues à une vitesse phénoménale. Cette expérience, riche en émotions, devrait vous enthousiasmer. Quand vous n'êtes pas dans l'eau au milieu des cétacés, vous pouvez visiter Pico dont les églises baroques, les places minuscules, les rues pavées et les édifices pittoresques témoignent d'un patrimoine et d'un style de vie préservés. **SjD**

⇐ *Le spectacle des dauphins est un des moments forts d'un séjour à Pico.*

Casa dos Barcos

Lieu San Miguel, îles des Açores, Portugal
Site Web www.casadosbarcos.com **Prix €€**

Casa dos Barcos se trouve près de Lagoa das Furnas, l'un des plus beaux sites naturels de l'île de San Miguel, à environ une heure en voiture de Ponta Delgada, la principale ville, et à 5 km de Furnas, village réputé pour ses sources chaudes ou « caldeiras », ses thermes, sa piscine d'eau chaude naturelle et ses parcs et jardins majestueux.

La Casa fait partie d'un domaine du XIXe siècle créé par José do Canto, un aristocrate local qui loua les services de botanistes, paysagistes et architectes londoniens et parisiens de renom. Des jardins paysagés émaillés de sentiers, de ruisseaux et de plantes exotiques s'étirent derrière un hangar à bateaux de style flamand. L'endroit est célèbre pour ses allées bordées de vieux camélias qui fleurissent de manière spectaculaire entre décembre et mars. Sur la berge sableuse se trouve la chapelle gothique de la propriété.

> *« Furnas est un village à l'intérieur d'un cratère… [doté] d'une végétation luxuriante et de sources thermales. »*
>
> Cathy Packe, *The Independent*

Des canoës et des bicyclettes sont mis gratuitement à la disposition des visiteurs et il y a des écuries à proximité. Parmi les choses à ne pas manquer, citons au Parque Terra Nostra de Furnas une piscine alimentée par une source chaude, ainsi que les caldeiras fumantes qui se trouvent sur la berge opposée du lac. **SH**

La gorge du Vikos

Lieu parc national de Vikos-Aoos, Grèce
Site Web www.meteo.noa.gr/Primavera/index.htm

Dans le nord de la Grèce, dans le parc national de Vikos-Aoos, se trouve la gorge de Vikos, une merveille naturelle. S'étirant sur 12 km, elle est officiellement la gorge la plus profonde du monde avec ses falaises en calcaire de plus de 1 600 m de haut. Suivant les méandres de la rivière Voidomatis, elle est tout indiquée pour effectuer des randonnées.

Les anciens chemins muletiers et les sentiers des bergers nomades permettent de s'y promener. Des passages escarpés vous conduisent jusqu'à des villages et des chapelles. Le parc de 126 km^2 englobe des forêts intactes, des montagnes et des villages éloignés. Vous découvrirez des sources, des gorges, des forêts de pins, des pics rocheux, des ruisseaux, des fleurs sauvages, des lacs et d'anciens ponts en pierre. Avec un peu de chance, vous apercevrez des ours, des sangliers, des renards, des truites et des cerfs. Au printemps, vous verrez d'immenses étendues de crocus sauvages.

Le parc compte aussi de grands pics comme le Gamila qui culmine à 2 497 m. Vous pouvez faire un peu de trekking pour découvrir Drakolimni, le lac du Dragon, ainsi que des paysages époustouflants. Plus loin, dans les montagnes Pindos, des monastères sont perchés sur des cimes escarpées impossibles à gravir. Malgré les vieux sentiers en pierre, les randonnées sont difficiles et épuisantes. Il est possible de s'octroyer un répit sur les pâturages de style alpin ou dans les minuscules villages traditionnels aux maisons et aux fermes aux toits d'ardoise. Les visiteurs peuvent séjourner dans des petits hôtels ou des pensions de village. Les chambres y sont propres, confortables et très bon marché. **SH**

Le parc national de Vikos-Aoos propose certaines des plus fabuleuses pistes de randonnée d'Europe.

Les Météores

Lieu près de Kalambaka, Thessalie, Grèce
Site Web http://odysseus.culture.gr

En dépassant le village de Kalambaka, préparez-vous à un spectacle inattendu. Des formations rocheuses ressemblant à des tours se dressent, telles des stalagmites géantes, encadrant l'horizon.

Comme si cette merveille ne suffisait pas, vous découvrirez vite que les pics abritent un groupe d'édifices, véritable miracle architectural. Tout commença au XIe siècle, quand des ascètes se mirent à vivre à cet endroit dans des grottes et des cabanes. Ils se hissèrent sur les sommets avec nourriture et outils grâce à un système de cordes, d'échelles et de poulies.

Selon les scientifiques, les tours rocheuses faisaient autrefois partie d'une vaste mer intérieure. Leur formation serait due aux tremblements de terre et à l'action des éléments. Des poètes, des penseurs et des voyageurs sont venus dans ce lieu afin de réfléchir à la fois à la spiritualité et à la sainteté des monastères. Aujourd'hui, six de ces derniers sont encore ouverts et contiennent de superbes éléments d'art religieux, des fresques, des mosaïques et des peintures reflétant la foi des moines et des moniales. Bien que pour atteindre certains monastères, comme le Grand Météore et l'Agia Triada, il faille gravir des myriades d'escaliers escarpés, d'autres comme celui de Varlaam et de Roussanou sont accessibles par un pont. La plupart des moines sont heureux de discuter avec les visiteurs, et les religieuses offrent parfois des spécialités culinaires à ceux qui se reposent dans la cour ombragée. Après la visite des musées, appréciez la vue des versants montagneux verdoyants et des montagnes couronnées de neige se dressant dans le lointain. **JW**

Les moines anachorètes s'installèrent dès le XIe siècle sur ces « colonnes du ciel » presque inaccessibles.

Hôtel Argentikon

Lieu île de Chios, Grèce
Site Web www.argentikon.gr **Prix €€€**

Depuis des siècles, le site est dédié au luxe. Protégé par de hauts murs de pierre et de lourdes portes ornées de bronze, l'édifice était la résidence d'été des Argenti, riche famille génoise venue administrer cette lointaine île méditerranéenne au Moyen Âge. La verte vallée de Kambos était la plus jolie et la plus abritée de l'île maintenant réputée pour ses vergers, et les aristocrates génois y construisirent leurs villas. Chios est redevenue grecque depuis longtemps, mais Argentikon témoigne de son riche passé colonial.

Seules huit suites sont d'époque. Les visiteurs admireront leurs poutres nues, leurs plafonds décorés de fresques et leur mobilier vénitien. Les chambres ressemblent en effet plus à des musées qu'à des chambres d'hôtel. Elles sont dotées de cheminées, de salles de bains en marbre et de balcons. L'hôtel comprend également un spa, un sauna, une salle de massage (dans l'ancien poulailler), une piscine en plein air, ainsi que des jardins regorgeant de palmiers, de rosiers, de citronniers et ornés de sculptures en marbre. Les terres fertiles du domaine sont cultivées. Les cuisiniers se servent des légumes et des fruits qui y sont récoltés pour accommoder les poissons achetés directement sur les quais de Chios. Vous pourrez aussi boire du vin issu des vignes du domaine et savourer la marmelade préparée avec les oranges des vergers. **SH**

« Chios, une île exceptionnelle, si étrange qu'on a l'impression de ne pas être en Grèce. »

Jonathan Futrell, *The Guardian*

Hydra

Lieu Hydra, Grèce **Site Web** www.hydra.com.gr

À seulement 70 km du port du Pirée, Hydra est une île comprenant une jolie ville portuaire. Elle a toujours été un lieu de victoires maritimes. À son apogée, aux XVIIIe et XIXe siècles, elle possédait la flotte commerciale la plus puissante de Grèce, flotte qui força même le blocus pendant les guerres napoléoniennes. Quand la Grèce se souleva contre les Turcs en 1821, les riches négociants d'Hydra, qui y firent construire les plus belles maisons ou *arondika*, se soulevèrent eux aussi, transformant leurs bateaux de commerce en bateaux de guerre.

Plus tard, dans les années 1950, écrivains et artistes se mirent à affluer à Hydra comme ils continuent de le faire aujourd'hui. Nombreux sont ceux qui y résident quasi en permanence et dépensent beaucoup d'argent pour restaurer les vieilles maisons des marchands ou créer des galeries, des musées et des boutiques.

L'interdiction des véhicules motorisés est l'un des attraits d'Hydra. Des bateaux-taxis vous emmènent jusqu'aux diverses plages et tavernes ponctuant le littoral. Mais vous pouvez aussi marcher ou vous déplacer à bicyclette.

Hydra est un lieu merveilleux pour se promener. Commencez par grimper jusqu'à la maison qui était autrefois celle du riche marchand Lazaros Koundouriotis et qui est à présent occupée par le musée historique et populaire et une galerie d'art. À l'issue d'une marche éprouvante, vous parviendrez jusqu'au monastère de Profitis Ilias et au couvent d'Agias Evpraxias où vous serez récompensé par de magnifiques vues du Péloponnèse. Boundouri est un sentier qui part du port et mène au village de pêcheurs de Kamini. Avec son petit port merveilleux, l'endroit est magique, la nuit. **LB**

Hydra domine son port, telle une scène de théâtre romantique blanchie à la chaux.

Le Lycabette

Lieu Athènes, Grèce **Site Web** www.tourtripgreece.gr

Athènes est la cité des contrastes, avec sa banlieue tentaculaire de béton, son trafic infernal, ses monuments antiques et ses rues pleines d'ambiance. Chaque jour, des hordes de touristes gravissent la colline de l'Acropole pour admirer le Parthénon. Si vous avez un peu de temps, aventurez-vous sur les pentes du Lycabette, une étendue sauvage émaillée de pins surplombant la ville. Culminant à 277 m, elle offre une vue magnifique de l'Acropole, de la majeure partie d'Athènes, ainsi que du Pirée et du golfe Saronique.

Dans la mythologie, Athéna aurait créé Lycabette en lançant dans un accès de dépit un projectile sur les filles du roi Crecops. Elle les aurait ratées, faisant surgir à cet endroit une colline. La colline de Lycabette se trouve au milieu de Kolonaki. Il est possible de se rendre en voiture jusqu'à son sommet. Cependant, mieux vaut prendre le funiculaire, qui part toutes les demi-heures de Kolonaki à l'angle des rues Aristippou et Ploutarchou. Vous pouvez aussi y aller à pied en empruntant la route de Sarantapichou, circulaire et en pente douce, choisir celle, plus abrupte, de Ploutarchou ou encore les sentiers boisés, beaucoup plus escarpés, qui serpentent jusqu'au sommet de la colline.

Une fois en haut, vous admirerez la modeste église Agios Georgios du XVIIIe siècle. À minuit, le vendredi saint, les Athéniens y affluent pour assister à la procession pascale. Sur le chemin, vous verrez aussi un magnifique amphithéâtre à ciel ouvert surplombant la cité. Au crépuscule, après avoir pris un verre à l'Orizondes, restaurant situé sur la colline, ou au Prasini Tenta, un café simple situé à mi-chemin lors de la descente à l'ombre des pins, vous retrouverez les hurlements de sirènes et de Klaxon de la ville. **LB**

Porto Zante

Lieu Zakynthos, Grèce **Site Web** www.portozante.com **Prix** €€

L'île de Zakynthos, juste à l'ouest de la Grèce continentale, abrite un trésor. Dans une baie isolée, sur l'île surnommée la « Fleur de l'Est » par les Vénitiens qui la contrôlaient au Moyen Âge, les villas de luxe de Porto Zante se dressent au bord d'une plage de sable privée, dans la région de Tragaki.

Cet hôtel de charme constitué de villas tire au maximum parti de la beauté naturelle du paysage. Décoré avec un mobilier luxueux et des peintures d'artistes grecs réputés, l'hôtel comprend différents types de villas, la plus somptueuse étant la Villa impériale qui compte quatre chambres, une piscine chauffée et un spa. Nombre d'entre elles sont dotées de piscines et de jardins. Toutes sont luxueuses.

« L'arrivée à l'hôtel est luxueuse. Une limousine assure votre transfert depuis l'aéroport. »

Condé Nast Traveler

L'hôtel a tout ce qu'il faut pour occuper ses hôtes. Le Club House est un restaurant qui sert de savoureuses spécialités grecques agrémentées d'une touche de modernité. Le spa propose des séances de thalassothérapie qui s'accorderont aux beautés de l'île. Mais vous pouvez aussi vous absorber dans la lecture d'un livre en vous balançant tranquillement dans un hamac près de la piscine. Les plus chanceux d'entre vous peuvent aussi faire une promenade à bord d'un yacht. **LP**

→ *La vue de la crique des Contrebandiers, depuis les villas de Porto Zante, est magnifique.*

Le Pélion

Lieu Pélion, Grèce **Site Web** www.pelion.gr

La région du Pélion est appelée par certains « la montagne des quatre saisons ». Située à l'ouest de Skiathos, cette péninsule montagneuse est bordée par le golfe Pagasétique à l'est, et les eaux tièdes de la mer Égée à l'ouest. Le paysage de cette étendue de seulement 31 ha se distingue par sa diversité. Il y a des villages côtiers, une forêt dense et le mont Pélion culmine à 1 500 m. En été, il est possible de sillonner les myriades de sentiers pédestres qui traversent d'épaisses clairières de hêtres, de chênes, d'érables et de châtaigniers. En hiver, on peut skier en contemplant la mer.

Les maisons ont une architecture traditionnelle, exceptionnelle et étonnante. Le rez-de-chaussée et les étages du milieu sont en pierre, tandis que les étages supérieurs sont en pierre et en bois. Vous ne trouverez ce style de maisons nulle part ailleurs en Grèce. Disséminés sur des collines aux versants peu escarpés, parsemés d'oliviers et d'eucalyptus, les villages de la côte ouest sont on ne peut plus grecs. De l'extrémité sud jusqu'au littoral est, le paysage, avec ses ondulantes rangées de cyprès méditerranéens et de peupliers, évoque davantage la Toscane. Mais c'est la côte nord-est qui est la plus belle.

Situé sur la partie continentale de la péninsule de Pélion, le village de Damouhari aux maisons serrées les unes contre les autres a pour toile de fond de splendides oliviers. Son port minuscule et ses plages de galets bordent les flots bleu-vert de la mer Égée. Il a servi de décor à de nombreuses scènes clés de la comédie musicale *Mamma Mia*. Cette étendue préservée du Pélion est depuis longtemps la destination favorite des vacanciers grecs, mais reste encore largement méconnue des étrangers. **JP**

La région du Pélion regorge de superbes criques et de plages bordées d'une végétation luxuriante.

Spa spectaculaire au cap Sounion

Lieu Cap Sounion, Attique, Grèce **Site Web** www.grecotel.com **Prix** €€€

En vous prélassant entre les colonnes de style classique de la piscine bouillonnante du spa, vous contemplerez à travers la baie vitrée le temple de Poséidon qui se trouve sur la partie la plus méridionale de la Grèce continentale. Ce fabuleux spa octogonal, moderne et somptueux, est situé au milieu d'un superbe paysage méditerranéen.

Vous pénétrez dans le spa par une immense porte en bronze ronde, ressemblant un peu à un hublot. Avec leurs bougies parfumées et leur musique d'ambiance apaisante, les salles de soins privées se distinguent par leur intimité. Y sont proposées des séances de shiatsu, d'aromathérapie, de réflexologie et des massages effectués avec des pierres chaudes. La spécialité locale est un hommage au dieu de la mer. « L'élixir de Poséidon » évoque en effet les rituels de toilette de l'époque classique. Des gommages à l'aide de grains de raisin finement moulus, de sel de mer naturel et d'argile alternent avec des séances de sauna destinées à éliminer les toxines. Enfin, deux personnes vous massent pendant 45 minutes en enduisant votre corps d'une crème naturelle très pénétrante à base d'extraits de pissenlit et de poire rendant la peau douce et éclatante.

Le spa fait partie du Grecotel Cape Sounio, un complexe englobant 124 bungalows de luxe disséminés sur un terrain de 30 ha faisant face à la mer. Disposant d'une piscine et d'un jardin privés, ainsi que de balcons, un grand nombre des bungalows en terre cuite jouissent d'une très belle vue. Le complexe comprend aussi cinq restaurants, trois piscines, une plage privée et possède un yacht. **SH**

↑ *Les salles du spa sont octogonales et leurs baies vitrées offrent des vues inoubliables sur la mer.*

Grand Hôtel en Attique

Lieu Lagonissi, Attique, Grèce
Site Web www.grandresort.gr **Prix €€**

C'est probablement le *nec plus ultra* pour profiter du soleil et de la mer. Le Grand Resort se trouve sur une péninsule, à 35 km au sud d'Athènes. Il s'agit de l'un des établissements les plus luxueux non seulement du littoral athénien, mais aussi de la Méditerranée.

Cet hôtel de luxe offre tous les services possibles à ses clients. Ils pourront utiliser les navettes électriques qui sillonnent le 29 ha du domaine ou encore bénéficier d'un entraîneur sportif personnel. Si, pour vous, le luxe consiste à rester dans votre chambre, vous apprécierez le fait de bénéficier d'une salle à manger privée (et d'un chef pour préparer vos repas), des services de tailleurs, de pianistes et de coiffeurs, ainsi que de séances de soins et de remise en forme. Un spa au bord de la plage, une salle de gymnastique et une salle de bal près de la mer complètent les installations de l'hôtel. La qualité des services d'hélicoptères, de location de yachts et de chauffeurs privés du complexe vous séduira aussi.

> *« Le complexe se distingue par son architecture stupéfiante, son ambiance joyeuse, à la grecque… »*
>
> Helena Smith, *The Guardian*

Qu'il s'agisse des chambres et des villas, le confort assuré est extraordinaire. De nombreuses villas se trouvent au bord de la mer et disposent d'immenses piscines, de salles de bains en marbre et de sols chauffés. Le complexe possède en outre seize plages de sable privées, dix restaurants et une piscine d'eau de mer olympique. Vous pouvez y pratiquer tous les sports que vous souhaitez. **SH**

L'île d'Amorgos

Lieu Amorgos, Grèce
Site Web www.amorgos.net

Scintillante sous le soleil, la façade blanchie à la chaux du monastère byzantin de Panagia Hozoviotissa tranche sur la falaise dominant la mer Égée dont le bleu azur se perd dans l'horizon. C'est le côté à la fois spectaculaire et isolé du lieu qui conduisit le réalisateur français Luc Besson à y tourner *Le Grand Bleu* en 1988.

La route côtière qui va du nord au sud serpente au milieu des montagnes, permettant d'admirer en contrebas des baies aux eaux cristallines. Longue et peu fréquentée, hormis par quelques chèvres errantes, elle semble onduler entre les trois villes de l'île et vous donne l'impression de voler. Même dans le principal complexe hôtelier d'Aegali, le rythme est lent. L'après-midi, les prêtres jouent au trictrac dans les tavernes, à l'abri du soleil. Si la présence de touristes, un peu plus nombreux à la mi-août, vous indispose, vous pouvez prendre un petit bateau au port et vous réfugier sur une plage isolée (certaines sont réservées aux nudistes) ou sur une île mystérieuse inhabitée. Vous pouvez aussi vous munir d'une carte et gravir les sentiers broussailleux et arides de la baie à la recherche d'un coin tranquille, qu'il s'agisse d'une petite plage ou d'un simple rocher d'où vous pourrez plonger dans la mer.

Les 1 900 habitants de l'île vivent pour la plupart dans la capitale, Chora, l'une des villes les mieux préservées des Cyclades. Arrêtez-vous un instant au milieu des maisons bleues et blanches, et levez les yeux vers le château vénitien sur la colline. Les pirates, les exilés romains et les Minoens se sont tous promenés ici. L'histoire de l'île a débuté il y a 4 000 ans av. J.-C., parfois anarchique, mais toujours pleine d'ambiance. **JW**

Le temps semble s'être arrêté en haut des myriades de marches menant à Panagia Hozoviotissa.

L'île de Skyros

Lieu Skyros, Grèce **Site Web** www.skyros.co.uk **Prix €**

Skyros est une île d'une beauté incroyable. Elle est la plus méridionale et la plus étendue de l'archipel des Sporades. D'un caractère plus rude et plus primitif que ses sœurs, elle est relativement peu fréquentée.

Des spécialistes dispensent une grande diversité de cours : qi gong, yoga, massage, art et chant, etc. Toutes les activités ont lieu au Centre Skyros, situé dans la ville aux rues pavées. Vous pouvez d'ailleurs séjourner dans l'une des chambres modernes du centre. Cependant, pour connaître une Grèce plus authentique, louez une chambre dans une maison traditionnelle. Atsitsa est un autre centre de cours, plus simple, qui se trouve au bord de la mer et est entouré de forêts de pins. L'accent est plutôt mis ici sur des activités comme la voile et la planche à voile. Cette villa spacieuse en pierre peut héberger jusqu'à 90 personnes. Il est possible de louer un cabanon en bambou très rustique pouvant accueillir deux personnes. C'est un lieu qui permet de renouer avec la nature. Néanmoins, si vous préférez un peu plus de luxe, vous pouvez toujours opter pour l'Atsitsa Taverna qui se trouve à côté.

Chaque jour après le petit déjeuner, vous avez le droit pendant une heure à une *Demos*, c'est-à-dire une assemblée générale au cours de laquelle les organisateurs présentent les activités proposées et répondent aux questions des participants. Indépendamment des cours que vous choisirez, vous aurez le temps de vous faire masser sur la plage, de dîner à l'extérieur, de vous promener au clair de lune, de prendre un bain de minuit dans le plus simple appareil, de danser, de participer à un débat philosophique, etc. **CSJ**

⇐ *Skyros offre nombre de plages encore secrètes et enchâssées dans une abondante végétation.*

Nafplia Palace

Lieu Nauplie, Grèce **Site Web** www.nafpliapalace.gr **Prix €€**

Parfois, on a seulement besoin d'une boisson, d'un endroit où s'asseoir et d'une belle vue. Cette idée est à l'origine de la construction du Nafplia Palace installé dans la forteresse d'Akronafplia qui date de l'âge du bronze, sur les rochers surplombant la cité antique de Nauplie, première capitale de la Grèce.

La vue y est remarquable car le palais donne sur les toits en tuile de la ville, les plages de sable et les falaises abruptes du littoral, le croissant formé par la baie du golfe Argolique, ainsi que sur les pics montagneux brumeux qui se dessinent dans le lointain. Le jour, les clients peuvent admirer les bougainvilliers qui recouvrent les murs de la ville en contrebas ; la nuit, les lumières de la baie et les étoiles.

« C'est le seul hôtel [de Grèce] occupant un monument historique… »

Dana Facaros, *The Sunday Times*

Récemment restaurées, toutes les chambres modernes et les villas donnent sur la baie, tandis que les deux bars et les trois restaurants sont perchés sur la falaise pour permettre aux clients de profiter du panorama. La plupart des villas possèdent une piscine et un bain à remous en plein air, face à la mer. Certaines sont dotées de terrasses privées. Tout a été fait pour créer une atmosphère de luxe. Dans les meilleures chambres, les lits peuvent être redressés à l'aide de commandes afin que les clients puissent contempler le paysage qui s'offre à eux derrière les fenêtres sans avoir à bouger. **SH**

L'île de Kastellorizo

Lieu Kastellorizo, Grèce
Site Web www.kastellorizo.de

La célèbre grotte bleue de Kastellorizo est un phénomène géologique rare.

L'île de Kastellorizo se trouve à proximité de la côte turque, mais pour s'y rendre, les touristes prennent généralement l'avion, un ferry ou un catamaran à Rhodes, à 96 km de là. Si elle est restée secrète, c'est parce qu'elle ne figure pas sur les brochures des agences de voyages et ne fait pas partie des circuits touristiques. Il est quasiment impossible de s'y perdre, car elle a une superficie de seulement 9 km^2. Elle ne compte que 250 habitants, pour la plupart des pêcheurs. Au début du siècle dernier, ils étaient encore 15 000, mais la majorité d'entre eux émigra en Australie durant la Seconde Guerre mondiale quand la Grèce fut bombardée. Depuis, la population reste peu nombreuse, d'où l'atmosphère paisible de l'île.

Son port en forme de fer à cheval est bordé de maisons néoclassiques de couleur vive datant de la période byzantine. La teinte des maisons reflétait alors le statut social de leurs habitants. Derrière le port, les édifices sont délabrés et abandonnés, donnant l'impression d'une ville fantôme, dont chaque brique a une histoire. Sur les falaises qui surplombent la ville se dressent les ruines d'un château du XIVe siècle, Castello Rosso, auquel l'île doit son nom. Il n'y a pas de routes et seulement quelques maisons d'hôtes, mais les nombreuses et charmantes tavernes du port, ainsi que les restaurants de premier ordre servant du poisson grillé et des plats grecs faits maison permettent de passer des soirées agréables. L'île est interdite aux voitures, mais il est facile d'en faire le tour à pied. Nul besoin de se presser. Ici, le temps semble s'être arrêté. **JK**

↖ *Kastellorizo n'a pas de plage, mais ses eaux claires abritent des dauphins, des tortues et des phoques.*

Hôtel Périvolas

Lieu Santorin, Grèce
Site Web www.perivolas.gr **Prix** €€

Si l'immense piscine du Périvolas vous paraît familière, c'est que vous l'avez déjà vue sur la couverture de brochures touristiques.

Une courte promenade vous mènera dans la ville d'Oia, où se déversent en permanence des flots de touristes venus admirer le paysage volcanique impressionnant de la caldeira de Santorin. Au Périvolas, en revanche, l'atmosphère est paisible. Conforme à l'architecture traditionnelle exceptionnelle de Santorin, Périvolas était à l'origine constitué d'une série de grottes. Datant d'il y a 300 ans, celles-ci étaient habitées autrefois par des pêcheurs et des fermiers. Leurs parois forment les murs inclinés blanchis à la chaux de 17 villas. Cependant, la comparaison avec les grottes d'antan s'arrête là. Décorée dans un style moderne à l'élégance discrète, chacune des villas possède une terrasse en pierre privée offrant des vues époustouflantes.

> *« Impressionnante et immense, la piscine surplombe la célèbre caldeira de Santorin. »*
>
> *Condé Nast Traveler*

Si vous souhaitez quelque chose d'exceptionnel, réservez la suite de Périvolas. Depuis le salon central, vous pourrez gagner votre chambre, un spa avec bain de vapeur et piscine d'hydromassage, et enfin la piscine d'où il est possible de contempler la mer Égée. Quand le soleil se couche, vous terminerez votre journée dans le bar éclairé aux chandelles, qui s'ouvre sur la terrasse et sa piscine. **HO**

Santorini Grace

Lieu Santorin, Grèce
Site Web www.santorinigrace.com **Prix** €€

Situé dans le magnifique village d'Imerovigli, dans le nord-ouest de l'île volcanique de Santorin, loin au-dessus de la caldeira – profond bassin formé par le volcan quand il s'est enfoncé dans la mer –, le Santorini Grace se trouve dans un lieu parfait pour admirer les célèbres couchers de soleil au-dessus de la mer Égée.

Vous réalisez que vous êtes dans un hôtel sortant du commun dès votre arrivée. On vous offre un verre de champagne en guise de bienvenue, ainsi qu'une serviette glacée pour vous rafraîchir. Chic et élégant, l'hôtel abrite neuf chambres aux tons pâles et apaisants, toutes décorées de façon différente. Elles plairont aux personnes à la recherche d'une ambiance romantique et calme. L'hôtel offre des services de première classe, ainsi que les mets les plus fins et les meilleures boissons. Quelle que soit la suite que vous aurez choisie, de la plus simple à la plus luxueuse – comme par exemple les suites Lune de miel et Grace –, vous aurez droit à un grand lit, à des draps et des oreillers somptueux, vous garantissant une bonne nuit. Et vous pourrez profiter d'un paysage sublime.

L'hôtel possède aussi un restaurant servant de la cuisine méditerranéenne. Le plafond en forme de dôme est superbe, mais mieux vaut dîner en plein air sous le ciel étoilé pour jouir du panorama. Si vous êtes charmé par le caractère romantique du lieu, sachez que vous pouvez vous marier dans la minuscule église d'Agios Ionnis Katifois voisine, qui date du XVe siècle. Il serait difficile de trouver un cadre plus idyllique pour un mariage. **HA**

Luxueuse retraite sur la baie d'Elounda

Lieu baie d'Elounda, Crète, Grèce
Site Web www.eloundapeninsula.com **Prix €€€**

L'hôtel offre des vues incomparables et un cadre serein… Vous verrez le bleu de la mer à perte de vue.

Si seulement la vie était toujours comme ça : sans décision à prendre autre que celle de choisir un soin dans un spa, de jouer au golf, de passer une journée sur un yacht ou de savourer un cocktail avant le dîner. Elle peut l'être un certain temps, au moins à l'Elounda Peninsula, en Crète. Alors que des hordes de touristes en voyages organisés déferlent bruyamment dans les lieux les plus animés de l'île, la tranquillité prévaut ici.

Cet hôtel branché ne disposant que de suites s'étend en surplomb de la baie d'Elounda, et offre également une vue sur la baie de Mirabello et la mer Égée qui miroite au soleil. Il est en permanence inondé de bleu. Luxueuses, les salles de bains en marbre offrent des vues spectaculaires des montagnes et de l'océan, si bien que vous admirez constamment le paysage, même lorsque vous prenez votre bain. Situé au bord de la mer, il est meublé de manière exquise et entouré de jardins bien entretenus, ainsi que de bâtiments réservés au personnel. Il possède aussi un voilier très chic.

Pour couronner le tout, il comprend un spa de luxe proposant toute une gamme de soins holistiques et abritant un authentique hammam turc. Après avoir passé une journée à explorer l'île, si vous avez le courage de quitter la plage, faites-vous masser le corps et les pieds avec des noyaux d'olives de Crète. Ce soin sollicitera vos cinq sens et réveillera le sixième. **LP**

⇖ *Sirotez une boisson dans le merveilleux décor du bar de l'embarcadère, en contemplant la mer en contrebas.*

Thalasso au Blue Palace

Lieu entre Elounda et Plaka, Crète, Grèce
Site Web www.bluepalace.gr **Prix €€**

Le Blue Palace est un lieu romantique très prisé pour les mariages et les lunes de miel, il dispose même d'un service spécial pour cela. Le personnel est très attentif et la tradition grecque de la *philoxenia*, l'amour de l'étranger, est particulièrement à l'honneur ici.

Le complexe se trouve juste à la sortie du village d'Elounda, à proximité du village de pêcheurs de Plaka. Il se dresse sur une colline escarpée sur la côte nord de la Crète. Faisant face à l'île de Spinalonga, ancienne colonie de lépreux, il jouit d'un très beau cadre naturel, mais il a été aussi pensé avec intelligence de façon à refléter le passé. En entrant dans le vestibule orné de voûtes en berceau, vous vous trouvez immédiatement transporté dans le passé, car l'édifice a été soigneusement conçu d'après les arsenaux vénitiens du XVIe siècle d'Héraklion, la capitale de la Crète. Érigées d'après le modèle d'origine, ses colonnes de 11 m de haut sont éclairées la nuit. Pour dîner, vous avez le choix. L'hôtel abrite en effet cinq excellents restaurants préparant des plats avec les meilleurs produits de la région, mais surtout un remarquable centre thermal hédoniste. Des piscines de thalassothérapie sont remplies chaque jour d'eau de mer chauffée provenant de Pelagos, en Crète. Les hydromassages réalisés avec des herbes de Crète sont particulièrement relaxants. **LP**

« Ce paisible complexe se dresse sur une bande de côte magnifique et encore peu développée. »

Lynne Truss, *The Times*

Milia, village restauré

Lieu Crète, Grèce
Site Web www.milia.gr **Prix €€**

Ce petit village de montagne crétois est devenu un havre de paix connu dans le monde entier pour son engouement pour le recyclage et le développement durable. Parfaitement restaurées, ses maisons de pierre se dressent sur des versants de montagne fertiles qui dominent un ruisseau, au milieu des oliviers, des poiriers, des herbes aromatiques et des arbustes en fleurs.

Les visiteurs peuvent séjourner dans l'une des treize chambres disponibles dans les vieilles maisons du village. Ce sont des maisons simples, mais décorées avec goût à l'aide de meubles de récupération et de textiles colorés. Certaines ont été construites directement sur les versants escarpés, d'où la présence à proximité d'énormes blocs de pierre. L'électricité est produite grâce à l'énergie solaire, bien que les touristes soient encouragés à utiliser des bougies. Le confort est rudimentaire, mais les chambres possèdent une salle de bains et une cheminée. Toutes disposent d'un balcon, d'une petite terrasse ou d'un jardin.

L'atmosphère est amicale et détendue. Les repas sont servis sur les grandes tables monastiques de la salle à manger commune, et les mets préparés avec les produits bio de la ferme du village. Parmi les plats proposés, citons du lapin au fromage de chèvre *mizithra*, du porc à l'orange cuit dans un four à bois et des *kalitsounia* (petites tartes au fromage). Vous pouvez vous promener sur les sentiers de montagne à pied ou à vélo en utilisant les VTT du village. Des leçons de cuisine traditionnelle crétoise et des dégustations de vins vous sont proposées. Certaines personnes sont tellement séduites par l'ambiance qui règne à Milia qu'elles passent leurs vacances à aider les villageois dans leurs occupations. **SH**

La vallée des Papillons

Lieu Rhodes, Grèce **Site Web** www.rodosisland.gr

Chaque année, une gorge de Rhodes abrite temporairement des millions de fragiles écailles chinées. La vallée des Papillons (« Pétaloudès ») attire un demi million de touristes par an. Pour y aller, prenez un bus à Rhodes ou une voiture. Si vous résidez dans l'un des hôtels de la côte nord, comme Tholos, il vous faudra une heure pour atteindre le parc naturel en marchant. Le cadre luxuriant de la vallée des Papillons vous procurera une sensation de fraîcheur. Les cascades bouillonnent et les ponts en bois qui enjambent la rivière Pelekanos sont ombragés par les arbres feuillus.

Au début du mois de juin, les premiers papillons se mettent à tournoyer dans la vallée. C'est le meilleur moment pour profiter de la tranquillité du lieu. Ils sont bien plus nombreux en juillet et en août, mais c'est aussi à cette période que les touristes affluent, transformant les sentiers de la vallée en véritables voies publiques. En juin, en revanche, vous aurez l'impression que la vallée n'appartient qu'à vous et aux quelques papillons se nourrissant de la résine de pin dont le parfum capiteux imprègne l'air. Vous aurez ainsi tout le loisir d'admirer leurs ailes d'un rouge, d'un marron et d'un noir éclatants. Après avoir passé deux mois à se nourrir, les papillons se reproduisent en août et quittent la vallée en septembre.

Il existe un musée dont les expositions sont consacrées aux plantes et aux animaux de la région. Même pendant les mois où n'y a pas de papillons, la vallée est un endroit magnifique pour vagabonder sous la lumière mouchetée du soleil et profiter de la fraîcheur des cascades. **JED**

La vallée des Papillons est comme une oasis dans un désert, loin de l'agitation de la ville de Rhodes.

Hôtel Anassa

Lieu Latchi, Chypre **Site Web** www.anassa.com.cy **Prix €€**

Si vous dormez avec les portes du balcon ouvertes, le matin, le bruissement des rideaux crème agités par la chaude brise provenant de la mer Égée vous réveillera. Promenez-vous en contemplant la longue plage, qui semble disparaître au milieu des montagnes du parc national d'Akamas, ainsi que les thermes d'Aphrodite. L'atmosphère rêveuse de l'Anassa est renforcée par son emplacement paisible. L'édifice isolé se dresse sur l'une des plus belles plages de Chypre, se détachant sur le fond des montagnes parsemées de pins. Les touristes peuvent séjourner dans un petit groupe de villas blanchies à la chaux aux toits couverts de tuiles en terre cuite entourant un grand palais néoclassique abritant des spas, des restaurants, et des salons aérés et frais. Les fenêtres hautes et les balcons surplombent les sentiers qui serpentent au milieu des jardins et mènent jusqu'au paisible bord de mer.

« C'est l'hôtel le plus chic de la Méditerranée : glamour, branché et élégant. »

Magazine *Food and Travel*

L'Anassa date de la fin du XXe siècle. Partout, ce n'est que marbre, bois ciré, linge fin, fer forgé, pierre et étoffes luxueuses de couleur crème. Vous apprécierez le spa de style roman, ainsi que la cave en pierre voûtée où se trouve le meilleur des quatre restaurants. Ce dernier sert un menu composé de neuf plats réservé aux gourmets. Vous pouvez aussi déguster un poisson grillé au barbecue sur la plage au son des bouzoukis ou pratiquer des sports aquatiques, de la plongée ou jouer au tennis. **SH**

Vila Bled

Lieu à 50 km de Ljubljana, Haute Carniole, Slovénie
Site Web www.relaischateaux.com **Prix €€**

Devant la vue merveilleuse du lac Bled étincelant et des pics vertigineux des Alpes slovènes, vous aurez sans doute l'impression d'être dans un paradis alpin. L'église Sainte-Marie est perchée en haut d'un immense rocher sur une île minuscule juste devant vous. Hormis quelques personnes faisant du kayak ou du jogging, tout semble immobile.

Tel est le paysage que vous pouvez admirer depuis Vila Bled, autrefois résidence des princes de l'empire d'Autriche et des têtes couronnées de Yougoslavie, puis du maréchal Tito. On y trouve des canots, des courts de tennis et un complexe balnéaire privé avec une piscine, idéal pour distraire les hommes et les femmes d'État en visite. Il est aussi possible de pratiquer l'équitation, de pêcher et de chasser. Au milieu de 5 ha de fleurs et de verdure, la propriété comprend un spa, un sauna et un hammam, mais c'est son cadre pittoresque au bord du lac qui en fait un lieu d'exception.

« Des vues du lac à vous couper le souffle… une décoration très chic des années 1950. »

Robert Boynton, *Travel+Leisure*

L'hôtel se distingue par son austère escalier de marbre et ses parquets, son piano-bar et ses quelques suites gigantesques. Certains éléments évoquent le passé communiste de l'édifice, comme la salle de bal ornée de fresques décrivant les victoires de l'Armée rouge. Derrière la propriété s'étendent des forêts sauvages et denses. La capitale de la Slovénie, Ljubljana, se trouve à 50 km, au sud. **LP**

Kendov Dvorec

Lieu Goriska, Slovénie
Site Web www.kendov-dvorec.com **Prix €€**

Niché au milieu des montagnes slovènes, à une heure en voiture de la capitale, Ljubljana, Kendov Dvorec (c'est-à-dire le « manoir de Kenda ») fut construit en 1377, quand les Kenda, des propriétaires terriens, cultivaient la vallée d'Idrijca. Le lieu est aussi verdoyant qu'alors et l'air aussi pur.

Devenu un hôtel paisible de grand standing, le palais comprend onze chambres somptueuses portant toutes le nom d'anciens membres de la famille Kenda. Toutes sont différentes et ornées de meubles du XIXe siècle. Imaginez des lits sculptés et des armoires énormes. Faites comme si vous étiez le seigneur du manoir en vous installant dans son ancienne chambre, une pièce spacieuse au merveilleux décor baroque, offrant de magnifiques vues du centre de la vieille ville et de l'église, qui se détachent sur le fond des collines boisées. Même s'il a été autrefois la résidence des hommes et des femmes les plus puissants de la région, cet hôtel luxueux semble familial avec ses nappes, ses rideaux et ses couvre-lits en dentelle confectionnés dans la région, et son fabuleux jardin fleuri aux pommiers centenaires.

Le restaurant sert une cuisine slovène agrémentée d'une touche de modernité qui est préparée avec les meilleurs ingrédients. Il n'y a pas de menu : le chef vient vous proposer des plats, normalement des spécialités locales arrosées de vin produit avec les raisins des vignobles voisins. Faites comme les habitants de la région, nagez ou pêchez la truite marbrée dans la rivière Idrijca, faites du vélo ou des randonnées à pied jusqu'aux lacs alpins et aux cascades, ou encore du rafting ou du kayak. Surtout, profitez de l'occasion pour respirer à pleins poumons l'air pur et cristallin des Alpes slovènes. **JK**

Chalets Nebesa

Lieu Goriska, Slovénie
Site Web www.wholetravel.com/supplier/nebesa **Prix €€**

Ces quatre maisons pour deux personnes culminent à 900 m d'altitude sur les versants du mont Kuk. Simples mais élégants, les chalets en bois et en pierre possèdent tous un mur entièrement vitré permettant de contempler les prairies et les forêts dans lesquelles errent des cerfs.

Au rez-de-chaussée, se trouvent un grand salon, la cuisine et la salle de bains. À l'étage, la chambre mansardée est dotée d'un plafond bas et d'un lit double confortable. Le chalet se distingue par son décor minimaliste sans être trop sophistiqué. Il n'y a que des chambres d'hôtes, malgré la présence d'une cuisine. Pendant la journée, les clients peuvent prendre un en-cas en goûtant les vins, mais aussi les fromages et les viandes froides de la région. Tout est inclus dans le prix de la chambre.

Grâce aux façades vitrées, vous profitez en permanence de la vue et vous apercevrez des cerfs.

Il faut quinze minutes en voiture pour atteindre la ville la plus proche. Si vous parvenez à vous arracher à la contemplation du paysage et au merveilleux centre de remise en forme avec sauna, bain à remous et piscine chauffée, allez faire quelques randonnées qui pourront vous mener jusqu'en Italie. Vous pouvez aussi aller en voiture à Kobari afin de vous promener le long de la Soca. En hiver, le lieu est idéal pour skier. **AD**

Hisa Franko

Lieu Goriska, Slovénie
Site Web www.hisafranko.com **Prix €€**

Situé dans l'ouest de la Slovénie dans la vallée de la Soca, près de la frontière avec l'Italie, Hisa Franko est un petit hôtel de charme. Son restaurant à lui tout seul vaut le déplacement.

Tenu par un couple, Valter et Ana, il propose des menus éclectiques. Préparez-vous à déguster du risotto à l'ortie et aux coquilles Saint-Jacques, des nouilles au cacao amer, de l'agneau de montagne, du lapin et du thon de la Méditerranée. Pour terminer votre repas, goûtez le sorbet aux fruits ou le soufflé au chocolat cubain. Tous les aliments sont bio et de la région. Les repas sont servis dans une salle peinte en rouge, sur des nappes blanches amidonnées, autour de tables de bois sombre, et sont arrosés de vin italien ou slovène. Sommelier expérimenté, Valter est heureux de faire partager ses connaissances à ceux que cela intéresse. Les repas savoureux composés de cinq ou de huit plats sont prisés pour leur originalité. Bien qu'il y ait aussi des chambres, les visiteurs viennent surtout là pour la cuisine. En été, les tables sont installées dans une salle dotée de baies vitrées. Il existe aussi une salle à manger privée pour les grandes occasions. Valter aime tellement le vin slovène que vous finirez par le rejoindre dans sa cave pour une dégustation et repartirez avec quelques bouteilles de votre cru préféré achetées à prix coûtant.

Les chambres témoignent d'une grande créativité et d'un grand souci du détail. La 9 et la 10 disposent d'une terrasse. Toutes sont décorées de manière différente, dans un style moderne et épuré. La campagne environnante est fantastique à explorer à pied ou à vélo. Il est aussi possible de faire du kayak dans les rivières ou du rafting en eau vive. Ana vous confectionnera de délicieux casse-croûte. **LD**

La Slovénie à bicyclette

Lieu Slovénie
Site Web www.slovenia.info

Avec sa magnifique campagne sillonnée d'un important réseau de pistes cyclables, la Slovénie est devenue au cours des dernières années l'une des destinations les plus appréciées des cyclistes. Le pays est truffé de rivières sinueuses, de montagnes enneigées, de grottes, de villages anciens, de forêts vierges et de terres arables vallonnées.

Il existe plusieurs choix pour ceux qui aiment faire du vélo en toute liberté. La région située au sud-ouest de la capitale, Ljubljana, près de la frontière italienne et de la côte adriatique, comprend une multitude de sentiers de campagne. Ceux qui préfèrent un peu plus de confort peuvent se rendre dans le nord-ouest, près de Maribor, région viticole réputée pour ses villes d'eau et ses vignobles. Après une dure journée de cyclisme, ils reprendront des forces en se baignant dans les eaux aux vertus thérapeutiques des spas des hôtels locaux ou en sirotant un verre du vin de la région.

Des sentiers étroits sillonnent les Alpes slovènes, autour des pics verdoyants, des versants couverts de pins et des lacs glacials aux eaux cristallines. Une des randonnées les plus populaires est celle qui permet d'aller jusqu'au lac de Bled, dont les eaux tranquilles sont gardées par le célèbre château de Bled, perché depuis plus de 1 000 ans sur une falaise de 130 m.

Si vous n'avez pas envie de gravir des pentes à vélo, optez pour la montagne Peca. Au lieu d'effectuer un voyage éprouvant pour leurs poumons afin de l'escalader, les cyclistes allument leurs feux et empruntent un tunnel souterrain de 5 km traversant une mine abandonnée. **JF**

→ *La vallée de Voje au-dessus de Bohinj, dans les Alpes slovènes.*

Chalet-hôtel Pristava Lepena

Lieu Bovec, Goriska, Slovénie **Site Web** www.pristava-lepena.com **Prix €**

La Soca coule à travers le parc national du Triglav où l'air frais des Alpes rencontre les douces brises de l'Adriatique en provenance de l'Italie voisine. Il y a des milliers d'années, les eaux claires et glaciales de la rivière ont sculpté la vallée de Trenta aujourd'hui parsemée de vertes prairies et de fleurs aux couleurs vives. Pristava Lepena se trouve dans cette vallée fertile que dominent les majestueux pics calcaires des Alpes slovènes. Son emplacement permet aux visiteurs de profiter de la sérénité de la nature.

Les propriétaires ont créé ce lieu pour ceux qui aiment vivre au grand air. Se composant de huit chalets traditionnels en bois et en pierre, Pristava Lepena se fond dans le superbe cadre naturel qui l'entoure et en tire parti. Les visiteurs ont le choix entre une myriade d'activités. Les passionnés d'équitation prendront l'un des lippizans du village pour effectuer des randonnées en forêt et sur les crêtes des montagnes. Mais il existe aussi des sentiers pédestres ou des pistes cyclables, des courts de tennis et une piscine. La rivière permet de pratiquer une grande variété de sports aquatiques, notamment du rafting, du kayak et du canyoning. Cependant, c'est la pêche à la mouche qui attire les amateurs du monde entier. Les eaux froides et claires de la rivière regorgent en effet de truites marbrées, de truites arc-en-ciel et de truites communes.

Le restaurant sert des plats traditionnels confectionnés avec les produits de la région, par exemple de l'agneau à la broche et de la truite grillée. Les plus courageux goûteront les alcools maison. Ils pourront ensuite se réchauffer près d'un feu de camp ou s'installer sur leur terrasse afin de contempler les Alpes. La vue est vraiment inoubliable. **JP**

↑ *Dans cette vallée isolée des Alpes, Pristava Lepena est un lieu idéal pour les amoureux de la montagne.*

Pucic Palace

Lieu Dubrovnik, Croatie **Site Web** www.thepucicpalace.com **Prix €€**

Au milieu de l'agitation qui caractérise Dubrovnik, le Pucic Palace est un refuge paisible. Bien qu'il soit en plein cœur de la vieille ville, il semble à des millions de kilomètres des hordes de touristes armés d'appareils photo qui engorgent les ruelles étroites de la cité.

Situé à proximité de la place Gundulic, baptisée ainsi en l'honneur du célèbre poète et dramaturge du XVIIe siècle natif de Dubrovnik, le Pucic Palace fut en son temps l'une des plus belles maisons de la noblesse. Il fut transformé en hôtel à la fin du XIXe siècle. Il ne comporte que 19 chambres, portant chacune le nom d'un écrivain ou d'un artiste ayant vécu à Dubrovnik.

L'hôtel compte deux suites et une chambre individuelle, mais surtout des chambres grand standing et des chambres réservées aux hommes d'affaires. Toutes possèdent de hauts plafonds ornés de poutres et des parquets en chêne sombre. Le mobilier est d'époque, mais vous trouverez tout le confort que peut souhaiter un voyageur du XXIe siècle. Les salles de bains sont également luxueuses avec leurs baignoires à pieds et mettent à votre disposition des peignoirs en coton moelleux et des articles de toilettes Bulgari.

Les chambres sont superbes, mais rien ne vaut le restaurant situé sur le toit de l'hôtel où il est possible de savourer une cuisine orientale méditerranéenne en écoutant les bruits qui montent de la rue. La brasserie Café Royal du rez-de-chaussée a des tables en terrasse, sur la place Gundulic, durant l'été. Ne manquez pas la soupe aux galets parfumée avec les minéraux provenant des galets des plages de l'Adriatique. Le Razonoda est un bar à vin parfait pour siroter un verre de votre boisson favorite en début de soirée, en grignotant des amuse-gueule de la région, comme du jambon fumé de Dalmatie ou du fromage maison. **JA**

↑ *Le Pucic Palace est un hôtel luxueux au centre de la vieille ville de Dubrovnik.*

Villa Dubrovnik

Lieu Dubrovnik, Croatie
Site Web www.villa-dubrovnik.hr **Prix €€€**

« Regardez le soleil se coucher sur l'Adriatique depuis l'une des trois terrasses couvertes de vignes et de fleurs. » Liz Bird, *The Guardian*

Construite dans les années 1950, sous Tito, pour servir de lieu de repos aux hauts fonctionnaires, cet édifice intime et raffiné a un passé haut en couleur.

Se dressant au bord d'une falaise, avec ses terrasses basses qui semblent suspendues au-dessus de l'Adriatique, cet hôtel charmant permet de jouir de vues fantastiques de la partie la plus chic de Dubrovnik. Plus de 60 marches hautes bordées de cyprès séparent la route de la principale entrée couleur crème de la villa. À l'intérieur, un style minimaliste domine. Avec ses murs d'un blanc pur et ses meubles simples, le lieu paraît aéré et lumineux.

Toutes les chambres sont dotées de portes-fenêtres s'ouvrant sur des balcons offrant une vue magnifique de la mer, de l'île de Lokrum et des anciens remparts de la ville. Toutes les pièces communes donnent sur des terrasses, comportant des chaises longues, ombragées par des plantes grimpantes et des parasols. Les repas sont servis aux différents étages. Un restaurant propose des mets divins à la carte et un bistrot sert des en-cas. Il existe aussi un club de remise en forme bien équipé pour ceux qui ont peur de se laisser aller.

Flânez jusqu'au bord de l'eau en traversant les jardins verdoyants de l'hôtel, afin de profiter d'une petite plage de galets privée qui plaira aux amateurs de bains de soleil et aux nageurs. Vous êtes seulement à 20 minutes à pied des boutiques, des bars et des restaurants de la vieille ville de Dubrovnik. Mais vous pouvez y aller en bateau ou en utilisant le service de navettes de l'hôtel. **JK**

Toutes les chambres de la somptueuse Villa Dubrovnik ont des terrasses donnant sur la mer et la vieille ville.

L'île de Mljet

Lieu Mljet, Croatie **Site Web** www.adriagate.com/fr/croatia/national_parks.aspx?ID=4

Il n'y a rien d'étonnant à ce que la minuscule île de Mljet, avec sa beauté presque détachée des contingences, soit un parc national très apprécié. Elle est émaillée de tous les joyaux de la campagne croate – vallées vert émeraude, conifères et fascinants édifices en pierre –, qu'il s'agisse des tourelles gothiques de certains villages ou de la beauté naturelle des falaises de karst.

Avec ses lacs salés, ses forêts de pins, ses villages somnolents et son écosystème unique, Mljet est une île aux traditions ancestrales. L'histoire de ce territoire qui faisait autrefois partie de l'Illyrie est comme celle de la Croatie marquée par les occupations, les colonisations, les invasions, les reconquêtes et les mythes. Cette petite île comme perdue au milieu de la mer serait l'endroit où Calypso séduisit Ulysse, le gardant sept ans prisonnier dans une grotte.

Elle possède en outre des lacs submergés qui, tels les serpents engloutis par les célèbres mangoustes, les phoques insaisissables et la *bura*, c'est-à-dire le vent venu du nord qui balaie l'arrière-pays et les rivages, apparaissent et disparaissent comme dans les légendes. Ces lacs, grands et petits, attirent les touristes qui, depuis une éternité, viennent de la ville voisine de Dubrovnik et de plus loin pour les admirer.

Sur l'îlot de Sainte-Marie, au centre du Grand Lac, se dressent un monastère bénédictin et une ravissante église du XIIe siècle, vestiges de l'époque où Mljet était sous la juridiction des moines bénédictins. Le monastère en pierre fut longtemps un haut lieu de spiritualité. Il compta parmi ses abbés des poètes célèbres comme Ignjat Durdevic, et accueillit des bénédictins des régions voisines. **VG**

L'île de Palmizana

Lieu près de Hvar, Croatie
Site Web www.palmizana.hr **Prix €**

Palmizana est une petite île de l'Adriatique du Sud, située à une dizaine de minutes en bateau de Hvar. L'air est imprégné du parfum des fleurs exotiques, des pins et des herbes sauvages. Des plantes tropicales comme les cactus et les eucalyptus fleurissent.

Le complexe Palmizana Meneghello est composé de maisons en pierre pouvant accueillir 60 personnes. Elles sont toutes décorées différemment et très colorées avec leurs couvre-lits à motifs et leurs objets d'art croates modernes de couleurs vives. Tenus par des membres de la famille Meneghello, qui gère le domaine depuis plus d'un siècle, les deux restaurants sont réputés pour leurs plats de poissons. Les touristes peuvent même accompagner le cuisinier lorsqu'il va faire ses achats dans les vignobles voisins ou au marché aux poissons.

« Mes enfants ont adoré la plage de sable avec ses grottes et son eau peu profonde. »

Josip Novakovich, *New York Times*

À l'issue d'une courte promenade dans la forêt de pins, vous parviendrez jusqu'à la plage émaillée de criques et de baies secrètes où vous pourrez vous dévêtir complètement si vous le souhaitez. Le nudisme est une tradition à Palmizana. Il fait chaud d'avril à novembre et l'île est connue pour son fort taux d'ensoleillement. Les eaux entourant l'île sont un paradis pour les plongeurs, car elles regorgent d'épaves et de poissons tropicaux. **JK**

Les îles Kornati

Lieu Kornati, Croatie
Site Web www.kornati.hr

Quand George Bernard Shaw fit le tour de l'Adriatique, il s'arrêta sur la côte de ce qui est à présent la Croatie et tomba amoureux de l'archipel des Kornati. Ce dernier n'a rien perdu de sa splendeur.

Avec sa superficie de 320 km², il se compose de 147 îles qui, pour la plupart, font partie d'un parc national protégé. Il est réputé pour ses eaux cristallines, ses baies secrètes, ses récifs, ses anciens vestiges archéologiques et ses fameuses couronnes (falaises émergeant de l'eau). Escarpées et fascinantes, celles-ci sont les bords d'une immense fissure tectonique s'étendant de l'Istrie jusqu'au milieu de la Dalmatie et causée par la déviation de l'Afrique vers le nord et sa collision avec l'Europe.

Il n'y a pas de résidents permanents sur l'archipel. La majeure partie de la région appartient aux habitants de l'île Murter. Ces derniers entretiennent oliveraies, vignobles et vergers. Tant qu'ils ont du travail à faire, ils vivent dans leurs villas, mais louent ces dernières aux vacanciers le reste du temps. Sans électricité et eau courante, leurs maisons traditionnelles sont éloignées de tout. Il faut une journée pour accéder en bateau aux îles en partant de Zadar, de Sibenik ou de Split.

Koromacna, Opat, Stiniva, Striznja, Sipnata et Lopatica sont les plus beaux îlots. Vous pouvez vous y rendre en bateau et vous arrêter près de l'une des nombreuses jetées, afin de déguster un savoureux déjeuner dans une taverne de fruits de mer. Vous pouvez aussi faire de la plongée ou effectuer des randonnées au milieu du paysage désertique afin d'admirer la vue. **AD**

Les îles Kornati constituent un exemple de paysage méditerranéen préservé et sauvage.

La côte croate à la voile

Lieu Croatie
Site Web www.dalmatiancoast.com

Plus d'un millier d'îles sont éparpillées non loin de la côte adriatique de la Croatie, créant une bande de terre de 5 794 km. Pour les passionnés de sports nautiques, l'archipel est un paradis. De nombreuses compagnies louent des bateaux de plaisance ou des yachts de luxe avec capitaine et équipage. La mer est bleue, le climat doux et les îles, dont une cinquantaine sont habitées, suffisamment proches les unes des autres pour être rapidement accessibles.

Mais c'est surtout leur diversité que les navigateurs apprécient. Certaines font depuis longtemps partie des circuits touristiques : Rab, par exemple, que le conseil municipal transforma en station thermale dès 1889. Plus d'un demi-siècle plus tard, le duc de Windsor (l'ancien roi Édouard VIII) s'y rendit avec sa femme (Wallis Simpson). Il aurait été le premier à s'y baigner entièrement dévêtu, lançant la mode du nudisme sur l'île. Arrêtez-vous à Silba, qui comprend des restaurants et des magasins, mais pas de routes, d'où sa quiétude, ou à Pasman dont les nombreuses criques de sable blanc attirent tous ceux qui aspirent au repos.

Nombreux sont ceux qui aiment visiter l'archipel des Kornati constitué de 147 îles, îlots et récifs formant un parc national. Ils y trouvent des villages de pêcheurs traditionnels et des baies tranquilles. Un labyrinthe de canaux sépare les îles. Selon une légende locale, celles-ci seraient apparues au moment où Dieu finit de créer le monde. Ayant remarqué qu'il restait des matériaux, Il les aurait simplement lancés dans la mer. **PE**

⇐ *Les eaux chaudes et limpides bordant le littoral sont parfaites pour une excursion en bateau.*

Domaine Zabola

Lieu Transylvanie, Roumanie
Site Web www.zabola.com **Prix €€**

Zabola, propriété de la famille du comte Mikes, est un domaine de 34 ha bordé d'arbres, comprenant un lac stupéfiant, au pied des Carpates. À l'époque communiste, le château et le domaine accueillirent un orphelinat, une école et un hôpital.

Dans la Maison des machines où se trouvaient les générateurs de l'hôpital, six chambres d'hôtes, claires et spacieuses, ont été aménagées, alliant parfaitement tradition et modernité. La chambre rouge – en effet, même les murs sont rouge sang – est dotée d'une baignoire à pieds. Une cuisine exceptionnelle et des mets variés vous sont proposés : cela va du gibier et des champignons merveilleusement cuisinés aux sauces et aux confitures maison préparées avec les produits de la région.

« Un hébergement haut de gamme évoquant l'Inde coloniale et la Transylvanie d'antan. »

Andrew Eames, *CNN Traveler* magazine

Il y a beaucoup de lieux à visiter dans le voisinage. La chasse est maintenant interdite, mais il est possible d'observer les ours. En compagnie d'un guide, effectuez une excursion dans les bois féeriques ou enfourchez un cheval de la propriété pour faire le tour des villages du coin, parfaitement préservés. Plus loin se trouve le village médiéval de Sighisoara, lieu de naissance du célèbre Vlad l'Empaleur – à la sinistre réputation puisqu'il empalait ses victimes sur des pieux. Bram Stoker se serait inspiré du personnage pour créer son comte Dracula. **AD**

Le delta du Danube

Lieu delta du Danube, Roumanie
Site Web www.deltadunarii.ro

Surnommé le « Serengeti aviaire » en raison des 300 espèces d'oiseaux qui y vivent, le delta du Danube est l'une des dernières grandes contrées sauvages du continent. Après avoir parcouru 2 735 km à travers l'Europe, le Danube se jette dans la mer Noire par le delta du Danube. Les vastes marécages, forêts et lacs entourés d'épaisses roselières constituent le sanctuaire d'une faune et d'une flore d'une grande diversité. Les hérons, les pélicans, les bernaches à cou roux, les cormorans pygmées, et un nombre fantastique de mammifères, notamment des loutres de mer, des visons, des rats musqués et des sangliers, vivent ici. Le site fut nommé Paysage de l'année entre 2007 et 2009 et l'Unesco accorda le statut de réserves de la biosphère à un certain nombre de ses étendues.

L'une des meilleures façons d'explorer ce parc aquatique consiste à effectuer une excursion en bateau. Pour vraiment vous imprégner de l'atmosphère du delta, il vaut cependant mieux passer quelques jours sur un *house-boat* ou un hôtel flottant, comme on les appelle dans la région. Vous explorerez les îlots boisés, les marais, les dunes et les villages avant de jeter les amarres dans un lieu agréable. Des bateaux plus petits vous permettront de naviguer sur les canaux et les bras morts les plus étroits.

Cependant, si vous préférez garder les pieds sur la terre ferme, rendez-vous à l'hôtel Delta Nature, un luxueux complexe composé de villas confortables agrémentées de grandes terrasses qui offrent de belles vues du delta. **HA**

Le pittoresque Danube abrite 160 variétés de poissons et 1 200 espèces de plantes.

Aquacity

Lieu Poprad, Slovaquie **Site Web** www.aquacity.sk **Prix €**

Allez donc vous détendre dans le lieu le plus froid du monde (- 121 °C), ce dans le but de donner un petit coup de fouet à votre organisme. Cela peut faire penser à de la science-fiction, mais c'est un traitement de choc auquel les meilleurs athlètes ont recours. Tout le monde peut se l'offrir à Aquacity, un centre aquatique de remise en forme situé au pied des Hautes Tatras, les fameux pics enneigés de Slovaquie. Le processus qui consiste à soumettre son corps à des températures aussi basses est appelé la cryothérapie.

Le traitement fait l'objet d'un contrôle médical très strict et les patients doivent porter des chaussures et des chaussettes isolantes, des protections pour les oreilles, des gants et un masque en papier qui couvre le nez et la bouche, ainsi qu'un short et un tee-shirt. L'expérience débute dans une pièce où il ne fait que - 60 °C. Les patients y tapent du pied et se blottissent les uns contre les autres pendant une minute afin d'éliminer l'humidité de la surface de leur corps.

Puis ils passent dans une chambre plus froide où il règne la température inimaginable de - 121 °C. Il y fait plus froid que dans l'Antarctique où la température la plus basse jamais enregistrée est de - 89 °C. À cette température, les patients ne sentent plus rien hormis un picotement. Il est possible de quitter la pièce à tout moment si le froid devient insupportable.

Après les patients ont droit à une séance de gymnastique « low-impact » sous le contrôle de spécialistes afin d'activer la circulation du sang dans leurs muscles et leurs articulations. Ils affirment ensuite ressentir moins de douleurs. La thérapie serait aussi excellente pour les personnes souffrant d'arthrite, de problèmes de dos et d'ostéoporose. La libération d'endorphines pendant le traitement serait également bénéfique aux personnes dépressives. **JK**

Randonnée à Spis

Lieu Spis, Slovaquie **Site Web** www.slovakia.travel

Spis est considérée, même par les Slovaques, comme un lieu un peu spécial. Bizarrement, la région n'a pas de statut officiel en Slovaquie. Ce n'est pas une entité administrative, mais plutôt une contrée caractérisée par une culture, un dialecte et un mode vestimentaire. Pour les Slovaques, elle a une grande importance et tout le monde peut vous dire où elle se trouve, même si son nom n'apparaît sur aucune carte.

Elle est généralement délimitée au nord par la chaîne des Tatras, à l'est par les montagnes Lovoca et au sud par les monts Métallifères slovaques. C'est une région où de beaux sentiers pédestres permettent aux touristes de se promener à côté de gorges profondes aux versants boisés, émaillés de cascades et de torrents rapides, ainsi qu'à côté de magnifiques pics couronnés de neige. En été, les gens y font des randonnées et se baignent dans les sources thermales. En hiver, ils viennent y skier.

« Les étés à Spis sont propices à la détente ; les champs et les forêts attirent les randonneurs. »

Jaime Gill, *The Guardian*

Spis attire les touristes pour son histoire et son cadre naturel. Son édifice le plus connu est son majestueux château, l'une des plus grandes forteresses d'Europe. Perché sur des falaises à la hauteur vertigineuse de 634 m au-dessus du niveau de la mer, il permet de bénéficier de vues panoramiques. **JF**

Inscrit au patrimoine mondial, le château de Spis est le plus grand château en ruine d'Europe.

Hôtel Josef

Lieu Prague, Bohême, République tchèque
Site Web www.hoteljosef.com **Prix €€**

Vous ne pouvez pas manquer la façade rose et orange de l'un des rares hôtels de charme de Prague. Il suffit de jeter un coup d'œil à la façade en verre de sa réception pour savoir que le lieu est particulier. Conçu par l'architecte tchèque Eva Jiricna, son chic minimaliste est manifeste partout depuis le hall d'entrée, avec ses baies vitrées et son escalier en colimaçon constitué de verre et d'acier, jusqu'aux chambres ultramodernes.

Les chambres de l'hôtel sont toutes insonorisées. Le mélange provocateur de lumière naturelle et de verre compense l'absence d'œuvres d'art sur les murs et contribue à faire de chaque espace un lieu exceptionnel. La gamme des couleurs est agréable et naturelle. Trente-cinq des chambres sont dotées de baignoires en verre, et celles des 7e et 8e étages possèdent des balcons. Certaines donnent sur les toits de Prague, notamment sur celui du château, alors que les autres surplombent la cour.

Prague suscite tant d'émotions et d'impressions… que vos yeux auront besoin de repos.

Au rez-de-chaussée, le bar tout en verre est un chef-d'œuvre. Prenez place sur l'un des tabourets d'une blancheur immaculée et commandez un Martini. Vous pouvez aussi profiter de la salle de gymnastique sur le toit (avec un sauna et un salon de massage), sans oublier une jolie cour verdoyante avec un patio dans lequel il est agréable de s'asseoir l'été. **PS**

Hôtel Mandarin Oriental

Lieu Prague, Bohême, République tchèque
Site Web www.mandarinoriental.com/prague **Prix €€**

L'hôtel Mandarin Oriental est un établissement nouveau, tranquille et luxueux situé juste à deux minutes à pied de la beauté gothique du pont Charles et du château. Ce monastère du XIVe siècle se dresse au milieu de maisons historiques pittoresques, aux toits recouverts de tuiles rouges, et des flèches des vieilles églises du quartier paisible composé de rues pavées de Mala Strana, sur la rive gauche de Prague. Il jouxte de nombreux édifices importants et la plupart des fenêtres des chambres donnent sur les places médiévales, les églises et les jardins de Mala Strana.

Les lignes contemporaines de cet hôtel moderne se sont fondues dans une architecture d'époque merveilleusement préservée. Ainsi le spa de première catégorie occupe une chapelle Renaissance qui fait partie de l'ancien monastère. Les cloîtres abritent un salon, au milieu des colonnades baroques. L'entrée est l'ancienne nef de la chapelle.

Lorsqu'ils se rendent au spa, les clients en peignoir empruntent un passage souterrain relié à leurs chambres. Réparti sur deux niveaux, le spa inclut sept salles de soins privées, une piscine d'hydrothérapie, des douches à vapeur et une salle d'hydromassage. La spécialité est un gommage parfumé et relaxant au tilleul, l'arbre national aux vertus curatives de la République tchèque.

Au restaurant Essensia, sous ses plafonds voûtés de style Renaissance, vous savourerez un délicieux mélange d'authentiques plats asiatiques et européens. Sur le menu, les crevettes au lait de coco côtoient la salsa au piment et la glace au foie gras. **SH**

Le château Mcely

Lieu près de Prague, Bohême, République tchèque
Site Web www.chateaumcely.com **Prix €**

Cet hôtel est situé au cœur de la forêt Saint-Georges, au sommet d'une colline avec des vues à vous couper le souffle, à peine à 55 km de Prague. Restauré au XVIIe siècle, le château allie charme néoclassique et intérieurs exquis (lustres étincelants, tissus somptueux et longue cage d'escalier majesteuse) derrière son imposante façade blanche. C'est vraiment un lieu magique chargé d'une longue histoire.

Dans le château, les clients sont dorlotés. Ils ont droit à de formidables séances de massage dans le spa, et l'après-midi ils peuvent savourer un thé au son de la harpe. Le dîner est une affaire de gourmets. Les plats sont confectionnés avec des ingrédients de la région, tandis que le bar propose d'excellents élixirs aux vertus thérapeutiques et aphrodisiaques.

« [À Mcely] le thé est à nouveau un véritable rituel... il rassemble tant de personnes. »

Ed Gutierrez, *Lifestyles Magazine*

Il y a beaucoup de choses à faire à l'intérieur des murs du château. Vous pouvez flâner sur le sentier pédestre qui traverse le parc Jabkenice afin d'admirer des cerfs en liberté, ou vous laisser tenter par les bains de boue riches en soufre des Bains Tousen. Ne manquez pas non plus d'effectuer une promenade dans la forêt à bord d'une voiture tirée par des chevaux. Quelle que soit la façon dont vous passez votre temps, prenez le temps de contempler le ciel nocturne depuis l'observatoire situé sur le toit du château. Ce sera un instant de pure magie. **LP**

Bursztynowy Pałac

Lieu près de Koszalin, Poméranie centrale, Pologne
Site Web www.hotel-bursztynowy-palac.pl **Prix €€**

À seulement quelques minutes de la côte balte, à 10 km au sud de la ville de Koszalin, l'hôtel Bursztynowy est un ensemble de trois édifices historiques bâtis au XVIIIe siècle par la famille des aristocrates von Kamecke. Le Bursztynowy Pałac (le palais ambré), le palais blanc et le pavillon de chasse se trouvent au milieu d'un parc paysagé reflétant les principes d'un jardin à la française.

Dans ce cadre semblant tout droit sorti d'un conte d'Andersen, l'hôtel comprend 67 chambres ; 49 chambres standard et quatre suites sont situées dans le palais ambré, six chambres dans le palais blanc et douze dans le pavillon de chasse. Il y a aussi un centre de remise en forme avec un bain à remous et un sauna de style finlandais. Des professeurs expérimentés proposent des séances d'aérobic et de yoga. Les personnes plus aventureuses peuvent suivre des cours de stimulation musculaire et de techniques respiratoires sophistiquées.

Des plats régionaux séculaires figurent régulièrement au menu du dîner et sont servis avec orgueil par une équipe de cuisiniers enthousiastes au milieu des somptueuses dorures de la salle des miroirs et de la salle de bal. Les chefs adorent préparer les mets des festins traditionnels polonais, par exemple du gibier ou de l'agneau rôti, et les serveurs sont en costume national. Les repas sont souvent dégustés au son de la musique classique. L'ambiance dans le salon est parfaite pour se détendre en fin de journée, tout en écoutant de la musique folklorique des régions de Jamno et de Kaszuby ou des concerts de musiques classique, baroque ou contemporaine. Les mordus d'histoire peuvent apprendre à tirer à l'arbalète. Quels que soient vos goûts, l'hôtel saura probablement les satisfaire. **BS**

Le parc national Slowinski

Lieu entre Rowy et Leba, Poméranie centrale, Pologne
Site Web www.mos.gov.pl

Situées dans le parc national Slowinski, entre les jolies villes de Rowy et de Leba, des dunes géantes, semblables à celles que l'on voit dans le désert, peuvent atteindre 42 m au-dessus du niveau de la mer. Se déplaçant de 10 m chaque année, elles laissent derrière elles des souches d'arbres morts, vestiges d'une forêt ancienne ayant disparu sous les sables. Ce spectacle austère ajoute à la beauté de ce vaste espace en plein air qui s'étend sur des kilomètres. Les dunes plairont aux amoureux de la nature, car elles recèlent une faune et une flore abondantes. Le paysage dépouillé est en effet parsemé de bruyères, d'*Empetrum*, d'orchidées et de pins. Désignées par l'Unesco comme une réserve de la biosphère, les dunes vallonnées abritent 250 espèces d'oiseaux, notamment migrateurs, ainsi que des variétés rares comme le pygargue et la cigogne noire.

Les cars et les bus sont interdits afin de préserver le charme et la quiétude des dunes de sable blanc. Pour atteindre celles-ci, il vous faudra traverser le parc. Pour rentrer à Leba, vous devrez effectuer 8 km à pied le long de la plage.

Pendant les doux mois d'été, le soleil cogne dur, mais la température reste agréable grâce à la brise marine qui soulève sans cesse le sable et le déplace. Près des dunes, vous pourrez voir des lagunes aux eaux claires sur les rives desquelles se rassemblent des cerfs et des sangliers. Au-delà, une dense forêt de pins abrite des élans, des ratons laveurs et des blaireaux. Vous pouvez passer la nuit dans la paisible ville de Leba située non loin, afin de profiter de la faune et de la flore de la forêt. **JK**

⇦ *Les immenses dunes s'étirent jusqu'à l'horizon dans le parc national de Slowinski, en Pologne.*

La forêt de Bialowieza

Lieu Podlachie, Pologne
Site Web http://whc.unesco.org

La forêt de Bialowieza est aussi sauvage et féerique qu'il y a 500 ans quand la famille royale de Pologne y interdit l'exploitation du bois et la construction de maisons pour en faire un terrain de chasse. Cette réserve naturelle paisible n'a pas été endommagée par l'homme. S'étendant de part et d'autre de la frontière entre la Pologne et la Biélorussie, cette région est attachée à son passé et les fermiers cultivent toujours leurs terres avec des charrues tirées par des chevaux.

Cette forêt est l'une des dernières forêts primitives d'Europe qui, il y a des milliers d'années, recouvraient toutes les plaines du continent, et son paysage est celui de contes de fées. Cet ensemble dense de chênes, d'épicéas et de charmes est émaillé de marais, de tourbières et de ruisseaux. Les nombreux arbres en décomposition confèrent un côté inquiétant à la sérénité du lieu. Riche en faune et en flore, la forêt vit au rythme des bruits émis par les pics et des chants de 228 espèces d'oiseaux qui y ont élu domicile. Les derniers troupeaux de bisons qui sont les plus gros animaux terrestres d'Europe y demeurent. Observer ces énormes animaux se déplaçant lentement dans la neige en hiver constitue un spectacle émouvant.

« [Cette] forêt immense… abrite de remarquables animaux. »

Comité du patrimoine mondial de l'Unesco

Les sentiers pédestres, les pistes cyclables et équestres permettent de visiter la forêt sans guide, en respirant à pleins poumons le parfum des pins et en admirant la beauté des lieux sans avoir à se presser. **JK**

Kazimierz Dolny

Lieu région de Lublin, Pologne
Site Web www.kazimierz-news.com.pl

Les architectes paysagistes se pressent à Kazimierz Dolny, car le lieu bénéficie d'une magnifique luminosité. Le charme de cette petite ville somnolente n'est pas passé inaperçu. Les cinéastes ont souvent tourné des films d'amour ou historiques dans ses ruelles pleines d'ambiance. S'étendant fièrement dans l'est de la Pologne sur les rives de la Vistule, Kazimierz Dolny regorge de rues pavées tranquilles bordées d'édifices historiques. C'est un refuge idéal pour les habitants stressés des villes voisines de Varsovie et de Lublin qui y affluent durant les mois d'été. Kazimierz Dolny a su conserver son atmosphère bohème.

La cité fut fondée au XIVe siècle par le roi Casimir le Grand pour abriter la communauté juive. Il y fit bâtir un château qui devint sa résidence d'été. L'édifice gothique fut détruit par les Suédois dans les années 1650, mais ses ruines peuvent encore être visitées aujourd'hui et son point de vue, au sommet de la colline, permet d'admirer le panorama de la ville et la Vistule. Les deux guerres mondiales ont endommagé la majeure partie de la cité. Lors de la Seconde, toute la population juive a été exterminée. Les autorités ont fait des miracles pour rendre leur splendeur d'antan aux demeures médiévales. Chaque coin de la cité est une page d'histoire.

Rynek, la place du marché au centre de laquelle se trouve un puits, est le quartier le plus joli de la ville. C'est là que vous trouverez plusieurs maisons somptueuses datant de 1615. Toutes ont un toit recouvert de tuiles en bois, et dans la douce chaleur estivale, un parfum léger et agréable de pins imprègne l'air. **JK**

Vue du centre de la ville de Kazimierz Dolny, depuis la colline des Trois-Croix.

APTEKA

Hôtel Schlössle

Lieu Tallinn, Estonie
Site Web www.schlosslehotels.com **Prix €€**

En voyant l'hôtel Schlössle dans l'une des étroites ruelles pavées et sinueuses de Tallinn, on a l'impression d'être sur la scène d'un film costumé. Cette maison de marchand du XVe siècle au charme à l'ancienne se distingue par ses grandes poutres, son mobilier ancien et ses plafonds voûtés, d'où son aspect seigneurial dans le centre même de la capitale estonienne.

Le grand salon orné d'une cheminée est très douillet. Des tapisseries recouvrent les vieux murs en pierre. Il y a un jardin agréable et des portraits médiévaux partout, ainsi que des chambres et suites élégantes dotées de tout le confort moderne. Le joyau de ce petit hôtel est le restaurant Stenhus qui se trouve sous les voûtes de la cave. Lors d'un dîner aux chandelles, un soir d'hiver, lorsque vous entendrez les bûches craquer dans l'âtre, tout en dégustant des mets de la Baltique comme de l'élan grillé ou de la langoustine au four, vous pourrez imaginer des nobles en train de faire exactement la même chose des siècles auparavant dans ce cadre très intime.

> *« Les saisons ici… sont vraiment une source d'inspiration. L'automne tout particulièrement. »*
>
> Tõnis Siigur, le chef du Stenhus

Pour que votre séjour soit inoubliable, allez-y entre décembre et le début du mois de janvier, quand la cité, au nord-est de la Baltique, est revêtue d'un épais manteau neigeux et quand les marchés de Noël, animés, contribuent à en faire un lieu magique. **LP**

Hôtel Three Sisters

Lieu Tallinn, Estonie
Site Web www.threesistershotel.com **Prix €€**

Comme les temps ont changé à Tallinn ! La cité médiévale s'est complètement débarrassée des vestiges de son passé soviétique et est devenue une destination pour les passionnés de culture et pour les noctambules. Elle se distingue à la fois par son dédale de ruelles pavées et les flèches de ses églises, ainsi que par ses bars animés, ses cafés branchés et ses boîtes de nuit qui se sont multipliés depuis la disparition de l'étau communiste.

Rénové en 2003, l'hôtel Three Sisters (Trois Sœurs) témoigne avec élégance de cette nouvelle époque où l'ancien côtoie le nouveau. Avec ses hauts plafonds, ses murs blancs et la couleur de ses fresques restaurées, son vieil escalier en bois et ses sombres poutres centenaires, il est marqué au sceau de l'éclectisme. Il a été créé en réunissant trois maisons de marchands du XIVe siècle (les fameuses « sœurs »), chacune d'elles ayant son caractère. Les chambres de la troisième sont spacieuses et très intimes, tandis que celles de la maison du milieu ont un style plus flamboyant. La troisième reflète l'hospitalité. Une fois franchie l'immense arche du portail de l'hôtel, vous pénétrez dans un univers de luxe empreint de sobriété. Dans l'entrée, l'éclairage bas réverbère les teintes douces des murs, tandis que le bar, semblable à une grotte, attire une foule branchée. Si vous le désirez, vous pouvez rejoindre le chef dans sa cuisine et le regarder préparer les six plats composant votre repas que vous dégusterez dans une cour pavée.

Il faut deux jours pour visiter la vieille ville à pied. Les sites culturels et historiques ne manquent pas, telle la place de l'hôtel de ville, et les parcs verdoyants bordant les remparts qui sont un excellent lieu de promenade. **SWi**

Manoir Pädaste

Lieu île Muhu, Estonie
Site Web www.padaste.ee **Prix** €€

Les touristes ne s'attendent pas à trouver un hôtel de luxe sur cette petite île, non loin de la côte estonienne. Le manoir Pädaste est un lieu exceptionnel, une propriété historique merveilleusement transformée dans un cadre éblouissant. Pendant 700 ans, ce fut la maison de campagne de la famille von Buxhoeveden. Les édifices majestueux disposés en croissant face à la mer datent du XIXe siècle, quand le riche baron Axel von Buxhoeveden était le responsable de la chasse à la cour du tsar Nicolas II. C'était la résidence d'été de sa famille. Il fut assassiné par des révolutionnaires au moment où il quittait le manoir en 1919.

À l'époque soviétique, le manoir abrita le centre de distribution des produits de la pêche et une maison de retraite. Laissé à l'abandon il y a 20 ans, il se dresse toujours dans un parc paysagé entouré de prairies et de forêts, face à la baie de Pädaste. Il abrite maintenant un magnifique hôtel de campagne. Les quatorze chambres sont décorées de tissus magnifiques, leurs parquets sont simples et recouverts d'épais tapis et l'équipement technologique est discret. Les séances de soins du centre de remise en forme ont lieu dans des chambres d'époque. Les balcons et les terrasses offrent de superbes vues des rivages de l'île et des vagues ondulantes.

Si vous appréciez le romantisme, choisissez la chambre 15, qui possède un grenier plein de charme. Une échelle de fermier permet d'y accéder. Il s'agit d'une minuscule mezzanine remplie de recueils de poésie. **SH**

↗ *Le principal édifice du luxueux domaine de Pädaste fut construit il y a plusieurs siècles.*

Une nature intacte, des prairies et des forêts sont le cadre naturel du manoir Pädaste ; l'accueil est simple et chaleureux.

L'île de Kiji

Lieu Carélie, Russie
Site Web www.kizhi.karelia.ru

La république de Carélie, terre féerique émaillée de forêts de pins et de bouleaux, de marais et de lacs, est un territoire sauvage et vaste. La région qui entoure la ville de Petrozavodsk est l'une des plus belles de la Russie. La principale attraction est Kiji, merveilleuse île du lac Onega, qui est aussi un ancien site rituel païen. Au XIIe siècle, des colons russes s'y installèrent, édifiant d'extraordinaires églises et édifices en bois qu'il est encore possible d'admirer aujourd'hui. La cathédrale de la Transfiguration se distingue par ses 22 coupoles pittoresques et ses magnifiques décorations et pignons empêchant la pluie de pénétrer à l'intérieur. Sur l'île se trouvent aussi l'église de l'Intercession comptant, elle, neuf coupoles, et, regorgeant d'icônes, l'église de la Résurrection de Lazare qui date du XIVe siècle et qui est la plus ancienne de Russie, ainsi que la chapelle de l'Archange-Saint-Michel. Tous ces édifices ont été construits sans un seul clou et sans la moindre pièce métallique. Les charpentes tiennent grâce à des rondins de bois horizontaux entrecroisés aux angles et des menuiseries qui s'emboîtent.

En été, des étudiants de Petrozavodsk viennent y faire sonner les cloches et de jeunes enfants diaphanes vêtus de costumes traditionnels interprètent des chants populaires mélancoliques consacrés à la forêt. L'île est un lieu idyllique, avec ses longues herbes, ses fleurs sauvages, ses sentiers de campagne et son silence. Si vous le pouvez, séjournez à Sennaya Guba où les vacanciers russes sont nombreux. Un bateau vous emmènera à Kiji. Vous pourrez vous prélasser sur l'embarcadère en bois, ou dans une *bania* (sauna). **LB**

⇐ *Sur l'île de Kiji, les coupoles de la cathédrale de la Transfiguration scintillent au soleil.*

Hôtel Kempinski Moika 22

Lieu Saint-Pétersbourg, Russie
Site Web www.kempinski-st-petersburg.com **Prix €€**

Fondée en 1703 par Pierre le Grand, la ville qui fut un temps la capitale de la Russie ressemble à un musée vivant. En hiver, la neige recouvre ses coupoles dorées. En été, pendant les fameuses « nuits blanches », le soleil brille toute la nuit. Magique, regorgeant d'histoire et de charme, la Venise du Nord compte parmi ses sites les plus remarquables le palais d'Hiver qui abrite le musée de l'Ermitage et ses trois millions d'œuvres d'art. Le Kempinski Moika 22 surplombe l'Ermitage et remplace un hôtel particulier construit en 1853, sous le règne du tsar Nicolas Ier.

Bien que la façade soit restée la même, l'intérieur a été modernisé. Les chambres sont confortables, très bien équipées et l'accueil dans la chambre est impeccable : chocolats, fruits, boissons…

> *« Au palais d'Hiver, les anciennes pièces royales… sont aussi captivantes que des œuvres d'art. »*
>
> Clifford J. Levy, *New York Times*

Le restaurant sur le toit propose notamment un excellent buffet et offre une vue imprenable sur la ville. Le salon de thé allie les meilleures traditions anglaises et russes. Le thé si apprécié par les compatriotes de Pouchkine et de Tchekhov est servi dans un samovar ancien, avec des pâtisseries et des gâteaux. L'hôtel est idéalement situé pour accéder au centre historique de Saint-Pétersbourg, et apprécier les monuments, à pied, en longeant les canaux. **RCA**

L'express Moscou-Saint-Pétersbourg

Lieu Moscou-Saint-Pétersbourg, Russie
Site Web www.grandexpress.ru/en **Prix €€**

La nuit passée dans le Grand Express reliant Moscou à Saint-Pétersbourg vous offrira le meilleur de l'ancienne et de la nouvelle Russie dans le domaine ferroviaire. La gare de départ n'a pas changé ; elle s'appelle toujours « Leningradskaïa ». Les jets de vapeur des locomotives tout comme les contrôleurs sanglés dans leur uniforme rouge vif et coiffés d'une toque assortie renforcent son atmosphère austère.

En montant dans le premier train de luxe russe de passagers détenu par une compagnie privée, vous aurez l'impression de revenir à l'époque où il était prestigieux de voyager. Dans les quatorze wagons du train, le rouge prédomine. L'influence Art déco se fait sentir aussi bien dans les compartiments de luxe où les deux lits sont tendus de draps fraîchement blanchis que dans le superbe bar lambrissé.

> *« Le Grand Express vous offre un voyage fantastique, idéal pour passer une soirée romantique. »*
>
> James Logan, *Passport Magazine*

Vous aurez droit à un thé brûlant servi dans un verre traditionnel placé dans un porte-verre en argent finement ciselé. Le restaurant évoquant l'âge d'or du cinéma propose des crevettes tigrées avec une assiette anglaise ou des sandwichs au caviar. La nuit, laissez-vous bercer par le lent mouvement du train. Si vous restez éveillé, vous admirerez la campagne ensevelie sous un épais manteau neigeux, les forêts sombres et les villes inondées de lumière. **RCA**

Les cathédrales du Kremlin

Lieu Moscou, Russie
Site Web www.moscow.info/kremlin/index.aspx

Le premier Kremlin fut bâti sur la colline Borovitski aux XIe et XIIe siècles. Il fut reconstruit plusieurs fois, notamment en 1485 où ses remparts et ses tours en brique rouge apparurent. Au centre de cette imposante forteresse se trouve la place des Cathédrales, sur laquelle se dressent quatre cathédrales. Elles sont les plus beaux édifices du Kremlin.

La plus ancienne est la cathédrale de l'Assomption, qui a été érigée au XIVe siècle. Elle doit sa simplicité empreinte de solennité et sa légèreté à l'architecte italien Aristote le Fioravanti, qui l'avait conçue à Bologne en 1492. Cependant, l'édifice construit par les architectes de la région s'était effondré. Fioravanti créa une église dont l'intérieur, très aérien, diffère beaucoup de celui, sombre, de la plupart des églises orthodoxes. C'est dans cette église, qui est la plus importante de Russie, qu'eurent lieu les couronnements, les funérailles et les intronisations des tsars.

La cathédrale de l'Archange-Saint-Michel, construite au début du XVIe siècle par l'Italien Alevize Novy, n'est que pignons, spires et pilastres. Jusqu'à Pierre le Grand, les dirigeants de la Russie y furent enterrés, y compris Ivan le Terrible. L'église de La-Déposition-de-la-Robe-de-la-Vierge est un petit bijou au toit orné de minuscules coupoles dorées. Intime et vieillotte, elle était la chapelle privée de la famille impériale. La cathédrale de l'Annonciation datant du XVe siècle brille, elle, de tous ses feux. C'est là qu'Ivan le Terrible, en voyant apparaître devant lui une comète en forme de croix, pressentit sa mort, qui survint deux jours plus tard. **LB**

→ *L'intérieur spectaculaire de l'église de l'Assomption, place des Cathédrales, à Moscou.*

Hôtel Metropol

Lieu Moscou, Russie
Site Web www.moscow-hotel.ru/fra/metropol.php **Prix €€**

S'il fallait faire la liste des personnes célèbres ayant séjourné dans cet hôtel fin de siècle, les pages de ce livre ne suffiraient pas. Ce chef-d'œuvre de l'Art nouveau est apprécié pour son élégance simple et intemporelle et son emplacement sans pareil. Se trouvant à seulement trois minutes à pied de la place Rouge et du Kremlin, en face du célèbre Bolchoï, le Metropol pourrait difficilement être mieux situé.

Toutes meublées de manière différente, ses 363 chambres se distinguent par leurs parquets, leurs tapis asiatiques, leur papier peint russe à motifs floraux, ainsi que par la présence d'œuvres d'art et d'antiquités. Les deux suites présidentielles comprennent également des saunas privés, et la vue de Moscou depuis les étages les plus élevés est splendide. L'hôtel est tellement grand qu'il occupe un pâté de maisons à lui tout seul. Le rez-de-chaussée abrite de nombreux magasins et services, notamment un centre de remise en forme avec une petite piscine et un sauna. Le plafond coloré du restaurant risque de vous paraître familier. On le voit dans le chef-d'œuvre cinématographique de David Lean, *Le Docteur Jivago*. Les frises en céramique de Mikhaïl Vroubel complètent les flèches, les carreaux colorés de la façade ainsi que les grilles en fer forgé. Le vestibule surmonté d'une verrière est également impressionnant avec ses lustres en marbre, en cuivre et en cristal, et son célèbre ascenseur ancien en fonte orné de vitraux.

Le Metropol permet de retrouver entre ses murs l'atmosphère de la Russie d'avant la révolution. **PS**

« Malgré quelques modifications, l'hôtel [...] a su garder l'atmosphère de la Russie d'antan. »

Condé Nast Traveler

L'étonnant plafond orné de vitraux du restaurant de l'Hôtel Metropol, à Moscou.

Hôtel Baltchug

Lieu Moscou, Russie
Site Web www.kempinski-moscow.com **Prix €€€**

À deux pas du Kremlin, du mausolée de Lénine et de la place Rouge se trouve un hôtel huppé aux suites conçues par des architectes d'intérieur travaillant pour la famille royale anglaise. Le vicomte David Linley est ainsi à l'origine du mobilier en bois dur et des tons crème et bleu marine du décor, ainsi que d'une superbe salle de bains en marbre italien et d'un somptueux lustre. Son altesse royale la princesse Michael de Kent a créé une suite de trois pièces aux tons neutres apaisants ornée de motifs floraux, introduisant une note anglaise dans cet hôtel moscovite.

L'un des sites les plus célèbres de la capitale, la cathédrale Saint-Basile, se trouve de l'autre côté de la Moskova. Pour avoir une vue exceptionnelle du panorama de la ville, rendez-vous à la bibliothèque, qui se trouve au 8e étage et où un minuscule balcon permet de l'admirer. Juste au-dessous, vous pourrez déguster une cuisine russe des plus savoureuses, notamment un excellent risotto au champagne et à la langoustine, du turbot accompagné d'une sauce au caviar et, en guise de dessert, un mille-feuille à la praline, le tout arrosé d'un château-karsov authentiquement russe.

« Vous bénéficierez de tout le confort moderne… et jouirez de vues splendides de la place Rouge. »

Magazine *Travel+Leisure*

Visitez la ville en hiver quand il fait si froid que ses rues sont désertes. Essayez d'aller faire du patin sur la patinoire installée sur la place Rouge. L'impression sera étrange, mais la fraîcheur garantie. **RCA**

Méridien Country Club

Lieu près de Moscou, Russie **Site Web** www.starwoodhotels.com/lemeridien/property/overview/index.html?propertyID=1865 **Prix €€**

Peu d'hôtels de campagne peuvent s'enorgueillir de posséder un terrain de golf de classe internationale. Le Méridien du Country Club de Moscou, lui, accueille même un tournoi de l'European Tour PGA : le Cadillac Russian Open, qui a lieu sur le terrain conçu par Robert Trent Jones junior, un terrain convenant aussi bien aux professionnels qu'aux amateurs. Le site est plutôt sophistiqué, puisqu'il y a un simulateur de golf, une section de minigolf, un practice couvert et en plein air, des magasins réservés aux professionnels et un pavillon abritant un restaurant, des vestiaires et un sauna. Le complexe se trouve dans le vaste parc du Méridien, qui comprend aussi des centres de loisirs et des centres d'affaires. Les 131 chambres de l'hôtel offrent de magnifiques vues du paysage. En contemplant la forêt d'arbres à feuilles persistantes et ses bouleaux, sa faune et sa flore sauvages, ainsi que le lac pittoresque, on a du mal à croire que l'on soit si proche de Moscou.

Outre le golf, vous aurez le choix entre de nombreuses activités. Vous pourrez nager dans la piscine, aller goûter quelques vodkas dans le bar situé près du lac, ou encore vous détendre dans le bain à remous ou dans le sauna de votre suite. Le complexe dispose aussi d'espaces où il est possible de faire du jogging, du beach-volley et de pêcher. Suivant la saison, vous pourrez faire du patin, du ski alpin, du ski de fond et des promenades en traîneau.

En Russie, en été, les douces soirées sont idéales pour faire des promenades à cheval dans les bois pittoresques qui entourent l'hôtel. Les familles peuvent aussi louer une maison de campagne sur le domaine aussi longtemps qu'elles le souhaitent et se rendre dans les bars et les restaurants de l'hôtel. **PS**

Le Transsibérien et le lac Baïkal

Lieu Sibérie, Russie
Site Web www.trans-siberian.co.uk

Le Transsibérien est le chemin de fer le plus long, le plus étrange et le plus épique de la planète, ainsi qu'un moyen exceptionnel de gagner la Sibérie, une région dont on parle beaucoup mais que l'on visite rarement. Une fois à Moscou, rendez-vous à la gare de Yaroslavl, d'où un grand nombre de trains partent vers l'est.

Le trajet le plus court est celui de 7 620 km parcouru par le Transmongolien, qui traverse la taïga, la steppe sibérienne et le désert de Mongolie en seulement six jours. Il est aussi possible d'emprunter la ligne de 9 050 km qui passe par la Mandchourie et permet de réaliser un trajet similaire en six jours, mais en contournant la Mongolie afin d'entrer en Chine *via* Kharbin, ville célèbre pour ses sculptures de glace durant les mois d'hiver. Cependant, le trajet qui fait autorité est celui qui vous permet de traverser la Russie en sept jours, en parcourant 9 900 km de Moscou à Vladivostok, au bord de l'océan Pacifique.

Quel que soit le trajet choisi, vous aurez droit à du poisson fumé et à de la vodka pure, et apprécierez vos compagnons de voyage avec lesquels vous communiquerez dans un sabir composé de mots russes et de mauvais anglais. Quel que soit votre choix, vous interromprez sûrement votre voyage à Irkoutsk car le Transsibérien passe à cet endroit à côté du lac Baïkal, le lac le plus froid, le plus profond et le plus bleu du monde, réputé pour ses phoques, ses *omuls* (poissons ressemblant aux saumons) et ses poissons transparents appelés *golomyankas*. Le site offre un merveilleux contraste avec les étendues dépouillées de la Sibérie. **CM**

Le Transsibérien longe le lac Baïkal, le plus grand lac d'eau douce du monde.

Le mont Elbrouz

Lieu Caucase, Russie **Site Web** www.elbrus.org

La plus haute montagne d'Europe n'est pas le Mont-Blanc, mais l'Elbrouz, qui est beaucoup moins connu. Il s'agit d'un colosse culminant à 5 642 m situé dans les montagnes reculées du Caucase, à l'extrémité sud-ouest de la Russie. Ce volcan inactif depuis 2 000 ans possède deux pics ; celui qui est le plus à l'ouest fait 20 m de plus que l'autre.

Atteindre l'un ou l'autre peut être épuisant, et il est impératif d'être habitué aux altitudes élevées. Les agences qui proposent l'ascension demandent aux participants d'effectuer un entraînement de six jours ou plus au préalable, ou bien de fournir la preuve qu'ils ont les compétences requises ou qu'ils ont fait des ascensions similaires ailleurs auparavant.

« L'endroit est réputé pour ses glaciers qui alimentent une poignée de fleuves pendant l'été. »

Steve Connor, *The Independent*

Pour atteindre le campement, il faut emprunter des sentiers de montagne qui traversent des paysages stupéfiants et vous permettent de rencontrer les habitants de la région. Cette contrée est un creuset de cultures : russe, géorgienne, azerbaïdjanaise et turque. Cependant, c'est le caractère sauvage de la nature qui impressionne le plus les visiteurs. Des aigles planent au-dessus de votre tête, des animaux sauvages errent dans les forêts et les truites abondent dans les torrents montagneux. Les conditions d'hébergement sont rudimentaires et l'alimentation peut laisser à désirer, mais vous êtes à l'unisson avec la nature. **RsP**

La réserve Nalitchévo

Lieu Kamchatka, Russie **Site Web** www.park.kamchatka.ru

Renouer avec la nature est une chose, explorer la réserve naturelle de Nalitchévo au fin fond de la Sibérie en est une autre. Il est difficile d'exprimer avec des mots combien vous vous sentirez isolé, seul et loin de tout dans la lointaine péninsule inhospitalière du Kamchatka, dans l'Extrême-Orient russe, une contrée renommée pour ses volcans (il y en a près de 100), ses ours et ses fleuves regorgeant de saumon. Nalitchévo est l'un des cinq parcs naturels le plus facilement accessible. Mais tout est relatif ici, car la péninsule du Kamchatka est à neuf fuseaux horaires de Moscou, à 6 400 km de là.

Doté d'une population clairsemée, le Kamchatka est reconnu dans le monde entier comme le lieu où la géologie évolue le plus vite ; les montagnes ont crû rapidement et les vallées se sont plus élargies que nulle part ailleurs. Le parc naturel est dominé par trois volcans. Le Koriakski est entré pour la dernière fois en éruption en 1956, le Joupanovski en 1957 et l'Avatcha en 1991. Cette forte activité volcanique a provoqué la formation de sources géothermales et de sources d'eau minérale froide, concentrées près du fleuve Nalitchévo. Les baies, les bouleaux, les rivières et les sources chaudes abondent, et les vallées sont bordées de pics enneigés. Les parcs naturels de la région ne sont entourés d'aucune clôture, ce qui permet aux animaux sauvages comme les ours, les loups et les renards de l'Arctique de circuler librement.

Vous pouvez escalader à pied l'un des volcans en activité, vous baigner dans les sources chaudes ou aller pêcher le saumon. En hiver, vous avez aussi la possibilité de faire du ski ou de vous promener dans des traîneaux tirés par des chiens. **HA**

Le parc allie montagnes stupéfiantes, vastes étendues de toundra et paysages marins.

En Afrique, de nombreuses agences proposent des formules de vacances qui aident les populations locales à préserver leur environnement. Laissez-vous tenter par une promenade en montgolfière en Égypte, un moment de détente dans un spa luxueux de Namibie, un safari en Afrique du Sud, ou une excursion en compagnie de nomades au Maroc.

AFRIQUE

Hôtel Shompole, Kenya (p. 633)

Riad Dar Roumana

Lieu Fez, Maroc
Site Web www.darroumana.com **Prix €€**

Il a fallu trois ans pour restaurer avec soin Dar Roumana et lui rendre sa splendeur passée. En pénétrant dans la « maison du grenadier », vous apprécierez le travail accompli. Les paravents en bois sculpté, les hauts plafonds en cèdre, les frises en stuc et les carreaux de céramique ont été nettoyés à la main avec des cure-dents et de la paille de fer par des artisans de la région. Dans la cour, en passant à côté de la fontaine d'eau bouillonnante, puis en gravissant les marches qui mènent à la terrasse, vous jouirez d'une vue incroyable sur les toits et les minarets de l'ancienne médina. Une fois en haut, installez-vous confortablement pour savourer le dîner préparé par la propriétaire américaine Jennifer, qui est un véritable cordon-bleu. Si vous avez de la chance, son mari Sebastian, guitariste de flamenco, vous jouera une sérénade.

« Le résultat [de la restauration] est stupéfiant : la cour carrelée est splendide et les suites magnifiques. » ***Harper's Bazaar***

Perché sur une colline à l'intérieur de l'enceinte médiévale de la cité, l'hôtel se trouve seulement à cinq minutes à pied des magasins et des cafés. Allez visiter la médina et ses marchés ou rendez-vous au hammam. De retour au riad (maison traditionnelle), détendez-vous sur les sièges de la terrasse, qui est aussi un superbe point de vue, à l'ombre d'un immense platane. Jennifer propose des cours de cuisine qui vous permettront de confectionner chez vous des spécialités locales. **AD**

Villa Maroc

Lieu Essaouira, Maroc
Site Web www.villamaroc.com **Prix €€**

Comme souvent au Maroc, l'entrée de la villa ne laisse en rien deviner les splendeurs que vous allez découvrir. C'est le cas de l'énorme portail bleu de cet édifice perdu au milieu des allées tortueuses de la médina et du souk. À l'extérieur, l'agitation et les couleurs vives prédominent ; à l'intérieur, le bâtiment ressemble à un sanctuaire entouré de murs de pierre antiques. La Villa Maroc a longtemps été la destination préférée des artistes, des modèles et des photographes à la mode, mais a su garder une atmosphère décontractée et conviviale.

À l'intérieur, on est saisi par la beauté de l'édifice. Le blanc étincelant et le bleu électrique sont les tons dominants. Les galeries des étages surplombant la cour centrale sont ornées d'une profusion de plantes. Les visiteurs s'y rassemblent autour de feux de bois, discutent et jouent aux échecs jusqu'à une heure avancée de la nuit. La convivialité est de mise, et la cuisine excellente. L'ambiance agréable et animée de la soirée attire les habitants des autres riads. Avec son toit-terrasse et ses chaises longues permettant de prendre des bains de soleil dans la journée, le cadre est charmant et en harmonie avec les appels évocateurs du muezzin. Les 20 suites des trois étages sont étonnantes. Les murs d'un blanc éblouissant soulignent les teintes vives des étoffes en coton. Les meubles ont été sculptés dans du bois de thuya de la région. Quant aux mosaïques rutilantes des salles de bains, elles sont d'une beauté à vous couper le souffle.

Essaouira est un port de pêche animé. La cité fut autrefois contrôlée par les marchands portugais et les négociants de teinture romains ; l'empreinte du passé y est manifeste, malgré l'effervescence de l'activité portuaire. **SWi**

Maison MK

Lieu Marrakech, Maroc
Site Web www.maisonmk.com/fr/ **Prix €€**

La médina de Marrakech est un foisonnement fascinant et déconcertant de bruit, et d'odeurs, une véritable ruche humaine. Que vous vous y rendiez pour la première fois ou que vous soyez un habitué, vous aurez du mal à ne pas vous perdre dans le dédale de ses ruelles qui zigzaguent et vous emmènent plus loin que vous ne voudriez aller.

Pour échapper à la folie générale, réfugiez-vous dans l'une des nombreuses maisons traditionnelles ou riads transformées en petits hôtels. La Maison MK est la création du photographe de mode Paul Hopkins, tombé amoureux de Marrakech alors qu'il y séjournait pour son travail. À l'intérieur, la maison est plus européenne que ses voisines, plus traditionnelles. L'édifice peut sembler peu avenant depuis l'allée poussiéreuse, mais lorsque l'on franchit sa lourde porte d'entrée, on a l'impression de pénétrer dans un havre de paix. Construite autour d'une cour ornée d'un bassin décoré et doré à l'eau ruisselante, la villa possède une terrasse sur laquelle on peut s'allonger sur une chaise longue garnie de coussins et observer le chaos en contrebas.

L'hôtel comprend un spa et deux salles proposant toutes sortes de soins. L'un de ces derniers, constitué uniquement d'ingrédients naturels comme de l'avocat, du concombre et du yaourt, est excellent pour le visage. L'hôtel est assez simple à trouver ; il se dresse non loin de l'une des principales entrées de la médina, côté ouest. Il tranche sur les autres en raison de l'attention extrême prêtée à ses moindres détails, et de son emplacement central. **RS**

↗ *La Maison MK est relativement récente, mais constitue une oasis de quiétude.*

Laissez-vous emporter par le rythme [de Marrakech], par sa beauté et ses sons exotiques.

Hôtel Amanjena

Lieu Marrakech, Maroc **Site Web** http://fr.grandluxuryhotels.com/hotel/amanjena/ **Prix** €€€

L'Amanjena a été conçu par l'architecte américain Ed Tuttle. Ce palais, situé à la périphérie de la « ville rose », se fond dans son environnement, alliant des influences architecturales mauresques, comme en témoignent les immenses arcades de son édifice principal, et de subtiles notes asiatiques.

Après avoir franchi l'entrée majestueuse, vous pénétrez dans un monde constitué de villas en terre cuite et de pavillons ocre séparés par de petites rivières à l'eau réfléchissante et des pelouses magnifiquement entretenues. Chaque pavillon a sa cour privée ornée d'un belvédère et d'une fontaine. Huit d'entre eux possèdent également une piscine. À l'intérieur, les pièces sont vastes et originales : murs courbes et salles de bains en marbre vert marocain aux baignoires profondes. Pour plus d'intimité, séjournez dans l'une des maisons où vous disposerez de cheminées, de chambres d'hôtes, des services d'un majordome, d'une piscine privée de 25 m^2 et d'un jardin.

À l'hôtel, vous avez aussi accès à une piscine de 33 m et à un centre de remise en forme faisant également office de salon de beauté et abritant des hammams, un spa et une salle de gymnastique. Le petit déjeuner, le déjeuner et le dîner sont servis dans le restaurant thaï, à l'intérieur, ou dans le jardin, à côté de la piscine. Un restaurant marocain propose aussi des plats traditionnels à la carte en soirée. Les amateurs de golf apprécieront la présence de deux terrains de golf juste à côté de l'hôtel. **PS**

Le luxe discret de l'hôtel se reflète dans l'un de ses nombreux bassins à l'eau turquoise.

Le jardin Majorelle

Lieu Marrakech, Maroc
Site Web www.jardinmajorelle.com

À l'écart du trafic urbain, des colporteurs, des mendiants et des rues chaudes et poussiéreuses de Marrakech, le jardin Majorelle est une oasis de calme et de verdure au sein du chaos de la ville. Ses jardins paisibles, juste derrière les murs de la médina, ont été conçus par l'artiste français Jacques Majorelle en 1924. Les aquarelles de Majorelle ont survécu, mais le véritable chef-d'œuvre de l'artiste est le jardin lui-même. Ouvert au public en 1947, il a accueilli de nombreux visiteurs. Depuis 1980, il est la propriété d'Yves Saint Laurent et de son ami et mécène Pierre Bergé. Les cendres du couturier y ont été éparpillées.

L'élément le plus caractéristique de l'édifice est la variante de bleu cobalt utilisée par Majorelle pour peindre les murs du musée de l'Art islamique, occupant l'ancienne maison de l'artiste, ainsi que les pots de fleurs et les autres ornements du jardin.

Une grande variété d'oiseaux, notamment des faucons, des tourterelles, des rouges-gorges et des cigognes, vivent dans le jardin. Une multitude d'allées et de points de vue vous conduit jusqu'à une série de petits bassins où des nénuphars, des lotus, des papyrus et d'autres plantes aquatiques croissent en abondance. Il s'agit d'un havre de paix bienvenu après le tohu-bohu de la ville. Sa quiétude est troublée seulement par le ruissellement de l'eau.

Ne manquez pas de visiter le musée de l'Art islamique. Il contient de nombreux trésors, dont des céramiques, des textiles, des armes, des poteries et des bijoux originaires d'Afrique et d'Asie, ainsi que des peintures de Majorelle lui-même. **HA**

⇦ *Le « bleu Majorelle » éclatant des murs du musée tranche sur les plantes du jardin.*

Dar les Cigognes

Lieu Marrakech, Maroc
Site Web www.lescigognes.com/fr/ **Prix €€**

Pour ceux que cela intrigue, les « cigognes » en question désignent celles qui sont perchées sur les murs du palais royal de Marrakech, de l'autre côté de la route. Ancienne maison de marchand située en plein cœur de la célèbre médina de Marrakech, Dar Les Cigognes a été restaurée avec amour par l'architecte Charles Boccara et son équipe d'artisans de la région. L'emploi des techniques traditionnelles est manifeste dans toute la propriété, qu'il s'agisse des mosaïques élaborées des sols ou des portes en bois élégamment sculptées. En entrant dans la cour de l'édifice, le visiteur est accueilli par le parfum des citrus et le doux ruissellement de l'eau d'une fontaine. Il peut se rendre dans la salle à manger pleine d'élégance, la bibliothèque et le salon de lecture. Ces pièces sont plutôt décorées dans le style asiatique, ce qui n'est pas le cas des onze chambres qui allient des ornements typiques de la région et des éléments très branchés. Dans les chambres, il y a d'immenses lits très modernes et d'originales baignoires sculptées.

> *« Tel Midas, Boccara… a transformé cette maison de marchand du XVIIe siècle. »*
>
> *The Times*

Le lieu est calme, luxueux, et le personnel très prévenant. Il est possible de commander ses repas et de les déguster dans le café situé sur le toit, en contemplant l'Atlas. Vous pouvez aussi profiter du spa de l'hôtel, de son salon de massage, de son hammam et de son bain à remous. L'hôtel se trouve à quelques pas des principaux sites touristiques de la médina. **PS**

Riad Farnatchi

Lieu Marrakech, Maroc
Site Web www.riadfarnatchi.com **Prix €€**

Située dans l'un des plus anciens quartiers de la médina de Marrakech, la maison, qui est en fait constituée de trois riads, s'articule autour de deux cours et comprend neuf suites de luxe. Bien que les bâtiments aient été construits il y a 400 ans, le décor et les différentes installations sont entièrement modernes. Lumineuse et aérée, chaque suite est décorée avec élégance et comprend des équipements dernier cri, ainsi que de magnifiques bureaux, des tapis et des meubles traditionnels. Vous pourrez vous détendre dans une baignoire en marbre ou aller chaque jour au hammam de l'hôtel, qui vous offrira toute une gamme de soins tous plus tentants les uns que les autres, des soins traditionnels marocains aux dernières innovations esthétiques.

> *« Un merveilleux mélange de tradition et de modernité… Les fleurs recouvrent les hauts murs de l'hôtel. »* Sophie Lam, *The Independent*

Même lorsqu'il est plein, l'hôtel conserve une ambiance intime et paisible grâce aux nombreux coins agréables de ses cours et à sa vaste terrasse où se trouvent des sièges confortables. Vous pouvez vous offrir un dîner romantique aux chandelles (le menu change chaque soir). Le service est remarquable et le personnel, discret, est présent dès que vous avez besoin de lui. Dans une ville réputée pour ses hôtels chic, le Farnatchi fait tout pour appartenir aux meilleurs d'entre eux. **PS**

Hôtel Caravan Serai

Lieu Marrakech, Maroc
Site Web www.hotel-caravanserai.com/ **Prix €€**

Bien que le Caravan Serai fasse partie des hébergements les plus luxueux de Marrakech, il est facile de le confondre de l'extérieur avec une maison arabe traditionnelle. Accessible au bout d'un trajet de quinze minutes en voiture depuis le centre-ville, cet édifice, construit il y a deux siècles, a été restauré et se fond complètement dans le tissu urbain l'entourant, celui d'un minuscule village.

Le Caravan Serai est un lieu merveilleux au charme pastoral. D'anciennes techniques ont été utilisées pour recréer une authentique casbah aux murs en terre et aux vieilles poutres. Le *tadelakt* (enduit à la chaux) a aussi été employé. Les onze suites et les cinq chambres standard sont disposées autour d'une cour et d'une grande piscine. Deux chambres jouissent d'une piscine privée et la plupart sont dotées d'une terrasse.

Les membres du personnel, revêtus d'habits traditionnels, semblent apparaître mystérieusement dès que vous avez besoin de lui et disparaît aussitôt après. Presque tous vos souhaits sont exaucés avec diligence et efficacité.

L'hôtel comprend un restaurant-bar particulièrement agréable proposant des plats français et marocains, ainsi qu'un jardin paysagé paisible et un hammam. Les terrasses offrent de superbes vues sur le fleuve Tensift, les montagnes de l'Atlas et une ancienne plantation de dattiers appelée la Palmeraie. Le soir, en admirant le panorama nocturne spectaculaire et en sirotant du thé à la menthe, on a l'impression d'être un membre de la royauté marocaine. **PS**

→ *La cour centrale du Caravan Serai et sa luxueuse piscine chauffée.*

Riad El Fenn

Lieu Marrakech, Maroc
Site Web www.riadelfenn.com **Prix** €€

> *« C'est… une combinaison parfaite de chic oriental et de confort à l'européenne. »*
>
> *Condé Nast Traveler*

Dissimulé dans une ruelle pittoresque près des souks animés de Marrakech, le Riad El Fenn est un havre de paix. Ses impressionnants remparts de 1 m d'épaisseur masquent des pièces vastes et des plus élégantes, des cours paisibles et des coins plus secrets. Il s'agit d'un mélange unique d'élégance grandiose à l'ancienne et d'extrême modernité.

Les terrasses des toits offrent quelques-unes des plus belles vues de Marrakech. L'hôtel regorge d'endroits parfaits pour se détendre. Vous pouvez vous reposer sous des pergolas fleuries, ou encore en vous installant sur les gigantesques canapés ou les amoncellements de coussins des vérandas. Vous pouvez aussi jouer au golf, vous rafraîchir dans la piscine ou vous rendre dans le spa, qui est somptueux, avec son hammam et ses deux bassins, l'un en marbre de Carrare, l'autre équipé de jets d'eau tonifiants.

Toutes différentes, les 22 chambres et suites ont beaucoup de cachet. Les visiteurs qui recherchent la plus chic et la plus grande devraient apprécier la n° 19. Elle a en effet des plafonds de 5 m de haut et une terrasse de 60 m^2. L'architecte d'intérieur Frederic Scholl a réussi à rendre douillet cet espace immense en disposant des peaux de chameau sur le sol, et en y installant des meubles aux tons chauds, une baignoire sur pieds et de curieux objets d'art.

Choisissez ce que vous souhaitez manger comme si vous étiez chez vous. Si vous aimez la compagnie, allez dans le restaurant en plein air. Si vous préférez la solitude, trouvez-vous un coin isolé où vous pourrez dîner sans craindre d'être dérangé. **NB**

Un des vastes couloirs du Riad El Fenn, en plein cœur de Marrakech.

Hôtel Kasbah Agafay

Lieu près de Marrakech, Maroc
Site Web www.kasbahagafay.com **Prix €€€**

Il faut avoir vu la Kasbah Agafay avec ses vues panoramiques sur les anciennes oliveraies, les collines désertiques et les montagnes de l'Atlas pour y croire. Cet édifice qui, il y a 150 ans, était une forteresse perchée sur une colline, a été transformé en hôtel de luxe par Abel Damoussi, architecte marocain. Il lui a fallu trois ans pour le racheter à ses 36 propriétaires, et autant de temps pour le restaurer.

Situé à 20 km de Marrakech, l'hôtel a des suites principales disposées autour de cinq cours typiques des maisons marocaines et reliées entre elles par une multitude de couloirs. Toutes différentes, les suites se distinguent par leur mélange sophistiqué de meubles et d'objets d'artisanat berbère et arabe. Elles sont suffisamment luxueuses pour satisfaire la plupart des touristes, mais il existe aussi quatre tentes de caïds au confort royal. Regorgeant d'antiquités, ainsi que de meubles et d'ornements exceptionnels (immenses lits à baldaquin, descentes de lit tissées à la main, baignoires gigantesques et statues), elles conviendront aux couples en voyage de noces et à tous les romantiques.

L'Agafay dispose en outre d'un grand nombre d'installations, notamment d'une vaste piscine, de hammams traditionnels, d'un spa (comprenant un pavillon consacré au yoga), d'un court de tennis éclairé par des projecteurs et d'une école de cuisine située dans les jardins de l'hôtel entretenus sans engrais chimiques. Le personnel sera heureux d'organiser pour vous des randonnées à pied, à vélo ou à dos de chameau, voire une partie de golf. Nul besoin de sortir pour trouver un bon restaurant, car la cuisine franco-marocaine de l'hôtel est excellente. Un séjour dans un établissement comme celui-ci est le gage de vacances réussies. **PS**

Ksar Char-Bagh

Lieu Marrakech, Palmeraie, Maroc
Site Web www.ksarcharbagh.com **Prix €€€**

Le Ksar Char-Bagh est inspiré de l'art mauresque du XIVe siècle. Il a été construit par Patrick et Nicole Levillair, qui ont longtemps cherché la propriété de leurs rêves. Il témoigne d'un grand savoir-faire, d'une passion pour l'architecture et la culture marocaines, mais aussi pour la culture orientale.

Situé au cœur de la Palmeraie de Marrakech, l'hôtel semble un mirage féerique. Ses douze chambres grand standing sont vastes et décorées de meubles anciens exceptionnels et d'objets d'art élégants. Elles possèdent en outre tout le confort moderne. Des djellabas en soie sont à votre disposition dans les salles de bains. À l'extérieur, le paysage se compose de douves, de bassins, de fontaines et de jardins merveilleusement entretenus, mettant en valeur l'élément central : une magnifique piscine de couleur noire.

> *« Au Ksar Char-Bagh… vous n'êtes jamais loin de la vue et du son apaisants de l'eau qui coule. »*
>
> Richard Alleman, magazine *Travel+Leisure*

Les jardins remplis de palmiers, d'oliviers, de fruits, de légumes et d'herbes aromatiques sont une merveille. Ils fournissent en outre les ingrédients nécessaires à la cuisine très prisée de l'hôtel. Celui-ci comporte aussi une salle de billard, un fumoir, une bibliothèque, une cave à vins, une salle de gymnastique, un spa luxueux et un terrain de golf privé. Même si ce n'est pas un authentique palais mauresque, vous aurez vraiment l'impression d'être traité comme un roi au Ksar Char-Bagh. **PS**

Palais Rhoul

Lieu Marrakech, Palmeraie, Maroc
Site Web www.palaisrhoul.com **Prix €€€**

Selon une légende, les palmiers de la Palmeraie, au nord-ouest de Marrakech, auraient poussé à l'endroit où il y a des siècles des guerriers arabes friands de sucreries auraient jeté les noyaux de leurs dattes. Le lieu est une étendue aride parsemée de palmiers poussiéreux au sol desséché et broussailleux, mais il suffit de pousser le portail discret de n'importe quelle propriété entourée de hauts murs pour découvrir une oasis de verdure luxuriante.

Dans une allée insignifiante, derrière de hauts murs et une porte semblable à celle d'une forteresse se dresse au milieu de jardins romantiques remplis de palmiers le Palais Rhoul, un hôtel inimitable, excentrique et très chic. Un bassin en marbre couvert de pétales de rose occupe le centre de l'immense atrium public. Des colonnes et des palmiers s'élancent vers le plafond en forme de dôme et vers la bibliothèque remplie de livres occupant une mezzanine.

Certaines chambres donnent sur un grand bassin peu profond bordé de colonnes, à la surface duquel, la nuit, des bougies flottent. D'autres ressemblent aux tentes de caïds qu'utilisaient autrefois les nobles de la région pour voyager. Elles se trouvent dans les jardins regorgeant de rosiers, de cactus, de buissons de lauriers-roses, d'oliviers, de grenadiers et de citrus.

Le hammam est célèbre, tout comme son masseur imposant. Celui-ci vous malaxe sans ménagement, vous grattant, vous frottant, vous tapotant. Après ce traitement, vous serez plongé dans une piscine d'eau glacée, puis on vous frottera la peau avec des oranges pour vous rafraîchir encore davantage. Si vous n'avez pas les moyens de vous offrir une nuit au Palais Rhoul, vous pouvez quand même profiter du hammam. **LB**

Hôtel Jnane Tamsna

Lieu Marrakech, Palmeraie, Maroc
Site Web www.jnanetamsna.com **Prix €€**

Cet hôtel est la création de Meryanne Loum-Martin, une avocate sénégalaise devenue architecte d'intérieur, et de son mari, Gary J. Martin, un botaniste et ethnologue originaire des États-Unis.

Les 24 chambres sont réparties entre la Maison Jnane, le Salmia Jnane et la Maison des Voyageurs Moussafir. L'architecture est grandiose et lumineuse : étonnants murs en pisé, arches marocaines et luxuriants patios couverts de bougainvilliers. Pour décorer les pièces, on a utilisé des textiles du Sénégal, du Maroc et d'Asie faits à la main. Les chambres sont meublées simplement, mais avec élégance. Il y a de grands lits, des chaises longues, des cheminées, des tableaux et des fleurs. L'hôtel compte trois piscines (deux d'entre elles sont chauffées en hiver), un court de tennis et des bibliothèques contenant des livres français et anglais.

« [Un] hôtel de charme moderne à l'ambiance décontractée au milieu de jardins parfumés. »

Tessa Boase, *The Daily Telegraph*

Jnane signifie « le jardin » en arabe, et les jardins sont à l'honneur ici. On y cultive les ingrédients qui entrent dans la composition des excellents plats méditerranéens et marocains du restaurant. S'intéressant beaucoup à la vie culturelle du Maroc, les propriétaires ont imaginé une grande variété d'excursions. Celles-ci, effectuées en compagnie de guides locaux amicaux, vous font découvrir d'une autre façon, loin des circuits touristiques habituels, les coutumes, la cuisine et l'art marocains. **PS**

Lodge Azwou'n Crisaran

Lieu Rissani, Maroc
Site Web www.crisaran.com **Prix** €€

Peut-être vous arrive-t-il de rêver à une heure tardive de la nuit que vous partez ? Vous laissez tomber votre travail au bureau, brûlez votre costume rayé et allez galoper en compagnie de Berbères dans le désert marocain. Dans ce cas, réservez une chambre pour quelques nuits à l'Azwou'n Crisaran. Vous vous familiariserez avec le monde berbère, mais de manière luxueuse, en fréquentant le hammam, en dégustant de la grande cuisine et en vous déplaçant à bord de Jeep confortables.

L'Azwou'n Crisaran se trouve au pied des dunes du Sahara. Il est composé de seize suites, toutes dotées d'un salon, d'une chambre, d'une salle de bains et d'une cheminée. Les lits sont recouverts de peaux de zèbre, les sols de tapis marocains. Parmi les activités de la journée figurent des excursions au milieu des dunes, des visites guidées des villages de la région et des randonnées à dos de chameau. Le mardi, le jeudi et le dimanche, vous pouvez accompagner les nomades jusqu'au marché. Vous pouvez aussi visiter Erfud, célèbre pour ses dattes et ses fossiles, aller voir les dunes de Merzouga où le lever et le coucher de soleil sont éblouissants, ou vous rendre à Ksar el-Borj afin d'admirer les palmeraies de Rissani. À Tafilalet, berceau de la dynastie des Alaouites, vous visiterez des palais et un mausolée.

Cependant, vous êtes aussi libre de vous prélasser près de la piscine qui ressemble à un lac ou de vous faire masser dans le vieil hammam en pisé. Et puis il y a le dîner : les chefs du restaurant Jaima sont des spécialistes des mets arabes et berbères. Chaque jour, ils confectionnent des plats différents, fruits de traditions culinaires séculaires. Installez-vous sur des coussins et sirotez un thé à la menthe. **PE**

Dar Ahlam

Lieu Oprsè de Ouarzazate, Maroc
Site Web www.maisonsdesreves.com **Prix** €€

Dar Ahlam, casbah traditionnelle aux murs en terre cuite par le soleil dont le nom signifie « la maison des rêves », vous attend, semblable à une forteresse rouge dans l'oasis verte de Skoura, à 40 km de Ouarzazate.

Dans cet éden, le chant des oiseaux est le seul bruit venant troubler le silence. Ce dernier bastion de verdure avant le désert vous charme à l'instar d'une forêt enchantée. Il n'y a ici aucune formalité, aucune loi, aucune clé, aucun règlement, juste la liberté. À l'intérieur, les portes en bois s'ouvrent sur des chambres remplies d'objets anciens. Au nombre de neuf, elles sont exceptionnelles, ornées de meubles du Maroc, bien sûr, mais aussi de Bali, de Syrie et de France. Les repas sont servis dans différents endroits. Le petit déjeuner se déguste sur la terrasse du toit, alors que le déjeuner est, lui, offert sous les oliviers ou à côté de la piscine qui scintille au soleil. Le soir, vous avez droit à un festin des « 1 001 Nuits » sur des tables couvertes de nappes rouges, d'épices décoratives et de bougies.

> *« Même le plus grand sybarite sera émerveillé par cette "maison des rêves". »*
>
> *Harper's Bazaar*

Vous pouvez vous réfugier sur l'une des terrasses où sont éparpillés des coussins bleu turquoise, profiter de la fraîcheur du hammam, vous aventurer dans la vallée des Roses ou choisir de dîner aux chandelles au milieu de ruines. Un cadre digne d'un conte de fées. **RCA**

Kasbah du Toubkal

Lieu Atlas, Maroc
Site Web www.kasbahdutoubkal.com **Prix €**

Situé au pied du mont Toubkal, le pic le plus élevé d'Afrique du Nord, la Kasbah du Toubkal est perchée sur une falaise rocheuse, à 1 800 m d'altitude, dans les montagnes de l'Atlas, situées à 65 km de Marrakech.

Il faut compter quinze minutes à dos de mule depuis le minuscule village berbère d'Imlil pour atteindre ce fort qui a été restauré. La casbah ne prétend pas être un hôtel, plutôt la manifestation de l'hospitalité des Berbères, avec l'aide desquels elle a été conçue au départ et par qui elle est gérée. Le fort comprend deux immenses terrasses, et bien qu'il n'y ait pas de piscine, car cela ne correspond pas aux coutumes locales, il y a un sauna et un complexe comprenant un bassin.

Confortables plutôt que luxueuses, les chambres sont décorées dans le style berbère traditionnel avec des meubles sculptés en noyer. Elles sont dotées de salles de bains privées ou de salles de douche, et jouissent de vues splendides de la montagne. Les chambres supérieures possèdent un balcon ou une terrasse. Au sud de la casbah se trouve la Maison du jardin, une maison de trois chambres destinée à ceux qui recherchent plus d'intimité.

Si la casbah n'a pas le luxe d'un hôtel 5-étoiles, elle bénéficie en revanche d'un cadre magnifique, propice aux randonnées. Vous pouvez effectuer de petites promenades faciles dans les villages voisins ou des randonnées de deux ou plusieurs jours afin de gagner des vallées reculées avec des guides de montagne de la région et des mules. La plus belle excursion est l'ascension, qui prend deux jours, du mont Toubkal culminant à 4 160 m. **ML**

« Le nuage se dissipa, révélant un paysage d'une telle beauté que je dus m'asseoir… »

Anthony Sattin, *Condé Nast Traveler*

Thé à la menthe traditionnel et grand air de l'Atlas à la terrasse de la Kasbah du Toubkal.

Randonnée dans le Haut-Atlas

Lieu Haut-Atlas, Maroc
Site Web www.epicmorocco.co.uk **Prix €€**

Il n'est pas de meilleure façon de découvrir le paysage déchiqueté du Haut-Atlas que de randonner avec des nomades et marcher sur les traces de générations d'hommes de la tribu des Alt Atta. De votre campement, vous vous sentirez littéralement écrasés par les formations rocheuses géantes qui vous entourent.

Après un trajet de six heures depuis Marrakech, vous parviendrez jusqu'au hameau de Hamdor, dans le centre du Haut-Atlas, point de départ d'une randonnée de six jours, et vous y rencontrerez Zaïd. Après la nuit au gîte, la matinée commencera par le chargement des mules et des dromadaires qui doivent transporter le ravitaillement et l'équipement nécessaires. Les marches quotidiennes de cinq heures (un trekking modéré) le long des sentiers rocheux sont interrompues par de fréquentes pauses au cours desquelles on vous offrira un thé à la menthe fortement sucré. Lorsque vous arriverez au camp, une tente berbère et une cuisine auront déjà été dressées pour vous accueillir et vos bagages seront là. Le soir, après le souper constitué d'un tajine et de pain cuit sur des pierres, les randonneurs s'installent à la belle étoile autour d'un feu de camp. Un soir, Zaïd et ses neveux organiseront un méchoui au cours duquel ils chanteront et danseront à la lueur du feu. **RB**

« Nous nous sentions des pionniers, et dans un sens, nous en étions. Il s'agissait d'une véritable exploration. » Isabel Choat, *The Guardian*

Hôtel La Gazelle D'or

Lieu près de Taroudant, Maroc
Site Web www.travel-in-morocco.com/hotelgazelledor.htm **Prix €€**

Les 30 bungalows discrets de la Gazelle d'Or disparaissent sous les bougainvilliers de couleur vive et le parfum des 80 ha d'orangeraies voisines, cultivées de façon biologique, flotte au-dessus des haies et des pelouses parfaitement entretenues.

À 1,5 km de l'ancienne ville fortifiée de Taroudant, dans les contreforts des montagnes couronnées de neige de l'Atlas, se cache un Maroc calme et paisible. Dans ces élégants pavillons en pierre, la télévision est absente et le seul éclairage est la lueur vacillante des lampes marocaines, une fois la nuit tombée. Les murs nus recouverts de plâtre, les tentures en mousseline, les tapis tissés à la main et les fleurs fraîches garnissant les pots en terre cuite posés sur des meubles anciens reflètent un luxe paisible. La Gazelle d'Or est un hôtel de campagne à l'ambiance décontractée agrémenté d'une petite touche nord-africaine.

Vous aurez le plaisir de vous promener dans des allées couvertes de briques, entre des haies de rosiers en fleur, afin de vous rendre jusqu'à la piscine chauffée de 24 m dissimulée dans un écrin de verdure, de jouer au tennis sur des courts en terre battue, ou même de disputer une partie de croquet sur la pelouse. Les clients peuvent prendre leur repas sur leur terrasse privée ou dans la grande salle à manger circulaire située sous une tente. Le dîner gastronomique composé de sept plats est un régal. Le déjeuner est en général un buffet regorgeant de fruits de mer frais, de viandes et de salades.

Une fois franchie la porte en bois sculpté du spa, vous découvrirez un hammam traditionnel et des salles de soins modernes où l'on privilégie l'emploi de produits naturels et d'huiles essentielles. L'hôtel a ses propres écuries. Vous pourrez donc gravir à cheval les sentiers de montagne. **SH**

Hôtel Dar Dhiafa

Lieu Djerba, Tunisie
Site Web www.hoteldardhiafa.com **Prix €€**

Au bout d'une allée étroite, l'hôtel Dar Dhiafa est dissimulé par des murs épais et des portes en bois cloutées. Pénétrer dans sa cour parsemée de bougainvilliers revient à entrer dans un autre monde. Cinq villas blanches munies de volets, construites il y a 600 ans à Erriadh, le vieux quartier juif de Djerba, ont été transformées avec goût en un hôtel exotique mais sans prétention. Il s'agit d'un labyrinthe de couloirs sinueux, de coins et de recoins, et d'épaisses arches de pierre. L'hôtel comprend neuf chambres et six suites. Toutes s'articulent autour de cours ornées de fleurs reliées par une série de couloirs ombragés. Les chambres possèdent des plafonds aux poutres apparentes, des sols recouverts de carreaux en terre cuite, et sont décorées de tapis berbères colorés, de meubles anciens, de lampes traditionnelles et de poteries de la région. Grâce aux murs de pierre épais et blancs, il fait frais à l'intérieur même lorsque la température dehors est très élevée. Mais en cas de canicule, il y a aussi la climatisation. Signalons également la présence de deux petites piscines, d'un hammam et de salles à manger, une à l'intérieur et l'autre en plein air, où l'on vous servira de délicieux mets traditionnels de la région.

Une promenade dans les rues du village d'Erriadh ressemble à un voyage dans le temps. Des vieillards déambulent, vêtus d'une longue robe et chaussés de sandales ; des chèvres errent en toute liberté et des ânes lourdement chargés font claquer leurs sabots. N'oubliez pas de visiter la synagogue d'El-Ghriba. Grand site de pèlerinage pour les juifs, elle date de 586 av. J.-C. **HA**

Pansea Ksar Ghilane

Lieu désert du Sahara, Tunisie
Site Web www.pansea.com **Prix €€**

Les 60 tentes en lin du campement de Pansea Ksar Ghilane se dressent entre des palmiers, à l'extrémité nord du Sahara. Coupée du reste du monde, cette oasis occupant le site d'un vieux château est parfaitement isolée. Le seul moyen de s'y rendre consiste à emprunter un 4 x 4. Le trajet de trois heures vous permettra d'admirer un paysage des plus austères et des plus impressionnants.

Les tentes traditionnelles sont ornées de rideaux ondulants, d'objets d'artisanat de la région, de lanternes, et de magnifiques kilims. Les climatiseurs qui servent aussi d'appareils de chauffage l'hiver apportent une touche de modernité.

Quand vous n'êtes pas sous la tente, vous pouvez paresser sur une chaise longue à côté d'une piscine dont l'eau provient d'une source naturelle. Vous pouvez vous rendre à dos de chameau jusqu'aux puits salants et aux dunes, aller voir des ruines romaines ou grimper au sommet d'une tour de guet restaurée afin de contempler la mer de sable infinie et les crépuscules éblouissants. Vous pouvez aussi faire une excursion en 4 x 4 dans le désert et visiter Chott el-Jerid, près de Douz, ou encore les vieux *ghorfas* ou greniers berbères situés près de Tataouine.

Avec ses bancs en pierre recouverts de coussins et ses lanternes en fer forgé, le restaurant est la quintessence du chic bédouin. Le menu affiche des mets tunisiens et français. Parmi les spécialités, citons le ragoût de bœuf, l'agneau à la vapeur, le couscous et les brochettes. Vous pouvez aussi prendre place sous une tente traditionnelle en poils de chèvre et déguster le dîner cuit dans un four traditionnel creusé dans le sable, puis finir la soirée en fumant le narguilé, tout en contemplant les étoiles au-dessus de votre tête. **AD**

Hôtel Dar Saïd

Lieu Sidi Bou-Saïd, Tunisie
Site Web www.darsaid.com.tn **Prix €€**

Faisant partie d'un des refuges les plus enchanteurs de Tunisie, le petit hôtel Dar Saïd est une maison du XIXe siècle. Il se trouve sur les hauteurs du village de Sidi Bou-Saïd, sur une falaise surplombant la baie de Tunis.

Entourée de hauts murs blancs qui disparaissent sous les bougainvilliers, la maison de deux étages possède quatre cours agrémentées d'orangeraies et d'une piscine. Il y règne une ambiance décontractée et charmante. Vous découvrirez des terrasses embaumant le jasmin, des cours carrelées mouchetées par le soleil et des fontaines miroitantes. À l'intérieur, les pièces, magnifiques, sont décorées de riches étoffes italiennes, d'objets et de meubles anciens de très bon goût, et de tapis de soie. Peintes dans des tons pâles, les chambres à haut plafond regorgent de meubles mauresques. Rendez-vous au hammam pour avoir droit à un soin revitalisant, puis allez vous promener dans les ruelles étroites qui serpentent jusqu'à la marina.

Le village de Sidi Bou-Saïd, à 16 km à l'est de Tunis, a été fondé pour servir de retraite à Abou Saïd, mystique soufi du XIIIe siècle. Devenu une destination très appréciée de l'aristocratie tunisienne en été, il a fini par attirer les artistes, notamment Paul Klee. Le petit marché est un lieu formidable pour acheter des pâtisseries et des souvenirs, et les galeries et les maisons-musées révèlent un héritage fascinant. Il existe plusieurs très bons restaurants dans le village, certains bénéficiant de vues panoramiques sur la Méditerranée. Sirotez un thé à la menthe dans la cour de l'hôtel par une nuit d'été, en vous enivrant du parfum des plantes locales. Un séjour à Dar Saïd est un régal pour les sens. **AD**

↗ *La terrasse de l'hôtel, qui jouit d'une vue fantastique, vous permet d'avoir du soleil toute la journée.*

« Le ciel nocturne est étoilé, le silence ininterrompu hormis par le léger bruissement des eucalyptus odorants. » Sean O'Hagan, *The Observer*

Vol en ballon au-dessus de la Vallée des Rois

Lieu Louxor, Égypte
Site Web www.egypt.travel

Ce voyage en ballon a pour but de vous faire admirer le soleil quand il se lève au-dessus de Thèbes, la Cité des Morts. Du ciel, vous verrez des ânes et vous surprendrez des familles endormies sur les toits de leurs maisons de terre ou encore une procession funèbre cheminant à travers le désert.

Située sur la rive gauche du Nil, Thèbes fait face à Louxor, la Cité des Vivants. Quand à l'aube, le désert se teinte d'or, on voit le Nil d'un côté de la vallée, et de l'autre, les montagnes. Des masures en brique et en terre, des falaises calcaires vertigineuses et des tombes royales se dressent sur les rives du fleuve le plus long du monde. Le ballon dérive depuis la Vallée des Rois jusqu'à la Vallée des Reines, révélant les tombes pharaoniques, dont celle de Toutankhamon et celle de la reine Hatchepsout sculptée dans la roche. Le ballon plane aussi au-dessus des fouilles qui ont lieu près de l'allée des Sphinx.

« Les vues de la vallée étaient prodigieuses, il y avait le Nil d'un côté, les montagnes de l'autre. »

Max Davidson, *The Daily Telegraph*

Si vous faites ce voyage en octobre, sachez que vous pourrez vous marier dans le temple de Karnak. Pendant ce mois, les couples peuvent s'unir comme le faisaient les pharaons, il y a 5 000 ans. **LGS**

Lever de soleil au-dessus du temple de Hatchepsout, à Louxor.

Adrere Amellal

Lieu oasis de Siwa, Égypte
Site Web www.adrereamellal.net **Prix** €€€

Pour atteindre cet extraordinaire pavillon écologique situé au milieu de l'oasis saharienne de Siwa, il faut parcourir pendant huit heures des routes poussiéreuses depuis Le Caire. Entouré de dunes et dominant un lac d'eau salée à la surface miroitante, l'édifice a été bâti avec de la roche salée et de la terre. Il est l'invention de l'écologiste environnementaliste le plus important d'Égypte : Mounir Neamatalia.

Il s'agit d'une partie de l'Égypte épargnée par les hordes de touristes. Le pavillon est éclairé par des lampes à huile et des bougies et, la nuit, des braseros vous mettent à l'abri du froid du désert. Il n'y a rien de plus reposant que de se détendre dans une salle de bains et un lit éclairés uniquement par la lueur vacillante d'une douzaine de bougies en cire. Il n'y a rien de mieux que ce luxe primitif.

« Un lieu très spécial, d'un luxe primitif, entouré de montagnes majestueuses… et féeriques. »

Geordie Greig, *Tatler*

Les chambres du pavillon sont décorées dans le style de la région de Siwa. Elles se distinguent par leurs tapis berbères et par leurs portes et leurs lits fabriqués avec des feuilles de palmiers. L'endroit abrite aussi une piscine alimentée par une ancienne source romaine. Faites la planche sur le dos dans la piscine entourée d'oliveraies et de palmeraies, tout en contemplant l'infini de l'horizon, ainsi que le paysage austère, désolé, mais splendide du désert. Vous pouvez dîner dehors sous un ciel d'encre émaillé de constellations. **HA**

Plongée dans le Blue Hole

Lieu Sinaï, Égypte
Site Web www.allsinai.info/sites/sites/blue_hole

Tel un saphir bleu et profond encerclé par un anneau brillant couleur topaze, ce joyau de la mer Rouge a la réputation d'être le site de plongée le plus dangereux du monde. Après avoir longé la côte depuis Dahab, être passé à côté du désert montagneux et de camps tentaculaires de Bédouins, vous parvenez jusqu'à un écueil bleu cobalt qui mène au Blue Hole, considéré comme la perle du golfe d'Aqaba, le lieu le plus enchanteur de la mer Rouge.

Dans ce monde sous-marin, des bancs de poissons psychédéliques zigzaguent, des raies mantas se promènent et les méduses violettes évoquent des sirènes des profondeurs. Les récifs coralliens passent du jaune au rouge, puis au violet, pour les téméraires qui ont décidé d'explorer l'arche quasi mythique, une formation rocheuse trompeuse située au fond de cette grotte sous-marine. Les corps des plongeurs à jamais prisonniers de la mer gisent au fond du Blue Hole. Ils sont près d'un millier à s'être aventurés trop loin et à n'avoir pas réussi à s'orienter sous l'eau.

Les enfants des Bédouins vêtus de coton du désert attendent en haut les plongeurs raisonnables, qui ne cherchent pas à relever des défis et n'effectuent pas de plongées dangereuses. Ils les hèlent, les invitant à acheter des bracelets et des colifichets de couleur vive ou les défient au *shesh-besh*, jeu où ils ne sont presque jamais battus.

Les voyageurs sont en général sous le charme des nuits étoilées au-dessus des montagnes ou des merveilleux villages de hippies de Nuweiba et de Tarabin. Un habitant de la région peut vous guider jusqu'au Rasta Boogaloo, un camp de Bédouins accroché à la montagne accessible uniquement après une promenade sur les rochers la nuit, à marée basse. **VG**

Lever de soleil au-dessus du mont Sinaï

Lieu Sinaï, Égypte
Site Web www.touregypt.net/parks/stkath.htm

Imaginez l'aube dans le désert. Le ciel et le paysage semblent noirs comme de la suie, éclairés seulement par la lueur de la lune et des étoiles. Le moment est venu pour vous de grimper jusqu'au sommet du mont Sinaï, la célèbre montagne sur laquelle Moïse aurait reçu les dix commandements.

Le mont Sinaï culmine à 2 882 m au-dessus du niveau de la mer, et son ascension nocturne, effectuée souvent à la lueur vacillante des bougies, est quelque chose de très particulier. Bien que la solitude ne puisse être garantie au sommet, contempler le lever de soleil est quelque chose de vraiment spectaculaire. Il existe deux façons d'atteindre le sommet. La route la plus simple, celle que choisissent la plupart des touristes, nécessite deux heures et demie de marche (cependant, le trajet peut être effectué à dos de chameau). Il y en a une plus escarpée et plus directe, mais il vous faudra gravir 3 750 marches. Il est possible de se rendre en car jusqu'au mont Sinaï en partant de la plupart des grandes villes et des complexes touristiques de l'Égypte. La station balnéaire de Sharm el-Cheikh est l'une des plus proches, mais le trajet dure quand même deux heures et demie. Les guides disent à leurs groupes qu'ils commencent l'ascension dès leur arrivée, entre 1 h 30 et 2 h 30 du matin. Par conséquent, ne comptez pas dormir cette nuit-là.

Une fois que le soleil s'est levé, après avoir admiré la vue époustouflante, la plupart des touristes font un pèlerinage jusqu'à la grotte de Moïse. En revenant au pied du mont, ils visitent aussi le monastère Sainte-Catherine et voient le fameux buisson ardent. **JA**

↗ *La vue depuis le sommet du mont Sinaï restera gravée dans votre mémoire durant de nombreuses années.*

« L'air est pur et frais, le ciel d'un bleu hypnotisant, et le paysage un paysage de rêve sculpté par les vents. » Chris Haslam, *The Times*

Le Nil en felouque

Lieu d'Assouan à Louxor, Égypte
Site Web www.egypt.travel **Prix** €

Traversez le pays des pharaons en felouque classique et vous voyagerez de l'extrémité la plus méridionale de l'Égypte jusqu'à la Vallée des Rois.

Les Égyptiens de l'Antiquité pensaient que le Nil vous faisait passer de la vie à la mort et à la vie après la mort. Le fleuve devint l'une des plus importantes voies commerciales d'Afrique du Nord et un enjeu vital pour la civilisation égyptienne. Les temples égyptiens les plus importants ont été bâtis le long de cette voie fluviale. Les sites spectaculaires de la rive gauche abritent les momies des pharaons, de leurs femmes, de leurs concubines et même un étrange crocodile. Au cours du trajet, vous en saurez plus sur les esprits mystérieux et les légendes des anciens Égyptiens, en visitant les temples nubiens d'Abou Simbel et de Kom Ombo creusés dans la roche, le temple d'Edfou qui est le mieux conservé d'Égypte, des villages exotiques et le plus grand site religieux du monde, Karnak, l'œuvre de 30 des plus puissants dirigeants du monde.

> *« Quand j'ai écrit* [Mort sur le Nil], *j'ai eu l'impression d'être à nouveau sur le bateau reliant Assouan à Wadi Halfa. »* Agatha Christie, écrivain

En visitant la splendide Vallée des Rois, vous verrez les sphinx bordant l'allée et la formidable statue de Ramsès II. Un voyage le long du Nil, d'Assouan à Louxor, est un plaisir intemporel et inoubliable. **VG**

← *Embarcations légères, les felouques permettent d'accoster facilement sur les berges du Nil.*

Hôtel Mandina

Lieu Makasutu, Gambie
Sites Web www.gambia.co.uk ; www.makasutu.com **Prix €€**

Il faut compter une heure en voiture depuis les stations balnéaires animées de Gambie pour atteindre le Makasutu Culture Forest, fondé en 1993 dans le but de prévenir la déforestation, de favoriser le retour de la faune et de procurer du travail aux villageois.

Caché dans la forêt, près d'un affluent du fleuve Gambie idyllique bordé de palétuviers, ce complexe écologique peut héberger seize personnes au maximum. Les visiteurs accèdent au Mandina par des sentiers pédestres surélevés ou à bord de pirogues. Les chambres bénéficient de l'énergie solaire, de terrasses privées sur les toits, de vues magnifiques et de lits à baldaquin sculptés dans le bois et couverts de draps blancs. Les salles de bains sont dépourvues de toit, ce qui permet aux clients de se baigner à la belle étoile. Le complexe comprend une immense piscine et un bar à l'ambiance décontractée. Il est possible de dîner en plein air ou dans votre chambre, après en avoir parlé avec le chef. Le calme, auquel s'ajoute toute l'année la chaleur, apaisera même les cadres les plus stressés.

« Le Mandina est un hôtel de luxe dissimulé au milieu des mangroves. »

Kevin Rushby, *The Guardian*

Les guides proposent des excursions dans la forêt ou sur le fleuve. Selon une légende, Makasutu (la forêt sainte) est hantée, mais vous aurez plus de chances d'apercevoir un babouin ou un lézard qu'un être surnaturel. **WG**

À la découverte des oiseaux en Gambie

Lieu Gambie
Site Web www.visitthegambia.gm/bird-watching

Près de 540 espèces différentes d'oiseaux vivent dans ce minuscule pays de la côte ouest de l'Afrique, probablement parce que son territoire réduit comprend une grande diversité d'habitats, qu'il s'agisse du littoral de l'océan Atlantique, des zones humides de l'intérieur du pays ou du bush africain connu pour sa sécheresse. Le nombre et la variété des oiseaux attirent les ornithologues du monde entier. Cependant, nul besoin d'être un ornithologue confirmé pour apprécier le paysage éblouissant.

Ce que vous verrez dépendra de l'endroit où vous serez. Sur la côte ouest de l'océan Atlantique, vous apercevrez sans doute des martins-pêcheurs, des oiseaux marins comme des aigrettes et des hérons, et l'oiseau portant le nom curieux de dendrocygne veuf. Si vous allez à l'intérieur du pays, dans la poussière sèche du bush africain, vous trouverez des rapaces, notamment des autours, des buses, des aigles et des vautours. Mieux vaut partir avec un guide qui vous indiquera les meilleurs points de vue et vous expliquera la différence existant entre un pygargue vocifère et un souimanga pygmée.

Vous pouvez aussi vous promener en pirogue dans les criques des mangroves afin d'admirer des hérons goliath ou bien dans les zones humides avec l'espoir de tomber sur des pluviers égyptiens et des anserelles naines. Passez quelques heures à l'endroit où se trouvent les viviers du fleuve Gambie ou une journée entière dans la réserve naturelle d'Abuko pour éprouver les joies d'un ornithologue amateur. **JP**

Brava

Lieu Brava, îles du Cap-Vert
Site Web www.archipelagocapeverde.com

Brava, « l'île des fleurs » de l'archipel, s'étire à l'extrémité sud-ouest des îles du Cap-Vert, à environ 640 km du littoral de l'Afrique de l'Ouest. Les montagnes, couvertes de brume, s'élèvent au milieu du terrain aride et volcanique et dominent le paysage. Culminant à 976 m, ces pics favorisent le microclimat humide et tempéré propre à cette petite île inhabitée.

Généralement peu dérangée par les touristes en raison de l'absence de plages remarquables, Brava est la parfaite antithèse du reste de l'archipel et a conservé son charme originel. Il n'y a pas d'aéroport et il faut préparer soigneusement son voyage, car le service de ferrys depuis l'île voisine de Fogo est irrégulier. Les visiteurs peuvent se promener sur le littoral accidenté ponctué de falaises de lave abruptes ou gravir les montagnes pour contempler les vallées profondes et fleuries.

« Le climat humide de cette île minuscule est à l'origine de la végétation luxuriante et de la brume. »

Janine Kelso, *Travel Weekly*

La principale ville de l'île est Vila Nova Sintra à 520 m d'altitude. Cette ville haute en couleur comporte marchés, maisons coloniales, jardins et sentiers offrant des vues spectaculaires. La véritable vedette de l'île est le pittoresque village de Fajã d'Agua, au bord de la mer, sur la côte ouest. Il est protégé du vent par les montagnes et possède une étonnante plage de sable noir. Malgré ce sable d'origine volcanique, aucune activité volcanique n'a jamais été enregistrée. **DaH**

La vallée d'Omo

Lieu région de Jinka, Éthiopie **Site Web** www.uniktour.com/voyage/ethiopie/circuit_5.php?id_pays=56 **Prix €€**

Dans le sud de la vallée d'Omo, en Éthiopie, des communautés tribales vivent à peu près de la même façon qu'il y a des siècles, dans des huttes en terre et vêtus de peaux de chèvre. Le voyage n'est pas des plus aisés, mais sera inoubliable et vous permettra vraiment de quitter la civilisation moderne.

Il faut parcourir en 4 x 4 des pistes cahoteuses pour vous rendre dans cette région. Vous aurez besoin d'au moins dix jours pour explorer cette contrée luxuriante, ainsi que d'un conducteur, d'un guide et d'un cuisinier. Pour organiser votre voyage, vous pouvez vous adresser à des agences sérieuses d'Addis-Abeba ou tout faire depuis votre pays d'origine.

Avec plus de 20 tribus toutes attachées à des traditions et des croyances anciennes, cette contrée se distingue par son étonnante diversité ethnographique : il y a les femmes de la tribu Mursi avec leur lèvre inférieure déformée par un disque en argile de la taille d'une soucoupe, les Karo renommés pour les scarifications et les décorations de leur corps et la tribu Hamar réputée pour son rite du « saut du taureau » et pour ses danses hypnotisantes. Les marchés de la vallée d'Omo sont aussi hauts en couleur ; on y trouve des perles de cauris, des gourdes de toutes les formes, du sorgho, du miel, de la paille et du bois, tous les articles essentiels pour la vie de quotidienne dans le pays. N'oubliez pas d'acheter une bouteille de *tej*. Cet hydromel local à base de miel mérite d'être goûté.

Sur la longue route qui vous ramènera à Addis-Abeba, vous pourrez prendre votre première douche du séjour dans les sources chaudes et revitalisantes de Wendo Genet, et vous débarrasser de la poussière mais pas des souvenirs de la vallée d'Omo. **SWa**

Sur les traces des gorilles

Lieu parc national des Volcans, Rwanda
Site Web www.rwandatourism.com/primate.htm **Prix €€**

« Celui qui a regardé un gorille dans les yeux [...] ne peut rester le même, car le fossé existant entre l'homme et le singe disparaît ; il sait qu'il y a une part de gorille en lui. » C'est ce qu'écrivit le docteur George Schaller, éminent biologiste, en 1963, lorsqu'il réalisa pour la première fois que les gorilles des montagnes étaient de gentils géants et non des bêtes féroces comme on le pensait alors.

Sous certaines conditions, il est possible de passer un moment avec ces primates. La somme de 500 $ (qui sert à financer la protection des singes) est demandée pour entrer dans la réserve. Vous pourrez effectuer une randonnée d'au moins trois heures dans un sous-bois et une forêt tropicale denses, avec l'aide de traqueurs spécialisés. On ne délivre que 30 droits d'entrée par jour. Puis, une fois que vous aurez aperçu les gorilles, vous ne pourrez pas rester plus d'une heure en leur compagnie, de peur qu'ils ne soient contaminés par des microbes dangereux ou n'attrapent des maladies.

Néanmoins, cette heure unique sera la plus magique et la plus fascinante de votre vie. Lorsqu'on se trouve face à face avec un gorille dos argenté et sa bande, on oublie tout. Comme s'il s'agissait d'une famille humaine, on voit des femelles éduquant leurs petits ou les réprimandant ; des petits gorilles batifolant et se battant entre eux ou jouant à cache-cache ; de jeunes gorilles en train de flirter ou de se bécoter en silence. Les gorilles dos argenté flânent et marchent en plastronnant et en grognant pour se protéger, communiquant à l'aide d'un langage secret avec les traqueurs qui connaissent le nom de chacun d'eux. **SWa**

→ *Un couple de gorilles des montagnes franchissant un tronc, dans la forêt du parc national des Volcans.*

Safari intérieur

Lieu Tumaren et Baraka, Kenya
Site Web www.innersafariyoga.com **Prix €€**

Les voyageurs éprouvent une attirance presque mystique pour les immenses étendues de l'Afrique de l'Est, ainsi que pour la faune et la flore de ses prairies. Dix jours de yoga et de méditation dans ce pays devraient plaire à tous ceux qui recherchent dans la nature une nourriture spirituelle.

Checkie Wood, la fondatrice de ce Safari intérieur, a créé ce safari après avoir eu elle-même du mal à trouver des vacances lui convenant. « Le yoga se résumait soit à des exercices physiques, soit à des retraites silencieuses et sans mouvements. Nous avons décidé d'associer les deux », explique-t-elle. Le séjour se déroule dans deux lieux : Tumaren, un ranch du centre du pays comptant de confortables tentes privées, et la maison Baraka, une villa située dans une partie de forêt indigène, près du littoral. Chaque jour, il y a une séance de yoga au lever du soleil, et une autre au coucher. Les cours sont adaptés aux vacanciers qui ont entre 18 et 65 ans. Des ateliers de méditation, de chant, de massage, de tai-chi, des promenades à vélo ou en bateau, des cours de plongée et d'escalade, ainsi que des randonnées sont également proposés. Les vacanciers passent la soirée en plein air, à discuter autour d'un feu de camp, à écouter des contes ou des concerts de guitare. Ils peuvent aussi se coucher tôt, bercés par les bruits nocturnes. **LC**

« La pratique du yoga nécessite de la détermination et de la persévérance. »

Bhagavad-Gita

L'île de Lamu

Lieu île de Lamu, Kenya
Site Web www.e-voyageur.com/forum/voyage-5618.php

Cette île à l'ambiance décontractée est idéale pour ceux qui veulent décompresser. L'avion en provenance de Nairobi atterrit sur une piste non macadamisée de l'île de Manda où un abri en roseaux tient lieu d'aéroport. De là, un boutre transporte les vacanciers jusqu'à l'île de Lamu. Les boutres et les ânes sont les seuls moyens de transport ici, car les rues et les ruelles sont trop étroites pour les voitures. L'île de Lamu a été inscrite au patrimoine mondial de l'Unesco. Son architecture est caractéristique de la riche culture souahélie. Les maisons sont ornées de portes et de linteaux en bois finement sculptés datant du XVIe siècle, quand l'île devint un important comptoir de commerce avec le monde arabe.

Les 45 minutes de marche nécessaires pour aller de la ville de Lamu jusqu'à la plage de Shela vous feront découvrir la culture ancienne de la cité et ses habitants. Au bout du chemin, une plage de 13 km presque déserte, dont le sable ressemble à du poivre blanc, vous attend. Vous pouvez aussi embarquer sur un boutre pour aller sur la plage de l'île de Manda, voisine.

Vous pouvez louer un boutre pour vous promener dans les forêts de palétuviers et visiter quelques autres îles de l'archipel. Vous devrez négocier avec les capitaines des embarcations. Au cours du voyage, vous aurez l'occasion de faire cuire sur la plage le poisson que vous aurez pêché vous-même, en l'accompagnant d'avocats et de mangues de la région. De retour en ville, ne manquez pas d'aller savourer les meilleurs fruits de mer de la côte de l'Afrique de l'Est dans les restaurants du bord de mer qui surplombent le port. **SWa**

Le rythme paisible de la vie à Lamu vous donnera l'impression d'effectuer un voyage dans le temps.

Hôtel Shompole

Lieu lac Natron, Kenya
Site Web www.shompole.com **Prix €€€**

Depuis la création de l'Office des eaux et forêts, il y a dix fois plus de lions sur ce territoire qui, auparavant, servait de pâturage et était le terrain des braconniers, et les éléphants qui s'étaient réfugiés dans les montagnes Loita ont fait leur retour. La nuit, les promenades en voiture sont l'occasion d'apercevoir des civettes, des otocyons et des protèles. Les safaris sont la principale activité ici, tout comme la contemplation des flamants du lac Natron.

La communauté utilise aussi les subventions allouées à la protection de la nature afin de payer des gardes forestiers, des professeurs, des infirmières et de financer les bourses d'études des écoliers du secondaire. Elle a participé à la construction de cet hôtel de six chambres qu'elle gère. Le Shompole inclut maintenant une annexe de deux suites comprenant un long bassin où l'eau vous arrive aux genoux (Little Shompole), une maison agrémentée de pelouses et de fontaines (Shompole House), et un autre bâtiment privé, le 360, épousant littéralement la pente de l'escarpement, et englobant une piscine en forme d'haltère et une hélistation permettant de se rendre près du Ol Donyo Lengai, un volcan actif proche de la frontière avec la Tanzanie. Citons aussi la présence d'un magasin vendant des bijoux africains et un spa modeste, offrant des soins à base notamment de boue du lac Natron.

Sans quitter le complexe, les clients peuvent admirer les crépuscules stupéfiants au-dessus de la montagne Shompole. **LJ**

Voir page 602.

⇐ *L'architecte Anthony Russell a conçu les lignes et les courbes fluides de Shompole.*

Ndali Lodge

Lieu Fort Portal, Ouganda
Site Web www.ndalilodge.com **Prix €€**

Ndali Lodge se trouve juste au niveau de l'équateur. Cette propriété de style colonial se dresse au centre d'une exploitation agricole, sur une corniche, à 1 520 m au-dessus du niveau de la mer, au bord d'un volcan éteint qui est devenu un lac profond de forme circulaire. La demeure offre une vue panoramique sur le paysage volcanique et les montagnes Rwenzoni, que les explorateurs appellent les montagnes de la Lune.

Le principal pavillon abrite la réception, un salon et un restaurant. Les vacanciers logent dans huit villas en pierre au toit de chaume. Le soir, on s'éclaire à la bougie, et l'eau provient du lac. Elle est pompée grâce à une technique hydraulique mise au point dans les années 1770. La propriété appartient à la même famille depuis 1920 et le service est toujours assuré par des villageois du coin. À Ndali, il est possible de trouver des guides pour aller voir la cascade de Mahoma, non loin du cratère, ainsi que de louer un bateau afin de partir à la découverte des oiseaux, des papillons et des singes de la région. Cependant, vous pourrez également effectuer seul de nombreuses promenades ou vous prélasser au soleil, en observant cinq types différents de martins-pêcheurs. La propriété se trouve entre trois parcs nationaux. Elle est à seulement 45 minutes du parc national de la forêt de Kibale, abritant la plus grande concentration de chimpanzés en Afrique. **SH**

> *« [Ndali Lodge] surplombe un lac formé par un ancien cratère et est une propriété immense propice à la détente. »* Jack Barker, *The Independent*

Chole Mjini

Lieu Chole, Tanzanie **Site Web** www.cholemjini.com **Prix €€**

Les trois maisons de Chole Mjini semblent se fondre dans la canopée des vieux baobabs qui les abritent. Édifiées de manière artisanale, avec du bois, des cordes et des roseaux, ces habitations rustiques sont ouvertes sur trois côtés et se dressent au milieu d'une jungle verdoyante, de vergers sauvages, de forêts de palétuviers et de ruines de temples hindous disparaissant peu à peu sous les racines des figuiers. La contrée possède une faune et une flore abondantes. Les visiteurs peuvent voir des roussettes suspendues à l'envers aux branches des arbres ainsi que des singes et une grande variété d'oiseaux exotiques.

Bien que six des sept pièces de chaque villa soient au sommet d'un arbre, il y a des lits à baldaquin ornés de draps de coton égyptiens et d'élégantes moustiquaires. Vous trouverez également des douches en plein air entourées de paravents en bambou. Vous pouvez aussi opter pour une suite située au rez-de-chaussée et équipée d'une baignoire encastrée.

Cet endroit est parfait pour ceux qui souhaitent vraiment s'évader dans la nature. Il n'y a pas d'électricité sur la minuscule île de Chole (mais des lampes à huile éclairent les maisons la nuit et on vous fournit des torches électriques pour lire). Chole fait partie de l'archipel Mafia, et se trouve à 100 km au sud de la Tanzanie. Dans cette partie du monde, la plongée est très pratiquée et permet d'admirer des tortues, des raies, des dauphins et des raies guitares à nez rond.

À Chole Mjini, les repas se composent généralement de poisson frais et d'un grand choix de fruits et de légumes. En séjournant ici, vous faites un geste en faveur de la communauté locale, car les propriétaires font don chaque nuit pour chaque visiteur de 10 $ à un fonds en fidéicommis finançant l'hôpital local, l'école et des programmes de formation. **JK**

L'hôtel est constitué de trois maisons abritant des lits à baldaquin et bénéficiant de vues magnifiques.

Greystoke Mahale

Lieu lac Tanganyika, Tanzanie **Site Web** www.greystoke-mahale.com **Prix €€€**

Le Greystoke Mahale se trouve sur les rivages est reculés de l'immense lac Tanganyika. Pour se rendre jusqu'au camp de base, il faut partir d'Arusha et effectuer quatre heures de vol, puis accomplir un trajet de 90 minutes en boutre sur le lac. Il n'y a pas de routes à 100 km à la ronde. Vous êtes à deux heures de bateau de la ville la plus proche. Le lieu ne figure pas sur les cartes ; par conséquent, si vous recherchez la solitude, Greystoke Mahale est l'endroit rêvé.

L'hôtel consiste en six *bandas* (huttes traditionnelles au toit de chaume courantes dans le centre de l'Afrique). Celles qui sont situées au bord de la plage ont une façade entièrement ouverte et sont agrémentées de vérandas spacieuses. À l'intérieur, elles sont décorées avec le bois dont on fait les boutres.

Le soir, dégustez votre repas au bord de l'eau ou prenez un cocktail à bord d'un boutre. Le dîner est servi sur quatre vérandas orientées dans différentes directions et offrant de ce fait de fabuleuses vues du paysage. L'hôtel comprend aussi une bibliothèque de livres rares sur la faune et la flore locales.

Derrière les huttes s'étirent les forêts denses des montagnes Mahale qui abritent les derniers chimpanzés sauvages d'Afrique, nos plus proches cousins. Une randonnée dans la forêt luxuriante permet de voir ces primates menacés sauter d'un arbre à un autre, en se balançant bruyamment et violemment. La forêt tropicale est émaillée de cascades et d'immenses plantes grimpantes. Elle renferme des léopards, des singes, des porcs-épics, des mangoustes, des papillons et des oiseaux. Le lac transparent recèle aussi des trésors puisque 250 espèces de poissons tropicaux y vivent. Vous pouvez vous y baigner, faire de la plongée et du kayak. Ce lieu est un refuge idéal. **JK**

↑ *Le charme de Greystoke Mahale tient à son mobilier rustique et à la présence de textiles traditionnels.*

Kahawa Shamba

Lieu Kahawa Shamba, Tanzanie
Site Web www.kahawashamba.co.tz

Des milliers de randonneurs affluent chaque année au Kilimandjaro afin de conquérir le plus haut sommet d'Afrique, mais peu d'entre eux y séjournent et s'intéressent à la vie et à la culture des tribus qui habitent au pied de la montagne.

Kahawa Shamba, qui signifie « l'exploitation de café », est un village où des Souahilis résident depuis des siècles, vivant de la culture de la terre et de la chasse. Les exploitants de café de la région luttent contre la pauvreté car les prix de cette denrée baissent, alors que les coûts de production augmentent. Grâce à un projet municipal, les gens de la région accueillent maintenant chez eux des touristes qui souhaitent vivre dans le village, leur préparent à manger et s'occupent de leur confort en échange d'un salaire.

Dans le village, les touristes dorment dans des *chuggas*, c'est-à-dire des huttes traditionnelles recouvertes de chaume et de feuilles de bananier. Cet hébergement est rudimentaire, mais est compensé par l'accueil chaleureux des habitants et par la beauté du paysage constitué de vallées et de gorges verdoyantes, entourées de hauts bananiers et de petits caféiers.

Si vous êtes un accro du café, vous en saurez plus sur l'origine et le parcours accompli par votre boisson favorite en visitant les petites exploitations de café du commerce équitable, en déjeunant avec les exploitants, en cueillant des grains de café et en observant la façon dont on les fait griller et dont on les broie. Un guide vous expliquera en quoi consiste une exploitation de café biologique et les critères pris en compte. Si vous êtes fatigué après une journée bien remplie, vous pourrez reprendre des forces en savourant une tasse de café fraîchement infusé. **JK**

Ngorongoro Crater Lodge

Lieu cratère du Ngorongoro, Tanzanie
Site Web www.ngorongorocrater.com **Prix €€€**

Perché au bord d'un vaste cratère du Serengeti, cet hôtel semble être au bout du monde. Il est situé à côté de la plus grande caldeira volcanique au monde. Cette étendue sauvage et intacte de plus de 8 000 km est un paradis pour les animaux sauvages. Le spectacle le plus impressionnant est la « grande migration » annuelle, tonitruante et soulevant des nuages de poussière, de près de deux millions de gnous et de zèbres en quête de nourriture qui traversent le Serengeti.

L'hôtel a été inspiré par les fermes *manyatta* faites de terre et de brindilles des Masai, mais plus luxueux. Votre cheminée est alimentée en bois par votre majordome personnel, qui s'occupe aussi, entre vos deux safaris quotidiens, de préparer les pique-niques au bord du cratère et les cocktails et de parfumer votre bain avec des pétales de rose (la vue est très belle depuis la baignoire). Les trois campements sur pilotis, à l'atmosphère intime et romantique, comprennent tous des suites très vastes, aux murs en pierre et au toit de chaume. La région est connue pour être « l'éden de l'Afrique ». **LP**

> *« Si vous pouvez passer une journée en Afrique, allez près du cratère Ngorongoro. »*
>
> Laura Riley, *Nature's Strongholds*

Les vastes pièces du Ngorongoro Crater Lodge évoquent la simplicité des maisons des Masai.

Le parc de corail de l'île de Chumbe

Lieu près de Zanzibar, Tanzanie
Site Web www.chumbeisland.com

L'île de Chumbe est une réserve naturelle. Dans ce sanctuaire de récifs coralliens, la pêche est interdite et les bungalows sont équipés de panneaux solaires, d'un système élaboré de filtration de l'eau de pluie, ainsi que de systèmes de broyage des ordures afin que les eaux usées ne soient pas rejetées dans la mer.

La plupart des personnes viennent ici pour faire de la plongée. Le récif est en parfait état. Comme il est peu profond, les nageurs peuvent observer la vie marine avec un masque et un tuba. Vous n'arriverez peut-être pas à faire sortir Oscar, le mérou patate de 1 m de long qui vit dans une grotte, mais vous verrez sans doute une multitude de poissons-perroquets colorés, des bancs de barracudas, des tortues à écailles, des homards et des pastenagues. Certaines personnes ont même la chance de nager au milieu des dauphins et des raies rondes qui peuplent le récif.

« Les revenus tirés de l'écotourisme sont réinvestis dans la protection de l'environnement. »

Sybille Riedmiller, Unesco

L'île est constituée à environ 90 % des dernières forêts de corail de Zanzibar. À marée basse, il est possible de la visiter à pied. Vous apercevrez peut-être un crabe de cocotier, le plus grand crabe terrestre, capable de briser des noix de coco avec ses pinces. **PE**

L'ensemble de l'île est une réserve naturelle, et les propriétaires la gèrent de façon écologique.

La réserve de Selous

Lieu réserve de gibier de Selous, Tanzanie
Site Web www.selousproject.com **Prix €€€€**

La réserve de Selous est baptisée ainsi en l'honneur de Frederick Courtney Selous, explorateur, chasseur et défenseur de l'environnement, qui mourut ici durant la Première Guerre mondiale. La réserve, qui a la taille de la Suisse, est la plus grande et la plus sauvage d'Afrique.

Autrefois domaine des chasseurs de gros gibier, la réserve est maintenant ouverte à tous ceux qui souhaitent participer à des safaris-photos. Les vacanciers pourront traquer à pied les éléphants et les buffles du bush, passer en pirogue à proximité des hippopotames qui se vautrent dans l'eau et du petit gibier venu se désaltérer au bord du fleuve, ou encore observer, depuis un abri construit à cet effet, des lions en train de dévorer une proie. L'accent est clairement mis sur la protection des espèces et des communautés locales.

Le décor des tentes de campement évoque les safaris de la Belle Époque, et les meubles, tous fabriqués avec des matériaux durables, incluent des malles-penderies de campagne classiques, des secrétaires et de luxueux fauteuils rembourrés en cuir. Les salles de bains attenantes, en plein air, se trouvent dans des jardins abrités par de petits arbres et des bambous.

Chacune des quatre tentes a son propre accès privé aux rives du fleuve Luwegu, où les couples amoureux peuvent se baigner dans des baignoires en cuivre placées aux endroits où l'eau est peu profonde et partager une bouteille de champagne dans la solitude la plus parfaite. **SWa**

« La puissance et l'attente sont dans l'air… l'immobilité de l'eau miroitante… le cercle des arbres immobiles. » Peter Matthiessen, *Sand Rivers*

Selous offre la possibilité de se reposer en toute tranquillité dans un cadre éblouissant.

Hôtel Singita Faru Faru

Lieu réserves Grumeti, Tanzanie
Site Web www.singita.com **Prix €€€**

Les amis des bêtes seront sous le charme de la maison Singita Faru Faru, au cœur du Serengeti inondé de soleil, notamment parce qu'il s'agit du meilleur emplacement pour observer la « grande migration » annuelle de plus d'un million de bêtes sauvages. L'hôtel se trouve sur une pente rocheuse, à côté du fleuve Grumeti et d'un point d'eau, dans une région où la faune est abondante toute l'année.

Le Faru Faru comprend seulement six suites composées d'espaces sans cloison, mais climatisés et ornés de tentures. Chacune d'elles est dotée d'immenses fenêtres panoramiques, d'une douche ou d'une baignoire en plein air et d'une véranda sur laquelle est placé un télescope dernier cri, afin que les vacanciers puissent contempler les couchers de soleil spectaculaires et les animaux. Ils auront peut-être aussi la chance, en prenant leur douche ou leur bain, de voir passer des troupeaux d'éléphants.

Le pavillon de style colonial typique de l'Afrique de l'Est des années 1940 comprend aussi une « plage » d'inspiration souahilie, deux piscines et un spa. Il abrite aussi une salle à manger et un espace réservé au barbecue, où l'on sert une cuisine africaine savoureuse.

Lorsqu'ils ne participent pas à l'un des deux safaris quotidiens en 4 x 4, les touristes se reposent dans le salon. Cependant, le spectacle des animaux est plus divertissant. L'hôtel peut aussi organiser des randonnées à pied ou à cheval qui permettent d'être plus proche de la nature.

Le terme de « Serengeti » provient du mot masai *Siringit* qui signifie « plaines infinies » ou « l'endroit où la terre s'étend à l'infini ». Il résume parfaitement la beauté naturelle du lieu. **LP**

L'île de Mnemba

Lieu île de Mnemba, Zanzibar
Site Web www.mnemba-island.com **Prix €€€**

Perdue dans l'océan Indien, cette île dont le nom en arabe signifie « la tête de la pieuvre » comprend juste dix *bandas* (huttes) romantiques et d'une élégance discrète, situées au bord de la plage. Toutes ont un toit de chaume et sont entourées d'une véranda.

Les visiteurs apprécient l'île pour son isolement agréable, mais aussi pour ses sites de plongée. Les récifs coralliens protégés de l'atoll de Mnemba abritent une vie sous-marine prospère. Des dauphins, des baleines, des poissons tropicaux aux couleurs vives et des tortues géantes vivent dans l'océan. La nature est omniprésente ici. Les vacanciers s'éveillent en entendant le chant des tourterelles à collier dans la forêt où les antilopes suni et les papillons blancs abondent également. Les crabes *Ocypode quadrata* passent à côté des cocotiers pour se diriger vers le pavillon principal.

> *« De toutes les petites îles où il est possible de séjourner, Mnemba est l'une des plus romantiques… Elle a tout ce qu'il faut. »* **The Daily Telegraph**

La nourriture, elle aussi, est impressionnante : chaque jour, on apporte à Mnemba des fruits et des fruits de mer frais. Les repas sont somptueux, donnant lieu à de véritables festins.

Des excursions permettent aux touristes de découvrir l'ancienne « île aux épices » de Zanzibar. Ils peuvent aussi avoir droit à un massage thérapeutique ou à des séances de pêche en haute mer. Mais rien ne les empêche d'ôter leurs chaussures, de s'allonger sur le sable et de jouir du calme de Mnemba. **LP**

L'île de Mumbo sur le lac Malawi

Lieu lac Malawi, Malawi **Site Web** www.kayakafrica.co.za **Prix €**

Vous devrez parcourir 10 km en kayak depuis Cape Maclear, sur la rive sud du lac Malawi, pour atteindre l'île de Mumbo (mais si vous n'avez pas l'énergie nécessaire, vous pouvez vous y rendre en bateau). Vous découvrirez des tentes luxueuses avec des salles de bains et un toit de chaume, ainsi que des vérandas où des hamacs vous permettent de vous balancer en admirant le lac. Personne ne troublera votre solitude.

Il serait facile de rester allongé dans un hamac toute la journée, à regarder le soleil scintiller sur le lac Malawi et à contempler les cichlidés multicolores semblables à des flashes électriques quand ils jaillissent autour des petits îlots constitués de rochers granitiques. Si vous avez besoin de vous dépenser un peu, sachez que les eaux du lac sont parmi les plus sûres du monde. Vous pouvez y faire de la plongée, nager avec un masque et un tuba ou longer les rivages en kayak. Ne soyez pas surpris si une ou deux loutres vous accompagnent.

Ceux qui préfèrent la terre ferme pourront flâner sur les cinq sentiers pédestres permettant de visiter ce minuscule paradis truffé de baobabs et de figuiers, et atteindre ainsi des criques et des anses isolées. Faites lentement le tour de l'île en tâchant d'apercevoir des pygargues vocifères géants, des martins-pêcheurs colorés ou des tchitrecs de paradis.

En 1861, David Livingstone surnomma le lac Malawi « lac des étoiles » en raison des reflets miroitants du soleil sur l'eau. Aujourd'hui, vous ne trouverez pas de meilleur endroit que l'île de Mumbo pour constater la justesse de cette expression. **SWa**

Vous pouvez vous éloigner de l'île en kayak et profiter des eaux claires du lac.

Hôtel Ku Chawe

Lieu plaine de Shire, Malawi
Site Web www.malawi-travel.com **Prix €**

Le Ku Chawe se détache sur la toile de fond des forêts du plateau de Zomba, offrant des vues spectaculaires sur la vallée du Rift et la plaine du Shire. Le paysage est un véritable éden. Les pentes et les ravins sont couverts d'arbres exotiques, de plantes rampantes, d'orchidées et de lichens. Malgré ce décor magnifique et le lac Chirwa bordé de plages de sable blanc, le Malawi n'est pas une destination populaire et n'a pas été dénaturé par le tourisme.

L'hôtel est dissimulé au milieu d'une végétation luxuriante à l'extrémité d'un long sentier de montagne sinueux. Dans les 40 chambres spacieuses, on trouve une salle de bains, un téléphone et une télévision satellite. Les habitants du Malawi ont la réputation bien méritée d'être chaleureux et amicaux, comme l'atteste le personnel attentif et très serviable de l'hôtel. Il est merveilleux de déjeuner sur l'immense véranda ombragée, en regardant les babouins se nourrir dans le jardin. C'est un lieu où l'on aime prendre une boisson le soir ou contempler la vue spectaculaire avant de déguster une cuisine savoureuse en écoutant le crépitement d'un feu en hiver. Si vous vous levez tôt, louez les services d'un guide de montagne qui vous emmènera au-dessus des nuages, au sommet du plateau, ou contentez-vous d'admirer le lac miroitant dans le lointain. **SWi**

« Le plateau de Zomba... des cours d'eau d'une beauté inégalée et des espèces nombreuses. »

Les amis de l'Association Malawi

Azura

Lieu île de Benguerra, Mozambique
Site Web www.azura-retreats.com **Prix €€€**

Il n'est pas facile de se rendre à l'Azura. Il faut effectuer un vol de deux heures depuis Johannesburg, puis prendre un hélicoptère et descendre en piqué vers les eaux aux teintes variées de l'océan Indien. Cependant, cet hôtel est un paradis pour jeunes mariés, même si la véritable attraction du lieu reste la beauté virginale de l'île elle-même.

L'hôtel fut créé en 2007 par Christophe et Stella Bettany, un couple de Britanniques, quand Gabriel Cossa, un Mozambicain, qui gérait là un motel pour routards, reçut l'ordre d'améliorer ce dernier ou de partir. Heureusement, Cossa est maintenant leur associé, et son fils, Zito, suit les cours d'une école hôtelière à Durban. Le personnel d'origine a d'ailleurs en grande partie été conservé.

La construction et la décoration des quatorze villas en bois reflètent les techniques et le savoir-faire locaux. Les tabourets en bois flotté et les sols en bois de construction confèrent au lieu une ambiance décontractée mais chic, tandis que les tabourets en cuir et les chaises Panton ajoutent un côté branché. L'île est l'endroit idéal pour faire de la plongée ou pêcher. Attendez-vous à voir des récifs de corail intacts, des tortues, des marlins bleus et, entre juillet et octobre, des baleines à bosse. Des excursions féeriques sont organisées sur l'île de Pansy, banc de sable recouvert de fragiles squelettes d'oursins à marée haute, ou vaste dune bordée par l'océan d'un côté et des bassins d'eau douce remplis de crocodiles et d'échassiers de l'autre. **LJ**

Les toits en chaume de jekka *sont un exemple des techniques de construction locales.*

Plongée sur l'île de Matemo

Lieu île de Matemo, Mozambique

Site Web www.matemoresort.com **Prix €€**

Au cœur de l'archipel de Quirimbas, près de la côte nord du Mozambique, Matemo se distingue par ses plages de sable blanc émaillées de cocotiers et de huttes en terre au toit de chaume. Ses eaux profondes abritent de véritables trésors : des thazards rayés, des barracudas, des *Seriphus politus*, des bonites à gros yeux et des marlins bleus, sans oublier les immenses bancs de thons jaunes. Les poissons exotiques abondent, car Matemo fait partie d'une réserve. Les récifs coralliens sont intacts et les eaux chaudes de l'île regorgent de créatures marines. Les baleines à bosse sont courantes entre août et octobre. Il est aussi fréquent de voir des tortues et, très occasionnellement, des dugongs, qui sont menacés d'extinction. Après une rude journée de plongée ou de pêche, les vacanciers peuvent partir à la découverte de la végétation luxuriante de l'île ou se rendre en bateau-taxi sur l'île voisine d'Ibo, qui dans le passé était réputée pour ses pirates et son commerce de l'ivoire.

« Il est encore possible de voir à Quisiva et Matemo des vestiges de grandes plantations portugaises. »

Malyn Newitt, *A History of Mozambique*

Si vous souhaitez séjourner sur l'île de Matemo, sachez qu'elle compte 24 bungalows climatisés couverts d'un toit de chaume sur la plage, à quelques mètres de la mer. Il y a aussi un restaurant qui sert du poisson pêché sur place. **JK**

L'île de Matemo est un paradis pour qui souhaite plonger, pêcher ou profiter de la beauté de ses plages.

Hôtel de l'île d'Ibo

Lieu île d'Ibo, Mozambique
Site Web www.iboisland.com **Prix €€**

Cette petite île boisée se trouve à l'extrémité sud du magnifique archipel de Quirimbas, un chapelet de 32 îles tropicales s'étirant sur plus de 200 km, au nord de la frontière avec la Tanzanie. L'hôtel d'Ibo occupe des édifices historiques surprenants datant de l'époque coloniale. Les murs ont une épaisseur de 1 m, et les hauts plafonds donnent une impression d'espace et d'élégance. Ne comprenant que quatorze chambres luxueuses, toutes différentes, cet hôtel est un refuge pour ceux qui fuient le monde. Les meubles anciens et artisanaux ainsi que les superbes portes et volets en bois évoquent les origines de l'édifice.

Les visiteurs peuvent faire une croisière sur un boutre, afin de visiter l'archipel et la vieille ville historique qui date des années 1600 et qui va être inscrite sur la liste du patrimoine mondial de l'Unesco. Elle fut choisie par les Portugais en 1754 pour devenir un centre administratif chargé du commerce des esclaves et de l'ivoire, puis laissée à l'abandon pendant près d'un siècle. Il s'agit d'une ville mystérieuse où l'on se promène au milieu des forts et des anciens bâtiments, en regardant les orfèvres faire fondre des pièces de monnaie pour créer de jolis bijoux en argent.

Les clients de l'hôtel peuvent profiter de la piscine et de la plage privée, mais aussi nager avec un masque ou un tuba ou faire de la plongée sous-marine au milieu des récifs coralliens les plus riches du monde. Ils peuvent aussi faire du kayak dans les mangroves, avec l'espoir de voir des tortues, des dauphins et des baleines dans les eaux du parc national de Quirimbas. **AD**

⇐ *L'hôtel de l'île d'Ibo est constitué de superbes villas, toutes construites depuis plus d'un siècle.*

Hôtel Marlin

Lieu île de Benguerra, Mozambique
Site Web www.marlinlodge.co.za **Prix €€**

L'hôtel Marlin, l'une des destinations les plus paisibles d'Afrique du Sud, est idéal pour faire une pause après un safari. Ses bungalows en bois au toit couvert de roseaux s'étirent le long des plages de sable blanc de la tranquille baie des Flamants. Ils sont reliés entre eux par des sentiers pédestres sur pilotis surplombant la végétation. La piscine d'eau douce est perdue au milieu d'une clairière de cocotiers.

L'île fait partie d'un parc national marin qui abrite de nombreuses espèces protégées. Allez observer les baleines, les requins-baleines, les dauphins, les dugongs et les raies mantas. Sur les récifs, vous verrez des tortues, des pastenagues et des murènes. Les mordus de la pêche peuvent attraper des marlins et des gros poissons, à condition de les remettre à l'eau tout de suite après. Il est aussi possible de faire du catamaran, de la planche à voile et du ski nautique, ainsi qu'une croisière paisible à bord d'un boutre traditionnel.

« On vient ici pour marcher le long des plages immaculées et nager au-dessus des récifs préservés. »

Rhiannon Batten, *The Independent*

Sur terre, les vacanciers peuvent aller voir les prairies, les dunes côtières, les lacs d'eau douce où vivent des crocodiles du Nil, et les forêts d'acacia, en ouvrant bien l'œil pour apercevoir des perroquets colorés.

L'hôtel leur demande de s'acquitter d'un droit d'entrée pour visiter le parc. L'argent récolté alimente un fonds utilisé pour la défense de l'environnement et pour aider la population locale. **AD**

L'île de Quilalea

Lieu archipel de Quirimbas, Mozambique
Site Web www.onewaybleu.fr/quilalea-island-lodge,afrique-australe-exception-443.html **Prix €€€**

En raison de son décor naturel impressionnant et de son intimité, ce diamant de l'océan Indien séduit les têtes couronnées et différentes vedettes de la scène internationale. À l'exception des hôtes du Quilalea Island Lodge, personne n'habite à Quilalea, la perle des 32 îles de l'archipel de Quirimbas, dont les côtes sont si belles qu'elles semblent ne jamais avoir été foulées par l'homme.

Quilalea fut la première île de l'archipel à devenir une réserve naturelle protégée et la pêche commerciale y est interdite. Un grand nombre d'espèces sous-marines séjournent dans ses eaux et font le bonheur des amateurs de plongée. Elle se distingue par ses eaux claires d'un bleu azur dans lesquelles des récifs éblouissants côtoient des écueils arc-en-ciel, par ses baobabs existant depuis 2 000 ans et par ses mangroves. Des papillons voltigent, des tortues se reposent sur la plage, et des boutres aux voiles blanches passent à proximité.

Le Quilalea Island possède des villas en pierre au toit de chaume surplombant la mer et perdues dans la nature. Le restaurant propose une cuisine délicieuse, d'inspiration lusitanienne, agrémentée d'épices.

Les visiteurs peuvent explorer, sur l'île d'Ibo voisine, une ville sans électricité oubliée par le temps, mais dont les demeures délabrées témoignent d'un riche passé et dont les habitants sont restés accueillants, ou bien pique-niquer à côté des singes de Samango sur l'île déserte de Sencar. Quilalea est un portail s'ouvrant sur un autre monde, un monde oublié. **VG**

Le Fish River Canyon

Lieu Fish River Canyon, Namibie
Sites Web www.nwr.com.na ; www.canyonnaturepark.com **Prix €**

Avec près de 160 km de long, le Fish River Canyon est l'une des gorges les plus impressionnantes du monde, ainsi que l'un des parcs nationaux de Namibie. Il traverse des escarpements déserts et des falaises abruptes.

La piste de randonnée longeant sur 80 km le canyon peut être parcourue en cinq jours, mais est déconseillée aux personnes sensibles ou fragiles. Les températures sont élevées, le terrain rocailleux et il n'y a pas de raccourcis si vous changez d'avis. Cependant, vos efforts seront récompensés par la beauté brute du paysage : les ravins escarpés dont les roches d'un orange profond et roses changent constamment de couleur au soleil, les Aloe dichotoma (arbres nationaux de Namibie) bulbeux et étranges, perchés au bord des précipices... L'isolement de la Fish River permet à ceux qui le souhaitent de se baigner complètement nus. Les eaux froides et propres seront un régal pour les randonneurs assoiffés et épuisés. Le soir, préparez vos repas au-dessus d'un feu de bois et regardez la lueur vacillante des flammes en vous endormant à la belle étoile, littéralement à des lieues de la société.

Si tout cela est un peu trop sauvage à votre goût, allez au parc naturel du Canyon, au nord du parc national, à la jonction des rivières Loewen et Fish. Là, au milieu d'endroits également saisissants et reculés, vous pourrez accomplir une randonnée d'une durée de deux à cinq jours en compagnie d'un guide, avec du ravitaillement et des tentes. Il y aura même un véhicule pour transporter vos bagages. **SWa**

Le Fish River Canyon est le deuxième plus grand canyon du monde ; seul le Grand Canyon le dépasse.

Hôtel Le Mirage

Lieu Sossusvlei, Namibie
Site Web www.namibweb.com/lem.htm **Prix €€**

Derrière ses murs, les chambres fraîches et ombragées du Mirage donnent sur le désert de Namibie. En haut, il est possible de dormir à la belle étoile dans l'une des chambres en plein air situées dans les tourelles. Les premiers rayons du soleil embrasent la savane dorée encerclée de pics granitiques et de hautes dunes rouges. Dans ce cadre paisible, les vacanciers ont la possibilité d'être choyés au Mystique Spa. Les salles d'inspiration marocaine de cet établissement sont carrelées et baignées de la douce lumière projetée par des lanternes en verre. Un bain d'eau salée purifiera votre organisme et vous tonifiera. Pour vous détendre, offrez-vous un massage.

« Sossusvlei, là où les dunes les plus vastes recouvrent… le désert le plus ancien de la Terre. »

Catherine Dunphy, *Toronto Star*

La plupart des personnes qui viennent à Sossusvlei sont attirées par ses célèbres dunes qui existent depuis des millions d'années. Une randonnée vous mènera au sommet de celles-ci et vous permettra d'apprécier leurs ondulations. Vous pouvez aussi faire un tour en ballon et survoler en silence ce paysage magique. Les plus aventureux pourront faire du quad sur les dunes ou une balade en voiture afin de contempler les animaux sauvages vivant dans l'immensité désertique. Une fois de retour au Mirage, ils pourront prendre un cocktail près du feu de camp avant de dîner, en admirant les étoiles qui brillent dans le ciel d'un bleu d'encre. **AD**

Villa à Okonjima

Lieu Okonjima, Namibie
Site Web www.okonjima.com **Prix €€€**

Située dans un lieu isolé du bush, à 10 km du principal campement de base, cette demeure africaine grandiose se compose d'une maison principale abritant deux chambres, et de deux suites séparées dans des huttes au toit de chaume pouvant accueillir jusqu'à huit personnes. Un maître d'hôtel et un cuisinier sont là pour satisfaire tous les besoins des clients, tandis que ces derniers plongent dans la piscine traitée à l'ozone, qui reste propre grâce à l'emploi de rayons ultraviolets à la place de détergents, ou font une sieste dans la *sala* ombragée donnant sur le point d'eau.

Doté d'un poêle à bois, le salon est décoré d'objets d'art africains. Les portes des chambres sont constituées de panneaux vitrés en accordéon escamotables et permettent de contempler le magnifique panorama du bush. Vous pouvez aussi les remplacer par des stores en toile qu'il suffira de remonter pour avoir l'impression de vivre dans la nature. Les salles de bains comportent toutes une douche à l'intérieur et une douche à l'extérieur, très spectaculaire, ainsi qu'une superbe baignoire d'où l'on peut contempler la vue.

Okonjima permet d'avoir une idée du travail de l'Africat Foundation, qui protège les guépards et les léopards menacés d'extinction. Levez-vous à l'aube et partez à pied avec un guide sur les traces des guépards, ou montez dans une voiture à la recherche des léopards, ou essayez d'identifier l'une des espèces d'oiseaux (il y en a une centaine) de la région, notamment des espèces endémiques attachantes comme la mésange de Carp, le francolin de Hartlaub et l'achétopse à flancs roux, sans vous éloigner de la *sala* ombragée de la villa. **AD**

Campement Mowani

Lieu Twyfelfontein, Namibie
Site Web www.mowani.com **Prix €€**

Niché entre les fleuves Ugab et Huab, le campement de montagne de Mowani (« lieu divin »), se trouve au centre de la région de Twyfelfontein, dans l'ouest de la Namibie. De loin, ses toits de chaume arrondis font penser à un village africain, mais il n'en est rien.

Certaines tentes élégamment décorées (et dotées d'une salle de bains), orientées à l'ouest, donnent sur la vallée éloignée, alors que d'autres, orientées à l'est, permettent d'admirer le soleil qui se lève. À l'extérieur, une véranda en bois surplombe le Damara.

Plus luxueuses, les merveilleuses *rondavels* (maisons africaines à toit de chaume) perchées sur les rochers ont des murs en partie en toile. Le *nec plus ultra* en matière de luxe consiste à loger dans une suite recouverte d'un toit de chaume et à avoir un maître d'hôtel entièrement à son service.

La piscine se trouve entre de gros rochers, à proximité d'une véranda où il est possible de profiter du soleil africain brûlant. Les alentours de la vallée émaillés de gros rochers ronds évoquent l'époque préhistorique, et le paysage sauvage, intact et désertique, dissimule des formations géologiques, des sites archéologiques abritant des peintures rupestres et une faune et une flore d'une diversité exceptionnelle.

Dans ce coin de la Namibie, les étonnantes formations rocheuses de Twyfelfontein qui existent depuis 2 500 ans sont la principale attraction, tout comme les gravures et les peintures réalisées par les hommes du bush à cette même époque. **AD**

↗ *Les énormes rochers de Twyfelfontein constituent une toile de fond saisissante pour les photographes.*

« Il ne s'agit pas d'un safari traditionnel. On vient ici autant pour le paysage que pour la faune. » Lucy Gilmore, *The Independent*

Chiawa

Lieu Lower Zambesi National Park, Zambie
Site Web www.chiawa.com **Prix €€€**

Chiawa est un complexe hôtelier luxueux, même si tout est fait pour que ceux qui y résident se sentent immergés dans le bush africain. Les vacanciers dorment sous des tentes ornées de boiseries, dotées d'une baignoire sur pied et d'une douche, à l'intérieur et à l'extérieur. Le restaurant sert une cuisine « fusion africaine et européenne » sur la véranda, au milieu du bush, ou sur un bateau voguant sur le Zambèze.

Chiawa est renommée pour ses safaris en kayak au cours desquels il est possible d'observer des hippopotames, des buffles et des éléphants. La région est également réputée pour la pêche. Il est possible d'attraper des poissons-tigres et des silures africains. Le complexe propose aussi des safaris en voiture, dans la journée et la nuit, ainsi que des randonnées à pied, plus lentes, et permettant de comprendre les problèmes liés à la protection de la faune.

« Le camp est parfait... Ses espaces publics donnent sur le Zambèze et les chambres sont immenses. » Richard Green, *The Times*

Si votre tente est trop luxueuse – ou si vous souhaitez tester votre aptitude à vivre en pleine nature – vous avez la possibilité de loger dans le vieux camp de bush de Mondoro. Ne pouvant accueillir que huit personnes, ce dernier est plus rustique, mais confortable. Les lanternes à pétrole servent d'éclairage la nuit et chaque jour on cuit du pain frais dans le four du campement. Les activités se résument à des safaris non motorisés et à des promenades dans le parc. **PE**

Le Zambèze en kayak

Lieu Mana Pools, Zimbabwe
Site Web www.natureways.com **Prix €€€**

Situé dans le nord-ouest du Zimbabwe, le parc national de Mana Pools ne comprend aucun hôtel et est donc peu visité. Vous fendrez les eaux calmes du fleuve à bord de votre kayak et vous apercevrez peut-être un éléphant qui vous observera avec intérêt.

Mana Pools, site inscrit au patrimoine mondial de l'Unesco, a une surface de 200 km² et est bordé sur 80 km par le Zambèze, le quatrième fleuve le plus long d'Afrique. Il n'y a pas de rapides ici, l'eau est plate et calme. Faire du kayak ne pose donc pas de problèmes pour une personne en bonne santé. Néanmoins, ce n'est pas parce que ce coin d'Afrique est vraiment sauvage que vous devez y vivre à la dure. Natureways Safaris, excellente agence détenue et gérée par des habitants de la région, organise des safaris pour les vacanciers les moins courageux, qui n'auront même pas à lever le petit doigt. Pendant qu'ils navigueront sur le fleuve, le personnel transférera leurs affaires sur le nouveau site, où tout sera prêt pour les accueillir et leur proposer un dîner composé de trois plats, en plein air et aux chandelles.

Durant la saison sèche, de mai à octobre, le parc grouille d'oiseaux et de gros animaux comme des impalas, des cobes à croissant, des hippopotames, des crocodiles, des buffles, des lions et des léopards. Les guides de Natureways, qui sont des professionnels, ont la réputation d'être les meilleurs. Après une excursion effectuée en leur compagnie, le célèbre explorateur Ranulph Fiennes affirma n'avoir jamais appris autant de choses en si peu de temps. **WG**

⇥ *Le Zambèze qui borde Mana Pools grouille d'animaux exotiques que l'on peut apercevoir en kayak.*

Abu Camp

Lieu delta de l'Okavango, Botswana
Site Web www.abucamp.com **Prix** €€€€

Abu Camp est un luxueux refuge idéal pour un séjour de trois nuits et des safaris à dos d'éléphant. Les visiteurs séjournent dans des tentes placées sur des plates-formes dominant un lagon. Toutes les chambres comprennent un lit en bois massif ou un lit à baldaquin, ainsi qu'une salle de bains privée avec une vraie baignoire. Chaque tente possède sa propre véranda, une plate-forme en teck extérieure et un point de vue en bois de sycomore et en ébène où il est aussi possible de savourer des vins fins et la cuisine gastronomique préparée par les cuisiniers chevronnés d'Abu Camp. Une villa nouvellement construite de l'autre côté du lagon peut accueillir jusqu'à quatre personnes. Celles-ci disposent de leur propre cuisinier, d'un maître d'hôtel et d'une piscine privée.

Abu Camp porte le nom du célèbre éléphant Abu, qui vivait là autrefois. Les visiteurs font des excursions dans le delta de l'Okavango à un rythme paisible, calés sur une selle rembourrée, sur des éléphants du troupeau du camp, en compagnie de guides expérimentés.

Ce mode de transport permet de s'approcher en toute liberté des troupeaux de zèbres, d'antilopes, de girafes et de buffles. Chaque jour, des promenades sont proposées à l'aube et au crépuscule, ainsi que des safaris d'une journée qui vous conduisent au milieu des animaux ayant élu domicile dans le delta. Le second plus grand delta du monde, le delta de l'Okavango, vous laissera un souvenir mémorable. **BS**

Abu Camp, sur la rive ouest du delta de l'Okavango, s'étire sur plus de 202 340 ha.

Jack's Camp

Lieu désert de Kalahari, Botswana
Site Web www.unchartedafrica.co.za **Prix** €€€€

Jack's Camp se trouve sur un vaste marais salant, dans le désert de Kalahari, au Botswana. Fondé dans les années 1960, il est l'un des premiers campements modernes dans le style des campements de safaris en Afrique du Sud, et l'une des rares possibilités d'hébergement dans cette région reculée du centre du Botswana. Dans les marais de Makgadikgadi, les salants interminables sont tout ce qui reste de ce qui était autrefois le plus grand lac d'Afrique. Les archéologues et les géologues qui résident dans le camp vous conduiront jusqu'aux sites et aux anciens lits de fossiles presque oubliés, afin de voir les restes d'hippopotames et d'ancêtres géants du zèbre ayant depuis longtemps disparu. Vous pouvez aussi explorer ces sites vous-même sur une moto à quatre roues motrices.

Le silence est tellement total que vous entendez le sang circuler dans vos oreilles.

Le paysage aride se transforme en mars et en avril quand les pluies d'été se déversent dans le delta d'Okavango. L'eau coule dans les puits salants, attirant des milliers de bêtes sauvages, des zèbres, des buffles et un grand nombre d'oiseaux aquatiques comme des pélicans et des flamants. Lors de votre séjour, vous apercevrez sûrement une hyène brune pourtant très rare. Quant aux suricates toujours présents dans le campement, ils raviront même les voyageurs les plus expérimentés. **BS**

Le delta de l'Okavango

Lieu Kalahari, Botswana
Site Web http://okavango-delta.botswana.co.za

Le *mokoro* (pirogue) se fraie un chemin en zigzaguant au milieu de l'enchevêtrement de lagons et de lacs du delta de l'Okavango, au Botswana, un lieu dont le calme et la sérénité ne sont troublés que par le cri occasionnel d'un oiseau ou le grognement d'un hippopotame jaillissant de l'eau. Les vacanciers se retrouvent au cœur d'une nature sauvage.

Situé au milieu du désert désolé et aride du Kalahari, le delta a une superficie de 15 000 km². C'est une étendue immense à la beauté sauvage et changeante, car son apparence varie en fonction des saisons et de la montée et de la baisse des eaux. En hiver, l'eau de pluie des montagnes de l'Angola entraîne la crue du fleuve Okavango, qui se déverse dans le delta en mars. Bien que l'eau soit en grande partie engloutie par les sables du désert ou s'évapore en raison de la chaleur intense, elle inonde les plaines et les marécages, faisant renaître la vie dans la région et transformant celle-ci en une contrée verte et luxuriante, un paradis pour la faune et la flore. C'est le cas entre juillet et septembre, le meilleur moment pour s'y rendre.

Les terres sèches du delta regorgent alors d'animaux. Il est facile de voir des troupeaux d'éléphants, d'impalas, de zèbres, de buffles et de girafes. L'Okavango est aussi le domicile de prédateurs comme des lions, des guépards, des hyènes et des léopards. C'est un territoire riche en spectacles étranges et inoubliables. Vous verrez des palmiers alignés, fièrement dressés. Ils ont poussé ainsi en raison des noyaux présents dans les excréments laissés il y a fort longtemps par des éléphants. **JK**

La traversée des eaux du delta de l'Okavango où la faune abonde est un moment impressionnant.

Le Blyde River Canyon

Lieu Mpumalanga, Afrique du Sud
Site Web http://kruger2canyons.com/travelguide/blydecanyon.php

Le Blyde River Canyon (« canyon de la rivière de Joie ») est un site exceptionnel. Façonné au cours de millénaires dans le grès mou et rouge de la chaîne de montagnes Drakensberg, il s'étire sur plus de 20 km avec une hauteur moyenne de 800 m. Traversé par le fleuve Blyde (aussi appelé Motlatse), il atteint, à certains endroits, une profondeur de 1 000 m et une largeur de 5 km. Il est considéré comme le troisième plus grand canyon du monde, après le Grand Canyon des États-Unis et le Fish River Canyon de Namibie.

Depuis les sommets, il est possible de distinguer les chaînes montagneuses, les fleuves, les lacs et les vallées verdoyantes et luxuriantes. Il n'y a donc rien d'étonnant à ce que le point de vue le plus célèbre, un surplomb rocheux à pic, ait été baptisé la « Fenêtre de Dieu ».

Les Trois Rondavels, formations rocheuses cylindriques semblant jaillir du canyon, constituent également un spectacle magnifique. À la jonction des fleuves Blyde et Sefogane, l'eau a créé un autre phénomène géologique superbe, les Bourke's Luck Potholes (« Marmites des Géants »), qui méritent aussi une visite. Pendant des milliers d'années, l'érosion a creusé des trous directement dans le soubassement, d'où l'apparition de motifs géométriques surréalistes.

La faune et la flore se distinguent par leur richesse et leur diversité. On compte 335 espèces d'oiseaux, parmi lesquels le faucon Taita, rare et menacé, et plus de 2 000 espèces végétales. **JP**

« Cet endroit, l'un des moins connus d'Afrique du Sud, a clairement été créé... pour des amoureux. » Alastair Sawday, écrivain

Le Blyde River Canyon – l'un des plus grands canyons au monde – traverse le Drakensberg.

Observation des étoiles à Sutherland

Lieu nord du Cap, Afrique du Sud
Site Web www.saao.ac.za **Prix** €€

Pour la plupart des gens, notamment ceux qui habitent en ville, il est de plus en plus difficile de contempler les étoiles. Les édifices élevés et la pollution lumineuse masquent la splendeur du firmament. Ces problèmes n'existent pas en Afrique du Sud, dans la petite ville de Sutherland, considérée comme un des meilleurs sites d'observation des étoiles.

La situation retirée et l'altitude de la ville (qui culmine à 1 458 m au-dessus du niveau de la mer), l'absence totale d'édifices de grande taille et de pollution lumineuse ainsi que la présence d'un ciel clair et sans nuages contribuent à en faire un excellent site astronomique. La ville a d'ailleurs été choisie pour abriter l'Observatoire d'astronomie d'Afrique du Sud et le plus grand télescope optique de l'hémisphère sud. Capable de voir ce qui se passe à des milliards d'années-lumière, cette machine puissante fournit de précieuses informations sur l'histoire et la structure de l'univers.

Cependant, à minuit, les scientifiques et les astronomes ne sont pas les seuls à admirer le fascinant panorama du ciel. À l'Olifants Rest Camp du parc national Kruger, les touristes sont invités à prendre part à des « expériences nocturnes ». Celles-ci débutent dans l'après-midi par un safari qui permet d'apprécier l'autre principal atout de la région : ses animaux sauvages. Puis elles se poursuivent, au crépuscule, par une conférence sur les étoiles et le folklore astrologique local, avant de se terminer par une séance d'observation des étoiles au moyen du télescope du camp. Les participants ont la chance de voir des lions, des éléphants et des girafes dans la chaleur de l'après-midi, puis de contempler tranquillement la Voie lactée et la Croix du Sud en profitant de la fraîcheur du soir. **JF**

La réserve Tswalu Kalahari

Lieu nord du Cap, Afrique du Sud
Site Web www.tswalu.com **Prix** €€

Une élégance simple : tel est le but visé par la réserve Tswalu Kalahari. Le confort ne manque pas, mais Tswalu possède un côté rustique en harmonie avec le bush. Sa piscine surplombe un point d'eau où les animaux viennent se désaltérer.

La réserve n'accueille jamais plus de 30 personnes à la fois. Elles ont le choix entre deux formes d'hébergement. Évoquant un village traditionnel africain, le Motse (qui signifie « village » dans la langue des Tswanas) regroupe des maisons de pierre au toit de chaume. Le Tarkuni est, lui, occupé par des chambres comprenant des lits à baldaquin garnis d'ondulants rideaux blancs. Pouvant accueillir jusqu'à douze personnes, il est parfait pour les familles ou les petits groupes.

> *« Offrant de magnifiques safaris, la réserve a pour but principal la protection des espèces. »*
>
> Site Web de Good News South Africa

La réserve se donne pour objectif de « restaurer le Kalahari ». En effet, l'agriculture a eu des effets dévastateurs sur cette région. Les barrages, les maisons et les clôtures ont fait disparaître les animaux sauvages. Des guépards et des lions ont été réintroduits. La réserve est aussi peuplée de léopards, de hyènes, de chacals, de rhinocéros, de zèbres et de lycaons. Il est également possible d'effectuer des safaris à cheval, d'observer les oiseaux et d'admirer les colonies de suricates. **PE**

Garonga Safari Camp

Lieu province de Limpopo, Afrique du Sud
Site Web www.garonga.com **Prix €€€**

Le Garonga Safari Camp accueille au maximum douze personnes. Les chambres, semblables à des tentes, surplombent le lit d'un fleuve asséché. Chacune d'elles possède une véranda en bois.

Le Little Garonga réunit des logements plus récents constitués de trois suites climatisées, mais surmontées d'un toit de chaume. Elles encerclent des salons en plein air, une piscine et un espace réservé au barbecue. La suite la plus exceptionnelle, la suite Hambleden, comprend une chambre à part pour les enfants et une piscine privée. La *sala* de massage propose aux clients un massage indien du cuir chevelu, ainsi que des séances d'aromathérapie et de réflexologie.

Ceux qui ont vraiment envie de s'évader dans la nature peuvent dormir dehors, sur une plate-forme surélevée dominant le veld. Il faut compter 20 minutes en voiture pour y accéder. Le personnel vous y conduira et vous abandonnera avec un panier pique-nique, une glacière et des boissons chaudes et vous aurez aussi droit à une radio. Vous trouverez à proximité un lavabo et des toilettes. Vous resterez seul, avec pour toute compagnie le rire des hyènes, jusqu'à ce qu'un véhicule vienne vous chercher le matin.

Si cela semble un peu excessif, contentez-vous d'un bain en pleine nature dans une baignoire protégée par une enceinte en pierre et décorée de bougies d'atmosphère. Outre les safaris-photos proposés, vous pouvez accomplir des promenades au cours desquelles vous apercevrez peut-être des lions, des léopards, des éléphants, des rhinocéros, des hippopotames, des guépards et des hyènes tachetées. **PE**

Hôtel Clifftop Safari

Lieu Limpopo, Afrique du Sud
Site Web www.clifftoplodge.co.za **Prix €€**

Au fin fond de la réserve d'animaux privée de Welgevonden, Clifftop (« sommet de la falaise ») est composé de huit suites luxueuses. Perché sur une falaise, l'hôtel a été conçu par l'un des meilleurs architectes d'Afrique du Sud.

Les visites de la réserve sont la principale activité du lieu. Le Welgevonden est célèbre pour sa prise de position en faveur de l'écologie et la réintroduction d'animaux, d'où la diversité de sa faune. Les visiteurs y verront une faune abondante, notamment des lions, des léopards, des éléphants, des rhinocéros, des lycaons et pas moins de quinze espèces différentes d'antilopes.

Le terrain superbe se trouve dans les contreforts roux du Waterberg ("la montagne de l'Eau").

En tout, la réserve compte plus de 30 espèces de mammifères et près de 300 espèces d'oiseaux. L'hôtel propose des safaris en 4 x 4 et des randonnées à pied avec des guides expérimentés.

Chacune des suites dispose d'une véranda et d'une piscine privées. Le restaurant du Clifftop confectionne une délicieuse cuisine « fusion » mêlant saveurs africaines et occidentales, et sa cave renferme d'excellents crus. La piscine immense est l'autre grand atout de l'hôtel. C'est l'endroit idéal pour savourer un cocktail le soir. Le service irréprochable et la beauté exceptionnelle du lieu rendent cet hôtel excellent. **PS**

Lodge Ngala Tented Safari

Lieu parc national Kruger, Afrique du Sud
Site Web www.ngala.co.za **Prix** €€

Si le fait de camper évoque souvent des sacs de couchage humides, il n'en est rien au Ngala (terme qui signifie « lion » en shangaan). Vous aurez droit au summum du luxe en matière de tente. Il n'y en a d'ailleurs que six, disséminées sur le territoire de la réserve de Ngala. Toutes se dressent sur les rives du majestueux fleuve Timbavati, où les éléphants se rassemblent souvent pour se désaltérer tandis que des familles de singes gambadent entre leurs pattes.

Le décor est moderne et de superbes vérandas en bois dominent le lit du fleuve. Romantiques, les tentes sont dotées de salles de bains luxueuses.

Surtout, la réserve est l'endroit où vous verrez le plus d'animaux. Deux fois par jour, d'excellents rangers et des traqueurs compétents organisent des safaris en 4 x 4. Vous êtes presque sûr de voir les lions, les léopards, les éléphants, les rhinocéros et les buffles constituant le fameux « groupe des cinq ». Le territoire, qui fait partie de l'immense parc Kruger, est réputé pour sa population de lions et de léopards et ses troupeaux de buffles pouvant compter jusqu'à 300 bêtes. Il va sans dire que se promener le soir hors du camp sans un garde est interdit. Il n'y a pas de barrière et les animaux sauvages peuvent s'aventurer à proximité de votre tente.

Au Ngala, aucun détail n'a été laissé au hasard. La nuit, vous trouvez des poèmes sur votre oreiller ; des banquets sont donnés dans des cadres sauvages et spectaculaires, et les dîners aux chandelles en plein air, à proximité du fleuve asséché, sont des plus impressionnants. Faites simplement attention aux lions, qui ne sont jamais très loin. **LP**

Lodge Lion Sands River

Lieu parc national Kruger, Afrique du Sud
Site Web www.lionsands.com **Prix** €€€

Tout commence de bon matin au Lion Sands River. Le premier safari débute à 5 h 30 du matin. Accompagnés de rangers, les touristes aperçoivent régulièrement des lions, des léopards, des éléphants, des rhinocéros et des buffles. Ils s'arrêtent en cours de route pour prendre un café, puis reviennent à l'hôtel à 9 heures pour déguster un petit déjeuner copieux. Après cela, la matinée se poursuit par des promenades dans la brousse. Le déjeuner est suivi d'un moment de détente dans le spa ou sur la véranda en bordure du fleuve, avant le safari de l'après-midi, à 16 heures, qui finira par un apéritif et le dîner.

Lion Sands est la seule réserve de Sabi Sands employant à plein temps un écologiste.

Les 18 chambres ont leur propre véranda et une douche à l'intérieur, ainsi qu'à l'extérieur. Toutes sont reliées par des allées en bois. Il existe aussi deux piscines et un observatoire d'oiseaux. Les touristes les plus courageux peuvent passer une nuit dans l'une des deux maisons situées dans les arbres, à 15 minutes de l'hôtel. La Jackalberry Treehouse domine le lit asséché du fleuve Msutu, tandis que la Chalkley Treehouse surplombe la plaine, offrant de magnifiques vues sur le veldt au crépuscule. Leurs habitants ne dorment pas à la dure pour autant. Ils ont un matelas, des draps et des moustiquaires. Les cuisiniers prépareront un pique-nique à ceux qui le souhaitent. **PE**

Earth Lodge

Lieu réserve Sabi Sabi, parc national Kruger, Afrique du Sud
Site Web www.sabisabi.com/lodges/earthlodge **Prix €€€**

L'Earth Lodge, l'une des luxueuses villas disséminées sur les 65 000 ha de cette réserve naturelle privée, dans la partie sud-ouest du parc Kruger, est un hôtel qui se fond naturellement dans le paysage qui l'entoure. De loin, il est difficile de le distinguer.

Il se compose de treize suites décorées de meubles exceptionnels. Les clients bénéficient d'une piscine privée et des services d'un majordome. La plus belle de toutes les suites est l'Amber Presidential Suite, qui comprend une baignoire ovale, une salle de gymnastique privée, un hammam, un bureau et une cuisine. Les clients ont à leur disposition une Land Rover. L'hôtel possède aussi une *boma* (« enceinte ») et une salle à manger surplombant un point d'eau. La cave contient 6 000 bouteilles. Si cela ne suffit pas à vous faire rêver, allez donc flâner dans le jardin de méditation zen, ou profitez des cures d'hydrothérapie ou de phytothérapie du spa.

Les safaris-photos ont lieu le jour et la nuit à bord d'une Land Rover qui emprunte les pistes, mais en sort aussi parfois. Les excursions à pied permettent aux vacanciers de se familiariser avec la nature africaine. Sabi Sabi compte des lions, des léopards, des rhinocéros, des buffles, des éléphants, des guépards, des lycaons, ainsi que 200 espèces animales indigènes et 350 espèces d'oiseaux. Selon les guides, cela signifie qu'une personne originaire de l'hémisphère nord verra en un seul jour d'été à Sabi Sabi plus d'espèces d'oiseaux qu'elle n'aurait pu en voir toute sa vie si elle était restée dans son pays. **PE**

→ *Les suites d'Earth Lodge allient un luxe d'avant-garde et un confort traditionnel africain.*

Londolozi Sabi Sands

Lieu réserve Sabi Sands, parc national Kruger, Afrique du Sud
Site Web www.londolozi.com **Prix** €€€€

Il y a plus de 80 ans, Charles Varty et Frank Uger installèrent leur premier campement sur les rives du fleuve Sand. Pendant des décennies, leurs familles chassèrent sur ce territoire. Mais il y a 35 ans, les représentants de la nouvelle génération transformèrent le lieu en une réserve d'écotourisme, la baptisant Londolozi, mot zoulou signifiant « protéger ».

Cette réserve est réputée pour sa remarquable population de léopards. Elle compte aussi des troupeaux d'éléphants et de buffles, ainsi qu'un grand nombre de rhinocéros blancs et de lions. Les vacanciers peuvent participer à deux safaris dans la journée, faire des promenades les soirs de pleine lune, du ball-trap, aller courir dans le bush, y passer la nuit à la belle étoile, écouter des conférences sur l'écologie ou aller pêcher sur le fleuve Sand.

« Londolozi est un modèle du rêve que je caresse en faveur de la protection de la nature. »

Nelson Mandela, homme politique sud-africain

La réserve offre cinq types d'hébergement différents. Les Granite Suites peuvent accueillir jusqu'à six personnes. Le Varty Camp est, lui, très ancien : ses quatre *rondavels* (maisons rondes africaines) existaient déjà à l'époque du premier campement. Le Founders Camp comprend des bungalows éparpillés sur la rive du fleuve, le Pioneer Camp (qui dispose d'une piscine) se compose de trois suites et de trois bungalows, et les clients du Tree Camp bénéficient chacun d'un bassin privé. **PE**

Suites Madikwe Hills Private Game

Lieu réserve Madikwe, Afrique du Sud
Site Web www.madikwehills.com **Prix** €€€

Cet hôtel où seules 24 personnes peuvent loger se distingue par son atmosphère intime et son luxe. Les dix suites, ayant toutes une façade entièrement vitrée, sont situées dans l'édifice principal. Toutes bénéficient d'une terrasse et d'une piscine privées. Le décor privilégie les couleurs africaines. Les rideaux blancs des fenêtres tranchent sur les murs de pierre ocre, les canapés moelleux sont d'un brun roux, et les coussins et jetés de lit sont ornés de motifs géométriques noirs, blancs et dorés. L'hôtel comprend une bibliothèque bien fournie et une *boma* (« enceinte ») où des lampes à pétrole en cuivre créent un éclairage d'ambiance. Les portes vitrées en accordéon permettent de laisser entrer l'air pendant les mois les plus chauds. En hiver, les pièces restent douillettes grâce au chauffage par le sol et à la présence de cheminées. Little Madikwe Hills comporte deux autres suites où les clients ont à leur service un ranger, un majordome et un cuisinier.

Fondée en 1991, la réserve abrite des lions, des léopards, des éléphants, des rhinocéros et des buffles, mais aussi des lycaons, qui sont rares. Couvrant 74 100 ha, elle est le fruit d'une coopération entre les habitants de la région et une entreprise privée. Sa création a permis la réintroduction de 8 200 animaux. Les safaris ont lieu à bord de 4 x 4 au petit matin et le soir. À la fin du safari, les clients se rassemblent autour d'un feu pour savourer un festin gastronomique.

Il existe aussi un club pour les plus jeunes. Parmi les activités proposées, citons le jeu du « signe de piste », au cours duquel des traqueurs aident les enfants à identifier les animaux en étudiant les indices laissés par ces derniers. Pendant ce temps, les parents peuvent se délasser dans le spa de l'hôtel. **PE**

Mateya Safari Lodge

Lieu réserve Madikwe, Afrique du Sud
Site Web www.mateyasafari.com **Prix** €€€

Outre une abondance de bêtes sauvages, la réserve de 74 000 ha compte plus de 350 espèces d'oiseaux qu'il est possible d'observer sans crainte d'attraper le paludisme. Seules dix personnes peuvent loger dans l'hôtel, qui privilégie l'exclusivité. Ses cinq suites au toit de chaume comprennent des lits à baldaquin protégés par une moustiquaire, des œuvres d'art africaines étonnantes, ainsi qu'une piscine privée assez grande pour contenir un rhinocéros. La situation élevée de l'hôtel permet aux clients de bénéficier de vues panoramiques et de contempler un point d'eau situé à proximité, où les zèbres viennent se désaltérer.

Des tabourets dogon aux objets en fonte yoruba… Mateya abrite l'une des plus belles collections d'art africain.

Une somptueuse baignoire sur pieds trône à la place d'honneur au milieu de la salle de bains, mais il existe aussi une douche en plein air. Les clients de l'hôtel peuvent se délasser sur les canapés du salon, décoré de meubles en acajou sombre, de sculptures d'animaux et de tapis en cuir. Les voyageurs apprécieront la bibliothèque et la cave à vins renfermant les meilleurs crus sud-africains. Après une rude journée consacrée à l'observation des animaux, ils pourront se détendre dans le Jacuzzi du spa, puis déguster leur dîner en plein air à proximité d'un feu de camp, en admirant un coucher de soleil flamboyant. **JK**

Hluhluwe River Lodge

Lieu KwaZulu-Natal, Afrique du Sud
Site Web www.hluhluwe.co.za **Prix** €€

Pour effectuer un safari en gardant les pieds sur terre, séjournez au River Lodge de Hluhluwe, un établissement confortable situé à quelques kilomètres seulement du parc Hluhluwe Imfolozi, l'une des plus vieilles réserves d'Afrique. Cette dernière est célèbre pour son importante population de rhinocéros. Elle aurait même sauvé ces derniers, menacés d'extinction.

Dominant le lac St. Lucia, l'hôtel ne peut accueillir que 24 personnes. Vous pouvez faire du cheval dans la forêt de False Bays, effectuer un safari à bord d'une Jeep, découvrir les merveilles de la nature, visiter la région sur une moto ou faire du VTT sur les pistes. L'hôtel bénéficie de son propre accès au lac. Il organise des excursions en bateau qui vous permettront d'apercevoir des hippopotames et des crocodiles du Nil. Accordez-vous une journée pour vous aventurer plus loin et visiter la réserve Mkuze, un paradis pour les ornithologues, ou allez jusqu'à cap Vidal pour passer une journée à la plage et explorer les eaux chaudes avec un masque et un tuba. Les plongeurs peuvent facilement atteindre la baie de Sodwana, où se trouve l'un des dix plus beaux récifs du monde.

Le soir, vous pouvez faire connaissance avec les autres clients de l'hôtel à l'Explorer's Bar. Le dîner est servi sur la véranda ou dans l'*Isibaya*, une enceinte traditionnelle zouloue entourant un feu de joie. Tous les plats sont plus impressionnants les uns que les autres. Laissez-vous tenter par une goutte de rosé local ou un verre de digestif autour du feu, avant de regagner votre bungalow au toit de chaume. Celui-ci comprend une salle de bains chic, une véranda en bois et des installations supplémentaires bienvenues comme la climatisation. **RCA**

La baie de Rocktail

Lieu KwaZulu-Natal, Afrique du Sud
Site Web www.travel-south-africa.net

Située sur la rive nord-est du KwaZulu-Natal, la baie de Rocktail est l'une des régions d'Afrique du Sud connue pour sa diversité biologique. Elle a deux atouts principaux : sa tranquillité ainsi que sa faune et sa flore. En fait, la baie a gardé sa pureté originelle en raison de son isolement et de l'absence d'habitations.

Faisant partie de l'iSimangaliso Wetland Park, site inscrit au patrimoine de l'Unesco, la baie est aussi luxuriante et verdoyante que le veldt est aride et broussailleux. Elle comprend une variété d'environnements fascinants, à la fois terrestres et marins (y compris des forêts côtières, des lacs, des zones humides, des dunes boisées, des plages sablonneuses et des récifs de corail) qui, ensemble, abritent une faune et une flore abondantes.

Des oiseaux tropicaux de couleurs vives voltigent et jacassent dans la canopée des forêts et des nombreuses zones humides. Au sol, des céphalophes du Natal et des antilopes africaines se déplacent furtivement, tandis que les hippopotames se vautrent dans la vase des lacs. Sur la côte bordée de plusieurs kilomètres de plages immaculées, les dunes accueillent chaque année les visiteurs les plus célèbres de la région : les tortues caouannes et les tortues luth qui, entre octobre et mars, se hissent maladroitement sur le rivage pour pondre leurs œufs dans le sable.

La baie fait partie de la réserve maritime du Maputaland et abrite des créatures marines très diverses – des dauphins aux baleines, des petits poissons iridescents aux coraux multicolores. **JF**

⇥ *Les plages de sable de la baie de Rocktail s'étendent sur des kilomètres.*

White Elephant Lodge

Lieu KwaZulu-Natal, Afrique du Sud
Site Web www.whiteelephantlodge.co.za **Prix €€**

Pour un safari haut de gamme, séjournez au White Elephant Lodge (« Hôtel de l'Éléphant blanc ») de la magnifique réserve de gibier de Pongola, la première réserve créée en Afrique du Sud en 1874. Au pied des montagnes Lebombo, dans les prairies humides de Maputuland, ce campement surplombe les eaux miroitantes du lac Jozin.

Bâti dans les années 1920, l'hôtel peut accueillir uniquement seize vacanciers et possède un cachet très colonial avec ses lits à moustiquaire de style victorien et ses baignoires aux pieds griffus. Si vous voulez faire une expérience surréaliste, prenez un bain dans la prairie.

Nous voulons que nos visiteurs aient l'impression d'être dans une oasis où le temps s'est arrêté.

Des safaris et des promenades avec des guides sont bien sûr proposés, mais vous pouvez aussi essayer de pêcher le poisson-tigre, faire une croisière au crépuscule et observer les oiseaux. La nuit, le bush regorge de vie. Mettez-vous au lit et laissez-vous bercer par les bruits de dame Nature ou profitez de la nuit pour faire une excursion en voiture, blotti sous une couverture, afin d'assister au spectacle extraordinaire des hippopotames passant en trombe à côté de vous, des lionnes et de leurs petits grimpant aux arbres ou des éléphants patrouillant au clair de lune. L'aube naissante est assurément le meilleur moment de la journée pour apprécier ce panorama libérateur. **RCA**

La réserve Thanda

Lieu KwaZulu-Natal, Afrique du Sud
Site Web www.thanda.com **Prix €€**

Cette réserve privée de 14825 ha renferme plus de 400 espèces d'oiseaux, ainsi que des lions, des léopards, des éléphants, des rhinocéros et des buffles. Chaque jour, les visiteurs ont droit à deux safaris en 4 x 4, mais peuvent aussi choisir en option d'accomplir des promenades dans le bush, la nuit, en compagnie d'un guide afin d'observer la faune. Grâce aux traqueurs, ils seront à même d'apercevoir les détails les plus intéressants concernant la vie des lions, des lycaons, des buffles ou des girafes.

Le soir, ils peuvent s'installer dans le salon central de l'hôtel et discuter des événements de la journée avant de se retirer dans une des luxueuses tentes du campement de style colonial dépourvu de clôtures et sans électricité, ou dans une chambre. L'hôtel se compose de neuf villas privées ayant une douche à l'intérieur et une autre en plein air. Le principal atout de Thanda est son personnel convivial, heureux de faire connaître les trésors culturels de la région, ainsi qu'un excellent remède zoulou en cas de problèmes digestifs : le thé de buchu. Signalons aussi la présence d'un formidable centre de remise en forme, offrant des soins divins comme l'African Queen ou le Zulu King.

En raison de la proximité de l'océan Indien, Thanda offre également des formules « bush et plage » qui permettent d'aller à Isimanglio, l'ancienne St. Lucia, pour se promener à cheval sur la plage, observer les tortues et les baleines, et faire de la plongée. Les personnes aimant passer leurs vacances dans un cadre luxueux, qui apprécient les spas, comme celles qui sont de vrais naturalistes, ne seront pas déçues. **LD**

À Thanda, les visiteurs profitent de safaris et d'un spa luxueux.

Le chemin de fer Rovos

Lieu Afrique du Sud
Site Web www.rovos.co.za **Prix €€€€**

En traversant l'Afrique du Sud le long du Rovos, les voyageurs auront l'impression de revenir à une époque marquée du sceau de l'élégance et du glamour. Restaurés, les wagons des trains desservant cette ligne ont retrouvé leur splendeur du début du XXe siècle. Il n'y a pas de télévisions et de radios afin de conserver le style ancien de ces trains. Bien qu'ils soient tractés en grande partie par des locomotives diesel ou électriques, ils dégagent des colonnes de vapeur au départ et à l'arrivée à Pretoria. Spacieuses, leurs 36 suites peuvent accueillir 72 passagers. Toutes sont ornées de panneaux lambrissés en acajou et de meubles d'époque. Elles comprennent aussi de grands lits doubles, et les suites royales comportent même des baignoires victoriennes.

Le train est réputé pour les repas gastronomiques servis dans son wagon-restaurant où le smoking est de rigueur. La cuisine est de premier ordre et la spécialité, le gibier d'Afrique du Sud, est arrosée des meilleurs vins du pays. Le service est élégant, les nappes immaculées et la vaisselle en porcelaine.

Installez-vous confortablement afin de contempler par la fenêtre le paysage changeant continuellement. L'itinéraire le plus populaire est celui qui relie Le Cap à Pretoria, soit un trajet de 1 600 km à travers les prairies luxuriantes du Highveld, l'étendue austère du Grand Karoo et les montagnes et vignobles du Cap. Il est aussi possible de passer par la Namibie, Durban, le parc Kruger et les cascades Victoria.

Nourriture, boissons, vin et excursions sont inclus dans le prix du billet, mais pas le champagne. **JK**

Le train Rovos vous fait découvrir les plus beaux paysages du pays au cours d'un voyage luxueux.

Shamwari Eagles Crag Lodge

Lieu Est du Cap, Afrique du Sud
Site Web www.shamwari.com **Prix €€**

Situé à l'est de la ville du Cap, en Afrique du Sud, l'Eagles Crag Lodge est l'un des six hôtels de la réserve de gibier de Shamwari. Chacune de ses neuf suites individuelles est dotée d'une piscine, d'une véranda et de baies vitrées offrant de magnifiques vues sur les falaises. Shamwari est né de la volonté d'un homme, Adrian Gardiner, qui, en 1990, acheta une petite ferme à cet endroit. Au début du XXe siècle, l'agriculture, la chasse et la sécheresse avaient éradiqué la faune et la flore à l'est du Cap. Les lions, les buffles et les rhinocéros y avaient disparu. Gardiner décida d'acquérir plus de terres afin de réintroduire ces espèces décimées, et de transformer sa propriété en réserve naturelle. À présent, Shamwari est l'une des plus grandes réserves de gibier privées d'Afrique du Sud.

Les safaris ont lieu le matin et le soir à bord de petits véhicules. Chaque ranger prend au maximum six passagers avec lui. Vous êtes aussi invité à participer à des promenades à pied pour visiter les deux réserves de félins.

Après une journée bien remplie, vous pouvez passer quelques heures tranquilles dans le spa de la réserve, avant d'aller dîner dans la salle à manger ou de vous installer au coin du feu, dans la bibliothèque ou au bar américain. Si après cela, vous sentez que vous n'avez aucune envie de rentrer chez vous, rien ne vous empêche de prolonger votre séjour. Shamwari propose des cours de formation de six semaines pour devenir guide. Vous apprendrez tout ce qu'il faut savoir pour que ce coin de paradis devienne le vôtre pour toujours. **PS**

La réserve de Samara Private Game

Lieu Karoo, Afrique du Sud
Site Web www.samara.co.za **Prix €€**

Au sud de Bloemfontein et au sud-ouest de Durban, la réserve de gibier de Samara propose des safaris exceptionnels. Situé dans le Grand Karoo, le centre aride, l'hôtel est très apprécié.

Dix personnes peuvent loger dans le Karoo Lodge et huit dans le manoir, il est donc difficile de s'y sentir à l'étroit. Il y a une piscine pour se rafraîchir et le personnel est toujours disponible. Il est possible de dîner à l'intérieur de l'hôtel ou dehors.

La faune et la flore sont tout simplement exceptionnelles. Il n'y a pas de départs à 5 heures du matin comme au parc Kruger, mais les vacanciers font néanmoins le tour de la réserve en 4 x 4 afin de voir des zèbres de montagne, des rhinocéros blancs, des tatous, des oryctéropes, des koudous, des élands et des gnous noirs. Cependant, ce sont les guépards qui ont la vedette, surtout l'un d'entre eux, Sibella, qui a failli mourir entre les mains de chasseurs et vit dans la réserve de Samara depuis 2003. Cette femelle a eu 18 petits et a donc accru de 2 % la population de guépards sauvages vivant en liberté en Afrique du Sud. Les touristes peuvent approcher ces derniers de très près et réaliser des photographies étonnantes. **LD**

« L'hôtel est une version élégante d'une ferme du Karoo, mais comprend en outre un personnel prévenant » ***Condé Nast Traveler***

La réserve naturelle de Blaauwbosch

Lieu Karoo, Afrique du Sud
Site Web www.blaauwbosch.co.za **Prix €€**

Les bungalows à toit de chaume de Blaauwbosch se trouvent dans les contreforts de la chaîne de montagnes Winterhoek, à l'est du Cap. Les sept suites climatisées ont toutes des dressings et des salles de bains avec des baignoires sur pieds, qui permettent de contempler le bush tout en se baignant. D'élégantes eaux-fortes représentant des animaux ornent les murs jaune sable. Des vérandas spacieuses et privées permettent d'admirer les montagnes.

Il existe aussi un hôtel exceptionnel : le Kaai's Camp, disponible pendant la haute saison. Pouvant accueillir au maximum huit personnes, il est situé entre les montagnes et offre des vues spectaculaires sur la vallée. Les chambres dotées des mêmes plafonds en chaume que les bungalows s'ouvrent sur une immense véranda attenante à la maison.

Que vous séjourniez dans les bungalows ou dans le campement, vous devrez vous lever tôt pour surprendre des lions, des buffles, des éléphants, des léopards, des rhinocéros, des guépards, des girafes, des zèbres et des antilopes. Les guépards ont été introduits dans la réserve. Une excursion permet même aux visiteurs d'observer un guépard alors qu'il est en train de traquer sa proie. Les après-midi sont des moments de détente, mais même si vous comptez lire ou simplement faire la sieste sur votre véranda, vous risquez d'être distrait par les nombreux oiseaux venus vous espionner. Pendant les safaris qui ont lieu le soir, les rangers s'arrêtent très haut dans les montagnes afin que vous puissiez contempler les couchers de soleil teintés de pourpre et d'orange à l'est du Cap. Vous rentrerez ensuite à l'hôtel afin d'apprécier un dîner arrosé des meilleurs vins sud-africains. **PE**

La réserve de Grootbos

Lieu Ouest du Cap, Afrique du Sud
Site Web www.grootbos.com **Prix €€**

Il y a beaucoup de réserves naturelles à l'ouest du Cap, mais Grootbos fait partie des plus belles. À seulement deux heures du Cap, le long de la côte, cette entreprise familiale où travaille une équipe de fervents défenseurs de l'environnement a rendu à la région sa beauté d'origine.

C'est un lieu tout indiqué pour se promener sur les nombreux sentiers de découverte, faire du cheval sur la plage ou pique-niquer au milieu des fleurs. De nombreux touristes se rendent sur la plage afin de voir les baleines franches australes, pesant jusqu'à 40 tonnes, s'approcher à seulement 30 m du rivage.

« [Le royaume floral du Cap est] le meilleur exemple de protection de la diversité que j'aie jamais vu. »

David Bellamy, botaniste

Les deux hôtels comprenant 27 suites sont blottis au milieu de la végétation luxuriante. Le Grootbos Garden est plutôt destiné aux familles, tandis que le Forest Lodge, plus récent et au design plus contemporain, devrait plaire davantage à ceux qui aiment les hôtels ayant du cachet. Les vérandas privées des suites vous donnent l'impression de vivre au cœur de la nature. Les grandes fenêtres permettent de contempler les vastes étendues de *fynbos* ou le paysage marin. Dans les restaurants en plein air, le jeune chef, très talentueux, confectionne pour le dîner un menu qui ferait honneur à un restaurant gastronomique. **SWi**

La réserve de Bushman's Kloof Wilderness

Lieu Ouest du Cap, Afrique du Sud
Site Web www.bushmanskloof.co.za **Prix** €€

Nager dans les bassins creusés dans la roche du Bushman's Kloof relève d'une expérience mystique. La réserve située au cœur des montagnes Cederberg, à trois heures en voiture du Cap, regorge de merveilles naturelles. Outre ces fameux bassins, elle comprend des formations rocheuses déchiquetées, des jardins indigènes et un terrain montagneux peuplé d'une myriade d'animaux, notamment des zèbres de montagne du Cap, menacés d'extinction. Grâce à son isolement, le Bushman's Kloof est un lieu qui incite à la méditation. Néanmoins, il possède aussi beaucoup de sites intéressants.

Chaque jour, des visiteurs viennent admirer les peintures rupestres uniques qui y sont conservées et qui ont été réalisées par des tribus de Bochimans, il y a 120 000 ans. Les circuits en voiture sont l'occasion de voir des animaux et de contempler le paysage qui change constamment, et qui, chaque printemps, arbore un magnifique tapis de fleurs sauvages. Les visiteurs peuvent se désaltérer dans des endroits pittoresques et le petit déjeuner est servi sous forme de pique-nique près des cascades. Ils peuvent aussi pêcher dans le fleuve Biedouw.

Toutes décorées différemment, les chambres possèdent des salles de bains, des terrasses et, dans certains cas, des salons et des cheminées. Au Koro Lodge, somptueuse villa avec piscine, les vacanciers disposent des services d'un cuisinier et d'un guide. Les repas sont préparés avec les produits biologiques du jardin et de la région. **LP**

⇐ *La réserve de Bushman's Kloof est une oasis écologique au sein d'un décor sauvage.*

Hôtel Kurland

Lieu Ouest du Cap, Afrique du Sud
Site Web www.kurland.co.za **Prix** €€

Il y a plus de 50 ans, le baron Peter Behr acquit un vaste coin de paradis près de la baie de Plettenberg, sur la Garden Route, en Afrique du Sud. Il appela sa propriété Kurland (« Courlande ») du nom de la province balte où il était né. Deux générations plus tard, cette demeure de rêve, située entre les plages immaculées de la Vallée de la Nature et la forêt vierge de Tsitsikamma, a été transformée en un hôtel de charme.

Le domaine a une superficie de 700 ha, mais il n'y a que douze suites, décorées avec des meubles de la famille et des objets d'art. Ceux qui souhaitent se détendre seront heureux d'y trouver spa, piscine, véranda et bibliothèque. Ceux qui préfèrent se dépenser auront le choix entre un grand nombre d'activités.

Pour commencer, l'endroit est idéal pour faire du polo. Kurland attire chaque année des professionnels et des amateurs de polo de décembre jusqu'en avril. Le grand événement de la saison est le match international opposant en décembre l'Afrique du Sud à l'Australie. Ceux que cela n'intéresse guère auront la possibilité de pratiquer un autre sport pour s'ouvrir l'appétit avant de dîner aux chandelles, notamment du kayak, du ski nautique, de la voile ou du surf. Les personnes préférant des activités moins physiques pourront aller observer des dauphins et des baleines comme le grand dauphin de l'océan Indien et la baleine franche australe ou, sur terre, les réserves d'éléphants, d'oiseaux et de singes qui se trouvent non loin de là. Il est aussi possible de faire du VTT, des randonnées avec des guides ou de se promener dans les célèbres roseraies de la propriété. **PE**

« L'élégante architecture hollandaise du Cap… abrite des pièces somptueuses. »

The Independent

L'hôtel Kurland allie le style hollandais du Cap et le charme d'une maison de campagne anglaise.

Villa de Franschloek Pass

Lieu Ouest du Cap, Afrique du Sud
Site Web www.franschhoekpassvilla.co.za **Prix €€**

La vallée de Franschloek ne compte peut-être pas parmi les sites les plus visités d'Afrique du Sud, mais c'est un lieu où l'on a envie de revenir une fois qu'on l'a vu. Il est difficile de traduire sa beauté stupéfiante. C'est comme si ce qu'il y avait de mieux en Nouvelle-Zélande, dans les Alpes et dans l'Ouest américain avait été réuni pour créer ce site.

Le lieu est aussi réputé pour ses mets et ses vins. Cette contrée viticole renferme quelques-uns des plus anciens et des meilleurs vignobles qui rivalisent avec des restaurants également considérés comme les meilleurs d'Afrique du Sud.

Allez donc à la villa de Franschloek Pass, qui fait partie d'un établissement vinicole très prisé de la vallée de Franschloek. Très luxueuses, ses villas offrent des vues à couper le souffle. Vous pouvez marcher ou faire de la bicyclette dans les vignobles de la propriété et dans la réserve naturelle, ou simplement vous prélasser en admirant le paysage étonnant. Les villas indépendantes avec cuisine peuvent héberger jusqu'à quatre personnes, mais comme il y a de nombreux restaurants aux menus alléchants à proximité, vous n'êtes pas tenu de faire la cuisine en permanence.

L'hôtel et l'établissement vinicoles sont tous deux gérés par Nick Davies. Lui et sa femme ont fait fortune comme architectes d'intérieur et ont superbement décoré la villa. L'emplacement de celle-ci ravira les amateurs de golf. Tout le monde est encouragé à jouer à ce jeu sur ce qui doit être l'un des terrains les plus exceptionnels du monde et qui est situé dans la vallée en contrebas. Cependant, vous pouvez aussi prendre une canne à pêche et pêcher une truite pour le dîner. **RS**

Le Quartier français

Lieu Ouest du Cap, Afrique du Sud
Site Web www.lequartier.co.za **Prix €€**

Certains disent que cette auberge de campagne était l'endroit idéal pour faire de Franschloek la capitale gastronomique de l'ouest du Cap. En plein cœur des vignobles du Cap, elle possède autant de charme que ses environs, où des huguenots français s'établirent autrefois.

Les anciennes fermes des ouvriers agricoles ont été transformées en une demeure chic agrémentée d'une petite touche française. Les pièces donnent sur des jardins d'herbes aromatiques et de fleurs. Certaines villas ont leur piscine privée et leur majordome. Pour avoir vraiment le sentiment de vous évader du réel, réservez une chambre au Four Quarters, quatre suites somptueuses comprenant un salon, un dressing, et une véranda en plein air. Toutes les pièces donnent sur une cour centrale où se trouve une piscine.

L'art de la bonne chère... est caractérisé par The Tasting Room.

Les pièces ont beau être fantastiques, c'est la cuisine qui constitue le principal attrait du lieu. Le restaurant The Tasting Room est classé parmi les 50 meilleurs restaurants du monde grâce à la cuisine originale de son chef. Utilisant les meilleurs produits et vins du Cap, elle propose un menu provençal inventif dans un cadre splendide. Essayez l'iCi, une sorte de café où l'on peut s'asseoir sur la terrasse donnant sur la rue ou dans le jardin, à côté d'un feu de bois. **AD**

Le jardin botanique Kirstenbosch

Lieu Le Cap, ouest du Cap, Afrique du Sud
Site Web www.sanbi.org/frames/kirstfram.htm

Que vous soyez un véritable botaniste ou ayez simplement besoin d'échapper à l'agitation du Cap, le jardin botanique Kirstenbosch vous séduira. Considéré comme l'un des « sept plus beaux jardins botaniques du monde », il occupe les versants est de la Table Mountain. Ses superbes pelouses, ses petits ruisseaux et ses sentiers qui zigzaguent ont été créés au début du XXe siècle par Henry Harold Pearson, un botaniste de Cambridge. Cependant, ses origines remontent aux années 1660, quand son statut colonial fut confirmé par Jan Van Riebeeck, qui planta une haie d'amandiers autour des premières habitations. Des parties de cette haie subsistent encore dans les jardins de 120 ha.

Une grande variété de promenades à thèmes est proposée. Ne manquez en aucun cas le Sentier des Fynbos si vous souhaitez flâner à travers des hectares de flore indigène, ni le magnifique Jardin de Protées, particulièrement coloré en hiver. L'un des sentiers, qui mène jusqu'au sommet du ravin de la gorge Squelette, est un itinéraire facile et apprécié des randonneurs et des alpinistes qui traversent les jardins pour gravir la Table Mountain (« Montagne de la Table »). Le Dell, la partie la plus ancienne du jardin, est un endroit paisible tout indiqué pour effectuer une pause. L'eau claire des sources du Colonel Bird's Bath se répand sur les amas de pierres avant de se déverser dans un petit étang en contrebas. Les fougères, les impatientes et les gardénias poussent au pied des grands virgiliers à bois jaune projetant sur le sol une ombre tachetée de lumière lors des chaudes journées d'été du Cap. **SWi**

Trois types de fougères croissent dans le vert jardin botanique Kirstenbosch, au Cap.

Camps Bay Retreat

Lieu Le Cap, ouest du Cap, Afrique du Sud
Site Web www.campsbayretreat.com **Prix €€**

Cette demeure, immense et luxueuse, se dressant dans un parc de 1,6 ha, fait partie des biens immobiliers les plus chers du monde. Située dans un vallon paisible, à l'abri du vent, entre Lions Head et Table Mountain, elle jouit de panoramas sur l'Atlantique et sur la chaîne de montagnes des Douze Apôtres. Ce paradis qui peut donner l'impression d'être extrêmement isolé se trouve en fait à quelques minutes du centre du Cap, ainsi que de Camps Bay et de sa foule élégante.

Malgré son terrain relativement étendu, cet hôtel de charme ne comprend que quinze villas toutes décorées de manière différente, qu'il s'agisse du Earls Dyke Manor ou de la Deck House plus contemporaine. Ses jardins parfaitement entretenus regorgent de cascades, de ruisseaux de montagne, de sentiers de découverte, et de bassins reliés par des ponts en corde. Ceux qui aiment les chiens peuvent se promener dans le parc avec l'un des chiots de l'hôtel. Il est aussi possible de faire une promenade guidée en compagnie d'un horticulteur pour en savoir plus sur les plantes indigènes du domaine. Ceux qui ont besoin d'une cure de jouvence se rendront au spa de l'hôtel, spécialisé dans les soins du visage et les « massages pour deux ». L'établissement compte trois salles de soins. Dans celle qui est située en plein air et entourée de buissons, on peut entendre le bruit des vagues.

Pour déguster une excellente cuisine, rendez-vous au restaurant qui se trouve sur place. Vous pouvez dîner aux chandelles sur la véranda, tout en regardant le coucher de soleil au-dessus de l'océan. Les personnes qui ont besoin de se dépenser peuvent louer un VTT, se rendre sur les courts de tennis (éclairés par des projecteurs la nuit) ou nager dans l'une des trois piscines du domaine. **JK**

Villa Lara

Lieu Le Cap, ouest du Cap, Afrique du Sud
Site Web www.villalaracapetown.com **Prix €€€**

Bercée par le fracas des vagues et les cris stridents des mouettes, la villa Lara semble tout droit sortie d'un magazine. Située au bord d'une plage, cette résidence chic et luxueuse reflète l'amour de la forme et de la lumière. Pouvant accueillir jusqu'à huit personnes, elle se compose de trois chambres élégantes qui offrent toutes des vues panoramiques sur l'océan Atlantique et les montagnes.

Il existe aussi une petite maison indépendante comprenant une chambre double sans cloisons, une cuisine et un salon. Chaque pièce est baignée par la lumière du soleil qui met en valeur la palette minimaliste de tons pâles du décor. Les meubles de style asiatique sont en teck et les lits couverts de draps blancs d'une blancheur immaculée. C'est l'endroit idéal pour se détendre avec élégance.

Le bruit de la mer est apaisant ; les parfums du frangipanier éveillent les sens…

Plongez dans la piscine surplombant l'océan, asseyez-vous sur la véranda et assoupissez-vous au son des vagues, en humant le parfum capiteux des frangipaniers, ou faites-vous cuire quelque chose de savoureux sur le barbecue et dégustez votre repas avec un vin millésimé de la région. Cette résidence vous promet ce qu'il y a de mieux en matière de vacances à la plage. **HA**

Hôtel Anjajavy

Lieu Majunga, Madagascar
Site Web www.anjajavy.com **Prix €€**

Sur cette île, 80 % de la faune et de la flore présentes n'existent nulle part ailleurs. L'hôtel de luxe Anjajavy, qui se trouve sur la côte nord-ouest ensoleillée de Madagascar, offre un isolement d'un genre nouveau. Il n'est possible d'accéder à cette région, surnommée « péninsule du bout du monde », qu'à bord d'un avion volant à basse altitude, ce qui permet de bénéficier de superbes vues du paysage. Selon les critères occidentaux, l'hôtel est un « quatre-étoiles » et son emplacement est inégalable.

Le long des plages de la baie se dressent 25 villas en bois de rose au toit de chaume pointu. Outre des chambres et une salle de bains, elles comprennent un salon, une salle à manger et une chambre d'ami à l'étage. Des téléphones satellite sont disponibles à la réception. Les visiteurs peuvent donc passer toutes leurs vacances dans un hamac sur la véranda de leur villa. Outre des plages intactes, une piscine de 200 m^2 et un restaurant préparant des mets excellents, on trouve à proximité de l'hôtel une réserve naturelle de 450 ha où poussent 1 800 espèces florales, principalement indigènes, et où vivent des animaux tels des lémurs, des oiseaux de paradis et plusieurs types de caméléons. Les lémurs sont également fort nombreux dans le jardin de l'hôtel. L'après-midi, les vacanciers peuvent prendre leur thé dehors, au milieu de ces animaux inoffensifs si caractéristiques de Madagascar.

Ceux qui en ont assez de se reposer peuvent choisir une des nombreuses activités en mer proposées par l'hôtel comme de la voile, de la plongée et de la pêche en haute mer ou opter pour une promenade guidée dans la jungle ou dans les villages et les marchés voisins. **DaH**

20° Sud

Lieu Grande Baie, île Maurice
Site Web www.20degressud.com **Prix €€**

Au 20° Sud, seul hôtel de charme de l'île Maurice, le petit déjeuner est servi jusqu'à 19 heures. Cependant, la plupart des clients se lèvent un peu plus tôt. À vrai dire, ce ne sont pas les activités qui manquent. Les véliplanchistes et les amateurs de voile apprécient l'immense baie abritée où une douce brise souffle en permanence. Les eaux qui bordent les îles voisines comme Coin de Mire, l'île Ronde et l'île Plate sont idéales pour faire de la plongée, mais vous pouvez aussi faire du ski nautique, du kayak et du parachute ascensionnel.

Après le déjeuner, vous aurez peut-être envie de faire la sieste à côté de la piscine, puis de vous faire masser, de prendre un bain turc ou encore d'aller faire trempette dans la mer, sur la plage privée de l'hôtel. Attendez que la chaleur soit moins forte pour vous promener à bicyclette sur les sentiers environnants ou vous rendre dans le village animé de Grande Baie. Si vous êtes fatigué à l'idée d'une promenade à vélo, sachez que l'hôtel dispose de bateaux qui s'y rendent.

L'hôtel surplombe la baie abritée des vagues, mais balayée par une douce brise toute l'année.

Les 27 chambres et les deux suites donnent toutes sur l'océan. Pour décorer chacune d'elles différemment, Flamant, un architecte d'intérieur belge, a utilisé des meubles ayant un cachet historique. L'hôtel détient le plus ancien bateau à moteur de l'île, le *Lady Lisbeth*. Il a été restauré par Michel Bourgeois, le propriétaire. Il est possible de dîner à bord. **PE**

Hôtel Prince Maurice

Lieu Roches Noires, Île Maurice
Site Web www.princemaurice.com **Prix €€**

Situé à l'abri du vent sur une péninsule de forme irrégulière de 24 ha, ne comprenant pas moins de trois plages et un lagon, le Prince Maurice est un paisible hôtel. Cette propriété étonnante regroupant huit bungalows sur pilotis au toit de chaume, surplombant une réserve de poissons, est un véritable paradis.

Le Prince Maurice a choisi pour logo la modeste, mais symbolique, noix de muscade. Celle-ci évoque la splendeur des siècles passés quand l'île était une halte clé pour les marchands portugais et hollandais qui empruntaient la légendaire route des épices contournant l'Afrique. Aujourd'hui, cette splendeur revit dans les suites et les piscines privées émaillant ce lieu exceptionnel, qui offre à ses clients une solitude et un calme que l'on trouve rarement même dans les meilleurs hôtels.

Le Prince Maurice, avec ses bungalows sur pilotis donnant sur le lagon, est l'endroit où vous devez aller si vous aimez vivre sur l'eau. Pour ceux qui préfèrent la terre, il existe des suites seniors, avec des piscines chauffées en plein air et un accès direct à la plage. Offrez-vous un dîner aux chandelles dans le restaurant flottant de l'hôtel, Le Barachois.

Vous pouvez faire gratuitement du kayak, de la planche à voile, des excursions à bord de bateaux à fond transparent et du ski nautique. Un terrain de golf de 18 trous que le Prince Maurice partage avec l'hôtel voisin, le Belle Mare Plage, est également à votre disposition. **BS**

Le bar ouvert et le salon du Prince Maurice offrent de splendides vues sur la lagune.

Hôtel Beau Rivage

Lieu Belle Mare, île Maurice
Site Web www.naiaderesorts.com **Prix €€**

L'ouverture des douze nouvelles villas au toit de chaume de l'hôtel Beau Rivage, sur la côte est de l'île Maurice, ne constitue pas en soi une amélioration de plus. Regorgeant de porcelaines de Chine et d'œuvres d'art indiennes, reflétant le mélange particulier de cultures de l'île, ces villas symbolisent une quête de perfection et de luxe qui caractérise cet hôtel.

Surplombant un lagon de corail proche du littoral et la plage de sable blanc et fin de Belle Mare, Beau Rivage est l'un des principaux hôtels d'un pays se targuant de posséder les plus beaux jardins tropicaux. Somptueuses, les chambres sont dotées de volets pliants en bois. Vous bénéficierez des services d'un majordome et pourrez nager dans une piscine de 2 000 m². Vous êtes donc sûr de ne pas avoir à souffrir de la promiscuité. Les amateurs de plongée mettent à peine quelques minutes en bateau pour accéder aux neuf sites de plongée. Presque tous les sports aquatiques sont gratuits. Il existe aussi une piscine réservée aux enfants et un club de remise en forme ouvert à tous.

La côte est de l'île Maurice est la région la moins développée du pays. Les chaudes soirées d'été sont toujours rafraîchies par la brise et l'atmosphère qui prévaut ici est celle d'une île tropicale abandonnée, chose rare aujourd'hui. C'est le confort des clients qui prime. Peu d'hôtels vous proposent un aussi grand choix d'oreillers pour que votre sommeil soit aussi paisible que la nature vous entourant. **BS**

Le Saint Géran

Lieu Belle Mare, île Maurice
Site Web www.oneandonlyresorts.com **Prix €€**

L'un des hôtels les plus raffinés de l'île Maurice est sans aucun doute le Saint Géran de la chaîne One&Only. Situé une péninsule privée de 25 ha, il est la quintessence du luxe, de la détente, de la gastronomie et du plaisir. Les chambres de l'hôtel sont décorées dans des tons clairs et chaleureux. Les familles apprécient les suites Océan qui communiquent avec une suite plus petite. La villa, de plus de 600 m², offre une vue imprenable sur l'Océan indien.

Les clients peuvent également louer un tipi pour des dîners privés, des fêtes et même comme salon de beauté. Il s'agit en fait d'une tente d'un luxe extrême ; la toile cousue main est incrustée de joyaux et l'intérieur est doublé de gaze dorée. À l'intérieur, on trouve un authentique lustre ancien venant de Paris, du parquet en bois naturel, des coussins et des étoffes superbes. Vous pouvez opter pour la formule Glampfire : un feu de camp, un dîner préparé par un célèbre cuisinier indien, arrosé de champagne, accompagné par une troupe de musiciens. Allongez-vous sur des coussins de soie et passez le reste de la soirée à contempler les feux d'artifice et dansez sur le sable jusqu'à l'aube.

Les deux restaurants devraient satisfaire les gourmets ; Alain Ducasse y veille.

Le spa de l'hôtel est réputé et propose une large gamme de soins et de traitements. Vous pourrez également pratiquer le ski nautique, la planche à voile, la voile, le tennis et le golf. Cependant, il est difficile de résister à la tentation de rester simplement allongé dans un hamac entre deux palmiers en contemplant l'océan. **AD**

Les tentes du spa de Beau Rivage sont aussi exotiques et exceptionnelles que l'hôtel lui-même.

Hôtel Shanti Ananda Maurice

Lieu Saint-Félix, île Maurice
Site Web www.shantiananda.com **Prix €**

Shanti Andana Maurice est l'hôtel jumeau du fameux Andana de l'Himalaya et partage la même philosophie. L'approche holistique du bien-être est partout manifeste, depuis le programme de soins personnalisé du spa jusqu'aux séances de yoga et de méditation dispensées dans des pavillons et des salles spécialement conçus à cet effet.

L'hôtel a pour décor des jardins tropicaux de 14 ha, offrant des vues spectaculaires sur l'océan Indien et ses récifs de corail. Son emplacement sur le littoral fait partie intégrante de son atmosphère et de sa philosophie. Tous les lieux donnent sur l'eau turquoise, qu'il s'agisse du restaurant Pebbles ou des suites juniors. Deux des types d'hébergement, les villas de luxe et les villas suites, disposent de leur propre piscine. L'extraordinaire villa présidentielle présente un degré de luxe encore supérieur, avec son bain à remous, son hammam, sa piscine et ses jardins verdoyants.

Le spa de 4 645 m^2 propose surtout des soins ayurvédiques et occidentaux. Outre des salles de « panchakarma » (massage ayurvédique), il y a une suite pour les couples, des salles de soins à usages multiples, des salles réservées aux gommages et d'autres à l'hydrothérapie. Il est inhabituel de trouver un hôtel et un spa combinant aussi harmonieusement des thérapies orientales et occidentales. Les clients débutent leur séjour par une consultation privée avec un conseiller qui élaborera un programme de soins sur mesure adapté à leurs besoins et leurs désirs. **LC**

→ *Le Shanti Ananda Maurice vous propose une cure de remise en forme bénéfique pour l'esprit, le corps et l'âme.*

L'île Rodrigues

Lieu Île Rodrigues, île Maurice
Site Web www.mauritius-seychelles.com

L'île Rodrigues est un lieu simple. Même dans la capitale, Port Mathurin, vous ne trouverez pas de monuments ou de musées. C'est un endroit tranquille fait pour flâner, le lieu idéal pour quitter le tohu-bohu urbain moderne.

Portant le nom d'un navigateur portugais qui y fit une brève escale en 1528, l'île fait officiellement partie de l'Île Maurice, bien qu'elle ait une certaine autonomie. Elle est aussi moins tournée vers le commerce que sa grande sœur. Le marché animé du samedi matin est à peu près le seul endroit pour faire ses courses.

Nombre de visiteurs se rendent en bateau sur l'île aux Cocos, une bande de sable blanc couverte de casuarinas et peuplée de milliers d'oiseaux marins, notamment des sternes fuligineuses, des gygis blanches et des noddis nains. Ils explorent la Caverne Patate de 26 m de profondeur ornée de stalagmites et de stalactites ou font le tour de la côte depuis la Pointe Coton jusqu'au Gravier en marchant le long de plages désertes, bercés par le clapotis des vagues turquoise.

Il est possible de loger au Cotton Bay Hotel, qui se dresse sur une plage tranquille sur la côte est de l'île. L'établissement abrite aussi le Cotton Diving Center. Les guides font découvrir aux vacanciers les récifs de corail qui sont restés intacts car, ici, on a toujours utilisé des perches pour faire avancer les pirogues afin de ne pas endommager le corail. La façade du Mourouk Ebony Hotel donne sur un lagon turquoise et l'arrière sur les montagnes. Les touristes peuvent pratiquer des sports aquatiques même s'il s'agit d'une île où l'on ne doit pas chercher à se dépenser à tout prix, mais plutôt respirer l'air à pleins poumons, se reposer et perfectionner l'art de l'indolence. **PE**

Hôtel et spa Maia

Lieu Anse Louis, Seychelles
Site Web www.maia.com.sc **Prix** €€€€

Plus discret que ses voisins plus célèbres de l'océan Indien, l'archipel des Seychelles les surpasse peut-être en raison de sa flore et sa faune uniques et de son charme créole. Le Maia est un ensemble de 30 villas construites avec de la pierre volcanique et du bois de balau. Toutes surplombent la plage d'Anse Louis, sur une côte paisible, au sud-ouest de Mahé.

Luxueuses, ces villas sont toutes exceptionnelles. Imaginez des belvédères spacieux surmontés d'un toit de chaume, avec des bars à proximité, des banquettes-lits gigantesques et des chambres au décor asiatique. Les salles de bains comportent une douche, mais il existe une baignoire en plein air abritée par un auvent de chaume pour ceux qui apprécient l'aromathérapie et les bains parfumés aux herbes et aux huiles essentielles. Les villas du front de mer se trouvent au bord de la plage ; celles qui donnent sur l'océan se dressent sur les versants des collines et celles qui bénéficient de vues panoramiques sont perchées au sommet des collines, permettant d'admirer à la fois l'océan et la végétation.

L'île de Mahé est connue pour être le joyau de l'archipel spectaculaire des Seychelles.

Les soins utilisés par le spa sont réputés pour leur qualité. Des cours de qi gong, de yoga et de shiatsu sont également dispensés chaque jour gratuitement. La plongée avec tuba ou bouteilles est tout simplement divine. Vous apprécierez également l'excellente cuisine franco-créole du restaurant Tec Tec. **PS**

Centre de remise en forme Labriz Aquum

Lieu Île Silhouette, Seychelles
Site Web www.aquumspas.com **Prix** €€

Le calme semble absolu à Aquum, centre de remise en forme creusé dans un flanc de montagne, au cœur d'une forêt tropicale, sur la magnifique île Silhouette, aux Seychelles. Aucun bruit de véhicule ou bourdonnement de machine habituellement associé au monde extérieur ne trouble votre rêverie. On n'entend que le chant apaisant des oiseaux et le souffle de la brise dans le sous-bois émeraude.

Les soins, à base d'ingrédients locaux, se présentent sous des formes variées. Les thérapeutes attentionnés sont heureux de créer des formules sur mesure. La spécialité consiste à vous enduire d'une crème tiède à base de sucre brun et de noix de muscade, puis à vous envelopper dans une pâte composée de café vert et de noix de coco, avant d'appliquer sur votre cuir chevelu un masque à base de noix de coco épicée. Le spa a également recours à la vanille, au cacao et à la noix de cajou de la région. Vous pouvez aussi essayer un soin rajeunissant au caviar, un somptueux soin anti-âge pour le visage et un soin intitulé « l'Homme de la jungle » pour les Tarzans qui prennent soin de leur corps.

Le spa Aquum fait partie du complexe balnéaire Labriz qui s'étend le long d'une plage de 1,5 km, le seul existant sur l'île. Les villas contemporaines et les pavillons sont en retrait, se fondant dans la végétation tropicale. Ils possèdent des douches extérieures afin que les vacanciers se sentent au cœur de la nature.

Vous pouvez par ailleurs faire des randonnées dans la jungle tropicale, visiter la réserve de tortues géantes et faire de la plongée. **LP**

↗ *Le cadre de l'Aquum est exceptionnel : il réunit six spas sur pilotis au milieu d'énormes roches granitiques.*

« [Le complexe] se trouve sur ce qui reste de l'ancien supercontinent du Gondwana. »

Journal *Seychelles Nation*

L'atoll d'Aldabra

Lieu Aldabra, Seychelles
Site Web www.aldabra.org **Prix** €€€

Près de 152 000 tortues géantes vivent à Aldabra, l'endroit au monde où elles sont le plus nombreuses. Il y a en cinq fois plus qu'aux Galápagos. L'atoll a pratiquement conservé son état d'origine en raison de son isolement. Il se trouve dans une partie reculée de l'océan Indien et son environnement terrestre est inhospitalier. Il abrite aussi un grand nombre de tortues vertes et de tortues à écaille, ainsi que le râle de Cuvier (le dernier oiseau coureur de l'océan Indien). L'atoll est un lieu de reproduction pour les frégates ariels et les frégates du Pacifique, et l'on trouve des fous à pieds rouges dans les mangroves situées près de la bordure nord du lagon d'Aldabra.

L'atoll est un paradis pour les amoureux de la nature, mais il n'est pas facile de s'y rendre. Il se trouve à plus de 1 120 km au sud-ouest de Victoria (la capitale des Seychelles) et à 400 km au nord de Madagascar. Habité uniquement par des scientifiques et des gardes forestiers, il n'est pas desservi par des lignes d'avions régulières et ne comprend pas d'hôtels ordinaires. Si vous souhaitez le visiter et séjourner dans l'un des rares hébergements proposés, vous devez obtenir l'autorisation de la Seychelles Island Foundation.

Aldabra constitue un laboratoire naturel parfait pour tous ceux qui désirent étudier l'écosystème marin sous les tropiques, les algues et les mangroves. Les visiteurs apprécieront le fait que le gouvernement britannique, après avoir abandonné l'idée de construire une piste d'atterrissage sur l'atoll dans les années 1960, ait confié l'île à la Royal Society. **PE**

L'atoll d'Aldabra regroupe de grandes îles de corail et est lui-même entouré par un récif de corail.

L'île Denis

Lieu Île Denis, Seychelles **Site Web** www.denisisland.com **Prix** **€€€€**

L'Île Denis est l'incarnation même de l'île déserte dont on rêve. Située dans la partie ouest de l'océan Indien, elle est la quintessence d'une simplicité sans prétention. Elle porte le nom de l'explorateur français Denis de Trobriant, qui la découvrit en 1773. En débarquant sur cette île fertile, Trobriant s'aperçut vite de la diversité de sa flore et de sa faune. À présent, les visiteurs peuvent résider dans les 25 maisons de type créole situées près du rivage, dotées de salles de bains chic, avec des douches en plein air, des vérandas, ainsi que des cours ornées de casuarinas et de cocotiers.

Vous n'avez rien à faire de particulier sinon passer les journées ensoleillées sur votre bout de plage, vous rafraîchir dans la petite piscine ou emprunter les sentiers de l'île pour visiter le vieux village, la chapelle et le phare. Il n'y a pas de télévision ni de radio. Rien qui puisse troubler votre quiétude, hormis peut-être les habitantes les plus attachantes de l'île : de grosses tortues. Les vacanciers les plus actifs peuvent bien sûr s'aventurer dans les eaux turquoise afin d'observer les tortues, les requins et les raies, très abondants dans la région. Ils peuvent aussi pêcher toute l'année. Les poissons les plus courants sont les marlins bleus, les marlins et le thon. Les requins-baleines et les raies mantas font leur apparition de septembre à novembre.

Les repas sont préparés avec des produits frais provenant de la ferme bien approvisionnée de l'île, notamment des poulets, des cochons, des vaches et des cailles sans oublier la vanille, les herbes et les légumes de l'île. Les journées se déroulent avec indolence, ponctuées de délicieux repas. La décision la plus difficile que vous aurez à prendre sera sans doute de choisir si vous allez dîner au restaurant ou sur la plage, à la belle étoile. **LP**

Isolée, l'île Denis est très appréciée de ceux qui cherchent une destination romantique.

L'île Cousine

Lieu Île Cousine, Seychelles **Site Web** www.cousineisland.com **Prix** **€€€€**

L'île Cousine est peut-être minuscule, mais elle est unique, spectaculaire et merveilleusement secrète. Elle joue aussi, en tant que réserve naturelle, un rôle important sur le plan écologique. Ne couvrant que 25 ha et ayant une largeur de seulement 800 m, elle est dédiée à la protection de l'environnement des Seychelles depuis sa privatisation en 2000. Sa végétation est constituée à 95% d'espèces endémiques et elle abrite plus de cinq espèces d'oiseaux coureurs endémiques. Les 5% restants de la végétation sont des arbres fruitiers et des plantes indigènes. Ajoutons à cela les tortues à écaille qui viennent y pondre leurs œufs.

Dans ce splendide décor naturel, les vacanciers peuvent séjourner dans l'une des quatre villas de luxe situées à 30 m de la plage. Toutes les villas sont censées être parfaitement en harmonie avec leur environnement. Leur architecture est celle de l'époque coloniale française. On a utilisé, quand c'était possible, des matériaux de l'île, et chaque villa est suffisamment vaste pour que ses habitants y soient tranquilles. Ceux-ci peuvent manger dans une salle à manger claire et spacieuse, le Pavillon, qui surplombe la piscine d'eau douce et l'océan. Le restaurant propose une variété de plats d'inspiration créole et européenne préparés avec des ingrédients frais de la région.

Le côté chic de l'île est renforcé par le fait que les vacanciers sont encouragés à y venir en hélicoptère afin d'empêcher l'introduction d'espèces étrangères. Jusque-là, l'ensemble fragile d'oiseaux et de plantes endémiques a été préservé. Les touristes sont aussi invités à participer à divers programmes de protection de l'environnement (comme planter un arbre ou surveiller les tortues). Le reste du temps, ils peuvent fréquenter le spa, se rendre sur la plage et se laisser bercer par l'océan Indien. **LC**

↑ *L'importance de l'île sur le plan écologique attire des vacanciers qui s'intéressent à la protection des espèces.*

L'île Frégate

Lieu Île Frégate, Seychelles
Site Web www.fregate.com **Prix €€**

Cette petite île idyllique de l'océan Indien est un véritable joyau de nature préservée. N'accueillant jamais plus de 40 visiteurs à la fois, l'île Frégate est l'une des destinations les plus isolées et les plus séduisantes. On y trouve seize villas spacieuses qui se fondent parfaitement dans le paysage. Quatorze d'entre elles sont perchées sur des falaises et offrent des vues spectaculaires sur l'océan Indien ; les deux autres sont entourées de jardins tropicaux. À l'intérieur, le décor est un superbe mélange de styles balinais et thaïlandais. La soie thaïlandaise, le marbre italien et les lits à baldaquin ajoutent à la féerie du lieu. Toutes les villas sont pourvues d'une piscine, d'un bain à remous et d'un pavillon faisant office de salle à manger, ainsi que des parois en verre coulissantes et des portes-fenêtres qui restent souvent ouvertes pour que le visiteur ait vraiment l'impression d'être au cœur de ce paradis tropical. Pour explorer ce dernier, des défenseurs de la nature organisent régulièrement des randonnées le long du littoral et dans la jungle. Le lagon protégé par les récifs se prête à la baignade et à la plongée. Les plongeurs expérimentés peuvent se rendre en bateau sur des sites spectaculaires.

Le spa, que l'on atteint en traversant des cascades et des bassins d'eau douce, propose des soins holistiques, et le Castaway Kids Club s'occupe des enfants pendant que les adultes font de la gymnastique, se rendent sur l'île Praslin pour faire du golf ou se prélassent en pensant à ce que les pirates auraient ressenti en faisant un brin de toilette dans un endroit comme celui-là. **SH**

Les villas ouvrent sur des vues splendides et sont construites avec de l'acajou et du teck local.

ASIE

L'Asie vous promet des expériences sensationnelles, comme un séjour dans un temple de l'Himalaya ou la visite d'un sanctuaire cambodgien. Cependant, vous pourrez aussi profiter de tout ce qu'une ville moderne peut offrir à Tokyo ou du luxe d'un spa à Hong Kong. Ou encore opter pour un séjour dans un hôtel au bord d'une plage, en Thaïlande.

Le Sarojin, Thaïlande (p. 842)

Les îles Farasan

Lieu Îles Farasan, Arabie Saoudite **Site Web** www.sauditourism.com.sa

Les eaux de la mer Rouge sont renommées pour la grande diversité de leur flore et de leur faune mais les personnes proches de la famille royale saoudienne furent longtemps les seules à pouvoir admirer le fascinant univers sous-marin de ces îles. Grâce à la récente ouverture au tourisme du royaume, les îles Farasan – à 40 km au large du port de Jizan, au sud de l'Arabie Saoudite – sont devenues un paradis des plongeurs encore assez peu affecté par la présence humaine.

Les 84 îles et îlots calcaires apparurent lorsque l'élévation du niveau de la mer, après la dernière ère glaciaire, créa de vastes hauts-fonds susceptibles d'accueillir des « jardins » de coraux propices à la vie marine. C'est maintenant une réserve naturelle. Farasan Kebir, la plus grande des îles, est l'une des trois habitées de manière permanente alors que la majeure partie de l'archipel est déserte et propice à la reproduction des tortues de mer et des oiseaux. On y trouve aussi l'une des plus grandes populations de gazelles d'Arabie Saoudite ; c'est enfin l'un des derniers habitats d'un mammifère marin en péril, le dugong.

L'infrastructure touristique est d'une simplicité de bon aloi. Le Farasan Hotel est l'unique établissement de l'île ; de dimensions restreintes, il présente quelques petits défauts que l'excellent accueil du personnel fait très vite oublier. Promenez-vous sur les plages désertes des îles les plus grandes (où les seules traces de vie sont des empreintes animales et parfois des bandes de flamants intrigués par votre présence) ou plongez dans les eaux chaudes à la rencontre des dauphins, des raies et des requins-baleines, et vous aurez l'impression de vous trouver dans un autre monde. **DaH**

↑ *Longtemps, la famille royale saoudienne et ses invités furent les seuls à pouvoir plonger et nager autour de ces îles.*

Al Bustan Palace

Lieu Mascate, Oman **Site Web** www.ichotelsgroup.com **Prix €€**

Imaginez un hôtel conçu par un prince arabe. Ajoutez-y de l'or et des rials en abondance, et le résultat ne sera pas très éloigné du Al Bustan Palace. Avec ses 250 chambres, l'établissement se dresse dans un étonnant paysage de montagnes, avec quelque 80 ha de plages privées et de jardins verdoyants. Récemment réaménagé, il a troqué quelques-uns de ses pires excès contre des intérieurs plus stylés et plus élégants.

Le foyer de l'hôtel n'a cependant pas changé : il est toujours un peu chargé, comme il sied à une propriété parfois fréquentée par le sultan d'Oman en personne. Sa mosaïque bleu vif et vert et son vaste atrium haut de plafond peuvent donner l'impression d'avoir pénétré par erreur dans une mosquée plutôt que dans l'un des avant-postes arabes d'une importante chaîne intercontinentale. Des chandeliers éclatants pendent du plafond ainsi que des stalactites, et de splendides tapis d'Asie recouvrent le sol de marbre. Les chambres sont tout aussi luxueuses : l'abondance d'étoffes et de riches couleurs est là pour donner un effet maximal. Les salles de bains sont en marbre et certaines baignoires pourraient accueillir toute une équipe de football !

Comme on peut s'y attendre avec un hôtel de dimensions aussi impressionnantes, on trouve un centre de fitness disposant de l'équipement le plus moderne mais aussi un sauna et un hammam. Ces dernières installations sont toutefois assez superflues vu les températures élevées du climat omanais. Mieux vaut se promener le long de la plage ou dans les jardins magnifiquement entretenus pour apprécier l'espace et la solitude du cadre. C'est l'endroit idéal pour quiconque veut connaître la splendeur des nuits d'Arabie, à la condition d'avoir les poches bien remplies, évidemment. **HA**

Plus riche encore à l'intérieur qu'à l'extérieur, cet hôtel est d'un luxe vraiment inouï.

Le Wadi Adai

Lieu De Mascate à l'oued Shan, Oman
Site Web www.gulfleisure.com/wadibashing.htm **Prix €**

Aucun séjour à Oman ne serait complet sans la découverte de ce qu'on appelle ici le « wadi bashing », la découverte coup de poing de l'oued. Un oued est un lit de rivière asséché et, dans la chaleur écrasante de ce sultanat du Moyen-Orient où la température peut attendre les 50 °C, les lits de rivière sont plus souvent arides et craquelés qu'emplis d'une eau bienfaitrice.

Une des plus belles promenades passe par l'oued Adai pour rejoindre le village de Mazara, dans une oasis de palmiers dattiers. Longez les contreforts des montagnes déchiquetées du Hajar oriental pour traverser des paysages d'une grande austérité. Vous oublierez rapidement la route pavée et vous vous engagerez sur le chemin côtier qui serpente le long d'anciens fonds marins asséchés pour rejoindre Dihab par une piste rouge et poussiéreuse. Vous rencontrerez un immense point d'eau naturel, le Bait al-Afreet, et son étendue liquide émeraude. Plus loin encore, vous entrerez dans le Wadi Adai, la « gorge entre les collines ». Rarement tout à fait asséché, cet oued permet de prendre un bain rafraîchissant. Au fond d'un ravin profond, l'oued est une oasis luxuriante d'arbres, de palmiers dattiers et d'herbe qui forme un contraste étonnant avec les terres arides environnantes.

Consacrez également un certain temps au désert pour faire l'étonnante expérience des dunes et comprendre comment les Bédouins modernes roulent dans le sable tendre et ridé : après l'escalade quasi à pic de dunes vertigineuses, vous redescendrez par l'autre versant, tout aussi raide. **HA**

→ *Recourez aux services d'un guide local : il est facile de se perdre dans les dunes et le paysage lunaire des oueds.*

La Grande Mosquée du sultan Qaboos

Lieu Mascate, Oman
Site Web www.omantourisme.com

Au cœur de l'été, quand le mercure peut atteindre les 50 °C, la Grande Mosquée du sultan Qaboos est l'endroit idéal pour qui veut échapper à l'ardeur du soleil. Promenez-vous dans les jardins islamiques traditionnels et pénétrez dans la resplendissante cour de marbre blanc après avoir franchi une série d'arches symétriques de pierre blanche. À midi, il est difficile de tout voir à cause de l'éclat du soleil : si vous êtes vêtu de manière décente, découvrez alors la sainteté et la fraîcheur de la mosquée, et votre vue s'habituera bientôt au spectacle imposant qu'elle offre aux regards.

Achevée en 2001, cette mosquée est la plus grande du monde (en dehors de l'Arabie Saoudite) : elle peut accueillir jusqu'à 20 000 fidèles et dans sa grande salle de prière carrée, un dôme central s'élève à quelque 50 m de hauteur. La coupole, le minaret principal et les quatre minarets d'angle sont les plus remarquables éléments d'architecture de cette mosquée. 750 femmes ont pour prier une *musalla* qui leur est réservée. L'immense tapis de prière (70 m x 60 m) est le plus grand du monde. D'une seule pièce, il fut tissé à la main par 600 Iraniennes au cours de quatre années de travail ; il pèse plus de 21 tonnes et présente plus de 28 couleurs d'origine végétale. Les lustres en cristal sont les plus impressionnants que vous verrez jamais : créé par la maison autrichienne Swaroski, le plus beau comporte 600 000 pièces de cristal et 1 000 ampoules. De par ses dimensions, il vient tout juste après celui d'Abu Dhabi. Le caractère imposant de la Grande Mosquée et ses statistiques impressionnantes ne l'empêchent pas de constituer un havre de paix et de sérénité. **HA**

« Certainement l'un des plus beaux et des plus sereins édifices au monde… tout de marbre poli. »

Martin Love, *The Observer*

La Grande Mosquée du sultan Qaboos peut accueillir 20 000 fidèles à l'heure de la prière.

Hôtel Zighy Bay

Lieu Péninsule de Musandam, Oman
Site Web www.sixsenses.com **Prix €€€**

Depuis des siècles, la baie de Zighy se dissimule à l'extrémité nord de l'Oman, dans la péninsule de Musandam. Un complexe hôtelier y a été inscrit, où les clients peuvent arriver par divers moyens, en particulier en vedette rapide permettant de découvrir les boutres traditionnels des pêcheurs ou les bancs de dauphins.

Le Zighy Bay se dresse sur une plage de sable doré, dans un environnement montagneux assez rude dominant la mer d'Arabie. L'hôtel appartient à la marque de luxe Evanson Hideaway et fut construit dans le plus pur style omanais. L'amas de cubes brun clair entrecoupé de palmiers n'est peut-être pas d'un grand effet esthétique mais il se mêle parfaitement à la beauté rude de la chaîne montagneuse du Hajar. Les villas disposent toutes d'une piscine privée, d'une douche extérieure ainsi que d'une terrasse ; le personnel accourra au moindre coup de téléphone de votre part. Pour mieux vous détendre, profitez des bienfaits du Six Senses Spa.

« Après des jours passés au soleil du Zighy Bay, je reconnais être… complètement sous le charme. »

Annabelle Thorpe, *The Observer*

La nuit, le complexe hôtelier se révèle dans toute sa splendeur : les chemins sont balisés par des bougies et les tables du restaurant de plage, éclairées par des torches. Après dîner, promenez-vous le long de la plage, émerveillez-vous au spectacle du ciel et jouissez de la beauté parfaite de ce joyau encore méconnu. **HA**

Al Maha

Lieu Dubai, Émirats arabes unis
Site Web www.al-maha.com **Prix €€**

Métropole prospère née du sable, Dubai est le moyeu cosmopolite du Moyen-Orient. Protéiforme, c'est la vitrine d'une architecture moderne à couper le souffle. Le complexe d'Al Maha est à une heure de route du tohu-bohu de la « ville de l'or ». Après la frénésie de Dubai, Al Maha est un lieu de calme et de sérénité peuplé de dromadaires : inspiré des tentes traditionnelles des Bédouins, l'hôtel est d'une opulence inégalée dans le désert.

La chaleur intense limite les activités. Il faut se lever tôt pour admirer le spectacle des faucons ou observer l'oryx, élégante antilope du désert dont les populations n'ont cessé de diminuer.

Les cavaliers apprécieront de monter un pur-sang de noble allure et se prendront pour Lawrence d'Arabie. Si vous êtes épuisé, un buggy vous ramènera à votre tente.

Pendant la journée, il fait trop chaud et l'on ne peut que se relaxer en admirant les beautés du paysage. Pour cela, il y a le choix entre la suite un peu décadente avec son air conditionné, son lit immense, sa salle de bains fastueuse et sa baignoire à deux places, et le bassin privé avec vue sur les sables dorés. Dévorez ce livre que vous aviez toujours eu l'intention de lire ou détendez-vous au spa. Au crépuscule, joignez-vous à la caravane avant de goûter un cocktail au champagne au milieu des dunes. Le sable prend une teinte orangée et les couples choisissent la dune d'où ils verront le soleil disparaître dans une brise de chaleur.

On éprouve ici un étonnant sentiment d'isolement, l'impression d'être vraiment perdu dans un paysage des *Mille et Une Nuits*, de façon tout à fait volontaire, cependant. **RCA**

Hôtel Burj Al Arab

Lieu Dubai, Émirats arabes unis **Site Web** www.burj-al-arab.com **Prix** €€€€

« *L'hôtel le plus renommé de Dubai est ce qu'on peut concevoir de plus extravagant et de plus outrancier.* » **Time Out, Dubai**

↑ *Le Burj Al Arab ressemble à une voile gonflée par le vent, celle d'un yacht d'un luxe inouï.*

→ *Il n'y a pas assez de synonymes au mot « opulence » pour qualifier cet hôtel.*

Il y a les hôtels de luxe, voire de grand luxe, et puis il y a le Burj Al Arab. Faste, glamour et tape-à-l'œil se hissent ici à leur plus haut niveau : en forme de voile de bateau, le complexe de Dubai est l'incarnation d'une exubérance hors norme, souvent imitée mais jamais égalée depuis son ouverture, en 1999. D'une hauteur de 321 m, l'hôtel est vraiment dans son élément la nuit quand, puissamment éclairé, il se dresse tel un phare géant sur le littoral.

Les suites (le mot « chambre » n'existe pas ici) sont disposées sur deux étages : elles disposent toutes d'un bain à remous, d'un salon et d'une salle à manger ainsi que d'un majordome privé et de quelques fantaisies comme un matelas géant. Somptueusement décorées, certaines ont un escalier en spirale, un bar à cocktails, un dressing, un billard… la liste est infinie. Parler d'excès serait grossier car l'opulence a ici quelque chose d'ahurissant. Il y a un héliport au 28e étage et les suites royales disposent d'un ascenseur privé, d'une salle de cinéma, d'un escalier en marbre et or et même d'un lit à baldaquin pivotant.

Il serait toutefois dommage de s'attarder dans sa suite et de ne pas jouir du reste. De l'Assawan Spa et du club sportif, situés au 18e étage, on a une vue à couper le souffle sur le golfe, et l'immaculée plage privée de Majiles Al Bahar est digne d'un roi. Il y a neuf bars et restaurants, dont le restaurant sous-marin de l'hôtel et son aquarium de requins. Si tout cela ne suffit pas, les résidents peuvent faire du yachting ou assister à un tournoi de golf de renommée mondiale.

La visite de ce palace hallucinant a quelque chose d'éblouissant, peut-être à cause de l'or resplendissant et omniprésent. Assurez-vous seulement de venir avec un portefeuille bien rempli – et un ego surdimensionné ! **LP**

Safari à dos de chameau

Lieu Dubai, Émirats arabes unis
Site Web www.nettoursdubai.com/camel_trek.htm **Prix €€**

Dubai est une destination de vacances ultramoderne, avec des hôtels d'un luxe inouï et des villes nouvelles surgies de la mer en un rien de temps. En revanche, si vous désirez vous écarter des touristes intéressés par le seul air conditionné et découvrir l'Arabie authentique, vous devez absolument faire une excursion à dos de chameau.

Don d'Allah fait aux Bédouins, le chameau (ou le dromadaire) peut vivre des semaines sans boire ni manger. En longue caravane, les chameaux traversent les sables rouges. Avec leurs selles conçues comme des fauteuils et leur démarche chaloupée, ils sont le moyen de transport idéal pour ce type d'environnement.

Un safari à dos de chameau dans le désert d'Arabie vous entraîne dans un territoire mystérieux planté de palmiers dattiers et d'acacias, peuplé d'animaux typiques tels le chat des sables, le lièvre du désert et la gerbille des dunes. Le renard du désert se manifeste parfois et les geckos courent par dizaines autour des pieds de votre infatigable monture. À la fin de la journée, vous apprécierez un repas bédouin traditionnel, préparé devant vous tandis qu'allongé sur un tapis, devant votre tente, vous assisterez au spectacle inoubliable du coucher de soleil sur le désert, qui allonge l'ombre des dunes et modifie sans cesse les sculptures de sable rouge.

Les amoureux du désert prétendent que la beauté sauvage des dunes, là où les cartes géographiques ne servent plus à rien, constitue le meilleur moyen de se découvrir soi-même, de mettre de l'ordre dans ses idées et de comprendre sa place dans le monde. **SWi**

C'est à dos de chameau que l'on apprécie le mieux la majesté et le silence du désert.

Hôtel Bab Al Shams

Lieu Dubai, Émirats arabes unis
Site Web www.jumeirahbabalshams.com **Prix €€€**

Il est facile de se croire perdu dans le désert quand l'on réside dans ce superbe complexe d'Arabie, mais l'incroyable Jumeirah Bab Al Shams est en fait à moins d'une heure de voiture de Dubai. Construit dans le style des forteresses traditionnelles, cet environnement permet de se prendre pour un aventurier. Toutes les chambres sont décorées de bois sombre et de tapis moelleux ; balcons et terrasses dominent les dunes. Les suites possèdent en outre un salon rappelant les *majlis* locales et un grand dressing relié à la salle de bains.

L'évasion idéale pour tous les âges : tandis que les petits sont accueillis au club pour enfants, les adultes peuvent se rafraîchir au bord de la piscine, avec vue imprenable sur les dunes, ou encore se faire dorloter au Satori Spa. Six restaurants et bars proposent une cuisine internationale ou arabe ; renommé pour ses cocktails, c'est du bar en terrasse qu'on voit le mieux le soleil plonger derrière les dunes.

> *« Inspiré des fortins arabes traditionnels… un méli-mélo de styles réunis de façon homogène. »*
>
> Matthew Lee, *The Daily Telegraph*

Toutes sortes d'activités s'inspirent de la tradition arabe : promenades à cheval ou à dos de chameau, ou encore spectacles de fauconnerie. Vous pouvez aussi explorer le désert et prendre aux aurores un petit déjeuner parmi les sables qui ondulent.

Personne ne souhaite quitter le Bab Al Shams, si ce n'est pour acheter l'or, le cuir et les épices dans les souks animés de Dubai… avant de retrouver l'aéroport. **AD**

Hammam du Royal Mirage

Lieu Dubai, Émirats arabes unis
Site Web www.oneandonlyresorts.com **Prix €€€€**

À Dubai, dans le quartier de Jumeirah qui longe le golfe Persique, les hôtels de grand luxe sont pléthore. Un lieu unique au monde permet d'échapper à l'activité incessante de la ville : le divin hammam de l'hôtel Royal Mirage.

Le style arabe et mauresque du Royal Mirage est parfait. Des structures couleur de sable sont dominées par des arcs et des voûtes tranchant avec le ciel azur. C'est une oasis luxuriante peuplée de palmiers, petits bassins, belvédères et structures de style local. Dans l'esprit oriental, le spa présente un impressionnant dôme central recouvert de carreaux de mosaïque et abritant un superbe hammam traditionnel. Cérémoniale, quelque peu théâtrale, c'est une expérience extraordinaire. Le hammam a pour but de magnifier la beauté et le bien-être. Le rituel de purification et de bain est bien établi. Revêtu d'un *pestemal*, drap de coton traditionnel, le masseur (ou la masseuse) prend les choses en main pour débarrasser votre peau de la moindre impureté au point de la faire briller – et l'esprit est parfaitement détendu. On vous conduira ensuite dans une alcôve où l'air est chaud et pesant et où la seule lumière est celle des petites lanternes qui se réfléchissent sur le carrelage.

L'eau qui ne cesse de s'écouler, les récipients en argent étincelant et la chaleur pesante ont un effet enchanteur. Faire l'objet de tant d'attentions a quelque chose d'épuisant : attardez-vous pour boire du thé à la cardamome, doux et discrètement épicé. Que demander de mieux ? **RCA**

Au One and Only Royal Mirage, tout est fait pour la détente du corps et de l'esprit.

Hôtel Sharq Village

Lieu Doha, Qatar
Site Web www.sharqvillage.com **Prix** €€€

Ce grand hôtel propose un moyen très original de découvrir la culture qatarienne en vous permettant de vous immerger dans l'ambiance d'un village de pêcheurs d'antan. Que ce soit pour la perle ou le poisson, des pêcheurs vivaient jadis ici, en cet endroit même, non loin de la baie de Doha. L'industrialisation de la pêche les en a chassés mais une vie nouvelle anime aujourd'hui cet endroit.

Imaginé par l'émir du Qatar, le Sharq Village est un hommage vivant au passé de ce pays. Après cinq années de préparation et deux autres années de construction, le Sharq Village combine un palais de marbre, avec ses cours et ses villas, à un spa de grand luxe.

« Sur un littoral de sable blanc, cette enclave murée… offre une profusion de détails sensuels. »

Melissa Rossi, *Luxury Travel Magazine*

Les chambres des clients sont meublées de lits à baldaquin en cèdre du Liban tandis que des antiquités provenant des plus vieilles demeures du Qatar ornent les salons et les salles de réception.

Perdez-vous dans le labyrinthe des maisons et des jardins de style traditionnel puis achetez un châle ou un bijou aux souks. Des restaurants servent tout ce que l'on peut désirer, pâtisseries orientales ou dîner fins.

Offrez-vous un cigare roulé à la main ou rendez-vous sur la terrasse pour fumer le narguilé. Les maîtres d'hôtel circulent en silence entre les petits box à baldaquin tandis qu'allongé sur un matelas vous contemplez le spectacle du ciel. **AD**

Yazd

Lieu Yazd, Iran
Site Web www.fr.wikipedia.org/wiki/Yazd

Charmant dédale de maisons de brique et de ruelles étroites, Yazd semble sortie tout droit du désert. L'homme vit ici depuis plus de 3 000 ans : comme la ville est chaude et sèche, les habitants de Yazd ont conçu une manière ingénieuse de conserver la fraîcheur en construisant des *badgirs*, ou tours du vent, sur le toit de leurs bâtisses. Avec ses ouvertures verticales, le *badgir* est conçu pour capter le souffle de vent le plus infime et envoyer l'air frais aux occupants de la maison. Yazd est également renommée pour ses *qanâts*, anciennes canalisations d'eau toujours en activité sous les maisons de brique de la vieille ville. On peut les voir en contrebas des escaliers de brique voûtés.

La longue histoire de la ville est en soi impressionnante. Un des plus anciens lieux habités en permanence de notre planète, Yazd accueillit au début du XIIIe siècle les artistes et les intellectuels fuyant les exactions de Gengis Khan. Marco Polo vint ici un bon demi-siècle plus tard, en 1272. Le feu allumé dans le temple zoroastrien est encore plus ancien : la flamme brûlerait sans s'être jamais éteinte depuis l'an 470 de notre ère. Le monument le plus grandiose est certainement la Mosquée du Vendredi, bâtisse du XIVe siècle en mosaïque bleue dont les minarets s'élèvent à 45 m de hauteur dans le ciel azuré. La plupart des visiteurs apprécient surtout l'atmosphère de calme exceptionnelle de la ville.

Un demi-million de personnes vivent ici mais il suffit de déambuler dans les rues, de s'engager dans les ruelles et de se détendre dans les cours fraîches en s'enivrant des riches parfums iraniens et des pâtisseries renommées pour se croire revenu à une époque plus ancienne et laisser les sables chauds du désert vous étreindre. **PE**

Hôtel Abbasi

Lieu Ispahan, Iran
Site Web www.abbasihotel.com **Prix €€**

Au cœur de l'ancienne capitale de la Perse, l'Abbasi ressuscite la gloire passée de la ville d'Ispahan. Construit il y a quelque 300 ans sous la dynastie Safavide, qui régna sur la Perse pendant plus de deux siècles et créa son plus grand empire depuis la naissance de l'islam, ce complexe a toujours accueilli les voyageurs, jadis en tant que caravansérail et aujourd'hui sous la forme d'un des plus beaux établissements du Moyen-Orient.

Soucieux de préserver l'intégrité et la forme originales du bâtiment, les architectes ont modifié l'ancienne cour assez poussiéreuse en un jardin à la persane très fleuri, désormais principale attraction de l'hôtel. La terrasse est dominée par les minarets bleus

Un joyau au cœur de la ville d'Ispahan : la somptueuse architecture de cet ancien caravanserail.

et le dôme en forme d'oignon de l'école de théologie voisine, la medersa Madar-e Shah, sur la place Chahar-Bagh : la religion y est enseignée depuis le début du XVIIIe siècle.

Les bâtiments situés autour du jardin se caractérisent par une multitude de portes voûtées typiques du Moyen-Orient, ou *iwans*, donnant directement sur les chambres. Il en existe plus de 200 : cela va de la chambre confortable aux murs ocre et auburn aux suites somptueuses dont les pièces s'ornent de tapis persans (*farsh*), de papiers peints aux motifs complexes et de plafonds en forme de dôme. **DaH**

Hôtel Burj Al Salam

Lieu Sanaa, Yémen
Site Web www.burjalsalam.com **Prix €€**

Au cœur des montagnes yéménites, à 2 200 m d'altitude, la capitale du pays, Sanaa, permet d'échapper aux températures suffocantes caractéristiques du reste de la péninsule d'Arabie. C'est l'une des plus anciennes villes du monde ; l'architecture et le décor du Burj Al Salam Hotel, au cœur de la vieille ville de Sanaa, est un hommage aux temps anciens.

Après dix années de restauration sous l'égide de l'Unesco, la « tour de la paix » (traduction littérale de Burj Al Salam) combine l'esthétique yéménite à la sophistication européenne. Avec ses 47 chambres et suites, ce bâtiment à plusieurs étages présente une façade somptueuse dotée d'un immense portail voûté en bois. C'est le seul hôtel de prestige de ce quartier historique, le seul également à posséder un ascenseur. Le restaurant réjouit les gastronomes yéménites et occidentaux ; des visites organisées des villages environnants sont proposées aux personnes désireuses de mieux connaître le pays.

Le plus grand atout du Burj Al Salam est certainement son toit en terrasse d'où l'on a une vue imprenable sur la vieille ville, une des médinas les mieux préservées du Moyen-Orient avec ses coupoles, ses minarets, ses fenêtres multicolores et ses maisons de terre, typiques de Sanaa. C'est en réalité par son architecture que le Yémen se distingue des autres pays de la région. Grâce aux matériaux de construction disponibles dans les montagnes, Sanaa a un paysage architectural complètement différent de celui des plaines côtières ou des régions désertiques de l'intérieur. Ses hautes maisons à terrasse ont des airs de gratte-ciel d'antan ; leurs frises complexes et leurs cadres de fenêtres sculptés constituent le décor idéal pour un séjour authentiquement exotique. **DaH**

Un kibboutz

Lieu Près d'Eilat, Israël
Site Web www.kibbutz.org.il/eng/welcome.htm

Né en Europe centrale et occidentale à la fin du XIXe siècle, le sionisme a donné le jour au mouvement kibboutzique. Ses leaders voyaient dans le travail de l'antique terre d'Israël un moyen de rédemption mais aussi une arme pour se libérer des contraintes sociales dont la diaspora juive souffrait à cette époque. Un des grands résultats de ce mouvement fut, en 1909, la fondation du premier kibboutz à la pointe sud du lac de Tibériade. Les kibboutzim se comptaient par dizaines lors de la naissance de l'État d'Israël, en 1949.

Aujourd'hui, la culture des terres n'est plus la raison d'être principale des kibboutzim. À 50 km au nord d'Eilat, le kibboutz Ketura est l'un des rares villages collectifs israéliens à résister à la propriété privée. Fondé en 1973, Ketura se distingue par l'éducation supérieure de ses habitants et, partant, par la prééminence de ses réalisations artistiques et technologiques. Les possibilités de travail vont de la comptabilité à la culture des algues en passant par la photographie et la peinture. À l'inverse des autres lieux de vacances, un séjour à Ketura vous rapportera de l'argent au lieu de vous en coûter.

Les volontaires se partagent des appartements de deux pièces. Le loyer est gratuit et, en plus de trois repas par jour, ils reçoivent chaque mois l'équivalent de 50 euros. Le séjour dure de deux à six mois et les volontaires travaillent principalement dans le secteur tertiaire même si certains se consacrent à l'agriculture ou s'occupent des enfants du kibboutz. Quelle que soit l'activité exercée, l'expérience de la vie au kibboutz ne ressemble en rien à tout ce que vous aurez pu connaître jusque-là. **DaH**

⇐ *La vie au kibboutz permet d'exercer les métiers les plus divers tels que cueilleur de nectarines.*

L'Isrotel Agamim

Lieu Eilat, Israël
Site Web www.isrotel.com.il **Prix €€**

Non loin de la mer Rouge et de la promenade d'Eilat, l'Agamim – également appelé « Water Garden Hotel » – attire des clients jeunes et plutôt cool venus chercher ici le calme et la détente. Une musique douce est diffusée près de la piscine, on prépare au bar des cocktails tropicaux et des hamacs sont accrochés entre les palmiers d'un jardin luxuriant.

Les couples amoureux peuvent séjourner dans l'une des chambres typiques de cet hôtel qui, situées en rez-de-chaussée, donnent directement sur un ruisseau privé relié au bassin principal. Les résidents peuvent se détendre sur leurs terrasses privées ou se baigner dans le ruisseau après avoir franchi une voûte de pierre.

Il est inutile de se lever très tôt car le petit déjeuner est servi jusqu'à midi, et l'on peut faire appel au *room service* par l'intermédiaire du bar situé au bord de la piscine. Les clients désireux de découvrir autre chose que cet hôtel peuvent effectuer des safaris en Jeep dans les montagnes d'Eilat et découvrir le sublime paysage désertique du Néguev. Cette partie d'Israël est riche en histoire. C'est en effet au sud d'Eilat que la reine de Saba rendit une visite historique au roi Salomon ; plus au nord, dans des grottes entourant la mer Morte, un jeune berger bédouin découvrit vers la fin des années 1940 les fameux « manuscrits de la mer Morte ». **AD**

Un bain dans la mer Morte

Lieu Israël/Jordanie **Site Web** www.deadsea.co.il

La mer Morte est l'endroit le plus bas de la Terre – 392 m au-dessous du niveau de la mer – et disparaît peu à peu à cause des besoins en eau de la région. Sa nature spirituelle a quelque chose de fascinant car l'on jouit ici du privilège de flotter sur le plus grand spa naturel du monde.

La fonction de spa naturel de cette mer intérieure est associée à son microclimat : air riche en ozone, faible taux d'humidité, évaporation et pression atmosphérique importantes, rayonnement solaire sain car faible en ultraviolets. Riches en minéraux et en boue, ses eaux sont censées donner une peau « douce comme celle de Cléopâtre ». La mer Morte est idéale pour ceux qui n'aiment pas nager parmi les poissons : entre le Jourdain et la rive occidentale, l'eau ne contient que des algues.

Se baigner dans la mer Morte est une expérience inoubliable…

Débarrassez-vous de la boue et laissez-vous flotter en direction de Jéricho et des autres villes bibliques tout en admirant le soleil écarlate se coucher sur Jérusalem. Le plus grand spa naturel du monde se double aujourd'hui d'un spa artificiel, l'Ishtar, pastiche de la splendeur des jardins suspendus de Babylone. **LGS**

La mer Morte est si chargée en sel et autres minéraux que l'on flotte en surface sans jamais couler.

Feynan Lodge

Lieu Wadi Araba, Jordanie
Site Web www.rscn.org.jo **Prix €**

Il faut six heures à pied ou deux heures et demie en 4 x 4 sur une route difficile pour atteindre le Feynan Lodge. Dans les montagnes arides du Wadi Araba, le Feynan Lodge constitue le portail occidental de la Dana Biosphere Reserve. C'est la Société royale pour la conservation de la nature (RSCN) qui a construit cet écolodge solaire unique au monde.

Au crépuscule, le *lodge* se transforme en un mirage chatoyant quand des bougies sont allumées dans les chambres, sur les terrasses et autour de la salle à manger. On a l'impression de se retrouver dans un caravansérail d'antan. En accord avec le caractère « vert » du *lodge*, les bougies sont fabriquées par des Bédouines et le restaurant utilise des ingrédients locaux frais pour composer les plats végétariens traditionnels des Bédouins. Avec ce *lodge*, la RSCN apporte une source de revenus alternative et durable aux Bédouins souffrant de la surexploitation de leurs terres. Édifié avec des matériaux locaux uniquement, le *lodge* présente un motif en arabesque unique faisant appel aux techniques traditionnelles de construction en adobe.

> *« Ce lodge est né du désir fou de créer une expérience touristique unique en Jordanie. »*
>
> Société royale pour la conservation de la nature

Les promeneurs apprécient la situation isolée et le superbe paysage environnant. La région possède aussi de passionnants trésors archéologiques, vestiges des anciennes mines de cuivre romaines ou ruines d'un campement byzantin. **AD**

Wadi Rum

Lieu Wadi Rum, Jordanie
Sites Web www.baitali.com ; www.jordanie.com **Prix €€€**

Avec une superficie de quelque 700 km^2, le Wadi Rum est l'un des hauts lieux du tourisme en Jordanie. Des falaises sculptées par des millénaires de vent et de sable se dressent comme des cathédrales. Les tribus semi-nomades et leurs troupeaux de chèvres vivent encore comme il y a plusieurs siècles. L'étonnante beauté de ces montagnes, ou djebels, se découvre à dos de chameau, en Jeep ou à pied, et les alpinistes peuvent s'attaquer aux falaises hautes de 1 750 m.

Les nomades offrent souvent aux voyageurs un lit pour la nuit dans leurs tentes en poil de chèvre. Un campement du désert procure une expérience unique. Les volutes de fumée d'un narguilé parfument l'air tandis que les hommes proposent chants et histoires traditionnels tout en leur servant un café corsé.

Il existe aussi des sites permanents comme le Bait Ali avec sa piscine, ses tentes luxueuses et ses douches chaudes – l'avis des touristes est toutefois partagé quant aux prestations. Des guides peuvent vous conduire dans le désert pour camper sous les étoiles et déguster un méchoui dans un ancien lit de rivière bordé de montagnes de grès. Ici, dans la vallée de la Lune, légendes traditionnelles et histoire récente se rejoignent : pendant la Première Guerre mondiale, à l'époque de la révolte arabe, Lawrence d'Arabie y avait installé son quartier général.

Le feu de camp illumine les rochers escarpés sculptés par les vents. Sur les parois des canyons et des grottes, on peut voir des dessins gravés il y a 4 000 ans par les hommes du désert. Cette région a inspiré à T. E. Lawrence ses fameux *Sept Piliers de la sagesse.* **LD**

Le camp sert de base de départ à toute exploration de ce désert vaste et étrange qu'est le Wadi Rum.

Hôtel Albergo

Lieu Beyrouth, Liban
Site Web www.albergobeirut.com **Prix €€€**

En limite de la ville de Beyrouth, dans le vieux quartier traditionnel chrétien d'Achrafieh, l'hôtel Albergo est un établissement paisible. L'immeuble proprement dit date des années 1930 et jouit d'une situation idéale pour qui veut découvrir les innombrables trésors de la capitale libanaise.

Avec ses 33 chambres et suites luxueuses, l'Albergo est membre de la chaîne des Relais & Châteaux, synonyme de qualité. Avec leur décor de diverses inspirations – asiatique, méditerranéenne, coloniale ou encore européenne –, les chambres associent meubles anciens et curiosités locales. Chaque suite a son propre plan et tout est fait pour le confort du client – serviettes de toilette de la marque Frette, sels de bains de la mer Morte ou décoration due au célèbre architecte d'intérieur Tarfa Salam. La situation géographique du Liban lui a toujours valu de subir l'influence du Proche et du Moyen-Orient ainsi que de l'Europe méditerranéenne : on le voit bien avec le décor de cet établissement paisible et quelque peu enjoué. Le bar en velours rouge a une élégance digne de l'époque du roi Louis XIV ; chaleureux, cosy, il incite à boire un verre ou deux *on the rocks*.

Le jardin, la piscine et le Jacuzzi jouissent d'une vue imprenable sur les montagnes du Liban. L'air chaud et sec vibre des vents venus des plaines d'Afrique.

L'Albergo possède deux restaurants : le Rooftop offre une vue panoramique sur les environs tandis que le Al Dente, au rez-de-chaussée, propose une excellente cuisine libanaise ou italienne. Les noctambules apprécieront les nombreux clubs, bars et restaurants installés non loin de là, dans la ville historique de Beyrouth. **PS**

Hôtel Beit Al-Mamlouka

Lieu Damas, Syrie
Site Web www.almamlouka.com **Prix €€**

Damas est devenue une destination à la mode pour les touristes occidentaux. Contrairement au Beyrouth des années 1960 et à la Tel-Aviv contemporaine, l'attrait de la capitale et plus grande ville de Syrie ne réside pas dans sa vie nocturne décadente ou ses plages surpeuplées ponctuées de dizaines de bars. Elle est plutôt prisée des amateurs de culture ancienne ou de romantisme moyen-oriental.

Ouvert en 2002 et situé dans une maison du XVIIe siècle du quartier chrétien de Bab Touma – le plus vieux de la ville –, le Beit Al-Mamlouka est le premier hôtel-boutique jamais construit en Syrie. Il est assez banal vu de l'extérieur et seuls les initiés savent que derrière les murs rose saumon se cache un établissement ne comportant que huit chambres, bâti autour d'une cour où fontaine et citrus répondent à l'esthétique arabe traditionnelle.

> *« À Damas, le mieux à faire est de se perdre dans la vieille ville au charme authentique. »*
>
> Seth Sherwood, *The New York Times*

Les deux chambres simples, les deux chambres doubles et les quatre suites ont chacune leur caractère et sont, bien évidemment, meublées dans le style de la région. On trouve dans tout l'hôtel des portes voûtées et des plafonds peints ; les écuries de cette ancienne demeure privée ont été transformées en restaurant et bar. Les artères animées et les bruyants souks couverts de Damas ne sont qu'à quelques minutes à pied de l'hôtel. **DaH**

Hôtel Four Seasons

Lieu Damas, Syrie
Site Web www.fourseasons.com **Prix €€**

Situé en dehors de la vieille ville, le Four Seasons domine les minarets et les dômes des mosquées voisines. Il ne sacrifie pourtant pas tout au modernisme, et le style traditionnel est toujours présent pour donner au visiteur le sentiment de séjourner dans un lieu à la fois exotique et historique. Les suites et les chambres disposent de tout le confort moderne mais elles sont aussi superbement décorées de tissus syriens et de beaux meubles de fabrication locale.

L'hôtel a trois restaurants : le Al Halabi propose ce que l'on fait de mieux à Alep, ville du nord de la Syrie ; au Il Circo, les plats traditionnels du sud de l'Italie se dégustent dans un cadre contemporain ; et le Safran permet de dîner sur une terrasse offrant une vue sublime sur la ville.

Faites-vous plaisir en vous relaxant dans le cadre élégant du Balloran Spa. L'hôtel est renommé pour son « massage de Zénobie », du nom de la favorite du roi de Palmyre. Des cataplasmes chauds aux huiles aromatiques permettent de détendre les muscles fatigués, de nourrir la peau et d'induire la décontraction. Il est également possible de nager dans la piscine en extérieur, où un personnel attentionné vous attendra avec des serviettes fraîches quand vous sortirez de l'eau.

Damas est un musée vivant : c'est en effet la plus vieille ville au monde à avoir été habitée en permanence. Ses mosquées, marchés et ruines – dont la muraille romaine – plongent le visiteur dans une autre époque. Malgré cela, c'est une métropole moderne, renommée pour ses commerces et ses restaurants réputés. Promenez-vous dans les souks et remontez le temps pour découvrir un empire qui s'étendait jadis du littoral atlantique à l'Asie centrale. **AD**

Hôtel Mansouriya

Lieu Alep, Syrie
Site Web www.mansouriya.com **Prix €€€€**

Situé dans le vieux quartier d'une ville ancienne, Alep, le Mansouriya semble sorti des *Mille et Une Nuits*. Dans une bâtisse du XVIe siècle entièrement restaurée, ce minuscule hôtel-boutique rend hommage aux différentes cultures ayant façonné la ville d'Alep, des Hittites aux Ottomans en passant par les Gréco-Romains.

L'entrée de l'hôtel est aussi simple que l'intérieur est somptueux. L'établissement est si discret que l'on passe facilement devant sans le voir. Un deuxième couloir et une autre porte voûtée donnent sur une belle cour. Tout est pensé jusque dans le moindre détail, tels les bassins taillés dans un seul bloc de marbre. L'hôtel dispose de deux salons, l'Iwan pour les nuits d'été parfumées et l'impressionnant Kaba dont les boiseries remontent au XVIIe siècle et où des sofas confortables entourent une fontaine. Il y a également une superbe bibliothèque, un Jacuzzi et un hammam.

« Alep est unique… c'est certainement l'une des villes les plus méconnues du monde. »

Tariq Elkashef, suite101.com

Deux des principaux sites d'Alep – les souks et la citadelle – se trouvent à quelques pas de l'hôtel. En fin d'après-midi, il faut se rendre dans l'un des cafés pour voir les jeunes Aleppins si élégants. Cette ville est certainement l'une des plus enchanteresses et des plus accueillantes de la planète. Le service impeccable du Mansouriya, sa nourriture délicieuse et l'attention portée aux clients sont tels que l'on se croit confié aux bons soins d'une grand-mère syrienne. **DaH**

nus
TUVAL

Alaçati

Lieu Izmir, Turquie **Site Web** www.tasotel.com **Prix** €

Non loin d'Izmir, sur le littoral égéen de la Turquie, Alaçati fut fondée par les Grecs. Cette commune proche de la mer, où l'on trouve une profusion de charmants hôtels-boutiques et de restaurants gastronomiques, possède aussi une petite baie sablonneuse, nouveau paradis des véliplanchistes, et un beau complexe hôtelier. Rien de cela n'existait il y a dix ans.

En 2001, Zeynep Ozis, cadre commercial à la retraite, eut l'idée de transformer l'une des vieilles maisons à l'abandon en un hôtel haut de gamme. Le succès de l'Alaçati Tas Otel fut si grand que le concept fut largement imité dans tout le pays. Heureusement, de strictes lois de planification obligent ces établissements à respecter l'architecture et le caractère de la ville où ils sont implantés.

« Murs blanchis à la chaux, fenêtres bleu pâle, mobilier ancien et feu de bois... » ***The Times***

Aucun d'eux n'égale le Tas. Les grandes chambres sont décorées de façon charmante. On trouve en extérieur un paisible jardin et une piscine ; sur la terrasse ombragée, le restaurant propose de délicieux plats, d'inspiration locale pour la plupart. L'hôtel est très calme même s'il ne se situe qu'à quelques minutes de marche du centre-ville : là, bars et restaurant s'animent à la tombée du jour. Il n'est également pas très éloigné de la plage, où l'on peut s'adonner aux bains de soleil comme aux sports nautiques. **JF**

Les restaurants en terrasse abondent dans les rues animées d'Alaçati.

La Voie lycienne

Lieu De Fethiye à Antalya, Turquie
Site Web www.lycie.fr/voie-lycienne.html

La Lycie est l'ancien nom de la péninsule de Tekke, sur le littoral sud de la Turquie. Les montagnes s'élèvent à pic depuis les minuscules baies qui parsèment la côte et offrent un spectacle magnifique aux randonneurs. La Voie lycienne a été tracée il y a dix ans. Longue de 509 km, elle fait le tour de la côte de Lycie, de Fethiye à Antalya. Assez facile au début, aux alentours de Fethiye, elle devient de plus en plus ardue avec des descentes et des montées parfois épuisantes.

Que l'on suive la voie de bout en bout ou que l'on n'en effectue que deux ou trois étapes, c'est une façon spectaculaire de passer quelques jours dans cette partie du pays. Le randonneur découvre ainsi les ruines de cités de la Lycie antique, de vieilles maisons isolées ainsi que des forêts, des rochers et la Méditerranée dont les eaux bleues scintillent en contrebas. Il ne faut pas manquer la plage de sable blanc de Patara, longue de 12 km, des montagnes telles que le Baba Dagi et le spectacle sublime de la plage de Kas et de Kalkan.

En route, certains randonneurs font étape au phare du cap Gelidonya ; d'autres s'aventureront au bord des falaises d'Adrasan ou dans la ville antique d'Olympos ; d'autres encore se rafraîchiront dans les canyons ou admireront les petites églises très anciennes perdues dans les collines. À l'instar des sentiers de grande randonnée européens, la Voie lycienne est balisée tous les 100 m par une marque en peinture rouge et blanc.

L'automne et le printemps sont les saisons idéales. De nombreux hôtels ou pensions tout simples bordent le chemin mais il est également possible de camper ou de loger chez l'habitant. **SH**

⇐ *On peut tout au long de la Voie lycienne admirer des ruines telles ces tombes creusées dans la montagne.*

Huzur Vadisi

Lieu Lycie, Turquie
Site Web www.huzurvadisi.com **Prix €€**

Passez une semaine ou deux dans cette oasis de Lycie dont le nom signifie la « vallée paisible ». Parmi les figuiers et les oliviers, autour d'une vieille ferme restaurée, Huzur Vadisi promet un séjour de détente et des activités favorables au corps et à l'esprit comme le yoga. Oubliez vos soucis dans la piscine naturelle, abandonnez-vous au sommeil dans l'un des nombreux hamacs ou profitez d'un massage réparateur.

Vous séjournerez dans une yourte traditionnelle parfaitement équipée. Les groupes sympathiques (une vingtaine de personnes habituellement) sont parfaits pour qui voyage en solitaire, et les nombreux cours proposés permettent de se faire de nouveaux amis.

Les clients disent souvent avoir l'impression d'être accueillis dans une maison particulière.

Vous apprécierez la cuisine authentique du village dans le silence et la sérénité car vous n'entendrez que la flûte d'un berger ou le tintement des clochettes de ses chèvres. Principalement végétariens, les menus s'appuient sur la production locale, dont les noix, les fromages et les yogourts réputés.

Les excursions d'une journée sont nombreuses. Fréquentez les bars et les restaurants du petit village de Gocek, naviguez autour des îles dans une embarcation en bois traditionnelle ou nagez, tout simplement. Les longues plages de sable ne sont qu'à une heure de route, tout comme Dalyan, célèbre par ses ruines, ses bains de boue et ses sources sulfurées. **JS**

Bodrum

Lieu Bodrum, Turquie
Site Web www.divingturkey.com/dive_bodrum.htm

Bodrum, l'ancienne Halicarnasse, est l'une des destinations préférées des amateurs de pêche sous-marine grâce aux eaux chaudes et claires de la mer Égée. Les conditions sont idéales et il n'y a pas à redouter la présence de marées ou de courants.

Les baies paisibles de la région sont idéales pour qui veut s'initier à la plongée avec tuba, et les îles volcaniques arides attirent les plongeurs les plus expérimentés. On y trouve des sources chaudes, des cavernes, des récifs et des à-pics spectaculaires. S'il est possible d'explorer des épaves modernes, Bodrum offre beaucoup de possibilités aux amateurs d'antiquités et l'on peut tomber sur des objets représentatifs des anciennes civilisations ayant peuplé la région. Des fragments de poterie sont encore là même si les vaisseaux qui les transportaient ont depuis longtemps été détruits par les flots. Des centaines d'épaves protégées gisent au fond de l'eau. La plus ancienne est celle d'un navire de l'âge de bronze chargé de lingots de cuivre et de verre ainsi que d'objets divers – ambre, ébène ou dents d'éléphant.

Découvrez toute la variété de la vie marine dans les eaux cristallines de la péninsule de Bodrum…

L'Institut d'archéologie marine possède la plus grande bibliothèque consacrée à ce genre d'activité et le musée de Bodrum abrite la plus grande collection au monde d'objets provenant de fouilles sous-marines. On peut l'admirer dans le beau château Saint-Pierre, qui domine le front de mer depuis le XVe siècle. **SH**

Anatolian Houses

Lieu Cappadoce, Turquie
Site Web www.anatolianhouses.com.tr **Prix €€**

Si l'on vous demandait quel cadre naturel correspond le mieux à un hôtel romantique, vous ne penseriez certainement pas à une grotte – à moins d'être déjà allé en Anatolie. Le paysage étrange et quasi lunaire de la région est parsemé de colonnes de pierre géantes appelés « cheminées de fée ». Nombre d'entre elles abritent aujourd'hui des hôtels de grande classe, et l'Anatolian Houses est certainement le plus beau de tous.

Par ses ondulations, ce complexe de suites – il n'y a aucune chambre à proprement parler – fait penser aux cheminées de Gaudí. Créé dans le style traditionnel, avec ses portes en arches et ses pièces aux voûtes en berceau, il répond toutefois aux normes les plus modernes. L'hôtel offre deux piscines, un spa et un centre de bien-être, un hammam, un restaurant de grande classe et une superbe cave. Tout a été réalisé avec goût dans un style que l'on pourrait qualifier de « design ottoman ». Les lits sont drapés de mousseline, des kilims (tapis faits main) sont accrochés aux murs et le mobilier est un ensemble d'objets anciens choisis avec goût et d'objets contemporains. Quatorze suites disposent de bains chauds privés. En un mot, tout ce que le troglodyte moderne peut souhaiter avoir !

Pour bien découvrir le paysage de cette région unique au monde qui s'étend sur quelque 130 km^2, rien de tel qu'une promenade en ballon. Ils sont une vingtaine à voler chaque jour de l'année, sauf par mauvais temps évidemment. Les passagers se voient souvent offrir un « Cloud Nine », mélange de champagne et de jus de cerise aussi étonnant que le monde étrange et lunaire qu'ils survolent. **JF**

→ *Les habitants de la Cappadoce ont creusé la roche tendre pour y créer leurs habitations.*

Survol en ballon de la Cappadoce

Lieu Cappadoce, Turquie
Site Web www.cappadociaflights.com **Prix €€**

Le ballon à air chaud est certainement le moyen le plus agréable pour survoler en silence une superbe région. En Cappadoce, cela touche au sublime. Cette partie sauvage du centre de la Turquie présente l'un des paysages les plus étonnants au monde. La roche volcanique tendre a été érodée par le vent pour former de curieux monticules en forme de piliers. On trouve ainsi des centaines de cheminées de fée dont les couleurs naturelles vont du rose foncé au jaune. Le ballon est parfois le seul moyen de les découvrir.

Le touriste est pris à son hôtel très tôt le matin, peu avant le lever du soleil. Il faut attendre que le ballon soit gonflé pour monter dans la nacelle. Le décollage est d'une douceur extrême. Pendant une heure et demie, les passagers survolent les vallées et les formations rocheuses puis, après un atterrissage en douceur, un petit déjeuner au champagne leur est offert.

La Cappadoce est une région où la température varie beaucoup entre le jour et la nuit, quand l'air froid s'accumule dans les vallées. Les pilotes des ballons profitent de ce phénomène pour voler toute l'année. Les passagers jouissent pleinement de la diversité des saisons : sol couvert de coquelicots miniatures au printemps, abondance de fruits et de fleurs en été, vignes épanouies en automne et paysage de neige en hiver. Les amateurs s'accordent pour dire que la Cappadoce est le plus bel endroit au monde pour un vol en ballon. Les conditions thermiques prévisibles permettent parfois de voler très bas – parfois même au point de pouvoir cueillir les abricots dans les arbres ! **SH**

→ *Les courants aériens constants de la Cappadoce assurent un survol toujours très plaisant.*

Yediburunlar Lighthouse

Lieu Fethiye, Turquie **Site Web** www.exclusiveescapes.co.uk **Prix** €

Dans les montagnes de la côte de Lycie baignée par les eaux azur de la mer Égée, le Yediburunlar Lighthouse est un établissement de pierre et de bois décoré de kilims chatoyants. Oasis de calme d'où l'on a une vue à couper le souffle sur la région, c'est l'endroit idéal pour se relaxer. L'air est si pur qu'on se croirait dans les Alpes. On a vite l'impression de ne faire qu'un avec la nature et seul le tintement des clochettes d'un troupeau de chèvres dans le lointain vous tirera de votre rêverie.

La cuisine du Yediburunlar est l'un de ses atouts. Les plats, végétariens principalement ou au poisson frais, sont préparés par un des meilleurs chefs turcs pour ce qui concerne la cuisine végétarienne. Les mezze proposés sont de grande qualité. Une fois par semaine, un poisson ou une chèvre est cuit au barbecue.

La situation du Yediburunlar est exceptionnelle : la vue sur les baies de la Méditerranée est étonnante.

Des promenades sont organisées sur la Voie lycienne toute proche. Vous pouvez aussi descendre en une heure ou deux de marche vers une petite plage de galets discrète. Des excursions vous conduiront à la plage de Patara ou au marché de Kalkan. Il est également possible de passer une journée en bateau sur un *gulet* traditionnel commandé par le maire de la bourgade en personne. Sans parler des masseuses qui viennent ici une fois par semaine. Il est inutile de s'habiller le soir : la décontraction est de mise et tout est fait pour la relaxation. **JDa**

Mosquée de Rustem Pacha

Lieu Istanbul, Turquie **Site Web** www.sinanasaygi.org/en/

La ville d'Istanbul est à juste titre célèbre pour ses mosquées. Très impressionnantes, elles semblent se dresser à chaque coin de rue et rivaliser par le nombre de leurs minarets, leur grandeur, la hauteur de leurs coupoles, la valeur de leurs trésors et l'éclat de leur architecture.

Dans les rues animées proches du bazar aux épices, une mosquée se fait beaucoup plus discrète. Si elle semble bien petite à côté de ses cousines les plus célèbres, Rustem Pacha, dans Hasircilar Caddesi, se caractérise par ses carreaux de style Iznik, d'un bleu et blanc si radieux que ceux de la grandiose Mosquée bleue paraissent bien pâles en comparaison. Elle date du milieu du XVIe siècle, époque à laquelle le célèbre architecte Sinan la construisit pour Rustem Pacha, gendre et grand vizir de l'empereur ottoman Soliman Ier, dit « le Magnifique ».

L'accès se fait par un petit escalier caché entre des échoppes où l'on vend absolument de tout, batteries de cuisine ou « authentiques » faux tee-shirts – comme il est indiqué sur les enseignes. Il est facile de passer à côté sans la voir, comme si elle cherchait à décourager le visiteur. On n'entend pas ici le brouhaha des touristes, rien que le silence. Un petit escalier de pierre mène à la cour principale de la mosquée et l'on est alors accueilli par un spectacle hallucinant : chaque porte voûtée, chaque mur est décoré de carreaux de faïence dont les motifs sont si différents que l'on a l'impression de traverser un kaléidoscope géant.

La lumière du jour pénètre par les fenêtres ajourées de la coupole pour mieux en rehausser l'éclat. La beauté se marie à la discrétion, faisant de cette mosquée l'endroit idéal pour le promeneur qui désire échapper au tohu-bohu de la ville. Mais il faut d'abord en trouver l'entrée… **SWa**

Hôtel Sumahan

Lieu Istanbul, Turquie **Site Web** www.sumahan.com **Prix** €€

Il est rare de trouver un hôtel né d'une distillerie ottomane, mais c'est pourtant le cas du Sumahan. Au XIXe siècle, on y fabriquait le *suma*, alcool de raisin entrant dans la fabrication du raki. À la même époque, on appelait *han* les auberges, de sorte que, lorsque la restauration des lieux fut achevée en 2005, le nom de l'établissement était déjà inscrit dans la légende.

Le Sumahan se trouve sur la partie asiatique du Bosphore, ce qui permet d'avoir une vue splendide sur la partie européenne. Cet hôtel participe à l'intérêt que l'on porte désormais à la partie orientale de la ville. Avec ses extensions modernes et ses caractéristiques d'origine restaurées avec passion, on peut y voir un avatar de la ville proprement dite. La pierre et la brique cèdent la place au sol métallique de la mezzanine tandis que les 20 chambres s'ornent d'un foyer de cheminée, de tapis moelleux ou de parquets en bois. Lumineuses et spacieuses, elles s'accompagnent de salles de bains en marbre. Certaines comportent même un hammam, ou bain turc. Le jardin en terrasses offre une vue imprenable sur l'activité de la ville et le Bosphore.

> *« Le Sumahan se situe au bord de l'eau, non loin du pont jeté sur le Bosphore. »* ***Condé Nast Traveler***

Le restaurant Kordon sert des poissons et des fruits de mer alors que le Waterfront Terrace Restaurant propose une cuisine turque ou internationale. L'hôtel dispose également d'un centre de fitness et d'un hammam renommé. En un mot, le Sumahan résume tout ce qu'il peut y avoir de fascinant et de beau à Istanbul. **PS**

Un cocktail au Mikla

Lieu Istanbul, Turquie **Site Web** www.istanbulyi.com **Prix** €

Quand le soleil se prépare à se coucher et que le ciel prend des teintes rougeâtres, il convient de se rendre au Mikla pour admirer ce spectacle depuis le plus beau point d'observation d'Istanbul. Au cœur de Beyoglu, à la pointe nord de la Corne d'or, les rues sont incroyablement animées. Les trottoirs sont bordés de boutiques, restaurants et cafés embaumés par la fumée enivrante des narguilés.

Prenez l'ascenseur pour gagner l'étage supérieur du Marmara Pera Hotel et laissez-vous transporter dans un autre monde. Le lieu, le superbe décor et l'ambiance font du Mikla l'un des plus beaux bars en terrasse du monde. Avec son mobilier blanc aux lignes douces, ses plantes vertes amoureusement entretenues et son DJ qui officie chaque jour en proposant aux clients des mélodies doucereuses, il n'a rien à envier à ses concurrents de Manhattan. Il y a même une petite piscine qui, bien que très branchée, n'a rien de prétentieux.

Le panorama est si fabuleux que chaque nouveau venu ne peut que s'extasier dès l'instant où il pose le pied sur le parquet du bar. Baignés dans le soleil couchant, la mosquée Sainte-Sophie et le palais de Topkapi prennent une nouvelle dimension. On peut voir au loin le Bosphore, le quartier des affaires et des milliers de toits en terre cuite dont le patchwork resplendit aux derniers rayons du jour.

Le personnel sympathique mais discret est toujours heureux de vous servir un cocktail ou une Efes, la bière locale. On trouve à côté un restaurant un peu rétro dont le bar est constitué de traverses de chemin de fer en bois. La cuisine concoctée par le jeune et talentueux chef mêle habilement gastronomies scandinave et méditerranéenne, reflet des influences subies au cours de l'enfance. **RCA**

La Mosquée bleue

Lieu Istanbul, Turquie
Site Web www.istanbulguide.net **Prix €**

Loin des bazars animés d'Istanbul, il est un lieu où vous trouverez assurément la paix et la sérénité. Oubliez la chaleur du jour pour vous réfugier dans la Mosquée bleue, connue des Stambouliotes sous le nom de « mosquée du sultan Ahmed ».

Des minarets hauts et étroits se dressent vers le ciel, et la grande coupole domine cette partie de la ville, non loin du Bosphore. Les jardins de la mosquée attirent les amoureux venus admirer le jeu des fontaines. Une grande cour conduit le visiteur à l'intérieur de la mosquée, où des lustres accrochés assez bas illuminent les carreaux bleus d'une grande complexité qui ont valu son surnom à la mosquée. Le silence et la fraîcheur engendrent un respect doublé d'admiration, et l'atmosphère de sérénité des lieux constitue une expérience inoubliable.

La Mosquée bleue fut édifiée au début du XVIIe siècle. Une erreur de traduction fit qu'au lieu de bâtir un minaret d'or, l'architecte construisit six minarets – le mot *alti* (six) étant très proche de *altin* (or). Heureusement pour lui, le sultan les apprécia tellement qu'ils ne furent pas démolis – ni l'architecte décapité. C'est de nos jours la seule mosquée de Turquie dotée de six minarets. Vue du côté asiatique d'Istanbul, c'est l'un des spectacles les plus impressionnants de la ville, le même que contemplaient aux siècles précédents les visiteurs arrivant par bateau. Avant même de l'atteindre, ils voyaient la grande silhouette du monument se détacher sur le ciel. De nos jours, une croisière sur le Bosphore au crépuscule permet de retrouver la magie d'antan. **LD**

⇐ *Reconnaissable au premier coup d'œil, cette mosquée historique est devenue le symbole d'Istanbul.*

Le hammam de Cagaloglu

Lieu Istanbul, Turquie
Site Web www.cagalogluhamami.com.tr **Prix €**

Ce hammam fut construit en 1741 par le sultan Mahmud Ier ; aujourd'hui encore, un massage à Cagaloglu reste l'antidote parfait au stress de la ville, que l'on soit stambouliote ou visiteur venu de l'étranger. Il existe des bains séparés pour les hommes et les femmes ; on peut aussi choisir de se baigner seul au lieu de se livrer aux mains habiles du personnel – même si la plupart des visiteurs ne veulent pas rater la prestation orientale complète qui leur est proposée.

Après une heure et demie passée dans la salle de marbre du *hararet* (bain de vapeur), vous vous sentirez revigoré et votre peau brillera de mille feux. Le seul spectacle du *hararet* est relaxant : des rayons de lumière tombent des fenêtres en forme d'étoile de la coupole tandis que l'on se prélasse sur les bancs de marbre frais. Quand on est bien en sueur, un masseur ou une masseuse – cela dépend de votre sexe – vous conduit vers la dalle de marbre octogonale qui occupe le centre de la salle. L'heure de l'exfoliation totale est venue, puis celle de la purification et du shampooing ; ce sera le grand final avec massage délicieusement moussant, tantôt chatouillant et apaisant, tantôt vigoureux et tonique. On se sent à la fin aussi mou qu'une poupée de chiffon. Il est alors possible de retourner somnoler dans sa petite cabine privée ou de prendre un thé à la pomme dans la cour de l'établissement. **SWa**

> *« Cagaloglu a calmé les nerfs de bien des gens, de Florence Nightingale à Cameron Diaz. »*
>
> *The Guardian*

Croisière sur le Bosphore

Lieu Istanbul, Turquie
Site Web www.istanbulguide.net **Prix €**

Istanbul est unique. C'est en effet la seule ville à appartenir à deux continents, à être divisée entre l'Europe et l'Asie. Nouveau et ancien coexistent ici, Orient et Occident, et une croisière sur le Bosphore constitue le meilleur moyen de découvrir cette étonnante particularité.

Au lieu d'emprunter les ferrys qui ne cessent de sillonner le Bosphore ou de monter dans l'une de ces embarcations pour touristes toujours bondées, échappez à la foule en vous offrant une balade en bateau privatif. Il suffit de se rendre au terminal d'Eminönü pour être abordé par des vendeurs de billets : vous déciderez alors où vous souhaitez aller, pendant combien de temps, et où vous arrêter.

« La mer près du rivage gèle ainsi que le Bosphore de Cimmérie. »

Hérodote, *Histoires*

Après être passé sous le pont de Galata, qui enjambe la Corne d'or, vous découvrirez la Nouvelle Mosquée, vieille de 400 ans, Yeni Camii. Des navires de toutes dimensions se croisent, évitant on ne sait comment les collisions.

L'architecture est fascinante : palais de sultan, tel Dolmabahce qui date du XIXe siècle, résidences d'été en bois de l'ancienne aristocratie ottomane (*yalis*), la mosquée Mecidiye, baroque et d'une simplicité élégante… La diversité est infinie. **SWa**

Le mélange architectural né de l'union de l'Europe et de l'Asie rend inoubliables les rives du Bosphore.

Le harem du palais de Topkapi

Lieu Istanbul, Turquie
Site Web www.topkapisarayi.gov.tr

Le concept d'évasion est une notion inconnue des harems impériaux – *harem* signifie « interdit » en arabe. Édifié au milieu du XVIe siècle, le harem du palais de Topkapi regroupait les habitations privées des nombreuses femmes de la famille du sultan ottoman. Plus de 400 pièces procuraient une vie de luxe et d'oisiveté (mais pas toujours) à la mère du sultan, ses épouses et ses innombrables concubines : leur nombre aurait été supérieur à 800 aux tout derniers jours de l'Empire ottoman !

Le complexe était placé sous le contrôle strict d'une horde d'eunuques, incapables par définition d'abuser de leur position. Le contact avec le monde extérieur se faisait par l'intermédiaire d'une sortie soigneusement gardée, la porte des Carrosses. Le harem était le lieu de toutes les intrigues, et les concubines recherchaient les faveurs du sultan dans l'espoir d'améliorer leur sort et surtout, celui de leurs fils. Nombre d'entre elles parvenaient à accéder à des positions de prestige et il est même arrivé que leurs enfants deviennent sultan : elles acquéraient alors le titre convoité de « mère du sultan », ou Valide Sultan.

On peut aujourd'hui visiter de nombreuses pièces du harem qui constitue l'une des parties les plus intéressantes de l'immense palais de Topkapi, siège du gouvernement ottoman jusqu'à la moitié du XIXe siècle. Jadis si animé et si riche en histoire, le harem est aujourd'hui un havre de paix, loin de l'agitation d'Istanbul – quand il n'y pas trop de touristes, évidemment. **JF**

« À la porte principale du harem… l'impression d'enfermement et de secret se fait déjà sentir. » Nick Trend, *The Daily Telegraph*

Agrandi et embelli au cours des siècles, le palais de Topkapi abrite des trésors inestimables.

Hôtel A'jia

Lieu Istanbul, Turquie
Site Web www.ajiahotel.com **Prix €€**

Cette ancienne résidence d'été de l'élite ottomane se dresse sur la rive asiatique du Bosphore et permet d'avoir une vue imprenable sur le détroit et ses bateaux innombrables. À une heure du centre-ville, l'A'jia – « Asie » en japonais – est un havre de paix loin de l'agitation urbaine.

Avec seize chambres seulement, c'est l'un des nombreux hôtels-boutiques qui ne cessent de voir le jour à Istanbul. Sa façade blanche est très classique mais l'intérieur est résolument contemporain, avec une décoration et un mobilier minimalistes. Le blanc et le beige sont les couleurs dominantes des chambres, lesquelles présentent l'équipement hi-fi le plus moderne. Les lits king size invitent au repos, et les superbes baignoires des salles de bains en marbre beige sont propices à la relaxation.

« La remarquable pureté de la décoration de l'hôtel vient compléter la beauté du Bosphore. »

Magazine *Hayallere Visa*

Les chambres donnent toutes sur le Bosphore et le visiteur a vraiment l'impression de flotter sur le détroit. Toute la journée, la nuit aussi, navires de croisière, tankers, ferrys et bateaux de pêche sillonnent les eaux, de la mer de Marmara à la mer Noire. Et si l'envie un peu folle vous prenait de retrouver l'agitation urbaine, il suffit d'emprunter l'embarcation privée de l'hôtel qui, en peu de temps, vous emmènera dans la partie européenne d'Istanbul. **HA**

Ciragan Palace

Lieu Istanbul, Turquie **Site Web** www.focusmm.com/ciraganpalace/index.htm **Prix €€€€**

Site légendaire posé sur deux continents si différents, Istanbul est une ville mythique à la fois ensorcelante, exotique et fascinante. Véritable melting-pot d'architecture et de culture, cette ville que l'on appela successivement Byzance puis Constantinople s'adresse littéralement aux cinq sens.

Les bâtiments historiques sont regroupés dans le Vieil Istanbul, ou Eminönü, avec l'impressionnant palais de Topkapi, construit en 1459 par le sultan Mehmed II, Sainte-Sophie (Hagia Sophia signifiant en fait la « sainte sagesse »), ancienne église orthodoxe orientale transformée en mosquée en 1453 et souvent qualifiée de « Huitième Merveille du monde », ou encore le Grand Bazar, le plus vaste marché couvert au monde.

Résidence des derniers sultans ottomans, le palais Ciragan fut d'abord construit en bois au XVIe siècle, puis reconstruit en marbre en 1857 pour le sultan Abdülaziz. Le Ciragan Palace est aujourd'hui un luxueux hôtel qui a vu passer le prince Charles, Uma Thurman ou encore Giorgio Armani, et propose les services les plus raffinés : sublime piscine, bateau et hélicoptère. Son joyau est certainement la « suite du Sultan », qui donne sur le Bosphore : on y trouve majordome particulier, superbes lustres, meubles d'époque et œuvres d'art.

Les gourmets apprécieront la cuisine turque de son restaurant, le Tugra – mezze composés entre autres de houmous (purée de pois chiches) et de *dolmas* (feuilles de vigne farcies), crevettes à la vapeur, *börek* (feuilletés à l'agneau)... Au dessert, on peut déguster des baklavas dégoulinants de miel ou du *tavuk gögsü*, dessert crémeux à base de chair de poulet.

Pour vous échapper, allez en voiture jusqu'à Ortaköy et ses rues animées ou Bebek, village traditionnel où de luxueuses résidences d'été surplombent les eaux. **RCA**

Les sources chaudes de Rakhmanovskie Kluchi

Lieu Rakhmanovskie Kluchi, Kazakhstan
Site Web www.kazakhstan.orexca.com **Prix €€**

Pour qui veut échapper à la vie moderne, il est difficile de trouver un endroit plus éloigné de tout que le Kazakhstan rural. Pays immense, aussi grand que l'Europe occidentale, le Kazakhstan n'a que 15 millions d'habitants. Ses ressources naturelles lui ont toutefois permis de prospérer depuis la fin de l'Empire soviétique, et les touristes commencent à y venir.

Dans la vallée de l'Arasan, dans la partie orientale du pays – près des frontières de Russie, de Chine et de Mongolie –, les eaux des sources chaudes de Rakhmanovskie sont censées contenir du radon curatif, produit dérivé de la désintégration d'éléments radioactifs. Selon la légende, un paysan du nom de Rakhmanov découvrit les sources dans les années 1760 alors qu'il traquait le cerf qu'il avait blessé. L'animal serait entré dans l'eau chaude pour en ressortir un peu plus tard, complètement guéri. De nos jours, les eaux thermales soignent les problèmes de dos, les rhumatismes et les maladies de peau. Bâti sur les ruines d'un ancien sanctuaire bouddhique, le spa de Rakhmanovskie Kluchi est entouré de forêts de cèdres et de prairies d'altitude ; les cols des montagnes environnantes offrent une vue superbe sur des lacs immaculés et des sommets pouvant atteindre les 4 500 m.

Les yourtes de feutre des nomades kazakhs occupent les rives d'un ruisseau de montagne, non loin des sources. Si vous pensez que respirer l'air frais de l'un des coins les plus reculés du monde ne suffit pas, il est possible de passer quelques jours avec les nomades et de partager leurs tâches quotidiennes : s'occuper des chevaux, traire les juments et préparer les plats traditionnels à base de lait et de viande – une existence bien éloignée du confort moderne. **DaH**

En bateau sur le lac Dal

Lieu Lac Dal, Jammu-et-Cachemire, Inde
Site Web www.kashmir-tourism.net **Prix €**

La seule façon d'atteindre les house-boats du lac Dal, parmi les sommets enneigés de l'Himalaya, est de naviguer sur les eaux cristallines à bord d'une *shikara*, embarcation de bois dont la ligne de flottaison se situe au ras de l'eau. Dans cette région au passé troublé, les visiteurs sont enfin de retour sur le lac Dal.

Le Pakhtoon Palace est certainement le plus beau de tous les house-boats amarrés en permanence. Il peut accueillir huit personnes. L'intérieur du Pakhtoon est très décoré : les hauts plafonds, lustres, meubles anciens et panneaux de bois finement travaillés ne dépareraient pas un manoir anglais.

Les palais flottants des house-boats du Cachemire font partie des traditions de la vallée.

De délicieux plats cachemiris à base de curry sont préparés par les hôtes affables, toujours désireux de faire découvrir l'histoire de la région à leurs clients. Le matin, prenez le thé sur le pont et regardez les aigles plonger pour attraper le poisson nageant dans les jardins sous-marins. En vous levant assez tôt, vous verrez le marché flottant où les gens des environs vendent et achètent fleurs de lotus, gombos et autres produits originaires des nombreuses îles que compte le lac. **SB**

→ *Le coucher de soleil sur l'Himalaya fait du lac Dal un des plus beaux endroits au monde.*

Le Temple d'or

Lieu Amritsar, Pendjab, Inde
Site Web www.amritsar.com

Au Pendjab, dans la ville d'Amritsar, une chaussée traverse un bassin artificiel, l'Amrist Sarovar (« bassin au nectar »), pour conduire au Harmandir Sahib (la « maison de Dieu »), communément appelé Temple d'or : c'est le site le plus sacré de la religion sikh. Pourvu d'une entrée sur chacun de ses quatre côtés – à l'instar de la tente du prophète Abraham, ainsi conçue pour accueillir les visiteurs venus de tous les horizons –, c'est un symbole mondial d'égalité et de tolérance, un lieu de sérénité et d'adoration, dont les portes sont ouvertes à tout homme et toute femme, quelles que soient sa race, sa caste et sa religion.

La construction débuta en 1574 et s'acheva en 1604 sous le règne de Guru Arjan Dev. On peut voir à l'intérieur de petits temples dédiés aux gourous du passé ainsi que trois arbres, ou Bers, symbolisant les grands événements de l'histoire des sikhs. Commande de l'empereur Ranjit Singh, les dorures exquises et les marbres sculptés de l'extérieur de l'édifice furent achevés en 1830.

On peut voir à l'intérieur du sanctuaire, sur une estrade incrustée de joyaux, l'Adi Granth : cet ensemble de prières et d'hymnes représente les textes sacrés des sikhs. Autour du temple, le Pradakshina est un large chemin permettant d'en admirer toute l'extravagance et d'en mieux voir chaque détail. Le cadre du temple, ses facilités d'accès et le profond sentiment de paix qu'on éprouve en passant sous la porte voûtée de Darshani Deori, au début de la chaussée, en font sans conteste l'un des plus impressionnants monuments religieux du monde. **BS**

⇐ *Le Temple d'or reprend les traditions culturelles et artistiques de l'islam et de l'hindouisme.*

Basunti

Lieu Himachal Pradesh, Inde
Site Web www.basunti.com **Prix €€**

Le pêcheur avisé sait certainement que le Golden Mahseer, sorte de cyprinidé parfois surnommé « tigre des eaux », est le poisson d'eau douce le plus prisé en Inde. Même si vous ne connaissez pas grand-chose à la pêche, passez quelques nuits au Basunti, dans les montagnes de l'Himachal Pradesh, et vous attraperez certainement une profusion de monstres pouvant atteindre les 10 kg.

Au cœur d'une réserve naturelle et conçue pour avoir le moins d'impact écologique possible, cet hôtel-boutique comporte six chambres mais aussi un centre de méditation et de yoga à toit de chaume d'inspiration balinaise. Bien isolées, les deux maisons d'hôtes du Basunti disposent de vérandas ombragées d'où l'on a une vue imprenable sur les terres humides environnantes. La région est riche en oiseaux : on dénombre en effet quelque 300 espèces. Les ornithologues avertis se rendent dans l'île de Ranser, un des grands sanctuaires d'oiseaux de la région. Au printemps, quand l'eau est au plus bas, juste avant la mousson, on voit émerger les temples de l'antique cité de Bathu ki Larhi, summum de l'art et de l'architecture hindous. Le village traditionnel de Khatiyar est à une trentaine de minutes de marche, et la région réunit de manière charmante villages ruraux paisibles et forêts préservées. **BS**

« … un bijou, un endroit magique que l'on peut chercher pendant des mois… sans jamais le trouver. »

The Sunday Telegraph

Shimla, sur les contreforts de l'Himalaya

Lieu Shimla, Himachal Pradesh, Inde
Site Web www.shimlaindia.net

Pour son paysage montagneux sauvage et inviolé, l'Himachal Pradesh est certainement l'État de l'Inde à découvrir. Dominé par de hautes montagnes surplombant les plaines du Pendjab, il est formé de plusieurs régions culturellement distinctes, séparées les unes des autres par des crêtes vertigineuses.

Shimla est un endroit sublime d'où l'on peut contempler les contreforts de l'Himalaya et imaginer la grandeur passée du Raj. Cette ville est de nos jours une destination privilégiée des couples en lune de miel. Il y a beaucoup de choses à voir, des bazars animés installés dans les couloirs montagneux jusqu'à l'extraordinaire Viceregal Lodge, agréable promenade de 5 km de long sur des routes bordées de pins – et lieu où se décida un jour l'avenir du sous-continent.

Le Wildflower Hall procure une expérience authentiquement himalayenne sans faire renoncer au confort domestique habituel. Sur plus de 8 ha de forêts de pins et de cèdres et à 2 500 m d'altitude, cette retraite montagneuse donne sur des sommets enneigés, des forêts verdoyantes et de profondes vallées. Les activités proposées sont assez originales : tir à l'arc, rafting sur la rivière Sutlej, promenade à cheval et patin à glace. On peut même se rendre en une journée sur l'Everest, grâce à l'un des deux hélicoptères de l'hôtel, ou se faire déposer dans une vallée himalayenne. Admirez le coucher de soleil sur le temple de Hanuman, au point le plus élevé de Shimla, mais attention : des singes surgis de nulle part vous voleront tout ce que vous n'aurez pas serré très fort contre vous. **LB/BS**

→ *Le terrain montagneux assez hostile nécessite la présence d'un guide expérimenté et de sa mule.*

Ananda

Lieu Himalaya, Uttarakhand, Inde
Site Web www.anandaspa.com **Prix €€€**

Dans les contreforts de l'Himalaya, Ananda a pour objectif de restaurer l'équilibre et l'harmonie par le biais d'un programme personnalisé à base d'ayurvéda et de yoga, faisant travailler à la fois l'âme, l'esprit et le corps. La proximité de la ville sainte de Rishikesh renforce l'intérêt spirituel du lieu. L'approche holistique n'est cependant pas celle d'un ashram. Au milieu de 40 ha de forêt vierge, Ananda se compose d'un palais vice-royal, d'un spa renommé, de 75 chambres et suites de luxe ainsi que de trois villas comportant chacune deux chambres doubles d'où l'on a une vue imprenable sur le Gange. L'accès au spa est bien entendu inclus dans tout séjour. Les installations comprennent un bain de vapeur turc, un sauna finlandais, un bain à remous, des systèmes d'hydromassage et une piscine en extérieur.

Dès leur arrivée, les clients commencent par une consultation avec un expert en médecine ayurvédique. Il conçoit pour eux un programme personnalisé avec alimentation, gestion du stress, désintoxication et relaxation. On peut aussi pratiquer le yoga Ananda, qui mêle diverses traditions yogis – hatha, kriya ou encore raja. Débutants et personnes expérimentées peuvent aussi suivre un programme regroupant méditation et techniques de respiration (prayanama). Un pavillon est entièrement dédié au yoga et un kiosque au sol de marbre se dresse près d'un bassin et de belles pelouses.

Il est enfin possible de pratiquer les sports d'extérieur les plus divers : natation, squash, golf, randonnée, kayak, pêche ou encore rafting. À quatre heures de marche et 14 km au nord d'Ananda, le temple de Kunjapuri offre une vue superbe sur la chaîne de l'Himalaya et ses neiges éternelles. **LC**

360° Leti

Lieu Pithoragarh, Uttarakhand, Inde
Site Web www.shaktihimalaya.com **Prix €€**

Le voyageur intrépide prêt à parcourir quelques kilomètres de plus pour vivre une expérience inoubliable verra, au 360° Leti, ses efforts amplement récompensés – même si le lieu n'est pas facile d'accès, dit-on. Pour aller de la capitale, New Delhi, à la ville himalayenne de Pithoragarh, il faut prendre soit un train de nuit suivi de sept heures de voiture, soit un avion privé dont l'heure de vol se poursuivra par trois heures et demie en voiture. De là, des sherpas porteront vos sacs pendant encore une heure et demie, et vous arriverez enfin au 360° Leti : la vue sur l'Himalaya revigore les sens et rien ne peut égaler le panorama qu'offre le plateau situé à 2 400 m d'altitude.

« Je vois en contrebas la vallée, suite de terrasses émeraude ponctuées de douces collines. »

Sophy Roberts, *Financial Times*

Loin de la route la plus proche, le 360° Leti se compose de quatre villas édifiées en bois et pierre locale. On y trouve sol d'ardoise, salles de bains design, étoffes de luxe et murs de verre. De petits âtres sont creusés dans le sol de votre terrasse privée d'où vous pourrez admirer le soleil couchant.

Les résidents sont invités à participer à un fonds de développement où 100 % des dons vont directement à des projets initiés par les villageois des environs. Ceux-ci ont appris à offrir un service irréprochable qui fait que le 360° Leti est souvent complet. Enfin, cet établissement entre depuis des années dans la liste des 101 meilleurs hôtels du monde. **BS**

Hôtel Haveli Hari Ganga

Lieu Haridwar, Uttarakhand, Inde
Site Web www.havelihariganga.com **Prix €**

La ville de Haridwar est l'un des sept sites sacrés de l'Inde et son nom signifie la « porte de Hari », autre dénomination du dieu Vishnou. Le Haveli Hari Ganga s'inscrit dans le rythme quotidien de cette ville depuis sa construction au bord du Gange, en 1917.

Jadis résidence privée du maharadjah de Pilibhit, ses chambres étaient destinées à accueillir des hôtes de même statut, ce qui explique leurs dimensions exceptionnelles et leur pureté architecturale. À votre arrivée à Haridwar, un rickshaw (sorte de pousse-pousse) vous conduit à l'hôtel, situé à quelques kilomètres. Le Haveli Hari Ganga fait aujourd'hui partie de la chaîne Leisure Hotels. Héritage culturel, il fut soigneusement restauré à partir de rares photos anciennes en noir et blanc, mais on y trouve aussi le confort contemporain nécessaire, comme l'air conditionné. L'intérieur se veut le reflet de la mythologie hindoue et l'hôtel a son propre *ghât* privé, où le client peut purifier son âme dans une eau limpide épargnée par le courant du fleuve. Pour un hindou, une nuit passée à Haridwar équivaut à une offrande aux dieux de 1 000 vaches.

Soins en spa et pratique du yoga se déroulent sur la terrasse, si proche du fleuve qu'on pourrait s'en servir comme plongeoir. Pourquoi pas, d'ailleurs ? Ici, l'eau est infiniment plus propre que celle des *ghâts* de Varanasi (Bénarès), pourtant non loin de là. Chaque soir, une cérémonie de purification, le Ganga Arati, se déroule près du fleuve, à la porte de Har ki Pauri : de grosses lanternes sont hissées tandis que le fracas des cymbales accompagne le chant des fidèles – le spectacle est inoubliable. Les hindous croient que le seigneur Vishnou en personne a laissé l'empreinte de son pied dans les anciens murs de pierre. **BS**

Hôtel The Bagh

Lieu Bharatpur, Rajasthan, Inde
Site Web www.thebagh.com **Prix €€**

Avec son jardin d'agrément inspiré de ceux du Taj Mahal, il ne faut pas s'étonner si The Bagh est une oasis de tranquillité. Avec ses petits canaux et ses allées, le jardin clos de murs de tradition islamique coupe en deux un terrain de 5 ha. Il y a là des arbres fruitiers et des bouquets ombragés, des parterres de fleurs multicolores et des plantations d'herbes aromatiques, mais ce sont les bâtiments qui, on s'en doute, constituent le véritable intérêt du lieu. Les trois résidences, basses et gracieuses, sont construites en grès blanc avec un intérieur en marbre. On trouve dans les chambres des meubles artisanaux et de beaux tissus. Le chauffage est d'origine solaire et l'eau fraîche est extraite d'un puits.

« Les travaux d'artistes indiennes contemporaines sont présentés dans tout le complexe hôtelier. »

Site Web de Nature Safari India

La ville de Bharatpur, portail oriental du Rajasthan, est une destination très prisée des écotouristes. On trouve non loin le parc national de Keoladeo Ghana et le sanctuaire de la faune sauvage de Band Baretha. À Agra, outre le sublime Taj Mahal, le fort est un chef-d'œuvre d'architecture où l'empereur Shah Jahan mourut emprisonné sans cesser de voir le Taj, monument construit pour son épouse bien-aimée.

Après un peu de shopping au bazar animé, regagnez The Bagh pour vous rafraîchir dans la piscine au son des oiseaux chanteurs. **AD**

La tombe de Humayun

Lieu New Delhi, Inde
Site Web whc.unesco.org/en/list/232

Le paysage urbain de l'ancienne Delhi se définit par son héritage moghol et ce fut la capitale de l'Inde musulmane entre le VIIe et le IXe siècle. L'héritage de la ville fortifiée se manifeste surtout dans ses monuments – en premier lieu le vaste Fort Rouge et la mosquée Jama Masjid, qui créent un sentiment d'espace et de beauté au cœur d'un labyrinthe de rues. Ici, les ruelles embouteillées offrent une multitude de temples et de mosquées, de bazars et de mendiants. Dessinées par les Britanniques, les larges avenues bien planifiées de New Delhi, aujourd'hui siège des administrations, permettent d'échapper à l'étouffement des vieux quartiers mais elles n'en connaissent pas les forteresses romantiques. Heureusement, il y a la tombe de Humayun.

Elle fut construite en 1570 par Hamida Banu Begum, épouse persane de Humayun, lequel succéda très jeune à son père, Babur, fondateur de l'Empire moghol. Cette tombe est un superbe exemple de l'architecture moghole primitive et ses caractéristiques furent reprises ailleurs : les bâtiments bas, les hautes portes voûtées, le dôme en forme de bulbe et les jardins impeccables servirent de modèle au sublime Taj Mahal d'Agra. Humayun devait beaucoup apprécier son barbier parce que celui-ci est également enterré dans le *charbagh* (« quatre jardins ») persan.

Après avoir visité la tombe, promenez-vous dans les jardins de stricte ordonnance, les pelouses amoureusement entretenues et les canaux restaurés. Toujours discrets, les amoureux indiens se tiennent par la main sous les tamariniers et les margousiers dont l'ombre est propice à la sieste. **LB**

Le visiteur a une vue superbe depuis les terrasses de la première tombe-jardin du sous-continent indien.

Hôtel Oberoi Amarvilas

Lieu Rajasthan, Inde
Site Web www.oberoihotels.com/oberoi_amarvilas **Prix €€**

Agra est la ville non seulement du Taj Mahal, mais aussi du fabuleux Fort Rouge. Dans ses rues grouillantes de monde, une multitude de marchands vendent n'importe quoi, statue en marbre ou boîte à biscuits. Malgré son image un peu galvaudée, le Taj Mahal est certainement l'une des plus belles réalisations de l'humanité. Prenez le temps d'apprécier le jeu des couleurs et de la lumière sur le marbre : de rose, il passe en quelques secondes à un chaud jaune pâle.

À l'Oberoi Amarvilas, toutes les chambres donnent sur le Taj Mahal, distant d'un peu plus de 500 m. L'architecture de l'hôtel est impressionnante. Le style des pièces du rez-de-chaussée et celui des jardins entourant le bassin s'inspirent des monuments érigés par les souverains moghols. Au 5e étage, une horde de serveurs exécutent vos moindres désirs : comment alors ne pas se prendre pour un Grand Moghol ?

« Il est étonnant que le site du Taj Mahal ait attendu si longtemps un hôtel de cette classe. »

Condé Nast Traveler

Le restaurant est un must. La cuisine fabuleuse s'inspire de celle de la ville de Lucknow, renommée dans tout le pays. Vous y dégusterez des *gelawat kebabs* parfumés à la cardamome, des pommes de terre farcies, des currys style thaï (très appréciés en Inde), du curry d'agneau aux lentilles corail, un roulé à l'épinard ressemblant à une quenelle ou encore des biryanis à l'agneau parfumés au safran. De quoi mettre l'eau à la bouche ! **GMD**

Hôtel Amanbagh

Lieu Rajasthan, Inde
Site Web www.amanresorts.com/amanbagh/home.aspx **Prix €€€**

Au cœur d'un complexe fortifié séculaire, le luxueux complexe hôtelier qu'est l'Amanbagh a tout d'une cachette romantique. Il rend hommage à un remarquable héritage culturel et architectural avec ses coupoles de grès, son marbre vert foncé d'Udaipur, ses piscines privées et ses intérieurs grandioses dignes d'un palais d'antan.

Superbe palais moderne de grès rose – par allusion à la « ville rose » de Jaipur –, l'Amanbagh a tout du mirage au cœur d'une petite vallée fertile et boisée qui le protège de la chaleur et de la poussière du désert du Rajasthan. La réception, la salle à manger et le salon sont situés dans le bâtiment principal mais c'est la majesté des suites qui frappe les esprits. Le grès rose domine encore une fois mais on est surtout impressionné par les touches discrètes comme les baignoires taillées dans un seul bloc de marbre et les colonnes soutenant le vaste plafond. Palmiers et eucalyptus se reflètent dans l'eau d'une piscine aux dimensions olympiques. Toutes sortes de soins sont dispensés ici – yoga, Reiki, qi gong – mais aussi traitements au henné.

Le cadre historique de l'Amanbagh en fait un lieu particulier. Non loin d'un fortin du XVIIe siècle, on peut voir le Narayani Mata, un temple rajasthani édifié en 1058, mais aussi les spectaculaires ruines de Bhangarh : cette ville inhabitée, riche en temples et en jardins, serait maudite. Il ne faut pas oublier l'impressionnante ville religieuse du VIe siècle, Neelkanth, et ses innombrables temples. Profitant des eaux d'un lac voisin, Amanbagh est une oasis riche en pelouses bien entretenues et en frangipaniers. À partir de là, le visiteur peut partir à la découverte de l'histoire de cette région en suivant les petites routes qui relient les villages traditionnels de l'ancien État princier de l'Alwar. **BS**

Rambagh Palace

Lieu Rajasthan, Inde
Site Web www.tajhotels.com **Prix €€**

À Jaipur, capitale du Rajasthan, et au cœur de 19 ha de verdure, l'extravagant Rambagh Palace fut construit dans un style mêlant les traditions mogholes et rajpoutes. On peut voir en tout endroit des voûtes gracieuses et des tourelles ornées. À l'intérieur, des allées entourent une cour centrale où clients et paons se prélassent au chaud soleil indien. Des pelouses remarquablement bien entretenues, des fontaines et des jardins ornementaux complètent le décor.

Le Rambagh fut construit en 1835 mais il n'accéda à son statut de palais qu'en 1925, donnant ainsi naissance à ce chef-d'œuvre que les habitants du cru appelaient le « joyau de Jaipur ». Il fut transformé une fois encore en 1957 pour devenir le premier vrai palace du pays. Les pièces furent amoureusement rénovées pour offrir aux résidents un contexte digne d'un roi. Hauts plafonds et lits à baldaquin donnent un air de grandeur à chaque chambre. L'opulence est omniprésente.

« Dans quel endroit du monde, sinon au Rambagh, trouveriez-vous une fontaine au milieu de votre suite ? » ***The Daily Telegraph***

Un centre de remise en forme, un parcours de golf et plusieurs bars ou restaurants font que l'on n'a aucune envie de quitter ce cadre majestueux même si la visite des rues pittoresques de Jaipur a quelque chose de passionnant. La « ville rose » a gagné son surnom en 1853 quand une visite d'État du prince de Galles donna l'idée aux habitants de fêter son arrivée en repeignant en rose tous les bâtiments. **JP**

Neemrana Fort-Palace

Lieu Rajasthan, Inde
Site Web www.neemranahotels.com **Prix €**

En 1464, avant la fondation de l'Empire moghol par Babur – descendant de Gengis Khan et de Tamerlan –, le maharadjah Devi Singh entama la construction d'un complexe palatial fortifié proche de la ville d'Alwar. Un hôtel y vit le jour en 1991 et, aujourd'hui, le Neemrana Fort-Palace est, de par son héritage, un des plus beaux joyaux de l'architecture du Rajasthan. Il offre à ses clients l'occasion rare de vivre dans la splendeur médiévale et de se plonger dans l'histoire et les traditions des Rajpoutes.

De mêmes dimensions que les autres établissements monumentaux du Rajasthan – le Mehrangarh Fort et l'Umaid Bhawan Palace de Jodhpur –, le Neemrana Fort possède 70 chambres personnalisées équipées pour la plupart de terrasses. Les niveaux de construction sont ici au nombre de dix mais il y a aussi quelques finesses architecturales comme les jardins suspendus, récemment créés le long des remparts sud, et le puits du XVIIIe siècle dont l'escalier en colimaçon permet d'atteindre les onze étages voûtés à la romane. À 130 km à peine de New Delhi, le Neemrana est l'un des palaces indiens les plus accessibles ; c'est aussi le palais rajasthani le plus proche de la capitale de la nation.

L'hôtel comporte quatre parties et ses pièces sont meublées avec goût dans le style indien traditionnel. À l'intérieur des murailles, on trouve une piscine et un centre de remise en forme bien équipé où l'on pratique des thérapies ancestrales telles que le rajeunissement ayurvédique. Des visites guidées du fortin sont organisées chaque jour. Au cas improbable où vous auriez envie de sortir, safaris en chameau, trekking et excursions d'une journée vous emmèneront découvrir les environs. **BS**

Hôtel Samode Haveli

Lieu Rajasthan, Inde
Site Web www.samode.com **Prix €€**

Bien à l'écart des rues poussiéreuses et frénétiques de la ville rose de Jaipur, ce joyau caché offre une oasis de sérénité au sein d'une véritable ruche humaine. Édifiée il y a 150 ans pour la famille royale Samode, cette grandiose maison de ville fut transformée en un prestigieux hôtel en 1988. Tous ceux qui s'y sont rendus depuis y voient un des établissements les plus chic du monde.

Entourée de bougainvilliers, cette majestueuse propriété possède une entrée spectaculaire dont on atteint la porte carrelée en empruntant une rampe à éléphants construite dans les années 1940 à l'occasion d'un mariage. La décoration intérieure est tout aussi somptueuse et les murs sont recouverts de fresques. Un labyrinthe de passages étroits et d'escaliers obscurs débouche sans qu'on s'y attende sur une infinité de petites cours. La cour centrale est la plus belle : des singes viennent jouer parmi ses grenadiers, ses bassins et ses parterres de fleurs.

Les 22 chambres de l'établissement jouissent chacune d'une conception architecturale et d'une décoration différentes. Dans les suites, de la mosaïque de verre décore des pans de mur entiers. L'immense piscine extérieure est décorée de carrelage marocain ; on trouve aussi un bain à remous et une pataugeoire pour les enfants. La salle à manger d'une grande beauté est ornée de fleurs et de peintures de danseuses. Les résidents désireux de s'isoler peuvent prendre leurs repas dans des salles à manger privées, éclairées aux chandelles, ou dans les beaux jardins de l'hôtel. **JK**

Voûtes de pierre, antiquités du Rajasthan et salles de bains en marbre : toutes les chambres sont somptueuses.

À cheval au Rajasthan

Lieu Rajasthan, Inde
Site Web www.thetharmarwarisafari.com **Prix €€**

Les enfants rassemblés près de la route poussiéreuse bavardent gaiement. Les villageoises vont sur les chemins en portant sur leurs têtes de grosses jarres pleines d'eau. Les hommes s'inclinent et joignent les mains en guise de salut. C'est là un visage du Rajasthan que vous ne découvrirez pas dans les villes surpeuplées ou lors des voyages organisés, mais il suffit de faire du cheval hors des sentiers battus pour bénéficier de cet aperçu de la vie quotidienne indienne.

Il y a 100 ans, les Rajpoutes confiaient tous leurs transports au cheval. Les rois et les nobles préféraient aller à vitesse modérée, et un proverbe célèbre disait : « On ne peut séparer un Rajpoute de son cheval. » Pendant des siècles, une race donnée de chevaux, le Marwari, fut la monture de prédilection de la royauté rajpoute. Ces chevaux de guerre téméraires, qu'on ne trouvait qu'au Rajasthan, étaient également renommés pour leur beauté. Particularité de cette race, leurs oreilles se rejoignent à la pointe formant un croissant de lune. Le majestueux Marwari est toujours symbole de force et de richesse au Rajasthan. Un trek à cheval est la meilleure manière de traverser cette région surnommée « la terre des rois ».

Monter l'un de ces superbes chevaux permet de découvrir le « vrai » Rajasthan et de suivre les anciennes routes que parcouraient jadis les maharadjahs. Admirez les temples décorés et les châteaux de marbre. Faites halte dans des villages que le tourisme n'a pas pollués pour y boire du thé sucré. Longez les lacs et les rivières, traversez des forêts de genévriers et de jacarandas. Oubliez le bruit et la congestion des grandes villes : les seuls embouteillages que vous rencontrerez ici auront été provoqués par des troupeaux de chèvres. Monter un Marwari, c'est découvrir l'Inde sous un jour nouveau. **JP**

Camp Wilderness

Lieu Rajasthan, Inde
Site Web www.rohetgarh.com/wilderness.htm **Prix €**

Si vous cherchez un endroit vraiment isolé en Inde, le désert du Thar est certainement ce qu'il vous faut. Les dunes de l'ouest du Rajasthan constituent le décor de ce campement de luxe. Levers et couchers de soleil splendides mais aussi balades dans les vastes étendues steppiques sont ici à portée de la main.

Le complexe de Wilderness est d'un grand luxe, avec ses lits confortables et ses salles de bains carrelées. Tapis moelleux, étoffes luxueuses et beau mobilier en teck font du séjour au Wilderness une expérience inoubliable pour découvrir la magie du désert. Le jour, les clients peuvent partir à cheval ou à dos de chameau voir les tribus lointaines ou guetter la faune si riche en cet endroit. Le camp est la propriété de la famille Singh, soucieuse de donner un cachet proprement rajasthani à votre séjour.

« Le vent fait claquer des tentes élégantes dont le décor tranche avec la rudesse du désert. »

Magazine *Gourmet Travel*

Retraite du désert d'un romantisme exacerbé, c'est vraiment l'endroit idéal où inviter l'élu ou l'élue de votre cœur. Dans le salon éclairé aux chandelles, vous dégusterez une boisson bien méritée après ces heures passées dans les sables. Surtout, jouissez pleinement de la paix et de la tranquillité. N'écoutez plus que le chant des oiseaux et les voix des bergers. Et pour couronner le tout, admirez les étoiles comme vous ne le ferez jamais ailleurs. **AD**

Camp de Chhatra Sagar

Lieu Rajasthan, Inde
Site Web www.chhatrasagar.com **Prix €€**

À 120 km de Jodhpur et 230 km de Jaipur, ces deux villes frénétiques, le campement de Chhatra Saga est un havre de sérénité. Ce fut à l'origine un pavillon de chasse destiné à la famille Nimaj, propriétaire des terres alentour depuis plus d'un siècle ; aujourd'hui, onze tentes richement décorées surplombent un immense réservoir colonisé par les oiseaux. Ce paradis rural s'inscrit au milieu de champs de blé, moutarde, coton ou piments et de pâturages où les clients peuvent se promener librement. De rares villages mis à part, c'est la région la plus isolée du Rajasthan.

Tout le confort s'unit ici au charme de la nature. Les tentes cousues à la main disposent de salles de bains en pierre privées, avec eau chaude et eau froide, de ventilateurs et de vérandas donnant sur la campagne et le lac où se regroupent les antilopes. Le plancher est décoré de motifs au henné resplendissants quand les tentes sont réinstallées une fois la mousson passée. À l'aube, prenez le thé sur la terrasse en admirant le lever du soleil ; terminez la journée par un cocktail sur une colline voisine, une soirée à contempler les étoiles et un dîner aux chandelles dans la tente salle à manger en plein air. Avant de vous endormir, écoutez les récits des villageois autour d'un agréable feu de bois.

Le campement est dirigé par des personnes charmantes, deux frères et leurs épouses, et sa cuisine passe pour la meilleure du Rajasthan : fidèle à la tradition, elle fait appel à des produits maison. Des cours de cuisine sont organisés à l'usage des résidents ; on peut aussi faire des safaris en Jeep et des promenades dans la nature ou encore partir observer les oiseaux. La famille Nimaj organise des promenades en bateau sur le lac, la visite des villages voisins et la découverte de leur artisanat, poterie principalement. **JK**

Hôtel Deogarh Mahal

Lieu Rajasthan, Inde
Site Web www.deogarhmahal.com **Prix €€**

Au centre du Rajasthan, le Deogarh Mahal est certainement l'un des plus beaux fleurons de l'héritage culturel indien. Entouré par les collines et le désert, il donne l'impression d'avoir remonté le temps. Couloirs tortueux et escaliers audacieux semblent avoir été placés un peu au hasard. En réalité, il y a 350 ans, les premiers architectes procédèrent ainsi pour rendre la vie difficile aux éventuels intrus.

Les fortins servaient de demeures aux plus riches familles du pays et de nombreuses pièces présentent encore le luxe d'antan. La Suite de la reine est tapissée de carreaux de verre, considérés à l'époque comme aussi somptueux que n'importe quel métal précieux.

« [Le Deogarh Mahal] est somptueux à tout point de vue, décontracté et indéniablement charmeur. » **Tatler**

Des peintures originales recouvrent encore les murs. Le Deogarh Mahal dispose de tout le confort moderne : piscine, spa, petite salle de gymnastique et excellent restaurant apportent une touche moderne. Les activités sont nombreuses : safaris en Jeep, promenades dans le désert ou encore circuits en voiture d'époque.

Chaque soir, sur la terrasse, vous pourrez rencontrer le maître des lieux, Veerbhadra Singh Chundawat : sous les étoiles, il déguste un cocktail et regarde danser les jeunes filles rajasthanies, comme le faisaient certainement ses ancêtres. L'opulence et le poids de l'histoire sont omniprésents mais chaleur et intimité sont les qualités majeures du Deogarh Mahal. **JD**

Le fort Seengh Sagar

Lieu Rajasthan, Inde
Site Web www.deogarhmahal.com **Prix €€**

C'est au cœur du Rajasthan, merveilleuse région désertique de l'Inde, que l'on trouve l'endroit idéal pour passer quelques jours dans la sérénité la plus absolue : sur une île, un vieux fortin a été transformé en une luxueuse villa. C'est un lieu magique, intemporel, où les cris des geais bleus et des perruches ondulées remplacent le vacarme motorisé des métropoles. Grossi par les pluies de mousson, le petit lac ne permet qu'un accès par bateau, ce qui renforce encore le sentiment de tranquillité et de solitude.

Le fortin comporte quatre suites dont la décoration personnalisée fait appel aux tissus et aux couleurs vives du Rajasthan ; chacune possède une terrasse avec vue sur le lac. Le Seengh Sagar n'a rien de minimaliste. Chaque suite contient ce que l'on fait de mieux en matière de mobilier d'hôtel, comme mini-bars bien approvisionnés et air conditionné. Si vous en avez assez de regarder le soleil se coucher depuis votre terrasse, de siroter des cocktails sous l'immense margousier de la cour ou de vous abandonner au massage ayurvédique, vous pourrez toujours vous livrer à des activités plus physiques en passant par la réception de l'hôtel frère, le Deogarh Mahal, situé à 5 m seulement : promenades dans le désert, safaris en Jeep, équitation ou visites de temples. Efforcez-vous de passer du temps avec le maître des lieux, le colonel Randhir Singhji, qui s'empressera de vous raconter l'histoire du fortin et d'évoquer ses exploits dans l'armée indienne (en vous montrant ses blessures, peut-être).

Le fortin est assez petit pour être loué par une famille entière ou un groupe d'amis mais assez grand pour assurer de l'intimité aux couples ne se connaissant pas. En Inde, en particulier, c'est un point qu'il ne faut pas négliger. **JD**

Fateh Prakash Palace

Lieu Rajasthan, Inde
Site Web www.hrhhotels.com **Prix €€**

L'État princier du Rajasthan n'a besoin ni de temples ni de palais pour mettre en valeur l'immense fortune dont jouissaient les maharadjahs, ce qui n'empêche pas la ville de Jaipur de faire preuve de beaucoup d'ostentation. Au cœur de celle-ci, vous découvrirez le Fateh Prakash Palace qui, avec ses tourelles, ses balcons et ses coupoles, se dresse sur le rivage du romantique lac Pichola, au pied des collines Aravalli.

Construit au début du XXe siècle sous le règne de Maharana Fateh Singh, ce palais fut au début un pavillon de loisir à destination royale. Dans l'Inde postcoloniale, les maharadjahs comprirent très vite qu'il ne leur était plus possible d'entretenir de luxueuses propriétés. Ils ne tardèrent pas à succomber au dieu dollar et à ouvrir les portes de leurs palais aux touristes.

> *« Si le Vénitien avait le [lac] Pichola, il pourrait dire à juste titre "le voir et mourir". »*
>
> **Rudyard Kipling,** ***Letters of Marque***

Les pièces de la partie principale de l'hôtel conservent des éléments du décor d'origine comme des peintures rares, des lustres délicats et du mobilier d'époque. Les résidents peuvent admirer la superbe collection personnelle de la maharani : lits, tables ou encore chaises en cristal ! Le vrai joyau de la couronne est toutefois l'aile Dovecote, récemment ajoutée à l'hôtel. Plus contemporaines, les suites ont une vue splendide sur les *ghâts* et l'iconique Lake Palace, que l'on peut aussi admirer de la terrasse quand le soleil se couche derrière les collines. **SG**

Hôtel Devi Garh

Lieu Rajasthan, Inde
Site Web www.deviresorts.com **Prix €€**

Avec ses tourelles, ses coupoles, ses voûtes, ses balcons et ses murs imposants, cet ancien fortin ressemble à une relique de l'Inde impériale perdue au milieu d'une campagne entourée de montagnes. Certes, on est ici à trois quarts d'heure de voiture d'Udaipur, au nord-ouest du pays, mais le Devi Garh est l'un des plus beaux hôtels du monde.

Il suffit de franchir les portes de ce bastion d'antan pour se trouver plongé en plein XXIe siècle. On ne peut que remarquer les lignes droites en marbre blanc, les murs de verre, les tissus chic. Les chambres sont immenses et les salles de bains privées abondent en objets de marbre et de verre. Draperies de soie, coupelles de fleurs et objets d'art locaux se mêlent sans heurt aux équipements technologiques modernes. Les murs de chacune des 39 suites sont incrustés de pierres semi-précieuses. C'est le luxe contemporain épicé à l'indienne.

L'ancien et le moderne se combinent si bien dans ce labyrinthe de quatorze étages qu'il semble tout à fait naturel de se servir de l'Internet, mollement allongé sur un balcon donnant sur les monts Aravalli. Quittez votre suite somptueuse et découvrez les parties publiques de l'hôtel, ses cinq cours intérieures, son bar éclairé à la chandelle et son gymnase ultramoderne. Les résidents peuvent plonger dans une piscine de marbre vert ou faire du yoga sur la terrasse au lever du soleil.

Enfin, si vous avez la force de sortir de l'hôtel, profitez d'un safari à dos de chameau ou d'excursions guidées dans les environs – avec chauffeur particulier, évidemment. **SH**

↗ *Le restaurant réputé offre une vue superbe sur la montagne.*

« Le Devi Garh, le minimalisme urbain saupoudré d'un soupçon de luxe… »

Condé Nast Traveler

Fort Chanwa

Lieu Rajasthan, Inde **Site Web** www.fortchanwa.com **Prix €**

Chaque fois qu'il se rend au Rajasthan et à Luni, la star de cinéma Jeremy Irons aime séjourner quelques jours au Fort Chanwa. Il apprécie de déambuler dans les souks de Jodhpur et admire les jetés de lit marwaris en étoffes d'or et d'argent recyclées à partir de tenues nuptiales.

Le fortin fut construit en 1894 par Kaviraj Muraridanji, un Premier ministre amateur de poésie. Le fief lui avait été accordé par le maharadjah Jaswant Singh II de Jodhpur. En échange, Muraridanji obtint que le château revienne à la royauté si sa lignée s'éteignait. Ce fut le cas dans les années 1940 et la propriété est désormais régie par un fils du maharadjah de Jodhpur.

La famille royale a transformé Chanwa en un délicieux hôtel-boutique. Une partie des locaux, le restaurant et le bar, occupe l'ancienne salle de réception. Certaines pièces sont réellement enchanteresses, avec leurs fenêtres en ogive et leurs vitraux. Le petit orchestre qui joue chaque soir pour les résidents dépend d'une famille dont les ancêtres assuraient déjà la distraction de la noblesse locale.

Il est vraiment fascinant de se promener dans les rues de Luni, débordantes d'activité. Partout, des nomades marwaris portant des turbans rouges et des *dhotis* (pagnes) blancs bloquent la route avec leurs troupeaux de moutons, de chèvres et de chameaux. Dans les ruelles environnantes, les gens gagnent leur vie en fabriquant des poteries à partir de bouse de vache. Parfois, entièrement vêtus de blanc du turban au pantalon, des forgerons itinérants arrivent en ville pour réparer pots et cuvettes. Luni jouit d'une qualité très rare en Inde : c'est une oasis de calme et son mode de vie semble avoir été épargné par la vie moderne. **GMD**

L'élégant toit en terrasse parachève l'élégance de ce majestueux complexe royal.

Taj Lake Palace

Lieu Rajasthan, Inde **Site Web** www.tajhotels.com **Prix €€€**

Au milieu du lac Pichola, à Udaipur, le Taj Lake Palace est un vibrant hommage au romantisme et à la beauté. Ce « palais des délices » vieux de 250 ans est celui de l'ancien maharadjah Jagat Singh. Le luxe et le confort ne sont pas son apanage, certes, mais son emplacement est unique au monde. L'hôtel est entouré d'un lac, lui-même ceint de montagnes : même si les rues bruyantes de Jaipur ne sont qu'à deux minutes par bateau, poser le pied sur cette île de 1,6 ha vous transportera dans un monde de paix et de jouissance qui ne pourra qu'éclairer votre regard.

Chacune des 83 chambres jouit d'une décoration personnalisée et les grandes suites sont tout particulièrement impressionnantes. Le meilleur exemple en est la suite nuptiale dont les vitraux baignent les pièces d'une lumière rouge, jaune et vert ; une balançoire romantique est même suspendue au plafond ! Les vaguelettes du lac viennent claquer contre les murs des chambres les plus petites pour donner aux résidents l'impression de vivre sur un yacht. Un majordome est bien entendu à votre service 24 heures sur 24.

L'hôtel dispose aussi d'un petit jardin de topiaires, de trois fantastiques restaurants, un bar et un spa de luxe, de sorte qu'il serait très facile de ne jamais quitter cette île. Pour les plus aventureux, l'ancienne barque royale navigue chaque soir et permet de dîner ou de boire un verre au son d'une musique traditionnelle. Il est enfin possible de profiter de petites croisières privées où l'intimité des couples est toujours respectée.

Pour rendre l'expérience du Taj encore plus mémorable, choisissez la basse saison et louez une chambre toute simple (bien que dénommée « chambre de luxe »). Le Taj a pour politique de surclasser ses hôtes quand des chambres de qualité supérieure sont disponibles au moment de votre arrivée. **JD**

La demeure de mosaïque et de marbre blanc semble flotter sur les eaux du lac Pichola.

Udai Bilas Palace

Lieu Rajasthan, Inde
Site Web www.udaibilaspalace.com **Prix €**

Prenez-vous pour un maharadjah en passant une nuit dans un hôtel indien de luxe. Majestueusement installé sur le rivage du lac Gaibsagar, cet hôtel de prestige se situe un peu en dehors des circuits touristiques organisés dans le sud du Rajasthan.

Construit au XIXe siècle par Maharawal Udai Singhji, le Udai Bilas Palace a toujours été la demeure des maharadjahs de Dungarpur, une famille rajpoute, et c'est encore une résidence royale. Bien que récemment rénové, l'établissement conserve pas mal de caractéristiques d'époque – le papier peint a peut-être 50 ans mais il est en parfait état. Les miniatures, fresques complexes et pierres sculptées témoignent du riche héritage culturel de la famille royale rajpoute. Le bâtiment gris bleuté est grandiose avec ses piliers de pierre sculptée et ses voûtes recouvertes de marbre. On trouve en son cœur une cour très active, un bassin et un pavillon aux sculptures délicates. Le lac lui-même est magique et reposant : il attire nombre d'oiseaux tels qu'aigrettes, cigognes et hérons, et une promenade en bateau permet de l'apprécier pleinement.

Chacune des vastes chambres et suites du palais bénéficie d'une décoration personnalisée mais on y trouve chaque fois balcons décoratifs, mobilier d'ébène et miniatures peintes. La suite la plus vaste possède même un sol en miroir. Des lustres en cristal illuminent l'élégante salle des banquets. Au centre de l'immense table en marbre, des bougies et des fleurs flottent sur un chemin d'eau.

En revanche, cet endroit n'est pas pour vous si vous détestez les sports sanguinaires. Les membres de cette famille sont de grands chasseurs devant l'Éternel et les murs de la salle à manger s'ornent d'innombrables trophées empaillés. **JK**

Hôtel Udaivilas

Lieu Rajasthan, Inde
Site Web www.oberoihotels.com **Prix €€€**

L'Udaivilas s'inspire des grands palais des XVIe et XVIIe siècles : c'est un vaste assemblage de colonnes, de jardins en terrasses, de voûtes décoratives et d'alcôves qui plonge le résident dans un univers de luxe.

L'imposante propriété de la chaîne Oberoi a pour arrière-plan la chaîne des Aravalli et donne sur le lac Pichola où sont également établis deux des plus beaux palaces d'Udaipur, le Jagmandir et le Jagniwas. Rien n'a été oublié dans cette reconstitution des palais royaux des Rajasthanis d'antan : colonnades sculptées, vastes fresques, coupoles décorées recouvertes d'or fin ou encore fontaines occupant le centre de bassins de marbre blanc.

C'est peut-être au Rajasthan l'un des meilleurs exemples de l'architecture indienne contemporaine.

Bon nombre de chambres possèdent une cour intérieure et sont meublées de chaises et de tables marquetées dans le plus pur style rajpoute. Certaines ouvrent sur une piscine semi-privée d'où l'on peut admirer le lac ainsi que la réserve animale de l'hôtel (8 ha) où vivent sangliers, paons et cerfs axis. La suite Koh-i-Noor constitue le luxe suprême : ce vaste domaine privé riche en cours et en bassins offre une vue imprenable sur la ville d'Udaipur.

Dans des pièces de dimensions royales, elles aussi, le Banyan Tree Spa propose toutes sortes de soins, de l'aromathérapie aux massages ayurvédiques. **BS**

Orcha

Lieu Madhya Pradesh, Inde
Site Web www.spiritualjourneys.net/Venues/orcha.htm

À l'écart de la route principale menant à la ville animée de Jhansi, le petit village d'Orcha au nom si judicieusement choisi – « endroit caché » – possède de nombreux bâtiments datant des XVIe et XVIIe siècles, des palais et des temples aux belles flèches ornementales. Le clan Bundela, qui dirigea de grandes parties de l'Inde centrale du début du XVIe siècle au milieu du XXe siècle, choisit d'installer sa capitale sur cette île de la pittoresque rivière Betwa. Aujourd'hui, les palais ne sont plus habités que par des macaques mais le temps s'est montré clément envers les bâtiments qui se fondent parfaitement dans l'environnement.

La pièce maîtresse du village est le Jehangir Mahal (palais), édifié à l'occasion de la visite du souverain moghol Jahangir au début du XVIIe siècle. On a une superbe vue sur les environs depuis le dernier étage du palais, désormais vide. On peut voir les habitants du cru laver leurs vêtements dans la rivière ; les amateurs d'oiseaux prendront plaisir à observer les vautours, nombreux à tournoyer dans le ciel. Non loin, à l'écart lui aussi de la partie principale du village car situé sur la rive droite, le Raj Mahal possède d'exquises fresques murales. Encore fréquentés par les villageois, les temples de ce quartier d'Orcha permettent de mieux comprendre la vie hindoue, bien loin des cités surpeuplées du nord de l'Inde.

Avec ses bâtiments anciens, parfaitement inscrits dans la beauté naturelle de l'endroit, Orcha mérite une visite de votre part. Les touristes sont peu nombreux, à avoir découvert cette partie de l'Inde et ce village est l'antithèse parfaite du chaos des villes indiennes : en un mot, voilà l'endroit idéal si vous voulez tout quitter du jour au lendemain ! **DaH**

Le parc national de Kanha

Lieu Madhya Pradesh, Inde
Site Web www.kanhanationalpark.com **Prix €**

Au centre géographique de l'Inde, l'État du Madhya Pradesh est couvert de forêts denses abritant 22 % de la population mondiale de tigres. Le parc national de Kanha est l'endroit idéal pour observer ces animaux : les forêts de sals, les bambous, la savane et les innombrables cours d'eau concourent à l'incroyable beauté naturelle de l'endroit, au point que Rudyard Kipling eut l'idée d'écrire son célèbre *Livre de la jungle* après y être venu en visite.

Créée en 1955, la réserve a adopté plusieurs programmes de protection de ses animaux, et le nombre de tigres, barasinghas (cervidés en voie d'extinction), gaurs (bisons indiens) et léopards est depuis en constante progression. C'est entre mars et juillet que l'on observe le mieux les animaux parce que l'élévation de la température les pousse à quitter leurs forêts pour chercher de l'eau. Les rangers du parc pistent les tigres chaque matin et savent ainsi où les trouver. Les amateurs d'oiseaux trouvent aussi leur compte avec les paons sauvages de Kanha.

> *« À première vue, [Kanha] ressemble presque à un parc anglais dessiné par Capability Brown. »* Lynn Barber, *The Observer*

Kanha est l'un des plus grands parcs du sous-continent indien et certainement l'un des mieux entretenus d'Asie. Il offre une occasion unique de voir dans leur habitat naturel quelques-uns des animaux les plus fascinants de la planète – parfois aussi les plus en péril. **DaH**

Le Gange

Lieu Bénarès, Uttar Pradesh, Inde
Site Web www.varanasicity.com/ganges-ghats.html

Le Gange est source de vie. Le fleuve prend sa source dans l'Himalaya, à 6600 m d'altitude, et parcourt quelque 2500 km pour se jeter dans le golfe du Bengale. C'est l'un des sept fleuves sacrés de l'Inde. Sur ses rives, le site le plus saint est la ville de Shiva, Varanasi (Bénarès). Ici, les pèlerins hindous viennent se baigner dans les eaux pour se purifier. C'est également l'endroit où tous les hindous voudraient mourir : en quittant la Terre à cet endroit, ils atteignent le *moksha*, la libération du cycle sans fin de la vie et de la mort (l'équivalent du *nirvana* des bouddhistes).

Les rituels les plus intimes liés à la vie et à la mort se déroulent en public. Sur les *ghâts* – rives en gradins descendant dans le fleuve –, on peut voir des gens laver leur linge, prier, faire du yoga, jouer au cricket, se raser ou simplement améliorer leur karma en faisant l'aumône aux mendiants. Des buffles se promènent dans l'eau, des cadavres sont brûlés sur les bûchers funéraires. Dévots et *sâdhus* côtoient les touristes dont les dollars suscitent des convoitises. Un tel lieu attire immanquablement les escrocs et les voleurs qui, dans le labyrinthe des ruelles, s'agglutinent autour des visiteurs. Pour échapper à cela, faites un tour en bateau à l'aube, avant que la lumière baigne le fleuve.

Les mantras diffusés par les haut-parleurs se perdent dans le vent et le seul son est celui des rames qui frappent l'eau sur laquelle flottent de petites offrandes, fleurs ou bougies pareilles à des étoiles filantes. Le jour va bientôt se lever et avec lui, une lumière magique. Les premiers pèlerins accomplissent le rituel de la *puja*, cette cérémonie d'offrande. **LB**

Le puissant Gange est un lieu magique, où vie matérielle et spiritualité ne font qu'un.

Le domaine de Glenburn

Lieu Près de Darjeeling, Bengale-Occidental, Inde
Site Web www.glenburnteaestate.com **Prix €€**

Fondé en 1860 par des planteurs de thé écossais, le domaine de Glenburn comporte 646 ha de forêts privés, des villages de cueilleurs et deux rivières. Installez-vous dans la véranda de style colonial et jouissez du spectacle de l'Himalaya par-delà le bouddha de Meera, impressionnante statue de bronze érigée au sommet d'une colline faisant face au domaine.

Un bungalow de planteur restauré accueille jusqu'à douze clients dans ses quatre suites – on peut voir dans la plus belle un superbe lit à baldaquin espagnol en ébène et des murs tendus de toile de Jouy. Un cottage avec salon privé et véranda confère davantage d'intimité, mais on peut également partir camper le long de la rivière Rungeet, au Glenburn Lodge que seules des lampes à kérosène éclairent la nuit. La nourriture est alléchante et pleine d'invention : *pakoras* (beignets) au thé, *kefta* (boulette) au jaque, *momos* tibétains ou encore glace au thé vert. Herbes aromatiques et légumes poussent sur place, et les jardins abondent en roses, jasmin et pois de senteur.

Dans la fabrique, les méthodes de travail n'ont pas beaucoup changé au cours des décennies. Promenez-vous dans le verger ou allez visiter le couvent voisin. Une Jeep vous conduira à Darjeeling, Kalimpong ou Mirik si vous voulez vous évader. Mais si vous préférez rester sur place, Neena prendra soin de vous : hôtesse de longue date de Glenburn, elle a travaillé dans la plantation de thé pendant toute sa vie de femme mariée. Glenburn est l'endroit idéal pour venir fêter Noël ou le nouvel an : l'altitude du domaine est inférieure de 915 m à celle de Darjeeling, et il y fait bien moins froid. **CSJ**

⇐ *L'après-midi, prenez le thé sur la véranda du domaine de Glenburn en admirant la chaîne de l'Himalaya.*

Hôtel Windamere

Lieu Darjeeling, Bengale-Occidental, Inde
Site Web http://fr.windamerehotel.com **Prix €€**

Un des derniers vestiges de la splendeur britannique se cache ici, à plus de 2 100 m d'altitude dans les contreforts de l'Himalaya. Se promener dans ses jardins, c'est revivre un vieux film anglais des années 1940, mais il faut d'abord y arriver. Le mieux est de prendre un avion pour Bagdogra, puis le « train miniature » qui met six heures pour zigzaguer dans les montagnes et parmi les plantations de thé faisant la gloire de Darjeeling. Vous arriverez épuisé dans la capitale d'été de l'État du Bengale, mais le reste de votre séjour s'écoulera comme dans un rêve. Une fois à l'hôtel, on vous proposera de prendre le thé, du darjeeling avec des sandwichs au concombre mince comme du papier à cigarette. À 17 h 30, un feu est allumé dans votre chambre et une bouillotte placée dans votre lit. Les nuits sont fraîches à cette altitude.

« Le Windamere, avec ses rideaux en chintz, son thé à l'ancienne et ses baignoires sur pattes de lion… »

Tom Pozzi, *The Daily Telegraph*

En été, des danseurs népalais se produisent dans le jardin devant des clients repus de punch et de petits gâteaux. Au loin de dresse le Kangchenjunga, le troisième plus haut sommet du monde (8 578 m). Le soir tombé, des braseros sont allumés sur la terrasse. Le dîner aux chandelles est un régal, surtout quand la pianiste joue de vieilles chansons « british ». Le potage est suivi de plats anglo-indiens, avec une touche de népalais et de tibétain. Finissez la soirée au bar en dégustant un whisky. **GMD**

Calcutta

Lieu Calcutta, Bengale-Occidental, Inde
Site Web www.calcutta-tours.com **Prix €**

Les rues chaotiques de Calcutta peuvent choquer le voyageur qui vient pour la première fois en Inde. La ville est frénétique et la foule, immense : des ferries rouillés traversent en tout sens la rivière Hooghly ; des hommes transportant de lourdes charges franchissent le pont Howrah ; des familles sans toit croupissent non loin des plus grands carrefours. Il existe de vastes quartiers de taudis, et les belles demeures coloniales sont dans un tel délabrement qu'on se demande comment elles tiennent encore debout. Toute cette laideur n'affecte pourtant pas la beauté de Calcutta.

Contrairement à l'ancienne Delhi des Moghols, Calcutta est une ville relativement jeune puisque les Britanniques y installèrent un comptoir commercial il y a quelque 300 ans. Certaines reliques de cette époque sont à la fois intéressantes et poignantes, et elles permettent d'échapper un instant au tumulte de la ville. On peut trouver de la tranquillité dans le quartier Maidan, véritable poumon vert de Calcutta : les vaches y côtoient les joueurs de cricket à l'ombre du Victoria Memorial, édifice de marbre blanc abritant toutes sortes de souvenirs de l'époque du Raj. Le calme caractérise aussi le cimetière ombragé de South Park Street où des tombes extraordinaires évoquent le passé par leurs épigraphes.

Les pièces un peu ternies du Tollgunge Club, autre relique coloniale, accueillent aujourd'hui l'élite de la ville. Désormais au cœur de la métropole, l'immense oasis de verdure du Tollis était un lieu de prédilection des Britanniques. On y trouve le Royal Calcutta Golf Club, le plus ancien du monde en dehors de la Grande-Bretagne. On peut y nager dans une piscine coloniale, jouer au croquet, monter à cheval ou jouir tout simplement de l'ambiance. **LB**

À bord du *Deccan Odyssey*

Lieu Maharastra, Inde
Site Web www.deccanodyssey.com **Prix €€**

Long de plus de 100 000 km, le réseau ferré indien est le plus important du monde. Les Indian Railways possèdent près de 230 000 wagons et le nombre impressionnant de 8 300 locomotives, ce qui équivaut à plus de 19 000 trajets par jour. Le *Deccan Odyssey* est certainement le train le plus prisé de tous.

Son itinéraire vous fait traverser l'État du Maharastra pour rejoindre la ville de Goa et découvrir en chemin des lieux uniques comme les grottes d'Ellora et d'Ajanta, inscrites au patrimoine mondial de l'Unesco. Il offre aussi de petits plaisirs, par exemple explorer les plages non polluées par le tourisme de Ganpatipule, où le rythme de la vie indienne n'a pas varié depuis des centaines d'années. C'est toutefois pour le train même que vous embarquerez à bord du *Deccan Odyssey*.

> *« Il permet de découvrir une Inde que la plupart des voyageurs n'ont pas la chance de connaître. »*
>
> Rita Cook, écrivain

Les voitures sont une merveille : bleues et décorées de guirlandes dorées avec leurs fauteuils somptueux et leurs domestiques en turban et livrée. Les déplacements s'effectuent principalement la nuit pour que le voyageur jouisse de tout son temps pendant la journée. Les repas font appel à la cuisine régionale et toutes les cabines disposent d'une salle de bains privée. Il y a aussi deux suites présidentielles, deux voitures-restaurants, une salle de conférence transformée le soir en dancing, un cybercafé, sans parler d'un mini-club de sport et d'un spa ! **BS**

Résidence Panchavatti

Lieu Goa, Inde
Site Web www.islaingoa.com **Prix €€**

C'est sur l'île de Corjuem, reliée à Goa par un pont, que se trouve la résidence Panchavatti. Les 10 ha de cette propriété changent agréablement des plages de Goa et de la foule, et l'on y trouve des arbres fruitiers, des plantes tropicales et des pelouses sur lesquelles on peut se promener. La maison est bâtie autour d'une cour riche en plantes, et le salon spacieux est rempli d'objets anciens. Mettez un disque de Chopin et allez sur la véranda romantique pour avoir une vue superbe sur les rizières et la rivière Mapusa. Les quatre chambres contemporaines ont un sol de pierre et des fenêtres munies de volets ; la décoration de chacune d'elles est originale, avec ses objets d'art, ses tables très ornées et ses belles étoffes. De grandes vasques pleines de fleurs sont disposées çà et là dans la propriété. Des repas délicieux, soigneusement préparés, sont servis sur de superbes tables décorées de fleurs : il est possible de se restaurer sur la véranda en compagnie des autres résidents ou encore dans le jardin, à la lueur de chandelles.

Vous pourrez vous initier ou pratiquer le yoga Satyananda – méditatif, à base d'asanas conçus par l'école du Bihar. Des thérapeutes vous prodigueront des massages ayurvédiques bienfaisants à base de fruits frais ou de décoctions de légumes. Les promenades à vélo sont nombreuses. Si vous préférez les plages, les plus belles de Goa ne sont qu'à 30 minutes de voiture. Mais franchement, qui pourrait avoir envie de quitter un tel cadre ? À l'ombre d'une statue de Ganesh, le dieu-éléphant bénéfique, prenez un bain de soleil au bord de la piscine. Ou dégustez un thé sur la véranda, comme si vous étiez le vrai maître des lieux. **CSJ**

Bungalows Bhakti Kutir

Lieu Goa, Inde
Site Web www.bhaktikutir.com **Prix €**

À 200 m au sud de la plage de Palolem, à Goa, ce village de style « retour à la nature » est là pour vous permettre de vous reconnecter avec votre moi profond. Une promenade en bateau parmi les dauphins sera suivie d'une visite de plages quasiment désertes puis d'une sieste tardive dans un hamac. À la tombée du jour, allez suivre un cours de yoga dans l'air moite de la forêt. Autour de vous brûlent encens et bougies. Vous dormirez dans des cabanes toutes simples, mais n'oubliez pas votre moustiquaire !

Pour vous permettre de vous découvrir, des cours de yoga – sur trois ou six jours – sont donnés par un maître yogi originaire des sources du Gange : ces « voyages au Nirvana » ont pour but d'initier aux techniques de méditation indiennes permettant de purifier l'esprit et de mieux affronter la vie moderne.

> *« Soyez prêts à affronter les moustiques, à découvrir les chemins obscurs et le retour à la nature. »*
>
> ***New York Times***

La disposition des cabanes rappelle celle des vieux villages de Goa. Elles font appel aux matériaux locaux et, bien avant la mode du « vert », le lieu était déjà très respectueux de l'environnement. Les employés sont des autochtones, et des femmes pratiquent d'authentiques massages ayurvédiques. La nourriture végétarienne est préparée dans un restaurant central. Faire redécouvrir les plaisirs simples de la vie : telle est la raison d'être de Bhakti Kutir. **LD**

Fort Tiracol

Lieu Goa, Inde
Site Web www.forttiracol.com **Prix €€**

Ancienne colonie portugaise, Goa est riche de nombreux souvenirs de ses dirigeants européens : L'hôtel Fort Tiracol se dresse sur une colline surplombant la mer d'Oman et la rivière Tiracol mais aussi de vastes palmeraies.

Ses dimensions concourent au charme de Fort Tiracol : il n'y a que sept chambres et l'on a l'impression d'être le maître des lieux. Les couleurs sont superbes : l'or, le blanc et le noir donnent un air impérieux à cette forteresse remarquablement conçue. C'est un endroit sublime pour qui recherche la paix et la tranquillité. Prenez le temps de découvrir des plages quasiment vierges, de faire du yoga et de jouir des massages, d'aller en bateau privé admirer les dauphins en longeant le littoral. Et surtout, dînez en terrasse à la lueur des étoiles.

> *« La bâtisse éclaboussée de tournesols et ses auvents de tuile évoquent pour nous l'Algarve portugais. »* Magazine *Travel+Leisure*

Jadis édifié pour repousser l'envahisseur, le fortin attire aujourd'hui les visiteurs : ses remparts qui dominent la mer sont bordés de rambardes en fer datant du XVIIIe siècle sur lesquelles courent des bougainvilliers. Un séjour au Fort Tiracol se mérite : après 1 h 40 de route depuis Dabolim, l'aéroport de Goa, il faut prendre un ferry – avec un peu de chance, on vous laissera tenir la barre. Encore quelques minutes par la route, et la récompense est là. **LD**

Villa River Cat

Lieu Goa, Inde
Site Web www.villarivercat.com **Prix €**

Sur la plage voisine de ce paradis, vous risquez plus d'être dérangé par les tortues de mer enfouissant leurs œufs que par les marchands ambulants qui grouillent tout le long du rivage. La Villa River Cat est une demeure idyllique cachée au cœur d'une palmeraie, à l'écart d'une route poussiéreuse passant au nord de Goa. C'est plus une retraite qu'un hôtel. Les nombreux chats et chiens de Rinoo se promènent un peu partout tandis que les hamacs et les matelas frémissent au souffle du vent.

La touche personnelle du maître des lieux fait de votre séjour quelque chose d'unique, au point qu'on trouve ici des légions d'artistes et de scénaristes qui étaient venus la première fois en simples clients. Le carrelage des salles de bains est de couleur vive – n'oubliez pas qu'on est en Inde ; dans l'entrée, des marionnettes sont accrochées aux murs et des statues de Shiva ou d'autres dieux veillent sur vous.

La nourriture y est excellente. Plantes aromatiques, fruits et épices, délicieux riz bio et currys maison, le tout servi au restaurant Miau avec pour bruit de fond celui d'une rivière. Si lézarder à l'ombre n'est pas votre fort, Rinoo vous emmènera nager dans ses lagons préférés, vous montrera les étoiles dans son télescope ou vous indiquera toutes sortes de lieux intéressants peu éloignés de son établissement. Une chose est sûre, ce n'est pas dans cette partie de Goa que vous entendrez une techno assourdissante. C'est plutôt un havre de tranquillité où l'on peut laisser sa main traîner dans l'eau, compter les noix de coco dans les arbres et regarder les pêcheurs revenir au matin. **LD**

La plage voisine de la Villa River Cat est sublime et méconnue de la grande majorité des touristes.

Le palais Chowmahalla

Lieu Andhra Pradesh, Inde
Site Web www.chowmahalla.com **Prix €**

Le palais Chowmahalla est à couper le souffle. Au cœur de la vieille ville de Hyderabad, à un jet de pierre du bazar de Laad et des boutiques bigarrées, voici une oasis de sérénité. Franchissez les immenses portes de bois qui protègent des regards la beauté des lieux et vous vous retrouverez dans un autre monde. Jadis demeure de la dynastie Asaf Jahi et de la famille Nizam, il s'agit en réalité de quatre palais répartis sur 5 ha. L'ensemble date du XVIIIe siècle ; *chow* signifie « quatre » et *mahalla*, « palais ».

Dès son entrée, le visiteur est frappé par l'arôme douceâtre des frangipaniers : leurs fleurs blanches s'accordent parfaitement avec les colonnes et les portes voûtées de l'entrée nord, lesquelles se reflètent dans des canaux. Dans un environnement aussi paisible, le bruit de la circulation autour de la mosquée Charminar est remplacé par des chants d'oiseaux et le son apaisant de l'eau des fontaines. Parcourez lentement la cour pour savourer chaque instant de paix puis préparez-vous à la découverte du grand Khilwat, ou Durbar Hall. C'est ici que les propriétaires organisaient de grands banquets mais aussi des cérémonies religieuses.

Après de longs travaux de restauration, le palais s'est ouvert pour la première fois au grand public en 2005. Les musées et les antichambres riches en portraits et en photographies donnent une petite idée du mode de vie des Nizam. Une exposition est consacrée à la vie des femmes du palais : parmi elles, les princesses Durru Shehavar et Niloufer comptaient parmi les plus belles filles de leur génération. **SWa**

Le Durbar Hall est décoré de 19 somptueux lustres de cristal. Le trône royal était installé sur une estrade de marbre.

SwaSwara

Lieu Karnataka, Inde
Site Web www.swaswara.com **Prix €€**

Au cœur des cocotiers et des rizières dominant les baies jumelles d'Om Beach, SwaSwara vous invite à purifier votre âme par la pratique du yoga et de la méditation et à retrouver votre moi intérieur. L'approche de la conscience de soi détermine tout ici, des rituels quotidiens et de la préparation des repas au plan des villas de SwaSwara, dotées de l'air conditionné mais bâties dans le style konkani, celui de la région. Des zones d'étude sont réservées aux exercices spirituels. Pour ceux qui ne sont plus novices, le cours de Panchakarma dispensé sur dix jours fait appel aux anciennes méthodes de relaxation pour restaurer l'harmonie entre le corps, l'esprit et l'âme.

« Un lieu qui respire la paix et l'isolement… où l'on peut vraiment découvrir qui l'on est. »

Tatler

Le complexe de SwaSwara respecte l'environnement. Une machine extrait du compostage de déchets organiques du gaz servant à la cuisson des aliments et l'eau de pluie est récupérée. Les repas ressemblent davantage à des régimes personnalisés selon le type physique et les besoins individuels. La viande est remplacée par les produits de la mer et les légumes issus des fermes voisines. Le temps s'écoule lentement dans la sérénité de ces 12 ha. Dans ce voyage initiatique à la recherche de votre personnalité profonde, seuls vous accompagneront le bruit des vagues et le cri des geckos, des martins-pêcheurs et des langurs à longue queue. **BS**

Le temple de Hanuman

Lieu Karnataka, Inde
Site Web www.hampi.in/sites/Anjaneya_Hill.htm

Capitale médiévale de l'Empire hindou, le site de Hampi est inscrit au patrimoine de l'humanité par l'Unesco. Le trajet est plutôt éprouvant entre cette ville étouffante et le temple de Hanuman, au sommet de la colline d'Anjaneya. Commencez par le bazar et descendez jusqu'à la rivière pour découvrir les grottes riches en statues de divinités hindoues. Après qu'une embarcation légère vous aura emmené en aval, levez les yeux vers la ligne d'horizon. Un bâtiment blanc construit sur la colline constitue votre destination : c'est le temple de Hanuman.

Arrivé au pied de la colline après avoir marché sur des chemins où une multitude d'enfants vous auront réclamé des stylos et des roupies, vous comprendrez ce que vous êtes venu chercher. Un homme vend des cornets de cacahuètes et, tout en haut de centaines de marches blanchies à la chaux, des singes courent en tout sens tandis que *sâdhus*, pèlerins et touristes reprennent péniblement leur souffle. Le soleil est écrasant et l'ascension dure 45 minutes. Dans le temple fortement éclairé, cela sent la sueur et l'encens. C'est là que serait né Hanuman, et le lieu a une importance toute particulière pour les adorateurs de Rama : le général des singes a aidé ce dernier à délivrer son épouse, Sita, prisonnière au Sri Lanka du démon Ravana.

Du temple, on a une vue panoramique sur toute la région : vaste plaine jonchée de rochers, écuries d'éléphants, jardins des palais, vols d'ibis blancs et ruines d'un vieux pont de pierre jeté sur la rivière. Le silence n'est rompu que par le claquement des drapeaux orange et le pas léger des singes. **LD**

Le petit temple blanc dédié au dieu Hanuman mérite bien les efforts déployés pour l'atteindre.

Centre de méditation Shreyas

Lieu Bangalore, Karnataka, Inde
Site Web www.shreyasretreat.com **Prix €€**

« *Pour la première fois dans une école de yoga indienne, j'ai senti qu'il était possible d'atteindre la béatitude.* » Lucy Edge, écrivain

Aux abords de la ville grouillante de monde de Bangalore, la retraite idyllique de Shreyas permet, par le biais du yoga, de partir à la découverte de soi. Entouré de plus de 10 ha de jardins merveilleusement bien entretenus, Shreyas n'est pas seulement le plus grand centre de yoga du sud de l'Inde : c'est aussi un lieu où l'on peut se salir les mains en travaillant au jardin ou dans les rizières. On peut y apprendre les principes de l'agriculture durable ou abandonner ses inhibitions et jouer avec les enfants d'un village voisin avant de se détendre dans un hamac judicieusement disposé.

Shreyas est un mélange informel de tentes de toile et de maisonnettes de pierre disséminées autour d'une belle piscine oxygénée. Avec sa véranda privée, chaque habitation est suffisamment éloignée de sa voisine pour assurer l'intimité de ses occupants. Les repas végétariens élaborés à partir des produits du jardin bio sont pris dans la salle à manger communautaire ou en extérieur quand la nuit est douce, et les menus méticuleusement élaborés viennent compléter le programme de remise en forme de Shreyas tout en respectant les types physiques et les objectifs de chacun.

Plusieurs sortes de massage sont prodigués ici : thérapie balinaise à base d'huile pour le tissu musculaire, ou encore techniques traditionnelles thaïes faisant appel à la réflexologie et à l'acupressure. À Shreyas, c'est le voyage intérieur qui importe : la quête de la sérénité, de la conscience de soi, et la découverte des philosophies complexes de l'Inde de toujours. **BS**

⇱ *Le centre de Shreyas permet la pratique du yoga dans un environnement très confortable.*

Soukya

Lieu Bangalore, Karnataka, Inde
Site Web www.soukya.com **Prix €€**

Après le vacarme de Bangalore, la réception de Soukya vous accueille avec un verre de jus de noix de coco, et vous avez l'impression d'entrer dans un univers parallèle : chemins dallés, vertes pelouses, arbres odorants… Il n'y a que vous, 24 résidents en tout, 116 membres du personnel et 12 ha de jardins paisibles, de pièces d'eau, de cultures bio et de vergers.

Soukya est plus un centre de médecine holistique remarquablement conçu qu'un spa. Les soins attentifs qu'on y propose ont attiré les personnalités riches et célèbres venues du monde entier parce qu'ils font vraiment du bien. Certains clients veulent déstresser, d'autres perdre du poids ou récupérer après une maladie ou une blessure. Une consultation initiale permet de définir qui vous êtes, de la santé aux relations sociales en passant par les traits de caractère. Ensuite, un programme personnalisé mêle traitements ayurvédiques, remèdes homéopathiques, régime alimentaire végétarien et bio ainsi que toute une gamme de thérapies. La médecine allopathique moderne y tient aussi sa place.

« Cet endroit euphorique peut paraître manquer de naturel, toujours est-il que ça marche ! »

Magazine *Society*

Les programmes peuvent comporter plus de 100 soins et durer plus d'un mois. Se relaxer n'est toutefois pas la même chose que se faire dorloter mais le jeu en vaut la chandelle. Les kilos disparaissent, la peau brille… et vous en savez plus sur vous-même. **OM**

À bord du *Golden Chariot*

Lieu Bangalore, Karnataka, Inde
Site Web www.goldenchariot.com **Prix €€**

En mars 2008, la gare de Yashwantpur, à Bangalore, a donné un atout de plus au tourisme indien déjà si riche. Le *Golden Chariot* (« Chariot d'or ») effectue depuis son voyage inaugural un circuit passant par le grand palais de Mysore, la forteresse de Srirangapatna, les temples de Bzelur, Halebid et Hampi, les grottes de Badami ou encore les plages écrasées de soleil de Goa. Ce train de luxe rivalise sans peine avec ses homologues du monde entier.

Les 19 voitures magenta du *Golden Chariot* reçoivent jusqu'à 88 passagers dans de somptueuses chambres jouissant de l'air conditionné et de fenêtres à double vitrage ; les panneaux muraux en bois et les bas-reliefs sculptés du plafond rappellent la splendeur des maharadjahs d'antan. Le petit déjeuner à l'occidentale est servi dans deux voitures-restaurants. La cuisine locale est parfois végétarienne avec des plats délicieux tels que le Neer Dose, du riz servi avec du chutney et de la noix de coco râpée. Vins et alcools de qualité sont bien entendu au rendez-vous. La décoration impeccable du salon prend pour modèle le palais de Mysore. On trouve même un sauna, une salle de remise en forme et un professeur de gymnastique. On ne demande qu'une chose aux passagers (dont l'âge moyen dépasse la cinquantaine) : se détendre et apprécier leur voyage.

Le circuit n'est pas fatigant et il y a moins d'étapes qu'on pourrait le croire. Savant mélange de confort et d'expériences extraordinaires, l'itinéraire est une chose dont vous vous souviendrez toute votre vie. Certaines scènes sont particulièrement émouvantes : c'est le cas du spectacle des éléphanteaux prenant leur bain dans la rivière Kabini, sur le domaine du Kabini River Lodge, jadis propriété des maharadjahs de Mysore. **BS**

Hôtel Tranquil

Lieu Wayanad, Kerala, Inde
Site Web www.tranquilresort.com **Prix €€**

Le Tranquil est situé dans une plantation privée de vanille et de café d'une superficie de 160 ha, au cœur de paysages encore vierges de l'État indien du Kerala. Il n'y a que huit chambres, dont deux étonnantes *tree houses*, des maisons dans les arbres : l'exclusivité est ici de rigueur. En approchant du corps de bâtiment principal, on ne peut qu'éprouver la sensation de pénétrer dans un monde parfait. Chemins et vérandas sont balayés deux fois par jour, et cette retraite campagnarde est, à bien des égards, un microcosme de la forêt tropicale de Wayanad environnante.

Autour du bâtiment principal, de longues vérandas luxueuses présentent un mobilier en osier et en bambou ainsi que des ventilateurs suspendus au plafond évoquant l'époque de Kipling et de Somerset Maugham. Dans les jardins luxuriants, une piscine de forme originale est entourée de hamacs propices à la sieste. Sur une centaine de mètres carrés, la Tree Villa est perchée à une dizaine de mètres du sol. Spacieuse et protégée des insectes, elle peut accueillir quatre personnes. Entourée de vérandas, elle propose deux salles de bains ainsi que l'équipement technologique le plus moderne. Installée sur trois arbres, la Tree House est quant à elle un peu plus petite – une bonne quarantaine de mètres carrés et une seule chambre pourvue d'une salle de bains ; on y accède par une rampe inclinée que même les personnes âgées peuvent emprunter.

Les résidents peuvent découvrir le travail des producteurs de café, de la plantation à la récolte. Une promenade dans la plantation voisine montre les divers stades de la culture de la vanille, de la pollinisation à la main aux nombreux soins permettant de mettre en valeur la saveur des gousses. **BS**

Kalari Kovilakom

Lieu Kerala, Inde
Site Web www.kalarikovilakom.com **Prix €€**

Ashram haut de gamme installé dans un ancien palais de maharadjahs, Kalari Kovilakom propose des programmes ayurvédiques dans un cadre des plus luxueux. Alors que la plupart des gens lézardent au soleil sur les plages du Kerala, échappez aux circuits touristiques habituels : cette retraite élégante est située à l'intérieur des terres, non loin du village de Kollengode, au pied des monts Annamalai.

Le séjour minimal est de deux semaines, le temps que les soins ayurvédiques fassent réellement de l'effet. Les programmes quotidiens incluent yoga en douceur et méditation, et vous découvrirez toutes sortes de traitements soigneusement élaborés à partir de la médecine holistique indienne traditionnelle. Vous pourrez aussi vous initier à un art martial original du nom de Kalaripayattu. Il combine mouvements du corps et grande concentration.

> *« Les environs… sont très beaux. Des montagnes jaillissent de cascades d'une prodigieuse hauteur. »*
>
> **Francis Buchanan, voyageur (1762-1829)**

Certaines chambres sont situées dans le palais d'origine mais la plupart se trouvent dans un bâtiment annexe à l'intérieur très design. De délicieux mets préparés selon les principes ayurvédiques sont servis dans d'immenses plats en métal présentés sur des tables collectives. On s'occupera bien de vous mais ne venez pas ici si vous voulez mener grand train : viande rouge et chaussures en cuir sont interdites, et l'alcool est remplacé par des boissons locales. **CSJ**

Coconut Lagoon

Lieu Kerala, Inde **Site Web** www.cghearth.com/coconut_lagoon/index.htm **Prix €€**

On ne peut atteindre Coconut Lagoon que par bateau. Cela ressemble à une expédition aventureuse mais vous serez vite récompensé parce que vous aurez ainsi l'occasion d'entrevoir la faune fabuleuse et la végétation luxuriante du Kerala. En arrivant à Coconut Lagoon, vous comprendrez très vite pourquoi le complexe hôtelier a été ainsi baptisé. Au cœur d'une plantation de cocotiers abandonnée, il est à la hauteur des espérances que fait naître son appellation.

Les logements reprennent la structure des *tharawads*, les maisons en bois traditionnelles du Kerala. Certaines sont construites à l'ancienne, d'autres selon des techniques plus modernes, mais elles sont toutes dues à d'excellents artisans locaux. La plus ancienne résidence remonte au début du XVIIIe siècle, d'autres n'ont qu'une centaine d'années. Histoire des villas mise à part, les résidences offrent toutes un confort luxueux. Les salles de bains donnent sur des jardins privatifs, le mobilier est en ébène et le style de décoration colonial renforce le caractère d'authenticité. La propriété elle-même est proche de la nature. C'est une vache et non pas une machine qui tond l'herbe, tandis que papillons et oiseaux volettent de toute part.

De nombreux clients viennent au Coconut Lagoon pour ses soins ayurvédiques – physiothérapie, yoga, thérapies alternatives, entre autres – mais si vous vous sentez plus actif, de nombreux sports vous seront proposés tels que hors-bord, canoë ou pêche. Si le paysage entrevu en arrivant vous a enchanté, faites une mini-croisière au coucher du soleil ou louez un *kettuvallom*, embarcation traditionnelle en bois très dur, osier et bambou. Vous découvrirez alors la mangrove, les cocotiers et les rizières. **PS**

Hôtel Marari Beach

Lieu Kerala, Inde
Site Web www.cghearth.com/marari_beach/index.htm **Prix €€**

Sur une palmeraie de 10 ha, le Marari Beach peut se vanter de posséder 16 km de rivage. Le complexe est entouré de villages de pêcheurs où pratiquement rien n'a changé depuis des siècles .

Le confort et l'élégance ont présidé à la conception des cottages de Marari : le bambou, l'ébène et l'osier vous font entrer de plain-pied dans l'Inde rustique. Les vastes chambres bénéficient de l'air conditionné ; les superbes salles de bains, en partie en extérieur, ont des toits en pente, des rocailles ornementales, des plantes tropicales et des douches à demi couvertes. Mais n'oublions pas que l'on est en Inde : une aura spirituelle entoure Marari, et son impressionnant centre ayurvédique prodigue sur la plage des cours de yoga destinés

Une plage est une plage, rien de plus, tant qu'on n'en cherche pas le cœur, l'âme profonde.

à renforcer l'esprit, l'âme et le corps. Vous pourrez déguster d'excellents cocktails au bar installé dans un bâtiment vieux de 200 ans : essayez le Panchamrutam, une boisson aussi psychédélique que le spectacle du soleil couchant. Seuls les meilleurs produits locaux sont servis au restaurant, cuits ou grillés au barbecue selon le menu du jour.

Marari est aussi très respectueux de l'environnement : potager bio, panneaux solaires… On n'entend pas souvent les mots « luxueux » et « respectueux » dans la même phrase, mais Marari insiste sur ces deux qualités. **PS**

Les mangroves du Kerala

Lieu Kerala, Inde
Site Web www.keralatourism.org **Prix €**

« *Une rivière limpide au cœur de la forêt… rien de tel pour oublier la chaleur ambiante.* »

Poorna Shetty, *The Guardian*

Non loin de Kollom, Valiyavila est un lieu paisible voué au commerce équitable, loin du vacarme des grandes villes indiennes. Arriver dans cet endroit tranquille, c'est comme remonter dans le temps. Deux fois par jour, le ferry conduit les résidents de Kollom à la jetée de Panamukkam ; sinon négociez avec un habitant qui vous fera lentement traverser le lac dans son embarcation en bois.

Entouré sur trois côtés par le lac d'Ashtamudi, Valiyavila est l'endroit idéal pour qui veut se détendre et explorer les eaux stagnantes du Kerala. Des palmiers donnent de l'ombre et le vent apporte de la fraîcheur ; des hamacs sont installés sur la véranda et les chambres sont spacieuses. Détendez-vous au son du bruissement de l'eau et écoutez le langage inimitable permettant aux pêcheurs de communiquer avec les nombreux house-boats qu'on appelle ici des *kettuvallom*.

Les mangroves sont constituées de 900 km de lagons, lacs, canaux et estuaires, et la Southern Backwaters Company propose à partir de l'île Munroe des promenades sur la rivière Kallada et le lac d'Ashtamudi. Respectueux de la vie sauvage et de l'environnement, un batelier vous emmènera dans sa barque à fond plat sur les canaux et les petites voies d'eau du Kerala. Vous passerez ainsi à côté de villages, dont les habitants font la cuisine ou lavent leur linge sur le rivage, mais aussi d'hibiscus resplendissants, de jacinthes d'eau, de vieux canots à demi immergés et d'anacardiers aux noix énormes. De retour à Valiyavila, vous apprécierez un repas délicieux, une bière Kingfisher et un coucher de soleil somptueux. **SjD**

Naviguer sur les eaux stagnantes du lac d'Ashtamudi : une expérience à la fois apaisante et intemporelle.

Maison d'hôtes Mottys

Lieu Kerala, Inde
Site Web www.uniquehomestays.com **Prix €€**

Découvrez la culture de l'Inde du Sud en séjournant dans la charmante maison de Motty et Lali Mathew. Cette demeure traditionnelle du Kerala abrite toutes sortes d'objets curieux originaires du sous-continent : de la table de toilette victorienne aux vieilles gravures encadrées en passant par une collection de cannes de marche et une vitrine de faïences anciennes.

La maison d'hôtes-boutique Mottys Homestay est située dans Allepey, paisible bourgade surnommée la « porte des mangroves du Kerala ». L'établissement est simple mais confortable. Les résidents peuvent séjourner dans la maison proprement dite ou dans les quatre villas de pêcheurs en bordure de la plage de Marari couverte de petites embarcations. Les chambres de la maison ont des salles de bains privées, celles des villas des salles de bains en plein air.

C'est comme découvrir au cœur du Kerala la maison d'un oncle perdu de vue depuis longtemps.

La cuisine du Kerala est excellente et celle du Mottys Homestay l'est encore plus. Les clients peuvent même apprendre à préparer les recettes traditionnelles du sud de l'Inde. Lali n'utilise que des ingrédients locaux, dont les dernières prises des pêcheurs. Vous pourrez dîner avec la famille dans la salle à manger éclairée aux chandelles et déguster le pain de riz, les currys, les pickles et les bananes cuites. La plupart des hôtes sont si impressionnés que Lali a concocté un recueil de recettes que l'on peut rapporter chez soi. **SH**

Kodaikanal

Lieu Tamil Nadu, Inde
Site Web www.kodaikanal.com

Au sud du Tamil Nadu, la ville de Kodaikanal permet d'échapper un peu à la chaleur étouffante. Dans la chaîne montagneuse des Ghâts occidentaux, qui s'étend de Mumbai (Bombay) à la pointe extrême de l'Inde, Kodaikanal est la seule station d'altitude fondée par des missionnaires américains. À 2 100 m, la température est peu sujette aux variations saisonnières parce que la ville est proche de l'équateur : elle dépasse rarement 20 °C et tombe difficilement en dessous de 8 °C.

Fondée dans les années 1840, la station a toujours attiré des visiteurs, tout d'abord des habitants des plaines désireux d'échapper à la chaleur puis, depuis quelques dizaines d'années, de riches Indiens. C'est à la périphérie du centre-ville et de ses 50 hôtels que se trouve le lac artificiel de Kodaikanal – en forme d'étoile. Souvent considéré comme le fleuron de la ville, il s'inscrit dans un paysage de conifères, et les jeunes mariés passant leur lune de miel dans la région adorent y faire du bateau. Au sud-est du lac, le jardin botanique de Bryant Park mérite une visite, puis une promenade sur la Coaker's Walk permet d'admirer le paysage avec ses vallées et ses cimes. Non loin, à quelques kilomètres dans la montagne, le temple de Kurinji Andava et son domaine abritent un arbuste endémique du nom de *neelakurinji*. Sa couleur va du bleu au violet mais il faut vraiment avoir beaucoup de chance pour l'apprécier pleinement : il ne fleurit en effet que tous les douze ans.

Surnommée la « princesse des stations », Kodaikanal est une retraite pittoresque qui apporte une vraie bouffée d'air pur après un séjour dans les villes étouffantes des plaines indiennes. **SD**

Mahabalipuram

Lieu Tamil Nadu, Inde **Site Web** www.mahabalipuram.co.in

Célèbre pour son temple en bord de l'eau, Mahabalipuram fut du Vᵉ au VIIIᵉ siècle apr. J.-C. le port maritime des rois Pallava de Kanchipuram, à l'apogée de leur puissance artistique et politique. Construit au milieu du VIIᵉ siècle, le complexe religieux abrite plusieurs petits temples taillés dans le roc mais érodés par le vent, le soleil, le ciel et les années.

Les sublimes sculptures représentent des scènes de la vie quotidienne – femmes trayant des bufflonnes, dignitaires de la ville, jeunes filles prenant des poses – mais aussi animaux et divinités peuplant les contes et les fables du *Panchatantra*. Ces images sont inhabituelles au Tamil Nadu, où les sculptures montrent habituellement des divinités, pas des gens de tous les jours. Ce qui fait la splendeur de Mahabalipuram, c'est le caractère vraiment vivant de la sculpture sur pierre : on peut voir dans toutes les rues des ateliers où des sculpteurs travaillent de l'aube au crépuscule. Un musée abrite plus de 3 000 œuvres dues à des artistes locaux.

Les touristes venus de Chennai (Madras) pour la journée sont nombreux ici mais le calme revient au coucher du soleil quand les paillotes de bord de plage servent d'excellents produits de la mer. Le long du rivage, les pêcheurs rapportent leurs prises de l'après-midi tandis que de petits marchands proposent des objets en pierre ou des shiloms (pipes en forme d'entonnoir très prisées des hippies). Le littoral a reculé depuis le tsunami de 2004, révélant d'autres vestiges comme un lion en pierre. Pendant le tsunami, les eaux s'étaient retirées si loin qu'un temple apparut aux yeux de la population émerveillée. À nouveau recouvert, il n'est plus aujourd'hui admiré que des plongeurs. **LB**

→ *Les petits temples recouverts de sable furent mis au jour il y a deux siècles par les Britanniques.*

Ulpotha

Lieu Embogama, Sri Lanka
Site Web www.ulpotha.com **Prix €€**

Oasis de tranquillité au cœur des anciennes villes sacrées du centre du Sri Lanka, Ulpotha est certainement l'endroit idéal pour qui veut pratiquer le yoga et bénéficier de soins ayurvédiques de qualité. Site de pèlerinage depuis des milliers d'années, il offre aujourd'hui calme et sérénité pour débarrasser les hommes et les femmes du stress de la vie moderne.

Ulpotha est installé dans une ferme biologique en exploitation. C'est un pionnier en matière d'écotourisme, construit autour d'un pavillon central où l'on sert les repas et où sont donnés les cours de yoga. Pas de luxe ici, et les chambres sont de simples huttes en adobe. On s'y sent cependant comme chez soi tout en profitant de délicieux currys végétariens faits maison et d'un programme de soins ayurvédiques. Les huttes sont décorées de jetés de lit en lin et de coussins chamarrés alors que les chambres du bâtiment principal sont meublées de lits à baldaquin, d'antiquités et d'images de divinités locales. L'odeur de l'encens et l'arôme des coupelles de fleurs flottant sur l'eau embaument l'air. La nuit, de vieilles lampes à huile et des torchères éclairent les chemins pour renforcer l'impression d'éloignement de tout ce qui fait le monde moderne.

La retraite n'est ouverte que pendant six semaines en juin et juillet, puis de novembre à mars ; le reste du temps est consacré à la culture des terres. Les cours de yoga sont quotidiens ; on peut aussi se promener dans la campagne environnante ou tout simplement ne rien faire et jouir de l'atmosphère du lieu. **AD**

⇐ *Pour vivre une expérience originale, séjournez dans la hutte installée dans un arbre poussant au milieu du lac.*

Ayurveda Pavilions

Lieu Negombo, Sri Lanka
Site Web www.agoda.fr/asia/sri_lanka/negombo.html **Prix €€**

Soucis et fleurs de frangipaniers flottent dans des coupelles d'eau, et l'odeur entêtante de l'encens parfume l'air humide. À l'Ayurveda Pavilions Hotel, la relaxation est au centre de tout, que ce soit dans le bruit discret de l'eau ou dans les soins prescrits par les médecins locaux.

Les douze villas sont bâties dans le style d'un village sri lankais traditionnel avec des chambres hautes de plafond, des bains intérieurs et extérieurs, des cours ombragées et de confortables vérandas meublées de sièges en ébène. Quelques minutes de marche amènent aux plages bordées de palmiers de la côte occidentale du Sri Lanka.

« Les Sri lankais ont eu [2 500 ans] pour maîtriser l'art de la guérison ayurvédique. »

San Francisco Chronicle

Après une consultation avec un médecin ayurvédique, des huiles chaudes et apaisantes sont mises à infuser avec des plantes médicinales puis répandues sur les parties douloureuses du corps. On n'entend que le pépiement des oiseaux et les notes lancinantes d'un sitar dont un musicien joue dans le jardin. Ce centre fait appel à d'antiques traitements ayurvédiques pour traiter les maux, du mal de dos à l'arthrite en passant par les migraines et les problèmes de peau. Le restaurant propose un menu ayurvédique à base de fruits et de légumes frais mais aussi de produits de la mer. Yoga, méditation et musicothérapie sont mis à disposition mais on peut aussi lézarder près de la piscine. **AD**

Hôtel Barberyn Reef

Lieu Beruwala, Sri Lanka
Site Web www.barberynresorts.com **Prix €€**

Conçu il y a 5 000 ans, le principe médical indien appelé ayurvéda (« science de la vie », en sanskrit) est de plus en plus apprécié en Occident pour ses capacités à rétablir l'équilibre entre le corps et l'esprit.

Sur un rivage doré, au sud-ouest du Sri Lanka, l'hôtel Barberyn Reef est l'un des pionniers de l'ayurvéda. Le complexe, presque entièrement rénové après le tsunami de 2004, propose aujourd'hui 75 superbes chambres dont certaines avec terrasse ou balcon sur l'océan.

Les résidents peuvent opter pour un package ayurvédique comprenant consultation avec un médecin, alimentation personnalisée et programme individuel.

« Une énergie toute particulière émane de cet endroit… une sorte d'aura régénératrice. »

Nation Newspaper

Ils bénéficient ainsi de massages à quatre mains quotidiens et de soins de désintoxication. N'hésitez pas à vous faire bichonner !

Ayurvéda mis à part, la situation géographique de l'hôtel est l'un de ses meilleurs atouts : il est en effet installé sur une plage et un récif de corail bordés de palmiers, un endroit idéal pour se baigner ou paresser au soleil. Il est également possible de prendre part à un programme composé, entre autres disciplines, de yoga, de méditation et de cours de cuisine. Un charmant petit restaurant de plage sert des thés et des boissons à base de fruits frais : c'est un endroit magique pour voir le soleil disparaître à l'horizon. **LC**

Hôtel Amangalla

Lieu Galle, Sri Lanka
Site Web www.eihr.com/amangalla/index_fr.htm **Prix €€**

L'Amangalla est installé dans un fortin âgé de quatre siècles, dans le vieux quartier de Galle où de petites boutiques proposent toutes sortes d'objets de la période coloniale, de caftans décorés et d'objets issus de l'artisanat local.

Le fort d'Amangalla servit de base à l'armée hollandaise avant de devenir il y a quelque 140 ans le New Oriental Hotel, le plus ancien établissement hôtelier d'Asie. Son héritage historique est soigneusement préservé. Marchez sur les parquets en teck, rangez vos vêtements dans des coffres en pettagama, dormez dans des lits à baldaquin ou dégustez une boisson à base d'arack dans un siège de planteur. Élégants jetés de lit et vases de fleurs ornent les 29 chambres, toutes différentes – la plus belle est la Suite 8, en haut de l'escalier principal, avec vue sur le fortin et l'océan. Le restaurant sert des plats européens mais aussi une délicieuse cuisine locale.

Pour profiter au mieux de la relaxation, vous trouverez une grande piscine d'extérieur avec ses *ambalama* (banquettes-lits) ; dans le jardin fleuri, un pavillon au sol de bois permet de suivre des cours particuliers de yoga, méditation et qi gong. À l'emplacement des anciennes boutiques du New Oriental ont été installés les bains : bassin d'hydrothérapie petit mais apaisant, piscine froide, hammam et sauna sont tous éclairés par des bougies. Des thérapeutes expérimentés prodiguent des traitements inspirés de diverses cultures. On peut même suivre un programme ayurvédique traditionnel favorisant le bien-être et le développement personnel. **CSJ**

→ *Une atmosphère d'intimité imprègne l'Amangalla, havre de paix aux couleurs apaisantes.*

River House

Lieu Balapitiya, Sri Lanka
Site Web www.tourslanka.com/lankahotels.htm **Prix** €€

Sur la côte sud-ouest du Sri Lanka, le fabuleux River House est situé dans les environs de la petite ville de Bentota. Au sommet d'une colline herbeuse, à l'ombre de palmiers et dominant la vallée de la rivière Madhu Ganga, l'hôtel apparaît dans toute sa splendeur au détour d'un chemin. Au milieu de 3 ha de végétation luxuriante, cet établissement alliant le style à la tranquillité est la création de Nayantha Fonseka, un designer ayant abandonné la haute couture pour l'architecture. Le bois sri lankais, kitul ou jaquier, est omniprésent, et des antiquités choisies avec soin se mêlent à des reproductions de meubles sculptées à la main.

Les résidents peuvent se prélasser sur les sofas en rotin de la véranda, entourés de tapisseries, de tentures et de tapis précieux. Les cinq suites somptueuses ont reçu le nom de signes astrologiques sri lankais : Kanya et Singhe sont dotées de lits immenses, Tulu et Danu sont adjacentes et idéales pour un groupe familial tandis que Makara se trouve près de la rivière, à quelque distance du corps de bâtiment principal. Chaque suite dispose d'une terrasse ou d'un jardin privé ainsi que d'une petite piscine intérieure ou extérieure.

Passez quelque temps dans la propriété ou dans la petite cabane de plage, à cinq minutes à pied. Plongez dans l'immensité de l'océan, lézardez sur une plage privée ou embarquez dans un canot à moteur. Ensuite, revenez à la villa pour déguster au restaurant ou dans le jardin toute une gamme de plats plus délicieux les uns que les autres. Comme souvent en Orient, le service est attentif mais discret pour offrir le maximum tout en respectant l'intimité des résidents. **AD**

Un concept et un décor uniques... une des plus belles propriétés du Sri Lanka.

L'hôtel est au bord du paisible estuaire du Madhu Ganga, paradis des pêcheurs et des amis des oiseaux.

Mudhouse

Lieu Près d'Anamaduwa, Sri Lanka
Site Web www.themudhouse.lk **Prix €€**

La petite ville d'Anamaduwa n'est qu'à quelques heures de voiture au nord de Colombo, à l'ouest du Sri Lanka. On y trouve non seulement le temple rupestre de Paramakanda mais aussi, au pied du sanctuaire, une retraite perdue dans la forêt. Avec ses cabanes de conception toutes différentes disséminées sur 24 ha de forêt tropicale, le caractère paisible de The Mudhouse est en parfait accord avec sa situation géographique.

Construites uniquement avec des matériaux naturels, les huttes combinent l'esthétique moderne à l'artisanat traditionnel. Elles possèdent toutes une salle de bains intérieure, une douche d'extérieur, une petite salle à manger et un emplacement réservé à la méditation et au yoga. C'est toutefois une éco-retraite sans électricité : la nuit, bougies et lanternes viennent renforcer le charme poétique des lieux.

« [Il y a] une hutte romantique sur pilotis… avec un lit à baldaquin et la vue sur le lac. »

The Guardian

Le Mudhouse abrite aussi une ferme biolgique fournissant la majeure partie des fruits et légumes servis pendant les repas. Les résidents peuvent participer à la cueillette des fruits. Les activités sont nombreuses : bicyclette, promenades en bateau, observation des oiseaux dans le sanctuaire qui leur est réservé ou visites des anciennes villes d'Anuradhapura, Yapahuwa et Pandurasnuwara. Le Mudhouse se distingue par son désir de se fondre totalement dans la beauté naturelle de son environnement. **DaH**

Paradise Farm

Lieu Kithulgala, Sri Lanka
Site Web www.paradisesrilanka.com **Prix €€**

Le « pays du thé » attire beaucoup de touristes désireux de bénéficier de sa sérénité mais aussi de voir comment se cueille la plante qui donnera ce breuvage si prisé dans le monde. C'est dans cette région que se trouve Paradise Farm, une petite ferme biolgique qui distribue tous ses bénéfices aux cueilleuses, dont le salaire dépasse rarement les quelques euros par jour.

La villa portant le même nom est une retraite idyllique perdue dans la forêt. Elle est très prisée des artistes, des écrivains et de quiconque recherche la paix et le calme, loin des *tuk-tuks* (cyclo-pousse) et des routes défoncées. Il y a deux chambres doubles dans la villa proprement dite et, derrière, deux bungalows plus coûteux. On n'est pas ici dans un cinq étoiles mais tout est fait pour un vrai retour à la nature. Le séjour permet à la Worldview International Foundation d'apprendre à la population à cultiver de manière durable et à aider sa propre communauté. Les propriétaires de Paradise Farm sont très discrets et le client peut faire ce qu'il veut. Les currys sri lankais traditionnels arrivent des cuisines aux heures des repas et le petit déjeuner se compose de fruits frais et de *pancakes*.

De la belle piscine de la villa, assis dans des sièges en rotin ou mollement couché sur des matelas, on peut voir la forêt tropicale et les oiseaux volant haut dans le ciel. Par beau temps, on aperçoit même le Sri Pada, ou pic d'Adam : c'est une des montagnes saintes du Sri Lanka, vénérée par les hindous shivaïtes, les bouddhistes et les musulmans. On découvre également les plantations de thé à flanc de colline. Les buffles paissent, les singes jouent bruyamment et la nuit est éclairée par les lucioles. De la villa, des chemins conduisent dans la jungle en passant par des jardins où poussent les plantes servant à préparer les épices. **LD**

Helga's Folly

Lieu Kandy, Sri Lanka
Site Web www.helgasfolly.com **Prix €**

Le groupe de rock Stereophonics avait tant aimé Helga's Folly qu'il écrivit une chanson en son honneur après avoir passé une nuit inoubliable dans cet établissement des plus originaux – son site Web en est la preuve ! L'hôtel est situé au sommet d'une colline, un peu en dehors de la ville de Kandy, si trépidante avec ses commerces d'antiquités, de bijoux et de babioles. C'est un endroit de repos, très prisé des célébrités.

Discrètement éclairé par de petites lampes et des bougies qui coulent, l'endroit a quelque chose de décadent, mélange de Moulin-Rouge et de fumerie d'opium. Les clients peuvent loger dans des chambres communes meublées de sofas moelleux, de coussins, de meubles anciens, de vases et de draperies en velours. Les murs aux couleurs vives sont décorés de photos de stars légendaires de Hollywood, de peintures, de dessins et de portraits de la famille d'Helga, une femme hautement excentrique portant chapeaux délirants et grosses lunettes de sport. Les bâtiments sentent le moisi et la poussière mais cela fait aussi leur charme. Le décor des chambres est de la même veine, avec des lits à baldaquin ornés de dentelle noire et de draps dorés.

L'extérieur de l'hôtel est une sorte de jungle touffue, totalement sauvage. La piscine est entourée de statues féeriques, un vrai paradis pour les enfants qui séjournent ici. Une pancarte dit : « Assurez-vous d'avoir bien fermé fenêtres et portes avant de quitter la chambre. La direction n'est pas responsable des agissements des singes. » Ils habitent dans les arbres et débarquent en force le matin, c'est donc à vos risques et périls que vous prendrez le petit déjeuner sur la terrasse !. **JK**

⇐ *Le décor du Helga's Folly est à la fois bohème et traditionnel – un cocktail des plus originaux.*

Tree Tops Lodge

Lieu District de Moneragala, Sri Lanka
Site Web www.treetopsjunglelodge.com **Prix €**

Le Tree Tops Lodge est situé en pleine forêt de Weliara, au Sri Lanka, entre le parc national de Yala et les monts Arahat Kanda. C'est l'endroit idéal pour observer la vie sauvage, en particulier les éléphants sauvages et quelques-unes des 161 espèces d'oiseaux. Une éléphante et son petit, voilà une des visions les plus émouvantes qui soient.

L'établissement est modeste. Les visiteurs séjournent dans des huttes construites à la mode locale à partir de bois, d'argile et de bouse de vache et font leur toilette avec l'eau du puits. On se couche en écoutant les bruits de la jungle après une promenade à la lueur des étoiles et on s'éveille au pépiement des oiseaux.

Un étonnant point de vue sur la vie de la jungle… l'atmosphère est chargée des bruits de la vie sauvage.

Le Tree Tops n'est pas réservé aux amoureux de la vie végétale et animale. Le personnel propose aux clients de visiter des temples bouddhiques rupestres peu fréquentés par les touristes. La cuisine végétarienne est faite au feu de bois ; les soupes et les currys sont préparés par des chefs connaissant les secrets des plantes ayurvédiques poussant dans la jungle. Le spectacle de la vie sauvage est bien entendu différent selon l'époque de l'année, lors de la saison sèche ou pendant la mousson. Il est également possible de ne rien faire du tout, de se relaxer dans un hamac et de contempler le paysage, aussi éloigné que possible de la frénésie de notre siècle. **CK**

L'île de Baros

Lieu Atoll de Kaafu, Maldives
Site Web www.baros.com **Prix** €€

Ce pourrait être la définition du paradis : de minuscules amas d'îles sablonneuses à jamais baignées d'un soleil resplendissant, des plages blanches et des palmiers agitant doucement leurs longues feuilles. Une photo d'un tel lieu fera mourir d'envie vos amis à votre retour de vacances.

Vues d'avion, les Maldives ressemblent à de petites taches. Leur point culminant se situe à 3 m au-dessus du niveau de la mer et les hôtels de luxe sont nombreux. Après avoir atterri à l'aéroport de Malé, un bateau ou un hydravion vous permettra de rejoindre votre destination exclusive. En 25 minutes passées au-dessus de l'eau, vous verrez certainement un banc de dauphins ou de poissons volants, et vous vous retrouverez sur votre île bien à vous, comme Robinson Crusoé.

Baros est l'une des îles les plus isolées et les moins dénaturées de l'atoll nord. Vous pourrez paresser toute la journée sur votre terrasse privée, explorer les eaux cristallines en compagnie des pêcheurs sous-marins ou vous faire dorloter au spa. Il est également possible de réserver une mini-croisière au coucher du soleil, de pêcher en eaux profondes pendant une journée entière ou de dîner sur le sable à la lueur de la lune et des étoiles.

Commencez par trouver l'endroit de votre choix après avoir marché pieds nus sur une plage privée. Étendez-vous sur le sable blanc ou nagez dans l'eau tempérée. À quelques mètres de vous, vous verrez peut-être passer une raie pastenague ou des poissons multicolores. Pieds nus dans le sable, loin du monde… Que demander de plus ? **SWi**

Avec ses incroyables couchers de soleil et sa mer transparente, Baros est le symbole même de l'évasion.

Hôtel Dhonakulhi

Lieu Atoll de Haa Alifu, Maldives
Site Web www.toorism.fr/voyages/maldives **Prix** €€€

Un millier d'îles et de lagunes prêtes à accueillir Robinson Crusoé avec leurs profondeurs et leur bleu étincelant si variés : tel est l'environnement sublime de l'hôtel Dhonakulhi qui occupe ce qui est certainement le plus bel emplacement de toutes les Maldives, l'atoll précédemment inhabité de Haa Alifu. Le complexe est entouré d'une végétation délirante et les luxueuses villas voient l'océan Indien lécher leurs terrasses. Dotées de plages privées et parfois de leurs propres piscines, les villas disposent de salles de bains en plein air qui renforcent le sentiment général de retour à la nature. Les clients sont peut-être isolés sur une île paradisiaque mais il y a là des restaurants de première classe, un spa régénérateur et un équipement ultramoderne.

Il n'y a pas besoin d'être un pêcheur sous-marin expérimenté pour visiter les Maldives. Même si vous pouvez passer un jour ou deux à l'école de plongée, une seule baignade dans les eaux cristallines vous permettra de découvrir les poissons vivant dans les coraux. Vous pourrez ensuite vous détendre sous un cocotier ou vous faire masser à domicile.

Le Dhonakulhi se distingue de tous ses rivaux maldiviens par son cadre totalement vierge. 95 % des terres ne sont quasiment pas exploitées et les visiteurs sont complètement entourés par la beauté des Maldives. Même la marina – la seule de tout l'archipel – est formée à partir d'une brèche ouverte naturellement dans le récif corallien. En yacht privé, vous n'aurez aucun mal à vous arrimer – sinon, prenez une vedette rapide, comme le premier venu ! **SWi**

Conçues pour une intimité absolue, les villas en forme de hutte disposent d'un environnement spacieux.

L'île de Dhoni Mighili

Lieu Atoll d'Ari, Maldives
Site Web www.dhoni-mighili.net **Prix** €€€€

Au cœur de l'atoll d'Ari, au sud-ouest de Malé, l'île de Dhoni Mighili est vraiment spéciale : c'est la seule des Maldives que l'on pourrait louer dans son intégralité – elle n'accueille en effet que 24 personnes. Le luxe extrême se marie ici à un sentiment d'isolement incomparable. Seul l'hydravion permet de rejoindre l'île et ses six bungalows dressés à moins de 10 m de la plage. Ils disposent de tout le confort et quatre d'entre eux possèdent même leur piscine privée. Un majordome maldivien rattaché à chaque bungalow est là pour répondre à vos moindres désirs, 24 heures sur 24 : cours privé de plongée, préparation d'un cocktail exotique ou organisation d'une cérémonie de mariage.

Les Maldives méritent vraiment leur nom de perles de l'océan Indien.

Dans ce paradis fait de palmiers, de plages de sable corallien et d'une mer transparente, passez la journée sur le *dhoni* associé à chaque bungalow. Avec ses 19 m de long, l'embarcation maldivienne typique jouit dans le cas présent de l'équipement le plus moderne. À la tombée de la nuit, le majordome vous préparera un excellent repas, sur la plage ou dans votre villa.

La plongée sous-marine permet de découvrir des récifs coralliens et des poissons exotiques d'une extrême beauté. Avec un peu de chance, vous verrez des raies mantas, des requins-nourrices et, pourquoi pas, d'énormes requins-baleines. Dhoni Mighili, c'est vraiment le paradis retrouvé. **LD**

Spa sous-marin de Huvafen Fushi

Lieu Atoll de Kaafu, Maldives
Site Web www.huvafenfushi.com **Prix** €€€€

Dans l'océan Indien, avec une superficie équivalente à celle du Portugal, les Maldives se caractérisent par un chapelet d'îles disséminées dans une eau turquoise et transparente. Elles sont hélas condamnées à disparaître dans 150 ans, en raison du réchauffement de la planète et de la montée des eaux.

Le Huvafen Sushi dispose de 43 bungalows construits sur pilotis. Certains sont pourvus d'un plancher de verre permettant d'observer la vie marine. Dans d'autres, le gigantesque bain à remous installé dans la salle de bains n'est séparé des fonds marins que par un mur de verre.

« À l'heure du coucher du soleil, les enfants aiment tous assister au repas des raies mantas. »

Harper's Bazaar

Édifié lui aussi au-dessus de l'océan, unique au monde à cette heure, le spa possède des salles sous-marines permettant d'admirer les poissons tropicaux tout en se faisant langoureusement masser. Des soins de toutes sortes sont prodigués ici, aussi « rituels » qu'inventifs. On trouve même un centre de yoga et de méditation et un « professeur de bien-être ». La nuit, vous nagerez dans une piscine immense, éclairée par des fibres optiques, avant de plonger dans le Lonu Veyo, une piscine d'eau salée malaise où flotter est un véritable plaisir. Et si tout cela ne vous suffit pas, promenez-vous dans le jardin aux torchères parfumées à l'huile de cardamome. **CSJ**

Reethi Rah

Lieu Atoll de Kaafu, Maldives
Site Web www.oneandonlyresorts.com **Prix** €€€

Il est légitime de se demander s'il y a plus beau spectacle au monde qu'arriver sur un voilier de 16 m au Reethi Rah qui fait partie du luxueux groupe d'hôtels One&Only. Un lagon étincelant entoure le sable le plus fin qui puisse exister, et les 130 villas aussi luxueuses que spacieuses sont disséminées sur la plage ou bâties sur pilotis.

À chaque instant, on a le souffle coupé. Chaque villa dispose de sa propre piscine et d'une terrasse où paresser, mais aussi de téléviseurs à écran plasma, de lits gigantesques et de baignoires démesurées, le tout sous un plafond d'une incroyable hauteur.

Il n'y a pas grand-chose à faire, ce qui correspond bien au désir des résidents, sinon nager dans des eaux cristallines, plonger à la découverte des coraux, pêcher des espèces exotiques, bénéficier de soins relaxants ou lézarder au soleil. Le soir, une clientèle élégamment vêtue dîne au restaurant d'inspiration japonaise ou sur la plage, dans cet autre restaurant, plus moyen-oriental, dont l'hôtel est particulièrement fier. Bicyclettes et voiturettes électriques permettent de se déplacer dans l'île – assez grande selon les critères maldiviens – pour en découvrir les douze superbes plages.

Au cas où vous vous demanderiez ce que signifie Reethi Rah, sachez que ces deux mots veulent dire « la belle île » en divehi, la langue parlée aux Maldives – une description modeste comparé à la réalité ! **LP**

Aucun détail n'a été négligé pour que chaque villa atteigne au luxe suprême.

Le parc national de Chitwan à dos d'éléphant

Lieu Parc national de Chitwan, Népal
Site Web http://whc.unesco.org/fr/list/284 **Prix €**

Devenu parc national royal en 1973, Chitwan abrite le tigre royal du Bengale et une espèce rare, le rhinocéros unicorne, également appelé rhinocéros indien. On y trouve plus de 40 mammifères différents et 450 espèces d'oiseaux; la meilleure façon de les observer, c'est de se promener à dos d'éléphant. À l'intérieur du parc, plusieurs petits établissements privés possèdent des éléphants éduqués pour transporter quatre personnes dans un *howdah* (immense selle en bois) ; assis sur le cou de l'animal, son *pahit* lui donne des instructions en effleurant ses oreilles de ses pieds nus. L'éléphant traverse à son rythme la forêt ou les hautes herbes, et ses passagers n'ont qu'à se baisser pour éviter les branches des arbres. Les animaux n'ont pas peur de leurs voisins pachydermes, ce qui permet de s'approcher très près des rhinocéros. On peut aussi entrevoir des paresseux, des léopards, des sangliers, des cerfs et pourquoi pas un tigre parmi la centaine qu'abrite le parc.

En approchant de la rivière Narayani, guettez les rares dauphins du Gange qui viennent respirer en surface, les crocodiles des marais et les gavials, autre espèce menacée de disparition. Plus tard, dans une mare plus paisible, vous pourrez participer au bain de votre éléphant. Ce sont des animaux qui, comme les enfants, aiment s'amuser dans l'eau. Sur ordre du *pahit*, votre monture vous arrosera de sa trompe ou s'agenouillera dans l'eau, au risque de vous faire tomber. Et quand vous aurez enfin mis pied à terre, l'excursion terminée, il vous saluera, toujours de sa trompe, quand son *pahit* lui aura dit : « *Namaste !* » **SWa**

« Le seul bruit était celui des cigales et parfois d'un cornac donnant des ordres à son éléphant. »

Lesley Downer, *The Daily Telegraph*

Splendide au coucher du soleil, le paysage offre un spectacle admirable tout au long de la journée.

Le jardin des Rêves

Lieu Katmandou, Népal
Site Web www.asianart.com/gardenofdreams/vision.html **Prix €**

Katmandou a un nouveau sanctuaire. On connaissait surtout cette ville bruyante et polluée pour ses vieux temples hindous, ses stupas et ses palais newaris tombant lentement en décrépitude. Garden of Dreams (le jardin des Rêves) n'est qu'à un jet de pierre du centre touristique de Thamel.

Kaiser Shumsher dessina dès les années 1920 ce jardin. Mélange de pergolas d'influence européenne, de sentiers, de statues et de pavillons édouardiens, son jardin fut sa passion, une vraie manifestation de la beauté. Hélas, de nombreuses années de négligence suivirent sa mort en 1964 et il fallut attendre 2002 pour qu'un Austro-Népalais vienne restaurer l'ensemble.

*« Pas de concerts rock.
Pas de mariages.
Pas de défilés de mode. »*

Götz Hagmüller, architecte du Garden of Dreams

Aujourd'hui, le jardin des Rêves est une élégante oasis au cœur de Katmandou. Glycines du Japon et bougainvilliers courent sur les pergolas. Palmiers et bambous procurent une ombre apaisante à côté des magnolias, camélias et azalées multicolores. Fontaines, petites digues et bassin aux lotus viennent renforcer la sérénité des lieux.

Ici, il est facile d'échapper au temps. Plongez-vous dans un livre, assis sur les marches de l'amphithéâtre en plein air, cachez-vous dans le jardin secret qui domine le jardin principal ou empruntez les petits sentiers pour découvrir les plantes et les statues les plus belles. **SWa**

En ballon au-dessus du Népal

Lieu Katmandou, Népal
Site Web www.nepalvista.com/travel/balloon.html **Prix €**

Une promenade en ballon, voilà une des expériences les plus étonnantes que vous vivrez jamais. Le rugissement des brûleurs au moment de s'élever dans le ciel est suivi du silence lorsque l'ascension se poursuit et que le ballon est livré aux caprices du vent.

Le spectacle est à couper le souffle. Le paysage défile en contrebas alors que vous vous trouvez à la même altitude qu'un oiseau ou un petit avion de tourisme, mais il n'y a là ni battement d'aile ni vrombissement du moteur pour vous arracher aux merveilles de la nature.

Il est difficile de trouver plus beau qu'un survol du Népal. À l'aube, les énormes ballons se gonflent doucement en vue de l'expédition. Une fois les touristes montés dans la nacelle, ils s'élèvent doucement. Après les toits rouges de la ville historique de Bhaktapur, voici la vallée de Katmandou. Les collines verdoyantes et les terrasses sont parsemées de petits groupes de structures en terre cuite, et les flèches dorées des temples brillent aux premiers rayons du soleil. Le plus beau reste toutefois à venir. Lorsque la météo est favorable, c'est le moyen le plus sûr, le plus facile et le plus serein de découvrir les sommets de l'Everest et d'admirer l'immense chaîne de l'Himalaya. Lentement, comme en apesanteur, vous dérivez parmi les pics enneigés. Leurs noms mêmes font rêver : Gosainthan, Phurbi-Gyachu, Gauri-Sanker, Chhobar-Bhamare, Chomolungma ou encore Gyanchung Kang.

C'est déjà l'heure de revenir. Votre cocon de soie redescend lentement vers les rizières en terrasses de la vallée. Bien souvent, des groupes de paysans venus des villages voisins lèvent les yeux vers vous comme s'ils adoraient quelque divinité tombée du ciel. **SWi**

Hôtel Dwarika's

Lieu Katmandou, Népal
Site Web www.dwarikas.com **Prix** €€

Cette paisible retraite se dissimule derrière de hautes murailles, loin de la poussière et du chaos propres à la capitale népalaise, Katmandou. Ensemble de bâtisses de style newari séparées par des cours pavées dotées de piliers sculptés et de fenêtres traditionnelles, le Dwarika's Hotel est un hybride inspiré, un mélange de tradition et de modernité. L'héritage culturel est ici teinté d'un certain romantisme.

Cet établissement est né de la volonté d'un homme de préserver la culture népalaise pour la faire connaître aux générations à venir. Feu Dwarika Das Shrestha a recueilli les objets en bois sculpté et les terres cuites de vieux bâtiments voués à la démolition. Des pièces soigneusement conservées, représentatives de l'art et de la culture mallas, trouvent aujourd'hui leur place dans les cours. Le Dwarika's est reconnu comme représentatif du patrimoine culturel népalais avec son atelier de sculpture sur bois et son recours aux techniques traditionnelles.

« Il est possible que rien au monde n'égale le Dwarika's. »

Magazine *Taipan*

Du mobilier népalais et des étoffes imprimées à la main décorent les 74 suites et chambres somptueuses. Un personnel sera 24 heures sur 24 à votre écoute tandis que vous respirerez un air parfumé par les citronniers, l'encens et les fleurs, vous reposerez dans les jardins, plongerez dans la piscine ou vous régalerez dans un restaurant respectueux de la tradition. **AD**

Le monastère de Kopan

Lieu Katmandou, Népal
Site Web www.kopan-monastery.com **Prix** €

Il est rare de s'entendre dire, en arrivant dans un établissement hôtelier, qu'il ne faut « ni tuer, ni mentir, ni avoir de relations sexuelles ». Les visiteurs doivent apporter sac de couchage, lampe torche et bombe contre les moustiques. En réalité, Kopan n'est ni un hôtel de luxe ni un complexe exclusif mais une retraite spirituelle ne faisant aucune concession aux besoins physiques de l'individu. Cela fait du monastère de Kopan une des escapades les plus originales.

L'endroit présente tous les ingrédients nécessaires à la purification de l'âme et du corps. Situé dans les contreforts de l'Himalaya, Kopan abrite 360 moines venus pour la plupart du Népal et du Tibet. Non loin de là, 380 nonnes vivent au Khachoe Ghakyil Ling. Ensemble, ils offrent chaque année un havre de tranquillité, de religion et de philosophie à des centaines de visiteurs venus du monde entier.

On vient là pour suivre des cours de méditation ou s'initier au bouddhisme pendant une semaine… ou plusieurs années. Certains étudiants n'en partent jamais. Le régime monacal est rigoureusement appliqué : hommes et femmes sont séparés ; l'alcool, les drogues et le tabac sont prohibés ; le programme quotidien débute à 6 h 30 du matin pour finir à 9 heures du soir ; les hôtes doivent assister à toutes les séances ; pendant une demi-journée, on ne doit « entendre » que le silence. Il faut dormir dans des dortoirs et aucune literie n'est fournie – entre novembre et mars, il peut faire extrêmement froid. Quant à la cuisine, le monastère sert des repas végétariens simples mais abondants, pris en commun trois fois par jour. **SH**

⇥ *Peu d'endroits au monde sont aussi isolés et aussi riches en spiritualité que le monastère de Kopan.*

Trekking au Gokyo Ri

Lieu Solu Khumbu, Népal
Site Web www.nepaltrailblazer.com **Prix** €€€

Le sommet de l'Everest constitue certainement l'escapade la plus absolue mais son ascension est assez risquée : participez plutôt à un trekking de douze jours en direction du Gokyo Ri et admirez le coucher de soleil sur le « toit du monde ». Ici, dans la région du Solu Khumbu, vous rencontrerez ces excellents grimpeurs que sont les sherpas et découvrirez l'incroyable paysage montagneux de l'Himalaya.

Le trekking n'exige pas une grande habitude de la montagne. Toutefois, avec le sommet du Gokyo Ri à quelque 5 350 m d'altitude, prenez tout votre temps pour éviter le mal des hauteurs. Des porteurs se chargeront de vos affaires et un guide vous montrera le chemin, que vous voyagiez en individuel ou ayez réservé votre expédition par l'intermédiaire d'une agence de voyages spécialisée. Le soir, découvrez l'hospitalité des maisons de thé ou des petites habitations népalaises : elles sont loin d'être luxueuses mais vous pourrez vous détendre devant le poêle et déguster le *dhal bhat*, mélange traditionnel de légumes et de riz, avant de boire l'alcool local, un rhum Khukri très revigorant.

Le village montagnard de Gokyo se situe sur la rive du Dukh Pokhari et un parcours de deux heures à partir de ce lac vous conduira au Gokyo Ri. Là, vous contemplerez des sommets de plus de 8 000 m ayant pour nom Everest, Cho Oyu, Lhotse ou Makalu, resplendissants comme d'énormes diamants sertis dans le ciel. On oublie alors la respiration difficile et le froid qui engourdit les membres quand on voit le soleil projeter sur les neiges des ombres d'un or éclatant qui vireront au rouge flamboyant puis au rose. **SWa**

Du Gokyo Ri, on peut admirer un incroyable paysage fait de pics enneigés, de cols d'altitude et de glaciers.

Hôtel Amankora

Lieu Paro, Bhoutan **Site Web** www.amanresorts.com/amankora/home.aspx **Prix** €€€€

Pour vous, qu'est-ce que le trekking dans l'Himalaya ? Marcher toute la journée derrière des sherpas aguerris et passer des nuits glaciales sous une tente minuscule ? Eh bien, si ce genre d'activité ne vous enchante pas, tournez-vous vers l'Amankora, qui vient tout juste d'ouvrir ses portes dans un des pays les plus secrets du monde.

Le premier grand hôtel de luxe du Bhoutan se dresse à l'ombre du Jamalhari, le plus haut sommet du pays, au-dessus d'un village pittoresque entouré d'épaisses forêts de pins. La résidence comporte cinq *lodges* de luxe. L'Amankora Paro, le plus grand, le plus impressionnant aussi, combine harmonieusement le rustique et le contemporain. Les 24 suites sont réparties dans six petits édifices. Le plus beau spectacle est toutefois celui donné par la chaîne de montagnes aux sommets enneigés tout au long de l'année.

« Un amas de bâtisses austères dont… l'extérieur contraste avec un intérieur d'une opulence rare. »

Mike Carter, *The Observer*

La vallée de Paro est le point de départ de nombreux treks permettant de découvrir cimes vertigineuses, vallées profondes, rizières en terrasses ou encore petits hameaux et épaisses forêts. Après une bonne journée de marche, vos muscles endoloris auront besoin d'un bon massage. Tous les *lodges* de l'Amankora sont dotés d'un spa offrant les soins les plus diversifiés. **HA**

Hôtel Uma Paro

Lieu Paro, Bhoutan
Site Web www.uma.paro.como.bz **Prix** €€

Au cœur de l'Himalaya, le royaume du Bhoutan, la « terre du dragon », est un havre de spiritualité. Hôtel-boutique de luxe, l'Uma Paro marie au modernisme les exquises traditions de ce pays afin de créer un lieu aussi étonnant que son environnement. La pratique du yoga et de la méditation fera d'un séjour ici une expérience inoubliable.

L'hôtel est constitué d'un *lodge* central et de neuf villas, le tout dispersé sur 15 ha de collines boisées. Les chambres donnent sur les forêts de pins et les cimes lointaines ; les villas dotées de deux chambres possèdent une baignoire de pierre en extérieur et une cour où l'on peut faire du feu. Les chambres sont décorées de façon minimaliste même si les fresques murales peintes à la main sont à couper le souffle.

Ce royaume bouddhiste accorde une grande place au yoga et à la méditation. Grâce à l'air vif et non pollué des montagnes, le *pranayama* (respiration du yoga) n'a jamais été aussi bien pratiqué. Le personnel est présent 24 heures sur 24 pour rendre votre séjour le plus agréable possible. Le Shambala, spa de l'établissement, propose des soins destinés à apaiser l'âme et insiste bien entendu sur la nature physique et spirituelle de ceux-ci. Le restaurant Bukhari sert des mets délicieux inspirés de la cuisine bhoutanaise tels que le burger de yak ou la soupe aux nouilles.

Le Bhoutan est très peu fréquenté des touristes (à peine plus de 7000 par an, hommes d'affaires compris). L'Uma Paro se charge de tout avant même votre arrivée : permis d'entrée, visa, vol, trekking, location de voiture avec chauffeur. **LD**

→ *L'environnement luxueux de l'Uma Paro en fait la destination idéale de toute escapade dans la région.*

Le monastère de Rongbuk

Lieu Rongbuk, Tibet, Chine
Site Web www.pbs.org/wgbh/nova/everest/history **Prix €**

Perdu dans la chaîne de montagnes la plus impressionnante qui soit, le monastère de Rongbuk est, à 5 000 m d'altitude, le plus haut du monde. Un long chemin de 77 km relie le glacier de Rongbuk au monastère, une bâtisse vieille d'un peu plus de trois siècles mais dont l'aspect est pourtant intemporel.

Le mont Everest ressemble à une apparition au-dessus des nuages. Ceux qui l'escaladent doivent obligatoirement passer par le monastère de Rongbuk mais il est possible d'admirer le spectacle sublime de la nature sans se livrer à un tel exploit. Les cimes impressionnantes du Shishapangma, de l'Everest, du Cho Oyu et du Gyachung Kang surplombent Rongbuk, pareils à des gardiens du Tibet dont la majesté est à l'abri des nuages et du brouillard.

L'hôtellerie de Rongbuk peut accueillir une centaine de personnes. Il y a plus de lits dans l'auberge de jeunesse que de moines et de nonnes – ils ne sont que 60 alors que leur congrégation comptait 500 dévots à l'époque de sa splendeur. La salle à manger propose de délicieux plats végétariens. La neige transforme les cours en un paysage féerique que lamas et nonnes traversent pour se rendre à la prière. Les falaises et vallées environnantes abritent de nombreuses grottes : depuis 400 ans, des ermites s'y retirent pour méditer dans le silence absolu. Les chemins qui y conduisent sont jonchés de pierres dans lesquelles sont gravés des prières et des mantras. Qu'ils soient sherpas aguerris ou promeneurs équipés de sacs à dos, les pèlerins n'oublient jamais leur séjour en ce lieu chargé de tant de spiritualité. **VG**

⇐ *Le monastère de Rongbuk donne sur le versant nord de l'Everest, appelé ici Chomolungma.*

Le train de Tangula

Lieu De Pékin à Lhassa et de Pékin à Lijiang, Chine
Site Web http://travelplus.fr/report-chine.php **Prix €€€€**

Si vous désirez découvrir la beauté et les paysages exotiques du Tibet et des provinces occidentales de la Chine, un des trains les plus luxueux et les plus futuristes du monde changera à tout jamais votre conception du voyage.

Les suites du Tangula Luxury Train sont absolument somptueuses et relèvent les critères en matière de voyages en train. Rien n'est oublié : il y a même des bonbonnes d'oxygène au cas où vous ne supporteriez pas l'altitude. Les repas sont préparés sous la surveillance d'un chef suisse de renommée mondiale et servis dans d'élégantes voitures-restaurants.

« Le nom de Tangula vient de Thang Lha, puissante divinité protectrice de la montagne. »

Railway Gazette International

Les trains empruntent deux itinéraires pour parcourir la Chine sur toute sa longueur. La route du nord culmine à 5 702 m d'altitude. Il faut cinq jours pour aller de Pékin à Lhassa, mais vous traverserez les paysages herbeux ou désertiques où se déroulait jadis le long ruban de la route de la soie. L'itinéraire sud part de Pékin. En quatre jours, le train côtoie la rivière Li, ses fameuses formations karstiques et sa forêt de pierre de Shilin, pour arriver à Lijiang, ville inscrite au patrimoine mondial de l'humanité par l'Unesco.

La vitesse maximale du train est de 160 km/h mais les convois roulent la plupart du temps plus doucement pour permettre aux voyageurs de jouir pleinement de cette expérience unique. **BS**

Hôtel Banyan Tree Ringha

Lieu Ringha, Yunnan, Chine
Site Web www.btprivatecollection.com/en/destinations **Prix** €€

Le Banyan Tree Ringha , situé à l'emplacement d'un ancien village tibétain, est aujourd'hui un complexe constitué de 32 sublimes villas. À 3 200 m d'altitude sur la face orientale du plateau tibétain, il offre une vue magnifique sur un paysage de rivières et de montagnes auquel le gouvernement chinois a donné le nom de « Shangri-la de la culture populaire ».

Les chambres sont décorées de tapisseries tibétaines et de sculptures sur bois. On y trouve des cheminées et des baignoires en bois, des rideaux de soie et des terrasses privées. Sans compter ces petits détails qui font toute la différence, bonbonnes d'oxygène pour ceux qui ont le mal des sommets ou confortables pantoufles en « peau de yéti ». Le restaurant sert des spécialités du Yunnan et au Jakhang, le résident peut déguster les meilleurs thés de Chine ou du Tibet. Une excursion au monastère de Songzanlin ou au temple de Ringha permet de mieux comprendre la vie religieuse tibétaine.

« Dans cette enclave élevée... le manque d'oxygène plonge facilement l'esprit dans un état onirique. » **The Guardian**

Encerclé de champs de moutarde et de drapeaux de prière tibétains multicolores, le Banyan Tree Ringha s'intègre si bien à l'environnement qu'on ne sait plus où commence l'hôtel et où finit le village. **BS**

À vélo autour de Yangshuo

Lieu Yangshuo, Guangxi, Chine
Site Web www.bikeasia.com/cycle-tours/china/bcg.html **Prix** €

La ville de Yangshuo et sa célèbre voisine, Guilin – toutes deux situées sur la rivière Li – sont entourées de spectaculaires montagnes karstiques en forme de cône qui, depuis des siècles, inspirent les poètes et les peintres chinois. Guilin est mieux connue des touristes parce qu'elle possède le seul aéroport de la région mais les environs de Yangshuo sont tout aussi étonnants.

À 65 km au sud de Guilin, cette ville vieille de quinze siècles occupe un petit carré de terres entre les innombrables montagnes de grès érodées que recouvrent arbres et buissons. La plus haute atteint les 903 m mais la plupart sont bien plus petites. Comme sa voisine, la rivière Yulong, la Li est si limpide qu'on peut y nager. Une croisière est quasiment obligatoire quand on visite cette partie du monde et les méandres offrent un spectacle inoubliable. Il est préférable de louer une bicyclette si l'on veut éviter les hordes de touristes et mieux découvrir le riche paysage où poussent pomélos, oranges et mandarines. Les petites boutiques proches du marché de Yangshuo proposent des vélos permettant d'explorer les villages les plus proches, de s'aventurer dans les montagnes et de se rapprocher des rizières contribuant au charme du paysage – le tout sans se fatiguer. Établie depuis 2005, la compagnie d'origine australienne Bike Asia s'adresse aux amateurs de « mountain bike » à qui elle fournit des cartes et éventuellement des accompagnateurs.

Avec son architecture chinoise traditionnelle, la retraite montagnarde de Yangshuo est un établissement paisible situé en dehors de la ville. De ses 22 chambres, on peut voir la rivière et les montagnes. C'est l'endroit idéal pour qui veut jouir du calme de ce paysage de conte de fées. **DaH**

Hôtel Silk Road Dunhuang

Lieu Dunhuang, Gansu, Chine
Site Web www.the-silk-road.com/hotel/index.html **Prix €**

Construit dans le style propre aux dynasties Han et Tang, l'hôtel Silk Road Dunhuang est une belle réussite architecturale, à la fois contemporaine et reflet de la grandeur passée. Très facile d'accès, il n'est qu'à dix minutes par voiture du centre de Dunhuang, ville oasis située à l'est de Xian, à la lisière du désert de Gobi.

Avec leurs grands avant-toits, de longs couloirs typiques du style Han ou Tang entourent des cours closes, comme le veut la tradition. L'hôtel n'est pas loin de quelques-uns des sites religieux et historiques les plus importants de Chine : c'est le cas de Mogao. Inscrites au patrimoine mondial par l'Unesco, ses centaines de grottes (dites « des mille Bouddhas ») creusées au flanc d'une falaise de 1 600 m de hauteur renferment un ensemble inestimable de statues, manuscrits et peintures murales bouddhiques. C'est là que fut découvert l'un des premiers ouvrages imprimés de l'histoire de l'humanité, le *Soutra du Diamant* (868 apr. J.-C.). Les sublimes dunes de Murpa, et le lac du Croissant bleu qu'elles entourent sont vraiment très près de l'hôtel. La terrasse permet d'admirer pleinement les dunes et d'assister aux spectaculaires couchers de soleil. On peut alors rêver aux caravanes faisant le commerce des épices et des textiles avec les lointains pays d'Europe. **BS**

Un environnement à la fois calme et confortable… et une expérience spirituelle enrichissante.

Aman Summer Palace

Lieu Pékin, Chine
Site Web www.amanresorts.com/worldmap.aspx **Prix €€€**

L'Aman Summer Palace se fond harmonieusement aux jardins, bâtiments et pavillons originaux de l'ancienne résidence impériale de Pékin. C'est un sanctuaire où il est agréable de se réfugier.

Les chambres et les suites disposées autour de la cour intérieure, des jardins et des sentiers évoquent l'élégance de la dynastie Ming. Le mystère flotte dans l'air et l'on a l'impression d'effectuer une plongée dans le passé. On trouve dans toutes les chambres des sols d'argile polie, des lits à baldaquin et des armoires de style Ming. Les couleurs douces et le mobilier raffiné marient la simplicité du passé au luxe du présent.

Dans son spa, les techniques chinoises impériales côtoient les thérapies les plus modernes. Les mains de masseurs expérimentés vous plongeront dans un état de pure quiétude. Une petite promenade vous conduira au lac bordé de saules puis au pavillon de musique où, le soir, des musiciens vêtus de soie jouent du *erhu* et du *guzheng* (instruments à cordes) pour accentuer la sérénité du lieu. Dans l'une des six salles à manger privées du restaurant chinois, vous dégusterez la grande spécialité de Pékin, le canard laqué, mais aussi toutes sortes de plats impériaux méconnus. Disséminés dans les jardins, les quatre autres restaurants proposent des cuisines très différentes.

Une fois le dîner terminé, vous aimerez certainement vous rendre au bar. Il domine les jardins et le bassin et c'est un endroit parfait pour se détendre. Il serait toutefois dommage de ne pas visiter deux des merveilles de Pékin, le palais d'Été (avec son sublime bateau en marbre) et, dans la ville même, près de la place Tian'anmen, la Cité interdite, où vivaient les empereurs. **SWi**

Hôtel Commune by the Great Wall

Lieu Pékin, Chine
Site Web www.communebythegreatwall.com/en/ **Prix €€**

Dans cette « commune près de la Grande Muraille », vous ne verrez pas de paysans aux sandales de paille ni d'enfants chevauchant des buffles. Bien au contraire, c'est un lieu d'escapade réservé aux nantis. Le Commune fut lancé en 2002 avec onze villas super chic, toutes conçues par des architectes asiatiques. Le complexe comprend 42 villas avec 190 suites et 11 suites présidentielles. On trouve aussi un spa, des cours de tai-chi et de yoga, une piscine et un cinéma ainsi qu'une « commune enfantine », où les enfants peuvent s'amuser tandis que leurs parents vont visiter la Grande Muraille.

« Je traverse des pêchers et des châtaigniers pour rejoindre la Muraille et ses marches en ruine. »

Susan Spano, *Los Angeles Time*

Les villas modernes retiennent l'attention. Prenons par exemple la Suitcase House qui, avec ses quatre chambres, a été dessinée par un architecte hongkongais, Gary Chang. Des portes coulissantes permettent de définir plusieurs pièces ou de jouir d'un vaste espace. Il y a un sauna privé et un ascenseur mène à la terrasse d'où l'on peut admirer la Grande Muraille. La Furniture House est l'œuvre du Japonais Shigeru Ban et s'inspire de la maison à cour traditionnelle pékinoise appelée *siheyuan*. Les quatre chambres, le living et la salle à manger entourent une terrasse. Le Commune a également fait appel à des designers comme Serge Mouille, Thierry Hoppe ou Philippe Starck. **PE**

Yoga dans les Collines parfumées

Lieu Pékin, Chine
Site Web www.mountain-yoga.org/htm/welcome.htm **Prix €€**

En 2003, un publicitaire inventif du nom de Gyan Giri se rendit dans les pittoresques Collines parfumées, à une quarantaine de minutes par voiture à l'ouest de Pékin. En voyant les lumières de la ville briller à l'horizon, il comprit qu'il avait trouvé là l'endroit idéal pour édifier le centre de yoga dont il rêvait. Ce rêve s'est aujourd'hui matérialisé sous la forme de deux retraites implantées dans les Collines parfumées et d'une troisième, dans un temple bouddhique vieux de 500 ans, ainsi que d'une sorte de camp de toile saisonnier installé dans une vallée au nord de Pékin.

La première retraite de Gyan, Mountainyoga, est bâtie autour d'un chalet idyllique, tout au bout d'une petite route qui traverse des bosquets de magnolias et part du temple de Dajue, magnifique édifice de la dynastie Liao (927-1105) dont le nom signifie « temple de l'Éveil ou de l'Illumination ». On trouve à Mountainyoga deux vastes cours ouvertes et de nombreux espaces privés dédiés à la recherche du moi profond sous le regard attentif de maîtres de yoga.

Les résidents peuvent suivre des cours d'art et de tai-chi, profiter d'une thérapie centenaire consistant à laisser de la cire de bougie chaude couler dans l'oreille, s'initier à la calligraphie ou passer des soirées à psalmodier des mantras écrits en sanskrit. Mountainyoga est différent des autres centres où se pratique le yoga. Il promet de vous arracher à vos énergies négatives et de vous faire découvrir les innombrables possibilités que la vie a à offrir. Vous pouvez enfin emprunter un des nombreux chemins de randonnée pour respirer à pleins poumons l'air vivifiant de la montagne et admirer, tout simplement, le paysage sublime des Collines parfumées. **BS**

Red Capital Club

Lieu Pékin, Chine
Site Web www.redcapitalclub.com.cn **Prix** **€€**

Séjournez dans un des grands hôtels pékinois prisés des hommes d'affaires et tout vous portera à croire que le capitalisme a été inventé ici. Ils sont aussi grands, tape-à-l'œil et anonymes que partout ailleurs dans le monde. En revanche, le Red Capital Club ne saurait être plus différent.

Cette belle maison datant de la dynastie Qing fut jadis transformée en temple à la gloire de la propagande, et le régime communiste y installa une résidence officielle du Parti. Très petite, avec cinq chambres seulement, elle se cache au cœur du quartier résidentiel de Dongsi. Les pièces font toutes face à une cour centrale ; avec leurs lits recouverts de soie et leur mobilier décadent, deux d'entre elles sont dignes des concubines de l'époque impériale et ont vraiment tout pour satisfaire un haut dignitaire politique.

Le passé se mêle ici au présent, avec l'accès à l'Internet et la télévision par satellite. On trouve aussi un vieil abri antiatomique datant de 1969, période de fortes tensions avec l'URSS : il a été transformé en cave à vins à laquelle on accède par un petit tunnel souterrain. Des souvenirs de la révolution ornent les murs et de vieux films de propagande sont projetés dans une pièce adjacente. Le restaurant du Red Capital Club sert les plats préférés de Mao et de Deng Xiaoping. Et pour bien terminer la soirée, offrez-vous un tour de ville dans une limousine ayant réellement appartenu à Mme Mao. Signalé dans les meilleurs guides touristiques, le Red Capital Club fut élu en 2008 meilleur hôtel-boutique de Chine. **HA**

↗ *Le mobilier est parfois extravagant, tel ce lit de concubine rapporté du Myanmar à dos d'éléphant.*

Les murs et les portes sont recouverts de laque rouge… la cour et ses rocailles rappellent les jardins d'antan.

Les jardins de Suzhou

Lieu Suzhou, Jiangsu, Chine
Site Web www.chinavista.com/suzhou/tour/garden.html

Un dicton datant des Song du Sud (XIIe et XIIIe siècles) est toujours en usage aujourd'hui : « Au ciel, il y a le paradis, sur terre, il y a Suzhou et Hangzhou. » Suzhou est en effet un joyau historique renommé pour ses canaux, ses ponts et ses jardins. Lettrés, officiels et marchands y vivent depuis des siècles : épris de beauté, ils ont créé des jardins privatifs leur permettant d'échapper au tumulte de la ville.

Il y avait jadis quelque 200 jardins, tous conçus pour combiner harmonieusement les cinq éléments. Rochers, lacs et pavillons étaient judicieusement disposés pour réjouir l'œil, où que l'on se trouve. Moins nombreux aujourd'hui, ils portent toujours des

« Une très grande et très noble cité… une galère peut passer sous ses 1 600 ponts de pierre. »

Marco Polo à propos de Suzhou

noms extrêmement poétiques. Le jardin du Pavillon des Vagues est occupé en son centre par une colline artificielle ; celui du Maître des Filets est célèbre pour son plan d'eau et sa bibliothèque ; celui de la Politique des Simples accueille chaque été le festival des Lotus et des Nénuphars ; celui du Couple Retraité se voit entouré d'eau sur trois côtés.

En quelques heures, une promenade en ville permet de découvrir une partie de ces merveilles qui valurent à Suzhou le surnom de « Ville des jardins ». **PE**

Le jardin du Maître des Filets marie la verticale à l'horizontale, l'eau à la terre, le yin au yang.

Le parc des Huangshan

Lieu Mont Huangshan, Anhui, Chine
Site Web www.huangshantour.com/english

Les 72 sommets des « Montagnes jaunes » attirent depuis plus d'un millénaire les peintres et les poètes qui trouvent leur inspiration dans les rochers granitiques escarpés et les pins aux formes étranges.

Un téléphérique permet de bien profiter du parc des Huangshan, mais si vous êtes en bonne forme physique, empruntez plutôt les sentiers bien fléchés qui conduisent au sommet. Les Marches de l'Est suivent un chemin long de 8 km mais assez pentu. Les Marches de l'Ouest sont deux fois plus longues et tout aussi ardues mais elles offrent aux randonneurs un spectacle inoubliable. Vous ne rencontrerez pas grand monde sinon des porteurs chargés de ravitailler les hôtels et les restaurants établis au sommet des montagnes. Par beau temps, le paysage est spectaculaire mais ce n'est pas pour le soleil que les visiteurs viennent ici depuis des siècles. À cause de la brume, on croit ne rien voir, puis les courants aériens la dispersent et, comme par magie, on voit apparaître des à-pics d'albâtre et des sommets érodés. Pendant quelques instants, ils semblent flotter au-dessus d'une mer d'écume. Avec le retour des nuages, la vision céleste disparaît.

« Le parc des Huangshan abrite les plus charmantes montagnes de Chine. »

Commission de l'Unesco pour les sites naturels

Créé par Deng Xiaoping venu en 1979 prendre ici un bain de jouvence, le parc des Huangshan est un haut lieu du tourisme qui accueille chaque jour quelque 10000 visiteurs. **PE**

Hôtel Fuchun

Lieu Shanghai, Chine
Site Web www.fuchunresort.com **Prix €€**

Entouré des montagnes de Hangzhou à la beauté irréelle, de lacs baignés de brume et d'une plantation de thé, le Fuchun jouit d'une étonnante sérénité bien que peu éloigné des villes très actives de Hangzhou et de Shanghai. Première du genre en Chine, cette retraite en bord de lac associe le calme et le luxe aux valeurs de la vie rurale. Les 70 chambres et les douze villas pourvues de piscines privées ont une inspiration très zen. Avec leur mobilier de teck sombre et leurs couleurs neutres, elles offrent un havre de paix loin de la chaleur humide de la journée.

Le complexe hôtelier s'inspire d'une représentation du paysage par une peinture de la dynastie Yuan vieille de sept siècles et l'esprit onirique de l'œuvre est ici parfaitement respecté. Relaxation et revitalisation, telle est la philosophie de l'établissement. Passez du temps au spa où, selon une tradition locale, on vous prodiguera un soin apaisant en vous enveloppant d'un cocon de soie tissée à la main ; à moins que vous ne préfériez un message balinais à base de jasmin et de perles. On peut aussi plonger dans la piscine froide ou savourer le silence et la solitude dans un des bains à remous installés en extérieur.

Le hippie qui sommeille en vous suivra des cours de yoga ou de tai-chi. Les passionnés de golf seront au septième ciel avec le parcours de 18 trous et les tennismen s'en donneront à cœur joie sur les deux courts. Quand la faim viendra vous tenailler, le restaurant T8 vous permettra de déguster une excellente cuisine alliant l'Orient à l'Occident. Vous pouvez aussi vous rendre à l'Asian Corner qui, comme son nom l'indique, propose toutes sortes de spécialités locales, plus succulentes les unes que les autres. En un mot, c'est le paradis sur terre ! **HA**

Tai-chi à Shanghai

Lieu Shanghai, Chine
Site Web www.chenqiang.net

Si vous vous levez tôt, vous pourrez assister à l'un des plus étonnants spectacles qu'offre Shanghai : la pratique du tai-chi à l'aube. Pour cela, il n'y a pas de lieu défini. Promenez-vous dans les rues de l'ancienne Concession française et vous verrez de petits groupes de personnes souvent très âgées onduler lentement au son de la musique que diffuse un vieux magnétophone.

En revanche, dans les espaces verts de la ville, c'est par centaines que les amateurs de tai-chi viennent pratiquer cette étrange gymnastique. Près de la roseraie du parc Fuxing, un vieil homme chauve, totalement concentré, élève doucement sa main au-dessus de sa tête. Mais il n'y a pas que le tai-chi, et une quarantaine de personnes peuvent s'adonner aux joies de l'aérobic, en rythme avec une musique plus bruyante. Des femmes aux coiffures étonnantes dansent avec des éventails ; à quelques mètres de là, un ancien apprend le maniement du sabre à un jeune homme. Des vieillards accrochent dans les branches des cages à oiseaux pour se délecter de leur chant tout en dégustant du thé vert.

> *« Ni exotisme ni sagesse orientale, le tai-chi est la connaissance de ses propres sens. »*
>
> **Chungliang Al Huang, maître de tai-chi**

Ces scènes d'un autre âge peuvent surprendre dans une ville moderne et dynamique comme Shanghai, mais la tradition est bien ancrée dans le cœur des Chinois. **PE**

Sanya Nanshan

Lieu Hainan, Chine
Site Web www.nanshan.com/en/stay/treehouse.html **Prix €€**

L'île de Hainan est la province la plus méridionale de la Chine mais aussi la plus petite du pays. Située en mer de Chine méridionale, elle bénéficie des eaux chaudes de l'océan Pacifique. Avec son arrière-pays montagneux, son climat tempéré et ses kilomètres de plages de sable blanc, les Chinois disent d'elle que c'est l'« Hawaï de l'Orient ». Quittez la plage proche de la ville de Sanya, sur la baie Yalong, et enfoncez-vous dans la forêt. Vous verrez alors que la canopée constitue l'emplacement idéal pour la construction d'une *tree house*, une maison dans les arbres.

Les demeures de ce type sont ici au nombre de quatre, nichées dans la cime de tamariniers, arbres réputés pour la densité et la durabilité de leur bois. Les *tree houses* de Sanya Nanshan sont parfaitement intégrées dans leur environnement. Elles sont pourvues de l'électricité mais il faut tout de même descendre à terre pour prendre une douche. Leur nature même veut que ces maisons ne soient pas très spacieuses ; elles sont en revanche très propres et la vue sur l'océan est splendide. La Big Beach in the Sky accueille jusqu'à six personnes réparties sur deux niveaux ; la Beach Club Treehouse n'en accepte que deux mais elle n'est qu'à quelques minutes de la plage.

Non loin, le centre culturel bouddhiste de Sanya Nanshan est le plus grand temple construit depuis la naissance de la République populaire de Chine, en 1959. C'est un des monuments les plus intéressants de la région. Son parc de 27 ha abrite de beaux exemples d'architecture de la fin de la dynastie Tang (618-907). On peut admirer une statue de la déesse Guan Yin, trésor national incrusté de plus de 100 kg d'or, d'argent et de jade. Une autre statue de la déesse mesure 107 m de haut. **BS**

Le lac du Soleil et de la Lune

Lieu Lac Riyue, Taïwan, Chine
Site Web http://wikitravel.org/en/Sun_Moon_Lake

À 760 m d'altitude, les eaux émeraude et souvent embrumées du lac du Soleil et de la Lune illustrent parfaitement les concepts de sérénité orientale et de beauté de la nature. Il est constitué de deux parties, l'une en forme de disque et l'autre de croissant, représentations du soleil et de la lune (respectivement *ri* et *yue* en chinois). C'est depuis quelque temps une des attractions touristiques majeures de l'île de Taïwan.

Le comté de Nantou constitue la partie centrale de Taïwan ; il est peuplé par les Thaos – la plus petite tribu aborigène de l'ancienne Formose –, qui considèrent que Lalu, l'île divisant le lac en deux, est la demeure de leurs esprits ancestraux. Depuis une bonne vingtaine d'années, le « Pavillon des marieuses » y accueillait les mariages collectifs, mais cette institution étatique a disparu dans les eaux lors du grand tremblement de terre de 1999, au même titre que de nombreuses autres parties de l'île. Il n'en reste aujourd'hui plus grand-chose.

La route qui longe le lac est parsemée de temples de style traditionnel quoique bâtis au XXe siècle et de parcs tels que le Jardin du Paon, où 200 de ces oiseaux majestueux vivent en toute liberté. Ita Thao est le principal village de la tribu locale : des expositions et des spectacles permettent de découvrir la culture et les coutumes des Thaos. La visite au lac du Soleil et de la Lune vaut surtout par son décor paisible. Proche du tropique, Taïwan jouit toute l'année d'un temps assez clément. S'il est interdit de nager dans le lac pour ne pas nuire au calme environnant, il est toutefois possible de louer une petite barque : c'est le meilleur moyen d'apprécier pleinement la solitude et de jouir de la beauté des forêts et des montagnes. **DaH**

Le monastère de Po Lin

Lieu Île de Lantau, Hong Kong, Chine
Site Web www.discoverhongkong.com/france/index.jsp

Oubliez un instant la facette commerciale de Hong Kong. Rendez-vous par ferry dans l'île de Lantau et vous verrez la grande statue de Bouddha, la plus imposante du monde : elle mesure 26 m de haut et pèse 520 tonnes de bronze et d'acier auxquelles il faut ajouter 1,6 tonne d'or. L'endroit est idyllique pour passer un après-midi au calme, loin des bruits de la ville.

Ce Bouddha fait partie du monastère de Po Lin (« le Précieux Lotus »), construit au début des années 1920 par trois moines, puis luxueusement réaménagé à partir de 1970. L'autocar dépose les promeneurs au pied du gigantesque escalier. Sous le regard bienveillant de Bouddha, prenez votre courage à deux mains et montez jusqu'au sommet pour voir les drapeaux de prière claquer au vent. Le monastère abrite deux reliques de Bouddha qui, par magie, semblent changer de couleur selon la personne qui les contemple. Il suffit de regarder la grande statue pour éprouver une paix intérieure. Assis sur un lotus, Bouddha est l'image même de la sérénité. Sa main droite levée fait disparaître toute crainte et sa main gauche repose sur sa cuisse dans la posture dite de l'exaucement des vœux. **LD**

> *« Trois choses ne peuvent rester longtemps cachées : le Soleil, la Lune et la vérité. »*
>
> **Bouddha**

Le Bouddha assis sur le lotus symbolise la relation harmonieuse entre l'homme et la nature.

Hôtel Jia

Lieu Causeway Bay, Hong Kong, Chine
Site Web www.jiahongkong.com **Prix €€**

Jia signifie « maison » en mandarin et cet hôtel-boutique est le premier conçu en Asie par Philippe Starck. C'est aussi un havre de tranquillité qui permet d'échapper à la vie trépidante de Hong Kong.

Avec 54 chambres réparties dans un ancien immeuble de bureaux de 25 étages, l'hôtel Jia est assez banal vu de l'extérieur, mais une fois entré, vous vous retrouvez dans une oasis contemporaine : murs blancs, sols en teck et objets d'art de bon goût. Si vous en avez vraiment les moyens, réservez une suite à une chambre (90 m^2) ou un *penthouse* à deux chambres (170 m^2) pour jouir d'une vue imprenable sur la ville. Pour prendre le soleil, rendez-vous sur la terrasse du 2e étage et relaxez-vous, un verre de vin à la main à l'heure du cocktail.

À Hong Kong, la gastronomie est très diversifiée, et cela va des restaurants huppés aux gargotes populaires. Les appartements du Jia sont toutefois équipés de kitchenettes et vous pouvez très bien ne jamais mettre les pieds dehors si cela vous chante. Cela serait toutefois dommage car il y a tant de choses à voir dans le voisinage. On trouve de l'autre côté de la rue une boutique consacrée à la médecine chinoise traditionnelle où l'on vend des nids d'oiseau, par exemple. Non loin, le Jardine's Bazaar et son marché de nuit proposent fruits et légumes. Le célèbre grand magasin Sogo et la station de métro de Causeway Bay sont à une rue, et le parc Victoria est à quelques minutes de marche en direction de l'est. **HA**

L'intérieur met l'accent sur la clarté, le style et le confort le plus moderne.

Le salon du penthouse *est d'un design très sobre : lignes claires, éclairage chaleureux et divans moelleux.*

Le sentier MacLehose

Lieu Nouveaux Territoires, Hong Kong, Chine
Site Web http://en.wikipedia.org/wiki/MacLehose_Trail

Environ 40 % de la superficie de Hong Kong sont constitués d'un parc rural protégé. Long de 96 km, le sentier MacLehose en traverse une des plus belles parties puisqu'il passe par la jungle infestée de serpents des Nouveaux Territoires avant d'aborder des plages d'un blanc immaculé, des eaux turquoise et le point le plus élevé de Hong Kong, le Tai Mo Shan (montagne du Grand Chapeau), qui culmine à 915 m.

Du nom d'un ancien gouverneur de Hong Kong amateur de randonnée, Crawford Murray MacLehose, le sentier fut inauguré en 1979 et, ultérieurement, les Gurkha (unités militaires indiennes de l'armée britannique) imaginèrent une course sur toute sa longueur destinée à leur entraînement. Le grand public put y participer en 1986 ; chaque année, près de 50 000 personnes prennent le départ au profit de l'association caritative internationale Oxfam. Une équipe a parcouru toute la distance en douze heures !

Le parcours n'épargne pas les jambes des participants et les douleurs durent parfois plus d'une semaine. Montées et descentes sont nombreuses, et il faut gravir beaucoup de marches en béton. On peut cependant ne pas parcourir toute la distance en une seule fois, ou même n'en choisir qu'une partie. Le sentier se divise en dix étapes, de Pak Tam Chung, dans le parc rural de Sai Kung, sur la côte orientale des Nouveaux Territoires, jusqu'à Tuen Mun, à l'ouest. La plupart des sections ne font pas plus de 9 km de long. Vous pourrez, pourquoi pas, en sélectionner une ou deux avant de vous rafraîchir dans l'océan. Les étapes sont également peu éloignées de la route et rien ne vous empêche de regagner votre hôtel en bus ou en taxi avant de vous restaurer dans une petite gargote de quartier. **PE**

Langham Place

Lieu Mongkok, Hong Kong, Chine
Site Web www.hongkong.langhamplacehotels.com **Prix €€**

Hong Kong est une ville trépidante. En plein cœur du quartier de Mongkok, dans la presqu'île de Kowloon, et à bonne distance des autres hôtels, le Langham Place pourrait paraître un peu isolé mais c'est justement ce qui fait son charme. À un pâté de maisons des marchés animés où l'on peut tout acheter, durian, poisson rouge ou paire de Nike, cet hôtel a tout de l'œil du cyclone, du calme au milieu de la tempête.

Le Langham Place a été construit ici pour être « près du peuple » – de sa chambre, on peut voir les gens accrocher du linge à leurs fenêtres ou vaquer à leurs occupations quotidiennes – et il contribue en effet à l'économie de Hong Kong. Des objets d'art de facture locale décorent les chambres, couloirs et salons de l'établissement ; très original, le spa Chuan est lui aussi chinois. Toutes sortes de soins traditionnels y sont prodigués dont la réflexologie ; la piscine installée sur la terrasse est ouverte à tous.

Un hôtel de luxe, d'une élégance rafraîchissante, au cœur du quartier animé de Mongkok.

Le service est impeccable et les chambres bénéficient bien évidemment de la technologie moderne. Le spa est exceptionnel : vous aurez de ses fenêtres une vue imprenable sur le port de Hong Kong tout en dégustant des friandises chinoises ou des tisanes aux herbes médicinales. Ensuite, détendez-vous dans votre hammam privé ou dans une baignoire aux proportions inimaginables. **LD**

Le marais de Mai Po

Lieu Mai Po, Hong Kong, Chine
Site Web www.wwf.org.hk/eng/maipo **Prix €**

Le ciel s'assombrit soudain comme si les nuages s'amoncelaient. Ce n'est pourtant pas un orage qui menace mais un formidable vol d'oiseaux dans le ciel hivernal. Chaque année, près de 60 000 volatiles aquatiques tels que mouettes, hérons, aigrettes ou petites spatules, font escale dans cette zone humide au cours de leur migration vers le sud. Leur itinéraire part du cercle Arctique pour traverser l'Asie du Sud-Est avant de se terminer en Australie et en Nouvelle-Zélande. Mai Po est situé à mi-chemin, et c'est une étape tropicale où les oiseaux peuvent se reposer et s'alimenter avant de terminer leur incroyable pérégrination.

Plus de 350 espèces d'oiseaux domestiques ou migrateurs peuplent cette réserve naturelle qui, au nord-ouest des Nouveaux Territoires de Hong Kong, fut reconnue d'importance internationale en 1995. Les oiseaux s'abattent sur les étangs (*gei wai*) où viennent pondre les crevettes et perchent par milliers dans les arbres. Le temps se réchauffe au printemps et les oiseaux commencent à partir pour retrouver leur habitat d'origine. Les zones humides entrent alors dans une nouvelle phase. Les arbres bourgeonnent puis fleurissent ; les *gei wai* sont envahis par les crevettes, et les échassiers s'en repaissent avant d'entreprendre leur long voyage de retour. Les libellules aux couleurs chatoyantes achèvent leur métamorphose et sortent lentement des étangs d'eau douce.

L'été est la saison des amours. Les oiseaux résidents abandonnent leur livrée d'hiver grisâtre et se parent d'un plumage somptueux destiné à attirer les femelles. Le soir, on peut entendre le chant apaisant des insectes et le coassement des grenouilles. À l'automne, la migration annuelle des oiseaux recommence, et c'est le début d'un nouveau cycle de la vie. **JP**

Hôtel Peninsula

Lieu Kowloon, Hong Kong, Chine
Site Web www.peninsula.com **Prix €€€**

Un séjour dans cette vénérable institution hongkongaise commence immanquablement à l'aéroport où un chauffeur vous attend pour vous emmener en Rolls-Royce dans l'un des plus beaux hôtels. Pour ses clients fortunés, l'hôtel dispose de deux hélistations.

Ouvert en 1928, le Peninsula est le plus vieil hôtel de la ville. Comme elle, le hall est une véritable ruche humaine mais il suffit de s'engouffrer dans l'ascenseur pour retrouver le calme et la sérénité. Situé à la pointe de Kowloon, on a du Peninsula une vue imprenable sur le port de Victoria. Les suites du dernier étage sont particulièrement prisées et la plus grande attention est apportée au moindre détail : les clients peuvent régler la température des pièces, l'ouverture des rideaux et des panneaux dissimulant la télévision, l'hygrométrie, etc. L'éclairage des salles de bains est tamisé et la décoration mêle style européen et goût asiatique – mobilier occidental, tentures chatoyantes, porcelaines chinoises.

Le service est à couper le souffle et l'on s'extasie à chaque instant.

Une partie de la terrasse est occupée par le Felix, un des restaurants les plus branchés de Hong Kong, et pour une piscine « romaine » avec colonnes, frises et statues. Si vous n'avez pas les moyens de vous offrir une chambre au «Peninsula», allez simplement y prendre le thé. **JK**

Three Camel Lodge

Lieu Désert de Gobi, Mongolie
Site Web www.threecamellodge.com **Prix €**

Oubliez les tracas du quotidien et réveillez votre âme de nomade en séjournant dans ce campement établi en Mongolie, dans le désert de Gobi. Au pied de la chaîne de l'Altaï, dans le parc national de Gobi Gurvansaikhan, le Three Camel Lodge s'inscrit parfaitement dans la stupéfiante beauté naturelle du cadre.

Abritées par un escarpement volcanique vieux de 54 millions d'années, les 20 tentes (*gers*) de feutre sont regroupées autour d'un gros *lodge* central. Comme les demeures des bergers nomades dont elles s'inspirent, les *gers* sont à la fois rustiques et confortables – fours à bois, mobilier indigène, lits décorés à la main. Chaque tente peut accueillir quatre personnes et l'électricité est fournie par des panneaux solaires. Le *lodge* central est dû à des artisans locaux – pas un seul clou n'a été utilisé – et reprend la forme globale des temples bouddhiques mongoliens.

On a ici un écolodge de tout premier plan, classé en 2009 dans le Top 50 de sa catégorie : l'énergie solaire et éolienne permet d'éclairer et de donner de l'eau chaude en permanence tandis que la bouse du bétail sert de combustible. Cet endroit perdu au cœur du désert permet de découvrir des gravures rupestres représentant divers animaux sauvages – moutons, bouquetins ou antilopes. Dans le *lodge* central, vous côtoierez les nomades contemporains. Il est également possible de faire du trekking dans le massif de l'Altaï, des promenades à dos de chameau dans les dunes, du cheval dans les vallées. Et pourquoi ne pas chercher des fossiles de dinosaures dans les légendaires « falaises de feu » ? **AD**

↗ *Le soir, on a depuis le porche de bois des tentes une vue sublime sur la steppe qui s'étend à l'infini.*

« Le summum de l'hospitalité dans l'une des régions les moins hospitalières du monde. »

The Independent

Le lac Khövsgöl

Lieu Khankh, Mongolie **Site Web** www.mongoliatourism.gov.mn

Situé dans l'une des plus belles et des plus accessibles régions de Mongolie, le lac Khövsgöl est entouré de collines boisées et de prairies fleuries. Vieux de plusieurs millions d'années et dominé par les monts Khoridol Saridag, c'est le plus grand et le plus profond de tout le pays, et il contient quelque 2 % de l'eau douce mondiale. Ses eaux sont si limpides qu'on pourrait y boire sans danger. Les Mongols lui donnent le surnom de « Perle bleu foncé » ou encore de « Mère océan ».

Il faut venir ici pour pêcher l'ombre arctique ou voir les nomades s'occuper de leurs troupeaux de rennes. Prenez le ferry entre Khatgal et Khankh pour explorer le parc national de Khövsgöl, plus grand que celui de Yellowstone, aux États-Unis. La vie sauvage y est très diversifiée – bouquetins, mouflons, élans, ours bruns, orignaux ou encore loups. C'est aussi une étape pour les oiseaux migrateurs venus de Sibérie, et les ornithologues s'en donnent à cœur joie. L'expérience sera complète si vous dormez sous une yourte confortable, recouverte de feutre, où un four à bois traditionnel vous protégera du froid.

Dans cette région aride où tant de lacs sont salés, celui de Khövsgöl est sacré aux yeux des bouddhistes. Il y a peu de routes dans la région et l'on y circule surtout à cheval. En hiver, le lac gèle et les traîneaux à cheval avancent lentement sur la glace, chargés de toutes sortes de marchandises. Le point culminant de cette saison est le Festival de la glace organisé au moment du solstice d'hiver. Les nomades s'affrontent alors au tir à la corde, à la lutte (une technique proche du sumo japonais), au patinage sur glace ou encore dans des courses de traîneaux. **AD**

Le lac de Khövsgöl a deux millions d'années, ce qui en fait l'un des plus vieux du monde.

Kamuiwakka-no-taki

Lieu Île d'Hokkaido, Japon
Site Web www.japan-guide.com/e/e6851.html

Les chutes d'eau chaude de Kamuiwakka-no-taki se situent dans la péninsule sauvage et montagneuse du parc national de Shiretoko, dans l'île d'Hokkaido. S'y baigner représente une expérience unique. Dans la langue locale qu'est l'aïnou, ce nom signifie « eau des dieux ». Ces chutes sont l'une des merveilles du monde. Chargée d'une vague odeur de soufre, l'eau jaillit des profondeurs d'une terre volcanique avant de passer par plusieurs cheminées pour ensuite s'écouler dans les bois en dégageant des nuages de vapeur sur son passage. L'eau en faible ébullition crée une série de petits bassins limpides propres à la baignade ; le plus élevé est le plus chaud et probablement le plus beau. L'eau est très légèrement acide, de sorte que toute petite piqûre ou coupure suscitera un picotement au moment où vous vous immergerez, mais une fois oublié ce petit inconvénient, vous la trouverez extrêmement délassante. On lui prête toutes sortes de propriétés curatives.

Les Japonais appellent cet état d'immersion la « pieuvre bouillie », ce qui n'est pas particulièrement attirant, mais une fois dedans vous ne voudrez plus en sortir. Détendez-vous près des arbres et laissez-vous bercer par le bruit hypnotisant de la cascade. Plus fraîche au fond, l'eau se réchauffe en surface et forme des tourbillons. Contrairement à la plupart des sources chaudes japonaises, il est autorisé ici de porter un maillot de bain. Des sandales sont conseillées, les rochers du fond étant extrêmement glissants. Le parc national comporte quelques superbes forêts de pins, bouleaux et chênes. C'est également le site d'une autre source chaude appelée Noboribetsu Onsen, très prisée des Japonais, et de plusieurs volcans en activité. La dernière éruption du Tarumae-zan date de 1982. **HA**

Bains Aoni Onsen

Lieu Aomori, Japon
Site Web www.onsenexpress.com **Prix €**

Assez isolé et d'un charme rustique, l'Aoni Onsen propose certainement le bain thermal le plus évocateur de tout le Japon. Il fonctionne sans électricité depuis des décennies. Même aujourd'hui, des lampes à huile éclairent les sources chaudes pour le plus grand plaisir des clients recherchant la paix et la solitude.

Arrivez en hiver quand l'*onsen* (littéralement, « source chaude » est entouré de neige et que le seul son est celui du ruisseau de montagne. Mixte, le bain *rotenburo* donne sur une cascade rugissante, tandis que d'autres bains offrent une vue apaisante sur la rivière toute proche. Les amateurs apprécient tout particulièrement Aoni, situé dans une minuscule vallée du site de Shirakami, tout près du mont Hakkoda. L'auberge traditionnelle (*ryokan*) de 32 chambres fut inaugurée en 1931 par le poète Youga Niwa, en quête d'eaux aux propriétés curatives. Aujourd'hui, il reflète toujours l'esprit de l'artiste. Les portes coulissantes donnent sur des rocailles et d'agréables bassins.

> *« Les Japonais considèrent l'onsen, ou sources chaudes, un art à part entière… »*
>
> ***The Independent***

Cet asile éloigné de tout permet de remonter dans le temps et il y a un plaisir monacal à venir ici. Des stalactites de glace pendent du plafond de la grotte et, quand la lumière hivernale bleutée teinte la neige, la seule chose à faire est de s'installer devant un bon feu. Les mois les plus chauds, une promenade en montagne permet de voir des daims et des antilopes. **AD**

Bains Zao Onsen

Lieu Yamagata, Japon
Site Web www.zao-spa.or.jp/english/hot.html **Prix €**

Il est difficile de trouver bains en plein air plus impressionnants que ceux-là. À l'entrée du parc national de Zao, le plus grand bassin d'eaux purificatrices du Zao Onsen peut accueillir 200 personnes. La pièce maîtresse du rustique *dai rotem buro*, trio de bassins bouillonnants en plein air, est une immense baignoire construite dans un ravin d'où l'on a une vue extraordinaire sur les montagnes boisées environnantes.

Découvertes en l'an 110 de notre ère, les sources thermales de Zao sont les plus anciennes de la région de Tohoku, au nord-est du Japon. Selon une légende locale, un guerrier blessé retira une flèche de son corps et nettoya la blessure dans une source. Il guérit miraculeusement et les eaux devinrent alors célèbres pour leurs propriétés curatives. La température constante de ces eaux laiteuses avoisine les 52 °C et leur fort taux d'acidité permet de soigner maladies de peau et problèmes gastro-intestinaux.

Le village a réussi à préserver son charme traditionnel et son esprit zen. Après la baignade, promenez-vous dans les rues éclairées par des lanternes et bordées de *ryokans* (auberges). À moins de 20 km de la gare de Yamagata (train express), Zao Onsen est autant apprécié des skieurs que des amoureux des eaux thermales. Le paysage hivernal est spectaculaire et les arbres recouverts de glace sont surnommés « monstres de neige ». C'est une des plus vieilles stations de ski japonaises et elle culmine à plus de 1 220 m. Les sportifs aguerris descendront le Mur, une pente à 30 % de 305 m de long. Il est également possible de pratiquer le ski de nuit sur une piste qu'éclairent des lanternes. **AD**

↗ *L'eau des sources thermales réduit les problèmes d'articulations et détend le corps tout entier.*

« Lavez-vous hors du bain. Se savonner dans l'eau est la pire chose à faire dans un onsen. »

David Atkinson, *The Independent*

Nikko

Lieu Tochigi, Japon
Site Web www.nikko-jp.org/english/index.html **Prix** €

« *Construis un petit sanctuaire à Nikko et fais de moi son Dieu. Je serai le gardien de la sérénité.* »

Shogun Ieyasu Tokugawa (1542-1616)

Des bandes de singes bavards s'interposent à l'entrée de ce complexe religieux des montagnes du nord du Japon. Faites de votre mieux pour les éviter, traversez la zone boisée, grimpez les dernières marches et vous vous retrouvez devant l'impressionnant temple de Rinno-ji, fondé en 756. Sa grande salle est riche de trésors datant de l'époque d'Edo et l'on peut voir à l'extérieur un superbe jardin paysager datant du XIXe siècle.

Plus loin, vous verrez que les sanctuaires sont de plus en plus spectaculaires avec leurs rangées de lanternes de pierre, de tombes, de tours et de statues représentant des samouraïs d'antan au regard farouche. Le sanctuaire de Taiyuin-byo abrite les cendres du shogun Iemitsu Tokugawa qui régna de 1603 à 1605. Particulièrement splendide, il se dresse à l'extrémité d'une série de portes rouge et or implantées dans un bosquet de cèdres du Japon.

Village de montagne, Nikko est géographiquement isolé, cela rend ce complexe religieux bien différent de tous ceux que l'on peut voir au Japon. La croyance shinto au Kami, existence d'un génie ou d'un être spirituel habitant un endroit donné, s'impose ici dans le silence de la forêt, et il n'est pas facile de se départir de l'impression d'être entouré par quelque chose de magique.

Non loin, le pont Shinkyo de couleur vermillon et les Jardins botaniques de Nikko sont aussi très beaux, au même titre que la Ganman-ga-fuchi, rivière bleu pâle qui s'écoule dans l'ancien champ de lave du mont Nantai et bordée d'une allée peuplée de statues. **CW**

Cette pagode à cinq niveaux fait partie des nombreux monuments du complexe religieux de Nikko.

Hôtel Seiyo Ginza

Lieu Tokyo, Japon
Site Web www.seiyo-ginza.com **Prix €€**

Le profil discret de l'hôtel Seiyo Ginza est voulu. Ses clients sont bien souvent des membres de la famille impériale, des célébrités ou de riches chefs d'entreprise, et le luxe mesuré de l'établissement est le bienvenu. Le Seiyo se trouve dans un building ultramoderne, entre le quartier du luxe et de la vie nocturne de Ginza et le centre financier de Nihombashi.

À l'intérieur, les clients de marque sont accueillis dans un hall immense et sobre à la fois. Les formalités d'arrivée s'effectuent dans de petits bureaux confortables, loin du tohu-bohu. Le style est sobre et moderne mais il suffit de s'aventurer un peu pour découvrir toute son opulence. Meublées de façon traditionnelle et néanmoins différente, les chambres sont décorées de superbes bouquets de fleurs. Les plus belles possèdent des paravents japonais du XVIIe siècle, des lits à baldaquin et de grandes salles à manger privées. Les salles de bains feraient partie des plus spacieuses qu'on puisse trouver au Japon, il y a bien souvent un bain de vapeur, des placards intégrés, un grand choix de peignoirs et surtout beaucoup de marbre.

> *« L'allure un peu snob de l'hôtel est rehaussée par un service personnalisé 24 h sur 24. »* **The New York Times**

Les visiteurs peuvent admirer la salle à manger. L'hôtel se double d'un restaurant proposant de la cuisine française contemporaine, ainsi que d'un restaurant italien primé et d'un troisième, japonais. En cas de petit creux entre les repas, une pâtisserie vend toutes sortes de friandises préparées sur place. **SH**

Hôtel Peninsula

Lieu Tokyo, Japon
Site Web www.peninsula.com/tokyo/en/default.aspx **Prix €€€**

Dans cette ville frénétique qu'est Tokyo, le visiteur cherche parfois un lieu de raffinement permettant d'échapper à la foule, aux voitures et aux néons tapageurs. Avant l'ouverture du Peninsula en 2007, les hôtels de luxe de la ville se situaient tous dans des quartiers plutôt modestes et la clientèle huppée aurait préféré un emplacement plus chic. À un pâté de maisons du plus luxueux centre commercial de Tokyo, le Peninsula satisfait tous les désirs.

Dans le hall vaste et moderne, où un sublime lustre contemporain en forme de coupole retombe en une pluie de verre vers le sol, les femmes les plus « classe » de Tokyo se retrouvent pour prendre le thé tandis qu'un piano joue discrètement des mélodies sirupeuses. On a de l'hôtel une vue superbe sur le Palais impérial, lequel n'avait jamais été admiré sous cet angle avant la construction du Peninsula. Les chambres sont vastes, impressionnantes même étant donné la crise qui sévit à Tokyo, et l'hôtel dispose de cinq restaurants. Situé au dernier étage, le Peter est le plus beau, c'est l'endroit idéal pour prendre l'apéritif ou fumer un cigare. On se croirait dans un décor de cinéma, d'ailleurs les vedettes d'Hollywood aiment à descendre dans cet établissement. Les cocktails du bar sont à se damner.

Le restaurant cantonais Hei Fung, en terrasse, est également très original : au centre de la cuisine, la salle à manger ceinte de vitres est appelée la Table du Chef. Il ne faut bien sûr pas oublier les trois salles à manger privées. Ajoutez à tout cela un spa luxueux, des Rolls-Royce avec chauffeur, des bijouteries de luxe et une pâtisserie exquise, et vous n'aurez aucun mal à vous prendre pour un membre de la jet-set, mais il faut déjà que votre porte-monnaie vous autorise à pousser les portes du Peninsula ! **LD**

Le parc national de Hakone

Lieu Kanagawa, Japon
Site Web www.japaneseguesthouses.com/db/hakone

Le parc national de Hakone est l'un des cinq grands parcs constituant le parc de Fuji-Hakone-Izu. Sa disposition autour du lac Ashinoko (affectueusement appelé Ashi) permet une vue sublime sur le mont Fuji. C'est une excursion d'une journée qu'apprécient beaucoup les touristes venus à Tokyo.

Situé dans une région volcanique, Hakone est renommé pour ses sources thermales, ses complexes curatifs, ses spas et ses centres de traitement. Depuis des millénaires, on attribue des vertus magiques à ce site où des milliers de personnes viennent chaque année. Même si vous ne descendez pas dans un hôtel pour curistes, vous pourrez toujours prendre un bain de saké au thé vert. Hakone Kowakien Yunessun est un complexe thermal doublé d'un parc de loisirs ouvert toute l'année et c'est une étape bienvenue après un trekking sur les monts Komagatake et Kamurigatake. Les visiteurs se rendront à Owakudani, dans la Grande Vallée bouillante, région riche en sources chaudes et sulfurées. L'œuf que l'on y fait cuire noircit très vite à cause de l'acide légèrement sulfurique, en manger un, c'est se donner sept années de vie supplémentaires !

Hakone abrite aussi le Jardin botanique des Wetlands et le musée d'art moderne en plein air de Gura où sont présentées des œuvres de Picasso, Rodin ou encore Miró. C'est toutefois le lac Ashi qui l'emporte, perdu dans un paysage de rêve, avec pour arrière-plan les neiges du mont Fuji. On y pénètre en franchissant les torii vermillon du Hakone Jinja, sanctuaire shinto marquant à jamais l'entrée d'un espace sacré – d'un autre monde. **LM**

Haut de 3 776 m, le mont Fuji domine l'horizon par-delà les eaux du lac Ashi.

Kamakura

Lieu Kanagawa, Japon
Site Web http://fr.wikipedia.org/wiki/Kamakura

Cette ville paisible n'est qu'à une cinquantaine de kilomètres de Tokyo mais on se croirait au bout du monde. Il n'y a ni buildings hautains, ni bars à karaoké. Kamakura fut la capitale du Japon pendant le shogunat allant de 1192 à 1333 et c'était alors la quatrième plus grande ville du monde. Ancrée dans l'histoire, c'est l'antithèse de la capitale moderne. Les habitants de Tokyo viennent ici passer une journée pour bénéficier du vent frais de la mer tout en profitant des temples et sanctuaires bouddhistes ou shinto. Entourée au nord, à l'est et à l'ouest par des montagnes et au sud par les eaux de la baie de Sagami, Kamakura est une forteresse naturelle. Le cadre est aussi impressionnant aujourd'hui qu'il l'était au temps de sa splendeur, il y a plusieurs siècles. Le point culminant en est le monumental Bouddha Amitabha qui semble veiller sur la ville.

Au XIIIe siècle, Kamakura fut également le berceau du bouddhisme de Nichiren, ou « école du lotus ». Nichiren est en vérité né en 1222 dans la province d'Awa, puis il vint enseigner dans la capitale politique du pays. La ville lui est depuis lors associée.

Pour bien apprécier Kamakura, choisissez la promenade qui, en trois heures à partir du Tokeji, traverse la forêt pour rejoindre le Kotokuin. Allez au sanctuaire de Zeniarai Benten pour voir la cérémonie de purification des offrandes. Le seul bruit que vous entendrez sera le chant du rossignol niché dans les pruniers.

Si la ville est riche d'histoire ancienne, la plage attire aussi pas mal de monde, au même titre que les *senbei*, gâteaux de riz grillés vendus frais dans la rue principale. Vous goûterez là le vrai Japon. **AD**

La forêt de bambous proche du temple de Hokoku-ji est renommée pour sa beauté et sa sérénité.

Complexe Hoshinoya

Lieu Nagano, Japon
Site Web www.hoshinoya.com/en **Prix** €€

Le rituel du bain n'a jamais été mieux sublimé qu'au nouveau complexe Hoshinoya. Il ne s'agit pas là d'un *onsen* (source chaude) traditionnel, Hoshinoya s'inscrit résolument dans le XXIe siècle. Une énergie géothermique verte fournit la chaleur souterraine et l'environnement est parfaitement contemporain. Sols de bois sombre et de pierre remplacent les tatamis familiers. En plus des piscines en extérieur, un labyrinthe de bains installé dans des pièces basses de plafond conduit à un bain de méditation éclairé par des spots placés dans l'eau même. Une musique apaisante mais aussi la chaleur et les vapeurs soufrées rendent l'expérience mémorable.

« Le plus important pour un onsen *est son emplacement et la qualité de son eau. »*

Hiroshi Ebisawa, architecte et designer

Dehors, des terrasses verdoyantes et des chutes d'eau charment les sens. Tout autour l'épaisse forêt d'érables de Karuizawa prend à l'automne de sublimes teintes or et écarlate. Près de Nagano, au centre de l'île d'Honshu, les villas du complexe sont disposées autour d'une petite rivière. Aucune ne ressemble aux autres. Les murs ont la couleur apaisante du thé vert et les chambres, de majestueux plafonds.

Loin des *onsen*, des éco-tours permettent d'admirer la forêt et le ciel étoilé. Restez dans la bibliothèque avec un bon livre ou rejoignez les autres résidents pour des exercices d'assouplissement matinaux dans le pavillon de thé de Chaya. **AD**

Shukubo Myoren-ji

Lieu Kyoto, Japon
Site Web www.pref.kyoto.jp/visitkyoto/en **Prix €**

Les personnes n'ayant jamais visité le Japon associent souvent ce pays aux hôtels du film *Lost in Translation*, mais celles qui recherchent la solitude se rendront de préférence dans un des nombreux *shukubo* que compte le pays. Il s'agit de temples ou sanctuaires offrant un accueil à tous ceux qui le souhaitent et sont désireux de partager la vie spirituelle de l'Extrême-Orient. Anciens lieux d'adoration, les *shukubo* modernes reçoivent toutes sortes de résidents et les visiteurs peuvent s'initier à cette pratique du boud-dhisme zen qu'est le *zazen,* exercice destiné à apaiser à la fois le corps et l'esprit pour mieux comprendre le sens de l'existence.

Les monuments historiques de l'ancienne Kyoto forment un ensemble de 17 temples – sanctuaires et château situés dans la ville ou dans les villes voisines Uji et Otsu – inscrits sur la liste du patrimoine mondial de l'Unesco en 1994. À Kyoto, devenue siège de la cour impériale en 794, le Myoren-ji est un remarquable sanctuaire lié au bouddhisme de Nichiren. Il offre un accueil très simple dans un cadre pittoresque. Dans un quartier tranquille peu éloigné du centre-ville, le temple reçoit les visiteurs dans des chambres dotées de *shoji* (panneaux coulissants) et de planchers recouverts de tatamis. Les salles de bains sont communes, partagées entre les voyageurs et les moines résidents, on peut aussi aller au bain public situé en dehors du complexe religieux. Surprenant pour un Occidental, le jardin de pierre aménagé devant l'un des huit petits temples incite lui aussi à la méditation.

L'architecture complexe des bâtiments anciens et les traditions séculaires japonaises font que le Myoren-ji mérite pleinement de titre d'« escapade ». **DaH**

Le sanctuaire Fushimi Inari-taisha

Lieu Kyoto, Japon
Site Web http://fr.wikipedia.org/wiki/Fushimi

Au sud de Kyoto, le chemin bordé d'érables tracé sur la pente du mont Inari est depuis 1 300 ans une destination de pèlerinage. Il y a toutefois plus impressionnant : l'allée de facture humaine constituée de torii vermillon allant du pied de la montagne au sanctuaire de Fushimi Inari-taisha situé tout en haut de celle-ci. Longue de quatre kilomètres, l'allée passe devant de paisibles étangs, de petites chutes d'eau, de splendides cimetières et d'innombrables parcelles consacrées à l'adoration privée. Le visiteur peut se promener alentour, l'allée est ouverte à toute heure et sa balade lui prendra deux heures. À l'arrivée l'attend une vue superbe sur toute la ville de Kyoto, éclairée la nuit de millions de néons.

Parcourez le tunnel de torii… c'est au tomber du jour une expérience quasi magique.

Chaque saison a son charme. L'été offre un paysage verdoyant et les torii apportent une ombre bienvenue. Recouverts de neige en hiver, les portiques laissent le chemin bien dégagé. Les couleurs de l'été leur donnent une teinte rouge vif qui tranche avec la nature verdoyante ; ils prennent une nuance très sombre formant un étonnant contraste avec le paysage enneigé. **CW**

⇥ *Les torii sont d'ordinaire isolés, ceux qui bordent le chemin d'accès au mont Inari sont au nombre de 10 000.*

吹田市垂水町三丁目三〇番五号
呉市東中央一ノ六ノ二
税理士
平松高雄
名古屋市熱田区
(株)メイナン
東京都足立区鹿浜
日鈴産業機械(株)
鈴木啓之
京都市
技研トレーディング株式会社
レンゴーロジスティクス株
高田良平
大阪近鉄バファローズ
梨田昌孝
愛媛県川之江市上分町
加藤絹子
名古屋市
株式会社
あいち研醸社
(株)奈良オオクワセンター
平成十三年元旦建之

Ryokan Hiiragiya

Lieu Kyoto, Japon
Site Web www.hiiragiya.co.jp/en **Prix €€**

Ne paniquez surtout pas si l'on vous annonce que vous êtes officiellement décédé. Vous avez probablement noué le pan droit de votre *yukata* (robe d'intérieur) sur le pan gauche et il convient de le placer correctement ! Le *ryokan* (auberge) Hiiragiya a plus de 300 ans et chacun y voit le summum du style et de l'hospitalité traditionnels. Regardez attentivement et vous verrez le long des murs de terre les piquets de bois où les seigneurs féodaux en déplacement attachaient leurs chevaux. Leur arrivée constituait assurément un spectacle grandiose. Aujourd'hui, l'accueil est toujours là avec la sixième génération, aussi hospitalière qu'au temps des samouraïs.

Après d'interminables courbettes, une femme vous conduit à votre chambre. Ses dimensions sont décrites par le nombre de nattes (tatamis) recouvrant le plancher de bois grossier. On trouve parfois une baignoire en bois de cèdre où l'eau reste chaude pendant des heures. Les pièces sont simples et l'attention est prêtée au moindre détail. Les clients sont invités à consacrer leur temps au plaisir des sens. On peut en effet déguster un repas où chaque plat est en soi un chef-d'œuvre d'esthétique. Il est également possible d'assister à la traditionnelle cérémonie du thé, processus élaboré dont le sens échappe totalement aux Occidentaux. Il est facile de faire un faux pas culturel dans une telle auberge. Mais quel plaisir de chausser des *geta* (chaussures en bois) et d'aller dîner en *yukata*. Si vous choisissez de prendre un bain, votre chambrière attitrée versera l'eau, roulera le tatami et veillera à ce que vous ne soyez pas… décédé ! **TM**

« À Hiiragiya… je songe avec nostalgie à ce sentiment de quiétude qui caractérisait le Japon d'antan. »

Yasunari Kawabata, écrivain

↖ *Le* ryokan *Hiiragiya (maison de sainteté) est la quintessence du raffinement japonais séculaire.*

Ryokan Nishiyama

Lieu Kyoto, Japon
Site Web http://nishiyamahotel.blogspot.com **Prix €€**

L'ancienne capitale qu'est Kyoto est l'une des villes les plus visitées du Japon. C'est un dédale de ruelles et de petits canaux, de grandioses temples bouddhistes et de sanctuaires shinto retirés, de vieilles maisons de bois et de jardins minimalistes. Au printemps, elle est embaumée par les cerisiers en fleur, en automne, les érables semblent embrasés.

Le *ryokan* Nishiyama est proche du centre-ville, non loin de l'hôtel de ville. Il est installé dans une rue tranquille, à côté de la rivière Kamo et du quartier chic de Shinkyogoku. Le bâtiment est moderne, mais la famille qui dirige l'hôtel recrée l'atmosphère d'un *ryokan* (auberge) d'antan. Le personnel parle anglais (ce qui n'est pas toujours le cas au Japon !) et se propose de vous faire découvrir le vieux Kyoto.

L'atmosphère est traditionnelle, de la vieille lanterne au-dessus de la porte à la cour formant jardin.

Une cascade embellit le jardin et les bains ne sont pas mixtes. La culture japonaise est parfois intimidante, mais tout est fait pour le bien-être. Le personnel vous donnera une *yukata* (robe d'intérieur). Le petit déjeuner se compose de tofu bouilli, poisson grillé, omelette japonaise, légumes, riz ou soupe au miso. La nourriture est authentique et le dîner peut comporter d'innombrables plats très recherchés. Du thé vert vous est proposé à tout moment dans votre chambre au même titre que la spécialité de Kyoto, les *yatsuhashi*, délicieux gâteaux à la cannelle. **SH**

Benesse House

Lieu Île de Naoshima, Kagawa, Japon
Site Web www.naoshima-is.co.jp **Prix €€**

L'île de Naoshima se situe au cœur de la mer intérieure du Japon et les chambres de la Benesse House sont littéralement des œuvres d'art. Hybride de musée et d'hôtel-boutique, cet établissement des plus originaux est né de l'imagination de Soichiro Fukutake, président de la Benesse Corporation, édition de livres pour enfants et société mère de l'école de langue Berlitz.

Le musée a une manière originale de présenter ses collections constituées d'œuvres d'une douzaine d'auteurs de renommée mondiale et d'une poignée d'artistes japonais émergents. La différence entre Benesse et les autres galeries, c'est que les visiteurs y passent la nuit. Benesse a une tout autre approche de l'art, on peut toucher les sculptures et s'approcher très près des peintures, de jour comme de nuit. Une librairie propose des catalogues d'exposition et toutes sortes de livres consacrés à l'art contemporain.

L'architecte japonais Tadao Ando, connu pour ses lieux d'adoration minimalistes, a conçu la Benesse House. Sur un promontoire rocheux à la pointe sud de l'île, elle s'enfouit dans la terre pour ensuite s'ouvrir sur de vastes terrasses, des cours ensoleillées et des pelouses ornées de statues. Les galeries sont éclairées par des spots habilement disposés et les lourdes portes en verre sont coulissantes. Des marches de marbre brut mènent à des buissons et la galerie centrale, pareille à l'allée d'une chapelle, est couronnée d'une pyramide de verre. C'est une des rares parties du complexe qu'on puisse voir de la mer.

La beauté de l'architecture se manifeste pleinement dans la façon dont l'espace de la galerie cède sans heurt la place à celui des chambres. Les murs sont de béton poli et les planchers, de bois clair. L'art moderne est présent dans toutes les pièces. **AD**

Croisière sur l'Ayeyarwady

Lieu Rivière Ayeyarwady, Myanmar
Site Web http://fr.wikipedia.org/wiki/Irrawaddy **Prix €€€**

Sur de lointaines collines, les dômes dorés de pagodes exotiques resplendissent parmi le vert des arbres. Sur la rive, des moines au crâne rasé forment de longues files pour demander aumône et nourriture aux habitants. Sur l'eau, des barques chargées de sacs de riz passent à côté de buffles nonchalants venus paître les plantes des bas-fonds. Toutes les images fascinantes de ce pays mystérieux qu'est le Myanmar (ancienne Birmanie) s'offrent à vous tandis que vous paressez sur le pont d'un bateau de luxe naviguant lentement sur l'Ayeyarwady (également appelée Irrawaddy).

Le Myanmar est un pays magique que le tourisme n'a pas encore trop défiguré. Cela ne veut pas dire qu'on ne peut le visiter qu'avec un sac à dos. Produit de la société Orient-Express, le *Road to Mandalay* est un bateau tout confort riche de 52 cabines. Il relie Mandalay (deuxième plus grande ville de Birmanie) à Bagan puis Bhomo, près de la frontière chinoise. On peut comparer cette expérience à une croisière sur le Nil bien que la distance parcourue soit plus courte. Il faut absolument admirer Bagan et ses 2000 pagodes ornées ou voir la statue du Bouddha Mahamuni, mesurant 4 m de haut et constituée de 6,5 tonnes de bronze. Des feuilles d'or sont régulièrement ajoutées sur son visage, lavé chaque matin par les moines. C'est un lieu de pèlerinage important pour les Birmans.

La vie à bord allie le bon goût de l'ameublement en bois locaux aux charmes de la cuisine, poulet ou bœuf au curry, riz parfumé ou encore poissons aux épices. Tout concourt au bien-être des passagers : conférences, danses folkloriques, initiation à la religion et à l'artisanat du Myanmar. Et pour se protéger du soleil, une fille superbe montre comment enduire son visage de *thanaka*, une pâte à base de bois de santal. **WG**

Bien-être au Tao Garden

Lieu Chiang Mai, Thaïlande
Site Web www.tao-garden.com/France/html/index.php **Prix €**

Fondé par un maître taoïste de méditation et de qi gong, ce complexe du nord de la Thaïlande est à la fois un centre d'initiation aux arts taoïstes et un centre de relaxation. Si vous arrivez de Bangkok, c'est le plus probable, vous vous sentirez immédiatement reposé, surtout si vous avez passé la nuit en wagon-couchette.

Bien loin de la foule et du tumulte de Bangkok, le calme de Chiang Mai ne manquera pas de vous charmer, mais ce n'est rien à côté de ce qui vous attend au Tao Garden. Ce spa de renom international s'accompagne d'un centre de médecine holistique et d'un terrain d'expérimentation pour qui veut s'initier aux thérapies et aux modes de vie alternatifs. Vous aurez le choix entre tai-chi, qi gong, acupuncture, bains de vapeur aux plantes, sauna, massage ayurvédique, nettoyage du côlon ou encore Chi Nei Tsang : ce massage débloque l'énergie (*chi*) coincée dans l'abdomen avant de chasser les toxines et les émotions négatives.

« Les nombreux spas [de Chiang Mai] visent à soigner les esprits stressés et les corps épuisés. »

Bob Kimmins, magazine *Nation*

Cette fusion unique de l'Orient et de l'Occident vous permettra aussi de pratiquer toutes sortes de sports : badminton, tennis ou encore natation. Le restaurant du Tao Garden est renommé et ses chefs cuisinent à base de plantes cueillies sur place. Que vous veniez au Tao Garden pour vous relaxer ou méditer, vous en repartirez littéralement régénéré, regonflé, prêt à affronter les tracas de la vie moderne. **JS**

Camp Four Seasons

Lieu Chiang Rai, Thaïlande
Site Web www.fourseasons.com/goldentriangle **Prix €€€€**

Vous avez toujours cru que le camping consistait à grelotter sous une tente minuscule et à préparer son repas sur un réchaud ? Le Four Seasons vous fera très vite changer d'avis. À la fois établissement de luxe et réserve naturelle, il se situe dans les jungles de cette partie montagneuse de la Thaïlande surnommée le Triangle d'or, à la frontière du Laos et du Myanmar.

Le camp n'est accessible que par bateau et le voyage est en soi mémorable. Une fois à l'aéroport de Chiang Rai, les hôtes embarquent à l'extrémité ouest du campement sur un navire qui les conduit à l'extrémité est. L'entrée de chaque « tente » est accompagnée d'un sanctuaire miniature dédié à l'esprit Phra Phrum, le « gardien de la terre des esprits » en sanskrit. Au-dessus de la rivière San, un pont suspendu de 80 m de long conduit au spa. Les tentes sont décorées de meubles anciens et de lits géants, une terrasse permet de prendre le soleil sur des lits de massage et l'énorme baignoire victorienne en cuivre constitue la pièce maîtresse du lieu.

Six éléphants sauvés des rues de Bangkok grâce à un programme de réhabilitation vivent aussi dans le camp. Les résidents peuvent les nourrir, leur donner leur bain ou les monter sous le regard avisé de leurs *mahouts*. Les repas sont pris en commun, qu'il s'agisse d'un barbecue sous les étoiles ou d'un repas plus classique dans le restaurant principal. On peut bien entendu dîner seul, mais qui aurait envie de s'isoler alors que l'ambiance générale est incroyablement détendue ? **TW**

Une quinzaine de « tentes » sur pilotis assurent l'intimité des clients de ce campement de luxe.

« Le cadre magique de cette jungle de bambous ne peut que réveiller les sens et les émotions. »

Condé Nast Traveler

Hôtel Anantara

Lieu Chiang Rai, Thaïlande
Site Web http://elephant-tails.anantara.com **Prix €€**

À la frontière nord de la Thaïlande, un complexe hôtelier des plus originaux marie le luxe à l'aventure sur une terre de légendes. Après un long vol et beaucoup de voiture le long de pittoresques rizières, Anantara semble perdu au bout du monde, pourtant la récompense ne tarde pas : un panorama et des jardins exotiques sublimes, le Mékong tout puissant et trois pays.

Le complexe est surtout renommé pour son campement de *mahouts* (dresseurs d'éléphants) où les clients peuvent s'initier à la conduite de ces gros pachydermes. Au bout d'une incroyable journée d'apprentissage, vous chevaucherez à cru un éléphant et lui donnerez des ordres en thaï avant de glisser le long de sa trompe pour poser le pied à terre.

« La relation avec les éléphants repose sur le respect et la confiance. »

Un *mahout* d'Anantara

Le campement tout entier rend hommage aux éléphants. Même les serviettes de toilette des chambres très design utilisent le principe de l'origami pour reproduire leurs formes. Après la journée de cours, vous pourrez vous délasser en plongeant dans la piscine ou vous rendre au spa vous faire masser par des mains expertes dans une atmosphère de bois d'ébène, d'orchidées et de soie. L'hôtel organise aussi des excursions dans les deux pays voisins, le Myanmar (Birmanie) et le Laos. Jadis si mystérieux, le Triangle d'or est aujourd'hui une destination extrêmement originale. **RCA**

À bord de l'*Eastern Orient Express*

Lieu Bangkok, de la Thaïlande à Singapour
Site Web www.orient-express.com **Prix €€**

L'*Orient-Express* jouit d'une qualité quasi mythique et sa réputation n'est plus à faire. Synonyme de voyages très glamour et de passagers excentriques se rendant au bout du monde, c'est évidemment ce qui se fait de mieux en matière de transports ferroviaires.

Il suffit d'embarquer dans une élégante voiture crème et vert foncé pour remonter le temps. La marqueterie et les sièges, du plus pur style thaï ou malaisien, évoquent une époque révolue. Le personnel est, on s'en doute, irréprochable. Construit à l'origine pour la compagnie néo-zélandaise Silver Star, ce train fut réaménagé par l'équipe de British Pullman et du Venise-Simplon Orient-Express qui puisa son inspiration dans un film de 1932, *Shanghai Express*, avec Marlene Dietrich.

Télévision, radio et sonneries de portables sont absentes ici, du reste tout est fait pour le bien-être du passager. La voiture découverte destinée à l'observation de la nature environnante permet de mieux connaître vos compagnons de voyage. Il est aussi possible de faire des excursions d'une journée à Penang ou au bord de la rivière Kwai (rendue célèbre par le film du même nom, même si celui-ci a été tourné au Sri Lanka). Le wagon-restaurant est lui aussi de premier ordre. Un dîner de choix est servi chaque soir à des voyageurs élégamment vêtus pour l'occasion : poisson grillé au soja, soufflé de fromage de chèvre avec fricassée de langouste, confit de canard aux légumes du Sichuan, desserts succulents… et pourquoi ne pas terminer la soirée au bar devant un digestif ? **RCA**

On peut pendant des heures admirer le paysage, de la banlieue de Bangkok aux jungles les plus denses.

EASTERN & ORIENTAL EXPRESS

Hôtel Sukhothai

Lieu Bangkok, Thaïlande
Site Web www.sukhothai.com **Prix** **€€**

En totale rupture avec une ville où fleurissent les gratte-ciel, l'architecture discrète du Sukhotai, ses jardins luxuriants et ses bassins aux nénuphars donnent un avant-goût de l'intérieur de l'établissement.

Le Sukhotai a longtemps attiré les voyageurs de bon goût bien avant que se répande le terme « hôtel-boutique », et il n'a aujourd'hui rien à envier à ses concurrents plus modernes. Quittez le maelström de la ville pour plonger dans la sérénité, qualité d'exception au cœur d'une ville si bruyante. Un personnel gracieux, dans tous les sens du mot, semble glisser sur le sol pour à tout instant satisfaire vos moindres désirs.

L'établissement rend hommage à l'ancienne capitale de la Thaïlande qu'était Sukhotaï et son décor évoque un certain âge d'or en s'inspirant, dans son architecture ou son design intérieur, des palais d'antan : colonnades symétriques, bronze, teck, marbre ou encore tissus précieux. Son premier architecte, Edward Tuttle, est souvent considéré comme l'un des meilleurs au monde. Il est possible de dîner en plein air dans un restaurant de grand renom, le Celadon, non loin du bassin aux lotus, où de se relaxer au bord d'une piscine de 25 m de longueur. Remis à neuf, le Spa Botanica propose à ses hôtes des massages effectués par des mains expertes. La hauteur relativement peu importante de l'hôtel, sept étages seulement, fait que la piscine n'est jamais à l'ombre, encore un luxe à Bangkok ! Là-bas, chacun sait que le touriste qui veut se montrer descend à l'Oriental, et celui qui veut échapper au tumulte opte pour le Sukhotai. **TM**

Oasis de calme au cœur de Bangkok, le Sukhotai symbolise ce que la Thaïlande a de mieux à offrir.

Leyana Spa

Lieu Bangkok, Thaïlande
Site Web www.leyanaspa.com **Prix** €

Bangkok est une ville bruyante et grouillante de monde, mais il y existe quelques havres de tranquillité : c'est le cas du jardin verdoyant où le Leyana Spa propose des soins originaux, antidotes parfaits à la folie de la capitale du pays. Les hôtels de grand confort dominent depuis longtemps le commerce du spa à Bangkok et chacun offre traitements à la mode ou préparations exotiques, mais ils oublient l'objectif principal du spa : guérir le corps et apaiser l'esprit.

Kae, la jeune propriétaire du Leyana Spa, croit aux pouvoirs curatifs de la virtuosité d'une bonne masseuse, d'une atmosphère sereine et de produits aromatiques fraîchement préparés. Les chambres occupées par les clients désireux de se soigner sont au nombre de treize, dont six doubles pour recevoir les couples. Toutes possèdent un bain à remous et une baignoire emplie de pétales de fleurs. Tôt le matin, installez-vous au jardin zen avant que débute votre soin et que la thérapeute baigne vos pieds dans une eau chaude parfumée à la rose. Dans la verdure, amusez-vous à compter les figurines en céramique représentant des enfants cachés derrière les palmiers. Choisissez les ingrédients de votre traitement – miel et flocons d'avoine, noix de coco fraîche, citrons juteux, tamarin – ou comparez les bienfaits d'un bain de vapeur aux plantes et d'un bain au lait floral. **MN**

> *Ici, tout doit être beau mais aussi immaculé car c'est ce que j'aimerais trouver dans un spa.*

Hôtel Eugenia

Lieu Bangkok, Thaïlande
Site Web www.theeugenia.com **Prix** €€

Le vieux Bangkok recèle en son sein cette merveille d'antan qu'est l'hôtel Eugenia. Cette bâtisse coloniale datant de la fin du XIXe siècle ressemble plus à une demeure familiale qu'à un hôtel avec ses objets et ses meubles anciens ou encore son garage où dorment de vieilles limousines.

Franchir la porte de l'hôtel Eugenia, c'est remonter dans le temps, toutefois un certain style contemporain inscrit résolument l'établissement dans notre siècle. Les douze suites hautes sous plafond ont été amoureusement décorées à l'aide d'objets originaires du Myanmar (Birmanie), de l'Inde et de l'ancienne Indochine. Les baignoires en cuivre martelé ont elles-mêmes quelque chose de vénérable. La literie de lin et les oreillers de plume viennent quant à eux de Belgique.

L'élégance discrète est ici de mise. Les clients peuvent prendre un *five o'clock tea* ou un cocktail sous les palmiers, au bord d'un bassin, ou encore faire un tour de ville dans une des Mercedes-Benz ou Jaguar avec chauffeur. Vous dînerez dans la salle à manger D. J. Bradley, du nom d'un missionnaire chrétien célèbre pour avoir introduit la médecine occidentale au Siam en 1835. Cette pièce s'orne d'un beau papier mural doré et de délicats objets en porcelaine, néanmoins la cuisine y est assez moderne : truffes et œufs de caille, soupe au crabe, beignets thaïs et autres plats représentatifs du pays. Le salon Zheng He porte quant à lui le nom d'un grand voyageur chinois. On y sert le petit déjeuner et le soir, des menus à base de tapas.

Dans la journée, trouvez-vous un coin tranquille dans la bibliothèque et lisez un bon livre ou admirez les objets d'art disposés sur les étagères. Quel contraste avec les grands hôtels de Bangkok, leurs centaines de chambres et leur décoration clinquante ! **AD**

Hôtel Shangri-La

Lieu Bangkok, Thaïlande
Site Web www.shangrila.com **Prix €€**

Dans une ville bruyante, humide et polluée comme Bangkok, un bon hôtel est absolument essentiel, et il est difficile de faire mieux que le Shangri-La. Située sur la rive de la rivière Chao Phraya, sa terrasse-restaurant bénéficie d'un vent frais bienvenu après la chaleur étouffante de la journée. Avec ses salons élégants, son service discret et son Chi Spa renommé, le Shangri-La mérite bien sa réputation.

Le vieux Bangkok s'est bâti le long de la rivière. Le Shangri-La en occupe le centre, situation idéale pour des promenades en embarcation privée vers le Palais royal, le Wat Pho, le temple de l'Aube ou encore Chinatown. Oubliez la foule et relaxez-vous sur le pont du bateau pour découvrir la ville en toute sérénité.

> *« Votre massage tibétain constitue une expérience exceptionnelle, la meilleure que j'aie jamais eue. »*
>
> Jeremy Irons, acteur

Le thé en fin d'après-midi sera suivi de soins au spa, puis du dîner. Les soins recourent à toutes sortes de techniques asiatiques, massages énergisants pour la stimulation du yang ou relaxants pour celle du yin. Une grande importance est accordée au bol tibétain en cuivre qui, une fois frappé, emplit la pièce d'ondes sonores aux effets incroyables. Plusieurs personnes ont eu l'impression de sortir de leur corps et d'être transportées au pays mythique de Shangri-La où la vieillesse n'existe pas. L'hôtel du même nom ne garantit pas la jeunesse éternelle, seulement un séjour apaisant, ce qui n'est déjà pas si mal. **MN**

Remonter le Chao Phraya

Lieu Chao Phraya, Thaïlande
Site Web www.manohracruises.com **Prix €€**

Le Chao Phraya est l'artère vitale de Bangkok, et la remontée de ce que les Thaïs appellent le Seigneur des Eaux constitue une manière exceptionnelle de découvrir la vie de la Thaïlande. La *Manohra Song* est une barge centenaire ayant servi jadis au transport du thé, aujourd'hui convertie en navire de luxe. Avec ses quatre cabines superbement meublées, cet hôtel flottant se pare d'une élégance toute classique. Les salons bénéficient de l'air conditionné et leurs murs s'agrémentent de soieries thaïes ou de draperies aériennes immaculées.

Sur la rive, les bâtiments industriels côtoient des cabanes en bois et des temples étincelants. Les enfants plongent dans l'eau brunâtre au passage d'énormes barges tirées par de minuscules embarcations. La croisière à bord de la *Manohra Song* comporte sept étapes. La première est le Wat Arun, ou temple de l'Aube, dont le stupa central de style khmer haut de près de 85 m symbolise les 33 cieux. Ses toits sont ornés de *kinaries*, des femmes-oiseaux aux mains jointes. Plus tard, le bateau accoste près du Wat Nivat, un temple construit sur le modèle d'une cathédrale anglaise néogothique, c'est là que vivent de jeunes moines en robe safran.

À 16 heures très exactement, le thé à l'anglaise est servi avec de délicats sandwichs au saumon ou des chocolats fourrés – une scène à la fois surréaliste et charmante dans un tel environnement. Plus tard, les spécialités thaïes sont servies sur le pont. La soupe traditionnelle présentée dans une noix de coco est suivie d'une parade de plats, et cela va du curry vert parfumé aux crevettes royales accompagnées d'asperges.

Le doux balancement rythmé du bateau, la brise et le panorama, tout concourt à rendre inoubliable cette mini-croisière. **RCA**

Méditer au Chiva-Som

Lieu Pranburi, Thaïlande
Site Web www.chivasom.com **Prix** €€€

Chiva-Som est une retraite très spécifique dont la clientèle se compose de personnages royaux, de célébrités et de VIP. Situé entre les complexes de renommée mondiale de Hua Hin et ceux de Pranburi, en Thaïlande, Chiva-Som constitue le summum de ce qui peut se faire en matière de spa. Ordinateurs et téléphones portables sont interdits, et nul ne s'en plaint, conversations animées et sonneries intempestives ne sont pas faites pour ceux venus chercher ici la paix.

Des suites et des chambres pourvues de piscines individuelles donnent sur la plage de sable blanc du golfe du Siam ; d'élégants pavillons de style thaï font place à des pelouses amoureusement entretenues et à des lacs reflétant le bleu du ciel. Les cuisiniers élaborent des menus gastronomiques à partir des produits de la mer ou de leur jardin.

Les hôtes de ce complexe peuvent s'abandonner à des massages langoureux et à des soins de beauté, apprendre à danser, jouir de l'aérobic aquatique, pratiquer des sports d'eau dont le kayak en mer ou d'autres sports plus orientaux comme le yoga, le tai-chi et la boxe thaï. Essayez le watsu, technique passive dérivée du shiatsu zen : dans un bassin d'eau chaude, une séquence de mouvements doux et rythmés opère une manipulation en douceur du corps. Si vous parvenez à vous arracher à la tranquillité du spa, allez faire du shopping dans la petite ville voisine d'Hua Hin, vous y trouverez de superbes soieries thaïes, des objets en bois sculptés et des tissus avec lesquels couturières et couturiers vous feront de splendides vêtements à un prix défiant toute concurrence. **MN**

Chiva-Som signifie « havre de paix », un nom parfait pour un lieu parfait.

Séjourner au Sarojin

Lieu Khao Lak, Thaïlande
Site Web www.sarojin.com **Prix** €€

« Les dunes qui abritent les suites n'empêchent pas d'entendre les vagues s'écraser sur le récif de corail. » *Condé Nast Traveler*

Le temps semble avoir suspendu son vol autour du Sarojin. Un immense et très vieux figuier domine le paysage, un lagon d'un côté et l'océan de l'autre. Il se reflète paisiblement dans un bassin couvert de lotus.

En tout, le Sarojin s'étend sur quelque 4 ha, dont une belle plage privée de sable blanc. Les 56 résidences jouissent toutes d'une délicate personnalisation avec jardins privés, terrasses, baignoires à deux places, douches en extérieur ou encore bassins réservés aux soins. Le style est asiatique contemporain et les sept bâtiments de deux étages se fondent harmonieusement au paysage. Les résidences les plus simples ont un salon thaï et une terrasse privée. À l'étage supérieur, les luxueuses suites se composent d'un pavillon à air conditionné et d'un bassin de relaxation en extérieur. Ce n'est pas tout, le spa s'intègre au paysage et les seuls bruits sont ceux des vagues de la mer d'Andaman.

Entre les bouquets de cocotiers et la mer, les activités sportives sont innombrables : pêche sous-marine, plongée avec tuba, pêche dans les lagons, canoë en pleine mer et exploration des grottes de la baie de Phang Nga aux superbes îles de grès, etc. On peut aussi visiter les sources chaudes, faire une promenade à dos d'éléphant ou se contenter de contempler la faune et la flore. Une croisière privée sur ce bateau de luxe qu'est la *Lady Sarojin* ou un cours de cuisine thaïe suivi d'un repas pris près d'une cascade sont autant d'instants magiques permettant de profiter au mieux de Sarojin et de ses environs. **PS**

Voir photo page 698.

Se faire préparer et servir le dîner sur la plage, voilà l'un des plaisirs qu'offre un séjour au Sarojin.

Hôtel Veranda

Lieu Phetchaburi, Thaïlande
Site Web www.verandaresortandspa.com **Prix** €€

La petite ville de Hua Hin se situe à quelque 200 km au sud de Bangkok et c'est la plus ancienne station balnéaire du pays. Elle devint à la mode dans les années 1920 quand le roi Rama VII y construisit un palais. Depuis, les membres de la famille royale continuent d'y venir en vacances. Cela n'a donc rien de si étonnant si, au fil des ans, Hua Hin a pris des airs très glamour quand d'illustres visiteurs se sont sentis attirés par ses plages de sable blanc, ses hôtels prestigieux et ses petites rues riches en bars et restaurants – si nombreux que certains sont même installés sur les jetées. Le marché de nuit est animé et l'on peut passer des heures à errer dans les échoppes. Tout est à vendre, bijoux mais aussi costumes en cachemire et peignoirs en soie. Marchander y est obligatoire et il vaut mieux arriver à Hua Hin avec une valise vide.

Très chic, le Veranda Resort & Spa est installé un peu en dehors de la ville pour permettre une meilleure détente. Une étonnante architecture moderne et minimaliste caractérise les treize suites et les 84 chambres. Elles jouissent toutes d'une vue spectaculaire sur le golfe de Thaïlande et chacune est équipée d'un bain extérieur et d'un bain à remous. L'eau est un élément capital du Veranda. Le spa propose des massages apaisants, la cour centrale est dotée d'un bassin éclairé la nuit par des bougies et les piscines souvent entourées d'un rideau côtoient une plage artificielle où l'on peut se détendre mais aussi prendre ses repas en extérieur. La cuisine est évidemment exceptionnelle, les poissons et fruits de mer peuvent être servis avec des ananas, ou cuits dans du lait de coco, une grande spécialité thaïe. Le Veranda Resort & Spa est vraiment l'établissement idéal pour celui ou celle qui recherche à la fois luxe et sérénité. **CK**

Hôtel Baan Taling Ngam

Lieu Koh Samui, Thaïlande
Site Web www.baan-taling-ngam.com **Prix** €€

À Koh Samui, la piscine panoramique du Baan Taling Ngam Resort & Spa offre une vue sans égale sur le golfe de Thaïlande et le parc maritime d'Ang Thong. Dégustez un cocktail au bar « pieds dans l'eau » et contemplez la mer azur jusqu'aux îles de grès et aux collines boisées de la côte sud-ouest.

Installées au beau milieu d'une plantation de cocotiers à flanc de colline, les chambres de ce complexe sont toutes meublées dans le plus pur style thaï : plafonds voûtés, mobilier en teck, riches batiks ou encore parquets d'ébène poli. Les terrasses donnent sur la baie et les jardins explosent littéralement de couleurs et de parfums.

> *« Le paysage est étonnant, les îlots disparaissent à l'horizon comme engloutis par une mer paisible. »*
>
> Caroline Wingfield, *The Independent*

Prenez place à des tables basses pour déguster la cuisine thaïe du restaurant tandis que des musiciens jouent des airs classiques du pays, ou bien dînez en tête à tête dans la salle couverte voisine de la piscine, à moins que ce ne soit sur la plage à la lueur des torches. Après une journée passée sur la plage ou au bord d'une des sept piscines, bénéficiez d'un massage traditionnel au spa.

Les activités sont nombreuses : visite du parc maritime, kayak ou encore planche à voile. Il est possible de se promener sur l'île pour admirer ses collines et ses cascades, ou encore de faire une promenade à dos d'éléphant. **AD**

Hôtel Kamalaya

Lieu Koh Samui, Thaïlande
Site Web www.kamalaya.com **Prix** €€

Sur l'île tropicale de Koh Samui, dans le golfe de Thaïlande, Kamalaya est un sanctuaire de bien-être doublé d'un spa holistique. Son nom est la contraction de *kamal*, « lotus », et de *alaya*, ancien symbole de croissance et de développement de l'esprit humain. Tout est ici destiné à nourrir l'esprit : nombreux programmes de santé à base de tai-chi, qi gong, méditation ou yoga, mais encore de bols chantants tibétains et de danse des esprits. La paix intérieure, voilà l'unique objectif.

Les clients peuvent se détendre sur une plage de sable fin ou au bord d'une piscine installée parmi les cascades et les bassins aux lotus. Kamalaya jouit d'un design élégant avec de grands espaces permettant aux résidents de ne faire qu'un avec la nature environnante. La médecine holistique s'allie ici aux médecines traditionnelles orientales et européennes, toutes sortes de traitements visent à la désintoxication, la perte de poids ou le rajeunissement du corps et de l'esprit soumis au stress de la vie quotidienne. Les visiteurs ont le choix : massage indien de la tête, massage abdominal taoïste appelé Chi Nei Tsang, pratiques médicales faisant appel à l'acupuncture classique ou à la moxibustion (stimulation par la chaleur des points d'acupuncture). La nourriture allie cuisines occidentales et orientales. Il est aussi possible de goûter les nombreux élixirs à base de plantes ou les tisanes médicinales.

Peu importe que vous vouliez faire du yoga ou plus simplement vous imprégner des beautés du paysage, le sentiment de sérénité et l'esprit de communauté qui prévalent ici vous feront oublier les tracas du quotidien. **CK**

« Ce qui compte au Kamalaya, c'est que vous repartiez heureux, en bonne santé et détendu. »

Tiffany Darke, *The Times*

⇱ *Le spa est installé sur une colline boisée avec vue sur la mer et les montagnes.*

Hôtel Karma Samui

Lieu Koh Samui, Thaïlande
Site Web www.karmasamui.com **Prix** €€€

La plupart des gens reviennent de vacances avec un beau bronzage, quelques souvenirs et peut-être des promesses faites au clair de lune. Le Karma Samui offre bien plus que ça. Les cours de cuisine thaïe sont à eux seuls une belle destination de vacances parce que les chefs vous emmèneront au marché et vous expliqueront comment sont assemblés les éléments authentiques de cette délicate cuisine. Ils vous aideront à choisir les ingrédients les plus frais et enfin vous apprendront à recréer les saveurs véritables de la Thaïlande.

Le Karma Samui comporte 36 villas disposées sur cinq terrasses afin d'avoir de chacune d'elles une vue imprenable. Chaque résidence est dotée d'une cuisine vous permettant de mettre vos cours à profit. Les portes coulissantes ouvrent sur une cour et la piscine panoramique, dont les lignes se fondent dans l'océan.

> *« En bref, c'est avoir une maison bien à soi mais jouissant de tout le luxe d'un cinq étoiles. »*
>
> Susan Kurosawa, *The Australian*

Ce complexe hôtelier est renommé dans toute l'île pour son restaurant thaï, le Padma. Des chefs peuvent aussi vous préparer un barbecue sur votre terrasse si vous souhaitez dîner en tête à tête. Chaque mois, des DJ particulièrement dynamiques animent des soirées débridées à l'occasion de la pleine lune. Le Chakra Spa et le centre de bien-être offrent tout un choix de soins. Il est difficile de croire qu'un lieu aussi magique n'est qu'à cinq minutes en voiture du centre commerçant et festif de Chaweng Beach. **PS**

Hôtel Napasai

Lieu Koh Samui, Thaïlande
Site Web www.napasai.com **Prix** €€

Depuis le tournage de *La Plage*, avec Leonardo DiCaprio, Koh Samui jouit d'une renommée internationale. Malgré l'afflux de visiteurs, cette petite île paradisiaque du golfe du Siam s'est efforcée de préserver sa beauté naturelle, décrétant même qu'aucun bâtiment ne doit dépasser la hauteur d'un palmier. Il y a beaucoup de choses à voir, c'est le cas du Wat Phra Yai, le temple du Grand Bouddha, avec son impressionnante statue dorée installée à la pointe de l'île, ou encore des étonnantes ressources naturelles comme le parc marin très apprécié des plongeurs.

À Maenam, le Napasai dépend de la chaîne d'hôtels Orient-Express et c'est une retraite parfaite, loin du bruit et de la fureur des grandes villes ou des centres balnéaires. Luxe, relaxation et personnel aussi efficace que souriant, telle est la devise de l'établissement. Il y a là tout ce que l'on peut attendre d'une oasis tropicale : la piscine panoramique domine la plage de Ban Thai et le golfe de Thaïlande, et le restaurant Lai Thai propose une succulente cuisine traditionnelle. Les plats sont présentés dans des fruits superbement sculptés pour toujours associer art et alimentation. Laissez-vous aller, rendez-vous au spa pour vous faire dorloter en profitant au mieux des plantes locales et des philosophies orientales. Essayez le massage thaï, le traitement holistique à base de fleurs et de fruits tropicaux, destiné à rééquilibrer le bien-être physique ou psychologique, ou expérimentez encore le massage Pala dispensé pour encourager le flux d'énergie.

Les villas de style thaï avec vue sur mer sont disséminées sur 7 ha au milieu des cocotiers, des anacardiers, des jaquiers et des manguiers. L'atmosphère amicale est typiquement thaïe et le soleil est toujours au rendez-vous. **RCA**

Hôtel Tongsai Bay

Lieu Koh Samui, Thaïlande
Site Web www.tongsaibay.co.th/en/main.php **Prix** €€€€

La vie au grand air, voilà en quelques mots à quoi se résume Tongsai Bay. Les chambres superbement décorées ont autant d'espace à l'intérieur qu'à l'extérieur avec leurs grandes terrasses, ce qui laisse entendre que la vue sublime sur l'océan n'est jamais très loin. Les immenses Grandes Villas en teck se nichent à flanc de colline à droite de la baie. Relaxez-vous dans l'eau embaumée de pétales de fleurs de votre baignoire en extérieur en regardant le soleil se coucher, puis dormez sous les étoiles dans le pavillon ceint de rideaux blancs. Chacune des Pool Villas a sa piscine privée de 15 m entourée de jardins plantés de palmiers, l'endroit idéal pour se rafraîchir après un bain de soleil.

Cet hôtel offre un service exceptionnellement chaud et accueillant. Le résident peut pratiquer toutes sortes de sports : voile, canoë, planche à voile ou encore plongée avec ou sans bouteille. Il peut aussi rencontrer quelques membres de la famille lors des cocktails hebdomadaires. Si vous parvenez à vous arracher au complexe hôtelier, n'hésitez pas à vous rendre au Wat Phra Yai tout proche pour voir le Bouddha géant resplendir au soleil. Le soir, vous trouverez une authentique cuisine thaïe au restaurant du chef Chom, à moins que vous ne préfériez un dîner plus intime au Butler's Restaurant qui, sur la colline dominant la piscine en forme de croissant, ne reçoit jamais plus de 20 convives.

Le Prana Spa est vraiment le lieu idéal pour échapper au stress de la vie moderne. Soins apaisants et traitements revitalisants y sont prodigués, ainsi que les traditionnels bains aux pétales de fleurs. **AD**

Près d'une plage de sable blanc, le complexe Tongsai Bay occupe la partie nord-est de l'île de Koh Samui.

Sanctuary Thailand

Lieu Koh Phangan, Thaïlande
Site Web www.thesanctuarythailand.com **Prix €**

Il faut prendre deux canots à moteur pour rejoindre le Sanctuary, sur la plage de Haad Tien, mais cet endroit isolé vaut bien un tel voyage. Chaque jour, yoga, méditation, tai-chi et expériences chamaniques, mais aussi les superbes restaurants végétariens et de poissons installés près de la plage, concourent au bien-être de l'esprit et du corps.

Les visiteurs viennent du monde entier pour participer au programme de jeûne et de purification. Les participants avalent à heure fixe des comprimés à base de plantes, vident leur côlon engorgé puis reviennent à la nourriture normale avec le menu original proposé par le restaurant. Il est également possible de se faire masser non loin de la plage. Au Sanctuary Spa, la peau est débarrassée de ses impuretés au contact d'ananas, ainsi prête à profiter des rayons du soleil.

« Simple hutte à l'origine, le Sanctuary s'est changé en une véritable retraite... dominant la plage. » Magazine *Time* (Asie)

La nuit, le restaurant rappelle ceux de Los Angeles avec ses lumières clignotantes et sa musique de fond, permanente mais jamais ennuyeuse. Tous les vendredis soir, vous irez danser sur la plage à la lueur des flambeaux, loin de la frénésie qui anime les fêtes données chaque mois à Haad Rin à l'occasion de la pleine lune. Quelques Occidentaux sont venus travailler ici et ils n'en sont jamais repartis. À les voir, ce sont les gens les plus heureux du monde. **JS**

Hôtel Amanpuri

Lieu Phuket, Thaïlande
Site Web www.amanpuri.com **Prix €€€**

À Amanpuri, un sanctuaire austère au bord d'un chemin de terre, des allées discrètes, des panneaux coulissants et un camouflage recherché créent une atmosphère immédiatement zen. Depuis les piscines gris ardoise donnant sur l'Andaman jusqu'aux chambres avec vue sur l'océan et le ciel, tout suscite un sentiment perpétuel d'infini. C'est le refuge absolu pour l'Occidental désireux de se remettre des tensions de la vie quotidienne. Le bruit des oiseaux, de la mer et du feuillage constitue un baume apaisant pour l'âme et le corps. Depuis des salles dallées, vous admirerez les arbres et dominerez la jungle, alors vous vous sentirez comme un roi. Votre sérénité ne sera troublée que par le pas furtif du personnel venu vous apporter des rafraîchissements et le cri des geckos attirés par votre présence.

Redescendez sur terre. En ce lieu, l'intimité prévaut. L'Amanpuri se targue de posséder la seule plage privée de l'île de Phuket, un croissant doré flanqué d'une part de rochers gris et de l'autre d'une mer azurée.

Le restaurant de l'Amanpuri est l'un des meilleurs de l'île. Comme la partie hôtelière, il se caractérise par la subtilité et le bien-être. Le menu italien se pare des perles de l'hémisphère sud et ses baies vitrées donnent la nuit sur une mer d'encre. Les résidences privées jouxtant l'Amanpuri offrent un isolement total et des espaces multiples, telles piscines ou salles de jeux. Le personnel est là pour satisfaire vos moindres désirs. Amanpuri veut dire « le lieu de paix » en thaï, et le complexe est digne de ce nom. Que dire de plus sinon que l'Amanpuri fait partie des trois meilleurs spas ou centres de loisirs du monde entier ? **VG**

⇥ *La superbe piscine de l'Amanpuri, entourée de palmiers et avec vue sur la mer.*

Hôtel Sri Panwa Phuket

Lieu Phuket, Thaïlande
Site Web www.sripanwa.com **Prix €€€**

Sur l'île tropicale de Phuket, ce complexe hôtelier avec vue imprenable sur le cap Panwa est peut-être ce qui se fait de mieux en matière de lieu de détente, de relaxation et de style.

Les villas sont construites au sommet d'une falaise de 40 m de haut dominant les eaux azur de la mer d'Andaman. Idéalement conçues pour le climat thaï, elles proposent un aménagement intérieur idéal, mais aussi extérieur avec douche et bain privé sur la terrasse. Entourée sur trois côtés par des portes en verre allant du sol au plafond, chaque chambre ouvre directement sur une piscine panoramique équipée de jets de massage. Il n'est même pas besoin de quitter son lit pour jouir de l'environnement. Des matériaux naturels et de superbes étoffes viennent décorer les villas chic de cet hôtel-boutique. On y trouve les gadgets les plus high-tech, home cinéma par exemple, et le moindre détail a été pensé, comme l'environnement musical spécialement élaboré par des DJ.

Au-delà des villas, le domaine comporte une grande plage privée, une salle de gymnastique, des courts de tennis et des sentiers réservés aux cyclistes et aux joggeurs. Le spa propose soins, massages et traitements thaïs ou scandinaves. En haut d'une colline, une villa en bord de piscine cache le Baba Yasaval, le restaurant très branché du Sri Panwa où l'on sert des plats nationaux à base de poisson et de fruits de mer. Il est bien entendu possible de dîner dans son propre pavillon quand on désire davantage d'intimité.

Efforcez-vous de quitter quelques instants votre villa pour prendre un cocktail au bar et écouter la musique compilée à la seule intention des clients. Un bain de minuit au clair de lune ne pourra que parachever cette escapade de rêve. **AD**

Hôtel Evason Phuket

Lieu Phuket, Thaïlande
Site Web www.sixsenses.com/Evason-Phuket/index.php **Prix €€**

Si vous désirez à la fois séjourner sur une île tropicale bien à vous et jouir des avantages d'un hôtel de luxe, essayez Bon, un îlot situé à quelque distance du complexe hôtelier qu'est l'Evason Phuket. C'est un vrai paradis où l'espace, le calme et l'intimité sont garantis.

L'Evason est un chef-d'œuvre de style thaï avec ses boiseries sombres et ses jeux d'eau. De grosses lanternes côtoient des balancelles, et la réception a pour décor palmiers d'un côté et îles superbes de l'autre. La plage est irréprochable, de plus cet établissement possède un atout quasi unique au monde : la suite implantée sur l'îlot Bon. Baptisée Honeymoon Suite (« lune de miel ») elle occupe quelque 115 m^2. De forme octogonale, elle offre évidemment une vue panoramique sur la mer d'Andaman et les autres îles. Une terrasse permet de prendre des bains de soleil et de dîner en extérieur. Son toit de chaume et sa structure en bois rappellent ceux des *tree-houses*, mais l'équipement technologique le plus moderne n'est pas absent : écran plasma, home cinéma, etc. Le lit, large et blanc, est surmonté d'une moustiquaire. Un interphone permet d'appeler le personnel qui s'empressera d'accourir.

> *« On laisse derrière soi le monde extérieur pour entrer dans ce domaine de calme et de tranquillité. »* Magazine *Spa Asia*

Une petite embarcation ornée de rubans flottant au vent vous permettra de regagner le complexe hôtelier pour jouir des bienfaits du spa ou déguster sur la plage de délicieux plats épicés. **RCA**

Hôtel Trisara

Lieu Phuket, Thaïlande
Site Web www.trisara.com **Prix €€€**

Phuket, la plus grande île de Thaïlande, est depuis quelques années la destination de dizaines de milliers de vacanciers venus du monde entier. Les plages de sable de la côte ouest ont attiré des promoteurs cupides et la beauté naturelle du site a été détruite, mais il y a tout de même une exception : le complexe hôtelier de luxe du Trisara. Situé sur une baie privée, il n'est qu'à une quinzaine de minutes par voiture de l'aéroport international.

Sur 16 ha de forêt pluviale, le Trisara est constitué de 42 villas et suites bénéficiant toutes d'une piscine panoramique et de la vue sur l'océan. Si les suites occupent quelque 117 m², les villas sont deux fois plus grandes. L'équipement est évidemment haut de gamme : air conditionné, appareils hi-fi, terrasse en teck, vastes salles de bains, douches d'extérieur et lits immenses qu'une revue spécialisée a définis comme « les plus confortables où vous dormirez jamais » !

Devant le front de mer, le restaurant principal sert en extérieur des plats thaïs ou occidentaux. Sur la plage, le Trisara Grill propose pour dîner poissons et viandes grillés en salle ou en terrasse. Les loisirs ne sont pas oubliés puisqu'on y trouve des yachts à moteur permettant de découvrir les îles voisines, une bibliothèque et deux courts de tennis éclairés. En haut de la colline, au-dessus des villas, le spa est renommé pour la qualité de ses soins.

Pour ceux qui viennent en vacances dans cet endroit et souhaiteraient ne plus jamais en partir, quelques villas de luxe de deux à cinq chambres sont à vendre. Parler du prix serait indécent dans un endroit aussi paradisiaque… **DaH**

Méditer au Suan Mokkh

Lieu Surat Thani, Thaïlande
Site Web www.suanmokkh-idh.org **Prix €**

On trouve en nombre limité des centres de méditation thaïe proposant des séjours de dix jours aux personnes qui souhaiteraient approfondir leur connaissance de la sagesse bouddhiste. Parmi eux, celui de Suan Mokkh est idéal pour découvrir sur le terrain la philosophie extrême-orientale. Les difficultés rencontrées par nombre d'Occidentaux ne doivent pas être sous-estimées puisque 70 % d'entre eux abandonnent en cours de route, ce qui montre bien que la voie de l'Illumination est plus ardue qu'on ne le croirait.

À Suan Mokkh, la journée commence à 4 heures du matin. Les visiteurs laissent leur couche de paille, quittent les dortoirs (hommes et femmes sont séparés) et se dirigent vers les grands bassins en béton creusés dans la cour. L'eau de pluie recueillie fera office de douche. La première lecture de la journée débute une demi-heure après. Vient ensuite une séance de méditation, elle-même suivie de deux heures de yoga. Enseignement de la sagesse bouddhiste, chants et nouvelles séances de méditation occupent toute la journée. Il y a tout de même trois repas, frugaux mais délicieux. Le programme reprend jusqu'à 21 heures et, une heure plus tard, les dortoirs sont plongés dans l'obscurité. L'expérience est rude, mais les participants ne doivent payer que leurs repas. **DaH**

La méditation exige de l'énergie, de la détermination et de la discipline… ce n'est pas chose facile.

Angkor

Lieu Angkor, Cambodge
Site Web http://angkor.wat.online.fr/

Abandonné depuis le XVe siècle, le site d'Angkor, jadis la plus grande ville du monde, est un véritable paradis pour les archéologues avec ses temples hindouistes dévorés par la forêt pluviale. Situé au nord du cœur écologique du pays, le système de lacs et de rivières de Tonle Sap, le complexe d'Angkor fut inscrit en 1993 au patrimoine mondial de l'Unesco. Depuis, le nombre de touristes venus découvrir les sanctuaires coniques n'a fait qu'augmenter. Ils sont si nombreux que le Phnom Bakheng, sanctuaire de grande importance historique situé sur une colline, est tout simplement menacé : chaque jour plus de 3 000 personnes gravissent ses marches pour voir le soleil se coucher derrière le *wat* (temple) éponyme.

Angkor ne se limite toutefois pas à ce monument religieux, le plus grand au monde (1 500 m sur 1 300 !) que l'on assimile au site en son entier et qui figure même sur le drapeau du pays pour bien marquer l'identité khmère. Il suffit d'abandonner les hordes de touristes pour découvrir plus d'un millier de sites sacrés de diverses dimensions. Certains ne sont pas plus hauts que des tas de pierres alors que d'autres présentent des ruines magnifiques que les arbres enserrent de leurs racines.

Le site d'Angkor occupe quelque 40 000 ha et il faut plusieurs jours pour le visiter. Pour cela, vous pourrez vous intégrer dans un circuit organisé ou circuler dans une voiture avec chauffeur, mais l'idéal est de louer une bicyclette pour quitter les sentiers battus et dénicher un coin secret que vous ne partagerez avec personne d'autre. **DaH**

→ *Le soir, asseyez-vous en face des temples et laissez les macaques courir autour de vous. Le temps n'existe plus.*

Hôtel Nam Hai

Lieu Quang Nam, Vietnam
Site Web www.ghmhotels.com **Prix €€€**

Ce complexe hôtelier est la vitrine du luxe avec ses 100 villas superbement dessinées et disposées selon une parfaite symétrie autour de pelouses amoureusement entretenues et de piscines panoramiques dont les eaux se mêlent au sable blanc de la plage de Ha My et à celles de la mer de Chine méridionale. L'espace et la lumière règnent en maîtres dans les villas. Les lits king size sont recouverts d'une montagne de coussins, les salles de bains offrent des baignoires spacieuses décorées de laque coquille d'œuf, sur la terrasse, des sofas géants invitent au farniente. Dans une quarantaine de villas, l'eau des piscines est réglable par le client, lequel jouit aussi d'un majordome personnel.

Ce déploiement de luxe s'applique aussi aux deux restaurants où se mêlent harmonieusement produits de la mer, spécialités vietnamiennes et gastronomie internationale. On peut s'offrir un bain de jouvence dans l'une des huit villas disposées autour d'un bassin aux lotus. Ici, la variété de traitements plus délicieux les uns que les autres ne pourra que vous procurer une incroyable sensation de bien-être, à moins que vous ne préfériez le bar pour vous déstresser dans une atmosphère intime et chaleureuse.

L'ancienne ville portuaire de Hoi An n'est qu'à une quinzaine de minutes par voiture. Mélange étonnant d'échoppes de tailleurs, de marchés, de petits cafés, de galeries d'art et de bâtiments historiques, c'est un endroit incontournable pour le visiteur en quête du Vietnam authentique, loin des clichés… et des complexes de luxe. **SG**

Résidence Phou Vao

Lieu Luang Prabang, Laos
Site Web www.residencephouvao.com **Prix €€**

La résidence Phou Vao est située au sommet d'une colline couverte de frangipaniers et de palmiers. On a de là une vue exceptionnelle sur le mont Phou Si, la montagne sacrée de Luang Prabang, et le stupa doré du Vat Chamsi.

L'hôtel a tout d'une ancienne demeure coloniale française avec ses murs blanchis à la chaux, ses toits en tuile couleur terre de Sienne et ses vérandas spacieuses. De petits sentiers serpentent entre des stupas bouddhistes en ruine pour rejoindre le spa, ensemble de pavillons de style local édifiés autour d'un bassin de nénuphars. Massages et soins du visage recourent aux remèdes laotiens traditionnels pour détendre à la fois le corps et l'esprit. Il est possible de louer une bicyclette pour aller visiter Luang Prabang. On peut aussi s'initier à la cuisine nationale avec le chef de l'hôtel. Le restaurant en bord de piscine propose des plats laotiens ou français. Les chambres sont de style traditionnel, avec de riches cotonnades et des meubles en bois de rose. Les terrasses donnent sur la canopée et les montagnes lointaines couvertes de pagodes. Il n'y a aucun bruit, si ce n'est le chant des moines dans la vallée en contrebas. **AD**

« L'ancienne cité de Luang Prabang, au Laos, est l'une des plus magiques au monde. »

Evening Standard

Il est parfois difficile de s'arracher à un tel cadre pour aller visiter l'ancienne capitale du Laos.

Hôtel Six Senses Hideaway

Lieu Nha Trang, Vietnam **Site Web** www.sixsenses.com/Six-Senses-Hideaways/index.php **Prix** €€€

Lieu coupé de tout et d'une beauté surprenante, le Six Senses Hideaway n'est accessible que par l'eau de la baie de Ninh Van. Le sable blanc et velouté resplendit au pied de montagnes verdoyantes et les nuances de bleu de la mer ont quelque chose d'hypnotique. Conçues en accord avec les traditions architecturales vietnamiennes, toutes les villas du complexe offrent un luxe absolu. Les Water Villas sont de loin les plus romantiques et chacune se voit attribuer une petite embarcation en bois de teck. Toujours en teck, les terrasses privées jouissent d'une vue imprenable sur le soleil couchant, un spectacle idéal si vous êtes en lune de miel. Les Spa Suite Villas correspondent mieux aux clients souhaitant se faire dorloter : on trouve dans chacune un bain de vapeur et un mini-spa où l'on dispense des soins.

De renommée mondiale, le Six Senses Spa se fond dans l'environnement et se niche près d'une cascade, ainsi le bruit apaisant de l'eau et l'arôme des huiles essentielles emplissent l'air ambiant. Les meilleurs thérapeutes sont là pour chasser vos problèmes à l'aide des remèdes vietnamiens traditionnels. Tout cela donne faim et les options gastronomiques proposées aux résidents sont plutôt impressionnantes. Les restaurants sont intimes et romantiques, mais on peut aussi faire organiser un barbecue sur la plage ou sur la terrasse de la villa. Le jour, les nombreuses plages isolées invitent à la plongée et aux sports nautiques. La ville côtière de Nha Trang n'est qu'à 20 minutes par bateau. Il est vraiment difficile de rivaliser avec le Six Senses Hideaway de la baie de Ninh Van. **LP**

⇥ *Sur le front de mer, les villas somptueuses sont dotées de piscines creusées dans les formations rocheuses.*

L'Île de la Baleine

Lieu Nha Trang, Vietnam
Site Web www.iledelabaleine.com/accueil.shtml

Au nord de Nha Trang, où sont concentrés la plupart des complexes balnéaires du Vietnam, la minuscule île de la Baleine se dresse au milieu de la baie de Van Phong, dans les eaux chaudes de la mer de Chine méridionale, entourée d'un archipel protecteur. De janvier à octobre, les plongeurs les plus expérimentés peuvent nager parmi les poissons tropicaux et les récifs coralliens, explorer des labyrinthes et des grottes. Ils côtoient là toutes sortes d'animaux : raies mantas, pastenagues, murènes, hippocampes, poissons-clowns ou encore danseuses espagnoles géantes.

Les mois d'avril à juillet, le spectacle est particulièrement extraordinaire, baleines et requins-baleines s'aventurent dans la baie de Van Phong pour se nourrir de krill et de plancton. Vers la fin du mois de mars et le début du mois d'avril, les habitants procèdent à des cérémonies religieuses pour accueillir dans leurs eaux ces superbes créatures.

Pour ceux qui aiment garder la tête hors de l'eau, l'île de la Baleine propose catamarans, planches à voile et canoës. Les visiteurs logent dans 23 bungalows en bambou. Ce sont des constructions à toit de chaume assez rudimentaires, la douche et le ventilateur remplacent ici l'air conditionné et le bain à remous, mais la simplicité en constitue tout le charme. Au milieu des fleurs et des arbres, des chaises longues en bambou incitent à la sieste. La carte du restaurant dépend de ce que les pêcheurs auront rapporté dans la matinée. Un soir, vous mangerez de l'espadon et du barracuda, mais le lendemain ce sera peut-être thon, crabe, mérou et crevettes. Amis de Robinson Crusoé, ne cherchez pas plus loin, sur l'île de la Baleine, vos rêves de solitude peuvent se réaliser. **PE**

Evason Ana Mandara Villas Dalat

Lieu Lam Dong, Vietnam **Site Web** www.sixsenses.com/Evason-Ana-Mandara-Nha-Trang/index.php **Prix €€**

L'Evason Ana Mandara Villas Dalat est, avec son spa, un endroit de rêve caché dans les collines boisées de la province de Lam Dong, au centre-sud du Vietnam. L'endroit offre un paysage toujours verdoyant et une pléthore de fleurs multicolores. Tout au long de l'année, le climat agréable lui a valu le surnom affectueux de « ville de l'éternel printemps ». C'est une région d'une incroyable beauté, quasi magique, avec ses cascades, ses forêts de conifères et ses lacs tel le majestueux Xuan Huong. Pendant la saison des pluies, d'avril à octobre, la brume s'abat sur la ville et ses forêts, qui disparaissent alors comme par enchantement.

Une vue étonnante… depuis chaque recoin du domaine sis à flanc de colline.

Les clients sont logés dans des villas de style colonial français bâties dans les années 1920 et 1930. La ville de Dalat avec son parc floral, ses palais et son architecture d'inspiration européenne, est toute proche. Le spa propose des massages et des soins vietnamiens traditionnels faisant appel aux pétales de rose et au thé vert du pays.

Les romantiques apprécieront de se promener au bord du lac Than Tho. Une légende, rappelant l'histoire tragique de Roméo et Juliette, raconte qu'une femme croyant que son amant était mort se jeta dans ses eaux. Depuis, les pins ne cessent de soupirer de chagrin. **LP**

Le Mékong en bateau

Lieu Mékong, Vietnam
Site Web www.mekongtourisme.com **Prix €€**

Le soleil disparaît lentement à l'horizon et le ciel tout entier s'illumine de rouge et d'orange. Les eaux du Mékong semblent en feu alors que le bateau se dirige vers le couchant.

Le Mékong est long de 4 800 km. Il prend sa source sur les hauts plateaux du Tibet et grossit grâce à l'apport des innombrables lacs et rivières rencontrés au fur et à mesure qu'il traverse la Chine, le Myanmar, le Laos, la Thaïlande et le Cambodge, pour enfin rejoindre le Vietnam et se déverser dans la mer de Chine méridionale. Une croisière sur ce fleuve chargé de boue constitue une expérience à la fois unique et pittoresque. Vous glisserez sur des flots paisibles, longerez des zones humides et d'épaisses forêts pluviales. Au crépuscule, le spectacle est fascinant avec ses nuances de couleurs et l'on s'attend presque à entendre un grésillement quand l'astre du jour disparaît dans le fleuve pour donner naissance à la nuit.

Le delta du Mékong est l'une des régions du monde où la densité de population atteint des records. Il permet de découvrir la vie quotidienne des Vietnamiens qui résident et travaillent sur ses rives. Vous verrez ainsi des maisons, des écoles et des marchés flottants, tous conçus pour résister aux crues annuelles qui surviennent pendant la saison des pluies. Elles n'ont rien de catastrophique, bien au contraire, puisqu'elles permettent à des millions de poissons de frayer et remplacent le sol victime de l'érosion naturelle. Les gens du cru se sont adaptés aux caprices de la nature. **JP**

↗ *De petites embarcations en bois permettent aux Vietnamiens de circuler sur les eaux boueuses du fleuve.*

Ce fleuve a vu des empires naître et se défaire, des combats opposer des races et des cultures différentes.

L'île Amanpulo

Lieu Île Pamalican, Philippines
Site Web www.amanresorts.com **Prix €€€**

Oubliez le monde sur cette île privée des Philippines où le sable blanc et fin rencontre une mer cristalline tandis que des palmiers se balancent doucement sur fond de ciel bleu turquoise. Amanpulo signifie l'« île paisible » et l'on ne voit pas meilleure description. Elle fait partie d'un archipel dont les 7 000 îles et îlots se dessinent au large du littoral, au sud-ouest de Manille. Le complexe hôtelier possède son propre avion qui vous emmènera dans cet endroit de rêve.

Les *casitas* construites sur la plage, à flanc de colline ou parmi les arbres, s'inspirent des *bahay kubo*, habitations familiales séculaires dont le toit pentu repose sur une charpente en bois. Celles de la colline offrent une vue imprenable sur la mer et celles de la plage se dotent d'un petit chemin privé menant à la mer. Toutes se dissimulent parmi la végétation et les clients disposent d'un buggy pour explorer l'île à leur guise. L'intérieur des *casitas* est chaleureux avec ses teintes caramel et bambou.

Lézardez sur la plage dans un hamac qui se balance mollement entre deux palmiers, ou rendez-vous dans une salle de soins en plein air où vous jouirez d'un traitement holistique. On peut se rafraîchir dans une piscine de 30 m de long ou plonger dans la mer, le récif corallien n'est qu'à 300 m du rivage. Le restaurant propose des plats asiatiques ou occidentaux. De sa terrasse, on peut voir l'île de Manamoc, de l'autre côté du chenal. Après dîner, admirez au télescope le ciel étoilé pendant qu'un membre du personnel décrit les constellations aux astronomes débutants. **AD**

Quoi de plus romantique qu'un dîner servi sur la plage où les vagues viennent doucement mourir ?

Hôtel El Nido Lagen

Lieu Palawan, Philippines
Site Web www.elnidoresorts.com **Prix €€**

L'hôtel El Nido Lagen Resort domine une anse bordée par une plage de sable blanc et est entouré de falaises de grès et d'une forêt pluviale. El Nido fait partie d'une réserve comportant plus de 600 îles situées au large de la pointe nord de l'archipel de Palawan. Luxe et écologie font ici bon ménage. Certaines villas sont construites sur pilotis, d'autres dominent une propriété de 4 ha. Toutes possèdent une véranda et le mobilier en bois rappelle celui des demeures traditionnelles des Philippines.

Avec ses eaux cristallines et ses récifs coralliens où s'abritent des poissons multicolores, ce complexe résidentiel est le paradis des plongeurs de tout niveau.

« [El Nido] est l'un des lieux privilégiés de tout programme de protection de l'environnement. »

Magazine *Travel+Leisure*

Partez en kayak à la découverte des lagons et des grottes de grès ou aventurez-vous dans la montagne où vivent des singes. La piste Lagen est l'un des meilleurs endroits pour l'observation des oiseaux, particulièrement des calaos, qui s'envolent au petit matin. Les clients peuvent aussi se rendre dans les minuscules îles voisines parées de falaises et de plages désertes.

Le soir, un buffet en plein air propose des plats délicats à base de produits de la mer. Et après dîner, vous vous promènerez près du lagon dont l'acoustique des falaises de grès est idéale pour les concerts. Un quatuor à cordes et un ténor apparaîtront sur une plate-forme flottante, éclairés par la pleine lune, le rêve… **AD**

Complexe Datai

Lieu Langkawi, Malaisie
Site Web www.ghmhotels.com **Prix €€€**

Douillettement blotti au cœur de l'ancienne forêt pluviale de Langkawi, Datai a tout d'une retraite céleste. Sur la côte nord de l'île, la moins développée, le complexe donne sur une splendide plage de sable menant à la mer d'Andaman. Parfaitement intégré dans le décor verdoyant de la jungle, il se compose de sentiers pédestres, pavillons et villas sur pilotis totalement respectueux de l'environnement et de la vie sauvage. Singes bavards et écureuils volants géants sautent d'arbre en arbre tandis que geckos et lézards paressent au soleil. Vous pourrez vous promener dans la forêt vierge pour découvrir les oiseaux et les chauves-souris sans les perturber.

« Les plus belles plages de l'île sont sur la baie de Datai – sable blanc et falaises couvertes de jungle. »

Andrew Catchpole, *The Guardian*

Si le retour à la nature est authentique, le modernisme et le luxe font partie intégrante de l'hôtel. Si vous désirez une excellente cuisine thaïe, allez au Pavilion, installé sur pilotis au cœur de la canopée. Vous souhaitez vous faire dorloter ? Optez pour le spa en plein air et ses soins originaux, le massage aux pierres chaudes par exemple. Le parcours de golf du complexe hôtelier s'inscrit dans la forêt pluviale, entre la mer d'Andaman et la chaîne de montagnes Mat Cincan. Les résidents les plus courageux peuvent louer des bicyclettes et explorer à leur guise cette île où les voitures n'existent pas. **JK**

Hôtel Pangkor Laut

Lieu Pangkor, Malaisie
Site Web www.pangkorlautresort.com **Prix €€**

Au large de la côte occidentale de la Malaisie péninsulaire, le complexe hôtelier de Pangkor Laut fut inauguré en 1994 par le grand Luciano Pavarotti, tombé littéralement amoureux de cette île. La beauté de Pangkor Laut n'est pas superficielle, en effet, et la recherche de la qualité s'applique dans tous les domaines. Le logement est luxueux et la « Suite Pavarotti » est bien la plus belle de toutes. Ses deux chambres s'accompagnent d'une salle de bains à ciel ouvert et d'un large balcon dominant la mer. On a de cette suite une vue de l'île des plus admirables.

De délicieux plats locaux sont servis au restaurant Fisherman's Cove, élégamment contemporain. Poissons et autres produits de la mer d'une fraîcheur irréprochable sont préparés avec des ingrédients locaux, des herbes aromatiques par exemple. Pour une occasion toute particulière, offrez-vous un dîner privé, sur votre terrasse ou mieux encore, dans un cadre plus romantique, la plage de sable fin d'Emerald Bay à la lueur des étoiles.

Le rythme de vie langoureux de Pangkor Laut se retrouve au spa où toute une gamme de soins s'inspire d'une tradition séculaire et des ressources naturelles si abondantes dans la région. Le massage malais s'effectue avec une huile unique au monde, à base de cannelle et de citronnelle, et son effet est incroyablement relaxant. Il y a pourtant encore mieux, le fin du fin en matière de spa, et c'est au Belian Spa Pavilion que vous le trouverez, avec son bain à remous en extérieur, ses pavillons réservés à la pratique du yoga, son belvédère où y sommeiller, son bain de vapeur et ses salles de soins privées. Au Pangkor Laut, tout est fait pour la détente, la paresse, le bonheur de vivre au plus près de la nature. **HO**

Les îles Perhentian

Lieu Îles Perhentian, Malaisie
Site Web www.perhentian.com.my

Au large de la côte orientale malaisienne, les îles Perhentian ont tout d'un petit paradis. Les deux îles principales ont pour nom Perhentian Besar (Grand Perhentian) et Perhentian Kecil (Petit Perhentian). Si la première convient mieux aux familles et à ceux qui recherchent la tranquillité, la seconde est privilégiée par les randonneurs parfois peu fortunés. Dans les deux cas, des plages bordées de palmiers séparent la mer de la jungle intérieure où il est possible de loger.

La plupart des visiteurs viennent ici pour décompresser quelques jours à l'ombre des palmiers, cependant vous pouvez vous adonner à d'autres activités. La plongée sous-marine occupe une place de choix et la concurrence entre les écoles de formation est telle que les tarifs sont les plus bas du monde. On trouve autour des récifs coralliens des tortues vertes et des variétés de requins mais aussi d'autres espèces aquatiques telles qu'anguilles, clams, serpents de mer et seiches. Des guides organisent de petites expéditions dans la jungle et il est également possible de louer des kayaks.

« Les îles Perhentian sont un vrai bonheur... Pas de routes ni de tourisme de masse. »

Jack Barker, *The Independent*

Certaines parties des îles perdent de leur authenticité, c'est inévitable, ainsi les constructions ont proliféré à Long Beach, sur Perhentian Kecil. En revanche bien des plages ne présentent qu'un seul hôtel et d'autres sont encore vierges. La saison la plus animée va d'avril à octobre. **JD**

Hôtel Aryani

Lieu Terengganu, Malaisie
Site Web www.thearyani.com **Prix €**

Sur le modèle d'un palais de sultan d'antan, l'Aryani a pour style celui d'une forteresse traditionnelle et son architecture est de bout en bout d'inspiration malaise. Sur la côte est de la Malaisie, où le littoral est le plus long du pays avec ses plages de sable fin, ses parcs marins et sites de plongée hors norme, l'Aryani se dresse au bord de la mer de Chine méridionale dans le petit village de pêcheurs de Kuala Terengganu.

C'est là une retraite splendide où il est facile de se détendre et de faire immédiatement un avec la nature. Succombez aux mains expertes des masseuses chargées de détendre les traits de votre visage. Si vous vous prenez pour une princesse locale, désireuse de recevoir des soins dans un environnement d'un blanc immaculé, ce lieu n'est pas pour vous. Parmi les cocotiers, les bananiers et les fleurs tropicales, et construit à l'aide de bois ancien pour retrouver l'esprit des bâtisses malaises des siècles passés, le Heritage Spa Aryani est une sorte de hutte édifiée sur des pilotis. Les minuscules fissures des murs de bois permettent à l'air parfumé de pénétrer à l'intérieur et l'absence de salles de soins froides et carrelées donne le sentiment exquis de se faire dorloter dans une luxueuse *tree-house*. Ici, inutile de se faire masser le visage, vent de l'océan et senteurs exotiques sont une source de soins naturelle.

Abandonnez-vous sur un sol recouvert de coussins pour y être massé et revigoré à l'aide de plantes, d'épices, de fruits et de fleurs. Ensuite immergez-vous dans le bain extérieur parmi les pétales de jasmin, de magnolia et de rose tandis que les vagues balayent sur le sable les feuilles des frangipaniers. Enfin, dégustez un thé glacé au lemon-grass au Pulau Beach Club. L'ambiance riche et royale est telle que vous vous prendrez tôt ou tard pour un sultan... ou une sultane. **SjD**

Hôtel Tanjong Jara

Lieu Terengganu, Malaisie
Site Web www.tanjongjara.com **Prix** €€

Il est facile de découvrir l'histoire de la Malaisie au complexe hôtelier Tanjong Jara. L'ancienne philosophie Sucimurni privilégie la pureté de l'esprit, la santé et le bien-être, et l'endroit idéal pour la pratiquer est certainement le somptueux Spa Village, maintes fois primé.

Des traitements remontant à l'époque du sultanat de Malaka ont été remis au goût du jour pour soigner les maux du monde moderne. Par exemple, l'Asam Roselle recourt au pouvoir curatif de la fleur rouge de l'hibiscus pour produire une crème de massage relaxante et une tisane destinée à embellir le teint et désengorger les reins. Le massage malais traditionnel, les bains de fleurs et les bains de vapeur parfumés libèrent des tensions.

Sur la côte est de la Malaisie, le Tanjong Jara occupe 17 ha face à la mer. Les chambres entourées de palmiers s'inspirent des palais édifiés au XVIIe siècle pour les rois malais. Fabriqués par des artisans locaux, les parquets de teck et les hauts plafonds apportent une fraîcheur bienvenue. À midi, une cloche retentit pour annoncer l'arrivée du poisson qu'apportent les pêcheurs. Dégustez les spécialités du pays au Di Atas Sungei qui domine la rivière ou au restaurant de poissons Nelayan, où l'on peut dîner sur la plage à la lueur de torchères.

La nature environnante est extrêmement riche, on peut pêcher dans la rivière, se rendre à vélo dans les villages voisins, marcher dans la jungle pour découvrir la plus grande cascade de la région ou encore suivre des cours de cuisine malaise avec le chef du restaurant. Des tortues luth géantes viennent pondre sur la plage. Au large, les îles vierges accueillent les amoureux en quête d'intimité. **AD**

⇐ *Le spa occupe sept magnifiques pavillons entourés de bassins et de paisibles jardins.*

Le parc de Gunung Mulu

Lieu Gunung Mulu, Malaisie
Site Web www.mulupark.com

À 30 minutes de vol de la ville côtière de Miri, dans la partie malaise du nord de Bornéo, le parc national de Gunung Mulu est inscrit depuis 2000 sur la liste du patrimoine mondial de l'Unesco. Le paysage est exceptionnel. Recouvert d'une forêt pluviale, ce parc recèle quelques-unes des plus grandioses grottes au monde, telle la grotte Sarawak dont les dimensions atteignent 700 m de long et 70 m de hauteur.

Les scientifiques ont répertorié quelque 300 km de couloirs souterrains. En compagnie d'un guide, les visiteurs peuvent découvrir quatre grottes spécialement aménagées (grottes du Cerf, du Lang, des Eaux claires et du Vent). À plusieurs heures de marche du QG du parc, la Sarawak (ou grotte de la Bonne Chance) n'est visible qu'en canot lorsque l'eau est au plus bas. Contrairement à ce que l'on pourrait croire, la vie n'est pas absente, deux millions de chauves-souris vivent ainsi dans la grotte du Cerf. Leur sortie en fin d'après-midi est très attendue des visiteurs, installés dans un amphithéâtre construit pour l'occasion.

> *« Une remarquable série de cavernes riches en stalactites… l'exploration vaut l'effort déployé. »*
>
> Ben Davies, *The Daily Telegraph*

Les montagnes de grès de la région ont été érodées en profondeur par l'eau, mais elles se dressent fièrement en surface. Plusieurs treks en forêt sont proposés par la direction du parc afin de mieux découvrir la canopée et le massif calcaire du Gunung Api. **DaH**

L'île de Lankayan

Lieu Île de Lankayan, Sabah, Malaisie
Site Web www.lankayan-island.com **Prix €€**

On a vraiment l'impression d'être loin de tout à l'approche du centre de plongée de l'île de Lankayan, minuscule point dans la mer de Sulu, au large de la partie malaise de Bornéo. Après 90 minutes de canot à moteur sur les eaux azurées, voici qu'apparaît l'île paradisiaque. Sur 4 ha (à marée haute), elle est bordée de palmiers et son rivage est constitué de plages de sable blanc. Elle est si petite qu'un quart d'heure suffit pour en faire le tour à pied.

Les chambres sont situées dans des huttes en teck dont les larges balcons permettent d'apprécier le paysage. Des sièges en ébène sont plantés dans le sable pour accueillir la sieste sur la plage et des hamacs sont accrochés entre les arbres plantés devant chacune des chambres. Aventurez-vous sur la jetée pour voir l'eau grouiller de centaines de créatures tropicales, du poisson-clown au bébé requin en passant par l'étoile de mer géante. Cette île fait partie d'une zone protégée, de sorte qu'il n'y a ici ni Jet-Ski, ni hors-bord, ni pêche au gros. Elle est en revanche idéale pour les plongeurs. Explorez les récifs coralliens et les épaves sans quitter des yeux les pastenagues, les lamantins et les barracudas. Plusieurs sortes de tortues viennent pondre sur les plages quand la saison s'y prête. À l'heure du dîner, choisissez la terrasse en plein air qui surplombe l'eau, où nagent de petits requins bordés. **AD**

Les sites de plongée bénéficient d'une macrofaune colorée… et l'on peut voir des requins-baleines.

La réserve de Tabin

Lieu Sabah, Malaisie
Site Web www.tanjongjara.com

Dans l'État malais de Sabah, sur l'île de Bornéo, la forêt *Dipterocarpus* (également appelés narras) de la réserve sauvage de Tabin fait partie des régions les plus biologiquement diversifiées de la planète. Demeure de l'orang-outan et de huit autres espèces de primates mais aussi des trois plus gros mammifères de la région – le rhinocéros de Sumatra, espèce très menacée, l'éléphant d'Asie et le banteng, sorte de bœuf sauvage –, ce parc joue un rôle capital dans la préservation de la faune et de la flore.

Ses 120 000 ha de zone protégée abritent plusieurs volcans de boue et des sources d'eau saumâtre dont la haute teneur en minéraux attire les nombreuses espèces animales vivant ici. Tabin est l'un des derniers refuges du chat marbré, par exemple. De même, les volcans de boue forment des plateformes idéales pour l'observation de la faune locale. Les ornithologues amateurs ou professionnels se régaleront à Tabin où ils pourront voir plus de 200 espèces d'oiseaux.

Ce parc semble assez éloigné de tout, en réalité il est assez aisé d'y accéder depuis Kota Kinabalu, la capitale de Sabah, dotée d'un aéroport international. Les touristes peuvent facilement y loger, une vingtaine d'hôtels, pour moitié près de la rivière et l'autre dans les collines, font que séjourner dans la jungle n'est pas forcément synonyme d'épreuves insurmontables. D'une propreté remarquable, les bungalows de bois sont équipés de lits doubles et de salles de bains privées avec douches ainsi que de balcons permettant d'admirer la forêt primitive tout en la préservant des pollutions d'une présence directe. La réserve sauvage de Tabin est l'endroit idéal pour tous ceux qui désirent découvrir la nature à l'état brut sans sacrifier au confort du XXIe siècle. **DaH**

Le parc national de Kinabalu

Lieu Sabah, Malaisie
Site Web www.sabahparks.org.my

Avec ses 4 095 m d'altitude, le mont Kinabalu est le plus haut pic de Malaisie, fièrement dressé au-dessus du parc national du même nom. Ce qui le rend unique, c'est sa diversité climatique, de la flore subalpine du sommet de la montagne aux forêts pluviales des contreforts. Cette diversité à permis à quelque 6 000 espèces végétales de prospérer et nombre d'entre elles ne se trouvent qu'à Kinabalu. Pour cette raison, le parc fut inscrit en 2000 au patrimoine mondial de l'Unesco.

La plante la plus représentative du parc est certainement la rafflesia, emblème de l'État de Sabah. Elle ne fleurit que tous les neuf mois, pendant quelques jours seulement, mais le spectacle est grandiose. C'est en effet la plus grande fleur du monde : rouge orangé, elle peut mesurer 1 m de diamètre. Son aspect est remarquable, en revanche son odeur n'est pas très plaisante, elle émet un relent de viande en putréfaction destiné à attirer les mouches.

Le chemin tracé sur la pente granitique de la montagne est très apprécié des promeneurs aguerris. Il est recommandé de consacrer deux jours à cette escalade et de passer la nuit dans le refuge installé près du sommet. La piste commence dans une forêt de marronniers et de chênes ; rhododendrons aux couleurs vives et plantes exotiques poussent tout au long du chemin. Avec l'altitude, la canopée se raréfie. On découvre alors des plantes carnivores dont les godets attirent les insectes. Près du sommet, les arbres ont du mal à supporter le climat, des mousses et des herbes drues recouvrent les pentes rocheuses. C'est certainement de là qu'on a la plus belle vue sur Bornéo. **JP**

↗ *Le mont Kinabalu domine le paysage du Sabah avec son sommet couronné de nuages.*

« [Le Kinabalu] a 1 000 espèces d'orchidées ainsi que des sources chaudes et une ferme aux papillons. » Lesley Reader, *The Daily Telegraph*

Hôtel Fullerton

Lieu Singapour
Site Web www.fullertonhotel.com **Prix €€**

La statue du Merlion, symbole de la ville avec sa tête de lion et son corps de poisson, et le ruban argenté du fleuve Singapour qui coule devant les portes de l'établissement font du Fullerton un endroit imposant. Cet hôtel relativement récent s'est hissé très vite au sommet des plus beaux établissements d'Asie.

Avec ses colonnes doriques, ses corniches et ses plafonds à caisson, le Fullerton des années 1920 a toujours fière allure. Architecture classique mise à part, ce sont ses aménagements et son personnel qui le propulsent au premier rang. Quand l'Asie se met au high-tech, elle le fait bien et le Fullerton n'a rien d'une exception, cela va jusqu'aux gadgets des salles de bains conçues par Philippe Starck. Les paresseux s'émerveilleront de la complexité du panneau de contrôle placé auprès du lit. Sur simple demande, un employé vous apportera une console multimédia et une webcam pour vous permettre de communiquer avec le reste du monde.

« La piscine panoramique de l'hôtel donne sur le fleuve Singapour et le paysage urbain. »

Condé Nast Traveler

Chacun devrait descendre au Fullerton Hôtel, ne serait-ce que pour une seule nuit. La rumeur prétend que sa suite présidentielle est digne d'une première dame de France… **TM**

Le parc national marin de Bunaken

Lieu Célèbes, Indonésie
Site Web www.divetheworldindonesia.com **Prix €**

Au nord de l'île de Sulawesi (Célèbes), le parc national marin de Bunaken fait preuve d'une biodiversité aquatique remarquable et c'est bien évidemment le paradis des plongeurs. Cette zone de 89 000 ha comprend plusieurs petites îles : Nain, Siladen, Mantehage, Manado Tua et Bunaken. Les eaux environnantes sont habitées par au moins autant d'espèces de poissons que l'ensemble des Philippines, lesquelles abritent 70 % de la vie marine du Pacifique indo-occidental.

On trouve à l'intérieur du parc barracudas et dauphins, requins et pastenagues, tortues et même baleines et dugongs. Il y a aussi 70 genres de coraux et les hautes parois coralliennes au large de Bunaken grouillent de vie. Ces récifs sont encore plus impressionnants la nuit, quand apparaissent de nombreux animaux invisibles le reste du temps.

Quelque 20 000 personnes vivent sur les cinq îles du parc, nombre d'entre elles sont des pêcheurs professionnels qui n'hésitent pas à se servir d'explosifs pour attraper les poissons. Le gouvernement indonésien a créé ce parc en 1991 pour lutter contre ces pratiques. Le prix d'entrée que règlent les visiteurs est une source de revenus alternative pour les habitants, en outre le parc aide à préserver cet écosystème exceptionnel. L'Association des Sports nautiques de Sulawesi Nord fait de son mieux pour protéger la vie marine. Les visiteurs doivent s'assurer que les moniteurs de plongée sont bien agréés par ladite association pour que la région continue à être protégée et que la pêche se fasse dans des conditions acceptables. **DaH**

⇒ *Les eaux tropicales cristallines du parc de Bunaken attirent les plongeurs du monde entier.*

Le parc national de Gunung Leuser

Lieu Sumatra, Indonésie
Site Web http://fr.wikipedia.org/wiki/Leuser

Le parc national de Gunung Leuser est situé à Sumatra, la plus grande île appartenant entièrement à l'Indonésie. Il comprend sept réserves naturelles indépendantes occupant la chaîne montagneuse volcanique de Bukit Barisan sur 100 km. Du nom de son sommet le plus élevé, le Gunung Leuser (3 381 m), le parc comporte de nombreuses parties très escarpées inaccessibles à l'homme. Cela en fait un refuge idéal pour des animaux menacés comme l'orang-outan de Sumatra (la plus petite et la plus rare des deux espèces connues). On estime leur nombre à 5 000 individus. Au Centre de réhabilitation des orangs-outans de Bukit Lawang, principal point d'accès du parc, les visiteurs peuvent approcher d'assez près ces grands singes.

Cette région est aussi extrêmement originale du fait que crocodiles, orangs-outans, rhinocéros, éléphants et tigres partagent le même habitat. Le parc possède une abondante diversité d'espèces végétales grâce aux multiples altitudes. Le terrain est très varié avec des forêts pluviales sur les contreforts, des hêtres, des zones humides ou encore des forêts subalpines.

Il vaut mieux partir en circuit organisé si l'on veut explorer le parc. Les tours peuvent durer de quelques heures à deux semaines, les trekkeurs logent alors dans des tentes installées dans des grottes ou de simples bungalows près de la rivière. Vu l'incroyable diversité animale (plus de 700 espèces), un séjour prolongé permettra d'apprécier pleinement le contraste entre cet habitat naturel préservé et le monde fabriqué de toutes pièces où nous vivons au quotidien. **DaH**

→ *Gunung Leuser appartient au patrimoine des forêts tropicales protégées par l'Unesco.*

Hôtel Amanjiwo

Lieu Java, Indonésie
Site Web www.amanresorts.com **Prix** €€€€

Édifié au VIIIe siècle, Borobudur est le plus grand sanctuaire bouddhiste du monde. Pareil à un hallucinant monolithe circulaire de grès, il a pour décor des volcans lointains ayant pour noms Sundoro, Sumbing, Merbabu et Merapi. La sérénité imprègne les lieux et c'est dans ce cadre que se trouve l'Amanjiwo, probablement l'escapade la plus spirituelle qui soit.

Ne vous étonnez pas si vous voyez des clients de l'Amanjiwo méditer dans des endroits tranquilles ou discuter entre eux du sens de la vie. Au cœur de la campagne verdoyante du centre de l'île de Java, l'Amanjiwo suscite la contemplation par sa situation géographique même. Une boîte de tubes de peinture est mise à disposition dans chaque chambre pour ceux qui souhaiteraient reporter sur la toile la beauté du lieu. Les résidents logent dans les 34 suites superbement meublées dont les piliers soutiennent un plafond voûté. Toutes ont vue sur Borobudur et nombre d'entre elles disposent de leur propre piscine. Il y aussi une piscine panoramique de 40 m de long qui disparaît au loin dans les rizières, un bar et une salle à manger où règne le calme et enfin un spa où le client bénéficie du Mandi Lulur, préparation traditionnelle javanaise jadis concoctée par une princesse à la veille de son mariage.

À l'Amanjiwo, les événements les moins tangibles impressionnent beaucoup : à votre arrivée, une pluie de pétales de roses est dispensée par des jeunes filles en sarong, ou encore vous serez promené à dos d'éléphant sur la colline de Dagi. Une fois rentré de vacances, nul doute que vous sentiez sur votre tête la bénédiction de Bouddha. **LP**

« L'architecture de l'Amanjiwo est le complément parfait de la grandeur séculaire de Borobudur. » ***The Daily Telegraph***

⇱ *Avec ses colonnades de pierre et son aura mystique, l'Amanjiwo a tout d'un édifice religieux.*

Hôtel Waka Gangga

Lieu Bali, Indonésie
Site Web www.wakagangga.com **Prix €€**

Au sommet de rizières en terrasses dominant l'océan Indien, Waka Gangga est aussi magique que séducteur par son mélange de luxe, d'élégance et d'isolement. Les dix bungalows et les six villas sont construits en matériaux locaux. Le panorama s'ouvre d'un côté sur les rizières et de l'autre sur une plage de sable noir d'origine volcanique menant à la mer. Il est cependant déconseillé de s'y baigner par mauvais temps à cause des forts courants. Des chevaux vous emmèneront au crépuscule vers le petit temple hindouiste de Tanah Lot, un des lieux les plus sacrés de Bali. Sur son rocher, le temple n'est accessible qu'à marée basse et l'on peut entendre du rivage les chants des fidèles.

Waka Gangga est tout entier dédié à la relaxation. Débarrassées des gadgets high-tech que l'on trouve partout ailleurs, les chambres font tout pour que vous oubliiez vos soucis et appreniez à vous relaxer. Boiseries naturelles, tissus locaux, toit revêtu d'une sorte de chaume appelée *alang alang*, fleurs en abondance, ce décor concourt pleinement à l'harmonie. Le complexe peut paraître un peu rustre, mais il y a tout de même l'air conditionné, des lits king size, des canapés profonds, des baignoires creusées dans le sol et des terrasses pour prendre le soleil. Les zones ombragées du Waka Gangga comprennent une galerie d'art indien, une bibliothèque, un spa et un centre réservé à la pratique du yoga – tout ce qu'il faut pour vous détendre un peu plus. Au crépuscule, le bar sert de délicieux cocktails avant que vous dégustiez une authentique cuisine balinaise dans le restaurant avec vue plongeante sur l'océan. Cette seule vision permet de comprendre pourquoi Bali est surnommée l'« île des dieux ». **PS**

Hôtel Alila Ubud

Lieu Bali, Indonésie
Site Web www.alilahotels.com/Ubud **Prix €€**

À dix minutes d'Ubud, capitale culturelle de l'île de Bali, se trouve une oasis de pure beauté qui ne peut manquer d'apaiser le stress. Le monde réel semble à des années-lumière quand vous arrivez dans le complexe paisible et isolé de l'Alila Ubud. À flanc de colline, son architecture rappelle celle des villages balinais traditionnels tout en s'intégrant au sublime paysage.

Avec ses 56 chambres et ses huit villas, ce lieu vous fera dire adieu au vaste monde et entrer dans un état intérieur de paix et de sérénité. Les moyens de s'apaiser sont nombreux, à commencer par l'atmosphère des chambres elles-mêmes. Celles du rez-de-chaussée sont dotées d'un jardin en terrasse privé ainsi que d'une salle de bains en extérieur pour mieux communier avec la nature. Les autres possèdent des balcons d'où la vue est tout aussi superbe.

« La piscine panoramique émeraude... serait l'une des plus belles du monde. »

The Daily Telegraph

Il est inutile de le dire, les massages prodigués au spa Alila sont d'une qualité extrême. La bibliothèque et le service de chambre disponible à toute heure sont également là pour vous faire oublier vos tracas. Sur simple demande, il est possible de visiter le village montagnard de Kintamani et les rizières en terrasses de Tegalalang. Le paysage volcanique d'une grande majesté nous rappelle les forces qui créèrent ce lieu magique, il y a de cela des millions d'années. Alila Ubud est le lieu idéal pour se retrouver. **PS**

Hôtel Gajah Mina

Lieu Bali, Indonésie
Site Web www.gajahminaresort.com/fr/index.htm **Prix** €

Cette petite retraite toute simple se cache dans un coin pittoresque de la côte sud-ouest de l'île de Bali, parmi les rizières et les temples, à mille lieues des complexes touristiques. Neuf villas de style méditerranéen constituent ce petit complexe hôtelier. Elles se dressent au milieu d'un jardin de fleurs peuplé de superbes papillons. En contrebas s'étendent la plage privée de sable noir et les rochers d'origine volcanique avec leurs grottes et leurs inscriptions anciennes. Les clients peuvent se promener au sommet des falaises herbeuses, parmi les rizières et les plantations de cocotiers ou encore sur des plages désertes de 30 km de long. Les visiteurs les plus courageux loueront des VTT pour rejoindre le volcan voisin ou iront surfer sur les vagues de l'océan.

Votre villa est un endroit privé, dans un jardin clos de murs, avec vue sur la côte sauvage et les rizières. L'intérieur du bungalow est d'une grande simplicité, fait de matériaux naturels telle la pierre volcanique, le teck et le bois de cocotier, le mobilier est constitué de quelques antiquités indonésiennes, d'un grand lit confortable et de chaises longues sur la véranda pour somnoler ou contempler l'horizon. Pour décompresser davantage, abandonnez-vous au massage balinais dans une paillote en bord de piscine ou participez à une séance de yoga parmi les oiseaux et les fleurs. La cuisine du Gajah Mina est un régal. Le menu recourt aux légumes bio et aux produits de la mer pour marier les plats balinais à l'influence française du propriétaire des lieux. Ne manquez pas de déguster un curry à la fleur de banane ou un *mahi mahi* (poisson) à la sauce au poivre vert. Voilà. En un mot comme en mille, le Gajah Mina n'est que calme et beauté, un établissement qui invite au romantisme et à la relaxation. **SH**

Spa Village Tembok Bali

Lieu Bali, Indonésie
Site Web www.spavillage.com/tembokbali **Prix** €€

Dans un étonnant paysage où se trouvent réunis sommets vertigineux, plages de sable noir d'origine volcanique et océan d'un bleu saphir, le Spa Village Tembok Bali est le paradis des amateurs de spa. À Bali, il ne s'agit pas seulement d'appliquer des soins bienfaisants mais aussi de recourir à des remèdes très anciens. Se rendre au spa, c'est nettoyer son esprit et son âme aussi bien que son corps. C'est exactement ce à quoi tend ce centre.

Le complexe fournit à chacun de ses visiteurs un programme sur mesure qui débute le jour même de son arrivée. Les clients sont accueillis avec un massage des pieds et sont invités à choisir un « sentier de la découverte » : équilibre, créativité ou vigueur. Toutes sortes d'activités peuvent être incluses dans votre programme – sculpture sur bois, vannerie, méditation dirigée ou plongée sous-marine.

« Les seuls voisins du Tembok Bali sont de petites cabanes de pêcheurs ou de marchands ambulants. »

The Independent

La spiritualité occupe une position centrale, pourtant les plaisirs simples de la vie ne sont pas dédaignés. Chaque soir, le restaurant Wantilan sert des produits de la mer tout frais et des légumes de saison. Les suites et les villas sont d'un luxe irréprochable. Il ne faut surtout pas vous priver de faire au crépuscule une mini-croisière sur une embarcation traditionnelle qui vous permettra d'admirer le mont Agung, un volcan haut de 3 142 m. **LP**

Retraite au centre Panchoran

Lieu Bali, Indonésie
Site Web www.lindagarland.com **Prix** €€

Que faire quand vous possédez une superbe maison dans un lieu idyllique et que vous souhaitez partager votre bonne fortune avec autrui ? Eh bien, dans le cas de Linda Garland, il suffit de la transformer en un hôtel incroyable. Sur une propriété de 10 ha, dans une gorge proche d'Ubud, la capitale culturelle balinaise, le havre de sérénité privé devint en 2003 un sanctuaire écologique destiné aux visiteurs du monde entier, la Panchoran Retreat.

Panchoran, qui signifie « source » en balinais, se fond sans effort dans son environnement. Que ce soit dans la Main House, la Waterfall House ou la River House, le style est très « chic cool ». Les grandes villas au toit recouvert de paille personnifient l'esprit cool, l'absence d'effort, avec leurs fleurs parfumées, leurs sculptures javanaises, leurs hamacs et leurs lits à moustiquaire. La Waterfall House ou « maison de la cascade » jouit d'une piscine naturelle alimentée par une source et d'un bain à remous en extérieur. La River House est plus vaste, elle a aussi une piscine et une terrasse dominant les rizières et la forêt de bambous.

De délicieux plats indonésiens sont concoctés avec les produits de la propriété et une masseuse experte en techniques balinaises traditionnelles est toujours à disposition pour chasser le stress. Le domaine semble envoûter les artistes et les romantiques en quête d'absolu. La ville assez bohème d'Ubud, avec ses temples anciens, ses cafés branchés et sa vie culturelle intense, n'est pas très loin. Il suffit pour la rejoindre de traverser la forêt des Singes ; attention qu'ils ne vous chipent pas vos lunettes ! **LP**

Panchoran fut construite à partir de bois de fer recyclé, de bambou et d'autres matériaux naturels.

« Pour la décoration et l'architecture, je voulais privilégier le bambou et non pas le bois. »

Linda Garland

Villa Balquisse

Lieu Bali, Indonésie
Site Web www.balquisse.com **Prix** €€

Franchissez le portail de la Villa Balquisse et vous découvrirez de belles étoffes indiennes jetées sur un sofa marocain et de vieilles lanternes en métal accrochées à des solives de bois. Un éléphant en bois sculpté, indonésien et très ancien, contemple le sol. Bienvenue dans l'un des plus beaux hôtels de Bali.

L'hôtel et les villas balinaises restaurées sont disposés dans un jardin tropical entre une mangrove et une plantation de cocotiers, dans le petit village de Jimbaran. La plage n'est qu'à quelques centaines de mètres. Le propriétaire est un designer d'origine marocaine, d'où l'atmosphère éclectique plutôt surprenante. Au milieu de l'architecture traditionnelle balinaise, on peut voir des lustres, des chaises françaises de l'époque baroque, des baignoires émaillées ou encore des paravents arabes.

> *« Les chaises et les tables dressées au bord de l'eau attirent le client désireux de dîner sous les étoiles. »*
>
> Jo Adetunji, *The Guardian*

Les villas disposent de piscines privées et les résidents de l'hôtel jouissent d'une piscine émeraude entourée de bambous, de palmiers et de bougainvilliers. La cuisine est un mariage délicat entre ingrédients locaux et recettes venues d'Inde, d'Indonésie, d'Asie du Sud-Est, du Moyen-Orient et d'Europe. Dégustez un couscous marocain à la lueur des bougies puis une crème brûlée aux cinq épices. La paillote du spa en plein air est aussi originale que l'hôtel et les massages traditionnels balinais y sont la spécialité. **SH**

Les petites îles de la Sonde

Lieu Détroit de Lombok, Indonésie
Site Web www.lomboksailing.com **Prix** €€€

Naviguer sur un bateau qui se fond dans le paysage est certainement la meilleure façon d'apprécier les eaux turquoise baignant les petites îles de la Sonde. À quelques heures de Bali, dans le détroit de Lombok – frontière biogéographique entre le règne animal indo-malais et son homologue australasien –, l'îlot de Gili Trawangan recèle un vaisseau en bois de 25 m de long dont l'élégance rappelle les navires des explorateurs européens d'antan. Avec ses quatre membres d'équipage et son capitaine, le *Bulan Purnama* a une capacité maximale de neuf passagers ; ses critères de confort sont très élevés. Le manque d'air conditionné et de douches chaudes l'empêchent d'entrer dans la catégorie « luxe » mais son allure nostalgique et le spectaculaire environnement tropical concourent à faire vivre une expérience inoubliable, bien loin des tracas de la vie quotidienne.

La société propriétaire du bateau conseille plusieurs itinéraires, mais les passagers peuvent aussi décider du leur selon la durée de leur croisière. Il y a toutefois un endroit incontournable, le parc de Moyo, une réserve naturelle de plus de 22 000 ha sur l'île du même nom, juste au nord de Sumbawa. Ce parc occupe la majeure partie de l'île et la faune y est très riche – cervidés, bœufs sauvages ou encore nombreuses espèces d'oiseaux. Ses récifs coralliens sont très prisés des plongeurs, avec ou sans bouteille. Plus à l'est, le parc national de Komodo vaut lui aussi le détour. Inscrit au patrimoine mondial de l'Unesco, il abrite le plus grand lézard du monde, le varan, ou dragon de Komodo, qui, avec ses 3 m de long, a tout l'air d'un échappé de la préhistoire. Une croisière sur le *Burlan Purnama* est vraiment une expérience exceptionnelle. **DaH**

Hôtel Oberoi

Lieu Lombok, Indonésie
Site Web www.oberoilombok.com **Prix €€€€**

L'hôtel est encerclé par une jungle épaisse, sur une péninsule isolée à plusieurs kilomètres de tout village. Mais il suffit de pénétrer dans la réception de l'Oberoi pour voir un personnel en tenue immaculée accourir de toute part, comme il le ferait au Ritz ou au Crillon.

Les logis sont pour moitié des villas ceintes de hauts murs de pierre, chacune dotée de son propre portail. Dans ce périmètre personnel, on trouve une piscine, un patio, un pavillon à toit de chaume où dîner, des bassins où vivent des poissons et des jardins luxuriants. La villa elle-même est une bâtisse de pierre recouverte de chaume, un lit-sofa géant domine la mer et la salle de bains de marbre donne sur un jardinet.

« Un temple du plaisir à part entière, avec sa piscine et ses bassins d'ornement. »

Richard Madden, *The Daily Telegraph*

Plusieurs bars et restaurants gastronomiques forment un amphithéâtre autour des piscines menant à la plage. Le jour, les artisans du cru viennent à la réception présenter des animaux sculptés dans l'acajou. Plus tard, des musiciens jouent des airs indonésiens, accompagnés par le chant des grenouilles et des insectes. La mer est claire, paisible et chaude. Les bateaux de l'hôtel vous emmèneront pêcher, plonger parmi les récifs coralliens ou vous promener à pied dans les îles voisines. Les clients ayant opté pour une croisière au coucher du soleil verront à leur retour quatre membres du personnel, un pour amarrer le bateau et les trois autres pour préparer les cocktails. **SH**

Hôtel Amanwana

Lieu Île de Moyo, Indonésie
Site Web www.amanresorts.com **Prix €€€**

L'île de Moyo est l'un des seuls endroits au monde à demeurer intact : un paradis qu'il faut protéger. À l'est de Bali et au large de la côte de Sumbaya, et d'une superficie de 350 km², Moyo est un lieu sauvage où l'on ne risque pas de tomber sur son voisin !

L'Amanwana est installé dans l'une des anses les mieux protégées de Moyo et caressé par les eaux chaudes de la mer de Florès. On y arrive uniquement par voilier, canot à moteur ou même hélicoptère. Vingt tentes de luxe, plantées dans la jungle ou en bord d'océan, offrent un habitat de grand style tandis que les macaques sautent d'arbre en arbre et que les aigles de mer planent dans le ciel. Ce n'est pas parce qu'on parle de tentes qu'il faut s'imaginer en boy-scout en train de préparer un feu de bois. Elles ont ici de solides murs de fondation, de grands lits dotés de moustiquaire, de vastes salles de bains et un mobilier de choix. De délicieux plats asiatiques sont servis dans un pavillon en plein air au toit de bambou. Au Jungle Cove, le spa prodigue des massages tels qu'on les pratique à Bornéo.

Il y a beaucoup de choses à faire sur cette île du bout du monde : observer les tortues et les hippocampes nains au cours d'une plongée, ou les cochons sauvages fouillant la terre à l'intérieur de la réserve naturelle. Les clients les plus téméraires peuvent opter pour une excursion qui, par bateau, les conduira sur les deux îles voisines où vit encore ce rescapé de la préhistoire qu'est le dragon de Komodo, également appelé varan, animal peu sympathique s'il en est.

Pour bien achever sa journée, un barbecue ou un dîner sur la plage à la lueur des étoiles semble la solution idéale. Amanwana ne signifie-t-il pas la « forêt paisible » ? **LP**

Le Kelimutu

Lieu Florès, Indonésie
Site Web www.bali-travel-online.com

Située à l'est de Java, Florès fait partie des petites îles de la Sonde. D'apparence modeste, elle recèle néanmoins bien des trésors, tels le rat géant et l'éléphant nain ! Récemment, les archéologues ont mis au jour les restes d'un hominidé inconnu jusqu'alors et immédiatement baptisé « homme de Florès ». Sa capacité crânienne est infime (380 cm^3) et sa taille ne dépasse pas le mètre. Ce serait une version naine d'*Homo erectus*, disparu il y a un million d'années.

Le Kelimutu est l'un des plus beaux endroits au monde pour assister à un lever de soleil. Trois lacs volcaniques en occupent le sommet et les conditions géochimiques inhabituelles rendent changeante la couleur de leurs eaux. À l'ouest, le lac des Ancêtres est bleu, et non loin, celui des Jeunes Gens est plutôt vert. Enfin, sur le flanc est du volcan, l'eau du lac Enchanté (ou Ensorcelé) est rouge. Avec le temps, l'eau change de couleur en fonction de son taux d'acidité et ce qui était vert un jour peut être bleu ciel ou noir comme du café le lendemain. Des traînées de dépôts minéraux ajoutent aux teintes des lacs, démontrant ainsi que rien sur Florès ne se comporte comme il le devrait.

Les touristes doivent se lever très tôt pour se diriger en voiture vers le volcan et terminer leur expédition à pied. Voir le soleil apparaître derrière le paysage lunaire du volcan, puis au-dessus des étendues colorées des lacs constitue une expérience inoubliable. Certaines personnes ont dit de ces lacs qu'ils étaient « les pots de peinture de Dieu », d'autres soutiennent que le Kelimutu devrait être inscrit au nombre des merveilles naturelles du monde. **LD**

⇐ *Le Kelimutu est un volcan éteint. Il occupe le centre de l'île de Florès, non loin de la ville de Moni.*

Hôtel Nihiwatu

Lieu Sumba, Indonésie
Site Web www.nihiwatu.com **Prix €€**

Les marchands étrangers du temps jadis voyaient dans Sumba une île sauvage dont les farouches guerriers avaient la triste réputation d'être des chasseurs de têtes. Cette pratique effrayante a heureusement disparu, mais la culture fascinante de cette petite île indonésienne est encore bien vivante : les Sumbanais sont très attachés à leur mode de vie traditionnel et au principe de l'unité tribale.

Le complexe de Nihiwatu jouit d'une excellente réputation : celle de venir en aide aux communautés locales. Les visiteurs peuvent y découvrir ce qu'était la vie des insulaires à l'âge de pierre. C'est aussi un établissement de luxe bien éloigné de ce qu'ont pu connaître les anciens Sumbanais. On y trouve sept bungalows spacieux équipés de l'air conditionné et 23 chambres au sein de villas à toit de chaume. Celles-ci ont toutes été construites par des artisans indonésiens à partir de matériaux locaux. Leur style est contemporain, portes et murs de verre permettent d'apprécier pleinement le paysage splendide.

> *« Les surfeurs apprécient cet hôtel pour les formidables rouleaux qui s'abattent sur la plage. »*
>
> ***Condé Nast Traveler***

Outre l'exploration de l'île, les visiteurs pourront pratiquer le surf, la plongée ou encore la pêche au gros. Un bar situé en haut d'une colline vient compléter l'atmosphère originale de cette île discrète. Il y a aussi une piscine, un spa installé dans la jungle et un centre de sports aquatiques. **LP**

Qu'il s'agisse des sites paradisiaques de Bora Bora ou des îles Cook, d'un séjour en plein cœur de l'Australie ou dans un hôtel de montagne cossu de Nouvelle-Zélande, l'Océanie recèle des destinations touristiques variées et attirantes. Pourquoi d'ailleurs ne pas vous détendre sur une plage paisible une semaine et consacrer celle qui suit aux visites ?

OCÉANIE

⇐ **Le Taha'a, Polynésie française (p. 938)**

À bord de l'*Indian Pacific*

Lieu de Perth à Sydney, Australie
Site Web www.trainways.com.au **Prix** **€€**

Des bandes de kangourous sauvages, des étendues désertiques austères s'étirant à perte de vue et des montagnes enveloppées d'une brume bleutée, voilà une partie du paysage qui s'offrira à vous sur l'une des dernières lignes transcontinentales de chemin de fer. Reliant un littoral à un autre, l'*Indian Pacific* met 65 heures, c'est-à-dire trois jours et trois nuits, pour parcourir les 4 350 km de l'une des voies ferrées les plus longues du monde. Après avoir quitté la gare centrale de Sydney, il traverse à toute vitesse la banlieue, avant de serpenter au milieu des spectaculaires montagnes Bleues, qui doivent leur nom à la brume bleutée surmontant les eucalyptus. Il y a un court arrêt dans la petite ville minière de Broken Hill, où vivent de nombreux artistes qui apprécient son paysage. Ensuite, le train traverse l'étendue austère et désertique de la plaine de Nullarbor, empruntant l'un des plus longs tronçons rectilignes de voie ferrée (478 km).

Tout au long du voyage, de nombreux animaux défilent devant vos yeux, notamment des chameaux sauvages, des émeus, des kangourous, des wombats et des perroquets. Restez vigilant afin d'apercevoir l'aigle d'Australie, dont l'envergure est de 2 m. C'est d'ailleurs l'emblème du train. Confortables, les wagons comprennent des couchettes et des places assises.

Bien qu'il faille 65 heures pour traverser ainsi l'Australie alors qu'en avion le trajet de Perth à Sydney n'en prend que cinq, vous ferez un geste pour limiter le réchauffement climatique en voyageant à bord de l'*Indian Pacific* et aurez le plaisir de découvrir des paysages pittoresques. **JK**

← L'Indian Pacific *passe à côté d'un ancien viaduc en traversant le vaste continent australien.*

Plongée à Ningaloo

Lieu parc marin de Ningaloo, Australie-Occidentale, Australie
Site Web www.environment.gov.au **Prix** **€**

Si vous êtes passionné de plongée, vous devez absolument aller au parc marin de Ningaloo, sur la côte d'Australie-Occidentale. Vous nagerez en compagnie du plus grand poisson du monde, le requin-baleine. Ce géant des mers mesurant jusqu'à 12 m et pesant jusqu'à 14 tonnes a la bonne idée de laisser les plongeurs tranquilles. Il faut dire qu'il se nourrit de plancton et de krill.

Le récif de Ningaloo, resté intact grâce au faible taux de pollution, est l'un des deux endroits au monde où les requins-baleines se réunissent régulièrement, entre mars et juin. Long d'environ 320 km, il est aussi très apprécié des baleines à bosse, et les raies mantas, les tortues à écailles, les tortues vertes et les tortues caouannes s'y reproduisent. En 1987, un parc marin de 243 ha a été créé afin de le protéger. On y trouve 500 espèces de poissons et plus de 200 espèces de coraux. Il est en outre facile pour les visiteurs d'admirer la flore et la faune sous-marines. Près du rivage, on trouve des lagons peu profonds, parfaits pour tous ceux qui font de la plongée en famille ou qui ne sont pas de grands nageurs. Les poissons-clowns aux couleurs vives, les poissons-tigres et les anémones de mer sont fréquents. Les personnes qui n'ont pas envie de se baigner peuvent observer les baleines en mer, effectuer des excursions à bord d'un bateau à fond transparent ou survoler la région en hélicoptère. **LD**

Le parc sous-marin de Ningaloo est l'un des derniers paradis marins de la planète.

La région de Kimberley

Lieu région de Kimberley, Australie-Occidentale, Australie
Site Web www.elquestrohomestead.com.au

La région au relief très accidenté de Kimberley s'enorgueillit de posséder quelques-uns des plus beaux paysages encore sauvages. À peu près de la taille de la Californie, elle comprend des sites naturels époustouflants comme Purnululu (inscrit au patrimoine mondial de l'humanité), les chutes Mitchell et la fabuleuse Gibb River Road, d'une longueur de 660 km.

Le parc El Questro couvre 404 685 ha de terrain. Il s'étend au sommet de la gorge Chamberlain et surplombe un fleuve peuplé de poissons, de tortues et de crocodiles. Entouré de jardins tropicaux luxuriants, son hôtel compte sept chambres, toutes différentes. Elles ont été modernisées par Pike Withers, architecte d'intérieur de Sydney, en 2007. Des objets d'art australiens rustiques côtoient des canapés signés Zanotta, des ottomanes italiennes contemporaines et des chaises en rotin tressé. Avec sa baignoire sur le balcon et sa véranda à la vue panoramique, la suite Chamberlain est tout simplement divine.

Mais El Questro est surtout apprécié pour l'étonnante diversité d'excursions proposée. Les touristes peuvent naviguer sur un bateau dans la gorge Chamberlain, se détendre dans les sources thermales de Zebedee, faire une promenade à cheval, ou survoler en hélicoptère les canyons et les gorges de Kimberley. De nombreuses excursions sont incluses dans le prix de la chambre. Cependant, il est possible d'en réserver bien d'autres. Avez-vous envie d'un pique-nique gastronomique près des chutes Mirimiri, ou de pêche en hélicoptère ? El Questro vous organise tout cela en un clin d'œil. Le cuisinier de l'hôtel prépare des plats succulents que vous pourrez déguster sous les palmiers au sommet de la falaise, en prenant garde de ne pas aller régaler vous-même les crocodiles en contrebas. **PS**

Le parc de Purnululu

Lieu parc national de Purnululu, Australie-Occidentale, Australie
Site Web www.westernaustralia.com

Inscrit au patrimoine mondial de l'Unesco, le parc national de Purnululu (aussi connu sous le nom de Bungle Bungle) est souvent considéré comme l'équivalent australien du Grand Canyon. Situé en Australie-Occidentale, entre les villes de Kununurra et de Halls Creek, il couvre 240 000 ha et est parsemé d'une multitude de collines karstiques en forme de ruche de 300 m de haut. Le plateau ponctué de ces dômes en grès érodés se trouve lui-même à 300 m au-dessus du niveau de la mer. Les plaines sont arborées et herbeuses, tandis que la région occidentale se distingue par ses rochers escarpés. Ce territoire est devenu un parc national en 1987, alors qu'il était encore quasiment inconnu.

« [Bungle Bungle] n'est pas seulement unique… c'est un territoire d'une étrangeté stupéfiante. »

Mark Moxon, journaliste

Le parc comprend deux types d'hébergement assez rudimentaires : le Kurrajong Campground, qui se trouve à 7 km au nord de l'accueil des visiteurs, et le Walardi Campground, à 12 km au sud de ce dernier. Le parc présente un grand nombre de formations rocheuses fascinantes, comme Echidna Chasm, Piccaninny, Frog Hole et Cathedral Gorges. Ce territoire extraordinaire encore relativement inaccessible et inconnu hors de l'Australie plaira à tous ceux qui souhaitent oublier l'agitation de la vie quotidienne. **DaH**

→ *Avec leurs stries si particulières, les dômes en forme de ruche de Purnululu créent un décor insolite.*

Bamurru Plains

Lieu parc national de Kakadu, Territoire du Nord, Australie
Site Web www.bamurruplains.com **Prix** €€€

Le Bamurru Plains fait partie de la Station Swim Creek, une importante réserve de buffles, à l'extrémité ouest du parc national de Kakadu. À seulement 25 minutes en avion de Darwin, la capitale du Territoire du Nord, elles sont particulièrement sauvages.

Les bungalows en bois et en tôle ondulée qui s'y trouvent allient un charme rustique à un luxe sans prétention. Ils sont posés sur des plates-formes suffisamment élevées pour ne pas tenter les troupeaux de buffles qui passent tranquillement à côté au crépuscule. Le soir, vous pouvez vous détendre sur votre balcon en écoutant les chouettes, les rapaces, les renards volants noirs, les grenouilles et les cigales. De

« La réserve de Bamurru est par excellence le lieu de safaris à l'australienne. » **The Australian**

décembre à mars, la mousson souffle de la mer de Timor, entraînant l'apparition d'aigrettes, de martins-chasseurs à ailes bleues, d'oies et de beaucoup d'autres oiseaux que vous observerez à bord de votre canoë gonflable ou lors de safaris.

Le cuisinier prépare de délicieux repas composés de mets typiques comme les huîtres, les barramundis (loups de mer tropicaux) et les filets de buffle. Les bungalows sont suffisamment espacés pour que vous ne souffriez pas de la compagnie des autres touristes. **BS**

→ *Le parc national de Kakadu abrite une faune dense et diversifiée.*

La Terre d'Arnhem

Lieu Terre d'Arnhem, Territoire du Nord, Australie
Site Web www.australianexplorer.com/arnhem_land.htm

« La Terre d'Arnhem permet de découvrir ce que la culture aborigène a produit de meilleur. »

Lesley Parker, *The Daily Telegraph*

S'étirant sur plus de 94 000 km², la Terre d'Arnhem, dans le nord-est du Territoire du Nord, est l'un des derniers refuges de la population indigène du pays. Afin de protéger l'habitat ancien des Aborigènes, seul un nombre limité de voyageurs sont autorisés à visiter les quelques sites ouverts au tourisme.

Entre mai et octobre, ceux qui ont obtenu les autorisations peuvent explorer certaines parties de la péninsule pratiquement inhabitée de Cobourg (qui porte aussi le nom de parc national de Garig Gunak Barlu). Située à l'est de Darwin, la capitale de l'État, celle-ci se visite en deux jours. Elle est réputée pour ses côtes spectaculaires et ses plages de sable immaculées qui sont un véritable paradis pour les promeneurs. Épargnés par la pêche commerciale, les lagons et les récifs de corail grouillent de vie. Le long de la côte, il est possible de pêcher avec ou sans bateau. Plus à l'est, les forêts tropicales luxuriantes et les plages préservées de la péninsule de Gove sont également pittoresques.

La savane subtropicale, juste au sud de la péninsule de Cobourg, abrite plus de 200 espèces d'oiseaux, ainsi que des wallabys, des dingos, des tortues, des serpents arboricoles, et le plus grand reptile du monde, le crocodile marin.

La région est aussi connue pour ses peintures rupestres. Celles qui se trouvent près du mont Borradai ont près de 50 000 ans. Sur toute la Terre d'Arnhem, des centres d'accueil fournissent aux touristes des renseignements sur la culture des habitants de la région, célèbres dans le monde entier pour avoir inventé l'instrument le plus connu des Aborigènes, le didgeridoo. **DaH**

⇱ *Cette région possède l'une des plus fortes concentrations de sites d'art rupestre aborigène.*

Campement Longitude 131°

Lieu parc national d'Uluru-Kata Tjuta, Territoire du Nord, Australie
Site Web www.longitude131.com.au **Prix €€€€**

Pour en finir avec les idées préconçues concernant l'écotourisme, séjournez au Longitude 131°.

Situé dans le Red Centre de l'Australie, ce campement de luxe qui respecte l'environnement est aussi un refuge romantique perché sur une dune isolée, près du parc national d'Uluru-Kata Tjuta, et à 10 km du célèbre Uluru (Ayers Rock). Il comprend des tentes de luxe climatisées se distinguant par leur sol en pierre, leur décor où les tons ocre et neutres prédominent, et leur salle de bains dernier cri, très confortable.

À la différence des premiers explorateurs de la région, les clients jouissent donc d'un grand luxe. Il suffit d'appuyer sur un bouton à côté du lit pour relever les stores et admirer le paysage spectaculaire d'Uluru, quand le soleil se lève et se couche. Conçues avec un soin méticuleux afin de rester fraîches en été et chaudes en hiver, les tentes disposent d'un système de climatisation réversible. Le restaurant sur place sert une excellente cuisine australienne contemporaine préparée avec des produits frais.

> *« Depuis votre tente, vous découvrirez des vues splendides sur cette région mythique de l'Australie. »*
>
> **Paul Miles**, *The Daily Telegraph*

Grâce aux promenades écologiques en compagnie de guides expérimentés, aux rencontres avec des communautés d'artistes et aux soirées en plein air animées par un astronome, vous vous familiariserez encore davantage avec la nature sauvage qui vous entoure et la culture aborigène. **HA**

Bedarra Beach House

Lieu Bedarra, Queensland, Australie
Site Web www.bedarrabeachhouse.com.au **Prix €€€**

Bienvenue sur l'île tropicale de Bedarra, près de la Grande Barrière de corail australienne, un lieu parfait pour tous ceux qui ne souhaitent pas être dérangés. Accessible uniquement après 20 minutes de bateau depuis l'île Dunk, Bedarra permet de mener une vie retirée, mais non dénuée de confort.

Sur les versants montagneux d'un littoral préservé, les fleurs d'hibiscus et de frangipanier exhalent leur parfum, et créent un splendide tapis coloré le long des sentiers sinueux menant à la Bedarra Beach House. Situé en hauteur, au milieu des arbres de la luxuriante forêt tropicale de l'île, cet hôtel, où les enfants ne sont pas admis, est extrêmement romantique. Ce pavillon conçu par un architecte tire parti de son emplacement. Avec ses vérandas en bois et ses grosses pierres granitiques, il se marie parfaitement avec le cadre naturel qui l'entoure. Son décor mêle le style du Queensland et des influences asiatiques. Le luxe est surtout présent dans les détails : la chambre est dotée d'un grand lit et d'oreillers garnis de plumes, tandis que la salle de bains inclut un bassin donnant sur la forêt tropicale. La maison se trouve à quelques mètres de deux plages privées, celle de Doorila Bay, en forme de croissant et bordée de palmiers, et celle, plus abritée, de Coomool Bay, caractérisée par son étendue de sable fin.

On demande aux vacanciers d'établir avant leur séjour une liste des provisions leur semblant nécessaires. Ainsi, ils trouvent dès leur arrivée les placards et le réfrigérateur garnis de ce qu'il leur faut : fruits de mer frais ou fruits tropicaux, vin et champagne. Ils peuvent passer l'après-midi à lire ou à se prélasser dans un des hamacs de l'hôtel. Et si l'ennui les saisit, ils iront explorer l'île en faisant du paddle-ski. Pour être tranquille dans un cadre naturel, choisissez ce havre de paix. **JK**

Un spa au cœur de la forêt tropicale

Lieu forêt tropicale de Daintree, Queensland, Australie
Site Web www.daintree-ecolodge.com.au **Prix** €€

Les vedettes hollywoodiennes adorent ce centre de remise en forme situé dans la forêt tropicale, à seulement 90 minutes en voiture du nord de Cairns, dans le Queensland. Ce petit hôtel, très apprécié, qui permet de faire des excursions dans la forêt tropicale et de mieux connaître l'art aborigène, se compose d'élégants pavillons sur pilotis cachés par la cime des arbres.

Le Daintree Ecolodge est situé en plein cœur d'une forêt tropicale de 135 millions d'années, abritant treize espèces uniques ainsi que des oiseaux tropicaux, des grenouilles arboricoles et des reptiles. Occupant un terrain de 12 ha, il s'est engagé à respecter l'environnement et à protéger l'héritage aborigène. Des promenades guidées vous font découvrir les insectes et les arbres aux vertus médicinales de la région. Un centre de méditation et de yoga sur pilotis, souvent utilisé pour les cérémonies de mariage ou les cours d'art aborigène, a été érigé à côté d'une cascade.

Cependant, la véritable attraction est le spa. Inspiré par le peuple aborigène, il prône la philosophie du Wawa-Kawba, c'est-à-dire de la guérison de l'esprit. Les soins utilisés sont préparés avec les fruits de la forêt. Les pavillons sont un parfait mélange d'écotourisme et de modernité, puisqu'on peut s'y connecter à Internet, recevoir la télévision par câble et disposer de tous les équipements modernes désirés. Il y a aussi des bains à remous, des lits entourés de superbes paravents et ornés d'un magnifique baldaquin en bambou, et des objets d'art aborigènes. **LD**

⇥ *Le restaurant de cet hôtel écologique semble flotter au-dessus d'un lagon d'eau douce.*

Le petit train de Kuranda

Lieu de Cairns à Kuranda, Queensland, Australie
Site Web www.kurandascenicrailway.com.au

Conçu en 1882 et construit neuf ans plus tard, le petit train de Kuranda était à l'origine censé relier Cairns à Kuranda, dans le nord du Queensland, afin de ravitailler les hommes qui travaillaient dans les mines d'étain.

La jungle épaisse et les rochers abrupts pouvant atteindre 300 m de haut furent les principaux obstacles à sa construction. Les ouvriers, principalement des Irlandais et des Italiens, durent creuser quinze tunnels et ériger des douzaines de ponts pour poser les 74 km de voies. Beaucoup perdirent la vie dans ce travail périlleux. Les visiteurs actuels effectuent un voyage agréable, bénéficiant durant le trajet de vues spectaculaires de Cairns et de Stoney Creek Falls.

> *« Le petit train de Kuranda gravit les montagnes, passant à côté de cascades et de ravins. »*
>
> Jay Canning, *The Daily Telegraph*

Le village de Kuranda occupe une partie de la forêt tropicale habitée par des indigènes depuis plus de 10 000 ans. Aujourd'hui, il est plus célèbre pour sa gare pittoresque (bâtie en 1915) et son Skyrail Rainforest Cableway, un téléphérique offrant de splendides vues aériennes sur la forêt tropicale inscrite au patrimoine mondial et sur les Barron Falls, de formidables chutes d'eau. De nombreuses formules de séjour permettent aux touristes de découvrir l'une des plus anciennes forêts tropicales du monde. **DaH**

L'île Dunk

Lieu île Dunk, Queensland, Australie
Site Web www.dunk-island.com **Prix €€**

Les Bandjin et les Djiru qui vivent sur cette île depuis des milliers d'années l'appellent Coonaglebah, c'est-à-dire l'« île de la paix et de la profusion ». Rebaptisée île Dunk par le capitaine Cook, elle s'étend non loin du littoral nord du Queensland, à côté de la Grande Barrière de corail. Il s'agit de la plus belle île touristique d'Australie en raison de ses superbes plages de sable blanc, de ses jardins tropicaux et de ses forêts tropicales admirablement préservées.

L'île se trouve à 40 minutes en avion de Cairns, mais les adeptes s'y rendent en ferry, à partir de Mission Beach. Pendant le voyage, ils essayent d'apercevoir des dauphins, des tortues de mer, des dugongs ou des baleines en train de migrer. L'île est devenue un parc national. Du sommet du mont Kootaloo qui culmine à 271 m, on peut admirer l'eau turquoise émaillée d'îles sombres autour desquelles les récifs de corail s'enroulent à la manière de colliers. Dans la forêt tropicale, vous verrez *Papilio ulysses*, le superbe papillon de la montagne Bleue, dont les ailes bleu iridescent font 14 cm d'envergure.

Disposant de tout le confort souhaité, l'hôtel met à votre disposition des bateaux pour aller faire de la plongée près de la Grande Barrière, des courts de tennis et vous propose d'effectuer des promenades à bord d'un voilier. Le Spa of Peace and Plenty (« spa de la paix et de la profusion ») prodigue ses soins de beauté près d'un étang couvert de nénuphars. Le service est de première classe. Rien d'étonnant à ce que les jeunes mariés choisissent cet hôtel pour leur lune de miel. **LD**

→ *Du sable blanc ourlé d'une magnifique végétation tropicale : une vision paradisiaque !*

Hôtel Qualia

Lieu îles Whitesunday, Queensland, Australie
Site Web www.qualia.com.au **Prix** €€€

Le Qualia est l'exemple même de la décontraction australienne. Les vacanciers séjournent dans des pavillons éparpillés au milieu des eucalyptus, dotés de spacieuses vérandas en bois offrant des vues dignes d'une carte postale, ainsi que de piscines immenses.

Dérivant du latin, le terme *qualia* fait référence à une série d'expériences sensorielles. Les créateurs de l'hôtel ont jugé qu'il « rendait parfaitement l'essence » de leur œuvre. Et il faut dire que vos sens sont en éveil au Qualia, grâce au panorama sur la mer turquoise et le littoral verdoyant du Queensland, au bruit de la mer déferlant sur les galets et au parfum des feuilles d'eucalyptus imprégnant l'air.

Les vacanciers peuvent approcher les incroyables créatures de l'océan en faisant de la plongée avec un masque et un tuba, ou de la plongée sous-marine. Ils peuvent aussi savourer chaque jour un large choix de mets délicieux, en dégustant leur repas au restaurant gastronomique qui domine la mer de Corail, ou une cuisine australienne plus simple dans celui situé au bord de l'eau.

Le centre de remise en forme de classe internationale est aussi un régal pour les sens. Les vacanciers peuvent s'abandonner au plaisir de se faire masser, prendre un bain de vapeur suivi d'une douche à jets revigorante, ou profiter du sauna et du pavillon réservé au yoga et à la méditation. Le sentiment qui prévaut est un sentiment de quiétude et d'harmonie, renforcé par l'absence d'enfants. Selon vos vœux et vos possibilités financières, vous pouvez aussi louer un yacht privé ou un hélicoptère. **LP**

⇐ *La vue splendide depuis la véranda donne l'impression d'être dans un autre monde.*

Paradise Bay

Lieu îles Whitsunday, Queensland, Australie
Site Web www.paradisebay.com.au **Prix** €€€

En fendant les eaux calmes de la mer de Corail jusqu'à la bien nommée Paradise Bay (« baie du paradis »), vous verrez des pics verdoyants à la végétation luxuriante émergeant des profondeurs bleu azur, ainsi que des plages de sable blanc incroyables, comme on n'en voit généralement qu'en rêve. Perché à une extrémité de South Long Island, sur le littoral du Queensland, le Paradise Bay Island Eco Escape est un hôtel adepte du développement durable.

Les propriétaires de cet hôtel fournissent à leurs hôtes – jamais plus de seize à la fois – tout le luxe possible sur une île tout en respectant l'environnement. Construit uniquement avec des matériaux de la région, l'hôtel a recours aux énergies de substitution, et tout ce qui peut être recyclé l'est. Les bungalows sont simples, mais décorés avec élégance et éclairés avec l'énergie solaire.

> *« Un lieu sublime et isolé, à l'extrémité la plus septentrionale de l'île Hamilton. »*
>
> ***Condé Nast Traveler***

Les clients sont libres de se promener dans le parc national qui se trouve à proximité, de prendre place sur le yacht de l'hôtel qui, chaque jour, se rend aux baies et criques désertes proches, ou de faire de la plongée dans les eaux chaudes de la Grande Barrière de corail, juste en face de l'hôtel. Servi en plein air, le dîner permet de savourer les vins les plus fins en compagnie d'âmes sœurs, heureuses d'avoir quitté l'agitation coutumière. **LM**

L'île Hayman

Lieu îles Whitsunday, Queensland, Australie
Site Web www.hayman.com.au **Prix** €€€€

Quand votre bateau se dirige vers l'île Hayman, l'île la plus prisée de la Grande Barrière de corail, vous voyez se dresser au milieu de la mer d'un bleu intense cet archipel à la beauté naturelle fascinante. Un personnel discret est là pour satisfaire vos moindres désirs et caprices. Il y a huit restaurants, et chaque semaine, il est possible de s'asseoir à la table du chef, où un cuisinier expérimenté et un sommelier viennent vous rejoindre. Vous pouvez également savourer un dîner plus intime sur votre balcon ou votre véranda, ou un pique-nique gastronomique sur une plage retirée.

Le spa Chakra vous offre des cures de remise en forme et des soins de beauté dans des cadres idylliques. Des salles de méditation et des salles réservées aux soins humides sont à votre disposition. Après cela, vous pourrez vous reposer en profitant de la sérénité de votre chambre ou de votre appartement.

Vous admirerez la faune de la région dans la Retreat Wing, qui se trouve au milieu de splendides jardins tropicaux. D'autres enclaves permettent d'accéder à la piscine emblématique de Hayman, aux plages de sable blond cendré, à un lagon bleu ciel, et d'avoir une vue d'ensemble sur la mer de Corail et sur des îles aux contours classiques et apaisants.

La plupart des touristes se rendent sur l'île Hayman principalement parce qu'elle jouxte l'une des plus grandes merveilles naturelles du monde : la Grande Barrière. Parmi les activités possibles, citons le kayak, la voile, l'observation des baleines et la pêche, mais vous pouvez aussi jouer au golf, au tennis et vous rendre sur la plus belle plage du monde, celle de Whitehaven. **VG**

⇥ *Le paradis tropical luxuriant de l'île Hayman propose des activités pour tous.*

Seabreeze House

Lieu ville de 1770, Queensland, Australie
Site Web www.seabreeze1770.com **Prix** €€€€

James Cook foula pour la première fois ce rivage le 23 mai 1770, alors qu'il n'était encore que simple lieutenant de vaisseau. C'était la seconde fois qu'il débarquait en Australie, et aujourd'hui, la ville de 1770 est le berceau de l'État du Queensland.

Se dressant au milieu d'une réserve naturelle préservée de 647 ha, le Seabreeze House fait partie des quelques habitations situées au bord d'une plage, à Agnes Waters, à quelques minutes de la Bustard Bay, où Cook et son petit détachement accostèrent pour la première fois. Une enceinte fermée par un portail entoure cette maison conçue avec soin de façon à se fondre naturellement dans son environnement. Les chambres sont dotées de grands lits couverts de draps de coton égyptien et d'imposantes baignoires encastrées. Un magnifique bassin de 12 m donne sur l'eau azur de la mer de Corail et sur les lagons et les récifs de la Grande Barrière.

Les amoureux de la nature aimeront se promener sur les sentiers de Red Rock [...] à la recherche de tortues caouannes.

Allez nager dans le lagon du récif de Fitzroy, qui passe pour l'un des plus beaux sites de plongée du monde. Juste à 80 minutes en bateau de 1770, il abrite 2 500 espèces sous-marines. Vous pouvez aussi passer une nuit sur les eaux paisibles du lagon à bord du superbe yacht de l'hôtel. **BS**

L'île Fraser

Lieu île Fraser, Queensland, Australie
Site Web www.fraserisland.net

Longue de 125 km et large de 15 km, l'île Fraser, la plus grande île de sable au monde, est un paradis écologique, un paradis peuplé de chevaux sauvages, où une multitude de dingos hurlent la nuit, et près duquel passent, entre août et octobre, d'innombrables baleines à bosse revenues de l'Antarctique au terme d'une périple de 8 000 km. Les plages sont vastes, l'une d'elles s'étend sur 120 km. Cependant, ce n'est pas un endroit pour nager : les courants sont nombreux et les requins-tigres qui règnent en maîtres sont présents même dans les eaux peu profondes. Si vous allez à India Head, vous les verrez glisser dans les vagues.

L'intérieur de l'île abrite une forêt tropicale intacte et luxuriante, mais aussi des lacs d'eaux cristallines d'un vert profond. Bordés de dunes, ils sont plus d'une centaine. Le nom aborigène de l'île Fraser est *K'Gari*, qui signifie « belle femme ». Selon un mythe, l'esprit qui créa l'île fut rempli d'un si profond respect devant la beauté de cette dernière qu'il y resta, invitant la faune et la flore à égayer sa solitude.

Les eaux de ces lacs magnifiques sont extrêmement pures. Le sable de la plage bordant le lac McKenzie fait penser à de la silice pure. Il est possible de s'en servir pour se laver les cheveux, les dents, nettoyer ses bijoux et effectuer un gommage de peau. Cependant, faites attention aux dingos : ils sont prêts à dévorer tout ce qui bouge dès que la nuit est tombée. Ce sont les derniers véritables dingos de l'est de l'Australie ; il est interdit de les nourrir. **LB**

→ *Les immenses plages de l'île Fraser s'étendent sur des kilomètres, et les touristes y sont rares.*

Secrets on the Lake

Lieu Sunshine Coast, Queensland, Australie
Site Web www.secretsonthelake.com.au **Prix €€**

Les cabanes ont des noms comme La Libellule, Les Deux Grenouilles et Le Terrier du Lézard, mais que cela ne vous dissuade pas. Si vous rêvez de passer la nuit dans une maison au sommet d'un arbre, accessible par des passages surélevés et entourée par la forêt tropicale, plus besoin de chercher. Surplombant les eaux tranquilles du lac Baroon, dans l'arrière-pays de la Sunshine Coast, au nord de Brisbane, le terrain de 18 ha où se trouvent les « Secrets du lac » comprend dix maisons construites avec un grand souci du détail, ainsi qu'une cabane semblable à celles qui existaient il y a 100 ans.

Toutes les cabanes ont été conçues pour que vous vous sentiez chez vous au sein de cet environnement tropical. Sur la véranda, des barbecues vous permettent de déguster vos repas en compagnie de résidents permanents de la forêt parmi lesquels figurent des kookaburas, des opossums, des oiseaux jardiniers et des grenouilles arboricoles.

En fait, le terme de « cabane » n'est pas approprié. Outre leurs hauts plafonds et leurs coqueries en guise de cuisine, ces édifices possèdent de grandes baies vitrées, donnant l'impression que la forêt verdoyante pénètre à l'intérieur. Une lumière tamisée éclaire les pièces toute la journée. Les petits détails qui font que l'on se sent chez soi n'ont pas été oubliés, comme les âtres en granit, les verrières, les lampes à pétrole et les poteries faites à la main par des artistes de la région.

Vous trouvez en arrivant des paniers contenant du champagne, des céréales et des fruits. Chaque jour, vous découvrirez du pain frais devant votre porte, et, si vous le souhaitez, des paniers garnis de succulents plats grillés au barbecue pour le déjeuner ou le dîner, à déguster par exemple sur votre véranda en cèdre. **BS**

Détente à Gaia Retreat

Lieu Byron Shire, Nouvelle-Galles du Sud, Australie
Site Web www.gaiaretreat.com.au **Prix €€**

Cette demeure confortable mais dépouillée créée par Olivia Newton-John et son ami Gregg Cave reflète un juste équilibre entre luxe et simplicité. Située dans l'arrière-pays, à quinze minutes en voiture de la plage de Byron Bay, le lieu de prédilection des surfeurs, elle semble à des lieues de la ville et de ses hordes de touristes. Les vacanciers peuvent se détendre dans son parc paisible émaillé de jacarandas, de hamacs et d'urnes en pierre tibétaines sculptées à la main. Des bancs propices à la méditation et des banquettes-lits à baldaquin offrent des vues magnifiques sur les collines et les vallées verdoyantes. Il y a aussi une piscine, un Jacuzzi et un sauna. Le spa a recours à la naturopathie, à l'iridologie, à l'acupunture et à l'hypnothérapie, mais prodigue aussi des soins de beauté classiques et tous les types de massages. Il est possible de suivre des cours de yoga, de méditation, de Pilates, d'art, de cuisine et de tai-chi. Des courts de tennis et des bicyclettes sont également à votre disposition.

« Ces trois heures de soins divins pour le corps (gommages, hammam et enveloppements à l'huile) vous feront rêver. » **Tatler**

Vous serez logé dans des maisons en bois disposées autour d'une longue maison centrale samoane. Les chambres de la Sura Terrace sont équipées de banquettes-lits et de baignoires. Les suites Acala sont encore plus spacieuses. La cuisine est moderne et australienne. **CSJ**

L'île de Lord Howe

Lieu île de Lord Howe, Nouvelle-Galles du Sud, Australie
Site Web www.lordhoweisland.info **Prix** €€

Lord Howe est une île minuscule située à 690 km de la côte de la Nouvelle-Galles du Sud, dans le Pacifique. L'endroit, splendide, fut découvert en 1788 par un lieutenant de vaisseau britannique alors en route pour l'île de Norfolk. L'île fut habitée par intermittence jusqu'en 1833.

Avec seulement 11 km de long et 3 km de large, elle ne peut accueillir que 400 visiteurs à la fois et reste merveilleusement dépouillée. La vitesse y est limitée à 40 km/h, tout le monde se déplace à vélo, et personne ne ferme à clé sa chambre d'hôtel. Les deux tiers de l'île sont composés d'une forêt naturelle. Les circuits de randonnée ne manquent donc pas. Vous ne regretterez pas d'avoir effectué une ascension assez rude pour atteindre la Goat House Cave, car de là vous aurez une vue superbe sur la Ball's Pyramide (pyramide de Ball), un piton rocheux très daliesque. Une promenade plus tranquille le long du sentier du Mémorial Max Nicholls vous conduira jusqu'à Ned's Beach, où des carangues à grosse tête nagent près du rivage.

Le Capella Lodge, dont le décor évoque la mer, est l'hôtel où il est préférable de séjourner. C'est le seul qui donne sur la mer et les deux montagnes imposantes et mystérieuses de l'île : les monts Lidgbird et Gower. Les clients peuvent se détendre en buvant du champagne et en savourant des canapés sur la terrasse en bois ou encore braver le froid en plongeant dans l'eau glacée de la piscine. Il y a aussi un Jacuzzi pour ceux qui se sentent fatigués et un minuscule centre de remise en forme offrant des soins tels que gommage des pieds et massage traditionnel Kodo. Si vous préférez les soins ayurvédiques, rendez-vous à bicyclette à Arajilla, dont le spa se trouve dans une yourte artisanale entourée de banyans. **CSJ**

Rae's on Watego's

Lieu Byron Bay, Nouvelle-Galles du Sud, Australie
Site Web www.raes.com.au **Prix** €€

De nombreux hôtels vous assurent que votre intimité sera préservée. Il suffit de regarder les clients du Rae's on Watego's, parmi lesquels figurent des vedettes soucieuses de leur sécurité, pour comprendre qu'ici ce ne sont pas des paroles en l'air. Cet hôtel de charme de Watego's Beach, dans la partie la plus à l'est de l'Australie, jouxte le phare du cap Byron. Son propriétaire a fait de cet édifice, composé de sept suites seulement, en partie méditerranéen et en partie mauresque l'un des hôtels les plus intéressants d'Australie.

Les carreaux javanais peints à la main, les meubles artisanaux, le marbre italien et les mosaïques marocaines ne sont que quelques-uns des somptueux éléments de cette magnifique demeure du bord de mer. Le territoire qui englobe la réserve naturelle de Cape Byron Headland comprend plus de 4 km de sentiers pédestres, et des forêts tropicales entourent le domaine, jouant en quelque sorte le rôle de zone tampon entre l'hôtel et les touristes qui affluent dans la ville branchée voisine de Byron Bay.

> *« Si un hôtel a jamais été une merveilleuse utopie, c'est bien le [Rae's on Watego's]. »*
>
> *GC Magazine*

Les suites et les appartements splendides donnent sur des cours bordées de palmiers ou sur de vastes terrasses. Alliant, ce qui est rare, intimité, luxe et cuisine gastronomique, l'hôtel a été classé par un magazine américain, le *Condé Nast Traveler*, parmi les 25 meilleurs hôtels du monde. **BS**

Les montagnes Bleues

Lieu montagnes Bleues, Nouvelle-Galles du Sud, Australie
Site Web www.bluemts.com.au

Les montagnes Bleues attirent de nombreux visiteurs. La brume bleutée visible quand on contemple la vallée est due aux 91 espèces d'eucalyptus qui croissent dans ce site inscrit au patrimoine mondial. Couvrant une superficie de plus de 10 000 km^2, les montagnes abritent sept parcs nationaux, ainsi que les grottes de Jenolan.

La diversité de la région, qui englobe une vieille forêt tropicale, des landes, des canyons spectaculaires et des forêts de grands arbres, en fait un vrai paradis naturel. Les amateurs de sensations fortes seront enthousiasmés par l'exploration de l'immense système de grottes, l'escalade des rochers, leur descente en rappel, les balades à VTT ou à cheval, et bien d'autres activités possibles dans ce cadre. Ceux qui préfèrent des activités plus paisibles choisiront un des pittoresques itinéraires sur les 140 km de circuits de randonnée. Les touristes les moins téméraires gagneront l'un des nombreux points de vue afin d'admirer l'une des cascades les plus impressionnantes d'Australie, les chutes de Kanangra, ou iront à Echo Point, afin d'avoir une vue panoramique sur les célèbres Trois-Sœurs au crépuscule.

Le pin Wollemi, l'espèce d'arbre la plus vieille du monde, véritable « fossile vivant », a prospéré ici jusqu'à sa découverte en 1994. Outre sa flore abondante, la région abrite des centaines d'espèces animales menacées, notamment des potoroos à long nez ou rats-kangourous, et bien sûr des koalas. Les montagnes Bleues constituent un refuge facilement accessible pour ceux qui souhaitent renouer avec la nature. **EP**

Les colons européens ont mené des explorations pendant quinze ans pour se frayer un chemin au milieu des montagnes.

Hôtel Old Leura Dairy

Lieu montagnes Bleues, Nouvelle-Galles du Sud, Australie
Site Web www.oldleuradairy.com **Prix €€**

L'Old Leura Dairy est un ensemble de maisons typiques du bush restaurées avec amour et transformées en un hôtel éclectique et unique. Le parc et les bâtiments, qui faisaient autrefois partie d'une laiterie, connaissent une nouvelle jeunesse. Ce qui fut un modeste édifice des années 1920 constitué de planches de recouvrement est maintenant le Workers Cottage, une maison comportant trois chambres et des éléments irrévérencieux typiquement australiens, comme des murs constitués de palis de clôture et des meubles fabriqués avec des planches de doublage. Le Milking Shed est un bâtiment daliesque aux murs tordus et aux sols en biseau, reflétant un usage intelligent du fer forgé et de l'étain. Les propriétaires ont conservé les portes du grenier à foin d'origine.

La Straw Bale House, dotée de panneaux solaires et respectueuse de l'environnement, est plus récente. Ses murs épais garnis de paille gardent la chaleur durant les mois d'hiver glacés. L'intérieur est décoré avec le bois de construction recyclé d'un ancien embarcadère du fleuve Parramatta, à Sydney. Les portes et les fenêtres proviennent d'un vieil hôpital célèbre de la ville, le Queen Victoria.

Les enclos ont donné naissance à un immense jardin indigène. Des arbustes résistants à la sécheresse ont été plantés partout, afin de stabiliser le sol et d'attirer des oiseaux. Au lieu d'être démolis, cette laiterie et quelques-uns des plus beaux bâtiments hérités des pionniers australiens ont été préservés dans cette région réputée pour ses majestueuses montagnes Bleues inscrites au patrimoine mondial de l'Unesco. **BS**

L'Old Leura Dairy est le fruit de huit années de restauration méticuleuse effectuée avec passion.

Barrington Tops

Lieu Barrington Tops, Nouvelle-Galles du Sud, Australie
Site Web www.barringtons.com.au

À deux heures et demie de Sydney en voiture, la forêt subtropicale vallonnée de la région de Barrington Tops est une étendue sauvage intacte inscrite au patrimoine mondial de l'Unesco. Son climat favorise le développement de la flore et de la faune tropicales du sud de l'Australie. Ce plateau reliant deux pics volcaniques au sein de la chaîne du Mont-Royal abrite plus de 50 espèces rares de plantes et d'animaux.

Souvent auréolés de brume, les sommets se dressent à plus de 1 500 m et offrent des vues splendides sur les prairies luxuriantes et les forêts s'étirant à l'infini. Les forêts de hêtres de l'Antarctique, qui prospèrent à plus de 300 m d'altitude, sont des vestiges du supercontinent du Gondwana, et les gros rochers de granit éparpillés dans le parc étaient déjà là avant que l'Australie ne se détache du bloc continental, il y a 167 millions d'années. Les nombreux fleuves, alimentés autant par la brume que par la fonte des neiges et les abondantes précipitations, donnent souvent naissance à des chutes d'eau spectaculaires.

Barrington Tops est un ensemble de ruisseaux, de cascades, de forêts et de falaises d'une hauteur vertigineuse.

Bien que vous puissiez loger dans la forêt même, vous pouvez aussi choisir de séjourner à proximité de villes comme Gloucester et Dungog. Les colons européens s'installèrent dans cette région au début du XIXe siècle, et les musées d'histoire locaux brossent un tableau fascinant des défis qu'ils durent relever. **DaH**

Tower Lodge

Lieu Hunter Valley, Nouvelle-Galles du Sud, Australie
Site Web www.towerlodge.com.au **Prix €€€**

Situé au cœur de la Hunter Valley, dans le parc de l'établissement vinicole Tower Estate, le Tower Lodge est un paradis où le confort et l'intimité sont incomparables. Il abrite des chambres impeccables, ainsi que le Roberts, l'un des restaurants les plus emblématiques de la vallée, réputé pour sa délicieuse cuisine gastronomique. Les plats sont accompagnés d'une impressionnante carte des vins.

De loin, l'hôtel a l'apparence d'un manoir européen classique avec ses murs extérieurs recouverts d'enduit, sa façade dominée par un clocher carré et sa cour ressemblant à un cloître. Toutes les chambres sont remplies d'objets anciens et de meubles fabriqués avec du bois de construction recyclé de la région. Beaucoup comprennent une fontaine ; d'autres, une cour privée ou un bassin. Partout, dans ce magnifique hôtel, des éléments de décor originaux témoignent de l'attention prêtée au moindre détail, comme un lit du Rajasthan confectionné il y a 300 ans et un secrétaire Louis XVI, qui seront les vôtres si vous réservez la somptueuse Chairman's Suite (« suite du président »).

« Si vous aimez le vin, ce ne sont pas les établissements vinicoles qui manquent. »

John Stimpfig, *The Observer*

Cette région populaire est connue pour son festival de jazz et son festival d'opéra, pour ses promenades en montgolfière, son sentier des Bagnards, ses dégustations de vins, et ses villes historiques comme Wollombi et Morpeth. **BS**

Saint Killians

Lieu Hunter Valley, Nouvelle-Galles du Sud, Australie
Site Web www.stkillians.com.au **Prix €€**

Bâtie en 1879 pour être le lieu de culte de ce qui était alors la petite commune agricole de Brookfield, dans la Hunter Valley, au nord de Sydney, l'église en grès de Saint Killians a été transformée en un lieu de villégiature au charme désuet, mais au luxe contemporain.

À Saint Killians, vous pouvez faire beaucoup ou peu de choses. Ses vieux plafonds en cèdre abritent deux salles confortables où il est possible de se faire masser devant l'une des deux cheminées. Vous pouvez aussi aller pique-niquer près du fleuve Williams, qui se trouve à proximité, aller chiner chez les antiquaires du coin, ou passer votre après-midi à déguster des vins dans l'un des 80 établissements vinicoles qui font la renommée de la région.

Il y a deux chambres : l'une dans le chœur, l'autre dans l'ancienne sacristie. Dans cette dernière, le grand lit double en laiton, ancien et confortable, offre de superbes vues. La présence d'une cuisine digne d'un gourmet vous permet de préparer vous-même vos repas et de les savourer en plein air dans la cour ensoleillée. Cependant, vous pouvez aussi vous en remettre au chef cuisinier, formé en Europe, qui sera ravi de confectionner votre petit déjeuner, votre déjeuner et votre dîner avec les produits les plus frais de la région. Des plats comme le cake aux crevettes et au saumon parfumé au safran, le tajine d'agneau à la méditerranéenne, les friands au citron vert et aux amandes, et les bagels grillés à la banane vous donnent une petite idée de la cuisine concoctée.

À Saint Killians, des tapis persans sophistiqués recouvrent les parquets cirés, et l'association des murs blancs, des plafonds sombres en cèdre et des vitraux crée une impression d'élégance et d'espace. C'est un cadre reposant qui devrait libérer votre esprit. **BS**

Hôtel Eagle View

Lieu lac Lyell, Nouvelle-Galles du Sud, Australie
Site Web www.eagleview.com.au **Prix** €€

Si l'idée qu'un passage souterrain mène à votre chambre vous impressionne favorablement, les suites de l'Eagle View Escape sont faites pour vous. Surplombant le lac Lyell, un lac artificiel dû à la construction d'un barrage sur le fleuve Cox et regorgeant d'une telle quantité de perches et de truites arc-en-ciel qu'il tentera même le plus blasé des pêcheurs à la ligne, l'hôtel est un lieu vraiment romantique.

Trois styles d'hébergement vous sont proposés, tous accueillants, confortables et chaleureux. Vous pourrez ainsi choisir une suite avec vue sur le lac ou encore l'une des suites donnant sur la rivière Cox. Les cinq « cabanes dans la nature » comprennent des vérandas donnant sur le bush australien. Des paniers garnis de pique-niques sont à votre disposition, vous laissant libre d'emprunter l'étonnant réseau de sentiers pédestres où vous êtes assuré de rencontrer d'autres habitants, en particulier des wombats, des kangourous, des échidnés et des wallabys. Nager dans les eaux cristallines du lac Lyell bordé de plages de sable fin est un délice. Les rampes à bateaux permettent d'accéder facilement aux nombreux îlots et criques nichés dans les méandres du lac. Des courts de tennis et un spa en plein air viennent compléter les équipements de l'Eagle View Escape.

Le complexe occupe un terrain de 45 ha, offrant des vues panoramiques sur le bush australien. Il se trouve seulement à une demi-heure en voiture de villes et de hameaux truffés d'antiquités situés dans les montagnes Bleues, site inscrit sur la liste du patrimoine mondial de l'Unesco, et non loin des merveilles souterraines des grottes de Jenolan. **BS**

La chaise de Mrs Macquarie

Lieu Sydney, Nouvelle-Galles du Sud, Australie
Site Web www.discoversydney.com.au/parks/mmc.html

C'est le port de Sydney qui fait la beauté de la ville. Ses plus beaux sites se trouvent à proximité.

L'histoire raconte que Mrs Macquarie, la femme du premier gouverneur d'Australie, s'est fait aménager un siège naturel dans le roc, pour pouvoir se reposer lors de ses promenades le long de la baie. Depuis cette « chaise », elle bénéficiait d'une vue incomparable sur le port. Aujourd'hui, lorsque vous regardez du côté ouest depuis le même emplacement, vous voyez le Harbor Bridge et le Circular Quay – le cœur emblématique de Sydney –, l'endroit où la 1re flotte accosta en 1788. Par une journée claire, il est possible d'apercevoir les montagnes Bleues dans le lointain. En regardant vers le nord et l'est, vous voyez la maison Kirribilli, l'île Pinchgut, et les chantiers navals de la marine militaire de Wooloomooloo. Les ferrys vert et crème passent devant vous, ainsi que les habitants de Sydney vaquant à leurs occupations : les employés ont leur téléphone portable collé à l'oreille, les joggeurs courent, les touristes prennent des photographies, et les mariés posent devant les objectifs.

Cet endroit se trouve au cœur de la ville, et cependant, vous pouvez encore y trouver un coin de pelouse pour boire votre café et bavarder avec un ami sous le ciel bleu. Juste à côté, les Jardins botaniques royaux sont une pure merveille. Plantés d'arbres australiens et européens, ils sont tour à tour ensoleillés et ombragés, et abritent en tout plus d'un million de spécimens, ainsi que des animaux sauvages comme des perruches, d'énormes chauves-souris pendues aux branches des arbres, des ibis, des cacatoès, des mainates au chant mélodieux et des canards. C'est ici que les Européens s'essayèrent en vain à l'agriculture. Depuis, 200 ans se sont écoulés, faisant de ce lieu un paradis tropical : le poumon vert de la cité. **LB**

Promenade de Bondi à Bronte

Lieu Sydney, Nouvelle-Galles du Sud, Australie
Site Web www.bondivillage.com

La plage de Bondi est connue dans le monde entier, car c'est là que le premier club de surf australien fut fondé en 1906. Elle foisonne de cafés, de restaurants, d'hôtels, de fast-foods, de bars à jus et de magasins de vêtements bon marché. La promenade qui va de la plage de Bondi à celle de Bronte est un rite de passage, un plaisir simple et gratuit aussi bien pour les touristes que pour les habitants.

Partez du nord de Bondi et longez la plage. Vous passerez à côté du club de surf plein d'animation et de touristes en train de cuire au soleil puis atteindrez l'extrémité sud de la plage et sa piscine creusée dans la côte rocheuse. Là se dresse un bar étonnant dont la façade vitrée donne sur les rochers. Prenez alors le sentier du littoral qui monte, puis longez les falaises en direction de la plage de Bronte. Vous dépasserez des mamans derrière des poussettes, des hommes bronzés occupés à entretenir leur musculation, et, si vous êtes là au bon moment de l'année, vous verrez jaillir de l'eau des baleines à bosse. Vous apercevrez l'exposition « Sculpture by the Sea » et serez témoin de mariages décontractés. Vous traverserez ensuite Tamarama, fin banc de sable jaune hérissé de falaises, ainsi que le cimetière le plus romantique du monde, orné de croix celtiques et de pierres tombales victoriennes ternies par l'air salé marin et le soleil. Quand vous arriverez à Bronte, vous déboucherez sur une plage jouxtant une réserve naturelle et une pelouse, où les gens font griller de la viande sur des barbecues. Vous vous demanderez alors pourquoi vous n'habitez pas ici. **LB**

« La plage de Bondi est un croissant de sable doré bordé par un océan d'un bleu parfait. »

Peter Moore, *The Guardian*

Ouverte au public en 1882, la plage porte un nom aborigène qui signifie « la vague se brisant sur les rochers ».

Hôtel Shangri-La

Lieu Sydney, Nouvelle-Galles du Sud, Australie
Site Web www.shangri-la.com **Prix** €€

Le Shangri-La se dresse à la limite du quartier d'affaires, projetant son ombre longiligne sur l'eau bleue de la crique de Sydney. C'est comme un point de repère dans Sydney, où tout ce que l'on a envie de voir se trouve beaucoup plus loin.

Les chambres offrent des vues stupéfiantes sur Sydney qui sont autant d'images emblématiques de cette cité dynamique. Elles donnent en effet sur Sydney Harbor Bridge (le pont du port de Sydney), sur l'Opéra, les Jardins botaniques, le fort Denison qui est l'ancienne prison du port, et permettent d'observer les allées et venues des ferrys près de Circular Quay. Il est aussi possible de contempler les banlieues bordées d'arbres du nord de Sydney et, plus loin, le Pacifique.

Le Shangri-La est le plus grand hôtel de cette ville impertinente où la taille a de l'importance. Ses 563 chambres et suites comptent parmi les plus vastes de Sydney. L'hôtel domine les rues du haut de ses 36 étages et les clients bénéficient grâce à ses immenses baies vitrées de superbes vues d'ensemble. Ils peuvent dîner dans un restaurant primé de nombreuses fois et nommé fort à propos Altitude, puis prendre un cocktail au Blu Horizon Bar, inspiré de ceux de Manhattan, et considéré par le magazine *Forbes* comme l'un des meilleurs bars d'hôtel de Sydney. Chaque jour, la boulangerie de l'hôtel propose un choix alléchant de pâtisseries et de pains. Le Hart's Pub, pub australien traditionnel restauré de façon à refléter son passé colonial, installé dans une résidence privée, est ouvert jour et nuit. Vous pouvez y manger une pizza, des en-cas légers, boire de la bière ou du vin, avant de retourner dans votre chambre et de scruter les lumières de la ville qui s'étend à vos pieds. **BS**

Paperbark Camp

Lieu Jervis Bay, Nouvelle-Galles du Sud, Australie
Site Web www.paperbarkcamp.com.au **Prix** €€

C'est en Afrique qu'Irena et Jeremy Hutchings, les propriétaires, ont eu l'idée de créer un camping soucieux du développement durable. À leur retour, ils sont tombés par hasard sur la baie préservée de Jervis et ont établi un camping dans une zone humide et protégée du bush.

Avec ses « tentes » flottant sur des plates-formes en bois sous la cime des eucalyptus tachetés et des melaleucas, le Paperbark Camp est un faire-valoir pour tous ceux qui aiment vivre à la dure, sans trop de dureté. Vos narines sont chatouillées en permanence par le parfum des eucalyptus et l'écotourisme ici n'est pas un vain mot.

« Idéal pour ceux qui aiment être proches de la nature, mais apprécient aussi les choses raffinées. » Magazine *Travelling in Australia*

Le camping est proche de l'une des plus belles plages du monde (Hyams), et vous pouvez louer un canoë pour visiter la Currambene Creek, ou un vélo pour faire une incursion dans la forêt d'eucalyptus, dans les bois, ou la ville voisine de Jervis Bay. Les gens de la région viennent de loin pour savourer un dîner gastronomique au sommet des arbres dans le restaurant Gunyah. Ce dernier, dont le nom signifie « lieu de rencontre », est aussi le centre du camping, un endroit où l'on se détend dans la journée et où l'on discute, le soir, au coin du feu. Les opossums sont connus pour fourrer leur museau dans les tentes mal fermées, et dès l'aube, vous serez réveillé par un chœur sans pareil. **TM**

L'île Kangaroo

Lieu île Kangaroo, Australie-Méridionale, Australie
Site Web www.southernoceanlodge.com.au **Prix** €€€

Il n'y a rien entre l'île sauvage et préservée de Kangaroo et l'Antarctique. Dès que vous arrivez, vous respirez le parfum frais des eucalyptus et ressentez une impression d'isolement. L'île est le pendant australien des Galápagos. Elle regroupe 21 parcs nationaux, et abrite une grande diversité d'espèces végétales et animales. Ses plages sauvages sont bordées de dunes et de falaises abruptes. Certaines sont peuplées de colonies d'otaries et de minuscules manchots ; d'autres sont dominées par des surplombs granitiques auxquels le vent et l'eau salée ont donné une forme extraordinaire. Le territoire à la végétation broussailleuse s'étire à l'infini, interrompu parfois par un enclos ou un sentier créé à la suite d'un feu de brousse. Des kangourous, des wallabys, des opossums, des échidnés et des koalas y vivent. La nuit, les kangourous et les wallabys traversent les routes en bondissant.

Il n'y a que 3 000 résidents permanents sur les 4 500 km² de l'île. Il est peu probable qu'elle ait jamais été habitée par des Aborigènes. Quand Flinders fit son tour de l'Australie en bateau en 1802, il s'aperçut que l'île n'était habitée que par les kangourous, qui n'étaient pas gênés par la présence des hommes, et baptisa l'endroit île Kangaroo.

Le Southern Ocean Lodge est un palace peu élevé s'étirant à la façon d'un serpent sur les falaises de la baie isolée de Hanson, dans le coin sud et retiré de l'île. Ses espaces publics sont si vastes qu'on a la sensation d'être dans un terminal d'aéroport assez froid. Cependant, c'est un lieu de villégiature merveilleux pour explorer l'île. **LB**

← *Perché sur des falaises déchiquetées, le Southern Ocean Lodge offre de superbes vues sur la mer.*

Bay of Fires

Lieu Bay of Fires, Tasmanie
Site Web www.bayoffires.com.au

La Bay of Fires se distingue par son paysage sauvage. Son littoral de 30 km s'étendant entre la baie de Binalong et Eddystone Point compte plus de superbes plages de sable blanc que de maisons.

Quatre jours sont nécessaires pour effectuer une visite de la baie et découvrir quelques-uns des atouts de la Tasmanie : ses produits délicieux, ses vins typiques des climats frais et ses paysages époustouflants. Les excursions ne réunissent jamais plus de dix personnes à la fois, accompagnées au moins de deux guides. Les randonneurs couvrent au maximum 13 km par jour et ont du temps libre pour se reposer, faire de la plongée dans la mer de Tasman et du kayak sur le fleuve Ansons.

De loin ou de près, la mer est une source de plaisirs complexes et sauvages.

La randonnée débute à Boulder Point, connu pour son paysage émaillé de plages isolées et de promontoires rocheux. À la fin de la première journée, un campement est installé sur l'une des dunes, si près de l'eau qu'il est presque possible de pêcher de son lit. Les « tentes » sont bien en toile, mais possèdent un sol en bois. Les touristes passent ensuite deux nuits dans un élégant hôtel, le Bay of Fires Lodge. Tout en longueur, il se trouve au milieu des dunes. L'eau de pluie recueillie est utilisée sur place, et des panneaux solaires procurent l'énergie nécessaire à tout l'éclairage. Cela permet non seulement à l'hôtel, mais aussi à ses clients d'être en harmonie avec l'environnement. **GC**

Hôtel Islington

Lieu Hobart, Tasmanie
Site Web www.islingtonhotel.com **Prix €€**

La réfection de cet établissement a été très honéreuse, et équivaut pour chacune des chambres à la valeur d'une Lamborghini. Cependant, l'établissement n'aura sans nul doute aucun mal à rentrer dans ses frais, car les touristes n'hésiteront pas à profiter des nombreux atouts de l'hôtel et de ses services.

Ouvert en janvier 2006, l'établissement occupe un hôtel particulier de style Régence datant de 1847. Il fut autrefois la résidence du Premier ministre de la Tasmanie, James Milne Wilson. La demeure a été transformée en hôtel de luxe grâce en grande partie à une collection éclectique de meubles anciens, comme des chaises Louis XV, une table signée Biedermeier, des vitrines chinoises et les lits autrichiens de la Grand House Room. On trouve également des œuvres de Picasso, de Brett Whiteley et de Ju Ming.

Bien qu'il y ait de grands lits, des panneaux de marbre éclairés par l'arrière, des baignoires profondes et des sols en granit chauffés dans toutes les chambres, chacune d'elles a un cachet particulier. Les propriétaires ont réussi à créer un hôtel extraordinaire sur mesure. L'Islington possède un jardin d'hiver impressionnant qui donne sur une terrasse ornée d'un bassin à l'eau miroitante et, au-delà, sur des jardins à la française. L'arrière de la propriété permet d'admirer le mont Vellington, très boisé.

Au crépuscule, les clients peuvent déguster des boissons et des canapés offerts sur la terrasse. Le matin, des petits déjeuners copieux sont confectionnés avec des produits frais de Tasmanie, dans une cuisine élégante décorée à la façon d'une ferme française. Le cuisinier de l'hôtel prépare également des dîners sur commande. Prenez le temps de choisir le vin qui convient, car la cave renferme 1 000 bouteilles. **GC**

Cradle Mountain Lodge

Lieu Cradle Mountain, Tasmanie
Site Web www.cradlemountainlodge.com.au **Prix** **€€**

Se mettre au vert dans le spa alpin et les pavillons confortables du Cradle Mountain Lodge, à l'extrémité d'un site inscrit au patrimoine mondial de l'humanité, est un luxe. Il est aisé de vivre à l'unisson avec la nature dans ce refuge écologique de l'île de Tasmanie, au milieu de lacs transparents brumeux et de falaises à pic.

Certains pavillons ont un Jacuzzi sur leur véranda et une cheminée dans leur salon. Si vous parvenez à vous arracher à la vue merveilleuse que vous avez depuis le vôtre, sachez que vous pourrez contempler un paysage encore plus éblouissant au spa Waldheim. Les salles de soins sont en effet dotées d'immenses baies vitrées allant du sol au plafond, et l'espace de relaxation adjacent comprend un Jacuzzi en plein air permettant d'admirer la forêt.

Le menu propose les meilleurs produits régionaux et le personnel vous recommandera les vins de la cave, fort nombreux. Les trois jours de la « fête du goût », qui se tient chaque année et où les petits vignerons, les cultivateurs et les fabricants de fromage présentent leurs produits, raviront les amateurs de bonne chère.

Le site attire les randonneurs de tous niveaux. Prenez donc votre pique-nique et allez sillonner les sentiers pédestres balisés à la recherche d'un endroit paisible permettant de profiter de l'isolement de la Cradle Mountain et du lac Dove. Faites du canoë sur le lac ou louez un VTT pour sortir des sentiers battus. Les guides de la région proposent aussi des excursions pour approcher les animaux indigènes comme les wallabys, les opossums, voire les diables de Tasmanie. **AD**

↗ *Les cabanes isolées et luxueuses sont en retrait, dans le cadre féerique d'une forêt très ancienne.*

« Le berceau [cradle] en question est plutôt un cratère entouré de pitons rocheux spectaculaires. »

The Daily Telegraph

Domaine de Meadowbank

Lieu près de Hobant, Meadowbank, Tasmanie
Site Web www.meadowbankwines.com.au **Prix €**

Le domaine de Meadowbank n'est pas seulement un vignoble. Il comprend un restaurant très prisé, un magasin d'alimentation, une galerie d'art et une salle de concerts, le tout à seulement un quart d'heure en voiture du front de mer de Hobart.

Son cadre est sensationnel. Le restaurant possède des baies immenses donnant sur les vignobles de la vallée du fleuve Coal, ainsi que sur les estuaires de la baie de Barilla. Il compte des témoignages du passé, comme ses piliers en bois utilisés autrefois pour lester les bateaux. On y sert de petits plats confectionnés avec des produits de la région, arrosés de vin servi au verre. Un grand nombre de produits proviennent du voisinage de la vallée du fleuve, et le menu change presque tous les jours. Le magasin offre des dégustations gratuites de six vins standard de Meadowbank. La galerie d'art expose les œuvres des artistes de la région. Des concerts de musique de chambre ou de jazz interprétés par des guitaristes de Tasmanie sont régulièrement organisés. La Tasmanie est à l'honneur.

« Du haut de la colline, la vue sur les vignobles et les superbes moutons mérinos est apaisante. »

John Bell, *The Daily Telegraph*

Cependant, tout a commencé avec le vin. Les premières vignes furent plantées en 1974. Les propriétaires comptaient produire quelques bouteilles pour le plaisir, mais le résultat a dépassé leurs attentes et les vignobles ont pris de l'ampleur. À présent, Meadowbank produit un grand choix de crus. **PE**

La baie Wineglass

Lieu parc national de Freycinet, Tasmanie
Site Web www.wineglassbay.com

La baie Wineglass est peut-être le plus beau lieu de Tasmanie. Cependant, son plus bel ornement naturel est le ruban de sable blanc de sa plage. Aucune exploitation, aucun édifice, aucune ébauche d'entreprise ne vient heureusement déparer le bord de mer.

La baie se trouve sur la côte est de la Tasmanie, sur la péninsule abritant le parc national de Freycinet. Le Hollandais Abel Tasman fut peut-être le premier Européen qui débarqua dans la région, mais ce sont les Français qui baptisèrent la péninsule au début du XIXe siècle. D'imposants escarpements de granit rose, appelés The Hazards, surplombent le parc. Ce sont en quelque sorte les gardiens du lieu, car ils empêchent la construction d'une route. Il est impossible d'accéder à Wineglass à bord d'un véhicule.

Le sentier tracé de façon intelligente semble creusé dans le granit, omniprésent, et dans la forêt. Il devient très raide avant un col coincé entre quelques-uns des plus hauts pics de granit. Les perruches à ventre jaune, les coucous à éventail et les wallabys sont fréquents à cet endroit. Une fois le sommet du col atteint, la baie apparaît. Depuis cette hauteur, on peut voir les vagues déferler à 1,5 km sur le ruban de sable, comme si elles cherchaient à atteindre la forêt voisine. Le vert bleuté des eucalyptus tranche sur le bleu turquoise de l'eau miroitante. C'est la plus belle plage qui soit au monde, mais la plupart des visiteurs se contentent de la contempler de loin, avant de regagner leur voiture. Comment peut-on venir de si loin et ne pas avoir envie de laisser ses empreintes dans le sable ? **GC**

→ *Le sable est si blanc qu'on a l'impression qu'il est régulièrement nettoyé.*

Hôtel Eagles Nest

Lieu baie des Îles, île du Nord, Nouvelle-Zélande
Site Web www.eaglesnest.co.nz **Prix** €€€

Situé tout près de la ville historique de Russell, dans la baie des Îles, Eagle Nest (le « nid d'aigle ») est perché sur une péninsule privée. Entouré par un domaine isolé de 30 ha, ce luxueux complexe se compose de cinq villas indépendantes à louer, toutes exceptionnelles.

Bien que les propriétaires aient veillé à ce qu'elles se marient, ainsi que leur jardins, avec l'environnement naturel, toutes sont résolument modernes. Elles sont décorées différemment à l'aide de meubles modernes et anciens, d'œuvres d'art d'artistes de la région, et disposent de tout le confort souhaité. Elles n'ont pas toutes la même taille : la plus petite peut accueillir deux personnes ; la plus grande, huit. Elles sont néanmoins toutes assez spacieuses et très lumineuses. Bien que les villas Eyrie et Eagle Spirit aient pour atout une piscine privée de 18 m, la First Light Temple jouit d'une ambiance plus romantique, parfaite pour une lune de miel. La Sacred Space, de deux étages, est le joyau du complexe, avec ses trois suites, son salon, sa salle de cinéma et son personnel (des majordomes et des coachs sont à votre service si vous le souhaitez). Les salles de bains en marbre aux chromes rutilants et les sols carrelés et chauffés ne sont que quelques-uns des détails retenant l'attention.

Ajoutons à tout cela un paysage époustouflant. La baie des Îles est célèbre dans le monde entier et compte 144 îles. Les distractions sont si nombreuses (pêche, voile, plongée, VTT, randonnées pédestres et vols en hélicoptère) que vous ne risquez pas de vous ennuyer. Ce « nid » a tout ce qu'il faut pour vous plaire. **PS**

→ *Le décor est simple – murs vitrés, terrasses immenses, piscines privées –, mais l'effet est majestueux.*

Hôtel Orongo Bay

Lieu baie des Îles, île du Nord, Nouvelle-Zélande
Site Web www.thehomestead.co.nz **Prix** €€

Orongo Bay jouit d'un emplacement sans pareil et de magnifiques vues sur les eaux claires et vertes de la baie subtropicale d'Orongo, dans la baie des Îles. Entièrement restaurée, cette maison en bois à deux niveaux qui date des années 1860 a retrouvé sa splendeur d'antan grâce au soutien de l'Historic Places Trust (société des lieux historiques). Il s'agit d'un hôtel historique dont le moindre détail a été pris en compte, comme l'attestent un piano à queue autrichien très ancien, une chaise longue victorienne sculptée de façon artisanale, des salles de bains garnies de peignoirs et de serviettes-éponges molletonnées, et des crèmes de soins pour la peau à base de plantes locales. Les menus proposés sont variés et raffinés et accompagnés d'une excellente carte de vins de Nouvelle-Zélande.

L'alliance unique d'une maison et d'un hôtel privilégiant une cuisine gastronomique bio.

Les vacanciers ont la possibilité de nager avec les dauphins dans leur habitat naturel, de faire des croisières sur de grands voiliers et de jouer au croquet et aux boules sur la pelouse de l'hôtel. Le sauna finlandais et le bassin sont d'autres atouts. Des massages sont aussi prodigués sur commande. Russell, première capitale de la Nouvelle-Zélande, se trouve à proximité, et le propriétaire, qui est à moitié maori, sera ravi de vous donner des informations sur l'histoire de son peuple. Tout est réuni ici : l'histoire, la culture et le confort matériel. **PS**

Les forêts de kauris

Lieu forêts de kauris, île du Nord, Nouvelle-Zélande
Site Web www.doc.govt.nz

Les kauris de l'île du Nord sont énormes, au point que dans les années 1880 une famille constituée des deux parents et de leurs treize enfants eut l'idée de s'installer dans le tronc pourrissant de l'un d'eux, et vécut quatorze ans dans cette « cabane ».

Quatorze années, ce n'est pas grand-chose pour un kauri. Ces géants de la forêt vivent en effet des millénaires. Le plus haut kauri de la forêt de Waipoua, sur la côte ouest de l'île du Nord, aurait entre 1 250 et 2 500 ans. Il poussait déjà tranquillement dans ce coin de Nouvelle-Zélande quand les Romains construisaient leur empire, et il est toujours là aujourd'hui. Tane Mahuta ou le « seigneur de la forêt », comme on l'appelle, mesure environ 50 m de haut. Son tronc droit phénoménal, d'une circonférence de 15 m, domine la canopée. Les branches se déploient près de la cime. Les kauris sont noueux et pleins de caractère, trahissant leur vénérable statut. Même ceux qui pensent être indifférents aux arbres se sentiront humbles devant eux.

Un peu plus loin, Te Matua Ngahere (le « père de la forêt ») a planté ses racines tentaculaires. Il n'est pas aussi haut que Tane Mahuta, mais il a une circonférence extraordinaire. Son tronc, qui mesure 4,8 m de diamètre, est impressionnant.

Il y avait des arbres encore plus grands dans le nord de la Nouvelle-Zélande. Malheureusement, au XIXe siècle et au début du XXe siècle, ils ont disparu en raison de l'exploitation du bois et du commerce de la résine. Les personnes qui traversent en voiture le nord de la Nouvelle-Zélande doivent impérativement s'arrêter et s'engager sur les sentiers et les promenades en planches afin d'admirer les puissants et magnifiques kauris qui subsistent. Ces arbres sont tout simplement éblouissants. **PE**

Hôtel Delamore

Lieu île Waiheke, golfe de Hauraki, Nouvelle-Zélande
Site Web www.delamorelodge.com **Prix** **€€€**

Mélange pittoresque de terres arables, de forêts, de plages, de vignobles et d'oliveraies, l'île Waiheke est l'une des plus grandes îles du golfe de Hauraki. Il suffit de regarder le littoral ondulant pour découvrir l'hôtel Delamore, édifice exceptionnel perché sur un coteau de la baie d'Owhanake. L'architecte Ron Stevenson et la propriétaire, Roselyn Barnet-Storey, ont en effet créé un établissement qui allie style architectural méditerranéen et symbolisme maori, en lui donnant la forme d'un *matsu* (hameçon en os traditionnel des Maoris).

Chacune des suites jouit de vues panoramiques sur la baie. Il est possible de siroter un cocktail sur le patio ou de prendre un bain moussant en admirant le bleu changeant du golfe de Hauraki. Un escalier majestueux mène au salon spacieux et à la salle à manger, où le chef sert des plats préparés avec les produits du jardin de l'hôtel. L'île Waiheke abonde en vignobles ainsi qu'en oliveraies, et célèbre chaque année une fête consacrée aux mets et aux vins. Si vous le lui demandez, le chef se fera un plaisir de vous choisir un cru de sa cave et de cuire le poisson que vous aurez pêché avec votre propre *matsu* si vous avez eu de la chance. La voile, la plongée, le kayak et la pêche constituent les principales distractions. Il suffit de respirer l'air frais de l'île pour se sentir plus calme. **PS**

« Le Delamore est superbe et intime, et offre des vues surprenantes sur la mer. »

Vogue Travel

Cotter House

Lieu Auckland, île du Nord, Nouvelle-Zélande
Site Web www.cotterhouse.com **Prix** **€€**

Cotter House a été construite en 1847 par l'immigrant anglais Joseph Newman. Ironie du sort, cet homme qui ne buvait pas d'alcool fut tué en 1892 par la chute d'un panneau d'affichage vantant une marque de whisky. Aujourd'hui, sa maison de style Régence est un magnifique hôtel décoré avec une multitude d'objets anciens ainsi qu'une collection d'art moderne.

Les superbes jardins sont une vitrine pour les jeunes artistes d'Auckland et de Nouvelle-Zélande. De nombreuses œuvres sont d'ailleurs en vente. Après avoir admiré cette manifestation d'art impromptue, il est agréable de passer un moment dans les pièces de la villa, dont le décor, en grande partie français et classique, se distingue par de fabuleux meubles et objets anciens. La salle de bal de 1892 est encore utilisée pour les rassemblements officiels et, parfois, pour les mariages. Les petits déjeuners à la française sont aussi célèbres que l'hôtel, qui s'enorgueillit maintenant de posséder une grande cave à vins.

Cotter House offre tous les services dont le voyageur puisse rêver. Le personnel parle plusieurs langues dont le français, l'espagnol, le portugais, voire le mandarin et coréen.

Dans un cadre aussi élégant et décontracté, plonger dans la piscine chauffée en plein air ou dans un bain à remous, s'adonner à la méthode Pilates ou à la boxe française, ou encore se détendre est un plaisir. Essayez quelques postures de yoga avant d'aller jouer au golf. Vous pouvez aussi vous rendre en hélicoptère sur une des îles isolées du golfe pour y déjeuner. **PS**

Hôtel Mollies

Lieu Auckland, île du Nord, Nouvelle-Zélande
Site Web www.mollies.co.nz **Prix** €€€

Le Mollies est un édifice impressionnant construit dans les années 1870. Il a été entièrement rénové il y a peu par Frances Wilson, un professeur de chant, et Stephen Fitzgerald, un décorateur d'opéra. Tous deux sont à juste titre fiers de la restauration de ce bâtiment devenu l'un des meilleurs hôtels du centre d'Auckland.

L'édifice abrite treize suites et appartements de luxe. Les suites situées à l'étage possèdent d'élégants balcons, tandis que celles du rez-de-chaussée donnent sur les jardins. Décorées de meubles et d'objets d'art anciens, mais non dénuées d'une petite touche contemporaine, les chambres sont vastes. Même les plus petits studios sont dotés de salles de bains donnant sur le jardin. Les clients peuvent dîner au milieu d'une mer de fleurs dans le jardin d'hiver, ou dans leur suite. Le restaurant est renommé dans toute la Nouvelle-Zélande pour sa cuisine gastronomique et, bien sûr, ses excellents vins régionaux. L'hôtel a reçu de nombreuses récompenses et son restaurant a été récemment classé parmi les meilleurs d'Auckland pour la qualité de sa cuisine.

L'East Day Spa de l'hôtel propose toute une gamme de soins ayurvédiques, y compris des soins pour le visage, des massages et de nombreuses thérapies holistiques. Dans ce joyau de la baie Saint Mary, le niveau du service est sans pareil, et la bibliothèque bien que petite est très bien fournie. Il suffit d'appeler le personnel pour qu'il vienne, vous garantissant un séjour agréable. Vous vous sentirez parfaitement reposé en refermant la porte de votre suite. **PS**

⇐ *L'atmosphère grandiose est due au fait que l'édifice fut autrefois la demeure du premier maire d'Auckland.*

Hôtel Puka Park

Lieu Coromandel, île du Nord, Nouvelle-Zélande
Site Web www.pukapark.co.nz **Prix** €€

Les clients du Puka Park logent dans une luxueuse maison au milieu des arbres, maison dont la structure intègre des plantes vivantes. Le matin, ils peuvent sortir sur le balcon en bois et regarder à travers le feuillage le spectacle qui s'offre à eux : une longue plage de sable nue, les rouleaux du Pacifique s'écrasant à côté d'autres arbres et les montagnes situées plus au nord. Le Puka Park est perché sur un versant de montagne escarpé et vert dominant la plage de Pauanui sur la péninsule sauvage et magnifique de Coromandel. L'hôtel se trouve à seulement deux heures de voiture d'Auckland, mais il est tellement isolé au milieu de ses 10 ha de végétation luxuriante qu'il semble à des lieues de tout.

Au milieu du bush de la Nouvelle-Zélande, vous trouverez un refuge idyllique et très spécial.

Les clients du restaurant dînent près d'un feu de camp ou sur la véranda surplombant l'océan. Ils peuvent s'enfoncer dans les canapés incroyablement mous du bar américain, en admirant la vue par les fenêtres. Certains restent assis sur leur balcon, hypnotisés par le panorama. D'autres vont dans la salle de gymnastique, à la piscine ou au spa de l'hôtel. Les plus audacieux essaient de se promener au sommet des arbres sur les passerelles de cordes et même de traverser ainsi les 230 m de la vallée. Ils peuvent aussi visiter en bateau les îles voisines et gravir les 400 m de la montagne Pauanui pour contempler des paysages encore plus spectaculaires. **SH**

Hot Water Beach

Lieu Coromandel, île du Nord, Nouvelle-Zélande
Site Web www.mercurybay.co.nz/index.php

La Nouvelle-Zélande est sillonnée de lignes de faille. Pendant des siècles, le mouvement des plaques tectoniques et l'activité volcanique ont créé un ensemble géothermique de lacs minéraux fumants et de mares de boue bouillonnantes. Hot Water Beach est une étendue plate et pittoresque de sable doré. Elle est bordée d'un côté par des arbres Pohutukawa aux fleurs écarlates et de l'autre par des flots écumeux bleu-vert.

Tout le littoral de Coromandel est stupéfiant. La plage est particulière parce qu'elle se trouve au-dessus d'un lac souterrain extrêmement chaud. Deux fissures naturelles laissent échapper à certains endroits des torrents d'eau bouillante, qui se répandent dans les crevasses. Quand ces torrents atteignent les eaux fraîches du Pacifique, de véritables panaches de vapeur jaillissent de l'océan, hormis pendant deux heures, à marée basse, durant lesquelles les cheminées volcaniques se vident sur le sable doré de la plage. À ce moment-là, si vous vous enfouissez dans le sable, vous serez en contact avec une source d'eau riche en sel, en calcium et en magnésium. Si vous creusez un trou, l'eau le remplira et vous disposerez d'une petite piscine thermale. Bien qu'elle se soit alors déjà beaucoup rafraîchie, l'eau minérale a une température de 64 °C. Ajoutez de l'eau de mer plus froide pour profiter d'un bain qui détendra vos muscles. Faites attention, car la plage est connue pour ses forts courants et ses marées qui montent très vite.

Les sources montent en bouillonnant toute l'année. Pour vivre une expérience unique, rendez-vous sur la plage la nuit. Creusez votre bassin, allongez-vous dedans et observez les étoiles. **JP**

Spa à Rotorua

Lieu Rotorua, île du Nord, Nouvelle-Zélande
Site Web www.polynesianspa.co.nz **Prix €**

Selon une légende maorie, le grand prêtre Ngatoroirangi eut froid alors qu'il priait au sommet du mont Tongariro. Les dieux du pays mythique des Maoris, appelé Hawaiki, réagirent en faisant jaillir du feu des profondeurs souterraines. En réalité, la forte activité géothermique de Rotorua serait davantage due au mouvement des plaques tectoniques.

La boue bouillonnante, les geysers brûlants et les piscines d'eau minérale aux couleurs criardes attirent les touristes depuis plus de cent ans. Le Polynesian Spa a transformé ces atouts naturels en un véritable paradis. Ce dernier compte 26 piscines d'eau chaude minérale, qui pour beaucoup surplombent le lac Rotorua. Les piscines du Priest Spa (« spa du prêtre ») contiennent une eau légèrement acide bénéfique en cas de fatigue musculaire, de douleurs, d'arthrite et de rhumatismes.

> *« La vapeur qui s'élève de l'eau […] est une excellente préparation avant… un bain de boue. »*
>
> Magazine *Ranch & Coast*

Les autres spas comportent des piscines d'eau plus alcaline. Il y a le Lake Spa (« spa du lac »), où vous pourrez paresser dans l'eau chaude à côté de deux cascades, un spa réservé aux familles, un spa destiné seulement aux adultes et des spas privés pour tous ceux qui veulent se baigner uniquement avec leurs proches. Les soins proposés sont préparés avec le miel de manuka de Nouvelle-Zélande, les kiwis de Nouvelle-Zélande et, bien sûr, de la boue thermale de Rotorua. **PE**

Le train TranzAlpine

Lieu de Christchurch à Greymouth, île du Sud, Nouvelle-Zélande
Site Web www.tranzscenic.co.nz **Prix €**

Proposant un des dix plus beaux voyages ferroviaires sur de courtes distances, le TranzAlpine part tous les jours de Christchurch sur la côte est et traverse les Alpes néo-zélandaises jusqu'à Greymouth, sur la côte ouest. Le voyage ne dure que quatre heures, mais vous aurez le temps de voir les panoramas les plus grandioses de la Nouvelle-Zélande.

Tracté par deux locomotives, le TranzAlpine comporte neuf voitures de passagers et un wagon-restaurant. En queue de train se trouve un wagon découvert, idéal pour réaliser de belles photos. Le trajet, spectaculaire, longe les vastes plaines de Canterbury et le fleuve Waimakariri. Après être passé au-dessus de cinq viaducs, que l'on appelle « l'escalier », le TranzAlpine parvient jusqu'au petit village d'Arthur's Pass, avant d'amorcer la descente vers la côte ouest en traversant le tunnel Otira (1923), long de 8,5 km, dont la construction, qui dura seize années, fut une véritable prouesse technique. Ce n'est que l'un des seize tunnels traversés par le TranzAlpine sur les 224 km de son parcours. Si vous randonnez dans le parc national d'Arthur's Pass, vous pouvez monter à bord lors d'un arrêt. Le train ralentit considérablement sur le mont Philistine, car la côte est raide.

La descente du côté ouest des Alpes néo-zélandaises traverse des forêts luxuriantes surmontées de nuages et offre un fort contraste avec les plaines et les vastes pentes couvertes d'éboulis qui se trouvent sur le côté est. À Greymouth, goûtez les tourtes à la viande de la boulangerie Blanchfield avant de remonter dans le train pour le voyage de retour. **BS**

La beauté des paysages durant l'escalade de la chaîne de montagnes Torlesse est à couper le souffle.

« Le paysage permet d'admirer un dédale de gorges [...] et des vallées encerclées par une forêt dense de hêtres. » **The Guardian**

Hapuku Lodge

Lieu Kaikoura, île du Sud, Nouvelle-Zélande
Site Web www.hapukulodge.com **Prix €€**

Le Hapuku Lodge, sur la côte est de l'île du Sud en Nouvelle-Zélande, est vraiment une affaire de famille. En 1982, les frères et sœur Wilson s'unirent afin de créer la Wilson Associates, qui aboutit à la création de cet hôtel situé sur le terrain d'un élevage de cerfs de 48 ha, surplombant les eaux de la baie de Mangamanu.

La famille Wilson décide de tout, qu'il s'agisse de planter un bon millier d'oliviers ou de créer un menu fantastique. Il y a plusieurs chambres d'hôtes dans l'édifice principal et cinq luxueuses maisons dans les arbres. Surplombant un bosquet de manukas, elles reposent sur des poutres en acier et leurs murs extérieurs sont constitués de bardeaux en cuivre et de revêtements locaux. Elles permettent d'admirer le paysage majestueux des pics enneigés de la chaîne du Kaikoura Seaward et les rouleaux du Pacifique.

> *« L'effet général est joyeux et naturel [...], parfait pour vivre comme un naufragé volontaire. »*
>
> Magazine *Urbis*

Ces maisons cachées dans les arbres sont loin d'être rustiques. Les grands lits sont couverts des draps les plus fins, et le mobilier en bois a été sculpté par des artisans de la région. Les toilettes sont dissimulées derrière d'immenses panneaux en verre dépoli de couleur verte, et les cabines vitrées des douches s'ouvrent sur des terrasses offrant des vues panoramiques sur l'océan. La famille Wilson plante un arbre indigène pour chaque nuit réservée dans l'hôtel. Pour l'heure il y en a 11 000, et ce n'est pas fini. **BS**

Le glacier Fox

Lieu parc national du Westland, île du Sud, Nouvelle-Zélande
Site Web www.foxguides.co.nz **Prix €**

Nommé ainsi en l'honneur de William Fox, Premier ministre de la Nouvelle-Zélande au XIXe siècle, et accueillant plus de 1 000 visiteurs par jour les mois d'été, le glacier Fox est l'un des glaciers les plus accessibles au monde. Depuis son point de départ dans les Alpes néo-zélandaises, ce glacier, le plus long de la côte ouest, s'étire sur 13 km jusqu'au fleuve Fox. Contrairement à beaucoup d'autres glaciers qui reculent en raison du réchauffement climatique, celui-ci progresse d'environ 1 m par jour depuis le milieu des années 1980, principalement à cause de sa forme en entonnoir si singulière. Sa partie supérieure, qui a la taille de la ville de Christchurch, s'effile terriblement près de la côte.

Il existe plusieurs manières d'explorer le glacier. Il est possible d'atteindre sa portion la plus basse en parcourant un territoire broussailleux où la glace a fondu, ou d'accéder à ses parties les plus élevées en hélicoptère. Équipez-vous de chaussures à crampons et des guides expérimentés vous conduiront à travers des grottes de glace, des tunnels et des séracs, et tailleront des marches dans la glace pour vous aider à vous frayer un chemin dans cet univers gelé. Ils vous assisteront quand vous escaladerez des parois glacées à l'aide d'outils prévus à cet effet et des pointes supérieures de vos crampons. Lors de ces ascensions, il y a un guide pour quatre touristes, et l'adrénaline monte lorsqu'on escalade des parois presque verticales, assuré par une corde et un baudrier. D'autres visites guidées vous permettent de traverser la vallée du fleuve Fox jusqu'au front du glacier.

En marchant sur le glacier, qui fait partie du parc national du Westland et qui est inscrit sur la liste du patrimoine mondial de l'humanité, vous perpétuez une tradition qui a débuté en 1928. **BS**

L'île Stewart

Lieu île Stewart, détroit de Foveaux, Nouvelle-Zélande
Site Web www.stewartisland.co.nz

Dans le détroit de Foveaux, qui sépare cet avant-poste charmant et éloigné de l'île du Sud, la mer est connue pour être agitée, mais le trajet en avion depuis Invercargill est lui aussi trop trépidant pour être vraiment agréable. L'île Stewart mérite pourtant ce petit acte de bravoure. Seules 400 personnes vivent sur l'île, et la plupart habitent la ville d'Oban. Il y a 725 km de littoral, mais seulement 19 km de routes.

Couvrant plus de 85 % de l'île, le parc national de Rakiura compte plus de sentiers que les passionnés de randonnées pourront jamais rêver de sillonner. Il faut dix à douze jours pour parcourir les 128 km du circuit du nord-ouest de l'île. Les moins sportifs d'entre vous choisiront plutôt le sentier Raikura, que l'on peut parcourir en deux ou trois jours.

« L'île est le meilleur endroit pour tenter d'apercevoir le kiwi, qui ne vit qu'en Nouvelle-Zélande. »

Kathy Marks, *The Independent*

Que vous optiez pour un marathon de plusieurs jours ou une marche guidée de quelques heures, vous évoluerez le long de plages immaculées et traverserez des forêts où poussent de superbes fougères et de délicates orchidées. L'île est aussi renommée pour ses oiseaux. Les kakas, les perruches, les tuis et les méliphages carillonneurs y prospèrent, constituant un formidable chœur dès l'aube. Au large, vous verrez des albatros, des cormorans et des manchots pygmées, et peut-être le pingouin aux yeux jaunes, une espèce rare. **PE**

La province de Madang

Lieu Madang, Papouasie-Nouvelle-Guinée
Site Web www.pacificislandtravel.com

Presque totalement détruite pendant la Seconde Guerre mondiale, la pittoresque ville côtière de Madang a ensuite été reconstruite et est devenue depuis l'un des points d'intérêt majeurs pour les touristes d'outremer. Souvent qualifiée de « plus jolie ville du Pacifique sud », elle domine plusieurs îles, qui sont pour la plupart des volcans actifs. Ces îles sont émaillées de plages de sable noir qui contrastent avec les plages de sable blanc immaculées du continent.

La région est réputée pour son univers sous-marin, aussi beau que les eaux de la mer Rouge et la Grande Barrière de corail. Les jardins de corail grouillent de vie, et les dénivellations des récifs attirent les plongeurs du monde entier. Les touristes qui ont un penchant pour les constructions humaines se décomposant au fond de l'eau seront ravis de découvrir les épaves des 34 bateaux qui ont coulé à côté de Bogia (au nord de la province de Madang) durant la Seconde Guerre mondiale. Il est encore possible de trouver quelques épaves de bateaux et d'avions le long de la côte. Plus loin, à l'intérieur de la province, les zones humides et les prairies alpines dominent le paysage. Derrière les plages, les plantations de vanilliers, de cocotiers et de cacaoyers abondent, tandis que le port de Madang qui se détache sur un fond de falaises escarpées est probablement le port le plus fascinant de tout le Pacifique sud.

Malgré sa beauté naturelle et plusieurs hôtels charmants situés au bord de l'océan, la Papouasie-Nouvelle-Guinée ne s'est pas encore affirmée comme une destination touristique. Les marchandises sur les étals de ses marchés animés sont plus destinées aux autochtones qu'aux touristes. Sa fraîcheur et ses paysages fascinants font de ce territoire un lieu parfait pour tout oublier. **DaH**

L'île Vatulele

Lieu île Vatulele, Fidji
Site Web www.sixsenses.com **Prix** €€€

Les hôtes récemment arrivés émergent timidement de leur maison privée typique des îles Fidji, ou *bure* (prononcez « bouréi »), dissimulée dans la jungle à côté de la plage. Ayant du mal à se remettre du décalage horaire, ils décident de tester le système de communication interne du Vatulele Island Resort. S'ils veulent quelque chose, ils n'ont qu'à hisser un drapeau le long du mât qui leur a été désigné sur la plage de sable blanc. Un serveur en uniforme apparaîtra soudain pour prendre la commande.

Les plongées sous-marines ou avec tuba le long des récifs sont bien sûr très appréciées, mais ce sont les heures de détente qui caractérisent ce lieu de villégiature. Une atmosphère conviviale règne dans cette petite île. L'architecture est d'inspiration locale, et la cuisine met en œuvre les fruits de mer pêchés au large et les produits bio des jardins du complexe hôtelier. Contrairement à ce qui se passe dans d'autres hôtels de luxe, le personnel ne s'adresse pas aux clients en leur disant « Monsieur » ou « Madame », mais les appelle par leur prénom.

Des villageois souriants se rassemblent pour interpréter des chants de bienvenue sur la piste d'atterrissage, où de petits avions se posent au milieu de la végétation après avoir effectué un vol spectaculaire de 25 minutes depuis l'aéroport de Fidji. Les visiteurs cyniques qui demandent aux villageois s'ils ont été payés pour cet accueil suscitent toujours la perplexité de ces derniers, qui leur expliquent qu'ils se contentent de leur souhaiter la bienvenue. **SH**

⇐ *Le mélange de luxe extrême et de décontraction fait de Vatulele une destination sensationnelle.*

L'île Kosrae

Lieu île Kosrae, Micronésie
Site Web www.kosraevillage.com

L'île Kosrae est l'une des moins développées de la Micronésie. S'étirant au sud-est de Guam, elle constitue l'île la plus à l'est des Carolines et sa riche histoire est liée à la mer et à la navigation. On suppose qu'au cours du Ier millénaire, l'île a été colonisée par des marins originaires des îles Marshall de Vanuatu. Ce furent les premiers explorateurs de la région, et les plus courageux. Des siècles plus tard, l'île fut régulièrement visitée par des pêcheurs de baleines, des marchands et des pirates. Bully Hayes, le célèbre pirate des mers du Sud qui vécut au XIXe siècle, y aurait enterré un trésor.

Naturellement, le bateau est le meilleur moyen pour explorer l'île. De nombreuses excursions sont organisées pour faire de la plongée sous-marine ou avec tuba près des récifs, mais rien ne vaut le parc marin d'Utwe-Walung, à l'extrême sud de l'île. Quand vous naviguez à bord d'une pirogue traditionnelle sur les canaux des mangroves de cette région protégée, vous bénéficiez d'un regard unique sur les forêts et l'écosystème. Sur l'eau, vous pouvez voir d'anciennes ruines en pierre au sein de la forêt tropicale, atteindre des plages isolées, et même vous approcher du lieu du fameux naufrage de Bully Hayes. Vous verrez des parties de l'île inaccessibles à pied et parviendrez à des endroits où vous pouvez plonger avec un tuba pour admirer des récifs de corail parfaitement préservés. **LD**

« Plongez pour admirer les coraux et goûtez au wahoo fumé à la noix de coco. »

National Geographic

Hôtel Etu Moana

Lieu Aitutaki, îles Cook
Site Web www.etumoana.com **Prix** €€

Dès votre arrivée à l'aéroport d'Aitutaki, vous aurez l'impression d'être au paradis. Une musique mélodieuse de la région et le parfum capiteux des guirlandes de fleurs tressées à la main imprègnent l'atmosphère. Etu Moana, hôtel de charme situé sur l'un des plus grands atolls des îles Cook, se trouve un peu plus loin.

Ne regroupant que huit villas, ce lieu de villégiature exclusif est en retrait dans un endroit superbe bordé par une longue plage de sable blanc semblable à du sucre et par les eaux chaudes et cristallines d'un lagon du Pacifique. De style polynésien, chacune des villas, couvertes d'un authentique toit de chaume et dotées de poutres apparentes, est remplie de meubles en teck et de linge frais. Il y a aussi un jardin privé et une vaste véranda ombragée ornée de luxueux meubles de jardin. Les propriétaires et le personnel sont charmants et se mettent en quatre pour vous. Les petits déjeuners délicieux sont servis au bord d'une piscine privée entourée de pierres volcaniques et de jardins colorés. Il est possible de se rendre à pied dans les meilleurs restaurants de l'île pour déguster aux chandelles une cuisine locale délicieusement éclectique. Détendez-vous dans votre villa ou allez découvrir la vie et la culture de ce charmant paradis. **JH**

« Etu Moana est entouré d'une végétation luxuriante et de jardins splendides. »

Yvonne van Dongen, magazine *Listener*

Hôtel et spa du lagon de Bora Bora

Lieu Motu Toopua, Bora Bora, Polynésie française
Site Web www.boraboralagoon.com **Prix** €€€

L'hôtel est situé sur l'île retirée de Motu Toopua, fragment d'un ancien volcan émergeant d'un lagon turquoise miroitant au soleil.

L'île, minuscule, n'a ni routes ni villages ni vie nocturne. Les visiteurs n'ont d'autre choix que de s'immerger dans un univers où le luxe et la décontraction prédominent. Ils logent dans des bungalows de style polynésien couverts de feuilles de pandanus, au décor intérieur en bois. Les bungalows sur pilotis, comprenent tous une table basse dont le dessus en verre permet de contempler les créatures marines et de leur donner à manger.

L'atmosphère est encore plus sereine dans le spa du front de mer, entouré de bassins exotiques, de cascades et de nénuphars. Plongez-vous dans un bain de lait de coco parsemé de fleurs fraîches avant de vous faire masser dans l'une des salles de soins aménagées de manière spectaculaire dans des cabanons en bois dissimulés dans la couronne de deux banyans. Les thérapeutes utilisent des produits polynésiens à base de plantes, de fleurs et de fruits de la région, censés avoir un effet bénéfique sur la peau et les cheveux. Les jeunes mariés en voyage de noces peuvent se faire masser et dorloter ensemble dans des salles de massage pour deux, avant de prendre une douche d'eau de pluie exotique. On peut aussi plonger dans la piscine d'eau douce du centre, assez profonde pour faire de la plongée sous-marine, ou encore faire de la plongée avec tuba, du kayak, des excursions pour aller nourrir les requins et des croisières au crépuscule. **JK**

Cette vue des pics des volcans éteints de Bora Bora est sûrement l'une des plus belles qu'offre notre planète.

Taha'a

Lieu Taha'a, Polynésie française
Site Web www.letahaa.com **Prix** €€€

Il n'y a rien de mieux que ce lieu de villégiature pour passer une lune de miel. Le Taha'a est un complexe exceptionnel perdu au milieu des eaux scintillantes de la Polynésie française. En forme de fleur, l'île se trouve à 230 km à l'ouest de Tahiti, sur son propre atoll de corail. S'étirant au pied de montagnes peu élevées, sur lesquelles les fermiers cultivent des pastèques, de la vanille et du coprah, le complexe est entouré de minuscules *motu*, ou îlots émaillés de plages de sable.

Les douze villas spacieuses situées au bord de la plage disposent toutes d'une piscine privée. Leurs sols sont en bois et leurs toits en chaume. Passez votre journée à faire de la plongée avec tuba dans les jardins de corail, à vous détendre sur la plage de sable blanc, à contempler le panorama dégagé du lagon et de Bora Bora, ou à vous faire choyer dans le spa Manea. Blotti au milieu de forêts de cocotiers, entre un petit lac et le lagon, ce centre de remise en forme a été construit avec des matériaux naturels afin de se fondre dans la nature qui l'entoure. Essayez un massage polynésien ou un soin à base d'essences et d'huiles naturelles.

Quoi que vous fassiez, vous serez tout le temps poursuivi par le riche arôme de vanille qui imprègne l'air, le parfum traditionnel de Tahiti. Bien qu'il s'agisse d'une île minuscule du Pacifique, la cuisine y est excellente. Savourez un repas exquis à l'Ohiri, un restaurant raffiné caché parmi les arbres au milieu de l'île et regardez les danseurs tahitiens évoluer pendant que vous mangez. Vous éprouverez un bonheur absolu. **AD**

Voir photo page 880.

Les villas sur la plage ont leur propre piscine et leurs jardins tropicaux.

Virgin Galactic

Lieu espace **Site Web** www.virgingalactic.com **Prix** €€€€

« *[Nous faisons] en sorte que franchir l'"ultime frontière" devienne une réalité pour des milliers de touristes...* »

Will Whitehorn, président de Virgin Galactic

↑ White Knight *et* Spaceship One, *les vaisseaux spatiaux et leur « vaisseau mère ».*

→ *Difficile de mettre des mots sur une vue comme celle-ci. Imaginez-vous l'observer du fauteuil du passager.*

Imaginez-vous filant à toute vitesse dans l'espace noir où bien peu de gens ont voyagé. Imaginez-vous en train de passer à côté des étoiles au cours d'odyssées qui, dit-on, laissent un souvenir impérissable. Imaginez le *nec plus ultra* en matière d'évasion, une destination où si peu de personnes sont déjà allées. C'est cette fantaisie à la Kubrick que propose Virgin Galactic.

Les vaisseaux spatiaux de Richard Branson sont le fer de lance d'une nouvelle course, commerciale cette fois, à l'espace. En débarquant de la base de lancement du Nouveau-Mexique, près de Roswell, base conçue par Philippe Starck, vous aurez pour compagnons les deux membres de l'équipage qui seront aux commandes et cinq autres aventuriers de l'espace. Au cours de cette aventure défiant les lois de la gravité, vous éprouverez la sensation de l'apesanteur au moment où vous serez propulsé dans l'espace, au-delà du ciel et au-delà des étoiles. Le voyage ne durera que deux heures et demie, mais ces heures vous changeront à jamais.

Après trois jours d'entraînement, où tout sera mis en œuvre pour vous préparer à une expérience à laquelle rien ne peut vraiment vous préparer, vous marcherez sur les traces des précédents aventuriers de l'espace quand le ciel virera du bleu au mauve, puis de l'indigo au noir. Un silence inquiétant et surprenant régnera quand, après avoir laissé la Terre derrière vous, vous monterez doucement dans la galaxie.

Ce privilège s'adresse à un très petit nombre de personnes – étant donné son prix de 200 000 $ –, mais représente le futur, le passé et tous les mystères de l'existence humaine. Les expéditions à venir devraient permettre de traverser l'aurore boréale.

Peut-être qu'un jour, qui sait ? nous aurons tous la chance de voler à travers les étoiles et de nous évader vraiment. **VG**

Index général

I

J

K

L

M

N

O

P

Q

R

S

T

U

V

W

Y

Z

Collaborateurs

(AD) Angela Dewar est écrivain et photographe. Spécialiste de l'Inde et l'Extrême-Orient, elle contribue à la rédaction de nombreux guides de voyage.

(AM) Andy Moss est un écrivain voyageur basé au Royaume-Uni.

(BS) Barry Stone vit à Sydney, en Australie. Ses récits de voyage ont été publiés dans les journaux les plus prestigieux d'Australie comme par exemple le Sydney's *Sun-Herald* et *The Canberra Times*.

(CD) Christabelle Dilks est tombée amoureuse de l'Argentine, de son peuple et de ses paysages encore sauvages. Elle vit dans ce pays depuis plus de vingt ans.

(CK) Carol King a longtemps vécu à Madrid puis à Buenos Aires. Elle partage aujourd'hui son temps entre Londres et la Sicile. Ses nombreux voyaqes lui ont permis de découvrir kes gorilles en Ouganda, la fabrication des cigares à Cuba ou encore les mines de sel en Pologne.

(CM) Chris Moss a vécu en Argentine pendant 10 ans. Il est l'auteur de *Patagonia: A Cultural History*, publié en 2008.

(CFM) Caroline Mills a collaboré à la rédaction et à la publication de magazines pendant douze ans. Elle est aujourd'hui écrivain et journaliste indépendante. Elle se passionne pour l'Europe et la découverte de lieux d'escapades insolites. Ses articles ont été publiés dans le *Times*, *Practical Motorhome* ou encore *France Magazine*.

(CR) Claire Rigby est écrivain et éditrice. Elle a séjourné dans de nombreux pays dont Hong Kong, le Koweit, le Brésil et les États-Unis. Elle vit actuellement en Argentine, où elle est rédactrice en chef de *Time Out's Buenos Aires for Visitors*.

(CSJ) Caroline Sylger-Jones s'est spécialisée dans les sites et séjours liés au bien-être tant physique que psychique. Elle est l'auteur de *Body & Soul Escapes* et collabore à la rédaction d'articles pour différents journaux et magazines dont le *Daily Telegraph*, *The Times*, *Guardian*, *Condé Nast Traveler*, *Wanderlust*, *Red*, et *Psychologies*.

(CW) Chrissy Williams est italo-britannique. Elle a beaucoup voyagé dans le monde entier et écrit pour diverses publications de voyages dont *Italian Magazine*, *Red Guide Florida* et *Mariages et Voyages de noces*. Elle collabore également avec la Chambre de Commerce portugaise.

(DA) David Atkinson est écrivain voyageur. Il vit à Chester, en Angleterre. Il écrit pour des journaux anglais, dont l'Observer, le Sunday Telegraph et le Daily Express. Il est par ailleurs l'auteur de *Bolivia: The Bradt Travel Guide*.

(DaH) David Hutter David Hutter est né en Allemagne, puis a passé son adolescence en Angleterre et en France. Il s'installe en Angleterre et étudie la création littéraire à l'université du Middlesex. Il est aujourd'hui journaliste et parcourt l'Europe, le Moyen-Orient, l'Asie et l'Australie.

(DM) Dane McDowell est universitaire et journaliste. Elle est rédactrice en chef adjointe du magazine *Résidences & Décoration* et l'auteur de plusieurs ouvrages consacrés à l'architecture d'intérieur et aux jardins parmi lesquels *Jardins secrets en Méditerranée*, *L'Art de vivre en Provence* ainsi que *Tables d'Alberto Pinto*, tous trois parus aux éditions Flammarion, ainsi que de plusieurs titres aux éditions de La Martinière et Aubanel.

(DN) Daniel Neilson est journaliste et rédacteur en chef d'un guide de voyages. Il a participé à l'édition (textes et photos) de *CNN Traveler* et *The Wire*. Il est également l'auteur de cinq guides pour *Time Out*.

(EP) Eleanor Parkman a publié ses récits de voyage dans le journal britannique l'*Observer*, entre autres publications. Elle a rencontré son mari alors qu'elle vivait à Turin, et ils vivent maintenant à Londres avec leurs deux filles.

(GC) Greg Clarke est un écrivain australien qui contribue régulièrement à divers magazines en Australie et en Asie.

(GMD) Giles MacDonogh vit aujourd'hui à Paris. Il a rédigé pendant près de quinze ans les chroniques sur des destinations prestigieuses pour le *Financial Times*. Fin gourmet et connaisseur de vins, il est président du jury pour l'Allemagne et l'Autriche, du World Wine Awards. Ses articles ont été publiés dans de nombreux journaux dont *The Times*, *Guardian*, *Specator*, *New Statesman* et *Standpoint*. Il est également l'auteur de plusieurs ouvrages notamment sur l'Allemagne.

(HA) Helen Arnold est journaliste, spécialisée dans les thématiques voyage et art de vivre depuis plus de dix-sept ans. Elle a contribué à un large éventail de journaux et de magazines, y compris l'*Observer*, *High Life*, *Scotland on Sunday*, *Travel Weekly*, *Woman & Home*, *Family Circle*, *Harpers Wine & Spirits*, *Zest* et *Eve*. Elle participe également à la rédaction des magazines de communication de l'Orient Express Group, d'Easy Jet et de Thomas Cook. Après avoir vécu à Oman au Moyen-Orient, elle s'est installée Londres, où elle vit avec sa famille.

(HO) Helen Ochyra est un écrivain voyageur. Après avoir longtemps vécu en Californie, elle s'est installée à Londres et contribue à de nombreuses publications, dont le *Guardian*, *Observer* et *Time Out*.

(IA) Ismay Atkins vit dans les Cornouailles, en Angleterre. Elle est écrivain et éditrice de livres de voyages. Elle écrit également pour *The Independent* et *Rough Guide* et rédige régulièrement des rubriques pour les guides *Time Out*. Fascinée par l'Amérique latine, Ismay a vécu à La Havane, au Mexique et à Buenos Aires.

(JA) Jane Archer est journaliste. Elle est chargée d'une chronique hebdomadaire pour *The Telegraph* en ligne et collabore, entre autres, avec le *Daily Telegraph, House and Garden* et le *Condé Nast Traveler*.

(JC) Joe Cawley vit à Tenerife dans les îles Canaries. Il a écrit pour de nombreuses publications, y compris *Sunday Times*, *New York Post*, et *Condé Nast Traveler*. Son premier livre, *More Ketchup than Salsa*, a été élu « meilleur récit de voyage » en 2007 par la Guilde britannique des écrivains voyageurs.

(JD) James Durston a écrit pour de nombreuses publications, notamment *Travel Weekly*, *Independent* et l'*Express*. Après avoir vécu en Afrique de l'Est, puis au Japon, il est tombé amoureux de l'Inde où il vit aujourd'hui.

(JED) Judy Darley est un écrivain voyageur qui a contribué à la rédaction de Portugal Magazine, de Greece Magazine et d'Italian Magazine. Elle a également fait partie du comité éditorial de *Spanish Homes Magazine*. Elle vient de terminer son premier roman.

(JDA) Jess Darby est une ancienne journaliste de la BBC Magazines devenue chroniqueuse indépendante. Ses articles ont été publiés notamment dans *Eve* and *Vegetarian Good Food*. Elle a vécu à Ibiza, au Zimbabwe et en Irlande avant de s'installer au sud-ouest de Londres.

(JF) Joe Fullman, écrivain voyageur pendant plus de dix ans, il a écrit pour de prestigieux éditeurs internationaux de guides, dont Rough Guides, Lonely Planet, A.A. et Cadogan. Il est l'auteur de guides sur le Costa Rica, Belize, Londres, Angleterre, Paris, Berlin, Venise, Las Vegas… Il vit aujourd'hui à Londres.

(JH) Jane Hannon a publié sa première nouvelle *More Sand in My Bra* en 2007. Elle a également écrit pour le magazine *Psychologies*. Journaliste freelance dans l'Essex, elle a occupé 24 emplois, a exploré 34 pays et a vécu et travaillé à New York et en Australie.

(JK) Janine Kelso vit à Londres. Elle a une passion particulière pour l'Amérique latine après avoir passé neuf mois à voyager là-bas. Pendant ses années d'étude, elle a vécu aux Etats-Unis, à New York, dans le Colorado et dans le Maryland. Ses voyages incluent souvent des sports extrêmes, tels que l'escalade ou le parachutisme.

(JP) Jacqui Paterson est journaliste et écrit depuis plus de quinze ans pour les journaux et magazines de Nouvelle-Zélande, d'Australie et du Royaume-Uni. Parmi ses expériences de voyages, saut en parachute sur une plage du Queensland, saut à l'élastique sur le fleuve Zambèze en Zambie et nage au milieu des icebergs dans le cercle polaire arctique.

(JS) Jessica Stone a grandi à Miami avant d'étudier le journalisme à New York. Elle a contribué à de nombreuses publications internationales, y compris le *New York Times*, *The Times*, *Guardian* et *Men's Health*. Sur *Ripelondon.com* publie en ligne ses aventures et ses récits de voyage. Elle vit et travaille aujourd'hui à Londres.

(JW) James Williams est un journaliste britannique qui se spécialise dans la Grèce ; ses articles sont publiés par les plus grands magazines anglais. Ses voyages l'ont conduit partout à travers le monde, des lointaines îles tropicales aux coins les plus cachés d'Athènes, en Grèce.

(KF) Kathryn Farmer a travaillé dans l'édition juridique pendant quinze ans. Elle a interrompu sa carrière pour s'occuper de ses enfants et travaille maintenant comme journaliste pigiste et écrit pour de nombreuses publications au Royaume-Uni.

(KFS) Karl Friedrich Sinner a fait des études de Sciences de la Forêt à l'université de Munich. Depuis 1998, il est directeur du parc national « Bayerischer Wald », le plus ancien parc allemand. Il est également membre du conseil de direction d'Europarc Deutschland. Il a publié un livre intitulé *Waldwildnis grenzenlos Nationalpark Bayerischer Wald*.

(LB) Lydia Bell vit actuellement à Londres. Elle a été le rédacteur en chef adjoint de *Harper's Bazaar*. Elle a vécu en Écosse, en Espagne, en Grèce, en Inde et en Australie.

(LC) Lucia Cockcroft partcourt l'Espagne pour Rough Guides et est le rédacteur espagnol pour *Luxury Travel Magazine*. Elle a récemment participé à la création de *Body & Soul*, et écrit régulièrement pour *EasyJet Inflight* et *Overseas Living Magazine*.

(LD) Laura Dixon écrit les rubriques art de vivre pour des magazines de voyage et de mode. Elle rédige par ailleurs la chronique hôtels de charme pour I-escape.com. Ses articles ont été publiés notamment par le *Sunday Times Travel Magazine*, le *Sunday Express*, *Business Life* et bien d'autres. Elle est également membre de la British Guild of Travel Writers (Guilde britannique des écrivains voyageurs).

(LGS) Lisa Gerard-Sharp est journaliste et écrivain voyageur. Elle a vécu à Paris, à Bruxelles, à Rome et en Toscane. Elle vit aujourd'hui à Londres mais passe le plus clair de son temps à voyager pour *Vogue* dont elle est le correspondant. Régulièrement, elle rédige des articles pour des journaux et magazines britanniques.

(LJ) Lisa Johnson vit à Londres ; elle a écrit pour un grand nombre de publications, y compris *Condé Nast Traveler*, *House and Garden*, *Red*, *Evening Standard*, *Guardian*, *Spectator*, et le *Daily Mail*. Outre l'anglais, sa langue maternelle, elle parle le français, l'allemand et l'espagnol, langues qui lui permettent de mieux appréhender les lieux et de se rapprocher des habitants lors de ses nombreux voyages.

(LM) Linda McCormick est rédactrice en chef du site Environmental Graffiti et l'une des responsables d'EcoTravelLogue.com. Elle a beaucoup voyagé, avant de se fixer pendant un certain temps en Australie, mais vit maintenant à Londres même si elle fait de nombreux déplacements à Barcelone, en Espagne.

(LP) Lisa Pollen est une journaliste londonienne, spécialisée dans le voyage de luxe et le marché des célébrités. Anciennement rédactrice pour le magazine *Star* et *OK!*, elle rédige maintenant des articles pour le *Daily Express*, *Now*, *Closer*, *She* ainsi que pour des magazines de différentes compagnies aériennes.

(ML) Martin Li a une grande passion pour l'exploration des grandes régions montagneuses du monde. Il est l'auteur de *Inca Trails*, l'histoire d'un voyage à travers les Andes retraçant l'ascension et la chute de l'empire Inca ainsi que de *Adventure Guide to Scotland*.

(MN) Mari Nicholson vit à l'île de Wight. Ses articles ont été publiés notamment dans le *Guardian*, *The Times*, *BBC History* et *Wanderlust*. Elle rédige aussi des chroniques pour le magazine en ligne www.suite101.com.

(NB) Nick Bruno est un journaliste anglo-italien qui partage son temps entre l'Écosse et l'Italie, l'écriture et la photographie pour diverses publications. Son dernier livre, *Naples and Amalfi Coast*, vient de paraître.

(NS) Nicola Smith est journaliste et vit dans les Cornouailles. Elle a écrit sur la thématique du voyage notamment pour *The Times*, New Zealand's *World*, *Coast* et *Cornwall Today*.

(OM) Olivia Mackinder est journaliste pour plusieurs média spécialisée dans l'art de vivre. Diplômée en PNL, elle est en train de créer au Royaume-Uni son propre centre.

(PE) Polly Evans est une journaliste londonienne. Elle écrit, entre autres, pour l'*Independent on Sunday*, *Wanderlust*, *Condé Nast Traveler* et *Food and Wine*. Elle est par ailleurs l'auteur d'un certain nombre d'ouvrages, dont *It's Not About the Tapas* and *Mad Dogs and an Englishwoman*.

(PS) Paul Sullivan est écrivain et photographe spécialisé dans le voyage et la musique. Il vit à Berlin et ses articles sont parus dans de nombreuses publications, en particulier dans l'*Independent*, *Observer Music Monthly*, *Fly Europe*, *National Geographic Music* et BBC magazines.... Il est également l'auteur de plusieurs ouvrages sur la thématique du voyage dont *A Hedonist's Guide To Berlin*, *Marrakech & Prague*, *Time Out Italy*, *Cool Camping France* et *Cool Camping Europe*.

(RB) Rory Brogan est un journaliste anglais qui a beaucoup voyagé en Amérique du Sud.

(RCA) Rowena Carr-Allinson a vu ses écrits publiés aussi bien dans le *Toronto Star* que dans *Metro* (de Londres), *Elle*, *Harper's Bazaar*, *OK!*, pour ne citer que quelques magazines. Elle a voyagé de Buenos Aires à Bankgok via Hawaï et Moscou, et difficile de dire si elle vit en France ou au Royaume-Uni !

(RS) Richard Siddle ; ancien rédacteur en chef de *Travel Weekly*, il parcourt actuellement le monde pour le compte du magazine *Harpers Wine & Spirits*.

(RsP) Roger St. Pierre a visité 125 pays au cours de sa carrière d'écrivain et journaliste. Il est l'auteur de 33 livres publiés, y compris des guides de voyage devenus des best-seller.

(SB) Sam Baldwin se spécialise dans les récits sur le Japon, l'aventure et les sports d'hiver, hors des sentiers battus. Il est le rédacteur en chef de *SnowSphere.com* et ses articles ont été publiés par le *Guardian*, *Scotsman* et Footprint books. Il est également chroniqueur pour plusieurs magazines de ski et de snowboard.

(SD) Sally Dowling est une journaliste anglaise, elle collabore régulièrement au magazine *Take a Break*. Elle concentre ses recherches sur les hôtels et lieux de séjour hors des sentiers battus.

(SG) Si Gray began his writing career as editor for Itchy U.K. city guides. He has visited over fifty countries, compiling his observations on the popular food and travel blog featured on *jamieoliver.com*, which is being published in extended form.

(SH) Simon Heptinstall est un auteur britannique, journaliste et chroniqueur. Lors de sa première année d'activité en tant que chroniqueur de voyages et séjours, il a visité plus de vingt-trois pays ! Aujourd'hui, il vit dans un petit village du Wiltshire, en Angleterre.

(SM) Shona Main, a débuté en tant que rédactrice en chef de *Jackie* puis a entamé une carrière en politique avant de revenir dans le journalisme. Elle partage son temps entre l'Écosse et l'Italie. Son dernier livre *Footprint Guide to Venice and the Veneto* a rencontré un vif succès.

(SoH) Solange Hando est écrivain et photographe. Elle a remporté de nombreux prix et contribue à un large éventail de publications dans le monde entier. Elle est membre de la prestigieuse British Guild of Travel Writers (Guilde britannique des écrivains voyageurs).

(SP) Sudi Pigott est passionnément attaché à la bonne nourriture et voyage beaucoup à la recherche de nouvelles expériences gastronomiques. Sudi écrit pour une large gamme de publications internationales, y compris les magazines *TIME*, *FT How to Spend It*, *High Life*, *Centurion*, *Delicious* et *The Good Food Guide*.

(SWa) Sue Watt est écrivain et vit à Londres. Après une année sabbatique passée à parcourir le continent africain, elle s'est spécialisée dans les récits de voyage au cœur de l'Afrique. Elle écrit régulièrement pour le *Travel Africa Magazine* ; ses articles ont également été publiés par le *Guardian* et *Italy Magazine*.

(SWi) Stephanie Wilson a passé la plus grande partie de sa carrière de professeur à parcourir l'Europe et la Turquie. Elle se consacre aujourd'hui à l'écriture.

(TL) Tim Locke écrit sur de nombreux sujets allant des parcs nationaux aux voyages ferroviaires en Europe en passant par des guides de la Nouvelle-Angleterre et de la Thaïlande. Il est également rédacteur en chef du *Good Pub Guide*. Il vit à Lewes dans le sud de l'Angleterre.

(TM) Teresa Machan voit la vie comme une grande aventure où elle peut aller plonger à la recherche de perles au Panama ou obtenir des conseils d'un gondolier de Venise. Elle a été publiée dans le monde entier, y compris dans des journaux britanniques, des guides et des magazines internationaux. Elle a vécu pendant longtemps à Hong Kong et retourne séjourner très souvent en Asie.

(TW) Tina Walsh est une journaliste spécialisée dans l'art de vivre. Elle a écrit pour le *Guardian*, le *Sunday Times*, et *Daily Mail*, parmi beaucoup d'autres. Elle participe par ailleurs à la rédaction des différents tomes du *Eyewitness Guide*.

(VG) Victoria Gill est un auteur et journaliste britannique. Elle travaille notamment pour Channel Five et le *Sunday Times*. Globe-trotter dans l'âme, elle vit à Highgate, à Londres. Elle est aussi l'auteur de *Cityspots Fez*, paru en 2009.

(WG) Wendy Gomersall a travaillé dix ans pour le *Daily Mail*. Aujourd'hui journaliste indépendante, elle écrit pour de nombreux journaux, magazines et sites web, dont *Mail on Sunday*, *TravelMail.co.uk*, les magazines *ABTA magazine* et *Scotsman*.

Crédits photographiques

Nous nous sommes efforcés d'attribuer correctement les copyright des photographies utilisées à leurs ayant-droits. Toutefois, si malgré toute notre attention, une erreur ou omission s'était produite, nous tenons à nous en excuser d'ores et déjà et serons heureux d'apporter la (es) correction (s) nécessaire (s) lors d'une prochaine réédition.

2 Johnny Stockshooter / Photolibrary.com **20** Little Good Harbour **22** Pep Roig / Alamy **24** Inn on the Lake **25** Stefan Wackerhagen **26** AlaskaStock / Photolibrary.com **27** Buddy Mays / Alamy **29** Clayoquot Wilderness Resort **30** Poets Cove **31** Mowgli Frere / Frere Images **32** All Canada Photos / Alamy **34** Fairmont Chateau **36** Baker Creek Chalets **38** AndrC Kedl **39** AndrC Kedl **41** All Canada Photos / Photoshot **45** John Shaw / Photoshot **47** Michael S. Lewis/Corbis **48** Sundance **51** The Point **54** Wave Hill Gardens **55** Gramercy Park Hotel **56** Waldorf-Astoria and Waldorf Towers **58** Della Huff / Alamy **60** East Brother Light Station **62** Calistoga Ranch **63** Spa Vitale **64** Philip Lee Harvey / Getty **68** Radius Images / Photolibrary.com **71** All Canada Photos / Photoshot **73** Cody Duncan / Alamy **75** Mii Amo **76** Mowgli Frere / Frere Images **77** Ml Sinibaldi / Photolibrary.com **80** The Setai **85** Rod McLean / Alamy **86** Kevin Spreekmeester / Photolibrary.com **88** David Muench/Corbis **89** Peter French / Photolibrary.com **90** nik wheeler / Alamy **92** Esperanza Resort **93** Las Ventanas Al Paraiso **94** Blaine Harrington III / Alamy **96** One&Only Palmilla **98** Cuixmala **102** Hemis / Alamy **103** M. Timothy O'Keefe / Alamy **104** Esencia **107** La Lancha **108** Nitun Reserve **111** Blancaneaux **112** Stephen Frink Collection / Alamy **115** Mowgli Frere / Frere Images **116** Christabelle Dilks **118** Bob Stefko / Getty **122** IML Image Group Ltd / Alamy **125** Musha Cay **126** Parrot Cay **128** Danita Delimont / Alamy **130** Alex Bartel / Photoshot **133** Rolf Nussbaumer / Alamy **134** The Caves **137** Biras Creek **138** Jean-Marc Lecerf (Ocean Images) / Photoshot **140** Rodger Klein / Photolibrary.com **143** La Samanna **144** Tom Bean/Corbis **147** Tim Larsen-Collinge / Photoshot **148** Rock Cottage **150** Jade Mountain **153** Jean-Marc Lecerf (Ocean Images) / Photoshot **154** Charlie Knight / Alamy **156** Palm Island **157** L'Anse aux Epines **161** Pies Specifics / Alamy **162** Jose Enrique Molina / Photolibrary.com **164** Arco Digital Images / Tips **165** Rosemary Calvert / Photolibrary.com **167** Andoni Canela / Photolibrary.com **169** Vidler Vidler / Photolibrary.com **170** Hotel Monasterio **173** Jason Rothe / Alamy **176** Image Brokers / Photoshot **178** De Agostini / Photoshot **179** Worldwide Picture Library / Alamy **180** Interfoto / Alamy **185** Villas de Trancoso **186** Fasano Hotel **188** Robert Harding Picture Library Ltd / Alamy **190** Frédéric Soreau / Photononstop / Tips **193** Ponta dos Ganchos **194** Frédéric Soreau / Photononstop / Tips **197** Sunset / Tips **198** Elqui Domos **200** Secret Ranchito **201** Hemis / Photoshot **203** Cephas Picture Library / Alamy **205** Christabelle Dilks **207** Martin Harvey / Photoshot **209** Javier Etcheverry / Alamy **210** Eduardo Longoni/Corbis **212** Christabelle Dilks **214** Estancia El Colibrí **219** Faena Hotel **221** Christabelle Dilks **223** Christabelle Dilks **225** Christabelle Dilks **227** Ismay Atkins **229** David Tipling / Photoshot **230** Castello di Vicarello **233** blickwinkel / Alamy **235** StockPile Collection / Alamy **236** Gregory Gerault / Photolibrary.com **238** Danita Delimont / Alamy **240** Blue Lagoon **243** Chad Ehlers / Tips **244** Hotel Kakslauttanen **246** Snow Castle **248** Finland Tourist Board **250** Arctic-Images/Corbis **251** Hans Strand/Corbis **252** Nordic Light Hotel **255** Yasuragi **256** Frank Chmura / Alamy **261** OJPhotos / Alamy **262** Park Hotel Kenmare **264** Temple County retreat **267** John Warburton-Lee Photography / Alamy **268** Ard Nahoo **269** O fabulous **271** Belle Isle Castle **272** Radius Images / Alamy **275** Derek Croucher / Alamy **276** Rua Reidh Lighthouse **278** Paul Glendell / Alamy **281** Alistair Petrie / Alamy **285** Hebridean Princess **286** The Witchery **289** james jagger / Alamy **291** Steve Peake, St. Curig's Church **292** Eco Retreat **295** Mint Photography / Alamy **296** Les Gibbon / Alamy **299** Roger Coulam / Alamy **303** Le Manoir **304** Oxford Picture Library / Alamy **307** The Victoria **311** james kerr / Alamy **313** Ellen Rooney / Photolibrary.com **314** Terry Williams / Getty **316** Alamy **319** SenSpa **322** Royal Crescent Hotel **325** Lundy Island Tourism **328** ImagesEurope / Alamy **331** Marc Hill / Alamy **332** way out west photography / Alamy **334** Arco Digital Images / Tips **338** Liz Garnett / Alamy **341** Island of Rugen **342** Carsten Koall/Stringer / Getty **345** **68**images **68**images / Photolibrary.com **348** Bildagentur RM / Tips **351** Martin Rugner / Photolibrary.com **353** imagebroker / Alamy **356** Camille Moirenc / Photononstop / Tips **358** Yann Guichaoua / Tips **359** Arco Digital Images / Tips **361** Steve Vidler / Photolibrary.com **365** S.Nicolas / Photolibrary.com **367** TTL Images / Alamy **368** Bateau Simpatico **371** Roy Rainford / Photolibrary.com **375** Picture Contact / Alamy **376** Tristan Deschamps / Tips **379** Hemis / Photoshot **380** Robert Harding Picture Library Ltd / Alamy **383** Yann Guichaoua / Tips **384** A. Demotes / Tips **387** Jupiter Images / Agence Images / Alamy **389** Les Fermes de Marie **392** Marion Bull / Alamy **397** Emmanuel Lattes / Alamy **399** Papilio / Alamy **400** Abbaye de Sainte Croix **402** tbkmedia.de / Alamy **405** Hemis / Photolibrary.com **406** Le Couvent des Minimes Spa **408** Horse and Ventures **412** Arco Digital Images / Tips **417** Piotr & Irena Kolasa / Alamy **419** Dumrath Dumrath / Photolibrary.com **421** imagebroker / Alamy **422** Liebes Rot-Fluh Hotel **425** Corbis / Photolibrary.com **426** Bella Tola **427** The Lodge **428** Riffelalp Resort **431** Lisa Pollen **433** Daniele Comoglio / Alamy **434** CuboImages srl / Alamy **437** Brian Lawrence / Photolibrary.com **438** L'Albereta **441** Vigilius **442** Roy Rainford / Photolibrary.com **444** Bauer Palladio **446** David Noton Photography / Alamy **449** Mark Bolton / Photolibrary.com **453** Silwen Randebrock / Photolibrary.com **457** Arco Digital Images / Tips **459** The Travel Library Limited / Photolibrary.com **460** Todi Castle **463** La Posta

Vecchia **465** Sue Watt **467** Sextantio Albergo Diffuso **468** Vito Arcomano / Alamy **471** Regina Isabella **475** Villa Rufolo **476** La Masseria San Domenico **479** Bruno Morandi / Photolibrary.com **480** JTB Photo Communications / Photoshot **484** Juan Carlos Munoz / Photolibrary.com **486** ROBIN SMITH / Photolibrary.com **488** Gonzalo Azumendi / Photolibrary.com **490** Westend61 / Photoshot **491** Hostal Sa Rascassa **492** Gavin Hellier / Photolibrary.com **497** The Travel Library Limited / Photolibrary.com **498** Visual&Written SL / Alamy **503** Parador de Ubeda **504** Image Brokers / Photoshot **507** Ignasi Rovira / Photolibrary.com **509** Hemis / Photoshot **511** Imagesource / Photolibrary.com **514** Hoopoe Yurt Hotel **516** Jesus Sierra / Photolibrary.com **518** Parador de Granada **521** Canabi Hugo / Photolibrary.com **524** Abama **527** David Robertson / Alamy **531** Michael Howard / Photoshot **532** John Ferro Sims / Alamy **535** Mark Edward Smith / Tips **537** Michael Krabs / Photolibrary.com **541** Ruth Tomlinson / Photolibrary.com **543** Cephas Picture Library / Alamy **544** Reid's Palace **546** MIXA Co. Ltd. / Photolibrary.com **549** terry harris just greece photo library / Alamy **550** Jon Arnold Images / Photolibrary.com **553** Raga Raga / Photolibrary.com **555** Matthew Smith / Alamy **556** Max Stuart / Alamy **557** Elixir Spa **559** Photononstop / Tips **560** Terry Harris Just Greece photo library / Alamy **562** R Matina / Photolibrary.com **564** Elounda Peninsula **566** Andrea Matone / Alamy **571** Jon Sparks / Alamy **572** Johnny Greig Travel Photography / Alamy **573** Pucic Palace **574** Villa Dubrovnik **576** Croatian National Tourist Board **578** CuboImages srl / Alamy **581** Wilmar Photography / Alamy **583** Richard Nebesky / Photolibrary.com **586** blickwinkel / Alamy **589** Jan Wlodarczyk / Alamy **591** Padaste Manor **592** Ellen Rooney / Photolibrary.com **595** Aflo Co. Ltd. / Alamy **596** Wolfgang Kaehler / Alamy **599** Wolfgang Kaehler / Alamy **601** Wolfgang Kaehler / Alamy **602** Shompole **605** Maison M.K. **607** Amanjena **608** Ethel Davies / Photolibrary.com **611** Caravanserai **612** john angerson / Alamy **616** Alan Keohane **619** TTL Images / Alamy **621** Sylvain Grandadam / Photolibrary.com **623** Egyptian Tourist Authority, Gardel Bertrand/hemis.fr **624** Body Philippe / Photolibrary.com **629** Andrew Plumptre / Photolibrary.com **631** Pepeira Tom / Photolibrary.com **632** Shompole **634** J Marshall - Tribaleye Images / Alamy **635** Greystoke Mahal **637** Craig Lovell / Eagle Visions Photography / Alamy **638** Chumbe Island Coral Park **640** Selous Project **642** Demelza Cloke / Alamy **645** Azura **646** Reinhard Dirscherl / Photolibrary.com **648** JL Photography / Alamy **651** Nigel Dennis / Photolibrary.com **653** www.namibweb.com, the online guide to Namibia and Elena Travel Services **655** John Warburton-Lee / Photolibrary.com **656** Abu Camp **658** Photononstop / Tips **660** Steve Vidler / Photolibrary.com **665** Earth Lodge **669** Ariadne Van Zandbergen / Alamy **671** Thanda Reserve **672** Rovos Rail **676** Bushman's Kloof Wilderness Reserve & Retreat **678** Kurland Hotel **681** Robert Cundy / Photolibrary.com **685** Le Prince Maurice **686** Trevor Neal / Alamy **689** Shanti Andana Maurice Spa **691** Labriz Aquum Spa **693** Sunset / Tips **694** Denis Island **695** Cousine Island **697** Frégate Island Private **698** The Sarojin **700** Farasan Islands Tourism **701** FotoLibra **703** Paul Thuysbaert / Photolibrary.com **704** Widmann Widmann / Photolibrary.com **706** Amanda Hall / Photolibrary.com **707** Martin Kreuzer / Photolibrary.com **709** isifa Image Service s.r.o. / Alamy **711** Hemis / Photoshot **714** Hanan Isachar/Corbis **717** Hanan Isachar / Photolibrary.com **719** Jon Arnold Images Ltd / Alamy **722** Images&Stories / Alamy **724** Robert Harding Picture Library Ltd / Alamy **727** Anatolian Houses **729** Andrea Pistolesi / Tips **732** Renato Valterza / Photolibrary.com **735** Dennis Cox / Alamy **736** Michele Falzone / Photolibrary.com **739** Indiapicture / Alamy **740** Luciano Mortula / Alamy **743** Image**100** / Photolibrary.com **747** Brand X Pictures / Photolibrary.com **750** Samode Haveli **755** John Henry Claude Wilson / Photolibrary.com **756** Fort Chanwa **757** Mark Hannaford / Photolibrary.com **761** John Henry Claude Wilson / Photolibrary.com **762** Dave Pattison / Alamy **767** Ben Pipe / Alamy **768** Noah Seelam/Stringer / Getty **770** Kathleen Watmough / Aliki image library / Alamy **772** Shreya's **776** Sally Dowling **779** Richard Ashworth / Photolibrary.com **780** Douglas Peebles Photography / Alamy **783** Amangalla **784** Angela Dewar **786** Helga's Folly **788** Eye Ubiquitous / Photoshot **790** Hotel Dhonakulhi **793** One&Only **794** Horizon International Images Limited / Alamy **797** Look Die Bildagentur der Fotografen GmbH / Alamy **798** Royal Geographical Society / Alamy **801** Uma Paro **802** Tony Waltham / Photolibrary.com **807** Red Capital Club **808** Susan Seubert / Photolibrary.com **813** Adina Tovy / Photolibrary.com **814** Jia **817** Camel Lodge **819** Bruno Morandi / Photolibrary.com **821** Zao Onsen **822** Demetrio Carrasco / Photolibrary.com **825** JTB Photo / Photolibrary.com **826** Kuba Noto / Alamy **829** Boe Oote / Photolibrary.com **830** Hiiragiya Ryokan **833** Four Seasons Tented Camp **835** Orient Express **837** Sukhothai **840** Chiva Som **842** The Sarojin **844** Kamalaya **846** Tongsai Bay **849** Amanpuri **853** Rob Henderson / Photolibrary.com **855** Résidence Phou Vao **857** Six Senses Resorts & Spas **859** Jtb Photo / Photolibrary.com **860** Amanpulo **864** Giles Robberts / Alamy **867** Robert Francis / Photolibrary.com **869** David W. Hamilton / Tips **871** Tony Waltham / Photolibrary.com **872** Amanjiwo **875** Lisa Pollen **878** Michael Freeman/Corbis **880** Le Taha'a **882** Indian Pacific **885** FotoLibra **887** Bamurru Plains **888** Roberto Rinaldi / Photolibrary.com **891** Daintree Ecolodge and Spa **893** Iconsinternational.Com / Alamy **894** Qualia **897** aeropix / Alamy **899** Jochen Knobloch / Photolibrary.com **903** Yann Guichaoua / Tips **904** Old Leura Dairy **908** David Messent / Photolibrary.com **910** William Robinson / Alamy **912** Poltalloch Station **914** Southern Ocean Lodge **917** Cradle Mountain Lodge **919** Alistair Scott / Alamy **921** Eagles Nest **924** Mollies **928** Jim Harding / Photolibrary.com **931** TranzAlpine Train **934** Vatulele Island **937** Bora Bora Lagoon Resort **939** Le Taha'a **940** Virgin Galactic **941** Virgin Galactic

Remerciements

Quintessence tient à remercier les banques d'images ayant fourni l'iconographie de cet ouvrage, et en particulier :

Tim Kantoch/Photolibrary.com

Tim Harris/Photoshot

Katja Rowedder et Charles Montgomery/Tips

Maria Kuzmin/Alamy

Gwyn Headley and Yvonne Seele/FotoLibra

John Moelwyn-Hughes/Corbis

Hayley Newman/Getty

Pour leur participation au travail éditorial, Quintessence remercie également :

Helena Baser

Robert Dimery

Rebecca Gee

Lucinda Hawksley

David Hutter

Fiona Plowman

Flammarion remercie tous les collaborateurs qui ont œuvré à l'adaptation française de cet ouvrage :

Isabelle Ducat

David Fourré

Nina Goussé

Christoph Himmighoffen

Dane McDowell

Marie-Laure Miranda

Christian-Luc Parison

Nicolas Rouault

Karl Friedrich Sinner

1002 et plus… (notes personnelles)